中企出海
"一带一路"共建国家行动指南
（东盟专辑）
——投资指南及法律风险预警国别报告

季为民·主编　　屈丽丽 杨品文·副主编

经济管理出版社
ECONOMY & MANAGEMENT PUBLISHING HOUSE

图书在版编目（CIP）数据

中企出海"一带一路"共建国家行动指南. 东盟专辑 ：投资指南及法律风险预警国别报告 / 季为民主编.

北京 ：经济管理出版社，2024. -- ISBN 978-7-5096 -9929-4

Ⅰ . F279. 247

中国国家版本馆 CIP 数据核字第 20240DM023 号

责任编辑：许　艳
一审编辑：姜玉满　杨　娜　丁光尧　李光萌　杜奕彤　杜羽茜　王虹茜
责任印制：张莉琼
责任校对：王淑卿　蔡晓臻

出版发行：经济管理出版社
　　　　　（北京市海淀区北蜂窝 8 号中雅大厦 A 座 11 层　100038）
网　　址：www. E-mp. com. cn
电　　话：(010) 51915602
印　　刷：唐山昊达印刷有限公司
经　　销：新华书店
开　　本：787mm×1092mm/16
印　　张：38. 75
字　　数：968 千字
版　　次：2025 年 3 月第 1 版　2025 年 3 月第 1 次印刷
书　　号：ISBN 978-7-5096-9929-4
定　　价：198. 00 元

主　　编　季为民

副 主 编　屈丽丽　杨品文

学术顾问　翟　崑　张　婷

撰写成员　（按姓名拼音字母顺序）

哀　佳　　陈靖斌　　陈晶晶　　冯楚懋　　郭毅佳

郝启予　　胡嘉琦　　刘必钰　　柳　婷　　钱丽娜

孙春燕　　闫佳佳　　曾　坤　　张　可　　张凌波

张漫游　　张姝慧　　张　硕　　赵建琳　　赵子婧

朱　耘

序 一

金色十年　扬帆再起航

2023 年是"一带一路"倡议提出十周年，十年来，共建"一带一路"的辉煌成就有目共睹、举世瞩目；十年来，"一带一路"倡议汇聚起全球超过 3/4 的国家，通过全方位联动和多元化共赢，为全球发展注入强劲新动力。"一带一路"倡议也为中国企业带来了"走出去"的黄金机遇，在共商、共建、共赢的理念下，"走出去"的中国企业交出了一份份耀眼的成绩单。

在第三届"一带一路"国际合作高峰论坛的欢迎宴会上，习近平主席说："共建'一带一路'走过了第一个蓬勃十年，正值风华正茂，务当昂扬奋进，奔向下一个金色十年！"

如果说在过去的十年里大型央企和国企是共建"一带一路""走出去"的急先锋，那么随着共建国家立体化互联互通的经济联系越来越密切，共建"一带一路"倡议将与寻求发展的企业息息相关。为此，在"一带一路"倡议提出十周年之际，《中国经营报》、中经传媒智库与北京大学东盟国家研究中心、北京道可特律师事务所携手策划了"2024 中企出海'一带一路'共建国家行动指南"系列报告，现在我们隆重推出该行动指南的"东盟专辑"。

众所周知，在中国加入世界贸易组织以后，在很长一段时间里，中国和美国互为第一大贸易伙伴，但是如今中国最大的贸易伙伴已经不再是美国，也不是欧盟，而是东盟。更准确地说，从 2020 年开始，中国与东盟已连续三年互为第一大贸易伙伴。

卫星遥感监测到的数据显示，2013~2023 年，沿着中蒙俄、新亚欧大陆桥等六大经济走廊有更多的地方被点亮，而中国—中南半岛的经济走廊夜间灯光增长率更是达到 5.57%，远超全球夜光 1.3% 的增长率。事实上，早在"一带一路"倡议提出的最初五年内，东盟十国就已先后跟中国签署了政府间共建"一带一路"合作谅解备忘录。

本次发布的行动指南（东盟专辑）以"1+10"为架构，其中，"1"是立足中国的"政策动力"篇，"10"就是聚焦东盟十国。

在"政策动力"篇中，我们检索收录了截至 2023 年 11 月 20 日国家各部门发布的共 653 份政策文件，其中包括国家领导人讲话，以及 31 个国家机关发布的政策文件。在以上述 653 份政策文件内容为文本进行的数据挖掘中，我们发现"基础设施"是出现频率最高的词汇。毫无疑问，在对内对外的政策沟通中，基础设施联通在过去十年中是共建"一带一路"的最优先领域。2013~2023 年，基础设施联通的成果也是共建"一带一路"给人们带来的最直观感受。同时，通过词云图我们发现，不同的国家机关、不同的部委发布的政策文件也凸显了不同的工作重点，这为我们提供了相关政策赋能出海企业的更明确指引和参考。

在"投资指南及法律风险预警"篇中，行动指南首次聚焦了东盟各国最新的投资机会和法律政策，助力出海企业防范风险、稳抓机会。

值得一提的是，本书的一大特色就是拥有大量真实、鲜活、充满借鉴价值的案例，这里既有地区案例，也有企业案例。当然，目前企业出海案例以央企为主，未来我们将持续征集有关"一带一路"共建国家出海案例，也期待更多的中国民营企业进入案例集。

站在新起点，习近平主席在第三届"一带一路"国际合作高峰论坛开幕式上宣布了中国支持高质量共建"一带一路"的八项行动，其中包括构建"一带一路"立体互联互通网络、支持建设开放型世界经济、开展务实合作、促进绿色发展、推动科技创新、支持民间交往、建设廉洁之路和完善"一带一路"国际合作机制。

金色十年，我们扬帆再起航。面向下一个十年，行动指南期待赋能"一带一路"沿线城市和出海企业，助力中国企业发现投资机遇，把握发展大势，防范潜在风险，砥砺前行，再创辉煌！

季为民

中国社会科学院工业经济研究所副所长，中国经营报社社长、总编辑

序 二

中企出海东盟的政策机遇与产业机遇

目前，东盟是世界上第五大经济体、亚洲第三大经济体。中国与东盟之间的经贸往来始于 30 多年前。据外交部 2021 年 12 月发布的《中国—东盟合作事实与数据：1991—2021》，1991 年中国和东盟正式开启对话进程，这一年双方贸易额为 79.6 亿美元，2020 年达 6846 亿美元，扩大了 85 倍。2009 年以来，中国连续 12 年保持东盟第一大贸易伙伴地位。2020 年，东盟跃升为中国第一大贸易伙伴，形成中国同东盟互为第一大贸易伙伴的良好格局。

海关总署数据显示，2021 年和 2022 年，东盟继续保持中国第一大贸易伙伴地位，欧盟和美国分别位列第二和第三。2022 年中国与东盟贸易总值达 6.52 万亿元，占中国外贸总值的比重为 15.5%，较上年提高 1 个百分点。在出口方面，以 2020~2022 年为例，中国对东盟贸易出口值按人民币计价同比分别增长 7%、17.7% 和 21.7%，按美元计价则分别增长 6.7%、26.1% 和 17.7%。

是什么原因促使中国与东盟贸易往来如此紧密？中国企业又该如何抓住在东盟地区的发展机遇？

第一，中国与东盟优势互补。中国与东盟经贸往来密切的原因有三点：一是中国和东盟国家高层交往密切，这是最重要的政治保障。2021 年，中国和东盟由战略伙伴关系升级为全面战略伙伴关系，中国和东盟的 10 个成员国也已经分别建立了双边全面战略伙伴关系。2023 年以来，菲律宾总统、新加坡总理、马来西亚总理"接力"访华，再次强调加强经济合作。二是中国和东盟优势互补。从价值链角度来看，中国在价值链中的位置逐渐由中端向高端跃升，而东盟仍处于价值链低端，两者形成垂直型产业链条关系，所以东盟是当前中国产能转移的主要承接地。三是中国和东盟各国均属于亚洲文明和东方文明，营商理念相近。尤其是共建"一带一路"倡议提出以来，中国和东盟的民心日益相通，且东盟国家有大量的华人华侨，这些因素都将持续促进中国与东盟在经贸合作层次和深度上的不断提升。

在出口地区方面，以 2020~2022 年为观察样本，按人民币计价，越南是中国在东盟成员国中的第一大出口国；马来西亚在 2021 年和 2022 年位居第二，2020 年位居第三；新加坡在 2020 年位居第二，2022 年位居第三；泰国在 2021 年位居第三。

具体来说，越南是东盟地区发展最迅速的国家之一，人口结构年轻，人工成本极具竞争力，被寄予"下一个世界工厂"的厚望；马来西亚地理位置优越，数字经济发展水平较高，营商环境较为优越；新加坡是全球性金融中心之一，政治社会较为稳定，政府重视吸引外资；泰国制造业基础扎实，劳动力素质较高，基础设施较为完善，数字与软件产业、高附加值天然橡胶产业、电动汽车、汽车及零配件等行业均是投资热点领域。

从出口产品来看，从 2002 年开始，中国对东盟工业制成品的出口急速上升，相较于初级产品（未加工或略作加工的产品，如农林牧渔矿产品），工业制成品占据绝对优势，其中，各类机械运输设备又是工业制成品的重中之重，这充分反映了中国的优势和东盟的需求。

从对外直接投资来看，商务部、国家统计局和国家外汇管理局联合发布的《2021 年度中国对外直接投资统计公报》显示，2013～2021 年中国对东盟直接投资流量总体从 72.67 亿美元增长至 197.32 亿美元，中国对东盟直接投资流量占中国对外直接投资流量的比重从 2013 年的 6.7% 提高到 2021 年的 11%。从地区来看，在东盟成员国里，2013～2021 年中国对新加坡的直接投资流量每年均为最高，2017～2021 年中国直接投资流量连续呈正增长的目的国只有越南。

由此可见，按经济学逻辑来讲，中国在东盟地区投资谋求的是风险最小化和收益最大化。一方面，虽然短时间内中国作为全球最大消费市场的优势不会发生根本改变，但是随着本国人口红利的消退和生产成本的提升，制造业尤其是劳动密集型产业的优势空间将被进一步压缩，而东盟国家持续推动外向型经济扩张，凭借其人力、资源和政策优势不断扩大引资规模，这是相互吸引的一种表现；另一方面，中国高新技术企业的技术迭代速度加快，工业自动化发展不断推动产能扩张，"走出去"的需求明显增强。

第二，政策机遇。2023 年 2 月，中国驻东盟大使侯艳琪在其署名文章《中国与东盟：合作打造增长中心》中谈到，抢抓发展机遇、释放合作潜力、实现快速复苏、推动长远发展是当前中国和东盟国家的普遍愿望。

中国—东盟自由贸易区（简称"中国—东盟自贸区"）建设的不断推进和《区域全面经济伙伴关系协定》（RCEP）的正式生效为中国企业投资东盟地区提供了政策机遇。

中国—东盟自贸区是中国对外商谈的第一个自贸区，也是发展中国家间最大的自贸区。2010 年，中国—东盟自贸区 1.0 版建成，零关税覆盖双方 90% 以上的税目产品，实现了货物贸易市场、服务贸易市场和投资市场三大领域的开放，也让中国和东盟的经济越来越融合。2019 年，中国—东盟自贸区推出 2.0 升级版，双方进一步开放市场。2022 年 11 月，中国与东盟共同宣布正式启动中国—东盟自贸区 3.0 版谈判。经双方同意，谈判将涵盖货物贸易、投资、数字经济和绿色经济等领域，打造更加包容、现代、全面和互利的中国—东盟自贸区。2023 年 2 月 7 日，中国—东盟自贸区 3.0 版谈判启动首轮磋商。

2022 年 1 月 1 日，RCEP 正式生效，进一步拓展了中国与东盟成员国的投资空间。RCEP 的投资规则涵盖投资保护、投资自由化、投资促进和投资便利化四个方面，是对东盟"10+1"自由贸易协定投资规则的整合和升级。RCEP 在考虑到投资者和东道国利益平衡的前提下，着力实现高水平的投资保护与投资自由化，以原产地累积原则为代表的便利化规则减少了跨国企业在投资选址时的增加值门槛顾虑，对 RCEP 区域内投资起到重要的促进作用。比如，RCEP 禁止业绩要求条款明确指出，缔约方不得对外国投资者提出出口实绩、当地含量、购买国货、外汇平衡、限制国内销售、强制技术转让、特定地区销售和规定特许费金额或比例等要求，减少所在国政府对境外经贸合作区的限制，使境外经贸合作区内企业的经营更加自由，这能有效降低企业的经营成本。

侯艳琪在其署名文章中还提到，中国—东盟自贸区 3.0 版将进一步实行减免关税、规范海关相关工作和检验检疫等措施，提升贸易和投资自由化、便利化水平。启动上述谈判彰显了中国推进高水平对外开放的决心，表明在当前复杂的国际和地区形势下，中国和东盟共同选择了开放自由而非封闭排他，选择了互利合作而非以邻为壑，选择了深化融合而非脱钩断链。中国—东盟自贸区 3.0 版必将与 RCEP 及其他区域内经贸合作机制互为补充，推动当地区域成为开放、包容的"增长中心"。

第三，产业机遇。中国—东盟自贸区 3.0 版谈判特别提到将涵盖数字经济和绿色经济领域，这主要是基于当前中国和东盟的合作需求和发展方向。

数字经济和绿色经济领域将成为中国企业投资东盟的"新蓝海"。中国企业在这两大领域拥有先进技术和完善产业链，培育了一批"全能冠军"企业和专精特新"小巨人"企业。在数字经济方面，东盟各国需要持续升级数字基础设施和推动数字化转型，而中国企业较早布局东盟地区，具有先发优势，未来国内企业也可在此基础上探索新的数字经济合作模式。在绿色转型方面，发展电动汽车正日益成为东盟经济新风口和新能源车企的重要目标。泰国、马来西亚、菲律宾、新加坡等东盟国家出台了一系列新能源汽车发展配套措施和战略规划，为中国企业开拓当地市场创造了政策条件。

随着中国与东盟之间经贸合作不断加深，互联互通持续发展，数字基础设施快速优化升级，政府政策有力支撑以及数字化跨境支付快速发展，跨境电商正成为中国出口东盟地区的重要方式。数据显示，2022 年上半年，中国对东盟的跨境电商出口增长 98.5%。在新冠疫情刺激下，跨境电商新业态对全球流通和消费格局产生了深刻影响，是数字时代经济全球化的重要业态，中国和东盟也都将数字经济视为发展的重要引擎之一。不过，目前该业态在东盟地区的发展尚存一些亟待解决的问题：一是东盟各国数字鸿沟依然严重，数字基础设施仍有待完善；二是东盟很多国家的跨境电商政策有待明确和细化，数字贸易规则没有统一，给企业合规造成一定压力。

总体来说，东盟地区各成员国出台了一系列吸引投资的优惠政策，整体投资环境尚可，但也要看到部分东盟国家政局不稳的现实，以及工作效率、工作模式差异对企业盈亏的影响。根据相关研究，合规问题仍是中国企业出海东盟要面临的最大问题，这既与东盟各国各地区监管政策及法规复杂多样且部分新兴领域的监管规则并不完善有直接关系，也与中国企业自身调研不足、准备不充分有一定关系。

未来，中资企业在东盟地区的投资将面临更加复杂的外部形势，在东盟地区布局生产投资时应将地缘政治和地缘安全作为优先考虑因素。此外，企业应充分认识到，出海东盟的竞争压力将越来越大，既要面对来自日本等国在高端价值链行业领域的竞争，也要面临东盟各国本土企业在中低端领域的同质化竞争。

当然，变化中孕育着机遇，政府层面应积极引导和"护航"中国企业出海东盟；企业层面应充分发挥自身灵活性和敏锐的商业嗅觉的作用，未来要更加关注风险规避和对冲，努力破除海外投资方面的思维惯性，不断做强做大自身。

翟　崑

北京大学国际关系学院教授、北京大学全球互联互通研究中心主任

序 三

新兴黄金市场：东盟

2023年10月18日，第三届"一带一路"国际合作高峰论坛上发布了《"一带一路"绿色发展北京倡议》《"一带一路"蓝色合作倡议》等，对下一阶段推动共建"一带一路"高质量发展指明了方向，也为企业出海东盟提供了重要的政策参考。

东盟国家的产业结构并不平衡。新加坡经济最发达，服务业占比高；印度尼西亚、菲律宾、泰国和马来西亚的服务业占比也超过本国 GDP 的一半。此外，东盟国家的产业发展水平也参差不齐。新加坡高技术行业发展较好；马来西亚和文莱、泰国在能源化工行业均有良好发展；越南、印度尼西亚和老挝主要发展低端制造业；柬埔寨、菲律宾、缅甸等国家仍属于资源国，工业化程度较低。从资源禀赋和产业结构来看，中国与东盟相关成员国之间的经济互补性大于竞争性，投资潜力巨大。

数十年时间，中国对东盟国家的贸易商品结构从以资源型产品为主转向以机电产品和高新技术产品为主，显示出双方贸易互补性不断增强，贸易商品结构持续优化，其主要原因是我国产业结构转型升级和中国—东盟自由贸易区建设持续加速。2023年以来，随着共建"一带一路"的持续推进和《区域全面经济伙伴关系协定》（RCEP）全面生效，加上发达国家制造业外迁东南亚等因素，东南亚基础设施投资需求增加，推动了东盟工程机械产品需求的增加，使东南亚成为工程机械、钢铁等工业制成品的新兴黄金市场。

第一，西部陆海新通道的辐射效应放大。共建"一带一路"以基础设施互联互通为抓手，改善了沿线国家的综合发展环境，推动了区域合作，放大了发展辐射效应。西部陆海新通道正是"一带一路"上辐射效应明显的金色纽带，主通道分别从重庆、成都分东、中、西三个方向接至北部湾入海口。

2019年，国家发展改革委发布的《西部陆海新通道总体规划》提出，到2035年，西部陆海新通道全面建成，通道运输能力更强、枢纽布局更合理、多式联运更便捷，物流服务和通关效率达到国际一流水平，物流成本大幅下降，整体发展质量显著提升，为建设现代化经济体系提供有力支撑。

西部陆海新通道是一条连接中国西部和东盟地区的"经济走廊"，旨在畅通中国西部地区与东盟之间的物流网络、提升物流效率、降低物流成本，为产业链布局提供便利。建立中国西部内陆地区和东盟国家之间新的供应链合作基础，使中国西部经济重振既有的雄厚工业基础和技术能力，同时与东盟国家拥有的成本优势形成互补，促进企业贸易合作。

重庆、广西和云南均具有明显的区位优势。重庆地处"一带一路"和长江经济带的联结点上；广西是面向东盟国家开放合作的前沿窗口和"一带一路"有机衔接的重要门户；云南地处中国与东南亚及南亚的结合部，连接中国、东南亚和南亚三大经济圈，具有沟通太平洋、印度洋的特殊地缘区位优势。

此外，重庆、广西和云南也具有参与"一带一路"建设的独特资源优势，它们可以借助东南亚国家的市场资源和技术优势，推动本地区的产业升级和经济发展。例如，重庆市依托汽车、电子制造等优势产业，以"一带一路"共建国家为重点，大力发展货物贸易，实现了"通道带物流、物流带经贸、经贸带产业"的良性循环发展。

第二，数字贸易与绿色经济机遇叠加。东盟庞大的市场规模、巨大的消费潜力、地理接近性以及政府的大力支持都为中国企业带来了巨大的商机和发展空间。目前，中国的新能源汽车和电子商务企业出海东南亚的动力十足。以马来西亚为例，马来西亚地理位置优越，数字经济发展水平较高，营商环境优越，为企业出海提供了众多便利。北京大学国际关系学院教授翟崑进一步解释道，马来西亚位于东南亚核心地带，可以成为企业进入东盟市场和亚太其他区域的桥梁。马来西亚的基础设施较为完善，政府向来重视对高速公路、港口、机场、通信网络和电力等基础设施的投资和建设。此外，马来西亚经济基础较为稳固，经济增长前景较好，营商环境也较为优良，马来西亚工业发展局（MIDA）还针对高科技和高价值制造业等重点行业提供了很多激励措施，包括税收优惠、投资和资本补贴等。

近些年，对于气候问题的担忧促使东盟国家关注发展的可持续性，各国或将加快布局能源的绿色化转型。东盟国家在促进企业履行社会责任和可持续发展方面也发布了相关政策和措施，这些也会影响中资企业出海。

整体来看，自2018年以来，东盟陆续制定了《绿色债券标准》《可持续资本市场路线图》《东盟可持续银行原则》《东盟社会债券标准》《东盟可持续债券标准》等政策，持续助力东盟绿色金融市场的标准统一化。2023年3月27日，东盟发布《东盟可持续金融分类方案》（第二版），煤电项目的提前退出也被归类为"绿色"或转型项目，其中重点行业的评估方法、指标和技术筛选标准计划将在2024年和2025年陆续完成。新加坡、泰国、印度尼西亚、菲律宾和马来西亚等东盟国家也制定了较为完善的绿色金融政策和战略规划。因此，中资企业在出海东盟各国时，需要仔细了解东盟国家和区域的相关政策与措施，注重以科技创新合作增加区域发展新动能，促进地区可持续发展。

关于新能源合作领域，在第26届联合国气候变化大会上，东盟国家发布《东盟能源合作行动计划（APAEC）》（2021-2025），计划到2025年可再生能源占一次能源供应总量的23%，可再生能源装机容量占总装机容量的35%。东盟成员国提高可再生能源占比的决心明确，大多数国家也采取了激励措施。

但是，东盟正处在快速发展的阶段，这意味着有更高的能源需求。东盟自身的能源结构严重依赖以煤炭为主的化石燃料，在全球清洁能源转型的背景下，煤电的加速退出将加剧东盟地区的电力系统与能源安全危机，大量依附于煤炭产业链上的就业将面临冲击，其对社会稳定带来的影响将值得关注。

未来，中国企业可依托自身在绿色经济发展上的成熟技术和成功经验，在海上风能、水电、电力互联互通和绿色交通等方面与东盟国家开展合作。

　　展望未来，中国—东盟传统基建合作潜力巨大，新兴数字经济方兴未艾，合力引领绿色经济机遇叠加。但中国与东盟在"一带一路"倡议框架下的经贸合作正在受到内外各种因素的挑战，双方应在深化现有经贸合作的基础上，密切产业合作，共同应对世界经济的不稳定性。

前　言

2013 年 9 月和 10 月，国家主席习近平在访问哈萨克斯坦、印度尼西亚期间，先后提出共建"丝绸之路经济带"和"21 世纪海上丝绸之路"重大倡议，得到国际社会高度关注。"一带一路"倡议掀开了中国与世界发展新的一页。十多年来，"一带一路"倡议已经从理念转化为行动，从愿景变为现实，共建"一带一路"已经成为深受欢迎的国际公共产品，成为全球最大规模的国际合作平台。在这十多年时间里，"一带一路"倡议汇聚起全球超过 3/4 的国家。

在 2023 年第三届"一带一路"国际合作高峰论坛上，习近平主席宣布了中国支持高质量共建"一带一路"的八项行动，即构建"一带一路"立体互联互通网络、支持建设开放型世界经济、开展务实合作、促进绿色发展、推动科技创新、支持民间交往、建设廉洁之路、完善"一带一路"国际合作机制，为未来金色十年推进高质量共建"一带一路"明确了新方向，开辟了新愿景，注入了新动力。

习近平主席强调，共建"一带一路"源自中国，成果和机遇属于世界，深化"一带一路"国际合作，迎接共建"一带一路"更高质量、更高水平的新发展，推动实现世界各国的现代化，建设一个开放包容、互联互通、共同发展的世界，共同推动构建人类命运共同体！

2023 年 10 月国务院新闻办公室发布的《共建"一带一路"：构建人类命运共同体的重大实践》白皮书数据显示，截至 2023 年 6 月底，中国已经同 150 多个国家和 30 多个国际组织签署了 200 余份共建"一带一路"合作文件。2013~2022 年，中国与"一带一路"共建国家进出口总额累计达 19.1 万亿美元，年均增长 6.4%；与共建国家双向投资累计超过 3800 亿美元。

十多年来，共建"一带一路"为经济全球化和全球治理体系变革提供了中国方案，"六廊六路多国多港"互联互通的交通架构基本形成，一大批基础设施项目落地生根，为共建国家发展注入强劲动力，也为发展开放型世界经济注入了持久的动力。共建"一带一路"为中国企业创造了全新的发展机遇，"一带一路"共建国家已经成为中国企业"走出去"的最重要区域。

东盟位于"丝绸之路经济带"和"21 世纪海上丝绸之路"的交汇处，是"一带一路"的重要区域，东盟国家是共建"一带一路"的优先方向和重要伙伴。东盟的十个成员国包括越南、老挝、柬埔寨、泰国、缅甸、马来西亚、新加坡、印度尼西亚、菲律宾、文莱。由于地理位置邻近，加上人口众多带来的巨大市场潜力及劳动力成本优势，以及中国丰富的产能与东盟各国在资源等方面的优势互补形成的供应链协作和分工，因此东盟常常成为许多中企出海的第一站，或者成为中企出海的重要目的地选择。

早在 2002 年 11 月，中国和东盟就签署了《中国—东盟全面经济合作框架协议》，在北京大学国际关系学院教授、区域与国别研究院副院长翟崑看来，"一带一路"倡议提出后，中国—东盟制度型开放合作模式进一步升级，互联互通成为双方合作的重要导向。这既包括东盟层面《东盟互联互通总体规划 2025》与"一带一路"倡议的对接，还包括"一带一路"倡议与"泰国 4.0"、菲律宾"大建特建"计划、柬埔寨"四角战略"等具体国家发展战略的对接。翟崑认为，这表明中国与东盟制度型开放合作模式已经突破传统贸易与投资，向更深层次的国家战略合作方向发展。

作为共建"一带一路"的重点地区，目前东盟是我国第一大贸易伙伴，已经成为我国出口增长的新动能。十多年来，共建"一带一路"进一步拉近中国与东盟的关系，全面提升了中国东盟全面战略伙伴关系。卫星遥感监测到的数据显示，2013~2023 年，沿着中蒙俄、新亚欧大陆桥等六大经济走廊有更多的地方被点亮，而中国—中南半岛的经济走廊夜间灯光增长率更是达到 5.57%，远超全球夜光 1.3% 的增长率。

在"一带一路"倡议提出的最初五年内，东盟十国先后跟中国签署了政府间"一带一路"合作谅解备忘录。

2016 年，老挝和柬埔寨先后同中国签署了政府间"一带一路"合作谅解备忘录，树立了中国—中南半岛国家双边合作的典范。

2017 年，在第一届"一带一路"国际合作高峰论坛期间，新加坡、缅甸、马来西亚同中国签署了政府间"一带一路"合作谅解备忘录。当年，泰国、文莱、越南又先后与中国签署了政府间"一带一路"谅解备忘录。

2018 年印度尼西亚和菲律宾先后与中国签署了政府间"一带一路"合作谅解备忘录。

2017 年 11 月，东盟首次就其总体发展规划与"一带一路"倡议对接合作发布正式文件，第 31 届东盟峰会和东亚合作领导人系列会议发布了《中国—东盟关于进一步深化基础设施互联互通合作的联合声明》。此后，一批基础设施旗舰项目在东盟各国成功落地，中老铁路、雅万高铁、中泰铁路等先后开工建设；国际产能合作紧密推进，产业园区创新推进；亚洲基础设施投资银行得到东盟各国参与和支持，资金融通有了保障；人文交流和旅游等民间交往也日益活跃。我国与东盟各国共建"一带一路"在政策沟通、设施联通、贸易畅通、资金融通、民心相通五个领域得到全面推进。

海关总署的数据显示，截至 2023 年，中国与东盟贸易额 20 年间增长了 16.8 倍，累计双向投资总额超过了 3800 亿美元。20 年间，中国与东盟双方贸易规模跨越了 6 个万亿元级别的台阶，2022 年达到 6.42 万亿元，连续 3 年互为最大贸易伙伴。2023 年前三季度，我国对东盟进出口 4.68 万亿元，同比增长 0.8%，占我国外贸的 15.2%。东盟连续多年是我国中间产品第一大贸易伙伴，2023 年前三季度，中间产品占我国与东盟进出口总值的比重达到 64.3%。2023 年前三季度，东盟是我国音视频设备零件、平板显示模组等产品的第一大进口来源地。

我国商务部的数据显示，自 2010 年起，中国已连续 13 年保持为东盟最大贸易伙伴，而东盟已连续三年作为中国第一大贸易伙伴。2022 年中国和东盟双方贸易额达到 9753 亿美元，同比增长 11.2%，比 2013 年的 4436 亿美元扩大了 1.2 倍。2019 年东盟超越美国，成为中国的第二大贸易伙伴，2020 年上半年东盟取代了欧盟，成为我国第一大贸易伙伴。

截至 2023 年 7 月，中国同东盟国家累计双向投资额超过 3800 亿美元，在东盟设立直接投资企业超过 6500 家。中国与东盟是互为重要的投资来源地和目的地。此外，截至 2023 年 7 月底，中国企业在东盟国家承包工程累计完成营业额超过 3800 亿美元，东南亚地区吸收了中国对"一带一路"沿线国家最多的承包工程项目。

自 2023 年 6 月 2 日起，对所有成员国生效的《区域全面经济伙伴关系协定》（RCEP）将进一步增强区域内各方的经济合作。RCEP 是 2012 年由东盟发起的，由中国、日本、韩国、澳大利亚、新西兰和东盟十国共 15 个亚太国家制定的协定。其间历时八年谈判，2020 年 11 月 15 日，15 个成员国正式签署协定，标志着世界上人口最多、经贸规模最大、最具发展潜力的自由贸易区成立。

事实上，从 20 世纪 80 年代末开始，亚洲地区在世界经济中所占的比重明显上升，在经济全球化、贸易投资自由化的背景下，亚太经合组织（APEC）应运而生。截至 2023 年，过去 30 年中，亚太地区平均关税水平从 17% 下降至 5%，对世界经济增长的贡献达到七成。

2023 年 11 月 17 日，在亚太经合组织第三十次领导人非正式会议上，国家主席习近平发表题为《坚守初心、团结合作，携手共促亚太高质量增长》的重要讲话，强调建设开放、活力、强韧和平的亚太共同体，实现亚太人民和子孙后代的共同繁荣，要"坚持创新驱动""坚持开放导向""坚持绿色发展""坚持普惠共享"。"中国坚持创新驱动发展战略，协同推进数字产业化、产业数字化，提出了亚太经合组织数字乡村建设、企业数字身份、利用数字技术促进绿色低碳转型等倡议，更好为亚太发展赋能"；"要坚定不移推进区域经济一体化，加快推进亚太自由贸易区进程，全面落实《亚太经合组织互联互通蓝图》，共享区域开放发展机遇"；"中国坚持走生态优先、绿色发展之路，积极稳妥推进碳达峰碳中和，加快发展方式绿色转型。我们提出亚太经合组织绿色农业、可持续城市、能源低碳转型、海洋污染防治等合作倡议，推动共建清洁美丽的亚太"。《2023 年亚太经合组织领导人旧金山宣言》达成一系列重要成果，多项内容彰显中国理念、中国智慧。

2023 年是"一带一路"倡议提出十周年，极具里程碑意义。东盟国家地处"一带一路"陆海交汇地带，是高质量共建"一带一路"的优先方向和重点地区。"一带一路"建设推动实现中国与东盟和沿线国家互联互通，提供了更好的市场前景，也给企业提供了新的发展机遇，东盟各国成为中企出海布局的重要目的地。

为此，"中企出海'一带一路'共建国家行动指南"系列报告首先推出"东盟专辑"。本专辑将聚焦共建"一带一路"东盟国家和区域及其产业领域，从政策动力、投资指南及法律风险预警方面进行阐述，为中企"走出去"提供政策和案例视角解读，旨在助力企业综合考量因时而变的内外部环境，积极参与全球供应链区域布局和产业链重塑，抓住机遇，防范风险，探索高质量共建"一带一路"之路，制胜出海新时代。

目　录

第一篇　政策动力

第一章　关键政策 …………………………………………………………… 3

一、软联通：规则先行 ………………………………………………… 8

二、心联通：文化、教育、科技加力 ………………………… 12

三、硬联通：以"数字丝绸之路"为例 ……………………… 16

四、十年成果与未来方向 ……………………………………… 19

第二章　聚焦东盟 ……………………………………………………… 21

一、中国—东盟共建"一带一路"十年成果 …………………… 24

（一）政策沟通，多层次对接 ………………………………… 24

（二）设施联通，成为枢纽 …………………………………… 25

（三）贸易畅通，应对逆全球化 ……………………………… 26

（四）资金融通，多边融资 …………………………………… 27

（五）民心相通，文明互鉴 …………………………………… 28

二、东盟十年共建成果 ………………………………………… 29

（一）首届"一带一路"国际合作高峰论坛 ……………… 29

（二）第二届"一带一路"国际合作高峰论坛 …………… 35

（三）第三届"一带一路"国际合作高峰论坛 …………… 38

三、八项行动的东盟实践 ……………………………………… 42

第三章　政策动力关键词及东盟十国简介 ……………………… 47

一、政策动力关键词 …………………………………………… 47

二、东盟十国简介 ……………………………………………… 53

（一）越南 ……………………………………………………… 53

（二）老挝 ……………………………………………………… 53

（三）柬埔寨 …………………………………………………… 54

（四）泰国 ……………………………………………………… 54

（五）缅甸 ……………………………………………………… 54

（六）马来西亚 ………………………………………………… 55

（七）新加坡 …………………………………………………… 55

（八）印度尼西亚 ……………………………………………… 56

（九）文莱 ……………………………………………………… 56

（十）菲律宾 …………………………………………………… 56

第四章　实践案例 …………………………………………………… 57

一、打通西部陆海新通道省份案例 ………………………………… 57

（一）重庆 ……………………………………………………… 58

（二）广西 ……………………………………………………… 61

（三）云南 ……………………………………………………… 64

（四）贵州 ……………………………………………………… 67

（五）海南 ……………………………………………………… 70

二、合作开发区实践案例 …………………………………………… 72

（一）老挝万象赛色塔综合开发区 …………………………… 72

（二）中马"两国双园"——中马钦州产业园与

马中关丹产业园 ………………………………………… 73

（三）中印尼"两国双园"——福建福州元洪投资区和

印尼民丹工业园 ………………………………………… 74

（四）中国·越南（深圳—海防）经贸合作区 ……………… 74

（五）柬埔寨西哈努克港经济特区 …………………………… 75

三、中企出海"一带一路"共建国家案例（东盟专辑）………… 75

（一）基建出海 ………………………………………………… 76

（二）能源核电 ………………………………………………… 85

（三）工程机械 ………………………………………………… 88

（四）汽车产业链 ……………………………………………… 91

（五）资源开发 ………………………………………………… 94

（六）新能源 …………………………………………………… 96

（七）通信 ……………………………………………………… 99

（八）优势产能走出去 ……………………………………… 104

（九）农牧渔业、农机及农产品 …………………………… 107

（十）产业园区/科技园区 ………………………………… 108

（十一）跨境电商平台 ……………………………………… 112

（十二）金融机构 …………………………………………… 113

四、全球实践案例 ………………………………………………… 127

（一）中国银行：构建跨境合作"朋友圈"，为共建"一带一路"

架设金融桥梁 ………………………………………… 127

（二）中国工商银行：优化"一带一路"金融脉络，促进资金融通

合作共赢 ……………………………………………… 130

（三）中国太平保险集团：依托跨境经营优势，持续拓展"一带一路"

服务网络 ……………………………………………… 132

（四）比亚迪：从产品出海到产业链出海 ······ 134

（五）奇瑞：开启"新合资时代" ······ 138

（六）长安汽车："共商共建共享"实践者与受益者 ······ 141

（七）北汽集团：从"走出去"到"走进去" ······ 143

（八）金旅客车：深耕"一带一路"共建国家市场 ······ 145

（九）Lazada：如何找到出海的密码 ······ 147

（十）海尔：新增"埃及造"，打造出海的中国名片 ······ 150

（十一）传音：从非洲到印度，重新定义智能手机 ······ 152

（十二）地卫二："智驭太空"，计算卫星出海 ······ 155

（十三）疾风知劲草，国产服务机器人加速出海 ······ 157

（十四）中国汽车零部件制造产业链抱团出海案例 ······ 160

第二篇　投资指南及法律风险预警

第五章　老挝 ······ 167

一、中老经济法律关系概述 ······ 167

（一）老挝基本情况介绍 ······ 167

（二）老挝经济贸易概况 ······ 170

（三）中国—老挝投资贸易概况 ······ 174

二、老挝法律制度概述 ······ 175

（一）投资法律制度 ······ 175

（二）贸易法律制度 ······ 179

（三）金融法律制度 ······ 182

（四）劳动制度 ······ 184

（五）知识产权法律制度 ······ 185

（六）税收法律制度 ······ 187

（七）争议解决法律制度 ······ 194

（八）环境保护法律制度 ······ 195

（九）签证制度 ······ 196

三、老挝法律风险 ······ 197

（一）投资风险 ······ 197

（二）金融风险 ······ 198

（三）劳动用工风险 ······ 199

（四）知识产权风险 ······ 200

（五）税收风险 ······ 200

（六）环境保护风险 ······ 201

（七）司法救济风险 ······ 201

　　四、法律风险防范对策···201
　　　（一）投资风险防范···201
　　　（二）金融贸易风险防范···202
　　　（三）劳动用工风险防范···203
　　　（四）知识产权风险防范···204
　　　（五）税收风险防范···204
　　　（六）争议解决风险防范···206
　　　（七）环境保护风险防范···206
　　五、中国投资老挝相关案例评析···207
　　　（一）案例一：老挝跨境调解案···207
　　　（二）案例二：假冒注册商标案···208
　　　（三）案例三：合营企业土地纠纷案···209
　　六、老挝现行法律法规清单···210

第六章　越南···217
　　一、中越经济法律关系概述···217
　　　（一）越南基本情况介绍···217
　　　（二）越南经济贸易概况···221
　　　（三）中国—越南投资贸易概况···223
　　二、越南法律制度概述···225
　　　（一）投资法律制度···226
　　　（二）贸易法律制度···229
　　　（三）金融法律制度···232
　　　（四）劳动与社会保障制度···234
　　　（五）知识产权法律制度···237
　　　（六）税收法律制度···239
　　　（七）争议解决法律制度···245
　　　（八）环境保护法律制度···246
　　　（九）签证制度···248
　　三、越南法律风险···249
　　　（一）投资风险···249
　　　（二）金融风险···250
　　　（三）劳动用工风险···251
　　　（四）知识产权风险···252
　　　（五）税收风险···253
　　　（六）争议解决风险···253
　　　（七）环保风险···253
　　　（八）签证风险···254
　　四、法律风险防范对策···254

（一）投资风险防范 ·· 254

（二）金融贸易风险防范 ···································· 255

（三）劳动用工风险防范 ···································· 255

（四）知识产权风险防范 ···································· 255

（五）税收风险防范 ·· 255

（六）争议解决风险防范 ···································· 256

（七）环保风险防范 ·· 256

（八）签证风险防范 ·· 256

五、中国投资越南相关案例评析 ······························ 257

（一）商品原产地欺诈案 ···································· 257

（二）公司诉劳动者赔偿培训费用案 ···················· 258

（三）公司费用抵消公司所得税政策 ···················· 259

（四）商标抢注案 ··· 260

（五）商标失效案 ··· 261

（六）拒绝承认广州仲裁庭仲裁裁决案 ················· 261

（七）出资转让交易合同纠纷案 ··························· 262

六、越南现行法律法规清单 ····································· 263

第七章　新加坡 ·· 271

一、中新经济法律关系概述 ····································· 271

（一）新加坡基本情况介绍 ································· 271

（二）新加坡经济贸易概况 ································· 275

（三）中国—新加坡投资贸易概况 ······················ 278

二、新加坡法律制度概述 ·· 280

（一）投资法律制度 ·· 280

（二）贸易法律制度 ·· 286

（三）金融法律制度 ·· 287

（四）劳动制度 ··· 287

（五）知识产权法律制度 ···································· 289

（六）税收法律制度 ·· 292

（七）争议解决法律制度 ···································· 295

（八）数据保护法律制度 ···································· 296

（九）环境保护法律制度 ···································· 297

三、新加坡法律风险 ·· 298

（一）投资风险 ··· 298

（二）贸易风险 ··· 298

（三）金融风险 ··· 299

（四）劳动用工风险 ·· 299

（五）知识产权风险 ·· 299

（六）税收风险 ·· 299
（七）司法救济风险 ····································· 300
（八）数据保护风险 ····································· 301
（九）环境保护风险 ····································· 301

四、法律风险防范对策 ····································· 302
（一）投资风险防范 ····································· 302
（二）金融贸易风险防范 ································· 302
（三）劳动用工风险防范 ································· 302
（四）知识产权风险防范 ································· 303
（五）税收风险防范 ····································· 304
（六）争议解决风险防范 ································· 305
（七）数据保护风险防范 ································· 305
（八）环境保护风险防范 ································· 306

五、投资新加坡相关案例评析 ····························· 306
（一）房屋买卖合同违约 ································· 306
（二）从事依法应当提前申请许可证的行业 ············· 308
（三）版权侵权案 ······································· 309

六、新加坡现行法律法规清单 ····························· 310

第八章 印度尼西亚 ·· 313
一、中印尼经济法律关系概述 ····························· 313
（一）印度尼西亚基本情况介绍 ························· 313
（二）印度尼西亚经济贸易概况 ························· 317
（三）中国—印度尼西亚投资贸易概况 ················· 319

二、印度尼西亚法律制度概述 ····························· 322
（一）投资法律制度 ····································· 322
（二）贸易法律制度 ····································· 329
（三）金融法律制度 ····································· 332
（四）劳动制度 ··· 332
（五）知识产权法律制度 ································· 334
（六）税收法律制度 ····································· 335
（七）争议解决法律制度 ································· 338
（八）数据保护法律制度 ································· 340
（九）环境保护法律制度 ································· 340

三、印度尼西亚法律风险 ································· 341
（一）投资风险 ··· 341
（二）贸易风险 ··· 341
（三）金融风险 ··· 342
（四）劳动用工风险 ····································· 342

（五）知识产权风险 ……………………………………………………… 342

（六）税收风险 …………………………………………………………… 342

（七）司法救济风险 ……………………………………………………… 343

（八）数据保护风险 ……………………………………………………… 343

（九）环境保护风险 ……………………………………………………… 344

四、法律风险防范对策 ………………………………………………………… 344

（一）投资风险防范 ……………………………………………………… 344

（二）金融贸易风险防范 ………………………………………………… 345

（三）劳动用工风险防范 ………………………………………………… 345

（四）知识产权风险防范 ………………………………………………… 345

（五）税收风险防范 ……………………………………………………… 346

（六）争议解决风险防范 ………………………………………………… 346

（七）数据保护风险防范 ………………………………………………… 347

（八）环境保护风险防范 ………………………………………………… 347

五、中国投资印度尼西亚相关案例评析 …………………………………………… 348

（一）恶意注册商标被撤销 ……………………………………………… 348

（二）缺乏新颖性而取消设计注册 ……………………………………… 350

（三）新专利法下的潜在专利无效 ……………………………………… 350

六、印度尼西亚现行法律法规清单 ……………………………………………… 351

第九章　马来西亚 ……………………………………………………………… 353

一、中马经济法律关系概述 …………………………………………………… 353

（一）马来西亚基本情况介绍 …………………………………………… 353

（二）马来西亚经济贸易概况 …………………………………………… 357

（三）中国—马来西亚投资贸易概况 …………………………………… 361

二、马来西亚法律制度概述 …………………………………………………… 363

（一）投资法律制度 ……………………………………………………… 363

（二）贸易法律制度 ……………………………………………………… 366

（三）金融法律制度 ……………………………………………………… 368

（四）劳动法律制度 ……………………………………………………… 369

（五）知识产权法律制度 ………………………………………………… 370

（六）税收法律制度 ……………………………………………………… 373

（七）争议解决法律制度 ………………………………………………… 374

（八）数据保护法律制度 ………………………………………………… 375

（九）环境保护法律制度 ………………………………………………… 376

三、马来西亚法律风险 ………………………………………………………… 377

（一）投资风险 …………………………………………………………… 377

（二）贸易风险 …………………………………………………………… 377

（三）金融风险 …………………………………………………………… 377

（四）劳动用工风险 ……………………………………… 377

（五）知识产权风险 ……………………………………… 378

（六）税收风险 …………………………………………… 378

（七）司法救济风险 ……………………………………… 378

（八）数据保护风险 ……………………………………… 379

（九）环境保护风险 ……………………………………… 379

四、法律风险防范对策 …………………………………………… 380

（一）投资风险防范 ……………………………………… 380

（二）金融贸易风险防范 ………………………………… 381

（三）劳动用工风险防范 ………………………………… 381

（四）知识产权风险防范 ………………………………… 381

（五）税收风险防范 ……………………………………… 382

（六）争议解决风险防范 ………………………………… 382

（七）数据保护风险防范 ………………………………… 382

（八）环境保护风险防范 ………………………………… 383

五、投资马来西亚相关案例评析 ………………………………… 384

（一）马来西亚商标侵权/"假冒" ……………………… 384

（二）马来西亚高等法院对专利权的判决 ……………… 385

（三）解雇员工的合理理由 ……………………………… 386

六、马来西亚现行法律法规清单 ………………………………… 387

第十章　泰国 …………………………………………………………… 390

一、中泰经济法律关系概述 ……………………………………… 390

（一）泰国基本情况介绍 ………………………………… 390

（二）泰国经济贸易概况 ………………………………… 393

（三）中国—泰国投资贸易概况 ………………………… 397

二、泰国法律制度概述 …………………………………………… 399

（一）投资法律制度 ……………………………………… 399

（二）贸易法律制度 ……………………………………… 408

（三）金融法律制度 ……………………………………… 412

（四）劳动与社会保障法律制度 ………………………… 414

（五）知识产权法律制度 ………………………………… 416

（六）税收法律制度 ……………………………………… 417

（七）争议解决法律制度 ………………………………… 419

（八）数据保护法律制度 ………………………………… 420

（九）外汇管制法律制度 ………………………………… 422

三、泰国法律风险 ………………………………………………… 422

（一）投资风险 …………………………………………… 422

（二）金融风险 …………………………………………… 425

（三）劳动用工风险 ……………………………………………… 426

（四）知识产权风险 ……………………………………………… 427

（五）税收风险 …………………………………………………… 427

（六）外汇风险 …………………………………………………… 428

（七）司法救济风险 ……………………………………………… 429

四、法律风险防范对策 ……………………………………………… 430

（一）投资风险防范 ……………………………………………… 430

（二）金融贸易风险防范 ………………………………………… 430

（三）劳动用工风险防范 ………………………………………… 430

（四）知识产权风险防范 ………………………………………… 431

（五）税收风险防范 ……………………………………………… 431

（六）外汇风险防范 ……………………………………………… 432

（七）司法救济风险防范 ………………………………………… 432

五、投资泰国相关案例评析 ………………………………………… 432

（一）雇员重大过错导致公司受损，辞退未支付补偿金被雇员起诉 … 432

（二）违规代持，公司遭受巨大损失 …………………………… 434

（三）泰国 BOI 企业常见实操问题 …………………………… 435

（四）泰国中资工厂被美国海关长臂管辖 ……………………… 437

六、泰国现行投资法律法规清单 …………………………………… 439

第十一章　菲律宾 ……………………………………………………… 442

一、中菲经济法律关系概述 ………………………………………… 442

（一）菲律宾基本情况介绍 ……………………………………… 442

（二）菲律宾经济贸易概况 ……………………………………… 444

（三）中国—菲律宾投资贸易概况 ……………………………… 447

二、菲律宾法律制度概述 …………………………………………… 449

（一）投资法律制度 ……………………………………………… 449

（二）贸易法律制度 ……………………………………………… 455

（三）金融法律制度 ……………………………………………… 456

（四）劳动法律制度 ……………………………………………… 457

（五）知识产权法律制度 ………………………………………… 459

（六）税收法律制度 ……………………………………………… 460

（七）争议解决法律制度 ………………………………………… 461

（八）数据保护法律制度 ………………………………………… 462

（九）环境保护法律制度 ………………………………………… 463

三、菲律宾法律风险 ………………………………………………… 464

（一）投资风险 …………………………………………………… 464

（二）贸易风险 …………………………………………………… 465

（三）金融风险 …………………………………………………… 465

（四）劳动用工风险 ……………………………………… 465

（五）知识产权风险 ……………………………………… 466

（六）税收风险 …………………………………………… 466

（七）司法救济风险 ……………………………………… 466

（八）数据保护风险 ……………………………………… 466

（九）环境保护风险 ……………………………………… 467

四、法律风险防范对策 ……………………………………… 468

（一）投资风险防范 ……………………………………… 468

（二）金融贸易风险防范 ………………………………… 468

（三）劳动用工风险防范 ………………………………… 469

（四）知识产权风险防范 ………………………………… 469

（五）争议解决风险防范 ………………………………… 471

（六）数据保护风险防范 ………………………………… 471

（七）环境保护风险防范 ………………………………… 472

五、投资菲律宾相关案例评析 ……………………………… 473

（一）商标注册案 ………………………………………… 473

（二）盗用商标案 ………………………………………… 474

（三）撤销恶意商标注册 ………………………………… 475

（四）重整案件 …………………………………………… 476

（五）限制令的申请 ……………………………………… 478

（六）项目前尽职调查的重要性 ………………………… 479

六、菲律宾现行投资法律法规清单 ………………………… 480

第十二章　柬埔寨 …………………………………………… 483

一、中柬经济法律关系概述 ………………………………… 483

（一）柬埔寨基本情况介绍 ……………………………… 483

（二）柬埔寨经济贸易概况 ……………………………… 487

（三）中国—柬埔寨投资贸易概况 ……………………… 491

二、柬埔寨法律制度概述 …………………………………… 493

（一）投资法律制度 ……………………………………… 493

（二）贸易法律制度 ……………………………………… 496

（三）金融法律制度 ……………………………………… 498

（四）劳动与社会保障制度 ……………………………… 500

（五）知识产权法律制度 ………………………………… 500

（六）税收法律制度 ……………………………………… 502

（七）争议解决法律制度 ………………………………… 503

（八）外汇法律制度 ……………………………………… 504

（九）数据合规 …………………………………………… 504

三、柬埔寨法律风险 ………………………………………… 505

（一）投资风险 …………………………………………… 505

（二）金融风险 …………………………………………… 506

（三）劳动用工风险 ……………………………………… 507

（四）知识产权风险 ……………………………………… 507

（五）税收风险 …………………………………………… 507

（六）争议解决风险 ……………………………………… 507

（七）外汇风险 …………………………………………… 508

（八）签证风险 …………………………………………… 508

四、法律风险防范对策 ……………………………………… 508

（一）投资风险防范 ……………………………………… 508

（二）金融风险防范 ……………………………………… 509

（三）劳动用工风险防范 ………………………………… 509

（四）知识产权风险防范 ………………………………… 510

（五）税收风险防范 ……………………………………… 510

（六）争议解决风险防范 ………………………………… 510

（七）外汇风险防范 ……………………………………… 510

（八）签证风险防范 ……………………………………… 511

五、投资柬埔寨相关案例评析 ……………………………… 511

（一）商业特许经营权 …………………………………… 511

（二）商业并购 …………………………………………… 512

（三）经济特区许可证 …………………………………… 514

六、柬埔寨现行法律法规清单 ……………………………… 516

第十三章　缅甸 ………………………………………………… 522

一、中缅经济法律关系概述 ………………………………… 522

（一）缅甸基本情况介绍 ………………………………… 522

（二）缅甸经济贸易概况 ………………………………… 526

（三）中—缅投资贸易概况 ……………………………… 530

二、缅甸法律制度概述 ……………………………………… 531

（一）投资法律制度 ……………………………………… 531

（二）贸易法律制度 ……………………………………… 535

（三）金融法律制度 ……………………………………… 536

（四）劳动法律制度 ……………………………………… 537

（五）知识产权法律制度 ………………………………… 538

（六）税收法律制度 ……………………………………… 539

（七）争议解决法律制度 ………………………………… 541

（八）数据保护法律制度 ………………………………… 542

（九）环境保护法律制度 ………………………………… 542

三、缅甸法律风险 …………………………………………… 543

（一）投资风险 ………………………………………………… 543

（二）贸易风险 ………………………………………………… 543

（三）金融风险 ………………………………………………… 543

（四）劳动用工风险 …………………………………………… 544

（五）知识产权风险 …………………………………………… 544

（六）司法救济风险 …………………………………………… 544

（七）数据保护风险 …………………………………………… 544

（八）环境保护风险 …………………………………………… 545

四、法律风险防范对策 ……………………………………………… 545

（一）投资风险防范 …………………………………………… 545

（二）金融贸易风险防范 ……………………………………… 546

（三）劳动用工风险防范 ……………………………………… 546

（四）知识产权风险防范 ……………………………………… 546

（五）争议解决风险防范 ……………………………………… 547

（六）数据保护风险防范 ……………………………………… 548

（七）环境保护风险防范 ……………………………………… 548

五、投资缅甸相关案例评析 ………………………………………… 549

（一）针对缅甸包装设计复制品的行动 ……………………… 549

（二）正确划定海上保险投保人告知义务的案例 …………… 549

（三）缅甸民事判决的执行申请 ……………………………… 550

六、缅甸现行法律法规清单 ………………………………………… 551

第十四章 文莱 ………………………………………………………… 555

一、中文经济法律关系概述 ………………………………………… 555

（一）文莱基本情况介绍 ……………………………………… 555

（二）文莱经济贸易概况 ……………………………………… 559

（三）中文投资贸易概况 ……………………………………… 563

二、文莱法律制度概述 ……………………………………………… 565

（一）投资法律制度 …………………………………………… 565

（二）贸易法律制度 …………………………………………… 566

（三）金融法律制度 …………………………………………… 568

（四）劳动制度 ………………………………………………… 568

（五）知识产权法律制度 ……………………………………… 569

（六）税收法律制度 …………………………………………… 570

（七）争议解决法律制度 ……………………………………… 571

（八）数据保护法律制度 ……………………………………… 572

（九）环境保护法律制度 ……………………………………… 572

三、文莱法律风险 …………………………………………………… 573

（一）投资风险 ………………………………………………… 573

（二）贸易风险 …………………………………………………… 573

（三）金融风险 …………………………………………………… 574

（四）知识产权风险 ……………………………………………… 574

（五）税收风险 …………………………………………………… 574

（六）司法救济风险 ……………………………………………… 574

（七）数据保护风险 ……………………………………………… 574

（八）环境保护风险 ……………………………………………… 575

四、法律风险防范对策 ……………………………………………… 576

（一）投资风险防范 ……………………………………………… 576

（二）金融贸易风险防范 ………………………………………… 576

（三）知识产权风险防范 ………………………………………… 576

（四）税收风险防范 ……………………………………………… 577

（五）争议解决风险防范 ………………………………………… 577

（六）数据保护风险防范 ………………………………………… 578

（七）环境保护风险防范 ………………………………………… 579

五、投资文莱相关案例评析 ………………………………………… 579

（一）诉讼的中止 ………………………………………………… 579

（二）解除劳动合同 ……………………………………………… 580

（三）建设施工合同的违约 ……………………………………… 582

六、文莱现行法律法规清单 ………………………………………… 583

后　记 ………………………………………………………………… 586

第一篇

政策动力

第一章 关键政策

2013 年 9 月和 10 月，习近平主席在访问哈萨克斯坦和印度尼西亚期间先后提出共同建设"丝绸之路经济带"与"21 世纪海上丝绸之路"两大倡议，简称"一带一路"倡议。

2013 年 11 月，党的十八届三中全会通过的《中共中央关于全面深化改革若干重大问题的决定》明确提出，"加快同周边国家和区域基础设施互联互通建设，推进丝绸之路经济带、海上丝绸之路建设，形成全方位开放新格局"。

2013 年 12 月，习近平主席在中央经济工作会议上提出："推进丝绸之路经济带建设，抓紧制定战略规划，加强基础设施互联互通建设。建设 21 世纪海上丝绸之路，加强海上通道互联互通建设，拉紧相互利益纽带。"

2014 年 3 月，"一带一路"建设被写进了《政府工作报告》，提出："抓紧规划建设丝绸之路经济带、21 世纪海上丝绸之路，推进孟中印缅、中巴经济走廊建设，推出一批重大支撑项目，加快基础设施互联互通，拓展国际经济技术合作新空间。"

2014 年 11 月，习近平主席在中国举办的 APEC 峰会上宣布，中国将出资 400 亿美元成立丝路基金。2014 年 12 月 2 日，中共中央、国务院印发了《丝绸之路经济带和 21 世纪海上丝绸之路建设战略规划》。2014 年 12 月 9 日，中央经济工作会议提出要重点实施"一带一路"。

2015 年，"一带一路"建设进入务实展开阶段。2015 年 2 月 1 日，推进"一带一路"建设工作会议在北京召开，推进"一带一路"建设工作领导小组成立。2015 年《政府工作报告》进一步提出："加快实施走出去战略。鼓励企业参与境外基础设施建设和产能合作，推动铁路、电力、通信、工程机械以及汽车、飞机、电子等中国装备走向世界，促进冶金、建材等产业对外投资。""构建全方位对外开放新格局。推进丝绸之路经济带和 21 世纪海上丝绸之路合作建设。加快互联互通、大通关和国际物流大通道建设。构建中巴、孟中印缅等经济走廊。""把'一带一路'建设与区域开发开放结合起来，加强新亚欧大陆桥、陆海口岸支点建设。"

2015 年 3 月，在两会后，国家发展和改革委员会（以下简称"国家发展改革委"）、外交部、商务部联合发布了《推动共建丝绸之路经济带和 21 世纪海上丝绸之路的愿景与行动》（以下简称《愿景与行动》），提出了实施共建"一带一路"的战略框架。

2015 年 5 月 12 日，国务院发布《关于加快培育外贸竞争新优势的若干意见》，提出"全面提升与'一带一路'沿线国家经贸合作水平"。

2015 年 5 月 16 日，国务院发布的《关于推进国际产能和装备制造合作的指导意见》提出："推进国际产能和装备制造合作，是开展互利合作的重要抓手。当前，全球基础设施建设掀起新热潮，发展中国家工业化、城镇化进程加快，积极开展境外基础设施建设和产能投资合作，有利于深化我国与有关国家的互利合作，促进当地经济和社会发展。""完善对外合作机制。充分发挥现有多双边高层合作机制的作用，与重点国家建立产能合作机制，加强政府间交流协调以及与相关国际和地区组织的合作，搭建政府和企业对外合作平台，推动国际产能和装备制造合作取得积极进展。"

2015 年，人民币加入国际货币基金组织特别提款权货币篮子，亚洲基础设施投资银行正式成立，丝路基金投入运营，并且签署了中国—东盟自贸区升级议定书。同时，国际产能合作步伐加快，高铁、核电等中国装备"走出去"取得突破性进展。"一带一路"建设成效显现，2016 年《政府工作报告》进一步提出："扎实推进'一带一路'建设。统筹国内区域开发开放与国际经济合作，共同打造陆上经济走廊和海上合作支点，推动互联互通、经贸合作、人文交流。构建沿线大通关合作机制，建设国际物流大通道。推进边境经济合作区、跨境经济合作区、境外经贸合作区建设。坚持共商共建共享，使'一带一路'成为和平友谊纽带、共同繁荣之路。"

2016 年 3 月，十二届全国人大四次会议表决通过了《中华人民共和国国民经济和社会发展第十三个五年规划纲要》，提出"推进'一带一路'建设"，"健全'一带一路'合作机制"，"畅通'一带一路'经济走廊"，以及"共创开放包容的人文交流新局面"。具体内容如下："围绕政策沟通、设施联通、贸易畅通、资金融通、民心相通，健全'一带一路'双边和多边合作机制。推动与沿线国家发展规划、技术标准体系对接，推进沿线国家间的运输便利化安排，开展沿线大通关合作。建立以企业为主体、以项目为基础、各类基金引导、企业和机构参与的多元化融资模式。加强同国际组织和金融组织机构合作，积极推进亚洲基础设施投资银行、金砖国家新开发银行建设，发挥丝路基金作用，吸引国际资金共建开放多元共赢的金融合作平台。充分发挥广大海外侨胞和归侨侨眷的桥梁纽带作用。""推动中蒙俄、中国—中亚—西亚、中国—中南半岛、新亚欧大陆桥、中巴、孟中印缅等国际经济合作走廊建设，推进与周边国家基础设施互联互通，共同构建连接亚洲各次区域以及亚欧非之间的基础设施网络。加强能源资源和产业链合作，提高就地加工转化率。支持中欧等国际集装箱运输和邮政班列发展。建设上合组织国际物流园和中哈物流合作基地。积极推进'21 世纪海上丝绸之路'战略支点建设，参与沿线重要港口建设与经营，推动共建临港产业集聚区，畅通海上贸易通道。推进公铁水及航空多式联运，构建国际物流大通道，加强重要通道、口岸基础设施建设。建设新疆丝绸之路经济带核心区、福建'21 世纪海上丝绸之路'核心区。打造具有国际航运影响力的海上丝绸之路指数。""办好'一带一路'国际高峰论坛，发挥丝绸之路（敦煌）国际文化博览会等作用。广泛开展教育、科技、文化、体育、旅游、环保、卫生及中医药等领域合作。构建官民并举、多方参与的人文交流机制，互办文化年、艺术节、电影节、博览会等活动，鼓励丰富多样的民间文化交流，发挥妈祖文化等民间文化的积极作用。联合开发特色旅游产品，提高旅游便利化。加强卫生防疫领域交流合作，提高合作处理突发公共卫生事件能力。推动建立智库联盟。"

2016 年 8 月，推进"一带一路"建设工作座谈会在北京召开，习近平强调，要聚焦政策沟通、设施联通、贸易畅通、资金融通、民心相通，聚焦构建互利合作网络、新型合作模式、多元合作平台，聚焦携手打造绿色丝绸之路、健康丝绸之路、智力丝绸之路、和平丝绸之路，以钉钉子精神抓下去，一步一步把"一带一路"建设推向前进，让"一带一路"建设造福沿线各国人民。习近平就推进"一带一路"建设提出八项要求：一是要切实推进思想统一，聚焦重点地区、重点国家、重点项目，抓住发展这个最大公约数，不仅造福中国人民，更造福沿线各国人民。二是要切实推进规划落实，重点支持基础设施互联互通、能源资源开发利用、经贸产业合作区建设、产业核心技术研发支撑等战略性优先项目。三是要切实推进统筹协调，鼓励国内企业到沿线国家投资经营，也欢迎沿线国家企业到我国投资兴业，加强"一带一路"建设同京津冀协同发展、长江经济带发展等国家战略的对接，带动形成全方位开放、东中西部联动发展的局面。四是要切实推进关键项目落地，实施好一批示范性项目。五是要切实推进金融创新，建立服务"一带一路"建设长期、稳定、可持续、风险可控的金融保障体系。六是要切实推进民心相通，弘扬丝路精神，推进文明交流互鉴，重视人文合作。七是要切实推进舆论宣传，加强"一带一路"建设学术研究、理论支撑、话语体系建设。八是要切实推进安全保障。

2016 年，在国际上，进一步推进"一带一路"建设，与沿线国家加强战略对接、务实合作；在国内，深入实施"一带一路"建设、京津冀协同发展、长江经济带发展，启动建设一批重点项目，新的增长极增长带加快形成。

2017 年《政府工作报告》提出的 2017 年重点工作任务包括："扎实推进'一带一路'建设。坚持共商共建共享，加快陆上经济走廊和海上合作支点建设，构建沿线大通关合作机制。深化国际产能合作，带动我国装备、技术、标准、服务走出去，实现优势互补。加强教育、科技、文化、卫生、旅游等人文交流合作。高质量办好'一带一路'国际合作高峰论坛，同奏合作共赢新乐章。"

2017 年，首届"一带一路"国际合作高峰论坛成功举办，形成了 76 大项、270 多项具体成果；中国财政部与相关国家财政部共同核准《"一带一路"融资指导原则》；中国政府有关部门发布《共建"一带一路"：理念、实践与中国的贡献》《推动丝绸之路经济带和 21 世纪海上丝绸之路能源合作的愿景与行动》《共同推进"一带一路"建设农业合作的愿景与行动》《关于推进绿色"一带一路"建设的指导意见》《"一带一路"建设海上合作设想》等文件。这一年"空中丝绸之路""冰上丝绸之路"等概念先后被提出。

2017 年 10 月，党的十九大在北京举行，坚持正确义利观，推动构建人类命运共同体，遵循共商共建共享原则，推进"一带一路"建设等内容被写入党章。这不仅彰显了"一带一路"建设的重要性，还意味着"一带一路"建设将是着眼未来的长远规划。党的十九大报告指出："要以'一带一路'建设为重点，坚持引进来和走出去并重，遵循共商共建共享原则，加强创新能力开放合作，形成陆海内外联动、东西双向互济的开放格局。""中国坚持对外开放的基本国策，坚持打开国门搞建设，积极促进'一带一路'国际合作，努力实现政策沟通、设施联通、贸易畅通、资金融通、民心相通，打造国际合作新平台，增添共同发展新动力。"

2018 年《政府工作报告》提出："推进'一带一路'国际合作。坚持共商共建共享，落实'一带一路'国际合作高峰论坛成果。推动国际大通道建设，深化沿线大通关合作。扩大国际产能合作，带动中国制造和中国服务走出去。优化对外投资结构。加大西部、内陆和沿边开放力度，提高边境跨境经济合作区发展水平，拓展开放合作新空间。"

2018 年经济全球化遭遇波折，多边主义受到冲击，中美经贸摩擦给企业生产经营带来不确定性，叠加经济、产业、企业转型，即使面对深刻变化的外部环境，共建"一带一路"引领效应持续释放，同沿线国家的合作机制不断健全，经贸合作和人文交流加快推进。

2018 年 8 月，推进"一带一路"建设工作 5 周年座谈会在北京召开，会上强调共建"一带一路"顺应了全球治理体系变革的内在要求，彰显了同舟共济、权责共担的命运共同体意识，为完善全球治理体系变革提供了新思路新方案。共建"一带一路"不仅是经济合作，而且是完善全球发展模式和全球治理、推进经济全球化健康发展的重要途径。会上习近平还指出，过去几年共建"一带一路"完成了总体布局，今后要聚焦重点、精雕细琢。要在项目建设上下功夫；要在开拓市场上下功夫，发展跨境电子商务等贸易新业态、新模式；要在金融保障上下功夫；要推动教育、科技、文化、体育、旅游、卫生、考古等领域交流蓬勃开展；要规范企业投资经营行为；要高度重视境外风险防范。

2019 年《政府工作报告》进一步提出："坚持共商共建共享，遵循市场原则和国际通行规则，发挥企业主体作用，推动基础设施互联互通，加强国际产能合作，拓展第三方市场合作。办好第二届'一带一路'国际合作高峰论坛。推动对外投资合作健康有序发展。"

2019 年，第二届"一带一路"国际合作高峰论坛等重大主场外交活动成功举办。

2020 年《政府工作报告》指出，"中国特色大国外交成果丰硕"，中国"积极参与全球治理体系建设和改革，推动构建人类命运共同体。经济外交、人文交流卓有成效。中国为促进世界和平与发展作出了重要贡献"。2020 年《政府工作报告》还提出："高质量共建'一带一路'。坚持共商共建共享，遵循市场原则和国际通行规则，发挥企业主体作用，开展互惠互利合作。引导对外投资健康发展。""推动贸易和投资自由化便利化。坚定维护多边贸易体制，积极参与世贸组织改革。推动签署区域全面经济伙伴关系协定，推进中日韩等自贸谈判。共同落实中美第一阶段经贸协议。中国致力于加强与各国经贸合作，实现互利共赢。"

2021 年《政府工作报告》指出，经过五年持续奋斗，"十三五"规划主要目标任务胜利完成，中华民族伟大复兴向前迈出了新的一大步。其中，对外开放持续扩大，共建"一带一路"成果丰硕。同时，将"建设更高水平开放型经济新体制，推动共建'一带一路'高质量发展，构建面向全球的高标准自由贸易区网络"，作为"十四五"时期主要目标任务之一。2021 年《政府工作报告》还提出："高质量共建'一带一路'。坚持共商共建共享，坚持以企业为主体、遵循市场化原则，健全多元化投融资体系，强化法律服务保障，有序推动重大项目合作，推进基础设施互联互通。提升对外投资合作质量效益。"

2021 年 3 月，十三届全国人大四次会议通过《中华人民共和国国民经济和社会发展第十四个五年规划和 2035 年远景目标纲要》，进一步将"推动共建'一带一路'高质量发展"作为专章内容，提出"加强发展战略和政策对接""推进基础设施互联互通""深化经贸投资务实合作""架设文明互学互鉴桥梁"四方面发展要求，具体内容如下：

推进战略、规划、机制对接，加强政策、规则、标准联通。创新对接方式，推进已签文件落实见效，推动与更多国家商签投资保护协定、避免双重征税协定等，加强海关、税收、监管等合作，推动实施更高水平的通关一体化。拓展规则对接领域，加强融资、贸易、能源、数字信息、农业等领域规则对接合作。促进共建"一带一路"倡议同区域和国际发展议程有效对接、协同增效。

推动陆海天网四位一体联通，以"六廊六路多国多港"为基本框架，构建以新亚欧大陆桥等经济走廊为引领，以中欧班列、陆海新通道等大通道和信息高速路为骨架，以铁路、港口、管网等为依托的互联互通网络，打造国际陆海贸易新通道。聚焦关键通道和关键城市，有序推动重大合作项目建设，将高质量、可持续、抗风险、价格合理、包容可及目标融入项目建设全过程。提高中欧班列开行质量，推动国际陆运贸易规则制定。扩大"丝路海运"品牌影响。推进福建、新疆建设"一带一路"核心区。推进"一带一路"空间信息走廊建设。建设"空中丝绸之路"。

推动与共建"一带一路"国家贸易投资合作优化升级，积极发展丝路电商。深化国际产能合作，拓展第三方市场合作，构筑互利共赢的产业链供应链合作体系，扩大双向贸易和投资。坚持以企业为主体、市场为导向，遵循国际惯例和债务可持续原则，健全多元化投融资体系。创新融资合作框架，发挥共建"一带一路"专项贷款、丝路基金等作用。建立健全"一带一路"金融合作网络，推动金融基础设施互联互通，支持多边和各国金融机构共同参与投融资。完善"一带一路"风险防控和安全保障体系，强化法律服务保障，有效防范化解各类风险。

深化公共卫生、数字经济、绿色发展、科技教育、文化艺术等领域人文合作，加强议会、政党、民间组织往来，密切妇女、青年、残疾人等群体交流，形成多元互动的人文交流格局。推进实施共建"一带一路"科技创新行动计划，建设数字丝绸之路、创新丝绸之路。加强应对气候变化、海洋合作、野生动物保护、荒漠化防治等交流合作，推动建设绿色丝绸之路。积极与共建"一带一路"国家开展医疗卫生和传染病防控合作，建设健康丝绸之路。

2021年11月，第三次"一带一路"建设座谈会在北京召开，习近平强调，要以高标准、可持续、惠民生为目标继续推动共建"一带一路"高质量发展。习近平还强调，要夯实发展根基，要深化互联互通，完善陆、海、天、网"四位一体"互联互通布局，深化传统基础设施项目合作，推进新型基础设施项目合作，提升规则标准等"软联通"水平，为促进全球互联互通做增量；要稳步拓展合作新领域，要稳妥开展健康、绿色、数字、创新等新领域合作，培育合作新增长点；要更好服务构建新发展格局，要统筹考虑和谋划构建新发展格局和共建"一带一路"，聚焦新发力点，塑造新结合点，为畅通国内国际双循环提供有力支撑；要全面强化风险防控；要强化统筹协调。

2022年《政府工作报告》提出："高质量共建'一带一路'。坚持共商共建共享，巩固互联互通合作基础，稳步拓展合作新领域。推进西部陆海新通道建设。有序开展对外投资合作，有效防范海外风险。""深化多双边经贸合作。区域全面经济伙伴关系协定形成了全球最大自由贸易区，要支持企业用好优惠关税、原产地累积等规则，扩大贸易和投资合作。推动与更多国家和地区商签高标准自贸协定。坚定维护多边贸易体制，积极参与世贸组织改革。中国愿与世界各国加强互利合作，实现共赢多赢。"

自 2013 年以来，从国务院到各部委针对不同领域和不同区域共建"一带一路"出台了大量政策、规划和措施，各部委牵头进入探讨和行动阶段。

2023 年 10 月发布的《共建"一带一路"：构建人类命运共同体的重大实践》白皮书指出，共建"一带一路"围绕互联互通，以基础设施"硬联通"为重要方向，以规则标准"软联通"为重要支撑，以共建国家人民"心联通"为重要基础，不断深化政策沟通、设施联通、贸易畅通、资金融通、民心相通，不断拓展合作领域，成为当今世界范围最广、规模最大的国际合作平台。应该说，互联互通最初是从"软联通"和"心联通"开始的。

一、软联通：规则先行

规则标准是促进互联互通的桥梁和纽带，"一带一路"倡议提出以来，规则标准"软联通"成为推进"一带一路"建设的重要支撑。

2015 年 10 月，国家发展改革委发布《标准联通"一带一路"行动计划（2015-2017）》。该行动计划是为了贯彻落实《推动共建丝绸之路经济带和 21 世纪海上丝绸之路的愿景与行动》中提出的各项标准化工作任务，充分发挥标准化在推进"一带一路"建设中的基础和支撑作用而制定的。2017 年 12 月，《标准联通共建"一带一路"行动计划（2018-2020 年）》发布。这一行动计划是为了贯彻落实《推动共建丝绸之路经济带和 21 世纪海上丝绸之路的愿景与行动》和 2017 年"一带一路"国际合作高峰论坛精神，在实施《标准联通"一带一路"行动计划（2015-2017）》的基础上，围绕推进"一带一路"建设新阶段的总体要求和重点任务，结合标准化工作实际制定的。该行动计划聚焦互联互通建设关键通道和重大项目，部署了九大重点任务：一是对接战略规划，凝聚标准联通共建"一带一路"国际共识；二是深化基础设施标准化合作，支撑设施联通网络建设；三是推进国际产能和装备制造标准化合作，推动实体经济更好更快发展；四是拓展对外贸易标准化合作，推动对外贸易发展；五是加强节能环保标准化合作，服务绿色"一带一路"建设；六是推动人文领域标准化合作，促进文明交流互鉴；七是强化健康服务领域标准化合作，增进民心相通；八是开展金融领域标准化合作，服务构建稳定公平的国际金融体系；九是加强海洋领域标准化合作，助力畅通 21 世纪海上丝绸之路。

《标准联通共建"一带一路"行动计划（2018-2020 年）》聚焦重点领域、重点国家、重要平台和重要基础，统筹全国标准化资源，充分发挥企业、行业和地方作用，集中开展九个专项行动，即国家间标准互换互认行动、中国标准国际影响力提升行动、重点消费品对标行动、海外标准化示范推广行动、中国标准外文版翻译行动、标准信息服务能力提升行动、企业标准国际化能力提升行动、标准国际化创新服务行动和标准化助推国际减贫扶贫共享行动。

2016 年 6 月，国家质量监督检验检疫总局发布了《"一带一路"计量合作愿景与行动》，提出开放合作、互学互鉴、互利共赢的基本原则，以及四个方面的合作重点：加强计量政策沟通、推进计量国际互认、加强各国计量技术交流、提升计量服务能力。该文件还提出，要共同加强在新一代生物、新能源、新材料等新兴产业领域的深入合作，推进共同开展重大科技攻关，破解计量难题；共同适应产业变革趋势，加强各国在计量领域计量标准的合作研发；鼓励各国计量机构提供内容广泛的计量测试服务和互援互动，推动各国计量技术基础设施的共建共享。

2017年首届"一带一路"国际合作高峰论坛前后，由国家标准化管理委员会发起，我国与俄罗斯、白俄罗斯、塞尔维亚、蒙古国、柬埔寨、马来西亚、哈萨克斯坦、埃塞俄比亚、希腊、瑞士、土耳其、菲律宾共12个国家标准化机构共同签署了《关于加强标准合作，助推"一带一路"建设联合倡议》。

从2017年开始，国家标准化管理委员会先后举办了发展中国家标准化官员研修班、2021年中国—东盟国家标准互认线上研修班。

为加强对外经济合作领域信用体系建设，规范对外经济合作秩序，提高对外经济合作领域参与者的诚信意识，营造良好的对外经济合作大环境，2017年10月，国家发展改革委等28个部门联合发布了《关于加强对外经济合作领域信用体系建设的指导意见》。

2017年首届"一带一路"国际合作高峰论坛提出，中国政府将加大对沿线发展中国家的援助力度。为加强对外援助的战略谋划和统筹协调，推动援外工作统一管理，改革优化援外方式，更好服务国家外交总体布局和共建"一带一路"等，国务院机构改革方案提出，将商务部对外援助工作有关职责、外交部对外援助协调等职责整合，组建国家国际发展合作署，作为国务院直属机构。2018年3月，十三届全国人大一次会议表决通过了关于国务院机构改革方案的决定，组建国家国际发展合作署。

在助力中国企业"走出去"的过程中，为了更好地发挥税收职能作用，服务我国对外开放，服务"走出去"的纳税人，国家税务总局以税收服务"一带一路"建设为抓手，以纳税人需求为导向，组织开展了一系列工作。2015年，国家税务总局梳理了已经加入"一带一路"倡议的64个国家签署税收协定的情况，在尚未与我国签署协定的国家中择重点开展谈判，同时与一些国家就现行协定进行了修订。2015年，国家税务总局与柬埔寨、俄罗斯、印度尼西亚、印度、巴基斯坦和罗马尼亚进行了税收协定谈判或修订性谈判。据不完全统计，2015年新签署的税收协定、议定书和谅解备忘录将减轻我国金融机构境外利息预提税负担约96亿元人民币。除了谈签税收协定外，国家税务总局积极处理"一带一路"沿线国家的相互协商案件，帮助我国企业解决境外涉税争议，为企业减轻境外税收负担。

为帮助中国企业防范和避免境外投资税收风险，2017年国家税务总局发布了《"走出去"税收指引》，内容包括税收政策、税收协定、管理规定及服务举措等。国家税务总局对当时可能涉及的47个税收制度文件及105个税收协定进行了集成和分类处理，形成了涵盖83个具体事项的指引。2019年和2021年，国家税务总局先后两次发布了修订版。此后国家税务总局根据国别发布了中国居民赴某国家（地区）投资税收指南。

2018年5月，科学技术部（以下简称"科技部"）和全国工商联联合发布的《关于推动民营企业创新发展的指导意见》提出依托"一带一路"科技创新行动计划，支持民营企业积极参与科技人文交流、共建联合实验室、科技园区合作和技术转移。支持民营企业与"一带一路"沿线国家企业、大学、科研机构开展高层次、多形式、宽领域的科技合作。鼓励民营企业并购重组海外高技术企业，设立海外研发中心，促进顶尖人才、先进技术及成果引进和转移转化，实现优势产业、优质企业和优秀产品"走出去"，提升科技创新能力对外开放水平。

中央企业则以优势产品和重大工程为依托，积极推动我国规则、技术、标准走出去，牵头制定移动通信、特高压等重要国际标准超过 100 项，强化民航、建材、物流、水电等多领域标准合作。

为了加强廉洁建设和反腐败国际合作，以及防范企业可能的短期行为和其他风险，中国政府先后出台一系列文件和规范。2017 年 5 月，中央全面深化改革领导小组第三十五次会议审议通过了《关于规范企业海外经营行为的若干意见》，对加强企业海外经营行为自律和监管、提高企业海外经营行为合规性做出全面部署。2017 年 6 月，财政部发布《国有企业境外投资财务管理办法》。2017 年 8 月，国家发展改革委、商务部、中国人民银行、外交部联合发布《关于进一步引导和规范境外投资方向的指导意见》。2017 年 12 月，中央纪委驻国资委纪检组印发《关于加强中央企业境外廉洁风险防控的指导意见》。2017 年底，国家质量检验检疫总局与国家标准化管理委员会发布了《合规管理体系指南》（GB/T 35770-2017），就合规管理体系的各项要素及各类组织建立、实施、评价和改进合规管理体系给出指导和建议。

同时，为了加强境外投资宏观指导，优化境外投资综合服务，完善境外投资全程监管，促进境外投资持续健康发展，维护我国国家利益和国家安全，国家发展改革委发布的《企业境外投资管理办法》于 2018 年 3 月 1 日起施行。

2018 年 11 月，国务院国有资产监督管理委员会（以下简称"国资委"）印发《中央企业合规管理指引（试行）》，为中央企业合规管理提供重要政策引导，同时对我国其他企业的合规管理也起到了重要的推动作用。

2018 年 12 月，国家发展改革委等发布了《企业境外经营合规管理指引》。

在金融领域，共建"一带一路"过程中为加强金融服务和风险防范，国家金融监督部门出台了相应制度规章。从银行业来看，自 2016 年开始，相关部门先后印发《关于进一步加强银行业金融机构境外运营风险管理的通知》（中国银监会 2016 年 4 月发布），《关于规范银行业服务企业走出去　加强风险防控的指导意见》（中国银监会 2017 年 1 月发布），《关于加强中资商业银行境外机构合规管理长效机制建设的指导意见》（中国银保监会 2019 年 1 月发布）等文件，从境外运营风险、境外机构合规管理长效机制等方面对银行业金融机构走出去和服务共建"一带一路"提出监管要求和指导意见，同时从境外保险机构设立、保险业服务"一带一路"建设、保险资金境外投资等方面作出规定，为银行保险机构境外合规经营提供有力指引。

从保险业来看，2017 年 4 月，中国保监会发布了《关于保险业服务"一带一路"建设的指导意见》；2022 年 6 月，中国银保监会发布了《银行业保险业绿色金融指引》，提出银行保险机构应当积极支持"一带一路"绿色低碳建设，加强对拟授信和投资的境外项目的环境、社会和治理风险管理，要求项目发起人及其主要承包商、供应商遵守项目所在国家或地区有关生态、环境、土地、健康、安全等相关法律法规，遵循相关国际惯例或准则，确保对项目的管理与国际良好做法在实质上保持一致。

2020 年 7 月 28 日，在中国银保监会的指导下，中国"一带一路"再保险共同体正式成立，于 11 月 19 日正式运营。该共同体通过发挥再保险独特的专业技术优势，加强产品创新和业务数据标准化，全面提升中资海外利益特殊风险保障水平。截至 2023 年 9 月，该共同体成员公司已有 23 家中外保险、再保险公司。截至 2023 年 6 月末，"一带一路"共同体累计承保"一带一路"项目 74 个，保障境外总资产 570 亿元人民币。

国务院新闻办公室发布的《共建"一带一路"：构建人类命运共同体的重大实践》白皮书显示，截至 2023 年 6 月末，13 家中资银行在 50 个共建国家设立了 145 家一级机构，6 家中资保险机构在 8 个共建国家设立了 15 家境外分支机构。银行保险机构持续优化和完善境外机构布局，打造"一带一路"金融服务网络。国家金融监督管理总局的数据显示，截至 2022 年末，政策性银行在共建"一带一路"国家贷款合计 3.1 万亿元，同比增长 6.6%；大型商业银行对"一带一路"共建国家贷款余额约 2.3 万亿元。

截至 2023 年 9 月，国家金融监管总局已与 55 个共建国家金融监管当局签署了监管合作谅解备忘录或合作协议，在银行业保险业监管信息共享等方面不断扩大合作。此外，金融监管总局与多个共建国家建立了不同层级的双多边对话机制，例如，中日韩三方监管高层会谈、中新银行业保险业监管磋商等机制，通过双多边合作加强宏观风险动态监测，提升跨境监管水平。

从 2018 年开始，国家外汇管理局"一带一路"国家外汇管理政策研究小组发布《"一带一路"国家外汇管理政策概览》，该概览在综合国际货币基金组织《汇兑安排与汇兑限制年报（2017）》与相关国家外汇管理部门官方网站资料的基础上，从经常项目外汇管理、资本和金融项目外汇管理、个人外汇管理、金融机构外汇业务管理等方面对"一带一路"国家外汇管理政策情况进行了编译和梳理，旨在为参与"一带一路"贸易投资活动的银行、企业等市场主体提供更丰富的参考信息。国家外汇管理局有关负责人表示，后续将定期更新该概览内容，并将继续为市场主体参与"一带一路"建设营造有利的外汇政策环境，促进我国与"一带一路"沿线国家的协同联动发展。

2023 年是"一带一路"倡议提出十周年，国家外汇管理局"一带一路"国家外汇管理政策研究小组发布《"一带一路"国家外汇管理政策概览（2022）》，为参与"一带一路"贸易投资活动的市场主体提供更丰富的参考信息，促进我国与"一带一路"沿线国家政策沟通、设施联通、贸易畅通、资金融通、民心相通，推动共建"一带一路"高质量、高标准、高水平发展。这一概览还涉及主权货币及汇率形成机制、跨境收付安排、账户管理、经常项目外汇管理、资本和金融项目外汇管理、个人外汇管理、金融机构外汇业务管理等方面，旨在为市场主体理性开展"一带一路"贸易投资活动、维护自身合法权益提供更丰富的参考信息。

在资本市场，2017 年 10 月上海证券交易所发布《上海证券交易所服务"一带一路"建设愿景和行动计划（2018-2020 年）》。2018 年 3 月，沪深交易所发布关于开展"一带一路"债券试点的通知。交易所债券市场在助力"一带一路"资金融通、服务"一带一路"建设方面进行了有益尝试。2017 年 3 月，俄罗斯铝业联合公司（United Company RUSAL）在上海证券交易所成功完成首期人民币债券（熊猫债券）发行，这是首单俄罗斯大型骨干企业在中国发行的熊猫债券，也是首单"一带一路"沿线国家企业发行的熊猫债券；2018 年 1 月，红狮控股集团在上海证券交易所成功发行 3 亿元人民币债券用于老挝"一带一路"项目建设，成为首单境内企业募资用于"一带一路"项目的债券。

在司法保障领域，2015 年 6 月最高人民法院发布《关于人民法院为"一带一路"建设提供司法服务和保障的若干意见》。该意见提出，拓展国际司法交流宣传机制，增进沿线各国的法治认同。要充分发挥上海合作组织最高法院院长会议、中国—东盟大法官论坛、亚太首席大法官会议、金砖国家大法官会议等现有多边合作机制，办好区域国际司法论坛，共同研讨解决"一带一路"建设中的相关问题，与沿线各国携手打造稳定透明、公平公正的"一带一路"国际法治环境。要推动建立新机制，进一步加强我国与沿线国家司法机构之间的交流与合作，建立外国法查明工作平台，支持国内相关单位与"一带一路"沿线国家高等院校、科研机构之间积极开展法学交流活动，增进国际社会对中国司法的了解，促进各国法治互信。

2018 年 1 月，《关于建立"一带一路"国际商事争端解决机制和机构的意见》审议通过，平等保护中外当事人合法权益，努力营造公平公正的营商环境，为推进"一带一路"建设、实行高水平贸易和投资自由化便利政策、推动建设开放型世界经济提供更加有力的司法服务和保障。

2018 年 6 月，最高人民法院第一国际商事法庭、第二国际商事法庭分别于广东省深圳市、陕西省西安市揭牌，开始正式办公。2018 年 6 月，最高人民法院还发布了《关于设立国际商事法庭若干问题的规定》（2023 年又发布了修改版），以司法解释的形式为国际商事法庭顺利运行提供制度性规范。

2019 年 12 月，最高人民法院又发布了《关于人民法院进一步为"一带一路"建设提供司法服务和保障的意见》。

2021 年底，最高人民法院印发《全国法院涉外商事海事审判工作座谈会会议纪要》，对涉外商事海事审判中的 111 个疑难问题给出明确答案。

此外，为统一裁判尺度，积极回应"一带一路"建设中涉外商事海事案件中有争议的法律问题，最高人民法院先后分四批发布 40 个涉"一带一路"建设典型案例，包括国际货物买卖合同纠纷、海上货物运输合同纠纷、保函欺诈纠纷、信用证开证纠纷等，不仅有力提升了人民法院服务高质量共建"一带一路"的水平，还让公众和企业获得了明确稳定的法律预期。2020 年 11 月 30 日，中国最高人民法院与新加坡最高法院共同编纂的《中国—新加坡"一带一路"国际商事审判案例选》（中英文版）出版发行，是中国最高人民法院与普通法国家在案例交流合作方面的一次有益尝试。

二、心联通：文化、教育、科技加力

"心联通"是情谊交融的重要纽带，同共建国家人民"心联通"是共建"一带一路"的重要基础。在第三届"一带一路"国际合作高峰论坛务实合作项目清单（共 369 项）中，民生及民心相通类项目就有 21 项，中国还将实施 1000 个小型民生援助项目。在第三届"一带一路"国际合作高峰论坛上发布的成果清单中，民间交往类有 93 大项、文旅类有 51 大项、教育类有 29 项。

2016 年 12 月，文化部发布了《文化部"一带一路"文化发展行动计划（2016-2020年）》，该行动计划提出以"政府主导，开放包容；交融互鉴，创新发展；市场引导，互利共赢"为基本原则，重点任务是健全"一带一路"文化交流合作机制、完善"一带一路"文化交流合作平台、打造"一带一路"文化交流品牌、推动"一带一路"文化产业繁荣发展、促进"一带一路"文化贸易合作，具体包括 12 项子计划，即"一带一路"国际交流机制建设计划、"一带一路"国内合作机制建设计划、"一带一路"沿线国家中国文化中心建设计划、"一带一路"文化交流合作平台建设计划、"丝绸之路文化之旅"计划、"丝绸之路文化使者"计划、"一带一路"艺术创作扶持计划、"一带一路"文化遗产长廊建设计划、"丝绸之路文化产业带"建设计划、动漫游戏产业"一带一路"国际合作行动计划、 "一带一路"文博产业繁荣计划和"一带一路"文化贸易拓展计划。2017 年，我国还与乌兹别克斯坦、智利、柬埔寨等国家相关部门签署旅游合作协议或备忘录等。我国中央电视台与有关国家主流媒体成立了"一带一路"新闻合作联盟。

在教育方面，2016 年，教育部牵头制定《推进共建"一带一路"教育行动》，该教育行动指出，沿线各国教育特色鲜明、资源丰富、互补性强、合作空间巨大。中国将以基础性、支撑性、引领性三方面举措为建议框架，开展三方面重点合作，对接沿线各国意愿，互鉴先进教育经验，共享优质教育资源，全面推动各国教育提速发展。该教育行动提出了开展教育互联互通合作、开展人才培养培训合作和共建丝路合作机制三大合作重点，具体包括："助力教育合作渠道畅通。推进'一带一路'国家间签证便利化，扩大教育领域合作交流，形成往来频繁、合作众多、交流活跃、关系密切的携手发展局面。鼓励有合作基础、相同研究课题和发展目标的学校缔结姊妹关系，逐步深化拓展教育合作交流。举办沿线国家校长论坛，推进学校间开展多层次多领域的务实合作。支持高等学校依托学科优势专业，建立产学研用结合的国际合作联合实验室（研究中心）、国际技术转移中心，共同应对经济发展、资源利用、生态保护等沿线各国面临的重大挑战与机遇。打造'一带一路'学术交流平台，吸引各国专家学者、青年学生开展研究和学术交流。推进'一带一路'优质教育资源共享。""推进沿线国家民心相通。鼓励沿线国家学者开展或合作开展中国课题研究，增进沿线各国对中国发展模式、国家政策、教育文化等各方面的理解。建设国别和区域研究基地，与对象国合作开展经济、政治、教育、文化等领域研究。""推动落实联合国教科文组织《亚太地区承认高等教育资历公约》，支持教科文组织建立世界范围学历互认机制，实现区域内双边多边学历学位关联互认。""实施'丝绸之路'人才联合培养推进计划。推进沿线国家间的研修访学活动。鼓励沿线各国高等学校在语言、交通运输、建筑、医学、能源、环境工程、水利工程、生物科学、海洋科学、生态保护、文化遗产保护等沿线国家发展急需的专业领域联合培养学生，推动联盟内或校际间教育资源共享。""充分发挥国际合作平台作用。发挥上海合作组织、东亚峰会、亚太经合组织、亚欧会议、亚洲相互协作与信任措施会议、中阿合作论坛、东南亚教育部长组织、中非合作论坛、中巴经济走廊、孟中印缅经济走廊、中蒙俄经济走廊等现有双边多边合作机制作用，增加教育合作的新内涵。借助联合国教科文组织等国际组织力量，推动沿线各国围绕实现世界教育发展目标形成协作机制。充分利用中国—东盟教育交流周、中日韩大学交流合作促进委员会、中阿大学校长论坛、中非高校 20+20 合作计划、中日大学校长论坛、中韩大学校长论坛、中俄大学联盟等已有平台，开展务实教育合作交流。支持在共同区域、有合作基础、具备相同专业背景的学校组建联盟，不断延展教育务实合作平台。"

中国教育部与俄罗斯、哈萨克斯坦、波黑、爱沙尼亚、老挝等国教育部门签署教育领域合作文件，与塞浦路斯签署相互承认高等教育学历和学位协议，与沿线国家建立音乐教育联盟。2018 年，教育部发布《高校科技创新服务"一带一路"倡议行动计划》，提出以建立"一带一路"双边和多边高校创新合作机制为重点，充分发挥高校在"一带一路"建设中的先行者作用，通过平台搭建、人才交流、项目合作、技术转移，立足沿线国家、面向全球建立高校国际协同创新网络，营造科技人才友好稳定交流的良好环境，共建一批国际科技合作创新平台，形成一批重大科技合作项目，转化应用一批先进技术成果，提升高校国际交流合作和服务国家重大需求的能力。该行动计划还提出四项重点任务：一是加快科技创新平台建设，包括共建联合实验室、共建产业技术研究院、共建科技创新协同体、促进科技创新资源共建共享。二是推动高校科技成果转化，包括建立面向沿线国家的技术市场、支持高校师生联合创新创业、支持和引导高校面向沿线国家开展技术交流。三是深化高校科技人文交流，包括扩大高校深层学术交流、加强高校科技政策沟通、促进高校科技智库合作、加强科技项目合作。四是促进科技人才交流，包括推动高校科技人才互访、加强科技人才联合培养。

在科技方面，2015 年 8 月，科技人才服务"一带一路"建设峰会在北京举行，会上提出了四项具体行动：打造科技人才智库，推进科技人才"一带一路"创新创业行动，深入开展科技管理人才培训，推进科普活动丝路行。会议还提出，根据实际需要，定期举办科技人才服务"一带一路"建设峰会，确定峰会长效组织机制，成立由科技、经济、产业等各方面专家组成的专家顾问组，对科技人才服务"一带一路"建设提出咨询建议，推进相关活动的有效开展。2016 年 6 月，第二届中国—南亚技术转移与创新合作大会在云南昆明开幕，科技部在大会上倡议成立"'一带一路'技术转移协作网络"。通过链接中国与南亚、东盟、中亚和阿拉伯国家等共建的系列区域技术转移中心和创新合作中心，构建覆盖中国重点省市和"一带一路"沿线国家的技术转移协作网络和合作对接平台，充分利用线上线下合作资源，围绕企业需求组织开展对接交流洽谈、技术培训和示范等，促进区域产学研深入对接与融合，推动"一带一路"创新共同体建设。

2016 年 8 月，国务院印发《"十三五"国家科技创新规划》，提出打造"一带一路"协同创新共同体，发挥科技创新合作对共建"一带一路"的先导作用，围绕沿线国家科技创新合作需求，全面提升科技创新合作层次和水平，打造发展理念相通、要素流动畅通、科技设施联通、创新链条融通、人员交流顺通的创新共同体。具体内容如下：

一、密切科技沟通和人文交流

加强与"一带一路"沿线国家人文交流，扩大人员往来。与沿线国家共同培养科技人才，扩大杰出青年科学家来华工作计划规模，广泛开展先进适用技术、科技管理与政策、科技创业等培训。鼓励我国科技人员赴沿线国家开展科技志愿服务，解决技术问题，满足技术需求。合作开展科普活动，促进青少年科普交流。密切与沿线国家科技政策的交流与沟通，形成科技创新政策协作网络。

二、加强联合研发和技术转移中心建设

结合沿线国家的重大科技需求，鼓励我国科研机构、高等学校和企业与沿线国家相关机构合作，围绕重点领域共建联合实验室（联合研究中心）。充分发挥我国面向东盟、中亚、南亚和阿拉伯国家的国际技术转移中心，共建一批先进适用技术示范与推广基地。合作建设一批特色鲜明的科技园区，探索多元化建设模式，搭建企业走出去平台。鼓励科技型企业在沿线国家创新创业，推动移动互联网、云计算、大数据、物联网等行业企业与沿线国家传统产业结合，促进新技术、新业态和新商业模式合作。

三、促进科技基础设施互联互通

加强适应性关键技术研发和技术标准对接，支撑铁路、公路联运联通，以及电网、信息通信网络互联互通，保障海上丝绸之路运输大通道建设。加快数据共享平台与信息服务设施建设，促进大型科研基础设施、科研数据和科技资源互联互通。持续推进大型科研基础设施国际开放，优先在"一带一路"沿线国家建立平台服务站点。建立地球观测与科学数据共享服务平台，实现亚太主要地球观测数据中心互联。搭建生物技术信息网络，促进沿线国家生物资源和技术成果数据库的共建共享。

四、加强与"一带一路"沿线国家的合作研究

积极开展重大科学问题和应对共同挑战的合作研究。加强在农业、人口健康、水治理、荒漠化与盐渍化治理、环境污染监控、海水淡化与综合利用、海洋和地质灾害监测、生态系统保护、生物多样性保护、世界遗产保护等重大公益性科技领域的实质性合作，推动在中医药、民族医药等领域开展生物资源联合开发、健康服务推广。在航空航天、装备制造、节水农业、生物医药、节能环保、新能源、信息、海洋等领域加强合作开发与产业示范，提升我国重点产业创新能力。加强"一带一路"区域创新中心建设，支持新疆建设丝绸之路经济带创新驱动发展试验区，支持福建建设21世纪海上丝绸之路核心区。

在2017年5月举办的第一届"一带一路"国际合作高峰论坛上，习近平主席在开幕式的主旨演讲中提出："中国愿同各国加强创新合作，启动'一带一路'科技创新行动计划，开展科技人文交流、共建联合实验室、科技园区合作、技术转移四项行动。我们将在未来5年内安排2500人次青年科学家来华从事短期科研工作，培训5000人次科学技术和管理人员，投入运行50家联合实验室。"在论坛上，中国政府倡议启动了《"一带一路"科技创新合作行动计划》，实施科技人文交流、共建联合实验室、科技园区合作、技术转移四项行动。习近平主席在讲话中强调，要将"一带一路"建成创新之路，要坚持创新驱动发展，加强在数字经济、人工智能、纳米技术、量子计算机等前沿领域合作，推动大数据、云计算、智慧城市建设，连接成21世纪的数字丝绸之路。

2017年6月，为进一步贯彻落实新修订的《促进科技成果转化法》、《实施〈促进科技成果转化法〉若干规定》、《促进科技成果转移转化行动方案》和《"十三五"国家科技创新规划》，加快推动技术市场发展，科技部发布了《"十三五"技术市场发展专项规划》，该专项规划提出："推动技术转移和成果转化服务国际化。强化技术转移和成果转化服务机构全球资源链接能力，按照'一带一路'战略布局，积极实施'走出去'和'引进来'。鼓励国内技术转移和成果转化服务机构在国外科技创新领先地区设立机构，

与国外同行开展深层合作，有效利用和配置全球创新资源，吸引国际先进的技术项目、优秀的人才团队和丰富的资本在华落地。鼓励跨国科技企业、国际知名技术转移机构等在国内建立分支机构，紧密跟踪全球领先的技术转移新模式新趋势，带动我国技术转移服务业加速发展。"

2017年9月，国务院发布《国家技术转移体系建设方案》，提出国家技术转移体系"两步走"建设目标：到2020年，适应新形势的国家技术转移体系基本建成，互联互通的技术市场初步形成，市场化的技术转移机构、专业化的技术转移人才队伍发展壮大，技术、资本、人才等创新要素有机融合，技术转移渠道更加畅通，面向"一带一路"沿线等国家的国际技术转移广泛开展，有利于科技成果资本化、产业化的体制机制基本建立；到2025年，结构合理、功能完善、体制健全、运行高效的国家技术转移体系全面建成，技术市场充分发育，各类创新主体高效协同互动，技术转移体制机制更加健全，科技成果的扩散、流动、共享、应用更加顺畅。该建设方案再次强调拓展国际技术转移空间："加速技术转移载体全球化布局。加快国际技术转移中心建设，构建国际技术转移协作和信息对接平台，在技术引进、技术孵化、消化吸收、技术输出和人才引进等方面加强国际合作，实现对全球技术资源的整合利用。加强国内外技术转移机构对接，创新合作机制，形成技术双向转移通道。""开展'一带一路'科技创新合作技术转移行动。与'一带一路'沿线国家共建技术转移中心及创新合作中心，构建'一带一路'技术转移协作网络，向沿线国家转移先进适用技术，发挥对'一带一路'产能合作的先导作用。""鼓励企业开展国际技术转移。引导企业建立国际化技术经营公司、海外研发中心，与国外技术转移机构、创业孵化机构、创业投资机构开展合作。开展多种形式的国际技术转移活动，与技术转移国际组织建立常态化交流机制，围绕特定产业领域为企业技术转移搭建展示交流平台。"

三、硬联通：以"数字丝绸之路"为例

共建"一带一路"在"硬联通"方面，中老铁路、雅万高铁、匈塞铁路、比雷埃夫斯港等一批标志性项目建成并投入运营，中欧班列开辟了亚欧陆路运输新通道，"丝路海运"国际航线网络遍及全球，硬联通让天堑变通途。作为共建"一带一路"的优先领域，设施联通以"六廊六路多国多港"为基本架构，加快推进多层次、复合型基础设施网络建设，基本形成"陆海天网"四位一体的互联互通格局。在三届"一带一路"项目清单中，列举的基础设施项目就有213项，列举的投融资项目有145项，可以说在过去十年中"硬联通"的成就随处可见。2013～2023年，中国积极帮助发展中国家加快基础设施建设，助力当地经济发展与民生改善有目共睹。而"云端"携手的"数字丝绸之路"建设也同样亮点纷呈。以"丝路电商"为抓手，中国与共建国家数字领域经贸合作水平不断提升，截至2022年底，中国已与17个国家签署"数字丝绸之路"合作谅解备忘录，与30个国家签署电子商务合作谅解备忘录。

为拓展数字经济领域的合作，从2016年开始，我国先后倡导发起《二十国集团数字经济发展与合作倡议》《"一带一路"数字经济国际合作倡议》，积极推进区域全面经济伙伴关系等近 20 个自贸协定电子商务议题谈判，与东盟、欧盟、"一带一路"国家和地区数字经济合作更加深化，数字贸易自由化便利化水平明显提高，推动共建共享数字丝绸之路。随着进一步拓宽海外企业信息服务获取渠道，强化安全预警信息发布，"一带一路"大数据服务体系基本形成，积极为参与"一带一路"建设的相关企业、组织和个人提供有效的信息和服务。

在国资委指导下，2017 年 7 月 26 日中央企业电子商务联盟（以下简称"央企电商联盟"）成立。央企电商联盟旨在推动中央企业在电子商务领域的互联互通、共享共赢，为中央企业构建跨境电子商务综合服务平台，为企业提供境外项目投资、建设、采购等线上一站式服务。中央企业在央企电商联盟合作机制框架下，以"互联网+"为手段，高效整合中央企业"一带一路"沿线优质资源，实现信息共享、资源共享、效益共享。中央企业跨境电商共享平台围绕国家重点对外投资项目，构建服务跨境项目投资、建设、采购的综合服务平台，提供"一带一路"项目全流程线上一站式服务，推进全产业链投资布局。

2017 年 12 月，在第四届世界互联网大会上，中国、老挝、沙特、塞尔维亚、泰国、土耳其、阿联酋等国家相关部门共同发起《"一带一路"数字经济国际合作倡议》。

国家互联网信息办公室从 2018 年开始会同有关方面跟踪监测各地区、各部门信息化发展情况，开展信息化发展评价工作，编制和发布《数字中国发展报告》。

2022 年 11 月，国务院新闻办公室发布《携手构建网络空间命运共同体》白皮书，介绍新时代我国互联网发展和治理理念与实践，分享我国推动构建网络空间命运共同体的积极成果。我国"积极参与世界贸易组织、二十国集团、亚太经合组织、金砖国家、上合组织等多边和区域贸易机制下的电子商务议题讨论，与自贸伙伴共同构建高水平数字经济规则。电子商务国际规则构建取得突破，区域全面经济伙伴关系协定电子商务章节成为目前覆盖区域最广、内容全面、水平较高的电子商务国际规则。""中国积极研发数字公共产品，提升数字公共服务合作水平。中阿电子图书馆项目以共建数字图书馆的形式，面向中国、阿盟各国提供中文和阿拉伯文自由切换浏览的数字资源和文化服务。充分利用网络信息技术建设国际合作教育'云上样板区'。联合日本、英国、西班牙、泰国等国教育机构、社会团体，共同发起'中文联盟'，为国际中文教育事业搭建教学服务及信息交流平台。"

数字经济领域对外投资合作不断深化，2022 年，我国跨境电商进出口额达 2.11 万亿元，同比增长 9.8%，高于同期外贸增速 2.1 个百分点，跨境电商规模五年增长近 10 倍。

2014 年，中国作为亚太经合组织东道主首次将互联网经济引入亚太经合组织合作框架，发起并推动通过《促进互联网经济合作倡议》。2019 年，亚太经合组织数字经济指导组成立后，中国积极推动全面平衡落实《APEC 互联网和数字经济路线图》。2020 年以来，中国先后提出"运用数字技术助力新冠疫情防控和经济复苏""优化数字营商环境，激活市场主体活力"等倡议，均获亚太经合组织协商一致通过。

2017 年，中国正式宣布加入世贸组织"电子商务发展之友"，协同发展中成员共同支持世贸组织电子商务议题磋商。2019 年，中国与美国、欧盟、俄罗斯、巴西、新加坡、尼日利亚、缅甸等76个世贸组织成员共同发表《关于电子商务的联合声明》，启动与贸易有关的电子商务议题谈判。2022年，中国与其他世贸组织成员共同发表《电子商务工作计划》部长决定，支持电子传输免征关税，助力全球数字经济发展。

"数字丝绸之路"是数字经济发展与"一带一路"倡议的有机结合，是数字技术对"一带一路"倡议的支撑。中国媒体在共建"一带一路"中，一方面发挥信息服务作用，对外传播相关信息；另一方面通过项目协议等与国外媒体开展国际合作，推动共建"一带一路"。2019年4月，"一带一路"新闻合作联盟首届理事会召开。"一带一路"新闻合作联盟网站也正式上线。2019年4月，《丝绸之路电视国际合作共同体5G+4K传播创新倡议书》正式发布。

2019年6月，全球30多家机构共同发起的"一带一路"经济信息共享网络在北京成立。"一带一路"经济信息共享网络由新华通讯社牵头发起，创始成员来自亚洲、欧洲、非洲、拉丁美洲、大洋洲的26个国家和地区，包括国际知名通讯社、信息服务机构、研究机构等。平台用于成员机构间进行信息交换和业务合作，针对"一带一路"共建各方的需求，成员机构可以实时免费共享"一带一路"相关的投资、贸易、产业、项目、企业等动态信息和研究成果，旨在通过建立完善的经济信息国际传播体系，消除信息不对称，为"一带一路"倡议参与各方提供示范、引导和服务，助力政策沟通的深化、设施联通的加强、贸易畅通的提升、资金融通的扩大、民心相通的促进。这是落实第二届"一带一路"国际合作高峰论坛成果清单的重要举措，进一步深化了中外媒体和研究机构在经济信息领域的交流合作。

2023年10月，在第三届"一带一路"国际合作高峰论坛数字经济高级别论坛上，中国等10余个国家共同发布《"一带一路"数字经济国际合作北京倡议》，从基础设施、产业转型、数字能力、合作机制等方面，提出进一步深化数字经济国际合作的20项共识。国家数据局局长刘烈宏在接受总台央视记者独家专访时表示，与会各方围绕推动"数字丝绸之路"建设合作集思广益，取得四方面成果：《"一带一路"数字经济国际合作北京倡议》，《数字"慧"就发展之路》案例集，《航运贸易数字化与"一带一路"合作创新白皮书》，企业合作文本交换仪式。刘烈宏还表示，在拓展合作深度上，中国持续与有关国家签署关于加强数字经济合作的谅解备忘录。合作领域不仅包括信息通信、云计算等基础设施建设，还包含数字技术在医疗、电力、铁路等各领域的应用项目。"促进融合发展"将是下一步数字经济国际合作的重点之一。深化数字技术创新、数字化转型、数字城市建设等方面的合作力度，协同推动农业、制造业、服务业数字化转型，让更多国家通过发展数字经济实现产业升级、释放发展动能。

随着网络信息基础设施的不断完善，"一带一路"不再是普通的地理概念，而是一个由沿线数十亿消费者、零售商、制造商、服务提供商和投资者组成，并持续生长与"进化"的网络信息互联互通共同体，形成了与沿线各国民心交融、稳定发展的新格局。

四、十年成果与未来方向

2023 年是共建"一带一路"倡议提出十周年，10 月 17～18 日第三届"一带一路"国际合作高峰论坛在北京成功举办。三届高峰论坛成果斐然，每一届高峰论坛都是共建"一带一路"的成果展，也是下一阶段任务的启动。在三届的论坛成果清单中，有 109 大类的项目是由各个部委与各方签署的，其中国家发展改革委签署了 28 项，商务部签署了10 项，财政部签署了 9 项，签署 5 项的有生态环境部、国家标准化管理委员会等；签署 4 项的有工业和信息化部（以下简称"工信部"）、中国人民银行、交通运输部等；签署 3 项的有国家能源局、海关总署、国家广播电视总局等；签署 2 项的有国家税务总局、国家监察委员会、国家市场监督管理总局、农村农业部、水利部等；签署 1 项的有国家金融监管总局、教育部、自然资源部、国家航天局、国家知识产权局、中国地震局、国家卫生健康委员会、人力资源和社会保障部、应急管理部、国家中医药管理局、文化和旅游部、国家文物局、国家体育总局、国家国际发展合作署、外交部等。

2017 年 5 月 14 日至 15 日，首届"一带一路"国际合作高峰论坛在北京举行，29 个国家的元首和政府首脑，140 多个国家、80 多个国际组织的 1600 多名代表与会，达成共5 大类、76 大项、270 项具体成果。

2019 年 4 月 25 日至 27 日，第二届"一带一路"国际合作高峰论坛在北京成功举行，38 个国家的元首和政府首脑等领导人以及联合国秘书长和国际货币基金组织总裁共 40 位领导人出席圆桌峰会。来自 150 个国家、92 个国际组织的 6000 余名外宾参加了论坛。论坛期间，有关国家和国际组织同中方签署了 100 多项多双边合作文件，一些国家和国际金融机构同中方签署了开展第三方市场合作文件，形成了 283 项的成果清单，发起成立 20多个"一带一路"多边对话合作平台，一个以高峰论坛为引领、各领域多双边合作为支撑的"一带一路"国际合作架构已基本成型。

2023 年 10 月 17 日至 18 日，第三届"一带一路"国际合作高峰论坛在北京举办，习近平主席在开幕式上作了题为《建设开放包容、互联互通、共同发展的世界》的重要讲话。本次高峰论坛有来自 151 个国家和 41 个国际组织的代表来华参会，注册总人数超过1 万人。论坛期间，各方共形成了 458 项成果，其中包括《深化互联互通合作北京倡议》《"一带一路"绿色发展北京倡议》《"一带一路"数字经济国际合作北京倡议》、绿色发展投融资伙伴计划、《"一带一路"廉洁建设高级原则》等重要合作倡议和制度性安排，以及到 2030 年为伙伴国开展 10 万人次绿色发展培训、将联合实验室扩大到 100 家等具体目标，企业家大会还达成了 972 亿美元商业合同。会议还决定成立论坛秘书处，将为推动机制建设和项目落地发挥作用。习近平主席在论坛上宣布了中国支持高质量共建"一带一路"的八项行动，为"一带一路"建设明确了新方向，开辟了新愿景，注入了新动力：

一、构建"一带一路"立体互联互通网络。中方将加快推进中欧班列高质量发展，参与跨里海国际运输走廊建设，办好中欧班列国际合作论坛，会同各方搭建以铁路、公路直达运输为支撑的亚欧大陆物流新通道。积极推进"丝路海运"港航贸一体化发展，加快陆海新通道、空中丝绸之路建设。

二、支持建设开放型世界经济。中方将创建"丝路电商"合作先行区，同更多国家商签自由贸易协定、投资保护协定。全面取消制造业领域外资准入限制措施。主动对照国际高标准经贸规则，深入推进跨境服务贸易和投资高水平开放，扩大数字产品等市场准入，深化国有企业、数字经济、知识产权、政府采购等领域改革。中方将每年举办"全球数字贸易博览会"。未来5年（2024~2028年），中国货物贸易、服务贸易进出口额有望累计超过32万亿美元、5万亿美元。

三、开展务实合作。中方将统筹推进标志性工程和"小而美"民生项目。中国国家开发银行、中国进出口银行将各设立3500亿元人民币融资窗口，丝路基金新增资金800亿元人民币，以市场化、商业化方式支持共建"一带一路"项目。本届高峰论坛期间举行的企业家大会达成了972亿美元的项目合作协议。中方还将实施1000个小型民生援助项目，通过鲁班工坊等推进中外职业教育合作，并同各方加强对共建"一带一路"项目和人员安全保障。

四、促进绿色发展。中方将持续深化绿色基建、绿色能源、绿色交通等领域合作，加大对"一带一路"绿色发展国际联盟的支持，继续举办"一带一路"绿色创新大会，建设光伏产业对话交流机制和绿色低碳专家网络。落实"一带一路"绿色投资原则，到2030年为伙伴国开展10万人次培训。

五、推动科技创新。中方将继续实施"一带一路"科技创新行动计划，举办首届"一带一路"科技交流大会，未来5年把同各方共建的联合实验室扩大到100家，支持各国青年科学家来华短期工作。中方将在本届论坛上提出全球人工智能治理倡议，愿同各国加强交流和对话，共同促进全球人工智能健康有序安全发展。

六、支持民间交往。中方将举办"良渚论坛"，深化同共建"一带一路"国家的文明对话。在已经成立丝绸之路国际剧院、艺术节、博物馆、美术馆、图书馆联盟的基础上，成立丝绸之路旅游城市联盟。继续实施"丝绸之路"中国政府奖学金项目。

七、建设廉洁之路。中方将会同合作伙伴发布《"一带一路"廉洁建设成效与展望》，推出《"一带一路"廉洁建设高级原则》，建立"一带一路"企业廉洁合规评价体系，同国际组织合作开展"一带一路"廉洁研究和培训。

八、完善"一带一路"国际合作机制。中方将同共建"一带一路"各国加强能源、税收、金融、绿色发展、减灾、反腐败、智库、媒体、文化等领域的多边合作平台建设。继续举办"一带一路"国际合作高峰论坛，并成立高峰论坛秘书处。

第二章 聚焦东盟

2023 年 9 月，国务院总理李强在第二十届中国—东盟博览会和中国—东盟商务与投资峰会上指出，中国—东盟关系已经成为亚太区域合作中最为成功和最具活力的典范，成为推动构建人类命运共同体的生动例证。我们进一步从中国各政府部门和地方政府的政策沟通方面来梳理共建"一带一路"过程中，推动中国与东盟互联互通的相关政策和举措。

《愿景与行动》提出，积极利用现有双多边合作机制，推动"一带一路"建设，促进区域合作蓬勃发展，全面提升开放型经济水平，中国西北和东北地区、西南地区、沿海和港澳台地区以及内陆地区"四大区域"全面开放。针对西南地区，更是提出了具体路径："发挥广西与东盟国家陆海相邻的独特优势，加快北部湾经济区和珠江—西江经济带开放发展，构建面向东盟区域的国际通道，打造西南、中南地区开放发展新的战略支点，形成 21 世纪海上丝绸之路与丝绸之路经济带有机衔接的重要门户。发挥云南区位优势，推进与周边国家的国际运输通道建设，打造大湄公河次区域经济合作新高地，建设成为面向南亚、东南亚的辐射中心。推进西藏与尼泊尔等国家边境贸易和旅游文化合作。"

《中华人民共和国国民经济和社会发展第十三个五年规划纲要》指出："推动中蒙俄、中国—中亚—西亚、中国—中南半岛、新亚欧大陆桥、中巴、孟中印缅等国际经济合作走廊建设，推进与周边国家基础设施互联互通，共同构建连接亚洲各次区域以及亚欧非之间的基础设施网络。""全面落实中韩、中澳等自由贸易协定和中国—东盟自贸区升级议定书。"

2019 年 8 月，国家发展改革委印发《西部陆海新通道总体规划》（发改基础〔2019〕1333 号），该总体规划强调，西部陆海新通道位于我国西部地区腹地，北接丝绸之路经济带，南连 21 世纪海上丝绸之路，协同衔接长江经济带，在区域协调发展格局中具有重要战略地位。西部陆海新通道对于深度挖掘中国和东盟的贸易潜力，扩大各领域的投资与合作，为推动建立中国西部内陆地区和东盟国家之间新的供应链合作基础，使中国西部经济重镇既有的雄厚工业基础和技术能力与东盟国家拥有的成本优势形成互补，实现共建国家和地区产业要素和贸易格局的重构，提供了重要的支撑作用。事实上，西部陆海新通道不仅是中国西部地区的共同愿望，而且联通了海上丝绸之路，因此东盟国家也积极参与到通道建设和推动工作中。总体规划确定了西部陆海新通道的战略定位：

——推进西部大开发形成新格局的战略通道。发挥毗邻东南亚的区位优势，统筹国际国内两个市场两种资源，协同衔接长江经济带，以全方位开放引领西部内陆、沿海、沿江、沿边高质量开发开放。通过通道建设密切西北与西南地区的联系，促进产业合理布局和转型升级，使西部陆海新通道成为推动西部地区高质量发展的重要动力。

——连接"一带"和"一路"的陆海联动通道。纵贯我国西南地区，有机衔接丝绸之路经济带和 21 世纪海上丝绸之路，加强中国—中南半岛、孟中印缅、新亚欧大陆桥、中国—中亚—西亚等国际经济走廊的联系互动，使西部陆海新通道成为促进陆海内外联动、东西双向互济的桥梁和纽带。

——支撑西部地区参与国际经济合作的陆海贸易通道。支持和促进中新（重庆）战略性互联互通示范项目合作，带动东盟及相关国家和地区协商共建发展通道，共享通道资源，提升互利互惠水平，探索开拓第三方市场合作模式，深化国际经贸关系，使西部陆海新通道成为构建开放型经济体系的重要支撑。

——促进交通物流经济深度融合的综合运输通道。发挥交通支撑引领作用，以"全链条、大平台、新业态"为指引，打造通道化、枢纽化物流网络，大力发展多式联运，汇聚物流、商流、信息流、资金流等，创新"物流+贸易+产业"运行模式，使西部陆海新通道成为交通、物流与经济深度融合的重要平台。

2023 年是中国—东盟博览会、中国—东盟商务与投资峰会 20 周年。2022 年底，中国与东盟发表的联合声明提出，要持续推进区域经济一体化，充分发挥中国—东盟博览会、中国—东盟商务与投资峰会及其他平台作用。

广西是中国东盟博览会的永久举办地，可以说这里是中国—东盟合作的前沿阵地，早在 2013 年 6 月，中国—东盟技术转移中心正式落户南宁。该中心建设的主要内容包括：构建由我国和东盟国家的重要技术转移机构组成的中国—东盟技术转移协作网络，建设中国—东盟技术转移信息平台，组织开展我国与东盟国家间的技术转移对接活动，提供技术培训、技术评估、金融投资、技术标准、知识产权和法律事务等相关配套服务。2012 年 9 月，在第九届中国—东盟博览会期间，科技部与广西壮族自治区政府在签署新一轮部区工作会商议定书中，将支持广西牵头建设中国—东盟技术转移中心列为重要议题内容。科技部于 2012 年 12 月安排对发展中国家科技援助项目的预算专项资金，支持中心建设。

2016 年 4 月，国务院批准《中国—东盟信息港建设方案》，将中国—东盟信息港建设列入国家"十三五"重点规划。中国—东盟信息港以深化互联互通，增强信息协为基本内容，构成以广西为支点的中国—东盟信息枢纽，推进经贸服务、人文交流、技术协作，发展互联网经济。此后，一批容身广西、辐射西南中南、面向东盟的基础设施、跨境电商等重点工程相继落地。"中国—东盟信息港"的开通运行，标志着"一带一路"沿线国家在网络交流、合作共享方面不断深化。网上丝绸之路正以信息流带动技术流、资金流、人才流、物资流，破除各国信息壁垒，实现互利互惠、协调发展和要素优化配置，助力沿线各国提升本国经济发展质量和竞争力，促进区域经济一体化发展。

2017 年是东盟成立 50 周年，在 2017 中国—东盟职业教育联展暨论坛上举办的 2017 中国—东盟教育官员对话会讨论通过了《南宁宣言》，初步达成了构建中国—东盟职业教育发展共同体、共同推动实现联合国《2030 年可持续发展议程》的共识。同时，确定中国—东盟职业教育联展暨论坛永久落户南宁，每两年一届，每届确定一个主题。

2017 年 11 月，中方提出建设中缅经济走廊设想，在缅甸访问的外交部长王毅在接受采访时表示，中方愿根据缅甸国家发展规划和实际需要，与缅方共同探讨建设北起中国云南，经中缅边境南下至曼德勒，然后再分别向东延伸到仰光新城、向西延伸到皎漂经济特区的"人字形"中缅经济走廊，形成三端支撑、三足鼎立的大合作格局。这将有助于沿线重大项目相互联接，相互促进，形成集成效应，也有助于推进缅甸各地实现更加均衡的发展。

2018 年 4 月，中国科技部官网发布《中国—东盟建设面向未来更加紧密的科技创新伙伴关系行动计划（2021-2025）》，双方同意在科技创新政策、联合研发、技术转移、人才交流领域开展合作。双方合作的优先领域包括科技创新政策管理、科技园区合作、合作机制和伙伴关系模式；生命科学包括生物技术，食品科学，基础设施和资源开发，气象学与地球物理学，微电子与信息技术，海洋科技，材料科技，可持续能源研究，空间技术与应用，以及计量学。

2020 年 6 月，中国—东盟数字经济合作年开幕，中国与东盟在智慧城市、大数据、人工智能等领域共同举办一系列活动，分享在数字化防疫抗疫、数字基础设施建设和数字化转型等方面的经验。2020 年 11 月，中国—东盟领导人会议发表《中国—东盟关于建立数字经济合作伙伴关系的倡议》，进一步对接双方数字发展战略，开展数字创新合作。《区域全面经济伙伴关系协定》（RCEP）正式签署，其中电子商务章节是首次在亚太区域内达成的范围全面、水平较高的诸边电子商务规则成果，将有力促进区域数字经济发展合作。

2021 年 11 月，在中国—东盟建立对话关系 30 周年纪念峰会上双方发布联合声明——《面向和平、安全、繁荣和可持续发展的全面战略伙伴关系》，其中在中国—东盟总体关系、政治安全合作、经济合作、社会文化合作、地区和国际合作 5 个领域 31 个方面达成共识。在经济方面包括：

十四、重申致力于以世界贸易组织为核心的开放、自由、包容、透明、非歧视、基于规则的多边贸易体制，愿推动经济全球化朝着更加开放、包容、平衡、普惠的方向发展；

十五、欢迎区域全面经济伙伴关系协定将于 2022 年 1 月 1 日生效。共同有效落实该协定，造福地区企业和民众。有效落实中国—东盟自由贸易协定及其《升级议定书》"未来工作计划"剩余内容，加快开展联合可行性研究，确定进一步提升中国—东盟自由贸易协定的其他可能领域，包括在数字经济领域创造更多贸易机会，培育合作新增长点，努力建设更加包容、现代、全面和互利的中国—东盟自由贸易区；

十六、加快落实《中国—东盟关于"一带一路"倡议同〈东盟互联互通总体规划2025〉对接合作的联合声明》，开展互利和高质量合作，鼓励亚洲基础设施投资银行等金融机构提供相关支持，实现高标准、惠民生、可持续目标；

十七、探讨《东盟数字总体规划2025》与《中国—东盟关于建立数字经济合作伙伴关系的倡议》及其行动计划对接，加强在数字经济、智慧城市、人工智能、电子商务、大数据、5G 应用、数字转型、网络和数据安全等领域开展合作，迎接第四次工业革命；

十八、建立更加紧密的科技创新伙伴关系，共同制定落实《中国—东盟建设面向未来更加紧密的科技创新伙伴关系行动计划（2021-2025）》，对接双方各自创新发展战略，培育合作新动能；

十九、顺应新一轮科技发展和产业变革趋势，通过"一带一路"绿色发展伙伴关系和生物、循环与绿色经济发展新模式等区域和国家层面的可持续经济模式和倡议，探讨开展低碳、循环和绿色经济合作；

二十、加强合作，实现以人为本、创新、协调、开放、包容和可持续发展；

二十一、加强新能源技术、绿色投融资等领域合作，推动经济、能源和产业结构转型升级，实现可持续绿色增长和低碳发展；

二十二、继续鼓励中国东盟建立蓝色经济伙伴关系，促进海洋生态系统保护和海洋及其资源可持续利用；

二十三、在中国—东盟海关署长磋商会、中国—东盟动植物检疫和食品安全合作部长级会议框架下继续加强合作，落实《中国—东盟动植物检疫和食品安全合作谅解备忘录》。

2023年9月，国务院总理李强出席第二十届中国—东盟博览会和中国—东盟商务与投资峰会开幕式并致辞。李强表示，中国—东盟博览会创办20年来见证了双方关系的不断发展，中国东盟关系已成为亚太区域合作中最为成功和最具活力的典范，成为推动构建人类命运共同体的生动例证。李强强调，"亲、诚、惠、容"四个字，既是中国周边外交方针的基本取向，也是睦邻友好的相处之道，更是我们共创美好未来的重要法宝。第一，更好地践行"亲"字，就是要进一步深化感情的交融。以明年共同举办"中国东盟人文交流年"为契机，扩大文化、旅游、培训、青年等领域合作；进一步发挥好中国—东盟博览会和进博会、广交会、服贸会、消博会等展会的作用。第二，更好地践行"诚"字，就是要进一步夯实信任的根基。全力维护和促进公平竞争，努力打造让各国投资者安心放心舒心的良好营商环境。第三，更好地践行"惠"字，就是要进一步拉紧利益的纽带。中方愿继续扩大进口东盟国家优势特色产品，扩大与东盟的中间品贸易规模。发挥好国际陆海贸易新通道作用，不断提升地区互联互通水平。建设好各类合作示范园区，拓展绿色低碳、数字经济等新兴领域合作，构建更加稳定、畅通、基于比较优势的区域产业链供应链体系，巩固提升地区的整体竞争力。第四，更好地践行"容"字，就是要进一步扩展开放的胸襟。中方愿同东盟国家一道，持续推进区域经济一体化，共同实施好《区域全面经济伙伴关系协定》（RCEP），加快推进中国—东盟自贸区3.0版谈判，不断提升贸易投资自由化便利化水平。

一、中国—东盟共建"一带一路"十年成果

2013年10月3日，习近平主席在印度尼西亚国会的演讲中提出："东南亚地区自古以来就是'海上丝绸之路'的重要枢纽，中国愿同东南亚国家加强海上合作，使用好中国政府设立的中国—东盟海上合作基金，发展好海洋合作伙伴关系，共同建设21世纪'海上丝绸之路'。"中国与东盟及其成员国十年来，围绕共建"一带一路"倡议，以"政策沟通、设施畅通、贸易畅通、资金融通、民心相通"为主要内容的各项工作均取得巨大成绩。

（一）政策沟通，多层次对接

政策沟通在搭建合作框架、凝聚发展共识、形成建设合力方面具有不可替代的重要作

用，是中国和东盟共建"一带一路"的重要保障。① 2015 年 3 月，习近平主席在博鳌亚洲论坛开幕式的主旨演讲指出，"一带一路"建设不是要顶替现有地区合作机制和倡议，而是要在已有基础上，推动沿线国家实现发展战略相互对接、优势互补。东盟各成员国在国家政治制度、经济发展程度、社会文化传统等领域，均存在较大的差异。因此，中国目前主要与东盟及其成员国已有的各自发展规划对接，中国与东盟已经建立了多层次的政策沟通平台。

在双边层面。中国与东盟成员国围绕"一带一路"倡议的政策沟通已经突破传统贸易、投资等单一议题领域，向更深层次的国家战略合作方向发展。共建"一带一路"倡议提出以来，与泰国"泰国 4.0"、菲律宾"大建特建"计划、柬埔寨"四角战略"、越南的"两廊一圈"计划、印度尼西亚的"六大经济走廊"和"全球海洋支点"战略等具体国家发展战略加快对接，推动了"一带一路"倡议在东盟成员国国内的"内化"。在区域层面。2017 年 5 月，在首届"一带一路"高峰论坛上，习近平主席就号召，将推动"一带一路"倡议同东盟发展战略深入对接。在这一思想指导下，2019 年 11 月，中国与东盟国家领导人共同发布《关于"一带一路"倡议同〈东盟互联互通总体规划 2025〉对接合作的联合声明》，双方就高质量共建"一带一路"迈出重要步伐，为本地区实现全面互联互通注入新动力的同时维护了东盟在区域合作中的中心地位。

随着中国与东盟在全球治理中重要性的上升，双方的政策沟通已经开始向引领"泛区域"合作的方向发展，这有助于提升"一带一路"倡议在全球范围内的影响力。2022 年 11 月第 25 次中国—东盟领导人会议发表的联合声明中明确表示，要推动"一带一路"倡议同东盟"印太展望"开展互利合作。② 东盟"印太展望"在原则、理念和关注重点上同"一带一路"存在诸多契合点，在地理范围上则涵盖了"亚洲、太平洋和印度洋地区"。"一带一路"与东盟"印太展望"的对接，有利于中国与东盟携手建立更为紧密的命运共同体，为印太地区的长期和平稳定繁荣做出更大贡献。③

（二）设施联通，成为枢纽

设施联通在"一带一路"建设和发展中发挥先导性作用。中国与"一带一路"沿线国家的设施联通建设，不仅对后者有重要的经济贡献，而且为政策沟通、贸易畅通、资金融通、民心相通提供着强有力的基础性支撑。④ 2021 年 10 月 30 日，习近平主席在 G20 领导人第十六次峰会第一阶段上的讲话更明确提出，"基础设施建设在带动经济增长上发挥着重要作用。中国通过共建'一带一路'等倡议为此做出了不懈努力"。因此，目前加快

① "一带一路"之政策沟通｜中老铁路联东盟　货运值破 100 亿［EB/OL］. http：//www. takungpao. com/news/232108/2022/0913/764182. html，2022-09-13.

② 关于加强中国—东盟共同的可持续发展联合声明（全文）［EB/OL］. https：//www. fmprc. gov. cn/zyxw/202211/t20221112_10973110. shtml，2022-11-12.

③ "东盟印太展望"：维护东盟中心地位的艰难折冲［EB/OL］. http：//www. news. cn/world/2021-11/21/c_1211455028. htm，2021-11-21.

④ "一带一路"的设施联通指的是什么？设施联通的成果有哪些？［EB/OL］. https：//www. imsilkroad. com/news/p/397354. html，2020-01-02.

设施联通建设等，已经成为中国与东盟共建"一带一路"的关键领域和核心内容。①

传统基础设施建设始终是中国与东盟共建"一带一路"的重点合作项目。2022 年 11 月 16 日，习近平主席在同印度尼西亚总统佐科会谈时指出，中方将继续鼓励优秀中资企业参与印尼重大基础设施建设项目。② 2016 年 1 月 21 日开工的印尼雅万铁路作为"一带一路"在东南亚的"旗舰项目"，起到良好的示范效应。③ 后续诸如中柬金港高速公路、中老铁路、中泰铁路、中老缅泰澜沧江—湄公河航道工程整治等工程建设，对便利中国与沿线国家以及东道国国内的经济和社会生活都发挥了重要作用。在深化传统基础设施项目合作的同时，中国和东盟还在推进以光缆、卫星、5G 基站、数字中心等为代表的新兴数字基础设施的建设。2018 年 1 月，为对接"一带一路"倡议，澜湄合作六国联合发布《澜沧江—湄公河合作五年行动计划（2018-2022）》，提出要积极推进跨境陆缆和国际海缆建设与扩容，持续提升澜湄国家间网络互联互通水平。泰国和老挝等东南亚国家已经在农业、土地测量等方面积极利用北斗卫星。④

"一带一路"作为一个全球性的发展倡议，中国与东盟在设施联通领域的建设，也极大便利了东盟进一步深度融入全球分工体系之中。例如，2018 年 4 月 20 日就实现了中新互联互通南向通道与中欧班列无缝衔接，便利了印度尼西亚、新加坡与中国川渝地区、欧亚内陆地区的交流。从川渝地区到印度尼西亚首都雅加达，借助中新互联互通项目的陆海新通道比传统江海联运节约了 20 多天，交付时间和运营成本都被极大压缩。随着中老铁路等基础设施逐渐投入使用，泛亚铁路网的进一步完善会有效提升东盟在全球分工体系中的重要性。"中老泰"全程铁路运输往返班列于 2023 年 2 月 7 日在昆明首发，2 月 8 日抵达老挝塔纳楞，2 月 9 日抵达泰国曼谷，全程约 55 小时。

（三）贸易畅通，应对逆全球化

习近平指出："贸易是经济增长的重要引擎。"⑤ 贸易畅通是中国与东盟共建"一带一路"的重要合作内容，具有基础性和先导性的影响。因此，"一带一路"倡议提出后，中国—东盟经贸合作进一步升级，双方合作亮点不断增多。2013 年，中国提出"一带一路"倡议后，中国与东盟双边贸易快速增长，增速远高于中国对外贸易增速。2013~2022 年，中国与东盟货物贸易总额从 4436 亿美元增加到 9804 亿美元，贸易总额增加了 121%，远高 52.2% 的同期中国贸易总额增速。2020 年，在中美贸易争端和新冠疫情等多种不利因素叠加情况，东盟更超过欧盟成为中国第一大贸易伙伴。

① 中国—东盟对接发展规划为互联互通注入新动力 ［EB/OL］. http：//www. xinhuanet. com/world/2019－11/04/ c_1125191590. htm，2019－11－04.

② 习近平同印尼总统佐科举行会谈 ［EB/OL］. http：//www. news. cn/world/2022－11/17/c_1129134829. htm，2022－11－17.

③ 影响世界的六天，习近平东南亚之行有这些亮点和新意 ［EB/OL］. https：//www. chinanews. com. cn/gn/2022/ 11－20/9898551. shtml，2022－11－20.

④ "一带一路"背景下我国国际海缆建设的机遇与挑战 ［EB/OL］. https：//aoc. ouc. edu. cn/2019/0111/c9824a 233073/pagem. htm，2019－01－11.

⑤ "一带一路"：造福全人类的"世纪工程"［EB/OL］. http：//www. qstheory. cn/dukan/qs/2017－05/31/c_ 1121047744. htm，2017－05－31.

中国与东盟在贸易领域的快速进展，也推动了中国与东盟在区域贸易制度领域的建设不断深化。2019 年，中国—东盟自由贸易区"升级版"正式生效。2021 年 11 月，在中国—东盟建立对话关系 30 周年纪念峰会上，习近平主席宣布建立中国—东盟全面战略伙伴关系，尽早启动中国东盟自由贸易区 3.0 版建设，提升贸易和投资自由化便利化水平，拓展数字经济、绿色经济等新领域合作，共建经贸创新发展示范园区。① 随着中国与东盟共建"一带一路"工作的深入，中国—东盟自由贸易区的升级为中国与东盟的市场一体化、贸易的持续增长、供应链的延伸创造了新条件。

中国与东盟在贸易制度创建领域的合作已突破双边层面。由东盟发起的《区域全面经济伙伴关系协定》（Regional Comprehensive Economic Partnership，RCEP）在中国的大力支持与配合下，于 2020 年 11 月 15 日正式签署。泰国盘谷银行首席执行官陈智深表示，东盟是中国的邻居，也是"一带一路"合作网络中最重要的贸易合作伙伴。RCEP 使中国与东盟的合作超越单个市场，不断地扩大潜力和降低运营成本。② 在经济全球化遭遇逆流的大背景下，中国与东盟依然坚持开放的对外经济政策，不仅能带动亚太区域的基本经贸环境的稳定，还可起到良好的示范作用。

（四）资金融通，多边融资

在 2015 年国家发展改革委、外交部、商务部联合发布的《推动共建丝绸之路经济带和 21 世纪海上丝绸之路的愿景与行动》中，资金融通被称为"一带一路"倡议建设的重要支撑，主要内容在于深化中国与"一带一路"沿线国家在金融领域的合作，健全和完善"一带一路"倡议的多元化投融资体系。③ 资金融通能够从金融支撑角度促进经济要素有序自由流通，资源高效配置和市场深度融合，加速多边投融资合作，服务于开创中国对外开放新格局。④

在双边层面，为共建"一带一路"中国与东盟建立了依托中国国家开发银行、中国进出口银行、泰国进出口银行、新加坡大华银行等传统金融机构，以及丝路基金、东盟基金等基金在内的多类型资金融通渠道。截至 2022 年 10 月末，中国国家开发银行在东盟国家发放了 506 亿美元贷款，发挥服务共建"一带一路"的资金支持功能。2022 年 11 月，国务院总理李克强在第二十五次中国—东盟领导人会议上发表讲话时宣布，中方正式设立运营东盟基金二期，支持东盟基础设施建设、能源资源等领域重大项目。东盟基金二期由中国进出口银行发起，新加坡 ARA 集团等公司共同参与设立，将重点投资东盟国家基础设施、能源资源、信息通信等领域的重大投资合作项目，为中国与东盟地区互联互通、经

---

①　习近平出席并主持中国—东盟建立对话关系 30 周年纪念峰会　正式宣布建立中国东盟全面战略伙伴关系 [EB/OL]. http：//www.gov.cn/xinwen/2021-11/22/content_5652491.htm，2021-11-22.

②　东盟金融界人士：RCEP 生效将赋能中国东盟全面战略伙伴关系 [EB/OL]. http：//www.xinhuanet.com/world/2022-01/01/c_1128224751.htm，2022-01-01.

③　人民日报：用开发性金融更好服务一带一路建设 [EB/OL]. http：//opinion.people.com.cn/n1/2018/0716/c1003-30148128.html，2018-07-16.

④　李建军，李明洲，彭俞超."一带一路"倡议与沿线国家金融效率 [J]. 金融评论，2022，14（2）：35-52，124.

贸往来和投资合作提供支撑。①

作为一个全球性的发展倡议，建立国际多边融资机构，对打通"一带一路"资金融通渠道至关重要。2013年10月，习近平主席在访问印尼时提出了筹建亚洲基础设施投资银行（以下简称"亚投行"）的倡议。2015年12月25日，亚投行正式成立是中国与"一带一路"倡议参与国在资金融通领域的一次重要尝试，东盟10个成员国全面参与其中。2023年1月底，亚投行为东盟的29个项目提供了75.79亿美元的项目融资。② 亚投行的项目资金有效满足了成员国在基础设施建设及相关领域的资金融通需求。③ 亚投行的成立也是中国和东盟成员推动全球经济治理机制，尤其是全球金融治理机制改革的重要契机。④ 与世界银行和亚洲开发银行相比，亚投行在融资渠道、融资贷款条件等关键机制设计上都更加照顾发展中国家的利益。⑤ 随着亚投行自身的发展，以及中国和东盟在"一带一路"倡议框架下合作的扩展，中国与东盟的整体融资环境会得到进一步改善。

（五）民心相通，文明互鉴

"国之交在于民相亲，民相亲在于心相通"。习近平主席称，民心相通是"一带一路"建设的重要内容，也是"一带一路"建设的人文基础。通过民心相通，中国可以增进"一带一路"沿线国家的相互了解、信任和友谊，为各方携手推进"一带一路"倡议展开创造条件。因此，民心相通作为"五通"之一，立于共建"一带一路"的重要位置。⑥ 从2013年中国推出"一带一路"倡议至今，中国与东盟在旅游活动、科教交流、文化交流等人文交流领域都取得了较大进展。⑦

旅游不仅是一种重要的经济交流形式，同样可以有效促进中国与东盟国家人民之间的了解，增加国民之间的直接交流。截至2019年底，新冠疫情暴发之前，中国已经成为泰国、越南、新加坡、印度尼西亚、柬埔寨、文莱等东南亚国家的首要游客来源地。中国占2019年越南海外游客总数的1/3，新加坡海外游客总数的1/5。与此同时，在中国主要海外客源市场前20个国家中，有7个是东盟国家，分别为新加坡、泰国、印度尼西亚、缅甸、越南、马来西亚、菲律宾。自2023年1月8日起，中国对新冠病毒感染实施"乙类乙管"，优化出入境管理政策。东南亚成为春节档中国出境游最大赢家。根据携程等旅游机构数据，这一春节期间中国出境游订单同比增长640%，其中仅前往泰国的游客就几乎占据总量的一半。⑧ 与此同时，东南亚地区对中国的入境旅游、华侨/华人探亲、商务需

---

① 东盟基金二期正式设立运营 ［EB/OL］. https：//www.chinca.org/cica/info/22111509172411, 2022-11-14.

② 参见 https：//www.aiib.org/en/projects/summary/index.html。

③ 张文佳，蔡玮. 亚投行推动"一带一路"建设的路径分析 ［J］. 东北亚经济研究，2022，6（4）：110-120.

④ 林峰. 从国际经济新秩序透视亚投行的战略定位——兼论中国的国际责任与践行路径 ［J］. 亚太经济，2022（4）：25-34.

⑤ 杜心蕾. 为发展中国家提供新选项——亚投行的缘起、设计与创新 ［J］. 国际论坛，2021（3）：59-78.

⑥ 王亚军. 民心相通为"一带一路"固本强基 ［J］. 行政管理改革，2019（3）：12-17.

⑦ 翟崑，王丽娜. 一带一路背景下的中国——东盟民心相同现状实证研究 ［J］. 云南师范大学学报（哲学社会科学版），2016（6）：51-62.

⑧ 跨境旅行重启国人赴泰旅游热度大涨 ［EB/OL］. http：//www.news.cn/travel/20230131/158c4b6717e2404ba672f41acf33d81e/c.html, 2023-01-31.

求也正在逐步释放。

　　留学生不仅是两国科教交流的重要支撑力量，而且相较于一般政府或机构间的科教交流，留学生集合了外交、技术、经济、人文等多种资源，更是国家之间人文交流的重要载体。[①] 2021 年 6 月 21 日，习近平主席给北京大学的留学生回信，鼓励他们为促进各国人民民心相通发挥积极作用。[②] 中国推出"一带一路"倡议后，东南亚赴华留学生数量快速增长，目前已占"一带一路"国家来华留学生数量的 1/3 左右。东南亚也逐渐成为中国海外留学的热门目的地，尤其是新加坡、马来西亚、菲律宾和泰国等拥有优质高等教育资源的国家。[③]

　　影视作品和游戏作为大众文化消费产品，是民心相通的重要桥梁，"一带一路"倡议的提出为双方在文化产品领域的交流创造了便利条件。以电视剧为例，"一带一路"倡议出台后，大量的东南亚优秀电视剧被引入国内，如有豆瓣评分记录的泰剧平均分为 7.23，东南亚引进中国电视剧集数在三年内便增长了 96.1%。[④] 网易、腾讯等中国国内网游企业，也借助"一带一路"东风，在东南亚推出具有针对性的游戏，如泰国版《王者荣耀》等在当地广受欢迎。

二、东盟十年共建成果

（一）首届"一带一路"国际合作高峰论坛

　　2017 年 5 月 14 日至 15 日，首届"一带一路"国际合作高峰论坛成功举办。高峰论坛成果清单涵盖政策沟通、设施联通、贸易畅通、资金融通、民心相通 5 大类，共 76 大项、270 多项具体成果。

　　在 2017 年成果清单中，76 大项中有 26 项直接与东盟国家有关，270 多项具体成果中东盟国家有 47 项。在政策沟通的 10 项成果中，有 2 项是中国与国际组织签署的合作，有 2 项是"一带一路"建设相关机构成立，6 项与共建国家相关的内容中有 4 项直接与东盟国家相关，涉及东盟 7 个国家。在设施联通的 14 项成果中，有 8 项与东盟国家直接相关，涉及东盟 7 个国家、11 个项目；在贸易畅通的 16 项成果中，有 7 项与东盟国家直接相关，涉及东盟 8 个国家、16 个项目；在资金融通的 16 项成果中，有 6 项与东盟国家直接相关，涉及东盟 6 个国家、8 个项目；在民心相通的 20 项成果中，有 3 项与东盟国家直接相关，涉及东盟 3 个国家、5 个项目。

　　① 羊隽芳，刘栋，范晓芸. 浅析来华留学生校友工作对"一带一路"民心相通的促进作用 [J]. 公共外交季刊，2021（1）：94-102.

　　② 为促进各国人民民心相通发挥积极作用——习近平主席的回信在来华留学生中引发热烈反响 [EB/OL]. http://www.xinhuanet.com/politics/2021-06/23/c_1127591934.htm，2021-06-23.

　　③ 美国心灵的封闭与中国留学生向东南亚的战略转移 [EB/OL]. https://m.thepaper.cn/baijiahao_12839230，2021-05-25.

　　④ 车南林，唐耕砚. 供需共振视域下中国与东南亚各国电视剧贸易合作路径探析 [J]. 电视研究，2020（4）：71-74.

首届"一带一路"国际合作高峰论坛成果清单

一、推进战略对接，密切政策沟通

（一）中国政府与有关国家政府签署政府间"一带一路"合作谅解备忘录，包括蒙古国、巴基斯坦、尼泊尔、克罗地亚、黑山、波黑、阿尔巴尼亚、东帝汶、新加坡、缅甸、马来西亚。

（二）中国政府与有关国际组织签署"一带一路"合作文件，包括联合国开发计划署、联合国工业发展组织、联合国人类住区规划署、联合国儿童基金会、联合国人口基金、联合国贸易与发展会议、世界卫生组织、世界知识产权组织、国际刑警组织。

（三）中国政府与匈牙利政府签署关于共同编制中匈合作规划纲要的谅解备忘录，与老挝、柬埔寨政府签署共建"一带一路"政府间双边合作规划。

（四）中国政府部门与有关国际组织签署"一带一路"合作文件，包括联合国欧洲经济委员会、世界经济论坛、国际道路运输联盟、国际贸易中心、国际电信联盟、国际民航组织、联合国文明联盟、国际发展法律组织、世界气象组织、国际海事组织。

（五）中国国家发展和改革委员会与希腊经济发展部签署《中希重点领域2017—2019年合作计划》。

（六）中国国家发展和改革委员会与捷克工业和贸易部签署关于共同协调推进"一带一路"倡议框架下合作规划及项目实施的谅解备忘录。

（七）中国财政部与相关国家财政部共同核准《"一带一路"融资指导原则》。

（八）中国政府有关部门发布《共建"一带一路"：理念、实践与中国的贡献》《推动"一带一路"能源合作的愿景与行动》《共同推进"一带一路"建设农业合作的愿景与行动》《关于推进绿色"一带一路"建设的指导意见》《"一带一路"建设海上合作设想》等文件。

（九）"一带一路"国际合作高峰论坛将定期举办，并成立论坛咨询委员会、论坛联络办公室等。

（十）中国国家发展和改革委员会成立"一带一路"建设促进中心，正式开通"一带一路"官方网站，发布海上丝路贸易指数。

二、深化项目合作，促进设施联通

（一）中国政府与乌兹别克斯坦、土耳其、白俄罗斯政府签署国际运输及战略对接协定。

（二）中国政府与泰国政府签署政府间和平利用核能协定。

（三）中国政府与马来西亚政府签署水资源领域谅解备忘录。

（四）中国国家发展和改革委员会与巴基斯坦规划发展和改革部签署关于中巴经济走廊项下开展巴基斯坦1号铁路干线升级改造和新建哈维连陆港项目合作的谅解备忘录。中国国家铁路局与巴基斯坦伊斯兰共和国铁道部签署关于实施巴基斯坦1号铁路干线升级改造和哈维连陆港项目建设的框架协议。

（五）中国商务部与柬埔寨公共工程与运输部签署关于加强基础设施领域合作的谅解备忘录。

（六）中国工业和信息化部与阿富汗通信和信息技术部签署《信息技术合作谅解备忘录》。

（七）中国交通运输部与柬埔寨、巴基斯坦、缅甸等国有关部门签署"一带一路"交通运输领域合作文件。

（八）中国水利部与波兰环境部签署水资源领域合作谅解备忘录。

（九）中国国家能源局与瑞士环境、交通、能源和电信部瑞士联邦能源办公室签署能源合作路线图，与巴基斯坦水电部签署关于巴沙项目及巴基斯坦北部水电规划研究路线图的谅解备忘录和关于中巴经济走廊能源项目清单调整的协议。

（十）中国国家海洋局与柬埔寨环境部签署关于建立中柬联合海洋观测站的议定书。

（十一）中国铁路总公司与有关国家铁路公司签署《中国、白俄罗斯、德国、哈萨克斯坦、蒙古国、波兰、俄罗斯铁路关于深化中欧班列合作协议》。

（十二）中国国家开发银行与印度尼西亚—中国高铁有限公司签署雅万高铁项目融资协议，与斯里兰卡、巴基斯坦、老挝、埃及等国有关机构签署港口、电力、工业园区等领域基础设施融资合作协议。

（十三）中国进出口银行与塞尔维亚财政部签署匈塞铁路贝尔格莱德至旧帕佐瓦段贷款协议，与柬埔寨经济财政部、埃塞俄比亚财政部、哈萨克斯坦国家公路公司签署公路项目贷款协议，与越南财政部签署轻轨项目贷款协议，与塞尔维亚电信公司签署电信项目贷款协议，与蒙古国财政部签署桥梁项目贷款协议，与缅甸仰光机场公司签署机场扩改建项目贷款协议，与肯尼亚财政部签署内陆集装箱港堆场项目贷款协议。

（十四）全球能源互联网发展合作组织与联合国经济和社会事务部、联合国亚洲及太平洋经济社会委员会、阿拉伯国家联盟、非洲联盟、海湾合作委员会互联电网管理局签署能源领域合作备忘录。

三、扩大产业投资，实现贸易畅通

（一）中国政府与巴基斯坦、越南、柬埔寨、老挝、菲律宾、印度尼西亚、乌兹别克斯坦、白俄罗斯、蒙古国、肯尼亚、埃塞俄比亚、斐济、孟加拉国、斯里兰卡、缅甸、马尔代夫、阿塞拜疆、格鲁吉亚、亚美尼亚、阿富汗、阿尔巴尼亚、伊拉克、巴勒斯坦、黎巴嫩、波黑、黑山、叙利亚、塔吉克斯坦、尼泊尔、塞尔维亚30个国家政府签署经贸合作协议。

（二）中国政府与格鲁吉亚政府签署中国—格鲁吉亚自贸协定文件。

（三）中国政府与斯里兰卡政府签署关于促进投资与经济合作框架协议。

（四）中国政府与阿富汗政府签署关于海关事务的合作与互助协定。

（五）中国商务部与60多个国家相关部门及国际组织共同发布推进"一带一路"贸易畅通合作倡议。

（六）中国商务部与摩尔多瓦经济部签署关于结束中国—摩尔多瓦自贸协定联合可研的谅解备忘录，与蒙古国对外关系部签署关于启动中国—蒙古国自由贸易协定联合可行性研究谅解备忘录。

（七）中国商务部与尼泊尔工业部签署关于建设中尼跨境经济合作区的谅解备忘录，与缅甸商务部签署关于建设中缅边境经济合作区的谅解备忘录。

（八）中国商务部与斯里兰卡发展战略与国际贸易部签署投资与经济技术合作发展中长期规划纲要，与蒙古国对外关系部签署关于加强贸易投资和经济合作谅解备忘录，与吉尔吉斯斯坦经济部签署关于促进中小企业发展的合作规划，与捷克工贸部、匈牙利外交与对外经济部签署关于中小企业合作的谅解备忘录，与越南工业贸易部签署关于电子商务合作的谅解备忘录。

（九）中国国家发展和改革委员会与吉尔吉斯斯坦经济部签署关于共同推动产能与投资合作重点项目的谅解备忘录，与阿联酋经济部签署关于加强产能与投资合作的框架协议。

（十）中国农业部与塞尔维亚农业与环境保护部签署关于制订农业经贸投资行动计划的备忘录，与阿根廷农业产业部签署农业合作战略行动计划，与智利农业部签署关于提升农业合作水平的五年规划（2017-2021年），与埃及农业和土地改良部签署农业合作三年行动计划（2018-2020年）。

（十一）中国海关总署与哈萨克斯坦、荷兰、波兰等国海关部门签署海关合作文件，深化沿线海关"信息互换、监管互认、执法互助"合作。

（十二）中国海关总署与国际道路运输联盟签署促进国际物流大通道建设及实施《国际公路运输公约》的合作文件。

（十三）中国国家质量监督检验检疫总局与蒙古国、哈萨克斯坦、吉尔吉斯斯坦、乌兹别克斯坦、挪威、爱尔兰、塞尔维亚、荷兰、阿根廷、智利、坦桑尼亚等国相关部门签署检验检疫合作协议，与联合国工业发展组织、乌克兰和阿塞拜疆相关部门签署标准、计量、认证认可等国家质量技术基础领域合作协议，与俄罗斯、白俄罗斯、塞尔维亚、蒙古国、柬埔寨、马来西亚、哈萨克斯坦、埃塞俄比亚、希腊、瑞士、土耳其、菲律宾等国有关部门签署《关于加强标准合作，助推"一带一路"建设联合倡议》。

（十四）中国进出口银行与白俄罗斯、柬埔寨、埃塞俄比亚、老挝、肯尼亚、蒙古国、巴基斯坦财政部门签署工业园、输变电、风电、水坝、卫星、液压器厂等项目贷款协议，与埃及、孟加拉国、乌兹别克斯坦、沙特有关企业签署电网升级改造、燃煤电站、煤矿改造、轮胎厂等项目贷款协议，与菲律宾首都银行及信托公司签署融资授信额度战略合作框架协议。

（十五）中国国家开发银行与哈萨克斯坦、阿塞拜疆、印度尼西亚、马来西亚等国有关机构签署化工、冶金、石化等领域产能合作融资合作协议。

（十六）中国将从2018年起举办中国国际进口博览会。

四、加强金融合作，促进资金融通

（一）丝路基金新增资金1000亿元人民币。

（二）中国鼓励金融机构开展人民币海外基金业务，规模初步预计约3000亿元人民币，为"一带一路"提供资金支持。

（三）中国国家发展和改革委员会将设立中俄地区合作发展投资基金，总规模1000亿元人民币，首期100亿元人民币，推动中国东北地区与俄罗斯远东开发合作。

（四）中国财政部与亚洲开发银行、亚洲基础设施投资银行、欧洲复兴开发银行、欧洲投资银行、新开发银行、世界银行集团6家多边开发机构签署关于加强在"一带一路"

倡议下相关领域合作的谅解备忘录。

（五）中国财政部联合多边开发银行将设立多边开发融资合作中心。

（六）中哈产能合作基金投入实际运作，签署支持中国电信企业参与"数字哈萨克斯坦2020"规划合作框架协议。

（七）丝路基金与上海合作组织银联体同意签署关于伙伴关系基础的备忘录。丝路基金与乌兹别克斯坦国家对外经济银行签署合作协议。

（八）中国国家开发银行设立"一带一路"基础设施专项贷款（1000亿元等值人民币）、"一带一路"产能合作专项贷款（1000亿元等值人民币）、"一带一路"金融合作专项贷款（500亿元等值人民币）。

（九）中国进出口银行设立"一带一路"专项贷款额度（1000亿元等值人民币）、"一带一路"基础设施专项贷款额度（300亿元等值人民币）。

（十）中国国家开发银行与法国国家投资银行共同投资中国—法国中小企业基金（二期），并签署《股权认购协议》；与意大利存贷款公司签署《设立中意联合投资基金谅解备忘录》；与伊朗商业银行、埃及银行、匈牙利开发银行、菲律宾首都银行、土耳其农业银行、奥地利奥合国际银行、柬埔寨加华银行、马来西亚马来亚银行开展融资、债券承销等领域务实合作。

（十一）中国进出口银行与马来西亚进出口银行、泰国进出口银行等"亚洲进出口银行论坛"成员机构签署授信额度框架协议，开展转贷款、贸易融资等领域务实合作。

（十二）中国出口信用保险公司同白俄罗斯、塞尔维亚、波兰、斯里兰卡、埃及等国同业机构签署合作协议，与埃及投资和国际合作部、老挝财政部、柬埔寨财政部、印度尼西亚投资协调委员会、波兰投资贸易局、肯尼亚财政部、伊朗中央银行、伊朗财政与经济事务部等有关国家政府部门及沙特阿拉伯发展基金、土耳其实业银行、土耳其担保银行、巴基斯坦联合银行等有关国家金融机构签署框架合作协议。

（十三）中国人民银行与国际货币基金组织合作建立基金组织—中国能力建设中心，为"一带一路"沿线国家提供培训。

（十四）中国进出口银行与联合国工业发展组织签署关于促进"一带一路"沿线国家可持续工业发展有关合作的联合声明。

（十五）亚洲金融合作协会正式成立。

（十六）中国工商银行与巴基斯坦、乌兹别克斯坦、奥地利等国家主要银行共同发起"一带一路"银行合作行动计划，建立"一带一路"银行常态化合作交流机制。

五、增强民生投入，深化民心相通

（一）中国政府将加大对沿线发展中国家的援助力度，未来3年总体援助规模不少于600亿元人民币。

（二）中国政府将向沿线发展中国家提供20亿元人民币紧急粮食援助。向南南合作援助基金增资10亿美元，用于发起中国—联合国2030年可持续发展议程合作倡议，支持在沿线国家实施100个"幸福家园"、100个"爱心助困"、100个"康复助医"等项目。向有关国际组织提供10亿美元，共同推动落实一批惠及沿线国家的国际合作项目，包括向沿线国家提供100个食品、帐篷、活动板房等难民援助项目，设立难民奖学金，为500

名青少年难民提供受教育机会，资助 100 名难民运动员参加国际和区域赛事活动。

（三）中国政府与黎巴嫩政府签署《中华人民共和国政府和黎巴嫩共和国政府文化协定 2017-2020 年执行计划》，与突尼斯政府签署《中华人民共和国政府和突尼斯共和国政府关于互设文化中心的协定》，与土耳其政府签署《中华人民共和国政府和土耳其共和国政府关于互设文化中心的协定》。

（四）中国政府与联合国教科文组织签署《中国—联合国教科文组织合作谅解备忘录（2017-2020 年）》。

（五）中国政府与波兰政府签署政府间旅游合作协议。

（六）中国政府倡议启动《"一带一路"科技创新合作行动计划》，实施科技人文交流、共建联合实验室、科技园区合作、技术转移四项行动。

（七）中国政府与世界粮食计划署、联合国国际移民组织、联合国儿童基金会、联合国难民署、世界卫生组织、红十字国际委员会、联合国开发计划署、联合国工业发展组织、世界贸易组织、国际民航组织、联合国人口基金会、联合国贸易和发展会议、国际贸易中心、联合国教科文组织等国际组织签署援助协议。

（八）中国教育部与俄罗斯、哈萨克斯坦、波黑、爱沙尼亚、老挝等国教育部门签署教育领域合作文件，与塞浦路斯签署相互承认高等教育学历和学位协议，与沿线国家建立音乐教育联盟。

（九）中国科技部与蒙古国教育文化科学体育部签署关于共同实施中蒙青年科学家交流计划的谅解备忘录，与蒙古国教育文化科学体育部签署关于在蒙古国建立科技园区和创新基础设施发展合作的谅解备忘录，与匈牙利国家研发与创新署签署关于联合资助中匈科研合作项目的谅解备忘录。

（十）中国环境保护部发布《"一带一路"生态环境保护合作规划》，建设"一带一路"生态环保大数据服务平台，与联合国环境规划署共同发布建立"一带一路"绿色发展国际联盟的倡议。

（十一）中国财政部将设立"一带一路"财经发展研究中心。

（十二）中国国家卫生和计划生育委员会与捷克、挪威等国卫生部签署卫生领域合作文件。

（十三）中国国家旅游局与乌兹别克斯坦国家旅游发展委员会签署旅游合作协议，与智利经济、发展与旅游部签署旅游合作备忘录，与柬埔寨旅游部签署旅游合作备忘录实施方案。

（十四）中国国家新闻出版广电总局与土耳其广播电视最高委员会、沙特阿拉伯视听管理总局签署合作文件。中国中央电视台与有关国家主流媒体成立"一带一路"新闻合作联盟。

（十五）中国国务院新闻办公室与柬埔寨新闻部、文莱首相府新闻局、阿联酋国家媒体委员会、巴勒斯坦新闻部、阿尔巴尼亚部长会议传媒和公民关系局签署媒体交流合作谅解备忘录。

（十六）中国国务院新闻办公室与柬埔寨外交与国际合作部、文莱外交与贸易部政策与战略研究所、以色列外交部、巴勒斯坦外交部、阿尔巴尼亚外交部签署智库合作促进计划谅解备忘录。

（十七）中国国家开发银行将举办"一带一路"专项双多边交流培训，设立"一带一路"专项奖学金。

（十八）中国民间组织国际交流促进会联合80多家中国民间组织启动《中国社会组织推动"一带一路"民心相通行动计划（2017-2020）》，中国民间组织国际交流促进会和150多家中外民间组织共同成立"丝路沿线民间组织合作网络"。"一带一路"智库合作联盟启动"增进'一带一路'民心相通国际智库合作项目"。

（十九）中国国务院发展研究中心与联合国工业发展组织签署关于共建"一带一路"等合作的谅解备忘录。丝路国际智库网络50多家国际成员和伙伴与中方共同发布《丝路国际智库网络北京共同行动宣言》。

（二十）中国国际城市发展联盟与联合国人类住区规划署、世界卫生组织、世界城市和地方政府组织亚太区签署合作意向书。

（二）第二届"一带一路"国际合作高峰论坛

2019年4月25日至27日，第二届"一带一路"国际合作高峰论坛成功举办。第二届高峰论坛成果清单包括中方打出的举措或发起的合作倡议、在高峰论坛期间或前夕签署的多双边合作文件、在高峰论坛框架下建立的多边合作平台、投资类项目及项目清单、融资类项目、中外地方政府和企业开展的合作项目，共6大类283项。6大类中都有东盟国家参与的项目，与东盟国家直接相关的项目达60个。其中，在高峰论坛期间或前夕签署的多双边合作文件中，东盟有9个国家签署了19份合作文件；在高峰论坛框架下建立的多边合作平台中，东盟10个国家参与了25个平台项目；在投资类项目中，东盟有8个国家参与了11个项目；在融资类项目中，东盟有2个国家参与；在中外地方政府和企业开展的合作项目中，东盟有3个国家参与。

第二届"一带一路"国际合作高峰论坛成果清单（部分）

二、在高峰论坛期间或前夕签署的多双边合作文件

（五）中国政府与巴基斯坦、利比里亚、尼泊尔、格鲁吉亚、白俄罗斯、亚美尼亚、沙特阿拉伯、老挝、哈萨克斯坦等国政府签署交通运输领域合作文件。

（六）中国政府与老挝、保加利亚、拉脱维亚、萨尔瓦多、巴拿马等国政府签署科学、技术和创新领域的合作协定，与以色列政府签署创新合作行动计划。

（十）中国国家发展改革委与老挝计划投资部签署中老经济走廊合作文件，与缅甸计划与财政部签署中缅经济走廊合作规划，与印度尼西亚海洋统筹部签署关于区域综合经济走廊建设的合作规划。

（十一）中国国家发展改革委与奥地利数字化和经济事务部，瑞士财政部、经济教育与科研部签署关于开展第三方市场合作的谅解备忘录，与新加坡贸易与工业部签署关于加强第三方市场合作实施框架的谅解备忘录。

（十五）中国农业农村部与孟加拉国农业部、柬埔寨农林渔业部、缅甸农业部、尼泊尔农业部、巴基斯坦食品与农业部、菲律宾农业部、泰国农业部、斯里兰卡农业部、越南

农业和农村发展部发布《促进"一带一路"合作 共同推动建立农药产品质量标准的合作意向声明》。

（二十）中国国家监委与菲律宾、泰国反腐败机构签署合作谅解备忘录。

（二十二）中国商务部与联合国开发计划署签署在埃塞俄比亚、斯里兰卡的可再生能源三方合作项目协议，与越南工贸部签署关于设立贸易畅通工作组的谅解备忘录，与捷克工贸部签署关于相互设立贸易促进机构的备忘录，与智利外交部签署关于建立贸易救济合作机制的谅解备忘录。

（二十三）中国商务部与缅甸投资和对外经济关系部签署关于编制中缅经贸合作五年发展规划的谅解备忘录，与越南工贸部签署关于2019-2023年合作计划的谅解备忘录。

（二十四）中国财政部与日本国金融厅、日本国注册会计审计监管委员会，马来西亚证券监督委员会签署审计监管合作文件，加强跨境审计监管合作。

（二十五）中国银保监会与亚美尼亚中央银行、塞尔维亚国家银行、格鲁吉亚国家银行、哈萨克斯坦阿斯塔纳金融服务局、毛里求斯银行、马来西亚纳闽金融服务局等国金融监管当局签署监管合作谅解备忘录。

（二十六）中国科技部与奥地利交通、创新和技术部，日本国文部科学省，墨西哥能源部，以色列外交部国际合作署，希腊教育、研究与宗教事务部，新西兰商业、创新与就业部签署科技创新领域的合作文件，与乌兹别克斯坦科学技术署、乌拉圭教育文化部、南非科技部、以色列科技部、马耳他科学技术理事会、印度尼西亚研究技术与高等教育部签署成立联合研究中心、联合实验室的合作文件。

（二十八）中国海关总署与联合国工业发展组织、柬埔寨海关与消费税总署签署海关检验检疫合作文件，与俄罗斯海关署、哈萨克斯坦财政部、白俄罗斯国家海关委员会、蒙古海关总署签署关于"经认证的经营者"（AEO）互认合作相关文件。

三、在高峰论坛框架下建立的多边合作平台

（一）中国与埃及、斯里兰卡、阿联酋、拉脱维亚、斯洛文尼亚、比利时、西班牙、斐济、意大利、荷兰、丹麦、罗马尼亚、新加坡等13个国家33个来自政府交通和海关等机构，重要港口企业、港务管理局和码头运营商的代表共同成立"海上丝绸之路"港口合作机制并发布《海丝港口合作宁波倡议》。

（二）中国与英国、法国、新加坡、巴基斯坦、阿联酋、中国香港等有关国家和地区主要金融机构共同签署《"一带一路"绿色投资原则》。

（五）中国与俄罗斯、巴基斯坦、蒙古、老挝、尼泊尔、新西兰、沙特阿拉伯、叙利亚、越南等国家会计准则制定机构共同建立"一带一路"会计准则合作机制并发起《"一带一路"国家关于加强会计准则合作的倡议》。

（七）中国生态环境部与安哥拉、亚美尼亚、柬埔寨、古巴、爱沙尼亚、埃塞俄比亚、芬兰、冈比亚、危地马拉、伊朗、以色列、意大利、肯尼亚、老挝、马尔代夫、毛里求斯、蒙古、缅甸、尼日尔、巴基斯坦、俄罗斯、新加坡、斯洛伐克、多哥、阿联酋等25个国家环境部门，以及联合国环境署、联合国工业发展组织、联合国欧洲经济委员会等国际组织，研究机构和企业共同启动"一带一路"绿色发展国际联盟。

（八）中国国家知识产权局与俄罗斯联邦知识产权局、巴基斯坦知识产权组织、老挝科技部、新加坡知识产权局、波兰专利局、匈牙利知识产权局、马来西亚知识产权局、泰国商务部知识产权厅等49个共建"一带一路"国家的知识产权机构共同发布《关于进一步推进"一带一路"国家知识产权务实合作的联合声明》。

（九）中国与阿尔及利亚、阿塞拜疆、阿富汗、玻利维亚、赤道几内亚、伊拉克、科威特、老挝、马耳他、缅甸、尼泊尔、尼日尔、巴基斯坦、苏丹、塔吉克斯坦、土耳其、委内瑞拉、冈比亚、佛得角、刚果（布）、蒙古、苏里南、汤加、柬埔寨、乍得、塞尔维亚、吉尔吉斯斯坦、匈牙利等28个国家建立"一带一路"能源合作伙伴关系。

（十一）中国国际贸易促进委员会、中国国际商会与欧盟、意大利、新加坡、俄罗斯、比利时、墨西哥、马来西亚、波兰、保加利亚、缅甸等30多个国家和地区的商协会、法律服务机构等共同发起成立国际商事争端预防与解决组织。

（十六）中国科学院与联合国教科文组织、比利时皇家海外科学院、保加利亚科学院、智利大学、哈萨克斯坦科学院、吉尔吉斯斯坦科学院、奥克兰大学、巴基斯坦科学院、俄罗斯科学院、斯里兰卡佩拉德尼亚大学、泰国科技发展署、欧洲科学与艺术院等37家共建"一带一路"国家的科研机构和国际组织共同发起成立"一带一路"国际科学组织联盟。

（十八）中国国家图书馆与蒙古、新加坡、文莱、塔吉克斯坦等26个国家和地区的图书馆共同成立丝绸之路国际图书馆联盟，并通过《丝绸之路国际图书馆联盟成都倡议》。

（二十）中国对外文化集团有限公司与俄罗斯、欧盟、日本、菲律宾等37个国家和地区的106家剧院、文化机构共同成立丝绸之路国际剧院联盟并通过《丝绸之路国际剧院联盟共同发展倡议》。

（二十一）中国美术馆与俄罗斯、韩国、希腊、白俄罗斯、哈萨克斯坦、越南、斯里兰卡、乌克兰、立陶宛、保加利亚、孟加拉、匈牙利、土耳其、摩尔多瓦、亚美尼亚、波兰等18个国家的21家美术馆和重点美术机构共同成立丝绸之路国际美术馆联盟。

（二十二）中国有关智库与哈萨克斯坦纳扎尔巴耶夫大学、印度尼西亚战略与国际问题研究中心、保加利亚"一带一路"全国联合会、非洲经济转型中心、新加坡国立大学东亚研究所、韩国"一带一路"研究院、俄罗斯瓦尔代俱乐部、美国哈佛大学艾什中心等智库共同发起成立"一带一路"国际智库合作委员会。

四、投资类项目及项目清单

（一）中国国家发展改革委与哈萨克斯坦、埃及、莫桑比克、柬埔寨、老挝、菲律宾等国有关部门签署产能与投资合作重点项目清单，与乌干达有关部门签署产能合作框架协议。

（四）中国国家发展改革委与缅甸计划与财政部签署中缅经济走廊早期收获项目清单。

（五）中国国家发展改革委与泰国交通部、老挝公共工程与运输部签署政府间合作建设廊开—万象铁路连接线的合作备忘录。

（六）中国交通建设集团有限公司与马来西亚投资促进局签署关于加强东海岸铁路产业园、基础设施、物流中心以及沿线开发合作的谅解备忘录。

（七）中国中铁股份有限公司向缅甸交通与通信部递交木姐至曼德勒铁路项目可行性研究报告（技术部分）。

（八）中国丝路基金与沙特国际电力和水务公司、中国长江三峡集团有限公司和国际金融公司、美国通用电气公司、新加坡盛裕控股集团建立联合投资平台。

（十三）中国投资有限责任公司投资欧洲物流资产、中东欧伙伴基金第五期、新加坡樟宜机场投资平台、同江大桥、越南南定电厂、亚太地区可再生能源项目等项目。

五、融资类项目

（一）中国国家开发银行与柬埔寨、哈萨克斯坦、土耳其等国有关机构签署公路、矿产、电力等领域项目贷款协议，与白俄罗斯银行、智利智定银行、斯里兰卡人民银行签署融资合作协议。

（三）中国进出口银行与塞尔维亚财政部、柬埔寨经济财政部、哈萨克斯坦国家公路公司签署公路项目贷款协议，与孟加拉国财政部签署桥梁、管道项目贷款协议，与阿根廷财政部、几内亚经济与财政部签署电力项目贷款协议，与玻利维亚发展规划部签署铁矿钢铁厂项目贷款协议，与埃及交通部、尼日利亚财政部签署铁路项目贷款协议，与卡塔尔AL Khalij 商业银行、巴拿马环球银行签署流动资金项目贷款协议。

六、中外地方政府和企业开展的合作项目

在塞尔维亚投资建设中塞友好工业园区项目，在阿联酋开展中阿（联酋）产能合作示范园产业及科技合作项目，在柬埔寨开展西港特区产业升级及社会发展合作项目，在塔吉克斯坦投资建设中泰新丝路塔吉克斯坦农业纺织产业园项目，在塞内加尔建设加穆尼亚久工业园区二期项目，缅甸曼德勒市政交通基础设施提升改造项目，在阿联酋投资建设"一带一路"迪拜站物流商贸综合体项目，收购塔塔钢铁公司在新加坡、泰国等东南亚国家工厂项目，在辽宁盘锦与沙特阿美建设精细化工及原料工程项目，在巴基斯坦投资塔尔煤田一区块煤电一体化项目，在塞尔维亚投资建设年产1362万条高性能子午线轮胎项目，在尼泊尔新建年产150万吨水泥熟料生产线项目，在印度尼西亚开展红土镍矿生产电池级镍化学品（硫酸镍晶体）（5万吨镍/年）项目，在沙特投资建设石油化工化纤一体化项目，在肯尼亚开展健康医疗诊断集成项目，在乌兹别克斯坦投资建设中乌（兹别克斯坦）医药城项目。

2019年4月，《第二届"一带一路"国际合作高峰论坛圆桌峰会联合公报》发布的"一带一路"沿线互联互通带动和支持的经济走廊等35个项目中有11个与东盟国家相关：文莱—中国广西经济走廊；中国—中南半岛经济走廊，包括中老经济走廊；中国—老挝—泰国铁路合作；中国—马来西亚钦州产业园；中国—缅甸经济走廊；泰国东部经济走廊；大湄公河次区域经济合作；马来西亚—中国关丹产业园；中国—新加坡（重庆）战略性互联互通示范项目，即国际陆海贸易新通道；印度尼西亚区域综合经济走廊；越南"两廊一圈"发展规划。

（三）第三届"一带一路"国际合作高峰论坛

2023年10月17日至18日，第三届"一带一路"国际合作高峰论坛成功举办，形成了458项成果，金融机构建立7800亿元人民币的项目融资窗口，中外企业达成972亿美元的商业合作协议。第三届"一带一路"国际合作高峰论坛发布的369项务实合作项目以及89项多边合作成果文件清单中，有51大类共74个项目是专门针对东盟或东盟共建国家的，其中：双边合作文件类有21个项目，涉及东盟7个国家；双边合作平台、合作项目及机制类有8个项目，涉及东盟5个国家；合作项目类有22个项目，涉及东盟7个国家；民生及民心相通类有18个项目，涉及东盟5个国家。

第三届"一带一路"国际合作高峰论坛务实合作项目清单（部分）

一、双边合作文件类

（二）中国共产党与老挝人民革命党签署关于构建中老命运共同体的行动计划（2024—2028）。

（三）中国政府和柬埔寨政府签署关于构建新时代中柬命运共同体的行动计划（2024—2028）。

（七）中国政府与洪都拉斯、印度尼西亚、阿联酋等国政府签署关于科技创新的合作文件。

（十一）中国国家监委与古巴总审计署、埃及行政监察署、柬埔寨反腐败委员会、印度尼西亚反腐败委员会、马来西亚反腐败委员会签署反腐败领域合作文件。

（十三）中国国家发展改革委与柬埔寨王国发展理事会签署共同推动中柬产能与投资合作第三轮重点项目的谅解备忘录，与希腊发展部签署关于重点领域2023—2025年合作框架计划。

（十六）中国工业和信息化部与塞内加尔新闻、电信和数字经济部，乌兹别克斯坦数字技术部，阿尔及利亚邮电部，突尼斯通信技术部，伊朗通信和信息技术部，菲律宾信息和通讯技术部签署数字和信息通信领域的合作文件。

（十七）中国工业和信息化部与匈牙利经济发展部签署合作谅解备忘录，与印度尼西亚工业部签署关于工业领域合作的谅解备忘录。

（十九）中国交通运输部与塔吉克斯坦交通部签署关于深化国际道路运输合作的谅解备忘录，与新加坡交通部签署未来出行合作领域的谅解备忘录，与蒙古国交通运输发展部签署关于两国国际道路运输协定的议定书。

（二十一）中国商务部与菲律宾贸易与工业部、印度尼西亚经济统筹部签署关于电子商务合作的谅解备忘录，与巴巴多斯环境、国家美化、蓝色和绿色经济部签署关于深化蓝色经济合作的谅解备忘录，与柬埔寨王国发展理事会签署关于绿色发展领域投资合作的谅解备忘录，与南非电力部签署关于推动新能源电力投资合作的框架协议。

（二十三）中国人民银行与塞尔维亚国家银行签署人民币清算安排的合作备忘录，与阿联酋中央银行签署加强数字货币合作的谅解备忘录，与印度尼西亚中央银行签署合作谅解备忘录。

（二十四）中国国家发展改革委、广东省深圳市人民政府与印度尼西亚海洋与投资统筹部、努山塔拉新首都管理局签署关于印尼新首都规划经验交流合作的谅解备忘录。中国商务部、福建省人民政府与印度尼西亚海洋与投资统筹部签署深入推进中印尼"两国双园"建设合作的谅解备忘录。

（二十六）中国国家卫生健康委员会与沙特、阿曼、蒙古国、老挝、柬埔寨等国卫生部门签署卫生健康领域的合作谅解备忘录。

（二十九）中国国家中医药管理局与新加坡卫生部签署中医药合作计划书（2023-2027）。

（三十）中国中央广播电视总台与埃及、巴基斯坦、缅甸等共建"一带一路"国家官方媒体签署合作文件。

（三十一）中国出口信用保险公司与塞尔维亚财政部、印度尼西亚国家电力公司、乌兹别克斯坦阿萨卡银行、哈萨克斯坦开发银行签署合作谅解备忘录。

二、与国际和地区组织合作文件类

（二）中国政府与东盟达成关于进一步深化经贸合作工作计划的中期审议报告。

三、双边合作平台、中方发起合作项目及机制类

（二）建立中国—中亚五国交通部长会议机制、中国—柬埔寨铁路合作工作机制，上线中欧班列门户网站。

（四）建立"一带一路"财经能力建设平台，成立《"一带一路"绿色投资原则》非洲和东南亚区域办公室。

（五）建立中国—中亚投融资合作平台，与香港金融管理局合作设立"一带一路"联合投资平台，与印度尼西亚国家投资局合作设立中国—印尼联合投融资平台。

（六）建立"一带一路"低碳服务伙伴关系，启动中亚区域绿色科技发展行动计划，建立中国—东盟红树林保护伙伴关系，成立中阿干旱、荒漠化与土地退化防治国际研究中心。

（十二）举办第二届"一带一路"中国—老挝合作论坛、第三届中国—泰国智库论坛——"一带一路"10周年：可持续发展的中泰全面战略合作伙伴关系、中国—阿根廷共建"一带一路"合作圆桌对话会。

（十四）成立长三角"一带一路"高质量发展社团，打造安徽省"一带一路"国际产能合作示范区，开展深圳和新加坡智慧城市合作。

（十六）举办2023中国—东盟教育交流周，建立共建"一带一路"阿拉伯国家文化交流和教育合作促进平台。重庆市人民政府与莫斯科柴可夫斯基音乐学院开展音乐教育合作。

（十七）建立中国—巴基斯坦小型水电技术"一带一路"联合实验室、中国—印度尼西亚海洋科学联合实验室，建立中国—白俄罗斯国际创新中心。

五、合作项目类

（一）中国政府与科威特政府签署大穆巴拉克港项目合作的谅解备忘录，与越南政府共同启动中国坝洒—越南巴刹红河界河公路大桥项目。

（三）中国国家发展改革委与老挝计划与投资部签署中老铁路沿线开发合作方案的谅解备忘录。

（四）中国国家开发银行签署马来西亚马来亚银行人民币贷款项目合同，与埃及中央银行开展人民币授信（二期）项目，与秘鲁BBVA银行开展综合授信项目，与非洲进出口银行、埃及银行开展非洲中小企业专项贷款项目。实施塞内加尔共和国主权授信项目

（达喀尔高架桥和尼亚耶公路改扩建项目）。

（五）中国进出口银行与沙特国民银行签署人民币流动资金贷款项目协议，与非洲金融公司签署美元流动资金贷款协议，与印度尼西亚国家投资局签署合作框架协议，与柬埔寨签署公路、大桥及水库等基础设施建设项目贷款协议。

（六）中国进出口银行签署《区域信用担保与投资基金与中国—东盟投资合作基金二期谅解备忘录》，并推动中国—东盟投资合作基金二期参与印度尼西亚国家石油公司地热能子公司部分股权收购项目。

（十）支持马来西亚东海岸铁路项目融资。参与建设尼日利亚卡杜纳—卡诺铁路项目、甘其毛都—嘎顺苏海图口岸跨境铁路项目。

（十三）在巴基斯坦建设瓜达尔新国际机场项目，在柬埔寨建设暹粒吴哥国际机场项目。

（十四）与特立尼达和多巴哥签署凤凰工业园优惠贷款项目，投资赞比亚江西经济合作区、力勤印尼OBI产业园项目。推进湖南与老挝"一路两园"项目，中国—菲律宾经贸创新发展示范园区。

（十五）支持马中关丹国际物流产业园跨境项目融资。在坦桑尼亚建设东非商贸物流产业园综合服务合作区，在蒙古国建设中欧班列海外仓。与吉尔吉斯斯坦开展物流通道与国际贸易战略合作项目，在哈萨克斯坦建设阿克套港集装箱枢纽项目，并实施面向中亚国家农副产品快速通关"绿色通道"项目。实施"空中丝绸之路"中国—马来西亚航空货运枢纽项目，推进中国东盟（海南）邮轮旅游互联互通示范项目。

（十七）与尼日利亚签署尼日尔河治理项目技术协议。与柬埔寨签署百达隆巴萨河大桥及接线公路项目贷款协议，与印度尼西亚签署杰纳拉塔水坝项目贷款协议，与马达加斯加签署哈努马法纳水电项目贷款协议。与塞尔维亚签署诺维萨德跨多瑙河大桥及连接线项目融资协议，与菲律宾签署帕西格河桥梁项目融资协议。

（十八）开展中国—斯里兰卡、中国—马来西亚二维码网络互联互通项目。建设所罗门群岛国家宽带网项目、柬埔寨农村电网扩建八期项目，支持塞尔维亚电信 ALL-IP 固网现代化三期项目、南非电信2023年网络建设项目融资。

（十九）签署投资几内亚西芒杜铁矿项目一揽子合作协议。在刚果（金）投资卡莫亚铜钴矿二期工程项目，在厄立特里亚投资库鲁里钾盐矿项目，在哈萨克斯坦投资巴库塔钨矿项目，在阿根廷投资3Q锂盐湖项目、Cauchari-olaroz锂盐湖开发项目。在福建投资古雷150万吨/年乙烯裂解及下游衍生品生产装置项目，在印度尼西亚投资年产12万吨镍金属量和1.5万吨钴金属量氢氧化镍钴湿法项目、年产5万吨氢氧化锂和1万吨碳酸锂项目、年产12.6万吨镍金属生产线及配套设施项目。

（二十）支持出口新加坡汽车运输船系列项目融资。在马尔代夫建设胡鲁马累汽配城项目，在巴基斯坦建设朝阳浪马轮胎项目（二期）。

（二十一）中投公司投资东南亚生物燃料项目、南非果蔬保鲜项目。

（二十二）实施新加坡合盛农业部分股权收购项目，实施坦桑尼亚订单农业项目。

（二十三）在加纳、肯尼亚、安哥拉等国开展基建民生及贸易供应链项目，在新加坡参与 Keat Hong 政府组屋工程项目。在沙特建设红海公用基础设施项目，在塞内加尔建设费尔洛地区开发及生态系统改善工程项目。与乌兹别克斯坦签署亚青会奥林匹克城建设标段1、2项目贷款协议，与孟加拉国签署拉杰沙希地表水处理厂项目贷款协议。

（二十四）在匈牙利投资动力电池制造项目，在越南投资太阳能组件及电池片生产线项目。实施安琪酵母（埃及）酵母制品扩建项目。

六、民生及民心相通类项目

（五）实施质量认证"小而美"国际互认合作项目。设立"一带一路"民心相通公益基金，启动实施"丝路心相通"行动计划。在斯里兰卡等国实施"招商丝路爱心村"帮扶项目，在尼泊尔、埃塞俄比亚、缅甸、柬埔寨、老挝、布隆迪等国实施国际爱心包裹项目。

（六）在埃塞俄比亚等国举办"一带一路"中医药针灸风采行活动。在老挝等国举办移动手术车活动，在乌兹别克斯坦、吉尔吉斯斯坦等国举办健康快车国际光明行活动，在尼泊尔等国实施国际活水行动。实施"一带一路·民心相通"中国—东盟心连心活动暨东盟先心病儿童筛查救治行动。

（七）中国国家发展改革委与非盟共同开展对非能力建设合作，与津巴布韦共同实施"一带一路"经济改革与转型发展合作项目，与印度尼西亚共同实施工业化职业培训项目并建设药用植物保护研究创新基地。

（十）创建东南亚海洋环境预报系统。举办中国—岛屿国家海洋合作论坛，并联合制定《中国—岛屿国家海洋防灾减灾合作计划》。

（十二）签署老挝成品油项目立项换文，宣布柬埔寨国王工作队物资项目立项。向莫桑比克、乍得、莱索托、津巴布韦、马里提供紧急粮食援助项目交接证书。

（十三）宣布向斯里兰卡提供校服布料物资援助，交接援老挝万象市纳塞通中学项目证书。实施援老挝铁道职业技术学院项目、万象市皮瓦中学项目、琅勃拉邦省和平中学清洁饮用水项目。继续推动在哈萨克斯坦运营鲁班工坊。

（十四）中国与埃塞俄比亚签署高级农业专家技术援助项目立项换文。继续在卢旺达、巴布亚新几内亚、斐济等国开展菌草技术推广合作，在乌干达等国推广多年生稻技术，在老挝实施东亚减贫示范合作技术援助项目。与乌兹别克斯坦开展农业技术研究推广合作、节水灌溉研究与推广合作，在印度尼西亚建设中国—印尼棕榈园区农机化服务中心。

（十五）签署援莫桑比克国家外科中心项目、援巴基斯坦脊髓灰质炎疫苗项目立项换文。交接援坦桑尼亚桑给巴尔阿卜杜拉·姆才医院技术援助项目证书。在泰国、柬埔寨建设中医药中心。实施援塞内加尔"消除白内障致盲项目"。

七、发布白皮书和研究报告类

（九）发布《中国—东盟国家共建"一带一路"发展报告》。

三、八项行动的东盟实践

在"一带一路"立体互联互通网络的构建方面，在与东盟国家共建的过程中，陆海新通道与"丝路海运"的作用尤为突出。

西部陆海新通道位于中国西部地区腹地，北接丝绸之路经济带，南连 21 世纪海上丝绸之路，协同衔接长江经济带的交通大动脉。2021 年 8 月，《"十四五"推进西部陆海新通道高质量建设实施方案》提出，发挥铁路骨干作用，加快大能力主通道建设，尽快形成东中西线通路合理分工、核心覆盖区和辐射延展带密切沟通、与东南亚地区互联互通的西部陆海新通道陆路交通网络。商务部国际贸易经济合作研究院编写的《国际陆海贸易新通道发展报告 2023》显示，西部陆海新通道建设助力共建省区市与东盟贸易额从 2017 年的 756 亿美元升至 2022 年的 1310 亿美元，年均增长 11.6%。这 6 年来，西部陆海新通道共建省区市地区生产总值合计增长 34%，社会消费品零售总额合计增长 22%。

成立于 2018 年的"丝路海运"，同年 12 月 24 日从厦门港首发第一艘"丝路海运"集装箱货轮开行。"丝路海运"旨在实现海上、陆地多种物流方式无缝衔接，致力于开辟西连内陆、南接东南亚的陆海联运大通道。在"丝路海运"全部命名航线中，东南亚航线数量超过一半，反映了中国与东盟地区不断攀升的贸易量以及共建"一带一路"带来的巨大合作机遇。2022 年 6 月，国内首条"丝路海运"电商快线开行，由厦门港直达菲律宾马尼拉港，实现国内电商货物两天直达马尼拉港。2023 年 9 月，"丝路海运"多式联运平台启动。

在支持建设开放型世界经济方面，中国—东盟制度型开放合作成效卓著。2018 年 11 月发布的《中国—东盟战略伙伴关系 2030 年愿景》指出：开展更紧密的合作，打造更高水平的中国—东盟战略伙伴关系；东盟赞赏中国致力于促进更紧密的中国—东盟合作，包括构建中国—东盟命运共同体的愿景；对接《东盟互联互通总体规划 2025》与中方"一带一路"倡议共同的重点领域，努力以互利共赢方式促进区域各互联互通战略的对接。2019 年 11 月，《中国—东盟关于"一带一路"倡议同〈东盟互联互通总体规划 2025〉对接合作的联合声明》签署。在 2021 年 11 月举行的中国—东盟建立对话关系 30 周年纪念峰会上，中国和东盟共同宣布建立面向和平、安全、繁荣和可持续发展的全面战略伙伴关系。目前，中国已同缅甸、印度尼西亚、泰国、马来西亚、老挝、柬埔寨六个东盟国家就共建命运共同体达成重要共识。目前，中国与东盟还在推动自贸区 3.0 版谈判。

中国与东盟"数字丝绸之路"建设成绩斐然。2017 年 12 月，中国、老挝、泰国等七国共同发起《"一带一路"数字经济国际合作倡议》，2020 年被称为"中国与东盟数字经济合作年"。电子商务成为中国与东盟企业合作的一大热点。广西商务厅提供数据显示，截至 2023 年 9 月，中国与新加坡、泰国、老挝、菲律宾等六个东盟国家签署电子商务合作谅解备忘录。在 2023 年 9 举行的第 26 次中国—东盟（10+1）领导人会议上，中方提出中国—东盟数字化转型合作倡议，开展数字化转型伙伴行动，让数字化转型发展红利惠及各方。

在与东盟的务实合作方面，近三年来中国与东盟互为最大贸易伙伴。"一带一路"带动了东盟国家基础设施改善、产业升级，不仅有中老铁路、雅万高铁等"一带一路"标志性项目，很多"小而美"的民生项目也遍地开花。以老挝为例，中老铁路自开通以来，受到高度关注，与其配套的中国援老挝铁道职业技术学院项目就是一个"小而美"的民生项目。2023 年 10 月 12 日，项目正式移交，老挝国家主席通伦·西苏里亲自敲响祈福铜锣。学院由云南省建设投资控股集团有限公司总承包，除实施项目的成套建设内容外，还以"2+5"模式为老挝提供了亟需的铁道专业师资培训和体制建设，即老挝籍教师赴昆明参加2年的教育能力培养和中方专家组赴老挝进行5年的教育技术合作服务。老挝铁道职业技术学院不仅填补了老挝铁道专业技术教育的空白，还是东南亚国家第一所铁道职业技术院校。学院除了为中老铁路提供人才外，还将成为未来建设老挝连接泰国、越南、柬埔寨各国铁路的人才基地。

在促进绿色发展方面，2021年11月，在中国—东盟建立对话关系30周年之际，习近平主席与东盟各国领导人共同宣布建立中国—东盟全面战略伙伴关系，倡议共建"五大家园"蓝图，其中对"美丽家园"提出一系列具体举措，为中国与东盟国家开展生态环境领域合作指明了前进方向。2021年中国—东盟领导人会议发布《关于加强中国—东盟绿色与可持续发展合作的联合声明》，中国—东盟合作年连续两年（2021~2022年）以"可持续发展"为主题，先后成立澜沧江—湄公河环境合作中心、中国—柬埔寨环境合作中心，提出建立"中国—东盟生态友好城市发展伙伴关系"、启动"中国—东盟应对气候变化与空气质量改善协同行动"等倡议。2022年3月，"一带一路"绿色发展国际联盟举办"一带一路"倡议下东盟绿色低碳转型——潜力与机遇研讨会。2013~2023年，一批"小而美"的环境合作项目先后在东盟国家落地见效，比如：分别与柬埔寨、老挝合作建设低碳示范区，提供新能源车辆、光伏发电系统、环境监测设备等物资，开展能力建设培训，共同编制低碳示范区建设方案；老挝南塔省南恩村生活垃圾收集清运处置示范项目、老挝南塔省省立中学污水处理示范项目先后正式运行，示范项目直接或间接惠及人数达3万余人。此外，在泰国建设的600MW晶硅太阳能电池生产线项目，作为中国制造高水平"走出去"绿电项目，通过开发太阳能发电，平衡当地电力供应，大大降低空气污染和碳排放量，有效推动当地经济社会绿色转型。

在推动科技创新方面，2023年9月举行的第26次中国—东盟（10+1）领导人会议提出，落实好《共同推进实施中国—东盟科技创新提升计划的联合倡议》。《共同推进实施中国—东盟科技创新提升计划的联合倡议》提出，将依托中国—东盟技术转移中心等组织举办更多技术转移与创新合作活动；聚焦重点领域，以创新合作携手应对共同挑战，将聚焦生物、信息、制造、空间、海洋、环境等共同关心的研究领域，开展联合研究，打造联合研究旗舰项目，促进跨文化、跨学科的科研合作。2013年9月，中国—东盟技术转移中心（CATTC）成立，在中国科技部和东盟各国科技主管部门共同支持推动下，中国—东盟技术转移中心与泰国、老挝、柬埔寨、缅甸、越南、文莱、印度尼西亚、马来西亚、菲律宾等东盟国家分别建立了政府间双边技术转移工作机制，成立了中国—印度尼西亚高温气冷堆联合实验室、中国—印度尼西亚港口建设与灾害防治联合研究中心、中国—印度尼西亚生物技术联合实验室、中国—泰国铁路系统联合研究中心、中国—柬埔寨食品工业联合实验室、中国—马来西亚清真食品联合实验室、中国—老挝新能源与可再生能源联合实验室、中国—缅甸雷达与卫星通信联合实验室。此外，中国—东盟综合交通国际联合实验室、中国—东盟传统药物研究国际合作联合实验室、中国—东盟海水养殖技术"一带一路"联合实验室，中国（广西）—东盟工程建设标准联合实验室也先后成立。2023年7月，首届中国—东盟人工智能合作论坛在广西南宁举办。

在支持民间交往方面，政府部门、文化机构、民间组织搭建起诸多中国—东盟文化交流合作平台。凭借地理位置的邻近，中国—东盟视听周、中国—东盟文化论坛、"东盟伙伴"媒体合作论坛、中国—东盟电影展映、中国—东盟戏剧周已成为文化交流品牌。东盟也是中国视听节目出口的第一大市场。2023年6月，以"智慧图书馆建设与阅读推广"为主题的第18届中国—东盟文化论坛在广西南宁举行，《中国—东盟图书馆联盟倡议》发布。中国—东盟教育交流周自举办以来，已成为中国—东盟最具代表性的政府间教育合作平台，并由单一教育合作拓展为科技、文化、卫生、旅游、体育等多领域合作。2023年8月，中国—东盟数字教育联盟正式成立。

自2006年东盟的第一所孔子学院落户泰国以来，迄今中国已经在东盟建立了数十所孔子学院。随着中国与东盟在经贸、人文、教育等领域合作不断扩大，东盟国家的孔子学院已经开始从单一的中文语言基础知识教学和基本技能训练，逐渐向基于"中文+职业技术、技能教育"等"中文+X"的模式转变。中方高校开设了东盟10国官方语言专业，双方互派留学生人数逐年增加。

2020年，澜湄旅游城市合作联盟在南京成立，联盟由各国旅游部门牵头搭建，以联盟城市成员为主角，以城市间文化和旅游合作与交流为先导，促进城市间全方位合作和友好交流。2018年，中国—东盟省市长对话会推动成立"21世纪海上丝绸之路沿线邮轮旅游城市联盟"，促进旅游经济共同发展、合作共赢。

在建设廉洁之路方面，反腐败是中国和东盟合作的重点领域之一。中国和东盟早在2006年建立对话关系15周年时便提出促进包括反腐败在内的刑事司法和执法合作；2016年，中国和东盟举办首个反腐败研讨班；2017年，中国与东盟发布《中国—东盟全面加强反腐败有效合作联合声明》，进一步加强在反腐败领域的合作。近年来，中国与东盟各国开展了包括官员互访、追逃追赃、廉洁丝绸之路建设、经验交流等反腐败合作。

以中老铁路项目为例，自建设之初，中老两党两国领导人就"将中老铁路建成廉洁之路"达成重要共识，两国纪检监察机关建立政府层面的监督协调机制，创新反腐败合作方式，将中老铁路廉洁建设内容纳入中老监察机关签署的合作谅解备忘录。此外，将廉洁建设纳入《中老铁路精品工程建设指导意见》，制定完善《中老铁路廉洁建设工作方案》，成立廉洁建设领导小组；实施全流程风险防控，制定《中老铁路项目建设重点环节廉洁风险防控手册》和《中老铁路廉洁建设十条行为准则》；择优选派管理人员履行工程建设和廉洁建设主体责任。共同启动"廉洁之路"建设，签订廉洁承诺书；开展联合派驻，成立廉洁建设领导小组，建立定期会商工作机制；组织筹办中老铁路廉洁建设研讨班，双方共同研讨廉洁建设经验；实施工作联动机制，定期开展联合检查；实施督促落实机制，加强对重要事项的全过程监督；实施监督考核机制，把廉洁建设与项目建设同部署、同推进、同考核。建立完善制度机制是推进中老铁路"廉洁之路"建设的重要保障。2023年9月，国务院总理李强在第26次中国—东盟（10+1）领导人会议上指出，未来三年，中方将启动"万人研修研讨计划"，为东盟国家培养1万名治国理政、反腐倡廉、绿色发展等领域人才。

在完善"一带一路"国际合作机制方面，2022年底，为全面落实中国—东盟信息港总体规划要求，广西壮族自治区人民政府办公厅发布了《中国—东盟信息港建设实施方案（2022—2025 年）》。该方案目标在于推进技术创新、数字贸易、数据交易，同时加强与东盟国家在法律法规、营商环境、人才交流等方面合作，以及增强数字文旅、数字医疗、数字教育等领域合作。2023 年 9 月，第 26 次中国—东盟（10+1）领导人会议提出尽早成立中国—东盟清洁能源合作中心。2023 中国—东盟清洁能源合作周发布了《中国—东盟清洁能源企业合作海口宣言》《东盟新能源占比逐渐提高的低碳转型路径》《东盟海上风电发展路线图》《2022 中国可再生能源绿色电力证书发展报告》等一系列成果，为进一步推动中国—东盟清洁能源务实合作注入新动能。

自 2002 年中国与东盟签署《全面经济合作框架协议》启动自贸区建设以来，中国—东盟自贸区建设不断升级，市场开放程度逐步扩大。中国—东盟自贸区是中国对外商谈的第一个也是最大的自贸区。2022 年 11 月，中国与东盟启动中国—东盟自贸区 3.0 版升级谈判。与此同时，中国与东盟在《区域全面经济伙伴关系协定》（RCEP）、东盟与中日韩（10+3）等多边合作机制下紧密合作，将进一步共享区域经济一体化机遇。从自贸区 1.0 版到 3.0 版，从打造"硬联通"到加强"软联通"，从传统领域拓展到数字、绿色新兴领域，中国与东盟多领域合作正在进一步深化升级。

第三章　政策动力关键词及东盟十国简介

一、政策动力关键词

自"一带一路"倡议提出以来，国务院及各个部门都发布了相应的政策，为此我们梳理了领导人在重要国际会议和重要峰会上的讲话，以及各部委出台的共建"一带一路"相关政策，尤其是与"一带一路"东盟地区共建国家互联互通的相关政策，同时还纳入了重庆、贵州、广西、云南和海南五个西部陆海新通道沿线的重点省区市出台的相应政策。我们收录了截至2023年11月20日各部门发布的共653份政策文件。653份政策文件中包括国家领导人讲话，以及31个国家机关的发布政策文件。以653份政策文件内容作为文本数据，导出"词云图"关键词，我们可以更直观地抓住政策关键点。词云图显示，"基础设施"是出现频率最高的词汇。毫无疑问，在对内对外的政策沟通中，基础设施联通在过去十年中是共建"一带一路"的最优先领域。2013~2023年，基础设施联通的成果是"一带一路"建设给人们带来的最直观感受。"所得税""纳税人""知识产权"等词汇也出现了相当高的频次，其中主要原因在于，国家税务总局、商务部等相关部门发布了针对东盟每一个国家的投资指南，内容涵盖每一个国家的营商环境、税收制度、双边协定等，其中税收、知识产权等是企业对外投资的核心关注问题之一。"高质量""互联互通""数字化""制造业""产业链""产业园"等词在政策文件中的高提及率，一定程度上也反映出各层级政策的共同关注点。

在国家领导人讲话和国务院出台的相关政策文件中，"互联网"和"知识产权"是提及率最高的词汇，并且词频率明显高于其他关键词，"基础设施"的提及率其次，再次是"共同体""互联互通""丝绸之路""公共服务""网络空间""发展中国家""制造业"。此外，"高质量""产业链""供应链""便利化""电子商务""数字化""服务业""农产品""现代化""网络安全""伙伴关系""对外开放""气候变化"等也是提及率较高的词汇，意味着在过去十年间的顶层设计过程中，相关维度受到高度关注（见图3-1）。

在国家发展改革委发布的相关政策文件中，"互联互通"和"基础设施"是提及率最高的词汇，并且词频率明显高于其他关键词，"标准化"的提及率其次，之后是"丝绸之路""成员国""高级官员""北部湾"。此外，"总体规划""行动计划""实施方案""高质量""城市群""区域合作""经济带""国际标准""自由贸易""产业链""供应链""便利化""物流业""制造业""服务业""农产品""互联网""空间信息""第三方"等也是提及率较高的词汇（见图3-2）。

图 3-1　国家领导人讲话和国务院相关文件关键词

图 3-2　国家发展改革委相关政策文件关键词

在商务部发布的相关政策文件中，"新加坡""马来西亚""柬埔寨""菲律宾""印度尼西亚"等东盟的国家名称提及率非常高，主要是因为梳理的文件中收录了商务部发布的针对东盟各国的《对外投资合作国别（地区）指南》，文件篇幅相对较长，在词汇统计中占了较大比例。除此之外，提及率最高的是"基础设施""中资企业""电子商务"，其次是"进出口""经济特区""原产地""投资者""知识产权""所得税""外国人""环境保护"等。此外，"经贸合作""环境保护""气候变化""农产品""制造业""服务业""PPP""数字化""承包工程""承包商"等也有相当高的提及率（见图 3-3）。

图 3-3　商务部相关文件关键词

在工信部发布的相关政策文件中，提及率最高的是"中小企业"，其次是"信息化"
"标准化""产业链""国际化""零部件"，再次是"汽车产业""通信业""新能源"
"互联网""国际标准""竞争力"。此外，"基础设施""制造业""智能网""服务平台"
"金融机构""轻工业""行业协会""知识产权"也是提及率很高的词汇（见图 3-4）。

图 3-4　工信部相关政策文件关键词

在金融监管部门发布的相关政策文件中，词频最高的是分别作为监管主体和市场主体
的"中央银行"和"金融机构"，其次是其他各类主体如"国家银行""商业银行""投
资者""上市公司""保险公司""交易所""成员国"。此外，"外汇业务""外汇交易"
"外汇市场""许可证""房地产""衍生品"等词汇的提及率也较高（见图 3-5）。

图 3-5　金融监管部门相关政策文件关键词

在财税部门发布的相关政策文件中，词频最高的是"纳税人""缔约国"，其次是"所得税""增值税""税务机关""税务局"。此外，东盟国家"菲律宾""马来西亚""新加坡"的词频非常高，同样是因为收录了国家税务总局发布了中国居民赴某国家（地区）投资税收指南，篇幅超长，形成了超高词频（见图 3-6）。

图 3-6　财税部门相关政策文件关键词

在国资委发布的相关政策文件中，词频最高的是"高质量"和"业绩考核"，其次是"负责人""国有企业""国有资产""国有资本""国际化"，再次是"董事会""碳达峰""竞争力"。此外，"产业链""全过程""民营企业""市场化""目标值""管理水平""规章制度""法律顾问""基础设施""资源配置"也是提及率较高的词汇（见图3-7）。

图 3-7　国资委相关政策文件关键词

在外交部发布的相关政策文件中，词频最高的是"东盟国家"，其次是"领导人""湄公河"，再次是"互联互通""共同体""战略伙伴""基础设施""行动计划"。此外，"成员国""联合声明""水资源""部长级""区域合作""部长会议""高质量""供应链""农产品""知识产权"等也是提及率较高的词汇（见图 3-8）。

图 3-8　外交部相关政策文件关键词

在最高人民法院发布的相关政策文件中，由于文件中收录了最高人民法院发布的四批涉"一带一路"建设典型案例，因此高词频出现的主要与国际贸易中法律权益和法律程序相关，如"集装箱""托运人""承运人""货物运输""国际货物""预付款""所有权""持有人""反担保""外商投资""损害赔偿""买卖合同""衍生品""诉讼请示""诉讼时效""仲裁条款""民事判决""人民币"等（见图 3-9）。

图 3-9　最高人民法院相关政策文件关键词

我们可以看到，"基础设施"在每个部门文件中的提及率都比较高，几乎是每个部门文件的重要关键词。在全部 653 份政策文件的汇总中，"纳税人"是词频最高的词汇，随后是"基础设施""所得税"（见图 3-10）。此外，"互联互通""税务机关""金融机构""中央银行""缔约国""电子商务""知识产权""成员国""投资者""标准化""产业链""制造业""服务业""数字化""农产品""标准化""现代化"也是提及率较高的词汇。而"新加坡""马来西亚""柬埔寨""印度尼西亚""菲律宾""湄公河""东南亚""东盟国家"等东盟国家的国名也有较高的词频，是因为国家税务总局发布的各国投资税收指南的篇幅巨大。尤其是新加坡的高提及率，主要是因其在东盟国家中的地位较为独特，2015 年 11 月，中新两国政府就签署了《关于建设中新（重庆）战略性互联互通示范项目的框架协议》，启动以重庆为运营中心的第三个政府间合作项目。凭借自由贸易港和离岸金融中心的特点，新加坡也作为多种合作方出现在各类合作的政策文件中。比如在"一带一路"建设中的互联互通中，它既是重要的金融合作方，也是第三方市场合作的协调者，还是专业服务领域的合作者，2017 年，新加坡国际调解中心和中国国际贸易促进委员会、中国国际商会调解中心签署谅解备忘录，合作建立解决"一带一路"跨境合作相关争议的机制。

图 3-10 汇总政策文件关键词

二、东盟十国简介

（一）越南

2017 年 11 月，中越两国签署《共建"一带一路"和"两廊一圈"合作备忘录》，并就电子商务、基础设施合作等签署相关协议，制定五年规划重点项目清单；2021 年 9 月，双方签署《关于成立中越贸易畅通工作组的谅解备忘录》。

中国对越南出口商品主要类别包括：①机械设备及配套用具；②计算机、电子产品及其零件；③电话及其零件；④纺织服装和鞋制品原辅料；⑤钢铁制品；⑥塑料及其制品。

中国对越南投资主要集中在加工制造业、房地产和电力生产等领域，较大的投资项目包括铃中出口加工区、龙江工业园、深圳—海防经贸合作区、天虹海河工业区等。

（二）老挝

2016 年 9 月，中老两国签署《中华人民共和国和老挝人民民主共和国关于编制共同推进"一带一路"建设合作规划纲要的谅解备忘录》。该备忘录是我国与中国—中南半岛经济走廊沿线国家签署的首个政府间共建"一带一路"合作文件。

中老铁路作为"一带一路"、中老友谊标志性工程，计划总投资为 374 亿元人民币，于 2016 年 12 月 25 日全线开工，2021 年 12 月竣工通车。该项目属于泛亚铁路中线的一部分，老挝境内段由中老边境的磨丁至老挝首都万象，全长约 420 千米，其中隧道全长195.8 千米，桥梁全长 67.2 千米，全线设 33 个车站，时速为 160 千米/时（部分路段为120 千米/时）。中老铁路的建成有助于实现中老两国在贸易、投资、物流运输等领域更高程度的便利化，不仅将造福当地百姓，促进减贫脱贫，还将实现老挝与中国西南地区经济深度融合，形成现代农业、旅游、能源、物流、加工制造协同发展的格局。与此同时，这也有力提升了老挝与其他国家的交通联通水平，助力老挝实现"陆锁国变陆联国"的战略目标。

（三）柬埔寨

2016 年 10 月，中柬两国签署《中华人民共和国和柬埔寨王国关于编制共同推进"一带一路"建设合作规划纲要的谅解备忘录》。2017 年 5 月，在首届"一带一路"国际合作高峰论坛期间，双方就全面推进"一带一路"合作、深化产能与投资合作达成重要共识。2019 年 4 月，中柬两国签订《构建中柬命运共同体行动计划》。2020 年 10 月，中柬双方通过视频方式签署了《中华人民共和国政府和柬埔寨王国政府自由贸易协定》，于 2022 年 1 月 1 日正式生效实施。

目前，在柬埔寨设立的中资经济特区共 6 个，包括位于西哈努克省的西港经济特区、位于西哈努克省的浙江国际经济特区、位于柴桢省的齐鲁经济特区、位于柴桢省的桑莎经济特区、位于桔井省的斯努经济特区和位于磅清扬省的中柬金边经济特区。

（四）泰国

2017 年 9 月，中泰两国签署《中华人民共和国政府和泰王国政府关于共同推进"一带一路"建设谅解备忘录》，把规则标准的"软联通"作为优先方向，加快基础设施建设、贸易标准、金融与税收、海关合作等层面规则标准对接，为高质量共建"一带一路"提供有力保障。2020 年 6 月，泰中国际仲裁与调解中心（TCIAC）成立，为两国投资者提供了一个争议解决平台。此外，中国人民银行与泰国央行签署中泰金融科技合作协议，加强双方在金融科技领域的创新和联合研究、信息分享及监管合作，确保数字支付安全，保障"数字丝绸之路"和"丝路电商"等合作健康发展。2021 年 1 月，双方央行续签了双边本币互换协议，规模为 700 亿元人民币/3700 亿泰铢，协议有效期五年，经双方同意可以展期。除此之外，中泰双方还签有《关于避免双重征税的协定》《中泰农产品贸易合作谅解备忘录》《关于泰国输华冷冻禽肉及其副产品的检验检疫和兽医卫生要求协定书》和《东部经济走廊（EEC）合作备忘录》等经贸合作文件。

2014 年 12 月，中泰双方签订《开展铁路基础设施发展合作的谅解备忘录》，该项目采用中国标准设计建造，分两期执行。2017 年 12 月 21 日，中泰铁路一期工程首段曼谷—呵叻段正式进入施工阶段。

中国企业目前在泰国主要开发经营、建设的境外经贸合作区有泰中罗勇工业园区、泰国正大—广西建工工业园、安美德（南京）智慧城等。其中，泰中罗勇工业园为中国企业目前在泰国经营状况最佳的工业园区。

（五）缅甸

2017 年 5 月，在首届"一带一路"国际合作高峰论坛期间，中缅两国签署政府间"一带一路"合作谅解备忘录。2020 年 1 月，中缅双方签署并交换了《中华人民共和国商务部与缅甸联邦共和国商务部关于成立中缅贸易畅通工作组的谅解备忘录》，明确工作组主要职责包括协调解决推进两国贸易畅通中的突出困难和问题，拓展双边贸易规模，支持互相开展贸易促进活动，及时磋商双边贸易领域重点关注、妥善处理贸易摩擦等。

近年来，在缅甸市场从事工程承包的央企及地方企业有 70 多家，包括中能建、中国电建、中国建筑、中交建、国家电网、云南能投、云南建投等，主要参与的有油气管道、矿山、电站、输变电线路、机场、建筑、公路、桥梁、铁路等方面的项目。

在缅甸进行投资合作的中资企业主要有中石油东南亚管道公司（中缅油气管道项目）、中石化（缅甸油气区块勘探项目）、中国电力投资公司（伊江上游水电开发项目）、大唐（云南）水电联合开发有限公司（太平江一期项目）、云南联合电力（瑞丽江一级水电开发项目）、汉能集团（滚弄电站项目）、中国水电建设集团（哈吉水电站项目、勐瓦水电站承包工程项目）、中色镍业（达贡山镍矿项目）、北方工业（蒙育瓦铜矿项目）、中国机械进出口总公司（缅甸铁路机车、车厢厂承包工程项目）、中工国际（孟邦轮胎厂改造项目、浮法玻璃厂、桥梁、船厂等承包工程项目）、葛洲坝集团（德铁电站、板其公路承包工程项目）、云南能投联合外经（仰光达吉达 106MW 天然气联合循环电站）、中国港湾（仰光机场、内比都机场承包工程项目）、中交建（仰光新城开发）、中国能建（直通、阿陇联合循环电站项目）等。

（六）马来西亚

2017 年 5 月，在首届"一带一路"国际合作高峰论坛期间，中马两国签署了《中马"一带一路"合作谅解备忘录》《"一带一路"融资指导原则》《中马交通基础设施合作备忘录》《中马水资源领域谅解备忘录》和《关于马来西亚菠萝输华植物检疫要求的议定书》。2018 年 8 月，中马双方签署了《中华人民共和国海关总署与马来西亚农业与农基产业部关于马来西亚冷冻榴莲输华检验检疫要求的议定书》，并续签《中国人民银行与马来西亚国家银行双边本币互换协议》。

中国对马来西亚投资领域更趋多元化，除制造业以外，还涵盖新能源、电力、石油化工、轨道交通、港口、农渔业、金融等多个领域。"两国双园"等项目进展顺利。中资企业在马来西亚承包工程业务是中国与马来西亚务实合作的重要组成部分，承包工程主要着眼于基础设施建设，积极实现建营一体化转型，在建项目主要集中在水电站、桥梁、铁路、房地产等领域。中资企业在马来西亚承包工程项目范围已覆盖东、西马来西亚全境，在通信、地铁、公路、电站、石化等重要领域均有所进展。

（七）新加坡

2017 年 5 月，在首届"一带一路"高峰论坛期间，中新两国签署《中华人民共和国政府与新加坡共和国政府关于共同推进"一带一路"建设的谅解备忘录》。2019 年 4 月，在第二届"一带一路"国际高峰论坛期间，就成立新加坡—上海全面合作理事会、加强第三方合作实施框架、实施原产地电子数据交换系统、海关执法合作、成立联合投资平台等，双方签署 5 份合作谅解备忘录。2019 年 5 月，中国与新加坡第三次续签双边本币互换协议，规模为 3000 亿元人民币/610 亿新加坡元，有效期三年，经双方同意可以展期。2019 年 8 月，包括中国在内的 46 个国家签署了《联合国关于调解所产生的国际和解协议公约》，为调解协议的跨境执行提供了新依据。

中国对新加坡投资以并购为主，主要投资项目包括：中银集团收购新加坡飞机租赁公司；华能国际收购新加坡大士能源、开发登布苏多联产项目和海水淡化厂项目；中石油投资修建油库、收购新加坡石油公司；海航集团收购集装箱租赁公司、飞机租赁公司、迅通集团；中国建研院收购新加坡 CPG 集团；中国 Nesta 财团收购普洛斯等。

（八）印度尼西亚

2018 年 10 月，中国与印度尼西亚两国政府正式签署推进"一带一路"和"全球海洋支点"建设的谅解备忘录。2022 年 1 月，中国人民银行与印尼央行续签了双边本币互换协议。协议规模为 2500 亿元人民币/550 万亿印尼盾，协议有效期三年，经双方同意可以展期。

中国企业在印度尼西亚主要投资和承包的项目有：西冷—巴宁邦高速公路、三宝垄—德马克高速公路、达延桥项等工程项目，米拉务、庞卡兰苏苏、巴淡 TJK、巴比巴卢、风港、爪哇 7 号、南苏 1 号、南苏 8 号等一大批电站建设项目，以及青山工业园、德龙工业园、西电变电器生产项目等。

（九）文莱

2017 年，中国与文莱签署政府间共同推进"一带一路"建设谅解备忘录。2018 年，习近平主席成功对文莱进行国事访问，两国签署共建"一带一路"合作规划等双边合作文件。2019 年，在第二届"一带一路"国际合作高峰论坛期间，两国元首就加大共建"一带一路"倡议同文莱"2035 宏愿"对接、落实好重点合作项目达成广泛共识。

中方承建的文莱淡布隆跨海大桥、特里塞—鲁木高速公路、乌鲁都东水坝等工程，便利当地民众生活出行，助力文莱长远发展。"广西—文莱经济走廊"建设进展迅速，广西北部湾国际港务集团接手经营文莱最大港口和唯一深水港摩拉港后，港口运营效率和效益大幅提升。摩拉港至广西北部湾港集装箱航线于 2023 年 7 月开航，大大缩短运输时间、减少运输成本，为中国—东盟东部增长区互联互通和国际陆海贸易新通道建设注入动力。

（十）菲律宾

2018 年 11 月，中菲两国签署《中华人民共和国政府与菲律宾共和国政府关于共同推进"一带一路"建设的谅解备忘录》和基础设施合作规划。菲律宾是中国共建"一带一路"的重要伙伴，中方将深化"一带一路"倡议同菲律宾发展战略的对接，加强基础设施建设、电信、农业等领域合作。2018 年，双方签署《文化合作协定 2019 年至 2023 年执行计划》，鼓励双方文化机构和团组加强交流合作。

目前，中国在菲律宾投资规模较大的项目包括国网公司参与菲律宾国家电网特许经营权（中外方股比为 40%：60%）、中国电信参与菲律宾第三家电信运营商（中外方股比为 40%：60%）、攀华集团投资综合性钢厂项目（中方独资）等。

第四章　实践案例

一、打通西部陆海新通道省份案例

2013 年中国已成为全球货物贸易第一大国。在 2015 年出台的《国务院关于加快培育外贸竞争新优势的若干意见》中就分析了当时的外贸形势，认为"全球总需求不振，大规模国际产业转移明显放缓，世界科技和产业革命孕育新突破，贸易保护主义持续升温。我国经济正处于'三期叠加'阶段，经济发展进入新常态。"该意见指出，"外贸发展既面临重要机遇期，出口竞争优势依然存在，也面临严峻挑战，传统竞争优势明显削弱"，但是"新的竞争优势尚未形成"，"企业创新能力亟待增强"，必须"加快培育竞争新优势"。

2015 年 3 月，国家发展改革委、外交部、商务部发布《愿景与行动》，提出建设中巴、新亚欧大陆桥、中国—中南半岛、中蒙俄、中国—中亚—西亚、孟中印缅六大国际经济合作走廊的愿景。国务院新闻办公室 2023 年 10 月发布的《共建"一带一路"：构建人类命运共同体的重大实践》白皮书指出，设施联通是共建"一带一路"的优先领域。共建"一带一路"以"六廊六路多国多港"为基本架构，加快推进多层次、复合型基础设施网络建设，基本形成"陆海天网"四位一体的互联互通格局，为促进经贸和产能合作、加强文化交流和人员往来奠定了坚实基础。

共建"一带一路"从基础设施互联互通入手，打通上述两大发展条件，逐步推动沿线国家提高贸易参与能力、加快产业结构升级、实现工业化，使包括发展中国家在内的世界各国更广泛更深入地参与到国际经济体系中，形成了新的全球发展模式。"一带一路"倡议以基础设施互联互通为抓手，改善了沿线国家的综合发展环境，推动了区域合作，放大了发展辐射效应。

建设西部陆海新通道是国家重要战略部署，而西部陆海新通道正是"一带一路"上辐射效应明显的金色纽带。从地理位置看，西部陆海新通道位于我国西部地区腹地，西部陆海新通道的主通道分别从重庆、成都，分东、中、西三个方向接至北部湾入海口，北接"丝绸之路经济带"，南连"21 世纪海上丝绸之路"，协同衔接长江经济带，是推动"一带一路"建设的关键枢纽。从运输效能看，相较于传统运输方式，"水铁联运"不仅能有效缩短运输时间，还能充分利用现有水路线路最大程度节省运输开支。

《西部陆海新通道总体规划》提出，统筹区域基础条件和未来发展需要，优化主通道布局，创新物流组织模式，强化区域中心城市和物流节点城市的枢纽辐射作用，发挥铁路在陆路运输中的骨干作用和港口在海上运输中的门户作用，促进形成通道引领、枢纽支撑、衔接高效、辐射带动的发展格局，并规划了空间布局：

（1）主通道。建设自重庆经贵阳、南宁至北部湾出海口（北部湾港、洋浦港），自重庆经怀化、柳州至北部湾出海口，以及自成都经泸州（宜宾）、百色至北部湾出海口三条通路，共同形成西部陆海新通道的主通道。

（2）重要枢纽。着力打造国际性综合交通枢纽，充分发挥重庆位于"一带一路"和长江经济带交汇点的区位优势，建设通道物流和运营组织中心；发挥成都国家重要商贸物流中心作用，增强对通道发展的引领带动作用。建设广西北部湾国际门户港，发挥海南洋浦的区域国际集装箱枢纽港作用，提升通道出海口功能。

（3）核心覆盖区。围绕主通道完善西南地区综合交通运输网络，密切贵阳、南宁、昆明、遵义、柳州等西南地区重要节点城市和物流枢纽与主通道的联系，依托内陆开放型经济试验区、国家级新区、自由贸易试验区和重要口岸等，创新通道运行组织模式，提高通道整体效率和效益，有力支撑西南地区经济社会高质量发展。

到2035年，西部陆海新通道全面建成，通道运输能力更强、枢纽布局更合理、多式联运更便捷，物流服务和通关效率达到国际一流水平，物流成本大幅下降，整体发展质量显著提升，为建设现代化经济体系提供有力支撑。

西部陆海新通道以中国重庆为运营中心，各西部省区市为关键节点，利用铁路、海运、公路等运输方式，向南经广西、云南等沿海沿边口岸通达世界各地，比经东部地区出海所需时间大幅缩短。西部陆海新通道铁海联运班列覆盖中国中西部18个省（区、市），货物流向通达100多个国家的300多个港口。国际陆海贸易新通道依托多式联运，已经形成了铁海联运班列、跨境公路班车、国际铁路联运班列等多种物流模式。此外，还有"空中走廊"和定制化专列服务等，大幅提升了区域货物运输效能。

近年来，在通道上发挥骨干作用的铁海联运班列从当初仅有的1条线路拓展至今天的北部湾港至重庆、四川、云南等7条常态化开行线路。据《经济日报》数据显示，2017~2022年，西部陆海新通道铁海联运班列发送集装箱货物分别为3382标准箱、5.34万标准箱、9.4万标准箱、31.3万标准箱、63.2万标准箱、75.6万标准箱，6年增长了223倍。

作为中国西部省份与东盟国家合作打造的国际陆海贸易新通道，2023年上半年，中国西部陆海新通道沿线省区市经新通道进出口货值同比增长约40%，呈现强劲发展势头。

截至2023年10月，作为"六廊"之一的中国—中南半岛经济走廊方向，中老铁路全线建成通车且运营成效良好，黄金运输通道作用日益彰显；作为中印尼共建"一带一路"的旗舰项目，时速350千米的雅万高铁开通运行；中泰铁路一期（曼谷—呵叻段）签署线上工程合同，土建工程已开工11个标段（其中1个标段已完工）。聚焦地理上的相邻，与东盟相关区域海陆相通的国内省份处于共建"一带一路"合作的前沿阵地，我们选择重庆、广西、云南、贵州、四川、海南作为重点考察地区。对于这些地区而言，西部陆海新通道已经成为国内国际双循环的经济大通道。

（一）重庆

地处"一带一路"和长江经济带的连接点，重庆是西部地区中唯一具有公路、铁路、航空、水运综合交通运输优势的特大城市，拥有长江黄金水道、中欧班列、航空网络等水陆空多种物流通道。

《愿景与行动》提出，利用内陆纵深广阔、人力资源丰富、产业基础较好优势，依托长江中游城市群、成渝城市群、中原城市群、呼包鄂榆城市群、哈长城市群等重点区域，推动区域互动合作和产业集聚发展，打造重庆西部开发开放重要支撑和成都、郑州、武汉、长沙、南昌、合肥等内陆开放型经济高地。

《西部陆海新通道总体规划》提升了重庆的通道战略地位，对重庆提出了新时期的重大战略定位、战略路径和战略目标，重庆成为全国唯一兼有陆港型、港口型国家物流枢纽城市，统筹东西南北四个方向、"铁公水空"四种方式的开放通道体系基本形成。

共建"一带一路"倡议提出十年来，重庆积极推进共建"一带一路"，中欧班列、西部陆海新通道与长江黄金水道及空中航线联动，建成了通江达海江海联运中转枢纽，形成国际物流大通道体系，同时随着贸易和产业链、供应链的提质升级，作为内陆腹地的重庆正转变为开放高地。辐射西部、服务全国、链接东盟、融入全球成为重庆的新定位。陆海新通道南接东盟，中欧班列西联欧洲，长江黄金水道通江达海，"铁公水空"多式联运，实现"丝绸之路经济带"与"21世纪海上丝绸之路"有机衔接。西部陆海新通道的建设打通了"一带"与"一路"，为重庆向南出海、加快建设内陆开放高地打开了新大门，为西部地区加快融入全球经济打开了新空间。2022年，西部陆海新通道沿线省（区、市）与东盟国家完成铁海联运8800列，带动中国西部地区与东盟国家完成贸易进出口总额8818亿元。

在重庆市出台的相关政策文件中，"高质量""示范区"是提及率最高的词汇，其次是"基础设施""互联互通"。此外"高水平""一体化""国际化""服务业""产业链""经济圈"也是提及率较高的词汇（见图4-1）。

图4-1　重庆市相关政策文件关键词

2023年3月，重庆发布的《重庆市加快建设西部陆海新通道五年行动方案（2023—

2027 年）》（以下简称《重庆行动方案》）提出，通过培育通道经济体系，着力构建陆港经济区，在培育壮大市场主体方面，聚焦西部地区和东盟市场，围绕电子信息制造业、智能网联新能源汽车、生物医药等优势产业，整合、优化、打造一批具有行业带动力的优势企业。围绕科技研发、数字文创、医药研发、检验检测、商贸物流等服务业重点领域，着力引进服务业总部经济、领军企业、旗舰项目、功能平台。

《重庆行动方案》将东盟作为重要辐射范围，提出到 2027 年，重庆经西部陆海新通道运行的货运量、货值、与中欧班列和长江黄金水道的联运箱量均实现倍增，与东盟的进出口额占比稳定在 70%以上。《重庆行动方案》强调，优化提升物流园区发展能级，培育壮大一批龙头企业，强化综合服务能力，畅通要素流动渠道，推进统一大市场建设，打造要素集聚高地，增强对东盟市场的辐射能力。《重庆行动方案》提出，推动本地汽车、电子信息、摩托车、通机等生产企业开拓国际市场，完善海外分拨和销售网络，针对东盟等市场消费行为和使用场景开发差异化产品。引导本地电子企业积极开拓东盟智能家居、智能微投、智能安防等市场。扩大重庆及东盟农产品精深加工规模，打造粮油、预制菜、火锅食材、肉蛋奶、果蔬、休闲食品等特色食品加工产业链。深化成渝地区双城经济圈产业链供应链协同，加快形成面向东盟的智能网联新能源汽车、智能终端、农机通机、绿色食品等 4 条标志性合作产业链，提升重庆国家重要先进制造业中心的产业集聚辐射带动力。

东盟是重庆的第一大贸易合作伙伴，重庆也将东盟作为参与共建"一带一路"的重要方向，以大通道联动东盟和中国西部地区大市场。2023 年 1~8 月，重庆对东盟国家非金融类投资项目 15 个，实际投资 8553 万美元，同比增长 451%。通道沿线省份对东盟 10 国进出口额，从 2019 年的 6916 亿元提高到 2022 年的 8817 亿元。重庆还通过在通道沿线国家举办"渝贸全球"商品展，促进重庆电子终端产品、汽摩、通机出口东盟，扩大东盟资源型产品及优质特色农产品进口。重庆提出，力争到 2027 年，重庆与东盟国家进出口额超过 1700 亿元，年均增长 5%以上。

2023 年 9 月，《两江新区加快建设西部陆海新通道行动方案（2023—2027 年）》（以下简称《两江行动方案》）发布。《两江行动方案》进一步明确了重庆作为西部陆海新通道枢纽的功能定位：国内大循环、国内国际双循环的重要枢纽，西部地区改革开放的重要支撑，区域经贸合作的重要门户，面向东盟市场的要素资源集散中心。也就是说，要持续发挥重庆作为通道物流和运营组织中心的牵头带动和示范引领作用，推动实现西部陆海新通道与"一带一路"、长江经济带联动发展。以通道共建为切入点，加强西部地区产业链供应链合作，放大"通道+经贸+产业"联动效应，推动西部地区开放型经济高质量发展。打造整体智治、协同有力、高效运行的数字陆海新通道，以数字化撬动通道建设全方位、系统性、重塑性变革，展现通道发展新形象。深化多领域国际交流合作，加快建设中西部国际交往中心。优化提升物流园区发展能级，培育壮大一批龙头企业，强化综合服务能力，畅通要素流动渠道，推进统一大市场建设，打造要素集聚高地，增强对东盟市场的辐射能力。

重庆海关发布的数据显示，2023 年上半年，西部陆海新通道沿线省区市经新通道进出口货值达 3500 亿元人民币，同比增长约 40%；跨境铁海联运班列开行 4510 列，同比增长 9%；跨境公路运输 120.27 万辆次，同比增长 84.18%；国际铁路班列开行 4091 列，增长 18.51%。

国际陆海贸易新通道以重庆和新加坡作为"双枢纽"，对内以南宁、成都、昆明、贵阳等西部重要城市为"多支点"，对外通达 120 个国家和地区的 465 个港口，成为中西部地区联通世界的重要通道。我国商务部的数据显示，2022 年，以重庆为始发地和目的地的陆海新通道货物贸易额比 2019 年增长 147%，我国中西部地区与陆海新通道相关国家的贸易合作水平迈上了新台阶。

2023 年，交通运输部、国家发展改革委命名了 19 个项目为"国家多式联运示范工程"，西部陆海新通道集装箱多式联运示范工程成功入选。重庆成为全国首个拥有港口型、陆港型、空港型、生产服务型、商贸服务型"五型"国家物流枢纽的城市。截至 2023 年 9 月，重庆经西部陆海新通道与中欧班列累计联运 1.8 万标准箱，与长江黄金水道累计联运 14 万标准箱，联运规模持续扩大。

随着人流、物流、数据流和经贸往来深度交汇，重庆与共建"一带一路"国家贸易规模不断扩大，贸易结构持续优化。据重庆海关统计，2013～2023 年，重庆对共建"一带一路"国家进出口总额累计达到 2.22 万亿元。十年来，重庆与共建"一带一路"国家贸易额从 2013 年的 1533.6 亿元扩大到 2022 年的 3331 亿元，增长了 1.2 倍。

通道优势也带来了经贸和产业优势。2013 年以来，重庆全市累计吸引外资 293.5 亿美元，在渝世界 500 强企业累计达 319 家（截至 2023 年 10 月）。中新（重庆—新加坡）城市互联互通战略性示范项目不断深化，签约项目达到 265 个。十年来，重庆的电子信息、汽车、装备制造等支柱产业快速发展，液晶显示产业形成完整产业链，汽车产业正加速向电动化、智能化转型。在工信部发布的《2023 年度中小企业特色产业集群名单》中，共有 100 个产业集群上榜，重庆渝北区北斗应用产业集群、巴南区先进动力装备产业集群、江津区丘陵山区农机装备产业集群、忠县锂电新材料产业集群、璧山区光电显示产业集群共 5 个产业集群入选。

（二）广西

广西具有"一湾相挽十一国，良性互动东中西"的区位优势，广西是西部十二省份中唯一的沿海省份，有北海、钦州、防城港三座沿海城市，北部湾是大西南出海的最近位置，因此广西"背靠大西南，面朝东南亚"，广西也是中国东盟博览会的永久举办地，可以说广西是中国—东盟合作的前沿阵地。

《愿景与行动》提出，发挥广西与东盟国家陆海相邻的独特优势，加快北部湾经济区和珠江—西江经济带开放发展，构建面向东盟区域的国际通道，打造西南、中南地区开放发展新的战略支点，形成"21 世纪海上丝绸之路"与"丝绸之路经济带"有机衔接的重要门户。

"十四五"规划提出，支持广西建设面向东盟的开放合作高地，构建面向东盟的国际陆海贸易新通道。2019 年 8 月，国务院印发六个新设自由贸易试验区总体方案，其中批准建立中国（广西）自由贸易试验区。广西自由贸易试验区范围包括三个片区：南宁片区、钦州港片区、崇左片区。在功能划分上，南宁片区重点发展现代金融、智慧物流、数字经济、文化传媒等现代服务业，大力发展新兴制造产业，打造面向东盟的金融开放门户核心区和国际陆海贸易新通道重要节点；钦州港片区重点发展港航物流、国际贸易、绿色化工、新能源汽车关键零部件、电子信息、生物医药等产业，打造国际陆海贸易新通道门户港和向海经济集聚区；崇左片区重点发展跨境贸易、跨境物流、跨境金融、跨境旅游和跨境劳务合作，打造跨境产业合作示范区，构建国际陆海贸易新通道陆路门户。

试验区总体方案提出，构建面向东盟的国际陆海贸易新通道，形成"一带一路"有机衔接的重要门户。

对于创新多式联运服务，提出建设以海铁联运为主干的多式联运体系，支持开展多式联运"一单制"改革。探索建立国际陆海贸易新通道班列全程定价机制。

对于打造对东盟合作先行先试示范区，提出依托现有交易场所依法依规开展面向东盟的大宗特色商品交易。支持在中国—马来西亚"两国双园"间形成更加高效便利的国际产业链合作关系。推动中国—马来西亚全球电子商务平台落户自贸试验区。加强与东盟国家在通关、认证认可、标准计量等方面合作，大力推进"经认证的经营者（AEO）"互认合作。支持发展面向东盟的临港石化产业，延伸产业链，提升产业精细化水平。

对于形成"一带一路"有机衔接的重要门户，提出打造西部陆海联通门户港，加快建设服务西南中南西北的国际陆海联运基地。深化泛北部湾次区域合作，加快推进中国—东盟港口城市网络建设，支持开展北部湾港至粤港澳大湾区的内外贸集装箱同船运输，探索建立更加开放的国际船舶登记制度。建设中国—中南半岛陆路门户，深度参与澜沧江—湄公河次区域合作，加快推进中国—中南半岛经济走廊建设。

南宁国际铁路港作为西部陆海新通道的关键物流枢纽节点和国家陆港型物流枢纽城市的核心项目，规划"一核两港七区"共 10 项功能。目前商务核心区、公路港、铁路港、城市配送区、农产品物流区、口岸物流区等已经投入使用。

除了陆路和航空，广西还有水运便利，广西位于西江航道之上，内河航运十分发达。于 2022 年 8 月正式开工建设的平陆运河是"十四五"规划的重大工程之一，也是中华人民共和国成立以来建设的第一条江海连通大运河。平陆运河全长 134.2 千米，北起广西南宁横州市西津库区平塘江口，逶迤向南，直下北部湾，由西江干流向南入海，建成后平陆运河将成为西南地区运距最短、最便捷的水运出海通道。平陆运河预计能够通航 5000 吨的船舶，相当于 88 节火车皮的载重量。与陆路运输相比，水路运输具有更低的成本。平陆运河计划于 2026 年竣工投入使用。平陆运河修建完毕后，就可以为广西地区带来第二个出海口，广西 5800 多千米内河航道网、云贵部分地区航道将与海洋运输直接贯通，更好发挥西部陆海新通道的结构性功能，大幅提升通道运输能力。西南地区货物经平陆运河出北部湾，较目前经广州出海，缩短入海航程约 560 千米，预计将为西部陆海新通道沿线地区每年节约运输费用 52 亿元以上。广西交通运输厅副厅长胡华平在接受《人民日报》采访时表示："平陆运河对广西乃至西南地区融入共建'一带一路'，高水平共建西部陆海新通道，服务构建新发展格局及中国—东盟命运共同体具有重大战略意义。"

平陆运河将改变广西产业布局，推动西部陆海新通道沿线区域经济协调发展，促进南宁和钦州经济发展实现战略性突破，带动贵港、柳州、来宾等市创新开放发展，同时也将为云南曲靖市、贵州黔西南布依族苗族自治州等西江中上游地区发展向海经济、承接珠三角地区产业转移创造有利条件。

2021 年 10 月，广西壮族自治区人民政府办公厅发布《广西建设西部陆海新通道三年提升行动计划（2021—2023 年）》，提出通过深入实施港口扩能优服、通道高效畅通、物流提质增效、产业融合发展"四大"提升行动，到 2023 年，通道基础设施建设取得突破性进展，北部湾港综合服务能力显著提升，通道物流运营更加高效，通关效率继续保持全国领先水平，通道带动沿线经济和产业发展作用明显增强。

广西壮族自治区商务厅公布的数据显示，2013～2022 年，广西与共建"一带一路"国家进出口额由 1119 亿元增长到 3531.8 亿元，年均增长率为 13.6%。截至 2023 年，东盟已经连续 23 年保持广西第一大贸易伙伴地位，广西自东盟进口农产品规模不断扩大，与东盟造纸、汽车产业合作日益深化。2023 年 1～8 月，广西对东盟进出口 2062.3 亿元，增长 48.5%。其中，自东盟进口水果增长 121.9%；对东盟出口电动载人汽车增长 693%，出口纸浆、纸及其制品增长 32.2%。

2013～2023 年，广西企业对"一带一路"共建国家共备案或核准境外非金融类投资企业及机构累计 246 家，实际对外投资额累计 23.5 亿美元，比 2013 年增长 566%，其中在东盟国家实际投资额 23.1 亿美元，主要涉及制造业、房地产业、农林渔牧业。广西企业在"一带一路"共建国家开展承包工程业务签订合同累计 209 份，合同额累计 41.2 亿美元，完成营业额累计 34 亿美元，比 2013 年增长 190%。

中国和马来西亚"两国双园"合作，开启了中国与东盟国家在双方互设园区、联袂发展的先河，截至 2023 年 9 月，中马钦州产业园累计注册企业超 2.5 万家。广西与文莱建立广西—文莱经济走廊，合作深入发展，双方港航合作实现质的飞跃。广西与越南签订加强经贸领域合作备忘录，在农产品贸易、边境贸易、贸易促进、工业合作等多领域开展合作。在 RCEP 框架下，广西与柬埔寨签订贸易合作谅解备忘录。广西与新加坡签署合作共建陆海新通道备忘录，双方共建国际陆海贸易新通道取得显著成效。

在广西壮族自治区出台的相关政策文件中，提及率最高的是"北部湾"，其次是"基础设施"。此外，"互联网""产业园""数字化"，"数据中心""产业链""服务业""新能源"等也是提及率较高的词汇（见图 4-2）。

图 4-2　广西壮族自治区相关政策文件关键词

钦州市地处广西北部湾经济区中心位置，是西部陆海新通道主要出海口，拥有中马钦州产业园区、自贸试验区、综合保税区、中国—东盟产业合作区等多个开放合作平台。东盟地区拥有丰富的农产品和矿产资源，钦州凭借其位置和港口优势，构建起面向东盟的国际陆海贸易大宗商品储运交易基地，已成为中国与东盟，中国与RCEP大宗商品交易链、供应链、价值链、产业链合作的重要枢纽。2022年，进口原油突破300亿元，钦州口岸进出口总值突破1700亿元。2023年上半年，油品、化工品、锰矿等大宗商品批发贸易保持强劲增长势头，增长36.3%。

2022年11月，由广西自贸试验区钦州港片区管委会主导，广西自贸区钦州港片区开发投资集团有限责任公司与南方锰业集团共建的北部湾（广西）大宗商品交易平台启动运行，主营大宗商品现货交易，初期以锰系产品为切入点，形成全产业链供应链服务体系，逐步向新能源材料、化工、棕榈油、有色金属等临港产业拓展。从供应链的角度来看，北部湾港是中国南方大宗商品主要的进口港口，钦州港在进口锰矿及粮食、铬矿、木材、铜金矿等产品方面优势突出。目前，钦州已形成绿色化工、新能源新材料、海洋装备制造、农产品和粮油加工等大宗商品加工贸易和临港产业基础，产业配套相对完善。依托钦州港作为南方最大、中国第二大锰矿进口港的优势，2023年5月郑州商品交易所正式批准在钦州保税港区增设锰硅交割仓库。截至2023年8月底，钦州港有交割仓库、厂库7家，涉及原油、液化石油气、豆粕、白糖、菜油、菜粕、锰硅等品种。

西部陆海新通道以重庆为运营中心，各西部省区市为关键节点，利用铁路、海运、公路等运输方式，向南经广西、云南等沿海沿边口岸通达世界各地。北部湾的钦州港是西部陆海新通道海铁联运的重要枢纽节点，面向东盟，背靠西南，一湾相挽十一国，内外联动东中西。《广西建设西部陆海新通道三年提升行动计划（2021—2023年）》提出，加快建设钦州—北海—防城港港口型国家物流枢纽，建成中谷钦州集装箱多式联运物流基地、钦州铁路集装箱中心站"北粮南运"转运中心、北港钦州新通道联运中心一期等项目。

2023年1~9月，钦州港口岸进出口货运量达3154万吨，同比增长35.9%。近年来，铁海联运班列从当初仅有的1条线路拓展至如今的北部湾港至重庆、四川、云南等7条常态化开行线路，辐射范围已增至中国18个省区市、68个城市、135个站点，货物流向通达全球120个国家和地区的473个港口。

截至2023年10月，钦州港开通外贸航线42条，其中东盟国家航线36条，实现了东南亚、东北亚主要港口的全覆盖，货物触达的地方也从最开始的东南亚国家，丰富到现在的南美、非洲、欧洲更多的大洲和国家地区。

（三）云南

云南地处中国与东南亚、南亚三大区域接合部，与缅甸、老挝、越南接壤，边境线长4060千米，有27个口岸、5类开放型园区，具有发展口岸经济得天独厚的优势。共建"一带一路"倡议提出十年以来，云南"七出省五出境"高速公路网基本形成，"八出省五出境"铁路网不断延伸，"两网络一枢纽"航空网加快推进，"两出省三出境"水路网持续拓展，外联内畅的综合运输大通道加快形成。

《愿景与行动》提出，发挥云南区位优势，推进与周边国家的国际运输通道建设，打造大湄公河次区域经济合作新高地，建设成为面向南亚、东南亚的辐射中心。2015 年 9 月国家发展改革委印发的《云南滇中新区总体方案》提出，充分发挥云南区位优势，提升面向南亚东南亚开放的通道和门户功能，把新区建设成为参与大湄公河次区域经济合作、孟中印缅经济走廊建设等国际合作的重要平台，形成内外联动、互为支撑的开放合作新格局。2019 年 3 月，国家发展改革委印发了《关于支持云南省加快建设面向南亚东南亚辐射中心的政策措施》，提出了云南在农业、基础设施、产能、经贸等方面深化与周边国家交流合作的具体举措：一是支持昆明发挥中心城市辐射带动作用；二是支持昆明开展国际经贸交流合作；三是支持昆明开展国际科技、教育、文化、体育等交流合作。"十四五"规划提出，支持云南建设面向南亚东南亚和环印度洋地区开放的辐射中心。

云南省"十四五"规划提出具体规划，开创面向南亚东南亚辐射中心建设新局面。面向南亚东南亚辐射中心建设的核心要义是服务和融入国家发展战略和全国发展大局。要坚持内外统筹、双向开放，主动服务和融入"一带一路"建设、长江经济带发展、成渝地区双城经济圈建设、粤港澳大湾区建设等国家发展战略，推动云南省成为强大国内市场与南亚东南亚国际市场之间的战略纽带、"大循环、双循环"的重要支撑，实现更大范围、更宽领域、更深层次对外开放。

中老铁路是中国"一带一路"倡议与老挝"变陆锁国为陆联国"战略对接的重要项目。中老铁路全长 1035 千米，是与中国铁路网直接连通的国际铁路，线路北起中国云南昆明，向南经中国云南玉溪、云南普洱、云南磨憨边境口岸，再经老挝磨丁边境口岸，最终到达老挝首都万象。作为泛亚铁路的重要骨干，中老铁路还对中国—东盟自由贸易区、大湄公河次区域经济合作等产生积极影响。

2022 年 2 月，云南发布了《贯彻落实习近平总书记重要讲话精神维护好运营好中老铁路开发好建设好中老铁路沿线三年行动计划》，提出按照"通道＋枢纽＋产业＋市场主体"的工作思路，实施通道能力提升行动、物流枢纽建设行动、沿线产业开发行动、市场主体培育行动四项行动。

中老铁路串起西双版纳、琅勃拉邦等热门旅游地，带动跨境游"热起来"。2023 年上半年，西双版纳州接待国内外游客 3800 余万人次，旅游业总收入 526 亿元，分别恢复至 2019 年同期的 159%、134%，带动三产增速跃居云南省首位。截至 2023 年 11 月 3 日，中老铁路开通运营满 23 个月，累计发送旅客超 2300 万人次，共有 70 个国家和地区的 9.1 万名旅客选择乘坐中老铁路动车跨境旅行；发送货物超 2780 万吨，其中跨境货物 570 万吨，货物运输覆盖老挝、泰国、越南、缅甸等 12 个"一带一路"共建国家。中老铁路不仅让老挝真正从"陆锁国"变为"陆联国"，而且很多东盟国家的货物都搭上了这条黄金运输通道。

进入 2023 年，中老铁路国际货运班列由常态化转为规模化运营。"澜湄蓉欧快线"国际货运班列成功首发，中老铁路与中欧班列正式贯通衔接，创造了多项"第一次"：第一次有来自越南南部货物尝试通过中老铁路经中国后直达欧洲；第一次连贯测试中国、越南、老挝三国海关对 RCEP 政策的适应性，均以零关税快速通行；第一次由来自中国的企业与世界知名运输企业联手跨越 8 个国家接力运行。此外，中老泰国际多式联运冷链专列实现每天 1~2 列常态化开行；"沪滇·澜湄线"国际班列和中老、中越国际冷链货运班列先后实现双向开行。此外，云南还协调开行了重庆—瑞丽—缅甸、缅甸—保山—成都公铁联运班列，推动中缅印度洋新通道国际多式联运取得突破。

截至 2023 年 10 月，云南省"七出省五出境"高速公路网基本形成，公路总里程达 31.6 万千米，其中高速公路总里程突破 1 万千米、居全国第二位，中越、中老、中缅方向和主要出省高速公路云南段全部贯通。"八出省五出境"铁路网不断延伸，铁路运营总里程达 4981 千米，其中高铁达 1212 千米。"两网络一枢纽"航空网加快推进，民用运输机场建成 15 个，实现南亚东南亚国家首都和重点旅游城市通航全覆盖。"两出省三出境"水路网持续拓展，航道里程达 5100 千米，金沙江—长江黄金水道、澜沧江—湄公河国际航道畅联内外。云南与周边国家交通基础设施"硬联通"水平不断深化。

云南省商务厅公布的数据显示，2023 年 1~9 月，云南省累计开行中老铁路国际货运班列 2730 列，同比增长 60.1%，进出口货运量为 304.62 万吨，同比增长 147.41%；中缅印度洋新通道实现公铁联运集装箱 8123 个，进出口货值约 72 亿元。

云南省紧抓国家支持加快建设面向南亚东南亚辐射中心的重大机遇，加快口岸建设步伐，着力做大做强口岸经济。2023 年，云南口岸经济焕发出蓬勃生机，成为云南省经济新增长点。1~5 月，全省口岸进出口货运量为 1873 万吨，同比增长 52.6%；货值达 923.1 亿元，同比增长 25.7%。

在云南省出台的相关政策文件中，提及率最高的是"基础设施"，其次是"东南亚""经济带""农产品"，"澜沧江""示范区""高质量""互联网""信息化""产业链""公共服务"等也是提及率较高的词汇（见图 4-3）。

图 4-3　云南省相关政策文件关键词

昆明处于中国—东盟自由贸易区、大湄公河次区域、泛珠三角经济圈"三圈"交汇点，是我国面向南亚东南亚开放的重要门户、"一带一路"建设的前沿枢纽。而磨憨口岸是中国通往老挝唯一的国家级陆路口岸，于 1993 年 12 月 22 日正式开通。磨憨位于云南省最南端的西双版纳州勐腊县，地处中老铁路、昆曼公路关键节点。磨憨既是中老铁路出境的国内最后一站，也是昆曼公路出境的国内最后一站，中老铁路由这里直通老挝首都万象，公路由此南抵泰国首都曼谷，因此磨憨也是通向东南亚国家最便捷的陆路通道之一。

磨憨—磨丁经济合作区作为国家级跨境经济合作区之一，地处中老铁路、昆曼公路及老挝南北公路关键节点。2021 年 5 月 25 日，自贸试验区昆明片区（昆明经开区）与中老磨憨—磨丁经济合作区签署了联动创新合作协议。

《贯彻落实习近平总书记重要讲话精神维护好运营好中老铁路开发好建设好中老铁路沿线三年行动计划》提出，着力提升中老铁路沿线产业水平，大力发展跨境农业、跨境旅游、跨境电商、跨境金融，加快国际产能合作等，重点是加快推进中国（云南）自由贸易试验区、勐腊（磨憨）重点开发开放试验区、磨憨—磨丁经济合作区等各类开放平台建设，积极发展农产品精深加工、纺织轻工、环保建材、汽车和机械部件组装加工等产业，打造产业集群。这一行动计划还提出大力发展多式联运，加快推进中老铁路连接大型工矿企业、工业园区、物流园区的铁路专用线建设，加快实施关累港集装箱码头项目和勐腊（勐远）—关累港高速公路建设，打通公铁联运的"最后一公里"。

2022 年 5 月，磨憨镇由昆明托管，共建国际口岸城市，磨憨也从曾经默默无闻的边境小镇变成了中国对外开放的前沿，两地政策、人才、区位、产业等优势叠加放大。2023 年上半年，昆明市引进省外产业到位资金 646.66 亿元，同比增长 19.37%；实际利用外资 3.2 亿美元，同比增长 91.9%。2023 年 1~9 月，磨憨口岸边民互市贸易总量突破 100 万吨，交易额超 38 亿元，分别较 2022 年同期增长 46% 和 73% 以上。随着共建"一带一路"倡议的不断深化、中老铁路的开通运营以及 RCEP 的生效，两地联动发展将使这里成为面向南亚、东南亚拓展市场的理想起点。

2022 年 12 月，云南磨憨铁路口岸进境水果指定监管场地建成投入使用，中老铁路正式具备入境水果全铁路运输能力，通过中老铁路入境的水果冷链专列，从老挝万象南站出发仅用了 4 个小时就到了磨憨。东南亚水果搭乘中老铁路"澜湄快线"国际货物列车抵达昆明。泰国榴莲大部分销往中国，过去泰国出口榴莲到中国，通过海运需要大约 7 天时间，货车运输大约 5 天。中老铁路开通以后，榴莲从泰国运到中国昆明只需 3 天时间。中老铁路的运营不仅满足了沿线地区的运输需要，还为中国和周边国家间的贸易活动注入了新的活力。此外，铁路部门积极探索"中老铁路+中欧班列""中老铁路+西部陆海新通道班列"等铁路国际运输新模式，增强中老铁路辐射效应。

中国老挝磨憨—磨丁经济合作区位于云南省最南端，是中老铁路、昆曼国际大通道及老挝南北公路关键节点，集国际客运、货运集散、中转枢纽功能于一体，是中国与东盟国家经贸往来和经济合作的重要交汇点，区位交通优越。2023 年上半年，磨憨口岸进出口贸易总量为 423.32 万吨，同比增长 57.52%；进出口贸易总额为 234.13 亿元，同比增长 3.49%；出入境人员为 76.29 万人次，同比增长 393.23%。2023 年，中老磨憨—磨丁经济合作区入选国家进口贸易促进创新示范区。

（四）贵州

贵州地处我国西南腹地，是西部陆海新通道的必经之地，也是中国面向东盟开放的连接与交汇地带。贵州往西连通孟中印缅经济走廊，对接中巴经济走廊；往西南连接东南亚各国，对接中国—中南半岛经济走廊；往东沿沪昆线连接长江经济带；往东南沿贵广线连接泛珠三角经济圈。"一带一路"倡议极大地推动了贵州与外部世界的连通。今天的贵州已经成为我国西南地区衔接"一带一路"、衔接长江经济带和珠江—西江经济带、衔接成渝地区双城经济圈和粤港澳大湾区的重要枢纽。

作为西部陆海新通道的重要节点，随着贵广、沪昆、渝贵、成贵、贵南等高铁、快铁线路陆续运营，贵州形成了以贵阳为中心的高铁客货运输通道体系，以及北向重庆、西到成都、西南至昆明、南接南宁和广州、东连长沙的"3小时米字形高铁经济圈"。在公路方面，贵州还有高标准建设的贵广、厦蓉高速公路。如今，贵阳已成为西南人流物流出海、粤港澳大湾区联结西南的重要门户。

早在2015年，对于十二届全国人大三次会议第7909号建议《关于将贵州明确为连接"一带一路"倡议通道纳入国家"一带一路"规划范围的建议》，国家发展改革委在回复中指出："国务院在《关于进一步促进贵州经济社会又好又快发展的若干意见》（国发〔2012〕2号）中明确提出要将贵州建设成为西南重要陆路交通枢纽，打造西部地区重要的增长极。国家在研究推动中国—中南半岛经济走廊建设时，也将贵阳列为该走廊国内段重要的节点城市。国家发改委积极支持贵阳进一步加强交通等基础设施建设，建设重要物流枢纽，打造内陆型经济开放高地。"

2022年1月，国务院发布《关于支持贵州在新时代西部大开发上闯新路的意见》（国发〔2022〕2号），在推动内陆开放型经济试验区建设提档升级方面，该意见提出了促进贸易投资自由便利、畅通对内对外开放通道、推进开放平台建设、加强区域互动合作四方面要求。在畅通对内对外开放通道方面，该意见提出："巩固提升贵州在西部陆海新通道中的地位，加快主通道建设，推进贵阳至南宁、黄桶至百色铁路和黔桂铁路增建二线等建设，研究建设重庆至贵阳高铁。开工建设铜仁至吉首等铁路，实施贵广铁路提质改造工程，适时开展兴义至永州至郴州至赣州、泸州至遵义、盘州经六盘水至威宁至昭通等铁路前期工作。研究建设重庆经遵义至贵阳至柳州至广州港、深圳港、北部湾港等铁路集装箱货运大通道。加快兰海、沪昆等国家高速公路繁忙路段扩容改造，研究推进厦蓉、杭瑞、蓉遵、贵阳环城等国家高速公路扩容改造。积极开展与周边省份公路通道项目建设，加快打通省际瓶颈路段。推进乌江、南北盘江—红水河航道提等升级，稳步实施乌江思林、沙沱、红水河龙滩枢纽1000吨级通航设施项目，推进望谟港、播州港、开阳港、思南港等港口建设，打通北上长江、南下珠江的水运通道。加快贵阳、遵义全国性综合交通枢纽建设，完善提升贵阳区域枢纽机场功能。加快威宁、黔北、盘州等支线机场建设。"

2023年贵州省《政府工作报告》将加快发展开放型经济作为工作重点，提出加快建设多向衔接开放通道。报告提出，坚定不移沿着"一带一路"特别是沿着中国—中南半岛、孟中印缅经济走廊"走出去"，用足用好《区域全面经济伙伴关系协定》政策，加大力度开拓东南亚、南亚市场。积极融入粤港澳大湾区、成渝地区双城经济圈、长三角等区域发展。加快建设多向衔接开放通道。扩大贵阳国际陆港集疏运能力，加密中欧班列，拓展中老铁路货运，大力发展对外贸易，推动一批"走出去"重点企业做大做强。

贵阳国际陆港是全国首个综保型国际陆港，作为西部陆海新通道上重要的物流枢纽，贵阳国际陆港实现了与广州港的班列双向开行，以及到广西钦州港的班列常态化开行。

2023 年 8 月 31 日，贵南高铁全线开通运营，结束了贵州黔南地区与广西西北地区没有高铁的历史。贵南高铁北起贵阳、南至南宁，是我国"八纵八横"高速铁路主通道包头至海口通道的重要组成部分。通车后，贵阳南宁两地之间通达时间最快压缩至 2 小时 53 分，两城形成"3 小时经济圈"，进一步释放了既有西部陆海新通道中线通道铁路干线的货运能力。

2023 年 9 月 14 日，贵州毕节至四川叙永铁路全线铺轨完成，这是西部陆海新通道的西线通道畅通工程、西南地区至北部湾出海口的最近货运通道，西部陆海新通道建设再提速。

贵州是中欧班列和中老铁路的衔接点，2022 年，"中老铁路+中欧班列"过境模式落地贵州。贵阳国际陆港目前已经涵盖了中欧班列、中老铁路国际列车、西部陆海新通道等铁路货物整车和集装箱运输、仓储，以及多式联运、报关报检、船运订舱等业务，初步形成连接 RCEP 国家、粤港澳大湾区、北部湾等区域性国际货运枢纽格局。

东盟是贵州省最大贸易伙伴。贵州省商务厅数据显示，2021 年，贵州对东盟贸易额达 91.2 亿元。RCEP 实施以来，贵州与东盟贸易呈爆发式增长。2022 年，对东盟贸易额增长 101%，2023 年上半年再度增长 44%。

可以说"一带一路"倡议为贵州标注了新的"空间坐标"，贵州不再是封闭的内陆腹地，而已成为"一带一路"在西部重要的陆海连接线，是西部陆海新通道的重要节点。随着现代化物流枢纽体系的打造，加快物流网络向全球拓展，贵州将进一步提升西南区域开放枢纽作用，进而构建东南西北"四向"开放体系。

贵州加快了"走出去"的步伐，大力发展对外贸易，推动内陆经济试验区建设。2023 年前三季度，贵州省进出口总额为 480.4 亿元，同比增长 6.8%。

2023 年 1~6 月，贵州省进出口总额为 388 亿元，比上年同期增长 25.4%，其中出口额为 278.75 亿元，同比增长 35.9%，进口额为 109.28 亿元，同比增长 4.6%。2023 年第一季度，贵州省进出口总值为 189.5 亿元，同比增长 58%。其中，贵州省对"一带一路"沿线国家进出口 72.9 亿元，增长 73.9%；贵州省对 RCEP 国家进出口 68.6 亿元，增长 44.9%。

2023 年 1~7 月，贵阳国际陆港累计到发黔粤班列 166 列；国际陆港完成到发货物 26322 标准箱，完成全年目标的 101%，贵州经西部陆海新通道运输货值 40.5 亿元。截至 2023 年 9 月，通过陆海新通道进出口的货物已拓展至 120 多个品类，目的地覆盖 87 个国家的 221 个港口。

中欧班列、中老铁路等为贵州打通新的经济走廊，补齐国际物流运输短板，激发新的增长动力，RCEP 再次为贵州开放经济发展赋予了新的机遇。

在贵州省出台的相关政策文件中，提及率最高的是"产业园"，其次是"基础设施"。此外，"农产品""互联网""高速公路""服务业""开放型""信息化""交通运输""高质量"等也是提及率较高的词汇（见图 4-4）。

图 4-4　贵州省相关政策文件关键词

（五）海南

海南是我国面向太平洋和印度洋的重要开放门户，是"21 世纪海上丝绸之路"的重点战略支点。地处东南亚和中国两个全球最活跃市场的交汇点，海南拥有参与区域合作的天然优势。2013～2023 年，海南积极融入共建"一带一路"，推动"一带一路"建设与自由贸易港建设有机联动。

《西部陆海新通道总体规划》明确了海南洋浦港西部陆海新通道区域国际航运枢纽的发展定位。2020 年 6 月，中共中央、国务院印发《海南自由贸易港建设总体方案》，包括总体要求、制度设计、分步骤分阶段安排和组织实施四大部分，其中提到实施高度自由便利开放的运输政策，推动建设西部陆海新通道国际航运枢纽和航空枢纽，加快构建现代综合交通运输体系。

《海南省"十四五"现代物流业发展规划》确定了海南省的战略定位，即西部陆海贸易新通道物流枢纽，提出了"双枢纽"建设——西部陆海贸易新通道航运枢纽和航空枢纽建设，要求依托区位优势和自由贸易港制度优势，构建联通全球的海洋物流和航空物流供应链网络。该规划提出，以洋浦港为核心，以海洋运输和航空运输基础设施为依托，实现与西部陆海新通道、"21 世纪海上丝绸之路"沿线国家以及地区海运物流、航空物流枢纽互联互通；推动国际物流数据交换（EDI）标准化、便利化，实现数据信息交互共享，以贸易、投资自由便利化带动通道经济和枢纽经济发展。

海南不断推动互联互通，依托保税航由、开放等政策效应，直达海南的国际航班持续增多加密。海南深化西部陆海新通道建设，构建起以洋浦为中心，辐射太平洋和印度洋等海上航线网络骨架，覆盖欧洲、东北亚、东南亚、中亚等的四小时、八小时飞行经济圈。

海南提出，完善机场集疏运体系，推动机场与轨道交通、快速路、铁路的互联互通，构建便捷中转服务体系；逐步扩大"国内通程+国际通程"航班业务，为内地—海口—国际的"一程多站"旅客提供丰富的出行组合方案，着力打造内畅外联航线网络；强化航线网络衔接，推进"轴辐式"骨干航线网络建设，打造"1+4"航线网络，即"一张"国内快线网络、"四大"中转扇面；重点开通我国经海口至东南亚国家、澳新的中转航线，开通东北亚、中亚国家经海口中转至东南亚国家、澳新的中转航线，开通南亚国家经海口至澳新、东北亚国家的中转航线，开通至欧美国家的串飞航线、直达航线。

2020年9月，洋浦国际集装箱码头开通海南自贸港第一条洲际越洋航线，开始向更广阔的"深蓝"挺进。2022年9月，洋浦又新开通了第二条洲际航线，外贸货物进出口有了更广阔的天地。截至2023年3月，洋浦累计开通航线35条，其中内贸10条、外贸17条，初步构建起以洋浦为枢纽，对内连接国内沿海主要港口，对外贯通东盟、南太平洋和印度洋以及西非的航线布局。

作为西部陆海新通道集疏运体系之一的洋浦经济开发区疏港大道一期扩建及西延线工程项目已正式开工，计划2024年9月建成，届时将为扩建后的洋浦国际集装箱码头提供更加高效便捷的货物运输，服务西部陆海新通道国际航运枢纽建设，助力洋浦建设港口型国家物流枢纽。2022年洋浦国际集装箱码头完成吞吐量150万标准箱，同比增长33.68%。其中，外贸吞吐量36.7万标准箱，同比增长15%。海南不断推动互联互通，截至2023年9月海南已开通57条集装箱班轮航线。

随着推动落实"零关税、低税率、简税制"和"五自由便利一安全有序流动"为主要特征的自由贸易港政策制度体系，海南不断提高与共建"一带一路"合作伙伴的贸易投资自由化便利化水平，自贸港政策红利持续释放。截至2023年9月，海南外商投资负面清单已缩短到仅剩27项。2023年1~8月，共建"一带一路"国家和地区在海南新设投资企业同比增长24.12%，海南新增境外投资项目49个，实际投资金额逐年递增。

RCEP的生效强化了海南的区位优势。从地理分布看，海南处于RCEP成员国中心位置。在国际政治经济形势深刻复杂变化的背景下，以东盟为重点的RCEP在我国对外开放全局中的战略地位提升，海南地缘、区位优势也因此愈加凸显。为实现海南自由贸易港政策与RCEP规则的叠加效应，2022年1月海南省发布《海南省落实〈区域全面经济伙伴关系协定〉（RCEP）20条行动方案》，2023年3月发布《海南深化与RCEP成员国合作的十六条措施（2023年）》。同时，对标《全面与进步跨太平洋伙伴关系协定》CPTPP（Comprehensive and Progressive Agreement for Trans-Pacific Partnership，CPTPP）开展先行先试，海南省发布了《海南对标CPTPP开展先行先试试点措施》，推动部分试点措施纳入首批封关运作压力测试清单。RCEP释放区域贸易新动能，自贸港政策强化海南区位优势，成为稳定和拉动海南与东亚国家贸易增长的关键因素。

RCEP生效助力海南成为东盟企业进入国内市场的重要平台，同时海南政策优势吸引相关东盟企业通过海南分享国内大市场。例如，根据《海南自由贸易港鼓励类产业目录（2020年本）》，合成橡胶生产、橡胶和塑料制品业、精油的萃取均属于鼓励类产业，可享受加工增值货物内销免征关税政策。数据显示，2020年橡胶及其制品，动、植物油、脂及其分解产品，精油及香膏、芳香料制品及化妆盥洗品分别居东盟对中国贸易顺差商品的第2位、第3位、第9位。

自2019年以来，东盟已连续五年保持海南第一大贸易伙伴地位。"一带一路"倡议为海南与东盟贸易合作注入全新的内涵，热带农业、能源、矿产、造纸、石化、汽车制造等投资和贸易合作领域不断拓展，产业链深度融合。海南与东盟的双边贸易额从 2013 年的 170.2 亿元增长到 2022 年的 394.8 亿元，翻了一番有余。其中，中间产品在双边贸易中所占比重从 2013 年的 56.7% 提升到 2022 年的 66.7%。2022 年，海南省企业与"一带一路"沿线国家合作取得新进展，实际投资 10.6 亿美元，同比增长 1.7 倍，其中对东盟国家制造业、采矿业、教育业实际投资 9.8 亿美元，同比增长 3 倍。

2023 年 10 月，海南自由贸易港东南亚投资中心成立。海南自由贸易港作为我国面向东盟的前沿，连接中国和东南亚两个全球最活跃的市场，织密空海国际交通网络和国际经贸合作网络，建设西部陆海新通道国际航运枢纽和面向太平洋、印度洋的航空区域门户枢纽，海南有望在中国与东盟经贸合作中发挥战略枢纽作用。

共建"一带一路"和自由贸易港建设的战略联动，将使海南形成更大范围、更广领域、更深层次的对外开放格局。

在海南省出台的相关政策文件中，"知识产权""基础设施""现代化""自由贸易""现代化""农产品""高质量""信息化"是提及率较高的词汇（见图 4-5）。

图 4-5　海南省相关政策文件关键词

二、合作开发区实践案例

（一）老挝万象赛色塔综合开发区

万象赛色塔综合开发区占地 11.5 平方千米，位于老挝首都万象，是中老两国领导人共同见证签署的合作项目，是写入"中老命运共同体行动计划"的国家级经济特区，也是中国在老挝唯一的国家级境外经贸合作区。赛色塔综合开发区是"一带一路"建设规划的早期收获项目，作为推动老挝经济社会发展的重要力量，赛色塔综合开发区正成为中老两国经济合作的示范区，对促进老挝工业化进程、提升两国经贸合作水平发挥着重大作用。

赛色塔综合开发区功能定位为"一城四区"，即万象产业生态新城和国际产能合作的承载区、中老合作开发的示范区、万象新城的核心区、和谐人居环境的宜居区。截至2023 年，开发区已吸引来自中国、日本、新加坡、泰国等多个国家和地区的 131 家企业入驻，投资总额超过 15 亿美元，吸纳务工人员 6000 人。目前入驻开发区的企业全部投产后，预计年总产值超过 18 亿美元，创造超过 1 万个就业岗位。

老挝万象赛色塔开发区正在进行二、三期投资建设，按照"以产促城、以城带产、产城融合"的发展模式，赛色塔综合开发区将重点打造加工制造产业、转口贸易产业、现代物流产业和康养生态产业四大主导产业，全面发展生产性服务业、生活性服务业和公共服务业三大全能服务产业功能，构建全产业链体系，吸引城市人口聚集，优化城市人口结构，完成产城融合可持续性发展。

综合开发区一直积极推动低碳示范区建设，赛色塔低碳示范区是中老两国政府依托赛色塔综合开发区开展的应对气候变化的南南合作项目，是中国在发展中国家开展的"10个低碳示范区"合作项目之一。根据中老两国签署的谅解备忘录，双方将开展一系列合作，包括以低碳交通带动低碳生活方式的转变，以低碳照明提升绿色基础设施建设水平等。

入驻公司包括老中铁路有限公司、贝德服装（老挝）有限公司、老挝联合制药集团有限公司、新希望（老挝）有限公司等。

（二）中马"两国双园"——中马钦州产业园与马中关丹产业园

中国、马来西亚"两国双园"是中国—东盟战略合作框架下的标志性项目，是由位于中国广西钦州的"中马钦州产业园"与位于马来西亚彭亨州关丹的"马中关丹产业园"以姊妹工业园形式开展的双边经贸合作项目。其中，中马钦州产业园于 2012 年 4 月开园，马中关丹产业园于 2013 年 2 月启动。"两国双园"项目以建设跨境国际产能合作示范区，带动两国产业集群式发展为目标，结合当地资源和产业发展情况，立足中国—东盟，面向亚太地区，打造特色产业，有效推进了双边各领域全方位合作。

2013 年，中国广西北部湾国际港务集团有限公司入股关丹港。中马合作对关丹港进行升级改造，同时共同规划开发新港区。2015 年关丹港实现吞吐量及营业收入双翻番，2018 年一跃成为马来西亚最大的公共散货专业化码头，投资建成两个 15 万吨级深水码头。在中方入股后，关丹港与中方合作伙伴的合作交流及业务往来日益密切。2014 年，钦州港与关丹港正式结为姐妹港，拉开了双方在众多领域合作的序幕。在中国西部陆海新通道畅通后，关丹港又迎来新的机遇。

马中关丹产业园规划面积约为 12 平方千米，包含三个区域，分两期建设。截至2022 年 5 月，产业园已完成开发 9 平方千米，累计完成开发投资约 13.8 亿元人民币，招商入园签约项目 12 个，协议投资超 400 亿元。其中，已投产项目 2 个、在建项目 2 个、落地项目 8 个，完成产业投资约 120 亿元，创造 15000 个临时就业岗位和 5000 个长期就业岗位，带动关丹港新增吞吐量 1800 万吨。

2013～2023 年，依托两国自然禀赋、产业优势和市场资源，中马"两国双园"加快构建跨境产业链、供应链、价值链，布局相关特色产业。园区依托独特的港口优势及地处东盟国家的中心区位优势，利用马来西亚丰富的资源、完善的配套设施、便利的交通网络和优越的自然环境，大力发展港口物流及临港产业，努力建设成为马来西亚对外开放的东部门户、高水平的现代制造业集群和物流基地，进而构筑中马经贸合作战略发展的新平台，打造亚太地区投资创业的新高地，建设中国—东盟区域经济合作的示范区。目前已入驻园区的企业和项目主要有：联合钢铁一期项目是首个入驻马中关丹产业园的项目，项目总投资约 14 亿美元，年产 350 万吨，于 2019 年 6 月实现正式全面投产。联合钢铁是马来西亚最大和最先进的全流程工艺钢铁企业之一，产品面向全球销售，带动马来西亚钢铁工业跃升。

位于中国广西的中马钦州产业园推动实现马来西亚毛燕输华常态化，建成集毛燕进口、检测、标准化加工、供应链金融服务等于一体的中国—东盟燕窝跨境产业链，并构建包括新材料、生物医药、装备制造、电子信息等行业的现代产业体系。入驻企业和项目包括：联合钢铁一、二期项目，新迪轮胎，建晖纸业，博赛矿业，中国港湾等。

（三）中印尼"两国双园"——福建福州元洪投资区和印尼民丹工业园

2023 年 1 月，中国—印度尼西亚经贸创新发展示范园区在福建福州设立，标志着中印尼"两国双园"正式落地。中印尼"两国双园"是以福建福州元洪投资区和印尼的民丹工业园等园区为载体，探索建立产业互联、设施互通、政策互惠的合作机制，构建国际产业链分工合作平台和投资贸易通道。

2022 年 9 月，《中印尼"两国双园"产业合作规划》发布，中国和印尼致力于将"两国双园"打造成共建"一带一路"合作新旗舰项目，提出打造海洋渔业、热带农业、轻工纺织、机械电子、绿色矿业等五条跨国合作产业链，建设贸易、物流（冷链）、产能、金融、人文与健康五个国际合作平台。

2023 年 2 月，福州市经贸交流代表团出访东南亚，签约 24 个重点合作项目，总金额达 491.8 亿元。园区还设立招商项目库，根据现阶段建设任务，分为增资扩产、国内招商、印尼招商、赴印尼投资四个项目类别。截至 2023 年 5 月，收集项目线索 77 条，总投资超 800 亿元。

截至 2023 年 5 月，在海洋渔业合作领域，首个跨国产业合作项目——印尼海洋渔业中心第一个渔业基地已投产，产能可达 50 万吨渔获，第二个渔业基地正在选址。在热带农业领域，印尼 FKS 农业食品集团旗下公司已开展印尼食用燕窝进口业务。轻工纺织、医药健康、绿色矿业等合作领域也全面开花：福建省宏港纺织科技有限公司计划在印尼深度布局纺织全产业链；新福兴玻璃利用印尼矿产资源，拟投资 50 亿元建设玻璃生产线。

（四）中国·越南（深圳—海防）经贸合作区

中国·越南（深圳—海防）经贸合作区（以下简称"深越合作区"）成立于 2008 年

10 月 22 日，在中越两国总理见证下，深圳市政府与海防市政府签署《中国·越南（深圳—海防）经济贸易合作区合作协议》。2016 年 8 月，深圳市属国企深圳市投资控股有限公司全面接手深越合作区，深越合作区转为国有独资建设和运营，2017 年 11 月列为中越经贸合作 5 年发展规划（2017—2021 年）重点合作项目。

深越合作区所在海防市是越南北部最大的港口城市，也是越南第三大城市，毗邻越南首都河内，距离中国边境 220 千米，位于我国"一带一路"合作倡议与越南"两廊一圈"发展规划的交汇点上。深越合作区首期规划面积约 2 平方千米，规划了工厂区、商务行政区、商贸物流区和生活配套区，计划投资 2 亿美元，2022 年完成首期开发。深越合作区聚焦轻工制造，重点引进电子、机电行业的企业，打造代表"中国制造"的高品质园区，助力中国制造业"走出去"发展，培育越来越多"中国总部+海外工厂"的跨国企业。深越合作区致力于建设一座适合科技型制造企业生产经营的绿色环保产业园，高起点规划、高标准建设。截至 2023 年 6 月，入驻企业包括卧龙电气、三花智控、大洋电机、普联技术、华懋新材料、欧陆通电子、豪恩声学、道通科技、飞宏科技、特发信息、大乘科技、共进电子、和而泰智控、香港汇进、科士达等。

（五）柬埔寨西哈努克港经济特区

柬埔寨西哈努克港经济特区（以下简称"西港特区"）是中国批准的首批境外经贸合作区之一，是中柬两国政府间的国家级经济合作区。西港特区的总体规划面积为 11.13 平方千米，目前已开发 6 平方千米。共建"一带一路"倡议提出十年来，西港特区快速发展，截至 2023 年 9 月已有 175 家企业入驻，提供近 3 万个工作岗位。2022 年，西港特区企业进出口总额达 24.93 亿美元，约占柬埔寨全国贸易总额的 4.8%。西港特区对西哈努克省的经济贡献率超过 50%。西港特区成为中柬共建"一带一路"务实合作的样板。

通用轮胎科技（柬埔寨）有限公司是西港特区最大投资项目，通用轮胎 2022 年入驻西港特区，厂区规划总用地面积近 18 万平方米。工厂建成达产后，可年产 500 万条半钢胎和 90 万条全钢胎，预计可为当地创造 1600 个就业岗位。

西哈努克港工商学院由无锡商业职业技术学院等和西港特区公司联合申办，2019 年 11 月开始招生。

西哈努克省中柬友谊理工学院由中国政府援建，课程以技能培训为主，设有会计金融、信息技术、电力工程等多个专业。

三、中企出海"一带一路"共建国家案例（东盟专辑）

面对地缘冲突、逆全球化加剧，2023 年 5 月 19 日，习近平总书记在中亚峰会上的主旨讲话中强调，我们要继续在共建"一带一路"合作方面走在前列，推动落实全球发展倡议，充分释放经贸、产能、能源、交通等传统合作潜力，打造金融、农业、减贫、绿色低碳、医疗卫生、数字创新等新增长点，携手建设一个合作共赢、相互成就的共同体。中国企业应当在国际国内"双循环"经济发展新格局引领下，借助对外投资的综合服务政策，积极参与全球供应链区域布局和产业链重塑，并继续探索高质量的"一带一路"走出去之路。

2015年5月印发的《国务院关于推进国际产能和装备制造合作的指导意见》提出，创新商业运作模式，积极参与境外产业集聚区、经贸合作区、工业园区、经济特区等合作园区建设，营造基础设施相对完善、法律政策配套的具有集聚和辐射效应的良好区域投资环境，引导国内企业抱团出海、集群式"走出去"。通过互联网借船出海，借助互联网企业境外市场、营销网络平台，开辟新的商业渠道。通过以大带小合作出海，鼓励大企业率先走向国际市场，带动一批中小配套企业"走出去"，构建全产业链战略联盟，形成综合竞争优势。

自"一带一路"倡议提出以来，我国与走廊沿线国家合力推进基础设施项目建设，铁路、公路、桥梁等领域合作成果丰硕。中老铁路、中泰铁路、中缅铁路等众多铁路项目先后立项并开工建设。大型建筑央企和国际工程企业成为共建"一带一路"的先锋军。八大建筑央企和四大国际工程企业占对外工程承包完成额的半壁江山，海外布局各有侧重。国资委的数据显示，截至2023年10月，中央企业累计在140多个共建国家投资合作项目超过5000个，涉及金额超过1万亿美元。本专辑的企业出海案例以中央企业为主，未来出海"一带一路"共建国家案例将持续征集，期待更多中国企业进入案例集。

（一）基建出海

1. 中国中车股份有限公司

中国中车股份有限公司（以下简称"中国中车"）经过多年来的快速发展和积淀，已成为世界铁路机车车辆行业的翘首，足迹遍布全球各地，中国中车已经成为一张走出去的"国家名片"。

中国中车在马来西亚投资建设的东盟制造中心，既是中马两国产能合作的典范，也是中国和东盟地区经贸合作的亮点，更是落实"一带一路"倡议的重要支点。

中国中车积极参与印尼雅万高铁、中老铁路、中泰铁路等项目建设，为共建"一带一路"互联互通做出先导性贡献。为印尼提供的高速动车组、为老挝提供的机车，都是各所在国首次引进此类产品，将推进其轨道交通升级，提升其民众出行质量。

"一带一路"倡议提出后，中国中车主动对接各国各地发展需求，独创了"五本模式"积极推动本土化建设，为项目所在国创造就业和税收，完善轨道交通产业链，提升轨道交通产业发展水平，赢得所在国的尊敬和赞赏，树立了良好的中国高端装备品牌形象。在合作模式上，中国中车出口已经从简单的产品合作转变为技术、产品、资本、服务等多种模式的合作。2015年7月，中国中车在东盟建立的首个铁路工厂——马来西亚中车轨道交通装备有限公司正式建成投产，这是东盟区域内技术水平最先进的轨道交通制造基地。

马来西亚原本没有完善的轨道交通产业链，中国中车从零起步为之孵化，如培育具有一定设计、制造实力的公司，通过技术转移和合作等方式，将这些公司打造成为满足国际采购标准要求的合格供应商；或者将国内的重要供应商引进马来西亚，在本地开设分公司。通过这些努力，马来西亚轨道交通产业供应链初具雏形，并开始向东盟地区辐射。在中国中车马来西亚工厂周边，餐饮、水果、服装、服务业也相应被带动起来。

2015 年 4 月，中国中车（马来西亚）轨道交通装备有限公司（以下简称"中车东盟制造中心"）正式运行。这个总投资 4 亿马币，具备年产 100 辆、架修 150 辆列车能力的铁路装备生产基地能够生产制造电力机车、内燃机车、地铁车辆、电动车组、内燃车组、轻轨车辆等装备，这也使得马来西亚成为东盟第一个拥有轨道交通装备产品制造能力的国家。中车东盟制造中心将生产价值链平移到马来西亚，一方面，分享了中国制造的成功经验、成熟技术，有利于培养当地员工和发展本地的工业生产能力；另一方面，也为当地增加了税收和就业。同时中车东盟制造中心也有利于提高中企未来在马新高铁、南部铁路电气化双轨等项目中的竞争性。中国中车进入马来西亚市场五年来，已经逐步实现了"产品+服务+投资+技术"的多维度立体发展模式。未来中国中车还可以利用马来西亚地处东盟中心地带、坐守马六甲海峡交通要道的区位优势，进一步辐射东盟地区市场。

此外，中国中车还努力为"一带一路"建设培养高端人才。马来西亚原本没有涉及轨道交通的大学和专业，中国中车就在本地化用工中招聘相近专业，然后输送到同济大学和湖南铁道职业技术学院接受培训。2016 年，中国中车与同济大学联合培养的首届留学生硕士班正式开学，首批 9 名学生主要来自马来西亚等国家。

2. 中国中铁股份有限公司

共建"一带一路"十年以来，中国中铁股份有限公司（以下简称"中国中铁"）在 105 个国家和地区建设了一大批精品工程，"中国高铁""中国桥梁""中国隧道""中国盾构""中国电气化"等一系列品牌深入人心。中国中铁努力推动中国标准在多个"一带一路"重点项目落地生根，带动"中国技术+中国标准+中国装备+中国建设"的全链条出海。

中国铁路总公司参建的中老铁路是首条以中方为主投资建设，全线采用中国技术标准，使用中国装备并与中国铁路网相联通的国际铁路。中老铁路行经云南西部和老挝北部山区，沿途山高谷深、地质复杂，跨越湄公河等众多水系，国内段桥隧比达到 87%，老挝段达到 62.7%。中国中铁作为中老铁路建设的主力军，负责全线勘察设计、全线电气化施工、全线铺轨以及关键性工程建设任务。中国中铁四局承建的中老铁路元江特大桥，全长为 832.2 米，有 4 个桥墩、2 个桥台，其中最高的桥墩达 154 米，相当于 54 层楼房的高度，为世界同类铁路桥梁第一高墩，249 米的主跨也创同类型桥梁世界第一。

雅万高铁由中国铁路总公司与 4 家印尼国有企业签署协议成立合资公司后共同建设和运营，是中国高铁首次全系统、全要素、全产业链在海外落地，也是中国同共建国家和地区共商共建共享、携手迈向现代化的范例。2023 年 9 月 7 日，中国与印尼合作建设、中铁四局等单位参建的雅加达至万隆高速铁路开通运行，两地间最快旅行时间由 3.5 小时压缩至 40 分钟。雅万高铁由中国中车、中国通号、中国中铁、中国铁建、中交集团、中国电建等多家央企参与打造，是印尼和东南亚第一条高速铁路，也是中国共建"一带一路"倡议和印尼"全球海洋支点"构想对接、中印尼两国务实合作的旗舰项目，全线采用中国技术、中国标准。雅万高铁是中国与印尼共建"一带一路"取得的重大标志性成果，线路全长 142.3 千米，最高运行时速 350 千米。其中，中铁四局承担正线全长 27.55 千米，包括雅万高铁唯一的德拉鲁尔动车所、德卡鲁尔车站、桥梁、路基、箱梁预制和架设等。

雅万高铁所在的爪哇岛是印尼第五大岛，区域地震烈度高达九级，火山频发。中铁四局承建的德卡鲁尔车站地处万隆火山沉积岩上，地质情况复杂，为了确保建设质量，技术人员加强地质分析，优化施工方案，创新了软基处理工法和工装设备，并发表实用型技术专利多篇，其中《结构性软土扰动式插打塑料排水板施工方法》获省级工法专利。

由中铁三局参建的雅万高铁全线最长隧道——6 号隧道于 2022 年 2 月 18 日全隧贯通，标志着中铁三局所承建的雅万高铁 8 座隧道全部实现贯通，也标志着施工生产取得重大阶段性成果。雅万高铁 6 号隧道全长 4478 米，是雅万高铁全线最长的单洞双线山岭隧道，隧道洞身下穿河流、冲沟、村庄，最大埋深约 96.9 米。隧道地质结构复杂，主要为火山堆积层黏土、粉质黏土、泥岩、砂岩、火山角砾岩，易出现塌方、大变形、突水涌泥，安全风险高，施工难度大，是雅万高铁全线重点控制性工程。针对复杂地质环境，中铁三局对隧道开挖施工方案再细化、再优化，分别采用"三台阶法""三台阶临时仰拱法""CRD 法""三台阶七步开挖法"等隧道工法，对部分涌水段落采用洞身超前大管棚、中管棚、径向注浆等措施，安全顺利地穿越了复杂地质环境。雅万高铁全线共有 3 座梁场，中铁四局承建的四号梁场承担雅万高铁 1066 榀箱梁预制和架设任务，也是雅万高铁全线 3 个梁场中规模最大、箱梁预制架设榀数最多、标准化程度最高的梁场。同时，四号梁场是中国高铁"海外第一梁"的诞生地，也是中国高铁"走出去"的首座海外"智慧梁场"。

越南河内吉灵—河东线轻轨是越南首条城市轻轨项目，也是中越两国共建"一带一路"的标志性项目，由中国中铁六局集团有限公司承建，于 2022 年 1 月 13 日落成。轻轨线路全程约 13 千米，设有 12 个站点，列车行驶全程仅需 23 分钟，大大节省了当地居民的出行时间。

3. 中国交通建设集团有限公司

自"一带一路"倡议提出以来，中国交通建设集团有限公司（以下简称"中国交建"）累计在"一带一路"共建国家和地区新签合同额 1000 多亿美元，参与规划咨询、设计、投资、建设和运营的项目 1000 多个。2017 年，中国交建与马来西亚投资促进局签署关于加强东海岸铁路产业园、基础设施、物流中心以及沿线开发合作的谅解备忘录，该项目被列入第二届"一带一路"国际合作高峰论坛成果清单，是迄今为止中马两国最大的经贸合作项目，这也是中国铁路标准第一次进入马来西亚。

马来西亚东海岸铁路（以下简称"马东铁"项目）二分部位于马来西亚东海岸地区的吉兰丹州与登嘉楼州交界地带，这里交通不发达，经济落后，东海岸边连片的破旧木质房屋与西海岸经济发达城市林立的高楼对比鲜明。据了解，自项目开工建设以来，马东铁项目二分部已经累计提供了 200 余个工作岗位，通过技能培训，先后为当地培养出 400 余名技术成熟的工人。为了帮助更多的当地人就业，增加收入，项目部还专门成立了外联工作小组，走访铁路沿线村民，帮助他们走出贫困。截至 2023 年 8 月，由中国交建承建的马东铁项目已经完成近半，已有 25 条隧道成功贯通，项目 A 段和 B 段隧道已全部贯通，展现了马中先进的工程建设能力和隧道掘进技术。马东铁全长 600 多千米，被视为连通马来西亚东西海岸的"陆上桥梁"，建成后有望带动马来西亚东海岸地区经济发展，并极大改善沿线地区互联互通水平。

西双版纳隧道是中老铁路地质最复杂的隧道之一,由中交集团二航局承建,沿线多次穿越断层破碎带,几乎全为高风险 V 级围岩,集结了变形塌方、突泥涌水等一系列隧道施工超级难题,堪称全线地质条件最差、施工难度最大的标段之一。此外,中交集团一航局承建的景寨隧道全长 9.5 千米,最大埋深 711 米,其中变形段长达 2.4 千米,穿越富水破碎岩长达 1.5 千米,是全线重点控制性工程,集结了国内罕见的高地应力、顺层偏压、软岩大变形、突泥涌水等一系列隧道施工超级难题。

文莱大摩拉岛大桥是文莱首座跨海特大桥,也是连接文莱摩拉区和海上大摩拉岛的重要桥梁,由中国交建所属中国港湾承建,于 2018 年全面建成通车。大摩拉岛大桥的建成,使大摩拉岛告别无桥梁连接文莱大陆的历史,对文莱加大招商引资力度、将大摩拉岛建设成为世界级石化工业园区具有重大意义,对推进文莱城市发展以及大摩拉岛石油和天然气开发建设将起到重要作用。大桥建设过程中,中国港湾项目部克服了文莱全年恶劣的高温施工环境等困难,精心组织,科学施工,解决了多项技术难题,充分展现出中交集团二航局雄厚的技术实力、管理能力和团队战斗力。

2018 年 5 月,由中国交建下属中国路桥承建、飞架在湄公河上的越南高岭桥项目正式通车。高岭桥位于越南同塔省境内,全长 2.4 千米,含高岭桥及两侧引道工程,为双向四车道设计,设计时速 80 千米,两侧有摩托车道,宽度为 3 米。其中高岭桥全长 2015.7 米,桥宽 27.5 米,主桥为双塔斜拉桥。越南高岭桥项目是落实越南政府湄公河三角洲地区连通性交通计划的重要一步,也是越南国家经济发展战略的重要基础设施工程之一,通车后将缓解高岭市区交通拥堵,促进高岭与其他南部城市间的商贸往来。此外,中国路桥投资、建设和运营的柬埔寨金港高速公路 2022 年 10 月 1 日开始通车试运营,这是柬埔寨第一条高速公路。金港高速公路连接柬埔寨首都金边和该国最大深水海港西哈努克港,是中国路桥按"建造—运营—移交"模式投资的项目。金港高速公路横跨 5 个省,全长 187.05 千米,双向四车道。金港高速采用中国设计及质量标准,公路通车后,从金边到西哈努克港的车程将从原来的 5 个多小时缩短至 2 个小时以内。金港高速公路项目在规划初期即成立了环境保护、水土保持工作领导小组,进行环境保护和水土保持科学管控,预防重特大环境污染和水土流失事故。积极落实施工现场的各项环保措施,定期对水环境保护情况、噪声情况、场地清理等展开全面检查。项目规划途经当地风景区时,项目组主动调整方案进行保护性施工,对不可避免的干扰进行主动补偿和修复。第四工区在进行临建场站建设时发现,备料区横向主排水沟的上游时有水牛出没,因此在原有排水沟上加筑两道一字墙,保障水牛生活栖息不受影响。

中国路桥、中国港湾(印尼)有限公司等还承建了印尼泗水马都拉大桥、塔园桥、梭罗高速公路、万隆三期高速公路、棉兰机场高速、巨港轻轨等项目。其中,2009 年 6 月建成通车的泗水马都拉大桥成为东南亚地区标杆式建设工程,总长 5438 米,是连接经济发达的爪哇岛和资源丰富的马都拉岛的第一座跨海大桥,这也是印尼最大、最长的跨海大桥。

中国交建旗下已形成中国港湾、中国路桥、振华重工等国际知名品牌。作为中交集团旗下核心子公司,为减少集团内竞争,形成专业产业集团,中国交建出售、剥离了地产、装备制造和机场建设业务，基建建设业务占比显著提升。公司基建建设收入占比从2013年的76.7%提升13.4个百分点至2022年的90.1%。2022年公司新签合同15423亿元，同比增长21.6%，新签合同增速位列建筑央企第二。

4. 中国电力建设集团有限公司

中国电力建设集团有限公司（以下简称"中国电建"）的产业聚焦"水、能、砂、城、数"，模式集成"投建营"全产业链一体化，十年来，在共建"一带一路"国家承建了数以千计的建设项目。中国电建设计承建了全球50%以上的大中型水利水电工程。亚洲是中国企业"走出去"的传统市场、优势市场。目前，中国电建海外业务已遍布亚洲，并在部分国家形成项目群，业务领域涉及火电、水电、新能源、基础建设、教育等方方面面。

2023年11月9日上午，印度尼西亚奇拉塔（Cirata）漂浮光伏发电项目全容量并网发电仪式在普哇加达举行，印尼总统佐科出席仪式并发表讲话。奇拉塔漂浮光伏发电项目是印尼首个也是东南亚最大的漂浮光伏项目，总装机容量192兆瓦，由印尼国家电力公司和阿布扎比未来能源公司合资开发，由中国电建集团华东勘测设计研究院有限公司（以下简称"中国电建华东院"）总承包，直流侧总装机容量192兆瓦。项目商业运行后，预计年发电量将达30万兆瓦时，可为约5万户家庭提供清洁电力，对印尼实现碳中和目标有重要的战略性意义。项目建设期间，为当地创造直接和间接就业岗位超8000个，有力提升了当地就业和社会福利水平、推动了地区经济发展。在印尼，中国电建承建的雅万高铁是印尼历史上第一个高速铁路项目，也是中国首个集投融资、规划设计、装备制造、工程建设、运营维护于一体的海外全产业链高铁项目。佳蒂格德大坝是中国与印尼合作的首个水利工程，被印尼视为"民族工程"。

老挝南欧江梯级水电项目是践行"一带一路"倡议、实施"澜湄合作"的重点项目，也是中国电建在海外首个全流域整体规划和BOT（建设—运行—移交）投资开发的项目，对老挝打造"东南亚蓄电池"和改善老挝北部民生具有重要意义。南欧江流域规划7个梯级水电站，分两期开发，总装机容量达127.2万千瓦，年均发电量约50.17亿千瓦时，总投资约28亿美元。项目于2021年全部建设完成，进入梯级联调联运发电期，为老挝提供稳定优质的电能，保障着老挝12%的电力供应，助力电力出口创汇和电力区域一体化进程，为老挝经济社会发展及中老铁路运营等重大项目提供稳定优质的电源。

在马来西亚，由中国电建承建的巴贡水电站是中国在海外已承建的最大装机容量水电站，被誉为马来西亚的"三峡工程"。由中国电建承建的厦门大学马来西亚分校，是中国第一所海外大学，是我国教育系统践行"一带一路"倡议的代表和标杆。

中国电建认真贯彻绿色发展理念，在南欧江流域的开发建设中创造性地提出"一库七级、两期开发"方案，以尽量减少原居民搬迁、尽量减少耕地、林地淹没损失，尽量减小对生态环境的影响，取得最大的综合效益。通过全周期环保管理，严控施工工艺及治理措施，杜绝污染类影响，科学有序实施生物多样性补偿，项目生态环保效益取得显著成效。南欧江一级电站在骨料破碎加工过程中，实施全封闭处理，同时采用大型除尘设备，全过程传送带增设喷淋系统，粉尘控制率达98%以上。坚持建设运营与补偿同步，在建设期、运行期分别规划专项资金开展森林补植、鱼虾养殖、野生动物栖息地恢复等生物多样性保护工作。南欧江流域水电项目通过"一库七级、两期开发"绿色生态整体布局，合理开发全流域水能资源，落实全生命周期环保管理措施，积极开展生态环境监测及生物多样性补偿，科学规划移民生计改善工程，最大程度减少对流域生态环境的破坏。

中国电建也是中老铁路的建设参与方，中老铁路全线贯通的首个隧道——黄竹林 1 号隧道由中国电建水电十四局承建。该项目穿越西双版纳野象谷自然保护区，为减少对亚洲象的惊扰，中国电建修建了 30 多千米的防护栅栏。

中国电建水电八局承建的亚洲第一长坝、柬埔寨最大的水电工程——桑河二级水电站 5 号机组，2018 年 6 月正式投产发电。桑河二级水电站位于柬埔寨东北部上丁省西山区境内的桑河干流上。电站大坝全长 6.5 千米，总装机容量 40 万千瓦，年平均发电量 19.7 亿千瓦时。采用 8 台中国制造的 5 万千瓦灯泡贯流式机组，其额定水头、单机容量在同类型机组中均处于世界前列。该项目是柬埔寨目前在建的最大的水电项目，属 BOT 投资方式，作为"一带一路"和柬埔寨能源建设的重点项目、中柬两国能源合作的典范，该电站建成投产后，产能将占柬埔寨全国总装机容量的 1/5 以上，不仅为柬埔寨提供了丰富的优质电力能源和珍贵的淡水资源，还为柬埔寨带来了先进的中国标准、中国管理和中国技术，对于加快当地经济发展、改善民生具有重大意义。

共建"一带一路"倡议提出以来，中国电建积极参与国家"一带一路"能源合作专项规划、中巴经济走廊能源合作规划、中国—东盟绿色能源网络规划、孟中印缅经济走廊规划、中国与东南亚四国电力合作规划等。同时，中国电建积极尝试推动资源开发与基础设施建设相结合、工程承包与建设运营相结合的方式，积极探索"资源、工程、融资、投资"捆绑模式，进行跨领域、跨行业项目"打捆"开发，积极以 BT、BOT、PPP 等方式开展境外铁路、公路、港口、电力等基础设施投资。

5. 中国建筑集团有限公司

共建"一带一路"倡议提出十年来，中国建筑集团有限公司（以下简称"中国建筑"）承建了 2400 个"一带一路"工程。中国建筑作为重要的参与者、建设者，为"一带一路"沿线一批重大项目建设提供了中国建造方案。

文莱淡布隆跨海大桥全长约 30 千米，是"一带一路"倡议在文莱最具代表性的旗舰项目。淡布隆跨海大桥是世界上最长的全预制桥梁以及东南亚最长的跨海大桥，它也是文莱历史上最大的基础设施工程。淡布隆跨海大桥穿越东南亚最大的未经人类开发的原始雨林——文莱热带雨林。中国建筑中标的 CC4 标段全长约 11.8 千米，其中有 11.6 千米是穿越森林沼泽地的高架桥。因为桥梁由海边滩涂穿过热带原始雨林，属未开发区域，珍稀动植物种类繁多，对施工环境保护要求极高，但同时原始雨林瘴气弥漫，晴天暴晒，雨天泥泞，施工环境恶劣，中国建筑团队创新制定"不落地"施工法，通过自主研发的"空中造桥机"，在全球范围内首创全预制大型跨海桥梁"桩上打桩、梁上运梁、桥上架桥"。施工过程中，所有机械设备"零着陆"，桩基及架梁等作业全部在"不落地移动式钢平台"上完成，不触碰沼泽地面，不破坏雨林植被，实现绿色智能高效建造。淡布隆跨海大桥建成后，把被马来西亚分隔的两块文莱国土连接在一起，免去了跨国通关的繁琐。而且，通行文莱摩拉、淡布隆两个大区之间的车程，由原来的 2 小时缩短至约 15 分钟。项目的优质履约促进了两国间的合作交流，推动了文莱旅游业的发展。

在印尼，中国建筑承建的印尼棉兰机场高速项目，全长 17.8 千米，包括瓜拉纳穆立交桥在内的 4 座高架立交桥、8 座主线桥和 1 座跨线桥，是苏门答腊北部高速公路网的重要组成部分。该项目不仅连接棉兰市区和新机场，还极大改善了棉兰及周边地区的交通，密切苏门答腊北部与外国的联系，吸引更多的外国游客，也将促进了当地及周边地区的经济发展。项目建设过程中，中国建筑与当地众多企业建立了密切的合作关系，聘用了许多属地员工，促进了当地就业以及建材、运输业的发展。

在泰国，中国建筑承建的中泰高铁 4-3 标段项目是泰国首条标准轨高速铁路，也是境外首个使用中国高铁设计标准并由所在国自行出资兴建的高速铁路项目。它将曼谷以及中国和老挝之间的"陆上丝绸之路"联系起来，形成一条将中国、老挝、泰国三国联系起来的"大通道"。中泰高铁 4-3 标段是中泰高铁一期工程所有在施标段中合同额最大的标段。

2018 年底，由中国建筑马来西亚有限公司承建的中资企业海外建设第一高楼——吉隆坡 106 交易塔（亦称吉隆坡标志塔）突破 450 米，是马来西亚最高的建筑之一。它是敦拉萨金融交易中心的一部分，在新的城市总体发展规划中，将成为吉隆坡新的中央商务区。中国建筑旗下中建南洋承建的绿洲台（Oasis Terraces）位于新加坡榜鹅市镇，毗邻榜鹅水道生态公园，五层空间、七位一体，揽括绿植花园、社区广场、教育设施、医疗中心、商业布局、组屋规划、地铁交通。

在柬埔寨，中建八局承建的柬埔寨国家体育场坐落于柬埔寨首都金边的市郊，占地面积 16.22 公顷，总建筑面积 8 万多平方米，可提供 60000 个座位，是中国迄今对外援建规模最大、等级最高的体育场。中国建筑承建的新金边国际机场，以世界最高等级标准 4F 级建设，建成后可以起降世界最大的飞机。年旅客吞吐量将达到 3000 万人次，是老机场吞吐量的 6 倍。新金边国际机场是东南亚在建项目中使用钢结构体量和面积最大的项目，针对重达 20000 多吨的穹顶构件，项目团队在柬埔寨首次采用结构永临结合加固技术，实现重型履带吊上楼施工，完成大跨度钢结构吊装，让施工荷载通过混凝土梁柱逐层传递吸收，解决了大型吊装机械无法在楼板上施工的难题。

6. 中国能源建设集团有限公司

中国能源建设集团有限公司（以下简称"中国能建"）业务覆盖能源电力、基础设施等领域，在"一带一路"沿线 57 个国家开展业务。中国能建以中国技术、中国标准、中国方案推动当地经济社会和民生发展，将"一带一路"朋友圈越扩越大。中国能建"CEEC"母品牌及所属企业葛洲坝"CGGC"和中电工程"CPECC"等子品牌在"一带一路"绿色能源合作领域及重点国别市场具有良好口碑和较大影响力。

中老铁路配套供电工程的设计工作由中国能建云南院承担，中国能建浙江火电参加建设。中老铁路外部供电工程是老挝首个电网 BOT 项目，分为中国段和老挝段，工程整体线路为 936.8 千米、铁塔 2220 基，中国段新建 3 座 220 千伏开关站、35 条 220 千伏线路，为 14 个牵引变电站提供可靠用电；老挝段新建 115 千伏线路 20 回，配套扩建 115 千伏变电间隔 11 个，将电气化铁路 10 座牵引变电站接入老挝国家电网。

2015 年 11 月 14 日，老挝会兰庞雅水电站举行竣工仪式，承担工程建设施工任务的中国能建葛洲坝集团凭借一流的施工业绩和较强的履约能力荣获老挝国家电力特殊贡献奖。会兰庞雅水电站是葛洲坝集团在老挝承建的第一个 EPC 工程总承包项目，电站装机容量 8.8 万千瓦，水库最高蓄水位 820 米，最大库容 1.41 亿立方米，是老挝南部最大的水电站。葛洲坝集团二公司秉承"一国一策、一点一策"的管理理念，认真贯彻落实"设计优先、计划超前、专业化施工、劳务属地化"管理思路，成功解决了 560 米竖井方案变更、地质变化的料场调整、明管优化等诸多技术难题，克服了原始雨林施工、语言障碍、设备通关、资源组织等诸多困难，顺利完成试运行及竣工移交工作，并且较合同工期提前了 66 天。

2018 年 5 月，越南永新燃煤电厂一期项目 1 号机组可靠性试运行成功。越南永新燃煤电厂一期 2×620 兆瓦工程（以下简称"越南永新一期项目"）位于越南平顺省，由中国南方电网有限责任公司、中国电力国际有限公司和越煤电力有限责任公司按照 55%、40% 和 5% 的股比投资，建设总承包商为中国能源建设集团广东省电力设计研究院有限公司与广东火电工程有限公司组成的联合体。这是中国企业在越南投资规模最大的在建工程，也是践行中国"一带一路"倡议的重点项目，更是中越两国政府推动基础设施、产能合作、互联互通的关键项目。

此外，葛洲坝集团积极响应国家倡导的第三方合作机制，近年来通过第三方合作取得了比较好的成果。2018 年 5 月葛洲坝集团与沙特 ACWA 电力公司和韩国泰光电力公司在迪拜签署了越南南定 2×600 兆瓦燃煤电站项目总承包合同。该项目位于越南南定省海后区，距离首都河内约 100 千米。项目由沙特 ACWA 电力和韩国泰光电力共同投资建设，总投资约 22 亿美元。

2019 年 5 月 21 日，中国能建葛洲坝集团与印尼大丰和顺能源工业有限公司签署印尼北加省卡扬 A 水电站项目 EPC 合同，合同工期 60 个月。项目位于印尼"三北"经济走廊的北加里曼丹省，水路距离丹戎塞洛约 170 千米。该项目是发挥卡扬河水能资源优势建设的梯级水电站，是中印尼"区域综合经济走廊合作规划"项目下重点推进的清洁能源建设项目。项目将为塔纳库宁地区建设以先进金属冶炼为主导产业的园区提供电力供应，并进一步推进北加里曼丹省"能产港"（能源、产业、港口）一体化发展，使塔纳库宁地区成为北加里曼丹省经济支柱，促进当地贸易畅通和经济社会发展。自 2006 年进入印尼市场以来，葛洲坝集团先后承建了阿萨汉一级水电站、塔卡拉燃煤电站、巴比巴卢燃煤电站等一批印尼国家战略项目，为印尼经济社会发展和中印尼经贸合作做出了突出贡献，树立了中资企业在印尼市场履约典范，赢得了当地政府和民众的广泛赞誉。

7. 中国铁道建筑集团有限公司

中国铁道建筑集团有限公司（以下简称"中国铁建"）过去十年发挥全产业链优势，以"一带一路"共建国家发展需求为导向，建成和运营了共建"一带一路"中一大批标志性工程，把海外业务范围拓展至 140 个国家和地区。中国铁建是雅万高铁和中老铁路的重要建设者。

雅万高铁项目中，中国铁建高新装备股份有限公司出动多台大型养路机械参与施工，包括捣固、配砟整形等系列车型，负责全线德卡鲁尔、帕达拉朗、卡拉旺、哈利姆 4 个车站间的有砟养护作业，捣固作业里程超过 500 千米，道岔捣固累计作业 210 组，作业后轨道质量指数控制在了 2.5 以内，这意味着每一个作业的精度不超过 0.5 毫米。这些大机的运用为雅万高铁的顺利开通运营奠定了坚实的基础。

中老铁路的最长隧道安定隧道由中铁十九局、中铁五局承建，全长 17.5 千米，2020 年 11 月 28 日贯通。隧道共穿越 20 条断层和 2 个向斜构造，工程规模、建设难度与施工风险在国内铁路隧道施工领域中都极为罕见，创造了中老铁路玉磨段八大之最：最长隧道、最长辅助坑道、最长单个斜井、最多断层、最大埋深、最大变形、最大独头施工长度、最大水压。中铁十八局承建的大尖山隧道，全长 14.2 千米，穿越 3 个断层和 2 个浅埋段，最大单日涌水量达 5.2 万立方米。施工团队采取"长隧短打"方案，创造了单口月掘进 274 米的全线最快施工纪录。

中铁二十二局承建的中老铁路玉（溪）磨（憨）铁路橄榄坝特大桥，全长 3512.81 米，横跨多条国道、河流以及多个鱼塘，是中老国际铁路国内段最长桥。中铁二十二局攻克了钻机在流砂层无法成孔，地层软硬不均，钻孔偏差大等施工难题。2018 年 7 月完成项目的主体工程。

素有"森林生态博物馆"美誉的西双版纳，拥有地球北回归线上仅存的热带雨林，保护着 756 种野生动物，种类占全国的 1/4，被列为中国国家重点保护的珍稀动物达 109 种，是联合国"世界生物多样性保护圈"的重要成员。这里生存着中国最大的野生亚洲象种群，数量极其稀少，现存仅 300 多头。中国铁建中铁建设集团承建的中老铁路野象谷站建筑面积约 2500 平方米，站房以"热带雨林、自然野象谷"为设计理念。项目团队采用施工场地隔离封闭、道路硬化、裸露地面绿网覆盖、植草种花等保护措施，降低对野生亚洲象生存环境的影响，成为铁路站房建设与生态环境保护融合共存的典范。

2018 年 4 月 1 日，由中国铁建所属中铁十七局四公司施工，有着"不良地质博物馆"之称的中缅国际铁路通道广大铁路祥和隧道胜利完成铺轨任务。广大祥和隧道全长 10.22 千米，位于大理和祥云交界处。其最大埋深达 705 米，管段共穿越九条大型山体断裂破碎带，以"地质条件复杂、围岩变化频繁、地下水系发育、涌水突泥多发"等著称，它是广大铁路最后一个完成贯通及铺轨施工的高风险隧道。由于隧道地处滇西地区软岩地质，施工过程日均涌水达 11 万多立方米，仅涌水量累计就可以灌满 10 万个标准游泳池，再加上围岩雨水膨胀，易失稳，线路长带来无砟轨道作业面狭窄、物流组织交叉、施工生产干扰大等难题，导致隧道施工难上加难。广大铁路扩能改造工程全长 175 千米，是中缅国际通道的"五出境"铁路网的重要组成部分，桥隧比率为 63%，旅客列车开行时速 200 千米，为国家一级双线电气化铁路。昆明至大理旅行时间将由原来的 6 小时缩短为 2 小时左右，对加强滇西地区铁路运输能力，构建云南出境通道，连接国际铁路网，带动滇西地区经济社会的发展，促进云南主动服务和融入国家"一带一路"建设具有重要的意义。

8. 中国机械工业集团有限公司

中国机械工业集团有限公司（以下简称"国机集团"）早在 2015 年就提出"再造一个海外新国机"的发展目标。国机集团将"一带一路"沿线国家作为海外业务拓展的重点，推动产品、技术、标准、服务走出去，有序参与"一带一路"沿线国家的经贸发展。国机集团是最早面向全球客户提供设备成套供货和 EPC 总承包建设的中国企业之一。海外业务内容涵盖工程项目开发及投融资，工程规划、勘察、设计、施工、设备成套、运维管理等完整产业链,并向境外并购等逐步发展,成为行业国际化经营的探索者和引领者。目前,集团已在"一带一路"沿线建设了近 2000 个大中型工程项目,涉及新能源和新基建、工业工程、交通运输、电子通信、生态环境、医疗健康、智慧工业、现代农业等产业,为当地经济社会发展发挥了积极作用。

国机集团以提升"一带一路"沿线国家工业化水平为着力点,重点研究并抢抓沿线国家工业化、城市化建设过程中的市场机会,在基础设施互联互通、能源资源合作、产业投资、海外园区建设等方面,积极参与项目建设。积极承担沿线相关国家企业的技术升级与改造项目,通过多种方式参与沿线国家企业的改革与产业升级,推动重型装备、农林机械、工程机械、基础零部件、智能制造装备、绿色新兴产业装备出口。

在"一带一路"BOT 项目建设方面,国机集团投资建设的柬埔寨达岱水电站是较有影响力的项目之一,该电站是柬埔寨装机规模最大的单级水电站,占其国内水电总装机容量的 1/4,柬埔寨首都每两盏灯就有一盏由国机集团点亮,有力地保障了柬埔寨首都金边、戈公省和其他地区的工业生产、民用生活的电力需求。

项目建成后,柬埔寨首相洪森盛赞道:达岱水电项目不但有利于防洪、构成一个旅行区、提供就业机遇与提高当地居民收入,而且必将增强柬埔寨的供电能力、供电安全和降低电价,对柬埔寨社会、经济全面发展与消除贫困起着举足轻重的作用。

9. 国家电网有限公司

国家电网有限公司(以下简称"国家电网")成功投资运营菲律宾等国家和地区的骨干能源网。先后承揽建设了缅甸、老挝等国家级重点电网项目,工程质量得到了当地政府的好评。缅甸北克钦邦 230 千伏主干网连通项目是缅甸"北电南送"的重点通道工程。该工程将有效解决缅北水电站"窝电"困局,改善了缅甸中部及南部供电不足的现状。长期来看,该工程也将实质性地提升缅甸国家电网的覆盖率,为缅甸经济快速发展提供有力保障。老挝 230 千伏巴俄—帕乌东输变电项目是老挝北部水电外送工程,建成后将水电站联通接入老挝北部主网,会极大提升北部电力送出能力,对提高电网供电可靠性和推动当地经济发展发挥重要作用。

在推动技术"走出去"的同时,国家电网积极推动特高压、智能电网等优势技术向标准转化,在国际上率先建立了完整的特高压交直流、智能电网技术标准体系,主导制定国际标准 39 项。积极参与国际标准组织工作,推动我国成为国际电工委员会(IEC)常任理事国,国家电网有限公司董事长舒印彪先生担任 IEC 副主席和市场战略局主席,公司在 IEC 自主发起成立 5 个新技术委员会。标准建设上取得的成绩为国家电网参与"一带一路"建设提供了重要助力。国家电网主导制定的我国电动汽车充换电标准体系,与美国、德国、日本并列为世界四大标准体系。一些沿线国家通过采用中国标准,进一步完善了本国技术标准体系。借鉴国家电网技术标准制定的菲律宾国家电网公司技术标准体系,在提高菲律宾电网整体运营管理水平方面发挥了重要作用。

(二) 能源核电

1. 中国华能集团有限公司

中国华能集团有限公司(以下简称"华能集团")投资的柬埔寨桑河二级水电站是

柬埔寨最大的水电工程，于 2013 年 10 月开工，2019 年 1 月正式全面投产。作为"一带一路"建设和柬埔寨能源建设的重点项目，该电站建成投产将为柬埔寨经济社会发展提供强大动力，是中柬两国能源合作的典范。

桑河二级水电站位于柬埔寨东北部的上丁省西山区境内的桑河干流上，电站大坝全长 6.5 千米，是亚洲第一长坝。该电站总装机容量 40 万千瓦，电站总装机容量将占柬埔寨全国发电量的 1/5 以上，采用 8 台中国制造的 5 万千瓦灯泡贯流式机组，其额定水头、单机容量在同类型水电机组中均处于世界前列。

桑河二级水电站在项目建设初期，通过环评调研发现所在河流区域有 34 种长距离洄游鱼类，为满足洄游鱼类的通道需求，维持区域鱼类多样性，项目方主动增加了鱼道建设工程，并在鱼道投入使用后进行定期巡检观测，此外，该项目还采用了地埋式成套生活污水处理设施对生活污水进行处理，处理后的废水可用于绿化灌溉。由中企建设运营的桑河二级水电站"点亮"了当地百姓的生活，为当地发展注入绿色动力。

2. 中国华电集团有限公司

2023 年 9 月，由中国华电集团有限公司（以下简称"中国华电"）投资建设的印尼玻雅 2×660 兆瓦坑口燃煤电站项目（以下简称"玻雅项目"）2 号机组顺利完成整套试运，圆满实现年内"双投"目标，全面移交生产。自开工建设以来，中国华电始终坚持以"建中国优质工程，树印尼行业标杆"为目标，同各参建单位一起全力克服境外资源匮乏、国际物流中断、外部协调困难等一系列挑战，高质量、高水平、高标准完成了两台机组投产任务，成功建成清洁高效的海外精品工程。玻雅项目作为中国华电在印尼投资的最大电源项目，是中印尼友好合作的成功典范。该项目的全面投产将有效改善区域电源结构、积极带动当地社会就业和经济发展，继续谱写中印尼互利共赢、民众相知相亲、文化传播交流的"一带一路"新篇章。

2022 年 12 月 16 日，中国华电海外投资有限公司投资运营的柬埔寨西哈努克港燃煤电站（以下简称"华电西港项目"）2 号机组顺利通过试运行，正式投产发电，标志着柬埔寨总装机容量最大的发电项目建成投产。华电西港项目位于柬埔寨西哈努克市东北磅逊湾，拥有两台装机容量为 35 万千瓦的发电机组，采用中国标准、中国技术和中国设备，是柬埔寨装机容量最大、指标最先进、环保水平最高的燃煤发电项目。该项目主体工程于 2020 年 8 月开工，历时 27 个月全面投产，该项目全面投产有助于完善柬埔寨电力基础设施。建设过程中，项目团队以"环境优美、工程优质、运行高效"为目标，克服高温多雨、物资匮乏、物流滞后等诸多困难，大力抓生产，全力推进项目高质量履约。随着华电西港项目全部建成投产，中国华电在柬装机总量达到 103.8 万千瓦，成为柬埔寨最大的发电运营商。

3. 中国广核集团有限公司

2015 年 11 月 23 日，中国广核集团有限公司（以下简称"中广核"）与马来西亚埃德拉全球能源公司（Edra Global Energy Bhd，以下简称"埃德拉公司"）在吉隆坡公司签署了电力项目公司及新项目（以下简称"埃德拉项目"）的股权收购协议，标志着中广核在充分的市场竞争中竞标成功。埃德拉公司是东南亚领先的独立发电商，拥有控股在运装机容量 662 万千瓦，13 个电力项目分布在马来西亚、埃及、孟加拉国、阿联酋、巴基斯坦 5 个"一带一路"沿线国家，主要以天然气清洁能源发电项目为主，在东南亚等地拥有丰富的清洁能源项目开发运营经验。随着此次收购的完成，中广核在运非核清洁能源装机达到 1935 万千瓦，加上核电项目装机，在运清洁能源总装机已超过 3400 万千瓦。

此次收购将促进中广核在清洁能源国际项目领域继续做强做大，另外，埃德拉项目所在国均为"一带一路"的代表性国家，也是目前分布国家最广、规模最大的"一带一路"项目之一。中广核成功收购埃德拉公司的 13 个电力项目，是对中国"一带一路"倡议的重大响应和积极促进，也进一步推进了中广核"走出去"战略的实施。

2022 年，中广核能源国际与老挝政府在老挝万象签署老挝北部中老电力互联互通清洁能源基地合作谅解备忘录，标志着老挝迄今规模最大的能源投资项目正式启动前期工作，也标志着中广核能源国际在"一带一路"沿线清洁能源布局进一步拓展。根据协议，埃德拉电力控股有限公司将与老挝政府在能源领域开展深度合作，在老挝北部打造风光水储一体化清洁能源示范基地，作为中老电力互联互通的重要支撑项目。项目一次规划、分期实施，所产生电力将在中国以及老挝、泰国、柬埔寨等东盟主要国家消纳。

项目建成后，一方面，将助力老挝的资源优势转化为经济优势，极大地带动老挝经济社会发展，并为老挝创造大量的就业机会；另一方面，也将帮助老挝加快能源转型，缓解其枯水期缺电情况，助力老挝打造"东南亚清洁能源蓄电池"，并大幅提升中老两国电力互联互通水平。

4. 国家能源集团

国家能源集团在中国"一带一路"倡议和印尼"全球海洋支点"战略对接中，深耕印尼 16 年，先后投资建设了三座安全环保、清洁高效的电厂，有效改善了当地能源供应，助力了经济社会发展，促进了人与自然和谐共生，用实际行动生动诠释了构建人类命运共同体的丰富内涵。

印尼南苏电厂位于印尼穆印县，离苏门答腊省省会巨港约 100 千米。南苏电厂与爪哇电厂、建设中的美朗电厂，共同构成了国家能源集团服务印尼经济发展的能源矩阵。

苏门答腊岛有着丰富的褐煤资源，但因其含水量高、热值低，无法得到有效利用。所以，南苏门答腊岛大多应用高污染、高成本的柴油发电。国家能源集团采用煤干燥技术，将这里能"拧出水"的褐煤就地转化为清洁、高效、实惠的电能，为印尼电力发展树立了典范，极大地推动了当地电力产业创新升级。

南苏电厂的主要设备为中国制造，自投产以来已经连续运行 10 年无非停，创造了"煤电机组投产后连续运行最长世界纪录"，成为南苏电网最安全、稳定、可靠的电源点，先后获得亚洲电力"独立发电企业""技术创新""环保提升改造"等诸多奖项。

爪哇电厂作为"中国走出去"项目之一，是国家能源集团积极践行"一带一路"倡议、深入推进国际合作的力作。爪哇电厂配套建设的海水淡化系统，解决了电厂锅炉补水、工业水和生活饮水等全部用水需求，每年节约淡水约 85 万吨，相当于周边 5000 名村民一年的用水量。爪哇电厂在施工建设之初，为了不破坏海边大片的红树林，开展自然生态保护，修筑了一条土坝，为红树林的生长、繁殖创造了更好的条件。如今，红树林的面积比开工前增长了 30%。

国家能源集团在印尼三家电厂的建设和投运，为创造就业岗位、改善当地民生和促进经济发展提供了新机遇，累计为当地提供工作岗位超过 7000 个。国家能源集团的印尼电厂中印尼籍员工比例逐年提高，其中南苏电厂运行部达 90%，在为当地提供优质绿色能源的同时，也培养了大批优秀的印尼电力技术工人和管理运营人员。

5. 山东恒源石油化工集团有限公司

2016 年，山东恒源石油化工集团有限公司（以下简称"恒源石化"）作为全国首家地炼企业走出去，并购了马来西亚第二大炼油厂，并扭亏为盈，使其效益大幅攀升，目前正全力开拓东南亚市场。2016 年底，恒源石化收购壳牌马来西亚炼油有限公司 51% 的股权，成功完成中国地炼行业首起海外并购案。收购后公司更名为恒源马来西亚炼油有限公司。并购后恒源石化境内外一次加工能力达每年 1200 万吨。成功并购还带来了相互间的优势互补，对于成品油供不应求的马来西亚市场，恒源石化可以将国内已经产能过剩的成品油输出到马来西亚。同时，对马来西亚需求量不高的芳烃、丙烯等化工产品，根据中国与东盟之间的自贸协定，可以享受免关税待遇，实现低价进口。据悉，壳牌马油的石油精炼能力覆盖完整系列的石油产品，成品油市场份额占了马来西亚市场的 40%。

更重要的是，多年来，恒源石化积累了雄厚的技术实力。目前，企业 TMP 催化裂解装置开创性地利用焦化蜡油和焦化汽油为原料生产丙烯和高辛烷值汽油，在中国属于首创；与科学研究机构合作研发的丙烷脱氢生产丙烯工艺，填补了国内空白，并攻克了该工艺难以连续化的世界级难题。而其运用的抽提脱硫工艺，全部利用国产装备，走出了一条与欧美国家不同的技术路线。

（三）工程机械

1. 三一集团有限公司

三一集团有限公司（以下简称"三一"）第一时间成立了"一带一路"项目部。三一在 15 个"一带一路"国家出口排名数一数二，主要包括印尼、新加坡、缅甸、泰国、柬埔寨、越南、菲律宾、阿曼、阿联酋、卡塔尔、科威特、巴林、印度、孟加拉、乌兹别克斯坦等多个国家。以印尼为例，2021 年 1~10 月三一挖掘机销售 3000 台，市场占有率超 30%，履带起重机市场占有率达 60%，汽车起重机市场占有率达 53%，为印尼本国的基础设施建设贡献了三一力量，也赢得了印尼客户的高度认可。在印尼，有超过 2000 台三一设备参与青山工业园建设，300 余台三一设备遍布雅万高铁施工沿线。

2022 年 8 月，三一印度尼西亚"灯塔工厂"下线了首台 SY215CKD 挖掘机，标志着三一第一座海外"灯塔工厂"建成投产，主要生产面向东南亚市场的 13~55 吨挖掘机，一期规划年产能 3000 台。此外，三一还将以这座"灯塔工厂"为依托，在当地建设培训中心，助力当地制造水平的提升。三一印度尼西亚"灯塔工厂"与国内的三一全球生产管控中心实时数据互联，可以远程协作生产，并将中国工程机械行业的智能制造标准复制到海外，提升当地的工业制造水平。目前，三一已建成投产 22 个"灯塔工厂"。

三一海外收益的 60% 来自"一带一路"沿线国家和地区，在"一带一路"沿线国家和地区（不含中国大陆），三一有十余家海外子公司、近 100 家代理商、400 多个服务网点，设备遍及 60 个国家和地区。

十年来，三一不仅实现了产品的加速出海，更是将智能制造扎根"一带一路"。十年间，三一推出全球首款 5G 挖掘机、全球首台纯电动无人搅拌车、纯电动无人宽体矿车、全球首台 5G 电动智能重卡等拥有自主知识产权的智能产品，将远程遥控、无人驾驶、智能作业等场景照进了现实。2012~2021 年，三一挖掘机销量从 1 万台升至 10 万台，从中国第一做到连续 2 年全球第一。目前，三一已经拥有了挖掘机械、混凝土机械两块"世界金牌"，大吨位起重机械、履带起重机械、桩工机械、煤炭掘进机械、港口机械、摊铺机械等稳居中国第一。

2. 中联重科股份有限公司

"一带一路"倡议提振了东南亚基建市场，东南亚也是中联重科股份有限公司（以下简称"中联重科"）致力深耕的区域市场。中联重科始终深入打造本地化营销服务网络，通过马来西亚、印尼、菲律宾、泰国、越南、缅甸等区域的稳固经销商队伍，构建了一套适于当地市场的渠道管理、销售、备件服务模式。2016 年 3 月，位于马来西亚首都吉隆坡的"吉隆坡标志塔"（Kuala Lumpur Signature Tower）项目正式开工。中联重科两台新涂装 L500 内爬塔机进驻现场参建吉隆坡标志塔项目，这是全新涂装的 L500 内爬塔机首次亮相海外施工现场。吉隆坡标志塔项目位于马来西亚首都吉隆坡中心区域，总建筑面积约 38 万平方米，地上建筑高度为 423 米，总体由三个建筑物组成，主体建筑 92 层，该项目是印尼最大的商业地产开发商 Mulia 集团在马来西亚投资建设的地标项目。

2017 年中联重科起重机产品在马来西亚实现占有率突破 60%，并创造了中国出口东南亚最大吨位履带起重机的纪录——中联重科 QUY650 履带式起重机出口马来西亚 MRT 隧道项目；在泰国，中联重科跻身领先品牌之列；在印尼，中联重科混凝土设备连续接获批量订单；而叉车产品则在整个东南亚市场实现破局。2020 年底中联重科搅拌车批量交付菲律宾，该订单总计 30 台搅拌车，是中联重科针对菲律宾市场定制研发的新品。经过数年的发展，中联重科工程起重机、混凝土、土方、塔机等全系列产品均已进入菲律宾市场，当地的鸿盛地产项目、Pasay 房产项目、安吉拉公馆项目、City Clou 项目等众多工程项目中，均有中联重科各类工程机械设备的身影。

2022 年中联重科海外收入为 99.92 亿元，同比增长 72.6%；海外收入在总营收中占比提升至 24%，同比提升 15.38 个百分点。2023 年第一季度，公司海外收入同比增长 123%。

3. 广西柳工集团有限公司

广西柳工集团有限公司（以下简称"柳工"）早在 2002 年就提出了"建设开放的、国际化的柳工"战略，东盟是柳工最早进入的海外市场之一，也是柳工长期的重要战略市场。经过近 20 年的耕耘和探索，柳工在东盟区域核心市场已建立起"专业化+本地化"团队，依托行业内最完善的本地化营销服务网络，现拥有亚太子公司、印尼子公司，在印尼、菲律宾、缅甸、泰国、越南打造了 5 个呼叫中心，并与 21 家经销商保持着友好合作，柳工设备在中老铁路、雅万高铁、中泰铁路、马东铁路、马来西亚联合钢铁厂等重大项目和工程建设中大显身手。2021 年 1~8 月，柳工在东盟市场的业务同比增长超过 50%，装载机、挖掘机和压路机等机械设备在核心市场的占比进一步提升，大客户和大项目取得重大突破。

广西毗邻东南亚，在对《区域全面经济伙伴关系协定》（RCEP）区域贸易中有着独特的区位优势。多年来，RCEP 区域一直是柳工的核心发展重点。2021 年柳工加大了在 RCEP 区域的资源投入，柳工印尼子公司取得重大突破，年销售破千台。截至 2022 年

3月，柳工在RCEP区域拥有近130个网点，搭建了完善的营销、客户开发、售后服务、配件供应体系。

从2021年第四季度开始，柳工亚太区域一线人员根据市场特点，持续加大对潜力客户群开发力度，生产一线组织资源提前备货，供应链开创集货、包船等多样物流创新模式，确保在市场普遍缺货的情况下，柳工设备能按时按质送达客户。2022年1~2月，柳工在RCEP区域的销售同比增长115%，其中印尼业务同比增长超过1000%，老挝、澳大利亚的业务也同比大幅增长。伴随2022年RCEP生效落地，柳工将顺势而为，拟在泰国投资设立新公司，为后续市场发力进一步夯实基础。

4. 徐工集团工程机械股份有限公司

东南亚因为独特的地缘优势，蕴含丰富的矿产资源，因此也是矿业机械品牌的"必争"之地。徐工集团工程机械股份有限公司（以下简称"徐工集团"）在东南亚市场已耕耘30余年。随着共建"一带一路"倡议的推进，徐工集团打通东南亚地区，从中老铁路建设到巴铁基础设施建设，从菲律宾的机场建设再到尼泊尔的电站土建，徐工集团参与到铁路、港口、管网等重大工程中，逐步形成了一个复合型的基础建设网络。

高温多雨是东南亚气候的主要特征。在保障产品吊装性能、安全性能的同时，在设计研发和生产制造的过程中，更要兼顾其关键零部件"耐高温"和"高防水"的需求。徐工集团充分考虑当地高温多雨的实际情况，结合当地施工工况，凭借严谨的设计理念和精湛的加工工艺，深度研发了更适合东南亚市场的专用机型。徐工XCT30_Y系列起重机在拥有超强起重性能的同时，将设备中的易腐蚀材质换成铝合金等耐腐蚀元件，可在45℃的高温下连续作业不停息。细节上的技术升级和设计优化使得东南亚区域产品的整机性能平均提升5%~15%，深受当地用户的喜爱。

2019年，徐工装载机"一万一亿"战略落地印尼市场，将前移百万备件到当地市场，并逐渐提升海外营销管理系统的信息化，助力后市场建设。徐工集团印尼代理商GMT公司经过市场调研，发现当地市场对大吨位装载机颇为看好：印尼得天独厚的地理环境使得煤炭、石油、天然气和锡等矿藏储量丰沃，近年来大型国家工程建设对"三高一大"产品的需求不断增加，这是徐工大吨位装载机拓展印尼市场的大好时机。2019年，GMT公司加大对徐工7吨及以上吨位装载机的市场开拓，策划一系列大型海外促销会、争霸赛、"侠客行"等活动，撬动印尼市场，全面支撑"一万一亿"战略施行。

5. 福建南方路面机械股份有限公司

早在2009年，福建南方路面机械股份有限公司（以下简称"南方路机"）就布局进驻印尼市场，在印尼市场持续发力。作为"一带一路"沿线的重要国家，印尼是南方路机海外布局的一个重要市场。多年来，南方路机勇于探索开拓印尼市场，把多年来专注在搅拌技术、砂石处理技术上的研发制造成果投入到印尼这个竞争激烈的市场中。南方路机的产品以稳定的质量、强劲的性能、高品质的服务，经过多年在印尼的持续发力，已经遍布印尼市场。目前南方路机在印尼市场已拥有超过50台（套）设备，其中商品混凝土搅拌设备已牢牢占据超过90%的印尼高端市场。自2009年进驻印尼市场以来，南方路机稳扎稳打，已经在印尼当地建立了全面的代理商销售及工业服务体系，配备了专业的机械和电气工程师，建立了专业的配件仓库。

南方路机还开发了国内首个"AI+骨料智能上料"系统，采用人工智能和视觉检测技术，对骨料级配和形态进行在线监测。此外，公司"AI+智能商砼卸料"系统可实现一台电脑控制多个卸料口，大幅降低人员工作负担的同时轻松实现一人多控、降本增效，整体卸料效率提高 15% 以上。

在"一带一路"倡议及市场需求带动下，东南亚各国对砂石骨料的需求飞速增长，但大部分国家全年气候潮湿，设备运行环境差，对于需要长期稳定生产的移动破碎设备更是一种挑战。在讲究综合性能、严苛考验的市场竞争中，南方路机移动破碎筛分设备脱颖而出。南方路机充分考虑客户实际需求，并结合项目现场情况进行针对性设计，制定了一整套完备的服务保障方案，以"保姆式"服务助力项目建设"加速跑"，为设备的长期稳定运行奠定了坚实的基础。同时，南方路机在东南亚建立了完备的销售、服务渠道，始终秉持"做专做精，做好做久"，更好地适配当地市场需求，为项目客户提供了"本土化+一站式"的优质服务。

南方路机积极参与"一带一路"建设，产品陆续销售至俄罗斯、印尼、马来西亚、菲律宾等"一带一路"沿线国家和地区。南方路机产品已出口至海外 70 多个国家和地区。

6. 山河智能装备股份有限公司

山河智能装备股份有限公司（以下简称"山河智能"）是国内最早一批开拓国际市场的工程机械企业，早在 2004 年山河智能静力压桩机就进入了印尼市场。尤其是近年来，"一带一路"倡议提出之后，山河智能在"一带一路"沿线重要节点的布局力度明显加大，在越南、柬埔寨、老挝、印尼、新加坡、马来西亚等地的子公司先后建立，服务"一带一路"沿线国家的能力日益增强。2019 年 8 月 23 日，山河智能泰国子公司开业。2020 年 1 月，山河智能国际工程（马来西亚）有限公司（以下简称"国际工程公司"）成功中标吉隆坡轻轨 LRT3 项目的桩基工程，这是国际工程公司成立后拿下的首个项目。2022 年工程机械出口销售收入同比增长 69%，国际市场总体年收入约占公司总收入的四成，创历史新高。2023 年公司出口依然保持强劲的增长势头，一季度出口销售收入同比增长 84%。

东南亚市场一直是山河智能谋篇布局的重点，也是山河智能国际业务的重点区域，山河智静力压桩机在东南亚市场占有率一直排名第一。山河智能旋挖钻机也批量出口到了东南亚，在当地市场成功占有一席之地。公司桩基础装备在东南亚区域收获了广泛的认可和良好的声誉。随着在印尼市场的不断沉淀与积累，目前山河智能在印尼雅加达建有万余平方米的保障中心，实现了整机和配件的快速现货供应，极大地提升了山河智能在印尼市场的综合竞争力。尽管 2023 年印尼工程机械市场整体出现下滑，但是山河智能在印尼市场的销量依然逆势增长，上半年销售同比增长 20%。随着"一带一路"国际合作向纵深发展，国际工程公司积极跟踪马来西亚、印尼、孟加拉国等东南亚市场项目，参与多个项目的投标，活跃在工程施工市场。

（四）汽车产业链

1. 比亚迪股份有限公司

2023 年 8 月 9 日，比亚迪股份有限公司（以下简称"比亚迪"）第 500 万辆新能源汽车正式下线，成为全球首家达成这一里程碑的车企。2015 年 9 月，联合国原秘书长潘基文向比亚迪颁发联合国成立 70 年来首个针对新能源行业的奖项——"联合国能源特别奖"。作为中国乃至全球的新能源汽车龙头企业之一，比亚迪持续布局"一带一路"沿线国家。

东南亚是全球最具发展潜力的新能源汽车市场之一。早在 2013 年，比亚迪就已打入东盟市场，携手当地合作伙伴，共同建设公交电动化起步等项目。

比亚迪在 2018 年就向泰国投放了第一批纯电动出租车，经过多年的耕耘，其在泰国业务已涵盖电动叉车、电动大巴等多个领域。随着在 B 端市场建立起认知后，比亚迪乘用车也登陆泰国。截至 2023 年 7 月，比亚迪在泰国已经建立起 33 家门店。自 2022 年 12 月以来，比亚迪已连续 6 个月保持泰国电动汽车销量冠军地位。2023 年第二季度，在比亚迪的海外销量中泰国占 24%，成为比亚迪最大的海外市场。据报道，比亚迪已经决定投资约 5 亿美元在泰国建厂。比亚迪泰国工厂将采用右舵汽车技术，预计将于 2024 年开始运营，年产能约 15 万辆，生产的汽车将投放到泰国本土市场，同时辐射周边东盟国家及其他地区。

2022 年 11 月 29 日，柬埔寨公共工程与运输部正式举行了电动充电桩落成仪式以及电动汽车交付仪式。柬埔寨交通部向比亚迪采购了一台元 PLUS，而这次采购也是柬埔寨政府首次新的尝试——采购新能源汽车作为公务用车。早在 2022 年 8 月 13 日，元 PLUS 便已亮相柬埔寨，未来比亚迪计划在柬埔寨全国范围内发展充电网络，助力完善当地充电基础设施。

2022 年 3 月 16 日，新加坡最大出租车运营商 ComfortDelGro 向比亚迪订购 100 台全新 e6，组建该公司首支纯电动出租车队。

2022 年 12 月 8 日，比亚迪正式宣布进入马来西亚乘用车市场，并发布首款车型 BYD ATTO 3。2023 年 3 月 20 日，比亚迪印尼当地电动大巴经销商 VKTR 集团正式将 22 辆电动大巴 K9 交付给当地巴士公司 Mayasari。在马来西亚和新加坡，Sime Darby 公司成为比亚迪的分销商；印尼和菲律宾是 Bakrie & Brothers；在泰国则由 Rever Automotive 分销。

截至 2023 年 6 月，比亚迪已在全球六大洲的 70 多个国家和地区、400 多个城市推广电动公共交通体系。

2. 浙江吉利控股集团

宝腾汽车建立于 1983 年，是马来西亚的"国宝级"汽车品牌。2017 年，浙江吉利控股集团（以下简称"吉利"）入股马来西亚 DRB-HICOM 旗下宝腾汽车，并收购宝腾汽车 49.9% 的股份，成为其重要合作伙伴。经过六年的融合，宝腾汽车实现了研发、制造、质量、采购、营销的全面变革，连续四年销量和市场占有率在马来西亚市场排名第二。

自吉利入股以来，宝腾汽车于 2019 年扭亏为盈，截至 2022 年底，实现营业收入翻倍（2018 年为 338 亿马币，2022 年为 939 亿马币），连续 4 年销量和市场占有率在马来西亚市场排名第二，海外出口销量排名第一。宝腾汽车销量连续 4 年持续攀升，从 2018 年的 64744 辆增加到 2022 年的 141432 辆，销量增长 118%，市场占有率翻番（2022 年达到 19.6%）。与此同时，宝腾汽车出口销量从 2018 年的 1388 辆增长至 2022 年的 5409 辆，是马来西亚市场出口量最多的汽车品牌。宝腾汽车 2023 年第一季度销量同期增长 50.9%

至 40287 辆，市场占有率同期上升 4.5%～21.2%。

本着使宝腾汽车成为马来西亚第一、东盟前三的目标，吉利围绕人才、渠道、成本、质量、产业链、工厂改造以及开发新产品七个方面制定"北斗七星战略"，打造了"产品、技术、人才、管理"全产业链输出的宝腾模式，全面提升了宝腾汽车本土创新能力、零部件配套体系和员工专业技能。宝腾汽车生态还创造了约 10 万个就业岗位，为当地社会经济发展贡献了力量。

在产品升级方面，吉利战略输出了符合市场趋势的 SUV 车型——2018 年的宝腾 X70、2020 年的宝腾 X50。两款车型上市后更成为 SUV 细分市场冠军，吉利由此也进入全产业链输出的全球化新阶段。

在产能建设方面，宝腾汽车在马来西亚有 2 个主要生产基地，其中莎阿南老工厂年产能达 10 万辆，丹戎马林工厂通过新车型导入进行扩建，年产能可达 25 万辆。同时，宝腾汽车还全新建设发动机工厂，提升本地化能力，促进本地供应链研发及制造水平的提升。

在渠道拓展方面，宝腾汽车经销网络遍布全球 15 个市场，包括东南亚、巴基斯坦、南非、北美及中东等地区。截至 2023 年 5 月，在马来西亚，宝腾汽车经销商达 213 家，经销足迹覆盖马来西亚全国。

目前，吉利汽车在海外拥有多个制造工厂，建立了 400 多家销售网点，出口 20 多个国家。从单一产品贸易的"走出去"到深度参与当地工业化的"走进来"，进一步促进吉利在共建"一带一路"倡议下互联互通、共同繁荣。

3. 长城汽车股份有限公司

2023 年 8 月，长城汽车股份有限公司（以下简称"长城汽车"）进军亚洲较大的汽车市场之一——印度尼西亚，标志着长城汽车已经实现了东盟核心市场的全面覆盖，成为其全球布局的重要一步。在过去的几年里，长城汽车在东盟地区的市场布局取得了迅猛的发展。

2020 年，长城汽车收购了美国通用汽车的泰国工厂，并提出投资 226 亿泰铢进行改建的计划，计划于 2024 年启动本地化生产。2021 年 5 月 28 日，长城汽车全球首家新零售商超体验店正式在泰国曼谷邦纳中心广场开业，这是长城汽车在新用户体验战略下，首次在全球范围推出新零售概念；6 月 9 日，长城汽车海外第二家全工艺整车工厂在东盟国家泰国市场正式落地投产；11 月 5 日，长城汽车全球首座光储充一体超级充电站在曼谷正式揭牌。2022 年 9 月，长城汽车泰国罗勇新能源工厂第一万辆新能源汽车宣布下线。

2022 年 7 月，长城汽车在马来西亚成立子公司，标志着长城汽车正式进军马来西亚。2022 年 11 月底，欧拉好猫在当地正式上市。2023 年 8 月，长城汽车在越南河内正式发布 GWM 品牌，全球车型哈弗 H6 HEV 正式上市，越南首家 GWM 门店也隆重开业。这意味着，长城汽车成功进入越南市场，开启了在该地区的常态化运营。

在不到 3 年的时间，长城汽车成功进入了泰国、马来西亚、新加坡、菲律宾、老挝、文莱、柬埔寨、越南等九个东盟国家市场。而进军印度尼西亚市场，使得长城汽车在东盟地区的版图更加完善。

4. 上海汽车集团股份有限公司

2023 年 5 月，上海汽车集团股份有限公司（以下简称"上汽集团"）所属上汽正大新能源产业园区奠基开工仪式在泰国春武里府合美乐工业区举行，占地 12 万平方米的产业园区将聚焦新能源汽车关键零部件的本地化生产，预计一期工程年内竣工，整体项目将于 2025 年建成。中国上汽集团在 2023 年 5 月宣布，将与泰国最大财团正大集团成立合资企业，以名爵（MG）品牌在泰国销售纯电动汽车。据悉，截至 2023 年 6 月，上汽集团在泰国国内已交付 1 万辆电动汽车。

2022 年 11 月，上汽通用五菱的纯电小车 Air ev（国内命名为"晴空"）以印尼 G20 峰会官方用车的身份，穿梭在巴厘岛各个会场的街道上，成为一道靓丽的风景线。在为期 12 天的峰会保障期内，每辆 Air ev 日均行驶 50 千米，300 辆工作车可减少约 33 吨的碳排放量。

早在 1990 年，上汽通用五菱便开始向泰国出口整车，而 2000 年其又与印尼签订进出口协议，每年出口 2000 辆整车至印尼。到 2015 年，上汽通用五菱开始在印尼建立工厂，不到 3 年的时间就完成了印尼整车工厂的建设，2017 年便投产运营。首款基于印尼工厂打造的宝骏 530 尽管在国内走的是性价比路线，但在海外市场身价倍增。这款车在多达 19 个国家销售，未来还将出口包括墨西哥在内的 33 个国家和地区。印尼版宝骏 530 在 2020 年 1~2 月已经占据印尼中型 SUV 销量前二，让日系车不再是印尼市场的垄断者；而在 2020 年 4 月，宝骏 530 全球车出口量达到 4217 辆，同比增长 131.1%。

2015 年，上汽通用五菱在印尼投资 10 亿美元，打造了包括供应链体系、制造体系、销售服务体系的完整产业链布局，实现了中国车企知识产权、品牌与产品、人力资本与团队、业务经营与管理模式等全方位向海外输出。得益于全产业体系的建设和以用户为中心的理念，上汽通用五菱在印尼市场推出的多款产品均能因地制宜，为用户解决实际出行中存在的问题，因此也成为印尼非常畅销的中国汽车品牌。

在印尼市场，上汽通用五菱通过完全自主的本地化模式。值得一提的是，Air ev 从 2022 年 8 月上市，截至 2022 年 11 月订单量超过 5000 张，并实现交付 3000 多辆给用户，占印尼 2022 年以来电动汽车约 85% 的市场份额。

（五）资源开发

1. 亚钾国际投资（广州）股份有限公司

亚钾国际投资（广州）股份有限公司（以下简称"亚钾国际"），专注于钾矿开采、钾肥生产与销售一体化。我国钾资源极端匮乏，亚钾国际以"保障民生、产业报国、实业兴邦"为公司使命，经过近十年深耕，旗下企业中农国际钾盐开发有限公司取得老挝甘蒙省 35 平方千米的钾盐采矿权。亚钾国际是老挝第一家实现工业化开采的钾盐企业。2020 年公司启动 100 万吨钾盐项目，仅历时 17 个月就完成了建设、调试、达产达标，创造了"亚钾速度"。2022 年 12 月 31 日，第二个 100 万吨钾肥项目也投建完成，成为东南亚规模最大的钾肥企业。2023 年 9 月，第三个 100 万吨钾盐建设项目已经启动，预计 2023 年底实现 300 万吨产能，2025 年实现 500 万吨钾肥产能，届时将成为世界级钾肥供应商。亚钾国际的钾肥除了供应东南亚各国，也一直供应国内，是国内钾肥进口的重要来源。

老挝甘蒙省矿区钾镁盐矿总储量 10.02 亿吨、折纯氯化钾 1.52 亿吨，为亚钾国际的核心资产。公司在钾镁盐固体光卤石开采领域取得了突破性成功，成为全球新生钾盐区域首家实现工业化量产并实现经济效益的企业，也是第一家实现境外钾盐项目工业化生产的中资企业，是我国在海外 34 个找钾项目中两个成功项目之一。

深植于老挝多年的亚钾国际，在注重企业发展的同时，也高度关注老挝乡村发展和农村减贫，多年来借鉴中国减贫做法和经验，通过促进老挝现代农业发展、实施产业扶贫项目、搭建农业技术培训平台、投资当地基础设施建设等多种措施，助力老挝乡村发展，取得了很好的效果，受到了老挝方面高度肯定和赞扬。亚钾国际引进国内水稻种植技术和杂交水稻品种，在老挝占巴塞省孟孔县开发 110 公顷三季稻种植示范，配套水利工程开发 1200 公顷。亚钾国际还采购自动化大型联合收割机，利用大型无人机开展播种、施肥、喷洒农药等工作，极大地提高了生产效率。在发展模式上，亚钾国际建立了"生态+产业"发展模式，依托生态资源优势，以稻渔生态加循环种养新模式为引领，探索试验多季稻种植，建立"稻渔共生"系统，打造标准化稻渔综合种养殖示范基地，实现"一田双收、稻渔双赢"的生态发展目标。此外，亚钾国际积极实施产业扶贫项目，推动当地村民减贫脱贫。

2. 浙江华友钴业股份有限公司

浙江华友钴业股份有限公司（以下简称"华友钴业"）形成了资源、新材料、新能源三大业务一体化协同发展的产业格局，作为资源方面的重要板块，华友钴业于 2018 年启动了印尼红土镍矿资源开发。作为公司"十三五"时期二次创业的战略重地，印尼是世界红土镍矿最丰富的国家之一，占有世界镍资源储量的 23.7%，华友钴业将华青公司与其他合资方设立的合资公司华越公司作为印尼红土镍矿湿法冶炼项目的实施主体。华越公司拟在印尼 Morowali 工业园区建设年产 6 万吨镍金属量的红土镍矿湿法冶炼项目（含钴 0.78 万吨），项目第一阶段为建设年产 3 万吨镍金属量的红土镍矿湿法冶炼项目，项目第二阶段扩产至 6 万吨，该项目已经于 2020 年 3 月开始开工建设。

华友钴业围绕上控资源、中提能力和下拓市场，全面实施"两新、三化"发展战略，即以锂电新能源材料和钴新材料为核心，实现产品高端化、产业一体化和经营国际化产业格局。全力打造从钴镍资源、冶炼加工、三元前驱体、锂电正极材料到资源循环回收利用的新能源锂电产业生态。

2023 年华友钴业拟通过全资子公司 HUAYAO 与 STRIVE、LINDO 在印尼合资成立华翔精炼，实施年产 5 万吨镍金属量硫酸镍项目。华翔精炼总投资约为 2 亿美元。华翔精炼的授权资本为 100 万美元，其中 HUAYAO 应实缴出资 49 万美元，持股比例为 49%；STRIVE 应实缴出资 49 万美元，持股比例为 49%；LINDO 应实缴出资 2 万美元，持股比例为 2%。华友钴业表示，本次与相关合资方在印尼建设硫酸镍项目，契合了新能源汽车产业大发展对锂电材料需求的快速增长，顺应了全球市场产业政策的变化趋势，将进一步深化公司镍资源一体化布局。本次对外投资有利于进一步提升公司的盈利能力和可持续发展能力。

3. 振石控股集团有限公司

作为一家二三产业并重、多元化发展的大型跨国产业集团，振石控股集团有限公司（以下简称"振石集团"）业务横跨特种钢材、镍铁制造、矿产资源、风电基材、复合新材、科技研发、贸易物流、房产开发、酒店健康、金融投资十大板块，业务范围辐射全球

30 多个国家和地区。

早在 2011 年，振石集团为了应对不锈钢业务被镍资源"卡脖子"的危机，秉承"投资在外、资源在外、回报在内、发展在内"的国际化理念，赴印尼投资储备国内稀缺的红土镍矿资源；2020 年 10 月建成年产 30 万吨大型镍铁冶炼项目，既为国内不锈钢产业提供了优质原料，也有效稳定了振石集团的不锈钢产业链；2022 年 3 月，振石集团启动了集高品质红土镍矿开发、国家级印尼华宝工业园、105 万吨镍铁冶炼项目于一体的大型镍资源综合利用项目，这是振石集团有史以来海外投资规模最大的项目。该园区坐落于印度尼西亚苏拉威西岛莫罗瓦利县，总规划面积约 2 万公顷，致力于打造"红土矿—镍铁—不锈钢"以及"红土矿—新能源电池材料—新能源电池及回收"的全产业链加工制造基地。振石印尼华宝工业园的建成将帮助国内企业抱团出海，加快"走出去"步伐，降低"走出去"成本，同时，利用国外优势资源为国内经济发展服务，积极推动国际产能合作与价值链全球布局，实现国际国内两个市场共赢。

4. 浙江恒逸集团有限公司

浙江恒逸集团有限公司（以下简称"恒逸集团"）是中国大型民营石化企业，与文莱政府合资设立恒逸实业（文莱）有限公司，在文莱投资建设恒逸文莱大摩拉岛石化项目，帮助文莱优化从采油、炼油到出口石化产品的产业链条。该项目是在"一带一路"沿线国家落地的重大项目之一，被列入文莱政府"2035 宏愿"重点建设项目。习近平主席 2018 年 11 月访问文莱期间，项目被写入两国联合声明，习近平主席在署名文章中将恒逸文莱石化项目及"广西—文莱经济走廊"誉为两国两大旗舰合作项目。这是文莱迄今最大的实业投资项目，一期投资 34.5 亿美元，占地 370 公顷，年原油加工能力 800 万吨，于 2019 年 11 月建成投产并稳定运行。2021 年加工原油及辅料 883 万吨，实现销售总额 53 亿美元，产值占文莱 GDP 的 7.5%，为文莱经济复苏和多元化发展做出重要贡献。

2022 年，恒逸文莱石化项目稳健运行，同时，恒逸集团所属恒逸石化积极推进文莱二期项目。二期建成后将为公司进一步提高市场占有率，增厚公司利润，并带来新的成长性与协同性，新增的"烯烃—聚烯烃"产业链，有利于公司进一步完善产业链一体化和精细化优势，降低公司产品生产成本，保证原料供应稳定性，增强公司的持续盈利能力和抗风险能力。

（六）新能源

1. 天合光能股份有限公司

天合光能股份有限公司（以下简称"天合光能"）在泰国、越南等地投资了太阳能电池、组件制造基地。2016 年 3 月 28 日，天合光能在泰国罗勇工业园区建设的泰国工厂——天合光能科技（泰国）有限公司正式投产。当天，天合光能还与由泰国汇商银行牵头的银团签署了共计约 1.43 亿美元融资协议。天合光能科技（泰国）有限公司使用的是天合光能高效"Honey"产线，具备电池片年化产能 700 兆瓦、组件年化产能 500 兆瓦，其组件产能可根据未来市场需求扩张至 600 兆瓦以上。作为中国光伏的龙头企业，天合光能在泰国建设电池与组件工厂，以产业链配套企业形成集聚效应，最终在当地形成完整的产业集群，这将为中泰经贸合作关系的深入发展注入新的动力。

天合光能位于越南太原工厂项目占地 17 公顷，在 2021 年就建成了年产能 3 吉瓦电池车间和 4.5 吉瓦的 210 组件车间。其在越南太原省安平工业园区内建设年产 6.5 吉瓦单晶切片项目，意味着把光伏产业链的上游环节进一步带到越南。

2. 隆基绿能科技股份有限公司

从 2015 年开始，隆基绿能科技股份有限公司（以下简称"隆基绿能"）在马来西亚、越南等地设立生产基地。其中马来西亚是硅片、单晶电池基地，越南有单晶电池、组件产能。2022 年，隆基绿能完成其越南基地的产能改造提升。隆基绿能表示，将加大全球先进产能投资布局。同时，加大马来西亚古晋基地拉晶、切片产能投资，完成越南基地产能改造提升，增强海外全产业链生产和运营能力。

3. 晶澳太阳能科技股份有限公司

晶澳太阳能科技股份有限公司（以下简称"晶澳科技"）在越南、马来西亚等东南亚国家都布局了光伏基地。2022 年 6 月晶澳科技新设了一家越南公司——晶澳太阳能新能源越南有限公司。截至 2022 年底，晶澳科技在越南的年产 3.5 吉瓦高功率组件项目和年产 3.5 吉瓦电池项目的工程进度都已经超过了 98%。晶澳科技的两家越南子公司晶澳太阳能越南有限公司和晶澳太阳能光伏越南有限公司是其核心的利润来源，两者分别以硅片、电池组件为主营业务，以 9000 万美元和 6000 万美元的注册资本，在 2022 年实现了 9.5 亿元人民币和 6.5 亿元人民币的净利润。

4. 晶科能源股份有限公司

晶科能源股份有限公司（以下简称"晶科能源"）在东南亚地区布局了一体化产能，具体为在越南投建硅片产能，在马来西亚设有电池和组件产能。

晶科能源马来西亚生产基地于 2015 年在槟城建成投产，总投资约 3 亿美元，现已达到年产能光伏电池 3 吉瓦、组件 2.5 吉瓦，年产值达 6000 万美元。晶科能源将在中马经贸合作、促进当地就业、推动马来西亚乃至东南亚太阳能产业发展方面发挥积极作用。能源合作包括可再生能源合作是中国倡导的"一带一路""国际产能合作"的重要内容，槟城工厂将雇佣 1400 名当地工人，对槟城经济发展做出重要贡献。公司希望在促进"一带一路"沿线国家新能源生产和利用、光伏技术人才培养、产业集群、经济和生态协同发展等方面发挥积极作用。

2021 年，晶科能源第二个东南亚项目——越南硅片和电池工厂项目在越南北部广宁省正式启动，标志着晶科能源国际化发展进入下一个关键阶段，距离实现全球智造和交付目标更近一步，并有效提升服务全球客户及合作伙伴的水平，完善"一带一路"沿线光伏产业供应链体系。项目一期计划投资 5 亿美元，以硅片和电池生产为主，项目二期将参照市场发展趋势做弹性调整。借助越南项目，晶科能源进一步提升了全球产业链一体化的整合能力，同步推进上下游配套企业的全球化进程，建立了光伏领域以资本、技术密集型为核心的全球产业生态。晶科能源还在越南推进其 8 吉瓦电池及 8 吉瓦组件项目，其东南亚产能根据市场需要，将服务于多个国家和市场。

5. 金晶（集团）有限公司

金晶（集团）有限公司（以下简称"金晶集团"）坐落于淄博高新区，以玻璃、纯碱及其延伸产品的开发、生产、加工、经营为主业，专注于太阳能新材料、建筑节能新材料以及交通家电等领域的工业品新材料、生物基产品及原料为主要方向。2022 年 1 月 22 日，金晶集团马来西亚光伏玻璃项目在马来西亚吉打州居林高科园举行点火投产仪式。近年来，金晶集团积极拥抱趋势，聚焦绿色建筑、绿色能源、绿色生物三大赛道，这是其在"一带一路"布局的海外第一站，也是构建国内国外双循环、实现资源优势互补、靠近服务客户发展、走向国际市场的战略举措。据介绍，该项目是马来西亚第一个大规模生产超薄和超白太阳能玻璃的公司，每年可提供 2500 万平方米的超薄太阳能玻璃。项目包括一条日熔化量 500 吨的光伏背板生产线、配套 5 条深加工连线、一条日熔化量 600 吨的光伏前板生产线和一条日熔化量 800 吨的光伏压花玻璃生产线。其中 5 条深加工线已于 2021 年 7 月 1 日投入生产。

金晶科技马来西亚公司生产的专有玻璃，将为各种太阳能组件提供保护作用，可大幅减轻太阳能组件的重量，提高灵活性，从而为组件制造商和安装商节约成本。凭借世界级的生产工厂、智能化的制造设备和全球化的供应链系统，金晶科技马来西亚公司将成为一家面向未来的国际太阳能和新能源的卓越提供商。

6. 正泰集团股份有限公司

正泰集团股份有限公司（以下简称"正泰"）创建于 1984 年，是智慧能源解决方案提供商，积极布局智能电气、绿色能源、工控与自动化、智能家居以及孵化器等"4+1"产业板块，形成了集"发电、储电、输电、变电、配电、售电、用电"于一体的全产业链发展模式。正泰国际是正泰旗下负责海外业务的经营平台，下辖 5 大海外区域总部、30 多家海外子公司、20 多个国际物流中心和售后服务中心，在泰国、埃及、新加坡、越南、马来西亚、柬埔寨等地设有区域工厂。2017 年，正泰国际全资收购新加坡 Sunlight 公司，标志着其由本土化进入 3.0 阶段。在这一阶段，正泰海外布局的目标不再限于产品销售，而是开始建立本土化的工厂、物流中心和售后服务中心，业务模式也随之发生了变化，完成了从贸易向本土化经营的转型，交付的产品范围也丰富了很多，既包括低压产品和中、高压设备，也包括系统集成设备和总包工程项目。这个时期集团总部也给各海外团队更多授权，鼓励他们的前瞻性决策：原先是由客户和订单驱动，海外团队跟进；之后更强调海外子公司对该国市场和正泰所具备的资源进行整体预判，根据未来中长期的发展目标预期投入资源（投建工厂、拓展业务类型等），而非根据短期收益做出经营决策。

以东盟为例，在马来西亚，正泰太阳能组件工厂实现量产，厂内关键设备均为业内高端品牌；在泰国，正泰 600 兆瓦电池工厂正式投产；在柬埔寨，正泰与国企联合投资 5.05 亿美元建成柬埔寨达岱河水电站 BOT 项目，全套输配电装备都是正泰产品。正泰已经与 80% 以上的"一带一路"沿线国家建立不同程度的合作关系，产品和服务覆盖 140 多个国家和地区，在全球 30 多个国家建立了分子公司，在新加坡、越南、马来西亚等重点国家配套设置了海外工厂和海外仓，并以市场为导向，与全球知名院校、顶级研究机构建立合作，探索"产学研"合作模式，共同培育未来工程师。在正泰董事长南存辉看来，"一带一路"是一个包容性发展的平台，越来越多的沿线国家分享到中国改革"红利"，也为中国企业"走出去"创造了机遇。

7. 台铃科技集团有限公司

2022 年，中国电动车企业台铃科技集团有限公司（以下简称"台铃集团"）和泰国国家科技中心、泰国电力局签署合作备忘录，中泰双方将共同推动电动摩托车替代泰国燃油摩托车。台铃集团开始在泰国大规模生产电动车和电动摩托车，并销售至整个东南亚地区。泰国政府大力提倡以电动摩托车替代燃油摩托车，按照规划，到2030年，泰国电动摩托车占有率将达到30%。台铃集团将中国先进的电动车生产技术带到泰国，将助力泰国政府实现这一目标。

台铃集团自2018年开始成为联合国环境规划署电动出行项目的合作伙伴，并陆续在菲律宾、越南试点推广电动车项目。

台铃集团此次进入泰国市场，将和泰国当地公司开展合作，输出中国产业链和技术标准，在泰国当地生产中国的电动车，助力泰国政府尽快以更多的电动摩托车替代燃油摩托车。

8. 江苏中润股份有限公司

老挝境内首个太阳能光伏产品生产项目——中润光能技术（老挝）独资有限公司（以下简称"中润光能"）7吉瓦高效电池项目落户赛色塔综合开发区。其母公司江苏中润股份有限公司是一家集研发、生产、销售及服务于一体的高效太阳能电池及组件产品制造商。中润光能在赛色塔综合开发区计划投资2.8亿美元，一期用地约12公顷，建成后年产值可达15亿美元，提供约1500~2000个就业岗位。

（七）通 信

1. 中国铁塔股份有限公司

作为全球规模最大的通信基础设施企业，中国铁塔股份有限公司（以下简称"中国铁塔"）积极响应"一带一路"倡议，参与"一带一路"地区通信基础设施投资建设，输出中国通信行业经验。2018年12月18日，由中国铁塔与老挝政府合资设立的东南亚铁塔有限责任公司正式在老挝挂牌营业，这是中国铁塔成立以来的首个海外投资项目。在老挝及东南亚国家，东南亚铁塔公司通过"中国铁塔共享模式"激发通信市场变革；通过"中国铁塔速度"助力通信基础设施建设；通过"中国铁塔标准"提升通信基础设施服务；通过"中国铁塔创新"引领信息基础设施发展。

中国铁塔东南亚公司还为中资企业在老挝投资的重要项目提供通信基础设施配套保障，并与中资企业联合打造资源共享的信息化产品。中国铁塔与老中铁路公司合作，投资铁路沿线通信基础设施和提供面向乘客的信息化服务；与云南省气象局合作，联合打造面向东南亚的定制气象服务产品；与云南建投万象赛色塔项目合作，为入园企业提供智慧园区标准化信息服务；与老挝磨丁经济特区合作，共同建设智慧城市；与云南建投万万高速项目合作，投资高速公路沿线通信基础设施并共同商讨"智慧公路"信息化产品的商务模式；与云投集团合作，提供柬埔寨暹粒新国际机场临时通信和5G网络总体规划服务。

2. 中国信息通信科技集团有限公司

10年来，中国信息通信科技集团有限公司（以下简称"中国信科"）不断加强与"一带一路"沿线国家在数字经济领域的深度合作，大力推行数字基础设施建设，共建"数字丝绸之路"，着力缩小相关国家数字鸿沟。

印尼4G村村通项目是由印尼政府投资的重大基础建设项目，旨在实现对印尼全国边远乡村的 4G 移动网络覆盖，消除数字鸿沟。2021 年，中国信科所属烽火通信成功中标印尼国家通信 4G 村村通项目。项目涉及基建施工（含铁塔）、微波与卫星无线信号传输、数通等多个领域，中国信科所属公司烽火通信、中信科移动通过市场协同、项目协同，携手为 2700 多个基站提供包含网络规划、站点设计、站点建设、运维等端到端综合解决方案。截至 2023 年 10 月，已完成了核心岛屿及上百个偏远岛屿、2000 多个偏远农村地区的网络覆盖，有效改善了当地民众的生活质量，用数字技术点亮了印尼部分地区的"信息孤岛"。

菲律宾境内共有大小岛屿 7000 多个，其国家通信骨干网的海底网络系统已接近使用年限，急需升级扩容。为此，菲律宾启动了新一轮的国家通信骨干网建设。中国信科承担了总长超过 1000 千米的海底通信网络建设。该项目途经菲律宾全境岛群大部分区域，涉及海洋路由 20 余段、连接岛屿 10 余个、登陆站点 30 余个，项目建成后，将形成覆盖菲律宾全境的"信息高速公路"，突破原有骨干网带宽受限问题，极大提高菲律宾通信网络安全可靠性。2022 年 5 月 26 日，烽火通信自有海缆施工船"丰华 21"轮在菲律宾锡亚高岛（Siargao）北部顺利完成海底光缆登陆施工，圆满完成"菲律宾 PLDT DSCPA2 海缆项目"中第二批总长为 230 千米的 5 段路由的施工交付。当天，PLDT & Smart、锡亚高政府与烽火通信共同举行了隆重的庆典仪式。庆典上，PLDT & Smart 相关负责人对中国信科在项目中所提供的优质、高效的海洋网络总包服务给予高度评价。锡亚高政府也表示，该项目将大幅提升当地的数字通信水平，带动就业，推动当地经济发展。

3. 中国铁路通信信号集团有限公司

雅（加达）万（隆）高铁全长 142 千米，设计运行时速每小时 350 千米。作为雅万高铁出资方和承建方的主要成员，中国铁路通信信号集团有限公司（以下简称"中国通号"）负责为雅万高铁项目装备"大脑"和"神经中枢"，承担了全线通信、信号及信息系统集成工程。该项目是中国高铁首次全系统、全要素、全产业链走出国门，也是中国"一带一路"倡议和印尼"全球海洋支点"战略对接的早期收获和标志性工程，是两国元首共同确认并亲自推动的。

中国通号高度重视雅万高铁项目建设，在中国铁路总公司的统筹推进下，积极构建协同作战、高效运转的项目管理团队，打造中国通号海外高铁品牌。中国通号制定专项推进落实方案，优化和完善施工组织设计；加强工程实施、市场经营人才队伍建设；坚持高起点定位、高标准实施、高质量建设，强化项目精益管理，抓实抓牢关键问题、关键环节；完善海外项目考核机制、薪酬体系、技术管理、本地化生产、延续经营等方面的经验，不断夯实海外项目流程化、精细化管理基础；同时，全体参建人员注重尊重印尼当地政策法规、宗教信仰、民族风俗、文化传统，因地制宜加强海外项目党组织的建设，确保各项前期筹备工作高效推进。

中国通号致力中国高铁技术知识产权的自主化，站在世界高铁列控技术攻关前沿，攻克"全球首条时速 350 千米实现自动驾驶的高铁""全球首次实现自动驾驶时速 200 千米的城际铁路"等重要技术课题。不仅如此，中国通号自主研发的列车运行控制系统核心设备无线闭塞中心（RBC）、车载自动防护装备（ATP）和地面电子单元（LEU）先后顺利通过欧盟互联互通认证，获得了走出去的"通行证"，为中国高铁服务全球经济民生、为"一带一路"建设提供强有力支撑。

4. 中国移动通信集团有限公司

中国移动通信集团有限公司（以下简称"中国移动"）积极融入"数字丝绸之路"建设，不断拓宽"国际信息航道"，充分发挥我国5G领先优势，输出"中国方案"。

在国际信息基础设施建设方面，中国移动不断优化"一带一路"共建国家和地区的全球资源布局，持续深化中国与全球的互联互通。在海陆缆方面，中国移动聚焦布局"七海五陆"全球信息大通道，截至2023年10月，已投资海缆15条，建成跨境陆缆系统26个。其中亚欧BAR-1海缆为在建亚欧方向系统设计容量最大的国际海缆通道；亚太SJC2海缆、SEAH2X海缆连通东盟热点地区，中老泰陆缆通道由中国昆明贯穿中南半岛东部通达泰国曼谷，实现陆上超短时延；中国移动投建的2Africa海缆覆盖非洲、中亚、欧洲的30多个国家。在PoP点方面，中国移动在"一带一路"沿线82个国家和地区、123个城市布局187个PoP点，极大提升区域内连接设施能力。在数据中心方面，中国移动在中国香港、新加坡、英国伦敦及德国法兰克福建成数据中心。中国移动积极推动国际信息基础设施建设，不断优化"一带一路"沿线和全球资源布局，国际"路（海陆缆）、站（网络接入点）、岛（数据中心）"新型数字基础设施布局日益完善。

中国移动持续加大"走出去"步伐，助力共建国家企业数智化转型升级，通过提供丰富的行业解决方案，打造信息通信企业能力出海的中国方案，满足共建国家企业数字化发展需求，累计服务超3000家企业，为"一带一路"建设注入新内涵，输出具有中国特色、中国优势的数字化产品、能力、方案。

截至2023年10月18日，中国移动在新加坡等热点区域布局数据中心资源，IDC机架从无到有总数已达万余架，资源能力显著提升；算网能力布局持续提速，持续扩容CM-NET国际出口带宽，创新打造CMIN2精品互联网，主要节点全球访问性能行业领先，构建CMICN云专网，连接全球主要云商服务节点，云网融合能力持续提升。

中国移动国际为印尼市场提供亚太6D卫星资源，采用高轨高通量最新技术，实现对印尼全境信号全覆盖，降低卫星通信成本，提高传输效率；在印尼建成使用3个PoP点，为印尼企业连接到全球网络提供服务。针对印尼边远地区信号覆盖、网络不稳定问题，通过整合资源，为偏远地区工业园区建设LTE网络，解决覆盖问题。

5. 中国电信集团有限公司

中国电信集团有限公司（以下简称"中国电信"）积极打造覆盖"一带一路"沿线国家和地区的高质量基础承载网络，截至2023年10月，中国电信业务范围覆盖亚太、欧洲、美洲、中东非等地区，现已在全球68个国家和地区设立了107个分支机构，拥有51条海缆、75个跨境陆缆系统，在全球传输骨干中继达到117T，国际网络节点达到229个，全年境外传输骨干中继带宽增加12%，"一带一路"方向新增传输骨干中继4.8T，新增传输节点13个。中国电信积极推进境外云资源能力建设，已形成"9+30+X+N"的海外资源节点战略布局。

中国电信深度参与"一带一路"共建国家和地区的信息化建设，在共建"一带一路"标志性项目印度尼西亚雅万高铁项目中，中国电信作为项目GSM-R、传输、数据网、频率同步系统和设备的技术服务方，经过联合研究，专家组最终采用交织组网无缝覆盖技术，确保网络可靠度达到 99.99%，保障了铁路通信系统安全、稳定、高效的实时通信、控制及调度功能。

中国电信大力推进与周边国家的互联互通，积极推进菲律宾第三家全业务运营商等项目，加快在印度尼西亚、新加坡等国家的 IDC 新型基础设施建设，重点打造中老泰、中缅、中尼、中巴等"一带一路"关键优势路由，让"一带一路"沿线部分区域长期以来跨国通信通而不畅的问题得到实质性解决。

同时，中国电信"走出去""引进来"并举，加强国内与周边接壤国家的互联互通。在云南，中国电信云南公司全力支撑打造面向南亚、东南亚的信息辐射中心，建成瑞丽（中—缅）、勐腊（中—老）等国际光缆出口多路由，通过跨境光缆将中国与南亚、东南亚国家紧密地联系在一起。

6. 中国联合网络通信集团有限公司

中国联合网络通信集团有限公司（以下简称"中国联通"）多年来积极提升"一带一路"沿线国家和地区的网络能力，全面统筹规划全球海底光缆、境外陆缆、海缆登陆站、国际关口局和跨境陆缆等设施建设。中国联通承建的柬埔寨西港—中国香港海底光缆项目，连接中国香港和柬埔寨西哈努克，总长度近 3000 千米，是柬埔寨政府第一条国有海底光缆。柬埔寨西港—中国香港海底光缆项目于 2023 年 3 月 2 日正式开工，预计于2025 年 7 月完成交付验收，对柬埔寨的通信技术发展意义重大。

在亚洲地区，中国联通参与发起的 SEA-H2X 海缆项目，可以连接中国香港、中国海南、菲律宾、泰国、马来西亚及新加坡等地，并可进一步延伸至越南、柬埔寨以及印度尼西亚，建成后将有效满足亚洲地区对网络带宽的需求，为亚洲及全球数字产业化、产业数字化提速。

截至 2023 年 10 月，中国联通拥有超过 20 个陆缆边境站，并已与周边逾十个国家和地区完成互联，其中，中老、中越和中缅陆缆是连接东盟国家的重要通道。中国联通的数据显示，截至 2023 年 9 月，中国联通为国内各行业面向东盟提供出境业务电路超 300 条，为东盟国家提供国际入境业务电路超 120 条，合作项目超 240 个，赋能东盟国家数字经济发展。同时，中国联通已将 100 余个"一带一路"沿线国家和地区纳入国际漫游"包天资费区"，VoLTE、5G NSA 业务运营商开通数量从 11 家增至 75 家。目前，中国联通已为全球超过 3000 家企业客户提供专业服务，与超过 1000 个合作伙伴紧密协作，加强国际交流合作，实现互利共赢。

此外，中国联通开通了东南亚多个国际传输系统和国际陆地光缆。2012 年，中国联通参与中老勐腊国际传输系统新建工程，该系统成为中国连接东南亚国家的信息主干道之一。2014 年，中国联通建设完成中国—缅甸国际陆地光缆工程。2018 年开通"中国缅甸国际陆地光缆首条国际 10G 电路"，经过畹町海缆登陆站与 AAE1 海缆连接，经红海、地中海直达欧洲大陆，形成围绕东盟地区的环状传输网络，同时比原来由香港对接 AAE1 海缆经马六甲海峡至欧洲的洲际网络传输距离缩短 2500 千米。

7. 中兴通讯股份有限公司

中国信息通信企业积极"走出去"，在提升国际网络服务能力、助力"一带一路"沿线国家和地区数字化转型等方面取得了成效。中兴通讯股份有限公司（以下简称"中兴通讯"）就是中国信息通信企业积极参与"一带一路"建设的一个例子。据介绍，在与中国签署"一带一路"合作备忘录的 150 多个国家中，中兴通讯的业务已覆盖 110 多个。在泰国、印度尼西亚、马来西亚等国，中兴通讯与当地运营商合作，积极参与到当地数字基础设施建设中，为提升当地移动通信网络覆盖水平做出贡献。

2018 年，中兴通讯携手印尼本地运营商完成了海面超远覆盖的验证测试，实现海面场景的网络信号实际覆盖达到 70 千米，助力印尼通讯与信息部发展渔业通讯。2022 年，中兴通讯携手印尼本地运营商和矿产企业，开展了地下 5G 智能矿场探索，搭建了印尼第一张 5G SA 网络，率先在东南亚地区实现了首个 5G 无人矿场远程操控。

8. 华为技术有限公司

在中国—东盟建筑业合作与发展成果展上，华为技术有限公司（以下简称"华为"）从绿色节能、安全呵护、健康舒适三大主题出发，打造了全屋智能沉浸式体验区，立体化呈现华为全屋智能解决方案为建筑空间带来的连接、交互、生态、感官增强、场景自定义、空间管理与 AI 节能、设计/渠道链条重构七大改变，展示空间智能化的"中国样板"。

在过去的 22 年里，华为与所有印尼主流运营商深入合作，在印尼所有主要岛屿上实现了网络覆盖，累计部署超 10 万个通信基站，为约 2.6 亿印尼民众提供高质量的网络链接，丰富人们的通信和生活。2021 年，华为支持本地运营商实现 5G 发布，印尼通信领域进入 5G 时代。

印尼雅万高铁采用了中国全套自主化 CTCS-3 级列控系统。高速铁路运行速度快，发车间隔小，需要建设高安全性、大带宽承载、极简运维的高铁通信专网，专网运行质量直接影响高铁的运营安全、质量和效率，其稳定性、可靠性对于高铁系统非常关键。雅万高铁车地无线网络采用华为成熟的解决方案，使用交织组网无缝覆盖，网络可靠度高达 99.99%，保障列控信号稳定传输以及车次号、功能号的智能编排调度。数据网采用华为新一代数通设备，通过原生硬管道构建 100% 安全保障，所有链路通过冗余保护，35 毫秒内实现冗余倒换；传输网络采用华为 Hybrid MSTP 设备，在满足高铁调度指挥、防灾、视频监控、客票、电力远动等 20 多个系统大带宽与稳定性高需求的同时，还能支撑未来铁路业务增长与演进需求。

在印尼"4G 移动网络信号全国覆盖"的国家战略下，印尼通信与信息部启动了 4G LTE 网络覆盖村村通工程项目，以打通印尼农村接入数字经济时代的"信息大动脉"，使最前沿、最外围和弱势地区的"通信难"问题得到历史性解决。2021 年，PT 华为、中兴通讯和烽火国际中标该项目后，开工伊始便创造了近万个工作岗位，有效解决了印尼偏远地区人民就业难的问题。烽火国际在该项目下建设无线通信基站覆盖超过 2700 个自然村。

2021 年华为在泰国曼谷设立科技和创新实验室，顺应泰国政府创新经济发展方向，为中小型和初创企业提供服务。泰国玛希隆大学附属诗里拉吉医院、泰国国家广播和通信委员会与华为泰国公司在诗里拉吉医院联合启动了 5G 智慧医院项目，该项目成为东盟首个 5G 智慧医院项目。在华为技术支持下，5G 智慧医院项目将 5G、云和人工智能等技术引入泰国诗里拉吉医院，推动医院的智能化改造。同时，诗里拉吉医院还将与华为建立联合创新实验室，共同孵化 5G 创新应用。

（八）优势产能走出去

1. 赛轮集团股份有限公司

赛轮集团股份有限公司（以下简称"赛轮集团"）前身青岛赛轮子午线轮胎信息化生产示范基地有限公司成立于 2002 年 11 月 18 日，是国家橡胶与轮胎工程技术研究中心科研示范基地，同时也是国内首家集新材料、新技术、新装备、新工艺、新管理模式于一体的信息化生产示范基地。集团以"做一条好轮胎"为使命，致力于为全球轮胎用户提供更优质的产品与服务，以先进的技术推动橡胶轮胎行业高质量发展。

赛轮集团在我国青岛、东营、沈阳、潍坊，以及越南、柬埔寨等地建有现代化轮胎制造工厂。在加拿大、德国等地设有服务于美洲和欧洲等区域的销售网络与物流中心，截至 2023 年 8 月，规划全钢子午线轮胎 2540 万条、半钢子午线轮胎 8200 万条、非公路轮胎 38 万吨的年生产能力，产品畅销欧、美、亚、非等 180 多个国家和地区。

赛轮柬埔寨工厂 2021 年 3 月初开工，11 月 1 日下线第一条轮胎。2022 年 2 月，赛轮集团宣布拟在现有半钢轮胎项目基础上投资 14.26 亿元，在柬埔寨投资建设年产 165 万条全钢子午线轮胎项目。

赛轮柬埔寨工厂的成功投产，对践行共建"一带一路"倡议，促进国内国际双循环具有重要意义。同时也意味着赛轮集团建成了柬埔寨历史上第一个轮胎生产基地，是一个装备智能化、管理理念先进的现代化轮胎生产基地。未来，赛轮集团将凭借在新材料应用、新技术研发和工业互联网方面的优势，为全球用户提供更优质的产品和服务。

2. 山东玲珑轮胎股份有限公司

2014 年 1 月 16 日，山东玲珑轮胎股份有限公司（以下简称"山东玲珑"）泰国子公司第一条高性能半钢子午线轮胎（225/40R18 92W GREEN-Max）成功下线，标志着山东玲珑第一个海外生产基地的建设取得了重大突破，为公司全球化发展战略的实施推进迈出了坚实的一步。作为山东玲珑第一个海外生产基地，泰国玲珑的项目包括年产 1200 万套高性能半钢子午线轮胎和 120 万套全钢载重子午线轮胎。2017 年，山东玲珑成功申请银行授信、贸易融资，将追加 1.2 亿美元投资泰国玲珑三期项目，包括年产 80 万条全钢胎、200 万套半钢胎和 40 万套斜交胎。

3. 中策橡胶集团股份有限公司

泰国是中国橡胶产业的重要海外投资地，自 2014 年 10 月 10 日投建、2015 年 6 月 29 日投产以来，中策橡胶（泰国）有限公司（以下简称"中策泰国"）一路高歌猛进，突破式发展。

中策泰国年产量近 2000 万套，包括 PCR、TBR、OTR、MCT、BIAS 等系列产品，旗下拥有 GOODRIDE、WEATLAKE、ARISUN 三大品牌，超过 2500 个规格。工厂产品销往泰国、新加坡、马来西亚、缅甸、俄罗斯、土耳其、哥伦比亚、美国等 88 个国家和地区。

中策橡胶集团股份有限公司（以下简称"中策橡胶"）选择在泰国投资建厂，在于泰国的"地利"。第一，东盟十国自由贸易区本身就是一个庞大的市场，这个区域共有 6 亿人口，加之这里也是全球经济发展高速增长地区之一。从贴近市场、贴近客户的角度出发，来到泰国是理所当然。第二，泰国是全球最大的天然橡胶生产国，原材料供应十分丰富。第三，在东南亚地区，泰国的整体工业配套能力可以支撑企业的发展。第四，泰国的税收政策很优惠。

4. 山东岱银纺织集团股份有限公司

山东岱银纺织集团股份有限公司（以下简称"岱银集团"）成立于1998年，目前已发展成为集纺纱、织布、毛纺、服装、国际贸易、跨国经营于一体的现代化企业集团。岱银集团紧随国家"一带一路"倡议，在马来西亚全力打造现代化纺织工业园，一期10万锭、二期12万锭纺纱项目分别于2015年5月、2018年5月建成投产。公司深入实施本土化管理，生产经营呈现良好发展态势，已成为当地拉动产业、带动就业、促进发展的重要项目，得到了当地政府以及行业内外的一致好评。岱银集团还以全球视野大力实施国际化经营，加快推进全球化布局，在法国、意大利设立了服装设计中心；在越南、柬埔寨建成了服装生产加工基地；在美国、德国设立了贸易公司；在美国洛杉矶建立了省级公共海外仓，并以此为依托打造了岱银美国跨境电商平台，将设计、生产、营销等环节在全球范围内进行优化配置。

5. 申洲国际集团控股有限公司

申洲国际集团控股有限公司（以下简称"申洲国际"）是纵向一体化针织制造商，以代工方式为客户制造质量上乘的针织品，主要客户为国际知名品牌服装零售商，包括UNIQLO、ADIDAS、NIKE及PUMA等。生产基地位于宁波和越南，并策略性地在中国衢州、安庆以及柬埔寨设有制衣工厂，在中国上海和香港、日本大阪均设有销售办事处或代表处。集团员工超过74600人，厂房占地面积超过389万平方米，建筑面积超过300万平方米，每年生产各类针织服装超过3.1亿件。

为了适应贸易环境的不确定性、充分利用东南亚地区低成本的生产要素以及顺应各大品牌商向东南亚地区转移采购的产业趋势，多年来申洲国际积极推进在东南亚建厂的进程。从布局情况来看，申洲国际早在2005年就开始在柬埔寨设立制衣工厂。2014年公司的越南面料工厂首期项目投产；2015年越南成衣制造工厂一期和面料工厂二期基本建设完成，公司的海外基地也初步形成了纵向一体化的生产模式；2016~2017年，公司的越南特种面料项目投产，其在越南地区的面料产量达到185吨/日。2018年，申洲国际在柬埔寨和越南新建成衣工厂，至此，申洲国际的生产基地已经从最初的宁波扩展到了安徽安庆、浙江衢州，以及柬埔寨和越南地区，国际员工（柬埔寨、越南地区）占比超过1/3。

6. 海尔集团

海尔集团（以下简称"海尔"）官网数据显示，海尔在全球设立了35个工业园、138个制造中心、126个营销中心、23万个销售网络，海尔全球化生态品牌已覆盖"一带一路"沿线的所有国家及地区，建成了13个工业园、41个工厂、40个贸易公司，带动了技术、标准和产业链的全面升级，同时也实现了多区域市场引领。截至2023年5月，海尔已建有"10+N"开放创新体系和33个工业园，其中国内工业园区19个、海外工业园区14个。同时海尔已落成133个制造中心和23万多个销售网络，建成了包括海尔、卡萨帝、统帅、GE Appliances、Fisher & Paykel、AQUA、Candy七大品牌的集群，产品遍布近200个国家和地区。

2023年5月26日，海尔智家品牌店在老挝首都万象开业。近年来，海尔智家加速深耕东盟市场。2021 年，海尔智家菲律宾 001 号店开业。2022 年 8 月，泰国卡萨帝高端智慧场景体验中心开业。2023 年 2 月 2 日，AQUA 印尼望加锡首家品牌店开业；3 月 22 日，海尔智家参加新加坡 2023 中国机电产品品牌展览会。

在越南，海尔旗下 AQUA 品牌在同奈省边和市建立起冰箱、洗衣机（滚筒和波轮）等产品制造基地，园区建筑面积达 8 万平方米。目前，AQUA 越南洗衣机市场份额位居当地第一。在巴基斯坦，海尔于 2001 年正式设立工业园。截至 2023 年 5 月，该工业园已有 2 家配套企业及其他产业企业入驻，累计投资过亿元。目前"海尔巴基斯坦"已成为当地市场份额和知名度"双第一"的品牌。

2002 年，海尔将进军东南亚的第一站设在泰国。海尔泰国空调工厂于 2009 年正式投产，2023 年 7 月 7 日，海尔泰国工厂第 1000 万台空调下线。如今的空调工厂秉承用数字化驱动效率的理念，已经发展成为年产量百万套，集研发、制造、出口于一体的制造中心，产能优势不断扩大。2022 年泰国家电行业整体下跌 7%，但海尔智家逆势增长 15%。2019~2022 年，海尔智家在泰国增长近 3 倍，年均增速超 20%。2022 年是海尔进入泰国 20 周年，海尔泰国将挑战更高销售收入目标，并加大在泰国的投资，争取 2025 年实现翻番增长。海尔一款能实现自动清洗、杀菌的 UV 空调在泰国极受欢迎，2022 年投放市场以来，UV 空调始终保持 TOP1 的市场份额。

7. 美的集团股份有限公司

美的空调泰国工厂是美的集团股份有限公司（以下简称"美的"）首个在海外自资建设的、规模化的现代化工厂，于 2020 年 10 月开始建设，2022 年 3 月完成首批试产，从投产到实现 100 万套下线仅用了不足一年时间。美的空调泰国工厂位于泰国"东部经济走廊"（EEC），占地 20.8 万平方米，投资超 10 亿元，规划年产能 400 万台，拥有 6 条生产线，主销市场为北美、东盟、中东等地区。

早在 2007 年美的就在越南设立了海外第一个生产基地，主要生产小家电等产品。近年来，泰国成为美的在东南亚加码投资的主要国家。美的目前在泰国已经形成四个基地，并实现"研产销"一体化。美的正在加速全球研发中心的海外化落地。其中，基于现有美的空调泰国工厂建立的东盟研发中心，美的空调泰国工厂的本地员工占比约 85%，东盟研发中心 90% 的成员来自于泰国、菲律宾、印尼等东盟国家。

美的空调泰国工厂是美的在海外规模最大的数智化绿色工厂，总装自动化生产线上应用了库卡机器人和自动化设备，以工业 4.0 为标杆。作为春武里府品通工业园区内唯一一个全球性消费电子品牌，美的正在借助泰国当地的政策和资源等优势，加速向周边国家和市场拓展。

通过与美的旗下库卡（KUKA）的合作，美的空调泰国工厂自动化率达到 59%，人均效率提升 22%。美的立足先进的数字化系统帮助本土供应商建设计划排程、采购订单、品质管控等全价值链的数字化能力体系，实现了本地供应商数字化覆盖率 100%，库存、物流、订单物流、品控系统数字化带动了产业链合作伙伴的共同升级。

同时，美的楼宇科技事业群也加速在泰国及东南亚市场推进。早在 2021 年，美的楼宇科技成立 TOB 业务专属团队，先后承建希克斯工厂、ITALTHAI 总部等大型项目，并为雅万高铁公寓、车站楼、动车所等六个建筑群，提供了专业的制冷解决方案。

8. 珠海格力电器股份有限公司

珠海格力电器股份有限公司（以下简称"格力"）在中东、北美、欧洲、亚太、非洲等地区的"一带一路"共建国家市场皆实现了盛销。在印尼，对于共建"一带一路"的标志性项目雅万高铁项目，格力为雅万高铁项目提供了商用多联机、机房空调、家用分体机产品，为印尼青山工业园、印尼万向工业园的入驻企业提供商用多联机、水冷柜、模块机、家用分体机等多种品类。

在践行绿色发展方面，格力不断升级产品技术。以"零碳源"光储直柔空调系统为例，该系统集成了清洁光伏发电、安全储能调电、高效空调用电及智慧系统管电，是一套高度清洁化、直流化、信息化的冷电联供系统，开创了中央空调"零碳排"的新时代。格力已经与包括新加坡、马来西亚、泰国在内的八个"一带一路"共建国家展开了合作。

（九）农牧渔业、农机及农产品

1. 新希望集团有限公司

新希望集团有限公司（以下简称"新希望"）早在 1999 年就走出国门，在越南胡志明市设立了海外第一个饲料厂。20 多年来，新希望沿"海上丝绸之路"经济带做了农牧业务布局：在亚洲自东向西覆盖了菲律宾、印尼、新加坡、越南、老挝、柬埔寨、缅甸、孟加拉国、尼泊尔、斯里兰卡、印度和土耳其；在非洲覆盖了尼日利亚、埃及和南非。公司主要以饲料业务为主，并在其上下游配套有种禽、种猪、育肥猪和肉鸡养殖、虾养殖等业务。

在中南半岛，新希望在越南、老挝及柬埔寨已投资 13 个项目，包括 9 家畜禽饲料厂、2 家水产饲料厂和 3 个生猪养殖基地，总投资逾 17 亿元人民币，未来公司还将进一步规划猪屠宰、食品加工（含水产）等产业链下游业务。

在印尼，新希望已投资 14 个项目，包括 9 家饲料厂、2 个烘干厂和 1 个种禽项目，总投资超过 11 亿元人民币。现计划进一步扩大种禽养殖规模，拟投资 1.5 亿元，项目在筹办阶段，预计 2024 年部分种鸡场可投入使用。同时，公司拟开拓产业链下游的屠宰、食品深加工等业务，打造全产业链。

在菲律宾，新希望共投资 5 个饲料厂项目，累计投资达 4 亿元人民币，未来还将适时规划生猪、肉鸡养殖、屠宰和食品端的投资。

2. 广西海世通食品股份有限公司

广西海世通食品股份有限公司（以下简称"广西海世通公司"）主要从事海水水产品养殖、加工、国内外销售业务，2009 年开始建设离岸大型网箱，进行海水鱼类研发和养殖，是广西第一家规模化从事大型网箱海水养殖的企业。近年来，公司积极响应共建"一带一路"倡议，实施"走出去"发展计划，在海外寻找适宜发展海洋养殖产业的地方。在对东盟多个国家反复考察后，最终确认文莱为深海网箱养殖地。2016 年 6 月，广西海世通公司与文莱政府部门签署了合作框架性协议。在合作框架下，由广西海世通公司出资 1000 万元人民币在文莱投资成立海世通渔业（文莱）有限公司（以下简称"海世通文莱公司"），从事海洋水产品的种苗繁育、养殖、收购、加工与销售业务。文莱政府批复给予海世通文莱公司 2000 公顷外海海域使用权和 22 公顷育苗场加工用地及 2 公顷产品加工用地，同时将文莱国家渔业发展中心以较低租金提供给海世通文莱公司使用。

文莱—中国（广西）渔业合作示范区项目总投资 1.3 亿元人民币，由一个中心和四个功能区构成，即水产科技联合研究中心、深海网箱养殖基地、饲料和产品加工基地、苗种繁育基地、仓储物流基地，总面积为 20.2 平方千米，分两个五年计划实施。

在中文两国政府的支持下，目前示范区建设进展良好。本项目的实施在带动文莱渔业产业发展和推动共建"一带一路"倡议等方面做出了积极贡献。在带动当地渔业发展方面，海世通文莱公司的入驻在文莱实现了三个"第一"：一是第一次实现了本地化苗种供应，结束了文莱本国鱼类养殖苗种需要进口的历史，并成功开展了经济热带鱼类的综合人工养殖。二是建立了第一个外海海洋牧场。在文莱外海有关海域建设安装并投入使用了大型网箱 24 口、小型网箱 178 口，突破了文莱外海海洋牧场零建设的历史。三是第一次将海水养殖鱼类出口到加拿大、美国等国家。

3. 天津聚龙嘉华投资有限公司

2006 年，为了响应国家"走出去"号召，天津聚龙嘉华投资有限公司（以下简称"聚龙公司"）正式启动对外农业产业投资，在印尼布局以棕榈种植园开发为主要标志的油棕上游产业。截至 2017 年 9 月，聚龙公司在印尼已经拥有总面积近 20 万公顷的棕榈种植园，并配套建有 3 个压榨厂、2 个河港物流仓储基地、1 个海港深加工基地。伴随着国际贸易的深入与国际农业产业投资的发展，聚龙公司的大宗原料油已进入印尼、印度、韩国市场，其在印尼创立的自有品牌包装油 Oilku 也已经进入非洲市场。聚龙公司在马来西亚拥有期货交易中心，在新加坡拥有国际贸易采购中心，在肯尼亚、加纳等 8 个国家建立了办事机构并开展相关业务。

在原有农业开发的基础上，聚龙公司从 2013 年开始建设中国·印尼聚龙农业产业合作区，积极打造服务海外农业投资的服务平台。面向未来，聚龙公司还将继续深耕东南亚棕榈种植基地，开发非洲棕榈种植基地、粮食作物基地，布局南美大豆油脂油料基地，搭建亚太、非洲、美洲三大业务平台。

（十）产业园区/科技园区

1. 江苏红豆集团—柬埔寨西哈努克港经济特区

柬埔寨西哈努克港经济特区（以下简称"西港特区"）是中国批准的首批境外经贸合作区之一，也是中柬两国政府间的国家级经济合作区。西港特区由中国民营企业红豆集团联合中柬企业在柬埔寨西哈努克省波雷诺县共同开发建设，被多次写入《中华人民共和国和柬埔寨王国联合声明》和《中华人民共和国政府和柬埔寨王国政府联合公报》。自 2008 年 2 月奠基以来，西港特区不断加快开发建设进程，特别是"一带一路"倡议提出后，紧抓机遇，大力发展。如今，西港特区以占柬埔寨全国约万分之 0.615 的土地面积，集聚了柬埔寨约 0.18% 的人口，贡献了柬埔寨约 7.13% 的进出口总额。

2022 年，西港特区企业进出口总额达 24.93 亿美元，约占柬埔寨全国贸易总额的 4.8%。西港特区对西哈努克省的经济贡献率超过 50%。柬埔寨海关数据显示，2023 年 1~8 月，西港特区内企业已累计实现进出口总额 22.26 亿美元，同比增长 27.27%，占柬埔寨全国贸易总额约 6.96%，持续保持快速增长的发展势头，对柬埔寨经济贡献率再次提升。

自"一带一路"倡议提出以来，西港特区步入发展快车道，现已引入了来自中国、欧美、东南亚等国家及地区的企业（机构）175 家，企业数量从 2013 年的 54 家增长至 2023 年的 175 家，行业涵盖五金机械、建材家居、汽配轮胎、光伏新材料、医疗用品、箱包皮具、纺织服装等，成为柬埔寨发展最快、影响最大、形象最好的经济特区。全区企业年进出口总额从 2013 年的 1.39 亿美元到 2022 年的 24.93 亿美元，2023 年 1~9 月，全区企业进出口总额又创新高，实现进出口总额 25.07 亿美元，同比增长 31.7%，为柬埔寨工业经济发展注入了动能，成为当地经济发展的"火车头"。

西港特区创造就业岗位近 3 万个。园区全部建成后，规划入驻企业将达到 300 家，带动 8 万至 10 万人就业。

目前西港特区已成为中柬两国共建"一带一路"的标志性项目之一，被称为"中柬务实合作的样板"。

2023 年 9 月，柬埔寨首相洪玛奈访华期间双方发表的《中华人民共和国政府和柬埔寨王国政府联合公报》中再次提及西港特区，指出要充分发挥中柬两国产能与投资合作机制作用，着眼柬埔寨建成西哈努克省多功能经济示范区愿景，共同开展柬埔寨"工业发展走廊"研究。依托西港特区和金边—西港高速公路等项目，吸引更多有实力的中国企业加大对柬埔寨的投资。

2. 浙江卡森集团—柬埔寨浙江国际经济特区

柬埔寨浙江国际经济特区 2018 年 1 月由时任柬埔寨首相洪森签署首相令批准设立，由中国民营企业浙江卡森集团为主响应中国政府"一带一路"倡议、为中国企业"走出去"搭建平台而投资建设。

2018 年，浙江卡森集团董事会紧随国家发展之路，凭借多年在国际市场上积累的资源和优势，经柬埔寨商业部批准，在柬埔寨首都金边到西港 160 千米处创立了柬埔寨浙江国际经济特区。2018 年 11 月，柬埔寨浙江国际经济特区一期面积 3000 亩正式开园运营。2023 年 4 月 1 日，柬埔寨浙江国际经济特区启动二期工程，已完成购置土地 15000 亩。这是浙江民营企业迄今在柬埔寨投资兴建面积最大的经济开发区。浙江卡森集团创建于 1987 年，经过 20 多年的励精图治已发展成为在海内外拥有 20 多家控股、参股公司的大型综合类跨国企业集团，海内外员工过万人。

多年来，柬埔寨浙江国际经济特区坚持以能源开发、生态制造、循环经济、产业集群为准则，努力搭建国际工业产能合作平台，并通过邀请柬埔寨发展理事会（CDC）、商务部、海关、劳工部和园区所在省有关政府部门入驻特区，积极为入园企业提供"一站式"服务，助推了一批国内企业"走出去、走成功"。

据统计，截至 2022 年 12 月，柬埔寨浙江国际经济特区一期拥有注册企业 30 家，总投资额 2.3 亿美元，涵盖了家具家装、宠物用品、医疗器材、五金、化工、建材、包装等行业，产品全部出口日韩、欧美、加拿大等地区和国家，年进出口总额超过 5 亿美元，为柬埔寨带动了 6000 多人就业，并间接带动了特区周边其他经济的发展，产生了较好的社会效益。

浙江卡森集团董事长朱张金介绍，总面积达 15000 亩的柬埔寨浙江国际经济特区二期工程，将设立更加完善的商业、学校、医院、生活区和工厂区，引入一批中国国内（境内）五金、化工、沙发、家具、橡胶等行业企业，规划为柬埔寨带动 50000 人就业，建设成为一个不受欧美国家相关贸易制约的中国企业出口世界产品经济开发区。

3. 江苏德龙集团—印尼德龙工业园

作为中印尼共建"一带一路"重点项目和印尼国家战略项目的印尼德龙工业园（以下简称"德龙工业园"）于 2014 年开始筹建。2015 年，由江苏德龙集团主导投资建设的德龙工业园破土动工。八年时间里，德龙工业园已建成肯达里基地和北莫罗瓦里基地共四期项目，已投产 72 条镍铁生产线，工业园区累计实现了 77.38 亿美元的营业收入，累计为印尼创造了 11.27 亿美元的税收，工业园所在县的纳税收入增速名列前茅。截至 2022 年 7 月，园区内有超过 3 万名印尼员工，并带动了当地中小微企业的蓬勃发展。同时，德龙工业园帮助当地修建公路总长 15 千米、桥梁 20 座。

印尼总统佐科称赞该项目为印尼带来产业附加值、解决就业，并创造中小微企业发展机会。佐科表示，巨盾镍业在印尼建造冶炼厂，大大提高了印尼镍产业附加值。他说，将镍矿加工成镍铁，其附加值提高了 14 倍，如再加工成不锈钢，附加值则提高了 19 倍。印尼是全球红土镍矿储量最丰富、产量最多的国家，其红土镍矿总储量占全球近 1/5。矿产品出口一直占据该国出口的重要份额。近年来，佐科一直在推行禁止原矿出口，旨在将印尼由原料供应国升级为矿产资源加工者，以大幅提升矿产品附加值并为当地创造更多就业机会。佐科表示，德龙工业园为当地创造了 3 万多个就业岗位，这是一个了不起的数字。由于多家中国企业投资，原来只能出口镍原矿的印尼，2021 年不锈钢出口额达 208 亿美元。佐科称这是印尼经济的"一个巨大飞跃"。

江苏德龙镍业有限公司与中国一重集团合作投资 60 亿元的年产 60 万吨镍铁冶炼项目，以及与厦门象屿集团合作投资 180 亿元的年产 250 万吨镍铁不锈钢一体化冶炼项目，已分别于 2017 年和 2020 年在德龙工业园正式投产。上述两大项目均已被纳入中印尼共建"一带一路"重点项目库及印尼国家战略项目，德龙工业园也被印尼政府列为印尼国家级大型产业区。

4. 青山集团—印尼青山产业园

作为首批响应"一带一路"倡议走出去的企业，2013 年 10 月 2 日，在中印尼两国元首的共同见证下，青山控股集团有限公司（以下简称"青山集团"）旗下的上海鼎信集团与印尼八星集团签署了合资设立中国印尼综合产业园区青山园区（以下简称"青山园区"）的协议，成为中国与印尼重要的商务合作项目。

青山集团是一家诞生于浙江温州的不锈钢企业，20 年前从上海重返温州进行二次创业。2016 年，青山集团成为温州首家营业额超 1000 亿元的民营企业，2018 年达 2265 亿元，列世界 500 强第 361 位。2009 年青山集团进入印尼进行镍矿的开采和投资，这一年，青山集团还与印尼八星投资有限公司合资设立苏拉威西矿业投资有限公司，获得了印尼面积为 47040 公顷的红土镍矿开采权。

青山园区项目伊始就得到了中国国家开发银行、中国进出口银行、中国银行等国内的政策性银行和国有中资银行的中长期资金支持。

2017 年，依托丰富的上游资源优势，青山集团在绿色新能源领域谋篇布局，再次携手国际、国内合作伙伴在印尼创立青山第二产业园区。2017 年 6 月 8 日,青山集团与法国埃赫曼集团在印尼哈马黑拉岛签署最终合作协议,共同开发世界级的纬达贝镍矿。

2018 年 8 月 30 日,坐落于印尼东部北马鲁古省的纬达贝园区项目破土动工。在充分发挥园区有利的海陆空交通条件、良好的资源禀赋及中印尼两国政府的大力支持下,园区仅用 19 个月便成功实现了第一条镍铁线的投运生产,再次展现了青山速度和园区高歌猛进的拼搏劲头。项目建成后,纬达贝园区将成为世界上为数不多的从红土镍矿到镍中间品,再到新能源电池材料等产品的镍资源综合利用产业园区。

2020 年 1 月 17 日,纬达贝园区正式被佐科认定为爪哇岛以外的 9 个印尼国家战略工业园区之一。为深耕印尼市场,造福当地社区,积极践行企业使命,纬达贝园区积极实施和推广人才本土化战略,提供大量就业机会。自 2018 年开始,园区通过采取"师带徒""传帮带"等形式积极开展印尼籍员工的培养与储备,并于 2019 年 6 月利用技能培训基地开办培训班。截至 2022 年 8 月,园区已累计培养了 13529 名印尼籍技能操作人员,其中挖掘机 2862 人、装载机 2317 人、后八轮 4490 人、电焊切割 3860 人。

5. 浙江前江投资管理有限责任公司—越南龙江工业园

越南龙江工业园(以下简称"龙江工业园")是由中国浙江前江投资管理有限责任公司投资开发的综合性工业园,也是中国 13 个国家级跨境经贸合作区之一。

龙江工业园是越南第一个中国独资的工业园区,也是目前中国在越南建成的最大规模的工业园区。龙江工业园于 2007 年 11 月开始筹备建设,2008 年开始招商,投资额为1.2 亿美元。截至 2020 年 9 月,龙江工业园 540 公顷工业区占地中,总开发面积超过 480公顷,净工业土地出租面积约 300 公顷,共引入 46 家企业入园投资,入园企业总投资额12.8 亿美元,2020 年 1～9 月累计总产值 27 亿美元,雇佣当地员工 2.33 万人。

龙江工业园区位于越南南度的九龙江平原,距胡志明市中心、国际机场及西贡港均约50 千米。陆路有高速公路、国道途经园区,到胡志明市区只需 40 分钟车程。水路有内陆河道紧靠园区,货物可直达国际港。园区的对外交通条件十分便捷。

龙江工业园入园企业的产业规划主要集中在纺织轻工、机械电子、建材化工领域。该园的性质为出口加工区、保税区。80% 以上是出口企业,两头在外为主,少数饲料企业以越南国内市场为主。越南要求境内园区走国际化发展道路,目前有日本、韩国、新加坡、丹麦(家具)、马来西亚、中国台湾(鞋企)等国家和地区的企业入园。

6. 华立集团—泰中罗勇工业园

泰中罗勇工业园是由中国华立集团与泰国安美德集团共同合作,于 2005 年在泰国开发,面向中国投资者的现代化工业园区。园区位于泰国东部海岸,靠近泰国首都曼谷,毗邻泰国最大集装箱深水港和物流枢纽——廉差邦港。园区首期规划面积为 12 平方千米,由一般工业区、保税区、物流仓储区和商业生活区组成。园区主要目标为吸引汽摩配、新技术、新能源、新材料、机械、家电等相关产业的中国企业投资。经过 16 年的建设,泰中罗勇工业园首期已基本完成招商,近 160 余家中国企业落户投资,带动中国企业对泰投资超 40 亿美元,企业累计总产值超 180 亿美元,园区内有泰国员工 3.6 万余人,中国员工 4000 余人。

（十一）跨境电商平台

1. 杭州乒乓智能技术有限公司

跨境支付独角兽企业乒乓智能以"PingPongPay"为国内 B2C 跨境小微企业所熟知。乒乓智能已在中国香港、欧洲、美国等国家和地区获得收单牌照，构建了广泛的全球银行合作通道，以及境内外一体化的支付网络；并在中国香港和欧洲率先实现国际六大发卡组织的直接合作，可支持超过 50 个币种、六大国际信用卡跨境交易；同时，还具有聚合支付能力，兼容北美、欧洲、东南亚、日韩等多地区的本地钱包及先买后付（Buy Now，Pay Later，BNPL）支付方式。

通过与境外银行、发卡组织的合作，乒乓智能打造全球本地化的支付新生态，已有效赋能企业开拓"一带一路"市场。目前乒乓智能在新加坡、印尼、马来西亚、泰国等近 30 个"一带一路"共建国家合作建立本地清算网络，助力中国跨境电商企业在布局这些市场时，能获得更高效便捷的跨境收付款与资金结算等服务。相比跨境清算，本地清算可以实现更快的支付指令传递与支付流程简化，使跨境支付结算成本更低。企业在实现本地清算的同时，也将进一步推动人民币国际化进程。乒乓智能已在部分"一带一路"共建国家支持本币和人民币进行直接清算汇兑。截至 2023 年 9 月，过去一年平台内直接使用人民币收汇的交易占比达到了 20%。

在 2023 年第六届中国国际进口博览会现场，乒乓智能与交通银行携手发布"丝路电商"暨跨境电商综合金融服务平台。服务平台通过将金融产品与"丝路电商"客群的需求对位，让金融服务更加精准；通过数据画像赋能银行授信和风险管理，让企业获取授信更加便捷；通过积极支持"丝路电商"合作先行区建设，让金融服务与"一带一路"建设融合得更加紧密。乒乓智能通过一站式科技服务平台，可帮助全球企业把支付时效从过去的 2~3 天缩短到 2~3 分钟，可为其降低约 90% 的支付成本，并有机会帮助他们把业务从单一区域和单一平台，迅速扩张到全球 100 多个在线交易平台，加速实现全球化发展。双方合作的一期产品正式上线后，跨境电商企业可以通过交行"丝路电商"跨境电商综合金融服务平台实现在首批全球平台的跨境收款。

2. Lazada

作为东南亚电商行业龙头之一，阿里巴巴旗下的电商平台 Lazada 在经营业务的东南亚六国，电商用户渗透率有望从 2022 年的 53.8% 上升至 2025 年的 63.3%。这意味着，到 2025 年，该地区的电商用户规模预计将达到 4.13 亿。Lazada 目前经营业务的六个市场分别是印尼、马来西亚、新加坡、菲律宾、泰国和越南。其中，最引人注目的无疑是人口大国印尼。报告预测，2022~2025 年，印尼的电商用户渗透率将从 64.1% 升至 77%，在六个市场中排名第一。印尼的电商用户规模将在 2025 年达到 2.21 亿。

阿里巴巴的全球用户数是 13 亿，包括 10 亿中国用户和 3 亿海外用户。而在这 3 亿海外用户中，Lazada 贡献了 1.5 亿。Lazada 的长期目标是，到 2030 年将其用户数突破到 3 亿，也就是服务东南亚 6.5 亿消费者中的 3 亿人。Lazada 是对东南亚消费者了解时间最长的一个电商平台，在最早运营的一个市场里已经服务超过 10 年时间，再加上阿里巴巴体系带来的技术和历史积累，Lazada 在东南亚电商行业中拥有较为独特的优势。与东南亚其他一些电商平台不同，Lazada 长期坚持建设开放合作的生态圈。此外，早在 2020 年，Lazada 联合天猫发布了"新国货出海计划"，支持中国商家出海东南亚市场。

3. 支付宝

支付宝全球化业务早在 2007 年就开始了跨境支付业务，迄今为止已在全球收、全球惠等业务领域逐步形成了全球网络支付和清算业务。支付宝平台聚集了几千万服务业商家，依托自身市场、技术等优势，将持续帮助更多中小商家实现数字化转型，同时，为中国服务贸易"请进来、走出去"做大做强贡献平台力量。

（十二）金融机构

1. 中国进出口银行

在共建"一带一路"过程中政策性金融机构发挥了"排头兵"作用，中国进出口银行（以下简称"进出口银行"）作为国务院直属的政府全资拥有的国家银行，通过买方和卖方信贷等方式扩大我国机电产品、成套设备和高新技术产品进出口，推动有比较优势的企业开展对外承包工程和境外投资。在"一带一路"项目融资支持上，由于进出口银行是"两优"贷款（中国政府援外优惠贷款、优惠出口买方信贷等）的唯一承办银行，除了提供商业贷款以外，提供"两优"贷款是其为"一带一路"提供融资服务的重要方式之一。

进出口银行参与的共建"一带一路"项目中有超过 48 个项目进入 2017 年、2019 年、2023 年三届"一带一路"国际合作高峰论坛成果清单。其中，2017 年有 5 大类、23 个以上项目入围；2019 年有 5 大类、19 个以上项目入围；2023 年有 4 大类、6 个以上项目入围。

在资金融通方面，2017 年，进出口银行与马来西亚进出口银行、泰国进出口银行等"亚洲进出口银行论坛"成员机构签署授信额度框架协议，开展转贷款、贸易融资等领域务实合作。此外，进出口银行还设立了 1000 亿元人民币"一带一路"专项贷款额度和 300 亿元人民币"一带一路"基础设施专项贷款额度。2019 年，进出口银行继续设立"一带一路"专项贷款；同时，2019 年，进出口银行又与塞尔维亚财政部、柬埔寨经济财政部、哈萨克斯坦国家公路公司签署了公路项目贷款协议，与孟加拉国财政部签署了桥梁、管道项目贷款协议，与阿根廷财政部、几内亚经济与财政部签署了电力项目贷款协议，与玻利维亚发展规划部签署了铁矿钢铁厂项目贷款协议，与埃及交通部、尼日利亚财政部签署了铁路项目贷款协议，与卡塔尔 AL Khalij 商业银行、巴拿马环球银行签署了流动资金项目贷款协议；进出口银行还与瑞士信贷银行合作为尼日利亚 MTN 电信项目提供银团贷款，与韩国进出口银行、意大利外贸保险公司、法国贸易信用保险公司等合作，为莫桑比克液化天然气项目提供银团贷款。此外，进出口银行还与瑞穗银行、渣打银行等同业机构签署"一带一路"项下第三方市场合作协议。

2023 年，中国进出口银行设立 3500 亿元人民币"一带一路"融资窗口；此外，进出口银行签署了《区域信用担保与投资基金与中国—东盟投资合作基金二期谅解备忘录》，同时推动中国—东盟投资合作基金二期参与印度尼西亚国家石油公司地热能子公司部分股权收购项目。进出口银行还与沙特国民银行签署人民币流动资金贷款项目协议，与非洲金融公司签署美元流动资金贷款协议，与印度尼西亚国家投资局签署合作框架协议，与柬埔寨签署公路、大桥及水库等基础设施建设项目贷款协议。2023 年，进出口银行发布了《中国进出口银行支持共建"一带一路"十周年报告》。

在设施联通方面，2017 年，进出口银行与塞尔维亚财政部签署了匈塞铁路贝尔格莱德至旧帕佐瓦段贷款协议，与柬埔寨经济财政部、埃塞俄比亚财政部、哈萨克斯坦国家公路公司签署了公路项目贷款协议，与越南财政部签署了轻轨项目贷款协议，与塞尔维亚电信公司签署了电信项目贷款协议，与蒙古国财政部签署了桥梁项目贷款协议，与缅甸仰光机场公司签署了机场扩改建项目贷款协议，与肯尼亚财政部签署了内陆集装箱港堆场项目贷款协议；进出口银行还与白俄罗斯、柬埔寨、埃塞俄比亚、老挝、肯尼亚、蒙古国、巴基斯坦财政部门签署了工业园、输变电、风电、水坝、卫星、液压器厂等项目贷款协议，与埃及、孟加拉国、乌兹别克斯坦、沙特有关企业签署了电网升级改造、燃煤电站、煤矿改造、轮胎厂等项目贷款协议，与菲律宾首都银行及信托公司签署了融资授信额度战略合作框架协议。

在贸易畅通方面，2017 年，进出口银行与白俄罗斯、柬埔寨、埃塞俄比亚、老挝、肯尼亚、蒙古国、巴基斯坦财政部门签署工业园、输变电、风电、水坝、卫星、液压器厂等项目贷款协议，与埃及、孟加拉国、乌兹别克斯坦、沙特有关企业签署电网升级改造、燃煤电站、煤矿改造、轮胎厂等项目贷款协议，与菲律宾首都银行及信托公司签署融资授信额度战略合作框架协议。同时，进出口银行还与联合国工业发展组织签署关于促进"一带一路"沿线国家可持续工业发展有关合作的联合声明。2019 年，进出口银行与国际电信联盟签署关于加强"一带一路"倡议项下数字领域合作以促进联合国 2030 年可持续发展议程的谅解备忘录。2023 年，进出口银行进一步与联合国工业发展组织签署合作谅解备忘录，谅解备忘录明确双方将在支持全球供应链可持续发展、促进数字技术进步、支持工业园区建设、加强知识分享和人员交流等方面开展合作。该谅解备忘录的签署是中国进出口银行充分发挥自身职能作用、深化国际合作、支持共建"一带一路"高质量发展和联合国 2030 年可持续发展议程的重要举措。

2023 年 10 月 13 日，进出口银行在银行间债券市场成功发行推进"一带一路"国际合作和支持"一带一路"基础设施建设主题金融债券，发行金额共计 110 亿元。作为专门服务于中国对外经济贸易投资发展与国际经济合作的金融机构，进出口银行已累计在银行间债券市场发行 5 期"一带一路"系列主题金融债券，发行金额共计 260 亿元，覆盖 1 年期、3 年期、10 年期等不同期限的发行品种。

从进出口银行参与的东盟地区的重点项目来看，进出口银行支持了中老合作旗舰项目"中老铁路"。在推动实施中老铁路项目建设的过程中，进出口银行积极贯彻绿色发展理念，高度重视履行环境保护和社会责任，严格执行当地环保要求，鼓励项目采取更高的环保标准，对项目的环境和社会风险实现全流程管理，引导、约束企业按照国际生态环保理念和相关法规开发、建设运营项目。

围绕推动贸易畅通，进出口银行还有针对性地支持东道国贸易便利化项目，帮助东道国改善投资环境。例如，进出口银行支持了老挝集装箱检测设备采购项目，项目提供的集装箱/车辆检测系统满足了海关物流监管中查验环节的高效快速要求，有效提升了老挝贸易、投资便利化水平。

10 年来，进出口银行紧紧围绕共建"一带一路"的融资需求，持续加大金融支持力度，"一带一路"投融资规模、覆盖国别、项目数量均位居同业前茅。截至 2022 年底，"一带一路"贷款余额超 2 万亿元，覆盖超过 130 个共建国家，贷款项目累计拉动投资超过 4000 亿美元，带动贸易超过 2 万亿美元。同时，优化整合信贷、贸易金融等多种金融产品，设计差别化融资方案，提供多层次、多元化、综合性金融服务。

2. 中国国家开发银行

中国国家开发银行（以下简称"国家开发银行"）作为直属中国国务院领导的政策性金融机构，主要通过中长期信贷和投资等为国家重大中长期发展战略服务。在"一带一路"建设过程中，国家开发银行以基础设施互联互通和国际产能合作为重点，在油气、核电、高铁、装备、港口、园区等重点领域开展投资，利用国开金融、中非基金等对外投资平台为重大项目建设提供资金支持，支持中国企业通过设备出口、工程承包、投资等方式参与相关国家的设施建设。

国家开发银行参与的共建"一带一路"项目有超过 42 个项目进入 2017 年、2019 年、2023 年三届"一带一路"国际合作高峰论坛成果清单。其中，2017 年有 5 大类、24 个以上项目入围；2019 年有 5 大类、11 个以上项目入围；2023 年有 2 大类、7 个以上项目入围。

在资金融通方面，2017 年，国家开发银行设立了 1000 亿元人民币"一带一路"基础设施专项贷款、1000 亿元人民币"一带一路"产能合作专项贷款、500 亿元人民币"一带一路"金融合作专项贷款；此外，国家开发银行与法国国家投资银行共同投资中国—法国中小企业基金（二期），并签署《股权认购协议》，与意大利存贷款公司签署《设立中意联合投资基金谅解备忘录》，与伊朗商业银行、埃及银行、匈牙利开发银行、菲律宾首都银行、土耳其农业银行、奥地利奥合国际银行、柬埔寨加华银行、马来西亚马来亚银行开展融资、债券承销等领域务实合作。

2019 年，国家开发银行继续设立"一带一路"专项贷款。此外，国家开发银行与安哥拉财政部、白俄罗斯财政部签署关于开展授信合作的协议文件，成立中国—拉美开发性金融合作机制，与科威特丝绸城和布比延岛开发机构签署《"丝绸城和五岛"开发建设咨询合作的谅解备忘录》。

2023 年，国家开发银行设立了 3500 亿元人民币"一带一路"融资窗口。同时，国家开发银行还签署了马来西亚马来亚银行人民币贷款项目合同，与埃及中央银行开展人民币授信（二期）项目，与秘鲁 BBVA 银行开展综合授信项目，与非洲进出口银行、埃及银行开展非洲中小企业专项贷款项目，另外还实施塞内加尔共和国主权授信项目（达喀尔高架桥和尼亚耶公路改扩建项目）。

在设施联通方面，2017 年，国家开发银行与印度尼西亚—中国高铁有限公司签署雅万高铁项目融资协议，与斯里兰卡、巴基斯坦、老挝、埃及等国有关机构签署港口、电力、工业园区等领域基础设施融资合作协议。

在贸易畅通方面，国家开发银行积极推进国际产能合作和装备出口。支持高铁、电力、电信、汽车等装备"走出去"，助力中国与印尼企业稳步推进印尼雅万高铁项目，同时结合沿线国家资源禀赋，国家开发银行积极推动中国与印尼、老挝、哈萨克斯坦等国的产能合作及产业园区开发，极大地促进了合作国产业发展，提升了经济活力。

在民心相通方面，国家开发银行从 2017 年开始进行"一带一路"专项双多边交流培训，设立"一带一路"专项奖学金。

在国家开发银行参与的东盟地区的重点项目方面，国家开发银行支持了首单高铁"走出去"项目"印尼雅万高铁"。由于购地成本增加、疫情影响、材料价格上涨等一些问题，"雅万高铁"项目预算超支，中印尼高铁合资公司曾再次向国家开发银行申请贷款。2017 年 5 月 14 日，国家开发银行在北京与印尼中国高铁有限公司就"雅万高铁"正式签署贷款协议，贷款额度 45 亿美元，标志着中国高铁"走出去"的"第一单"进入快速实施阶段。

多年来，国家开发银行发起设立上合组织银联体、中国—东盟银联体、金砖国家银行合作机制等八个区域金融合作机制，在多边框架下推动开展银团贷款、联合融资、同业授信等合作，促进"一带一路"包容性增长。截至 2023 年 9 月末，国家开发银行累计支持 1300 多个"一带一路"项目，累计投放资金 2800 多亿美元，有效发挥了开发性金融引领、汇聚境内外各类资金共同参与共建"一带一路"的融资先导作用。

以中国—东盟银联体（10+1 银联体）为例，该银联体于 2010 年 10 月在第 13 次中国—东盟领导人会议期间成立，成员行包括文莱伊斯兰银行、柬埔寨加华银行、印尼曼迪利银行、老挝开发银行、马来西亚联昌国际银行、缅甸外贸银行、菲律宾 BDO 银行、泰国开泰银行、新加坡星展银行、越南投资发展银行和中国国家开发银行等金融机构。在此基础上，2019 年 11 月，在第 22 次东盟与中日韩领导人会议期间，10+1 银联体各成员行联合日本国际协力银行、韩国产业银行，共同成立了中日韩—东盟银联体（10+3 银联体）。在 10+1 银联体和 10+3 银联体机制下，截至 2023 年 6 月末，国家开发银行已与相关成员行开展了 206 亿元人民币授信合作，与成员行合作发放贷款 90 亿美元，为区域内经贸合作、中小企业和民生各领域发展提供了有效金融支持。

近年来，国家开发银行积极通过联合融资、第三方市场合作等多种方式，与国际金融机构开展务实合作。在东盟地区，2022 年 12 月，由国家开发银行与世界银行集团国际金融公司（International Finance Corporation，IFC）联合牵头的柬埔寨 ACLEDA 银行 2021 年国际银团贷款项目实现全额发放，国家开发银行与世界银行在东盟地区的首次银团合作和第三方市场合作顺利完成。

多年来，国家开发银行积极支持适应与减缓气候变化的项目，扩大符合国际标准的绿色项目投融资规模。在泰国，国家开发银行融资支持曼谷市垃圾发电项目——廊肯垃圾发电站项目，日均可焚烧处理生活垃圾 500 吨。国家开发银行高质量推进共建"一带一路"专项贷款的落地实施，全面落实《负责任融资共同原则》《"一带一路"绿色投资原则》等，将绿色标准、环境和气候风险纳入境外投融资评估决策，强化项目自身现金流和风险管理，努力为共建"一带一路"提供更加优质的金融服务。

截至 2023 年 9 月末，国家开发银行共建"一带一路"专项贷款已累计实现合同签约 5333 亿元等值人民币，累计发放贷款 4915 亿元等值人民币。在专项贷款支持下，一批基础设施、产能合作、金融合作、社会民生、生态环保等领域项目取得重要进展，有效促进了当地经济社会发展，实现了中国与共建国家互利共赢、共同发展。

3. 中国银行

中国银行是全球在"一带一路"布局最广的中资银行，2023 年 1~8 月，中国银行境内机构办理跨境人民币结算 8.29 万亿元，同比增长 22%；境外机构办理跨境人民币结算业同比增长 4.45%，其中，涉及"一带一路"国家的机构办理跨境人民币结算业务同比增长 90.41%。截至 2023 年 6 月末，中国银行境外机构覆盖 44 个共建"一带一路"国家，其中包括全部东盟国家。中国银行服务共建国家重点项目超过 1000 个，提供授信支持逾 2900 亿美元。在第三届"一带一路"国际合作高峰论坛形成的 458 项成果，包括多边合作成果文件清单和务实合作项目清单，中国银行共有 13 项工作成果纳入务实合作项目清单，其中包括中国银行支持的马来西亚东海岸铁路项目。

在债券业务方面，2015~2019 年，中国银行共计发行五期"一带一路"主题债券，总规模达 145 亿美元，包括人民币、美元、欧元等 7 个币种。2015 年 12 月，中国银行发布了全球金融市场上第一个跟踪人民币与"一带一路"地区有效汇率变动的综合性指数，帮助企业提前采取保值锁定措施，降低非经营性风险。此外，还在全球市场筹措资金支持"一带一路"建设，在国际金融市场上发行了第一笔以"一带一路"为主题的债券。

在熊猫债方面，自 2013 年以来，中国银行持续协助"一带一路"共建国家及相关机构发行熊猫债融资，熊猫债市场份额连续 10 年排名市场首位，年均市场份额为 25% 以上，覆盖全部经常性发行人。2016 年，中国银行协助波兰发行欧洲国家首笔熊猫债；2022 年，中国银行协助匈牙利发行首笔募集资金用于"一带一路"建设的主权熊猫债；2023 年，协助埃及发行非洲首笔"熊猫债"。在东盟地区，2018 年，中国银行成功协助菲律宾发行首只主权熊猫债，这也是东南亚地区第一只主权熊猫债，为东南亚地区及更多准备尝试在中国资本市场融资的国际主流发行人树立了成功的样板。

在绿色债券方面，2023 年 9 月，中国银行成功发行全球首批共建"一带一路"主题绿色债券。此外，中国银行制定了《中国银行关于进一步推进境外机构绿色金融工作的指导意见（2022 年版）》，对支持境外机构积极参与共建"一带一路"绿色发展相关工作明确了原则、目标和工作要求。

中国银行依托"惠如愿·中银 e 企赢"平台，举办一系列"一带一路"专题跨境撮合活动，推动中小企业跨境投资与合作。早在 2014 年，中国银行就推出了"中银中小企业跨境投资撮合服务"，以"一带一路"沿线国家为重点，为全球中小企业搭建了一个互联互通的平台，为有合作需求的境内外企业搭建沟通交流的平台，并为企业的实质合作提供全方位的金融支持。2016 年工信部发布的《促进中小企业国际化发展五年行动计划（2016—2020 年）》提出，将推进各地中小企业主管部门和中国银行各分支机构建立政银企合作机制，发挥中国银行"中银全球中小企业跨境撮合服务"平台的作用。截至 2023 年 10 月，中国银行已在全球举办 114 场撮合对接活动，为来自我国和 102 个共建"一带一路"国家的 4 万余家企业提供"融资+融智"金融服务。

中国银行还组织了国内首个以面向"一带一路"国家政府部门为主的高级研修班，2015~2019 年，中国银行先后面向 8 个太平洋岛国、4 个拉美国家、4 个中东欧国家、9 个非洲国家、5 个中亚国家、9 个葡语国家等区域举办八期"一带一路"国际金融交流合作研修班，覆盖 41 个国家和地区，促进了双边经贸合作和人文交流。

东盟地区是中国银行集团海外业务发展的重点地区之一，东盟区域海外机构的资产在中国银行集团海外业务中的占比超过 10%。2016 年 12 月中银香港在文莱开设分行，是首家进驻文莱的中国金融机构，也让中国银行成为第一家在东盟全部 10 个国家拥有网络覆盖的内地金融集团。

2015 年中国银行与新加坡工商联合总会签署《中国银行—新加坡工商联合总会"一带一路"全球战略合作协议》，中国银行将在未来三年内为新加坡工商联合总会的会员企业提供不少于 300 亿元人民币的意向授信。新加坡工商联合总会将积极配合"一带一路"倡议，利用新加坡区位及基础设施优势，发挥自身在强化中国与东盟沿线国家合作发展中的作用。

雅万高铁、中老铁路、匈牙利光伏电站、马来西亚东部沿海铁路，等等，在这些"一带一路"项目中，中国银行都是主要合作银行。中国银行作为国有大行积极主动参与雅万高铁综合金融服务，在支持雅万高铁建设方面，中国银行为相关企业提供账户、境外委托代理、现金管理、外汇业务、代发薪等多方位金融服务，为项目顺利实施提供了有力金融支持。同时，中国银行连续 20 年作为主办银行服务中国—东盟博览会。

中国银行在推进人民币国际化、促进投融资便利化方面，发挥人民币清算行的作用，持续升级跨境人民币基础业务，有序推进人民币的国际化。2023 年前 7 个月，为东盟地区办理跨境人民币结算量超过 5450 亿元，同比增长了 28.7%。

RCEP 落地实施后加速了区域经济一体化的进程，2022 年，中国银行发布《抢抓 RCEP 自贸区新机遇，助力构建双循环新发展格局行动方案》，提出通过持续强化跨境金融供给侧服务保障能力，支持境内外市场主体主动适应 RCEP 生效后国内外经贸和产业格局的变化，更好把握 RCEP 区域发展机遇，助力构建国内国际双循环相互促进的新发展格局。

4. 中国工商银行

过去十年间，作为国有大行的中国工商银行（以下简称"工商银行"）发起、倡导与参与了众多双多边合作机制、交流活动与融资项目，在推动金融服务"一带一路"互联互通、共同发展方面取得了多重成果，拓展了"一带一路"倡议作为全球重要国际合作交流平台的广度与深度。截至 2023 年 6 月末，工商银行在共建"一带一路"的 21 个国家拥有 125 家分支机构，与 143 个国家和地区的 1443 家外资银行建立了业务关系，服务网络覆盖六大洲和全球重要国际金融中心，累计支持"一带一路"项目超过 400 个，承贷金额超过 1000 亿美元，有效提升了"一带一路"跨境金融服务质效。

在资金融通方面，2017 年，工商银行与巴基斯坦、乌兹别克斯坦、奥地利等国家主要银行共同发起"一带一路"银行合作行动计划，建立"一带一路"银行常态化合作交流机制。工商银行在中国人民银行指导下，牵头成立了"一带一路"银行间常态化合作机制（以下简称"BRBR 机制"），通过项目融资、绿色金融、金融科技、普惠金融、风险管理、资本市场、人员培训等领域的务实沟通交流，在全球金融机构间建立起长期、包容和可持续的合作体系，逐渐发展成为多边金融治理、互惠合作的重要平台。2019 年，工商银行发行了首只 BRBR 机制绿色债券，并与欧洲复兴开发银行、法国东方汇理银行、日本瑞穗银行等 BRBR 机制相关成员共同发布"一带一路"绿色金融指数，深入推动

"一带一路"绿色金融合作。到 2023 年，BRBR 机制成员及观察员由最初 28 个国家和地区的 45 家机构发展到 71 个国家和地区的 164 家机构，涵盖商业银行、政策性银行、多边开发机构、保险机构、证券公司、金融基础设施、研究机构等多元主体。截至 2023 年 8 月，工商银行成功发行 7 笔 BRBR 机制绿色债券，募集资金超 140 亿美元，其中参与承销机构 60% 以上为 BRBR 机制成员。此外，工商银行还在"一带一路"银行间常态化合作机制下为共建"一带一路"国家成员机构开展经济政策培训。

2023 年 9 月，工商银行成功举办第三届"一带一路"银行家圆桌会，其间联合全体 BRBR 机制成员共同发布《"一带一路"银行间常态化合作机制关于应对后疫情时代全球性挑战的倡议》，共同发出支持多边主义、推动开放型世界经济发展的声音。国务院新闻办公室发布的《共建"一带一路"：构建人类命运共同体的重大实践》白皮书中，对工商银行在推动成立 BRBR 机制、促进金融合作，发行首只 BRBR 机制绿色债券、推动投融资模式创新等方面取得的成效给予充分肯定。

2023 年，工商银行发行 100 亿元人民币绿色金融债券、全球多币种"碳中和"主题绿色债券，参与阿布扎比控股公司 25 亿美元绿色银团贷款项目。此外，工商银行与匈牙利经济发展部签署合作谅解备忘录。

工商银行境外机构承担着中老铁路、雅万高铁、中巴经济走廊全部数十个项目的委托代理业务，涉及总投资 922 亿美元，支持项目涵盖基础设施、产能合作等领域，尤其是为多个"一带一路"重大项目提供了专业金融服务。

以"中老铁路"为例，在该项目建设之初，资金手续就遇到了难题。对此，中国工商银行万象分行采取"转开保函"的方式，由该行统一帮助各施工企业与境内银行进行沟通。尽管工作量骤增，但工商银行万象分行工作人员通过夜以继日的工作，最终按时完成了"转开保函"的任务，有效提升了保函办理的效率和质量。在雅万高铁项目建设过程中，为帮助项目承包商盘活其手上的应收账款，中国工商银行（印度尼西亚）有限公司（以下简称"工银印尼"）主动联系项目承包商之一中国中铁股份有限公司，以项目项下供应链方式为承包商提供融资，满足下游支付需求，解决了短期资金周转问题。

作为国有大行积极主动参与雅万高铁综合金融服务，工银印尼创新融资方案，以供应链融资的方式为中国中铁提供资金支持，全力助力项目顺利建设。

工商银行在全球 11 个国家担任人民币清算行，在"21 世纪海上丝绸之路"重要合作区域的东盟地区，工商银行是新加坡、泰国和老挝的人民币清算行，服务覆盖结算、汇款、贷款、担保、结售汇、外汇及衍生品交易等领域。工商银行万象分行成立于 2011 年，是首家进驻老挝的中资大型商业银行。作为中老铁路运营资金的监管行，为了给中老铁路旅客提供优质的购票支付服务，工商银行与当地银行合作，共同在中老铁路通车前解决购票款结算问题。

在支持"一带一路"绿色投融资项目的同时，工商银行还积极参与全球绿色金融治理合作，加强"一带一路"沿线可持续发展政策沟通，积极参与金融机构环境信息披露标准制定及实践，发布"'一带一路'绿色金融（投资）指数"，推广绿色金融创新方案等。截至 2023 年 6 月末，工商银行绿色贷款余额突破 5 万亿元。

在积极培育离岸人民币市场方面，2023 年以来，工商银行发布了"春煦行动"跨境人民币服务方案，全方位提升跨境结算、跨境投融资、汇率风险管理、全球现金管理、离岸人民币等跨境人民币服务水平。2023 年 1 月，商务部、中国人民银行联合印发《关于进一步支持外经贸企业扩大人民币跨境使用　促进贸易投资便利化的通知》，进一步便利跨境贸易投资人民币使用。

5. 中国建设银行

中国建设银行（以下简称"建设银行"）统筹运用国际银团、跨境并购、出口信贷、项目融资、金融租赁等服务，为共建"一带一路"国家提供金融支持。截至 2023 年 6 月底，该行累计为 34 个共建"一带一路"国家的 248 个项目提供金融支持，累计签约金额 378.9 亿美元。

建设银行聚焦基础设施联通、制造业、战略性新兴产业、绿色发展等重点领域，积极参与东海岸铁路、"两国双园"等重大项目建设，持续推动重点行业优质中资企业在东盟各国落户，助力中国—东盟产业链互补发展。

为解决跨境交易中信息不对称、交易成本高的痛点难点，建设银行推出"建行全球撮合家"跨境智能撮合平台，以"科技+数据"搭建开放共享生态，为境内外企业跨境贸易与投资提供商机发布、智能精准匹配及综合金融服务解决方案。截至 2023 年 6 月，"建行全球撮合家"平台在全球 50 个国家（地区）有超过 24.24 万企业用户注册登记，发布跨境商机 18.56 万条，举办 242 场跨境会展活动，参与跨境对接企业 5 万多家。建设银行还开发了一系列服务东盟、辐射全球的金融服务数字化平台，"点对点支付"搭建跨境结算高速路，实现跨境汇款秒到账；"全币种支付"提供 140 余个小币种跨境支付服务，基本实现共建"一带一路"国家全覆盖；依托 5000 家境内外汇网点和 24 家境外分支机构，为东盟及国际国内客户提供汇率避险和境内外联动套保服务。

建设银行为马来西亚东海岸铁路项目、中马钦州产业园区和马中关丹产业园区（以下简称"中马双园"）、越南头部企业工业项目等提供全方位金融服务，支持东盟国家基础设施建设和产业发展。中马双园作为中国与马来西亚友好合作示范园区，是两国领导人重点关注和推进的园区项目，中国建设银行云南省分行（以下简称"建行云南分行"）依托一系列创新型综合金融服务，成为广西企业并购马来西亚关丹港的融资主办行、马中关丹产业园钢铁基地项目融资联合牵头行。中国和东盟国际物流大通道贯通后，建行云南分行率先实现中老铁路项下"一单制"融资突破，为沿线物流承运企业和进出口贸易企业提供高效、便捷、安全的贸易结算和融资服务。该行与中铁集装箱运输有限责任公司合作，为中老铁路开通区块链电子提单系统，通过中老铁路运输的进出口货物，均可签发区块链电子提单，并基于电子提单的流转，为外贸企业办理配套融资，实现中老铁路"一单制"突破。

建行云南分行还与境内外分子公司联动，打通境内境外双向融资渠道，支持省内多家企业境外发债、境外直接银团贷款融资。近年来，其先后实现 326.61 亿元跨境联动融资，18 亿美元境外债券承销发行，联动建行（亚洲）牵头为省属企业筹组近 8 亿美元的跨境银团，境内参与落地 9000 万美元跨境银团融资。同时，推出"跨境快贷"系列线上产品，为外贸小微企业提供"一触即贷、分秒必达"线上信贷服务体验，累计为云南近 70 户小微外贸企业提供近 2 亿元的融资支持。2022 年 12 月，建行云南分行与昆明市政府签订了《支持磨憨建设战略合作框架协议》，支持昆明市全面托管磨憨建设国际口岸城市，在托管期间向磨憨提供每年不低于 10 亿元、5 年至少 100 亿元的综合融资支持。2023 年 8 月 8 日，建行西双版纳磨憨支行正式开业，有力地支持了云南加快建设国际口岸城市。

建设银行持续营销国际发行人到中国银行间市场通过发行人民币债券进行融资。以跨境融资业务场景为抓手，协助"一带一路"国际发行人拓宽融资渠道，助力发行人提升国际资本市场品牌影响力，截至 2023 年 8 月底，累计为波兰、匈牙利、新开发银行和亚洲基础设施投资银行等涉及"一带一路"概念的国际主权机构发行熊猫债 14 期，发行规模计 430 亿元，募集资金主要用于共建"一带一路"国家的项目建设和相关资金的借新还旧。

6. 中国农业银行

中国农业银行（以下简称"农业银行"）在服务边境贸易跨境人民币结算方面形成了自身的经营特色。据介绍，2013 年以来，农业银行陆续推出人民币与越南盾、老挝基普、泰铢等共建"一带一路"国家币种的挂牌交易，推动人民币在共建"一带一路"国家使用。

农业银行在共建"一带一路"国家共设立 6 家一级分支机构以及 1 家合资银行。依托国际化的经营网络，近年来农业银行加大金融支持大型农业产业化龙头企业布局全球产业链力度，为新希望集团、中粮集团等一大批农业产业化龙头企业收购国际农业项目，建立海外生产、加工和运输基地等全球化产业布局，提供了广泛的金融支持。

农业银行积极服务国际能源合作、基础设施互联互通等共建"一带一路"重大项目。2013 年以来，农业银行累计为"一带一路"共建国家相关项目建设和企业运营提供贷款资金支持超 130 亿美元，为中资企业设备出口、境外项目建设等开立涉外保函近 150 亿美元。在东南亚地区支持印度尼西亚 250 万吨不锈钢冶炼一体化项目、马来西亚马中关丹产业园联合钢铁项目等重大项目建设，在服务中国对外经贸发展的同时，有力促进了中国与"一带一路"沿线国家的基础设施建设合作。

农业银行高度重视服务中国与沿线国家对外贸易，近年来不断强化境外机构建设和同业合作，持续完善跨境金融服务产品体系，致力于为客户提供"境内+境外""本币+外币""线上+线下"的综合化金融服务。目前，农业银行在新加坡、越南、阿联酋、俄罗斯、塔吉克斯坦等"一带一路"沿线国家设有海外分支机构，与沿线国家近 500 家银行建立了代理行关系，在国际结算、贸易融资、跨境人民币、外汇交易等多领域开展广泛合作。2023 年 1~8 月，农业银行与"一带一路"沿线国家国际结算量达 1470 亿美元，跨境人民币结算量为 2405 亿元，提供贸易融资支持 835 亿元，同比均实现了快速增长。

农业银行重视 RCEP 金融服务，2022 年专门出台《高质量服务 RCEP 行动方案》，围绕服务区域贸易投资扩大、培育企业区域竞争优势、助力企业拓展区内市场等方面，推出服务 RCEP 实施的多项举措。2023 年 1~8 月，农业银行服务 RCEP 区域的国际结算量超过 1500 亿美元，提供国际贸易融资超 750 亿元，其中东盟地区业务占比达到 70% 以上。

在服务农业跨境贸易与国际合作方面，2023 年以来农业为企业农产品国际贸易提供国际结算、贸易融资等业务量同比增速均超过 40%。

7. 交通银行

交通银行积极支持"一带一路"沿线国家贸易和投资发展，紧密围绕共建"一带一路"要求，持续优化境外机构网络布局，已在全球 18 个国家和地区设有 23 家境外分（子）行及代表处。其中，位于"一带一路"共建国家和地区的境外行 8 家，形成了从东南亚到东欧的服务辐射带；位于金砖国家和地区的境外行 2 家。尤其是 2019 年以后交通银行新开业和筹建中的境外行，均为"一带一路"或金砖国家机构。交通银行境外机构主动对接"一带一路"的综合金融需求，提升海外金融服务能级。在东盟地区，新加坡分行发挥新加坡"一带一路"纽带作用，巩固、深化与重点石油石化央企在新业务平台的合作关系，并拓展贸易融资特色客群；胡志明市分行创新推出产品，提升中资"走出去"企业资金集中管理效率，简化企业员工工资发放、汇回流程。

截至 2023 年 6 月底，交通银行与"一带一路"96 个共建国家和地区的 578 家银行建立了境外银行服务的合作网络，开通了泰国泰铢、阿联酋迪拉姆、沙特里亚尔、南非兰特、墨西哥比索以及印尼卢比等币种的兑换和汇款服务，为 16 个共建国家和地区的 31 家银行开立了跨境人民币的往来账户。交通银行支持"一带一路"共建国家和地区跨境投融资，截至 2023 年 6 月底，交通银行累计已为近千家中国企业高端设备出口、工程承包、投资并购、项目建设提供授信支持，金额累计超过 500 亿美元。

在服务贸易方面，交通银行通过打造数字贸易服务产品，提供高效便捷的"一带一路"贸易结算融资服务。自 2013 年"一带一路"倡议提出以来，至 2023 年 6 月，交通银行已为"一带一路"共建国家和地区办理涉外汇款超过 35800 亿元人民币，单证结算超过 2260 亿美元，跨境贸易融资超过 620 亿美元。交通银行推动沿线国家和地区的数字化金融服务发展，加强信息交流与合作，2022 年交通银行成功完成多边央行数字货币桥试点，推进数字货币在跨境支付中的应用。交通银行还聚焦外贸新业态发展，打造场景化金融服务，为电商客群提供支付结算、资金管理等综合金融服务，为外贸综合服务平台客户提供可视化、智能化供应链管理金融服务，支持平台备案商户一站式办理跨境结算、汇兑业务。

2020 年第 12 届中国—东盟金融合作与发展领袖论坛期间，交通银行与马来西亚联昌银行签署《中马跨境人民币金融创新试点合作意向书》，旨在加强跨境人民币账户开立、人民币信贷资产跨境转让、跨境人民币贸易融资等方面的深层次合作。

交通银行可为企业提供包括在岸传统账户、自由贸易账户（FT 账户）、境外机构境内结算账户（NRA 账户）、外币离岸账户（OSA 账户）和人民币离岸账户在内的"五位一体"账户服务，通过对接中国国际贸易"单一窗口"平台，在线办理跨境购付汇、贸易融资等业务，更加便利中国—东盟双边贸易往来。

近年来，交通银行以跨境人民币结算和投融资产品积极支持"一带一路"沿线国家贸易和投资发展，落地"跨境人民币贸易融资转让服务平台"首单福费廷资产转让交易；为海南引入自贸港首支合格境外有限合伙人（QFLP）基金，便利境外机构参与境内非上市公司股权投资；为"走出去"企业办理跨境人民币流动资金外向贷款业务，支持企业在境外生产经营的资金需求；在四川、江苏、广西、海南等地落地首批境外机构以"债券通"模式参与境内地方债一级市场投资，实现债券跨境分销。

8. 富滇银行股份有限公司

作为云南地方金融主力军，富滇银行股份有限公司（以下简称"富滇银行"）围绕"一带一路"建设发展大局，按照促进与毗邻国家金融基础设施互联互通的原则设立营业机构。

一方面，富滇银行优先在云南与老挝、越南、缅甸等周边国家接壤的最前沿——边境口岸建立营业机构，陆续在河口、瑞丽、姐告、磨憨、勐腊、孟连等口岸设立分支机构，积极搭建了连通毗邻国家的金融服务网络；另一方面，富滇银行践行金融"走出去"，2014年1月22日，富滇银行与老挝大众外贸银行合资设立的老中银行在老挝首都万象开业，老中银行积极拓展同业合作关系，打通国际资金渠道，成为富滇银行服务中老双边企业的重要窗口和平台。

富滇银行立足云南区位优势、开放格局和地缘特点，着力打造小币种特色服务品牌。2011年，富滇银行推出人民币对老挝基普直接定价，成为全国第一家获批挂牌东南亚国家货币的城市商业银行，也是全国第一家开展人民币与小币种兑换的城市商业银行。

2013年8月，富滇银行经国家外汇管理局核准，获得办理调运外币现钞进出境业务资格，成为全国第一家获得外币现钞跨境调运资格的城市商业银行。

2015年9月，富滇银行推出人民币对越南盾汇率直接定价。通过对周边国家货币的汇率挂牌，推动了中国与"一带一路"沿线南亚、东南亚国家间的货币互联互通，为区域内的经贸往来提供了多币种的金融服务支持。

2017年8月，老中银行在老挝的第一家分行——磨丁分行开业，率先推出了人民币和基普的跨境现金调运、边民互市结算、境外务工人员代发工资业务等金融服务，进一步推动了中老两国企业发展和贸易投资便利化。

2018年，富滇银行以全国唯一城商行的身份，成为全国首批人民币对泰铢直接交易做市商。同时，富滇银行不断丰富外币现钞服务的币种和产品，提供马来西亚林吉特、新台币、韩元等周边国家及地区的货币，深入推动云南省与"一带一路"沿线国家和地区间的旅游、商务、留学往来，促进居民民心相通。

在区域金融合作"走出去"的同时，富滇银行还把区域金融合作项目"引进来"，2016年5月，富滇银行和孟加拉国格莱珉银行合作的富滇—格莱珉扶贫贷款项目落地云南大理太邑乡，让在中国探索了十余年的格莱珉模式率先在云南落地生根，成为金融扶贫的"普惠样本"，开拓了跨境区域金融合作的新领域。

9. 中国出口信用保险公司

中国出口信用保险公司（以下简称"中国信保"）是国有政策性保险公司，作为国际通行的、符合世界贸易组织规则的专业金融服务，出口信用保险是支持共建"一带一路"的主力险种。

在资金融通方面，2017年，中国信保同白俄罗斯、塞尔维亚、波兰、斯里兰卡、埃及等国同业机构签署合作协议，与埃及投资和国际合作部、老挝财政部、柬埔寨财政部、印度尼西亚投资协调委员会、波兰投资贸易局、肯尼亚财政部、伊朗中央银行、伊朗财政与经济事务部等有关国家政府部门及沙特阿拉伯发展基金、土耳其实业银行、土耳其担保银行、巴基斯坦联合银行等有关国家金融机构签署框架合作协议。

2019 年，中国信保与地中海航运公司、法国巴黎银行签署战略合作框架协议。

2018 年 10 月 18 日，在"一带一路"能源部长会议召开期间，国家能源局与中国信保签署了《关于协同推进"一带一路"能源合作的框架协议》。根据协议，国家能源局与中国信保将进一步加强在能源领域的合作，提升企业融资便利化程度，共同推动"一带一路"能源国际合作迈上新台阶。

作为中国唯一承办出口信用保险业务的政策性金融机构，中国信保充分发挥政策性出口信用保险的融资促进功能，为共建"一带一路"搭建融资桥梁，共与超过 240 家银行建立了业务合作，与 39 家中资银行签署了框架和专项合作协议，引导各类合作银行向出口企业和"一带一路"项目提供融资支持。截至 2023 年 9 月，中国信保支持对共建"一带一路"国家的出口和投资超过 1.9 万亿美元。中国信保提供的保险支持覆盖铁路、公路、水路、油气管道、输电通道、信息通道等多个领域，助力打造了柬埔寨金港高速公路等多个标志性工程。同时，中国信保高度重视服务中小微企业客户，2020 年 9 月，中国信保编制了《中国出口信用保险公司中小微企业服务指南》，以期为中资企业提供优质出口信用保险服务，提升企业风险意识和信用保险工具使用水平。

2001~2021 年末，中国信保累计支持的国内外贸易和投资规模超过 6.16 万亿美元，累计向企业支付赔款 178.48 亿美元，累计带动近 300 家银行为出口企业提供保单融资支持超过 4 万亿元人民币。根据伯尔尼协会统计，2015 年以来，中国信保业务总规模连续在全球官方出口信用保险机构中排名第一。中国信保通过海外投资险产品承保 10 个海外仓项目，最高保险金额超过 3100 万美元。

在柬埔寨，中国信保不仅以海外投资保险支持红豆集团投资西哈努克港经济特区，还创新性地出具了全国首个人民币出口买方信贷保单，以支持特区电厂等基础设施建设。

近年来，在服务地方全面融入共建"一带一路"方面，中国信保结合各地方的特点与优势开展实践创新，促进形成更大范围、更宽领域、更深层次的对外开放。

在浙江，中国信保支持该省企业在先进制造业、跨境电商、基础设施、境外园区等领域与"一带一路"共建国家开展合作，2013~2023 年支持浙企向"一带一路"共建国家出口和投资超过 2700 亿美元。在我国唯一与东盟陆海相连的省份——广西，中国信保出台专项政策，聚焦东盟国家港口、机场重点基础设施建设，支持柳工、亚钾国际、北部湾港等知名企业"走出去"。在上合示范区所在地——山东，中国信保为省内企业参与国际产能合作提供境外资产保障，2013~2023 年累计支持"一带一路"共建国家境外投资项目 46 个，承保金额超 30 亿美元。

截至 2023 年 10 月，中国信保已经与全国 30 个地方政府签署了 41 份战略合作协议。

10. 中国人民保险集团股份有限公司

在共建"一带一路"十年间，中国人民保险集团股份有限公司（以下简称"中国人保"）累计承保相关项目超 2100 个，提供风险保障超 8.4 万亿元，服务"一带一路"存续投资规模超 600 亿元，服务覆盖国家 67 个，为中资企业重点援外项目和"一带一路"沿线出访提供工程险、责任险、境外员工团体意外医疗等全面保险保障。

中国人保构建了国际保险业务集中化经营管理平台，为参与共建"一带一路"的中资企业提供国际化、专业化保险保障和全流程保险服务。同时，人保财险还派出多个海外工作组，打造了覆盖 200 多个国家和地区的海外理赔、出单、救援等服务网络。

为积极发挥保险保障功能，推进"一带一路"保险网络搭建，延伸海外服务触角，服务共建"一带一路"国家基础设施建设。2022 年 9 月 14 日，中国人保与东盟主要保险机构合作组建中国东盟跨境再保险共同体。上年人保集团在行业内首创设立了中国东盟跨境再保险共同体战略项目。该项目由人保集团牵头，人保财险主要负责，人保再保险和人保香港参与，提出共同体设立方案。方案一经推出，就受到东盟头部保险公司的广泛欢迎和踊跃参与。中国东盟跨境再保险共同体是首个落实 RCEP 的中国东盟保险合作组织。

中国人保在 2022 年度企业社会责任报告中披露，截至 2022 年底，该公司承保越南金瓯潮间带风电、秘鲁圣加旺水电站、巴基斯坦胡布火电等 380 个"一带一路"项目，提供风险保障 2.54 万亿元。在越南，旗下中国人民财产保险股份有限公司（以下简称"人保财险"）承保中国电建越南金瓯海上风电项目，这是越南乃至整个东南亚地区当前在建的最大海上风电项目，工程完工后，每年将新增发电量约 11 亿千瓦时，节约标准煤约 45 万吨，减少二氧化碳排放约 88 万吨，将显著改善当地乃至整个越南南部地区电力短缺现状。在柬埔寨，人保财险获得我国"一带一路"对外承包工程在柬埔寨的示范项目——柬埔寨金边"The Peak"工程险的独家承保资格，保额超过 3 亿美元。人保财险独家承保柬埔寨首条高速公路——"金边至西哈努克港高速公路"建工险，这是柬埔寨2014 年以来最大的建工险项目。项目建成后，将极大缩短金边与西哈努克港两地通行时间、降低物流成本，助推柬埔寨经济加速发展。2020 年 11 月，人保财险独家承保柬埔寨电网有限公司（中资）财产一切险、机器损坏险、公众责任险，切实保障中资企业在柬埔寨的利益。柬埔寨电网有限公司运营的金边—菩萨—马德望输变电工程是中国电力企业在柬埔寨投资以 BOT 模式建设的电压等级最高、输电里程最长的电网工程。在老挝，中国人民保险（香港）有限公司出资参股盘谷老挝 15% 的股份，实现了东南亚地区机构布局拓展，是服务集团国际化发展、助力"一带一路"的有益探索和重要尝试。

11. 中国太平保险（集团）公司

作为国际化程度较高的险企，中国太平保险（集团）公司（以下简称"中国太平"）积极发挥国际化特色优势，加大中资海外利益业务的资源整合力度，截至 2023 年上半年，中国太平累计承保"一带一路"沿线项目 296 个，提供风险保障超 3000 亿元。在科技赋能方面，为提升对"一带一路"项目的风险评估能力，太平再保险开发了"一带一路"风险灾害分析平台，探索开展相关国家和地区灾害及风险分析与研究。

2022 年，中国太平承保"一带一路"沿线项目 424 个，提供风险保障 7044 亿元人民币，较 2021 年大幅增长 71%。2023 年上半年，中国太平累计承保"一带一路"沿线项目 296 个，提供风险保障超过 3000 亿元。在雅万高铁工程建设中，中国太平利用跨境经营优势，承接了雅万高铁项目建设期的一揽子保险，份额内工程保额达 15.2 万亿印尼盾，为融资方、项目业主和承包商提供专业的风险管理方案。中国太平旗下太平印尼与太平财险深入开展跨境协同，为项目配备本地化专业服务团队，提供便捷的现场服务，配合各方高效处理保险理赔，全方位保障雅万高铁项目顺利推进。

2022 年，中国太平旗下太平财险累计承保"一带一路"共建项目 254 个，提供风险保障 1910 亿元人民币。2023 年上半年，太平财险累计承保"一带一路"共建项目 165

个，提供风险保障 1628 亿元人民币，同比增长 20.6%。针对海外雇主雇员面临的实际风险情况，太平财险开发了适合"走出去"中资企业员工的专属健康保险产品——"一带一路太平无忧"外派员工境外医疗直付产品。太平财险"一带一路太平无忧"外派员工医疗直付解决方案还入选了 2020 年中国国际服务贸易交易会"中国服务示范案例"。

中国太平通过"保险+医疗"服务保障外派员工人身健康的另一重要实践是在印度尼西亚推出的"医疗驻场"模式。2020 年，中国太平旗下太平财险与太平印尼积极协同联动，在项目现场建设了两座"太平医疗站"，截至 2023 年 6 月 30 日，累计提供诊治服务近 5000 次。

2019 年 9 月，中国太平东盟保险服务中心在中国—东盟博览会期间正式成立，成为中国太平在境内面向东盟市场开展跨境业务、建立合作关系的境内国际化功能性平台。2020 年 11 月 26 日，中国太平东盟保险服务中心和南宁市人民政府携手推进政企合作，成立跨境保险创新联合实验室。联合实验室成立近 3 年，已经推进"政府+保险+银行"的食品安全生产责任险、南宁市长期护理保险以及医疗救助保险等多个项目成功落地。截至 2023 年 9 月，食品安全责任绿色保险"青秀模式"初显成效，已累计为 500 家门店提供保险保障 19 亿元。中国太平东盟保险中心被授予"面向东盟的金融开放门户建设重点示范项目（第一批）""中国—东盟跨境金融试点创新示范项目"等称号，荣获广西建设面向东盟的金融开放门户"2019 年度十大创新案例""2020 年度广西十大金融创新案例"提名奖，"2021 年度南宁市优秀金融创新项目"等荣誉。

2021 年 9 月，中国太平旗下太平财险联合东盟十国有影响力的财产保险公司，在行业中首创"中国太平—东盟保险共同体"合作模式，这是我国保险业拓展面向东盟区域合作的一次标志性事件，也是我国与东盟地区跨境保险合作模式的首创。2021 年起，太平财险获批菲律宾再保险经营许可资质，成为国内首家在菲律宾拥有再保险经营资质的中资直保公司，签发了行业首张人民币跨境保单，推出了东盟地区系列国别风险和财险监管研究报告，推出了行业首个针对东盟地区基础设施建设风险的专业研究。

12. 中国人寿保险（集团）公司

中国人寿保险（集团）公司（以下简称"中国人寿"）为大型项目提供了长期资金支持，并弥补了海外人员健康保障空白。近年来，中国人寿在"一带一路"沿线国家先后设立新加坡、印尼公司，是 2014 年保险业"新国十条"出台后，首家在境外设立分支机构的中资保险企业。截至 2023 年上半年，中国人寿全集团支持"一带一路"建设存量投资规模超 1100 亿元。

中国人寿海外公司以金融衍生品、债券、基金等多种方式，高效服务"一带一路"资金融通，促进区域内融资渠道多元化，为韩国、新加坡、沙特、阿联酋、印尼等国家互利合作带来新机遇。截至 2023 年 9 月，中国人寿海外公司投资覆盖了 20 多个国家和地区，其中对"一带一路"沿线国家的投资金额超过 120 亿港元。例如，中国人寿对中远海运集团已累计出资超 130 亿元，充实了该集团资金实力，进一步优化了其资产负债结构，为"一带一路"沿线国家贸易物资往来提供了重要支持，助力"海上丝绸之路"向东延伸。

中国人寿积极发挥金融央企主力军作用，旗下国寿财险为"一带一路"沿线企业提供企业工程险、财产险、特殊风险保险等综合保险服务，2022 年风险保障超 400 亿元；中国人寿旗下国寿寿险还承保"一带一路"沿线 97 个国家人身险业务，累计为 570 余家中资海外企业提供境外安全保障，风险保额近 100 亿元，覆盖人数超 1.5 万人次，其与中再寿险共同创新推出的"一带一路"海外人员保险保障方案，还赠送给援外医疗队员，有效弥补了保险业在"一带一路"海外人员健康保险保障方面的空白。

13. 中国太平洋保险

中国太平洋保险（以下简称"中国太保"）将企业出口信用保险业务作为护航"一带一路"的关键抓手，积极为民营企业出口提供应收账款保障，截至 2022 年末，中国太保已承保企业出口贸易额 646 亿元，共支付出口信用险赔款达 9257 万元。

此外，中国太保创新开发的"海外无忧"人员保障产品，累计承保人次已超过 30 万人次，累计赔款超 1.5 亿元，服务企业过千家，包括中国铁建、中国电建、中国交建、中国能建等大型企业。

中国太保首创"一带一路"智慧云平台，融合"卫星+安防"两大科技手段，覆盖事前预警、事中监测以及事后定损各环节，为超过 120 个国家、遍及亚非拉地区的 100 多家中资企业提供万亿级风险保障，打造保险服务"一带一路"新模式。

14. 中国平安保险（集团）股份有限公司

中国平安保险（集团）股份有限公司（以下简称"中国平安"）旗下各专业子公司充分发挥综合金融能力，为海外重大基础设施工程项目提供保险保障和投融资支持。截至 2023 年 5 月底，中国平安为"一带一路"沿线企业和项目总体投融资额已累计超过 3400 亿元。

自 2013 年以来，平安产险累计为 1573 个"一带一路"项目提供 1.28 万亿元的风险保障，覆盖包括巴基斯坦、马来西亚、孟加拉国、沙特阿拉伯、老挝等"一带一路"沿线国家在内的多个国家和地区。

在中资企业外派人员风险保障的提供上，平安产险依托特色产品"整合式"境外人员风险解决方案——"平安 24"，为"走出去"的企业员工提供集"意外伤害、疾病健康、绑架勒索、医疗救援、安全危机援助"于一体的系列保障。同时，截至 2023 年 6 月 30 日，平安产险已与国际安全救援顾问——化险集团和全球近 100 万个医疗服务供应商建立合作，为"一带一路"沿线及全球共 132 个国家近 3000 家中资企业客户提供超 3500 亿元的风险保障，覆盖近 37 万人。

四、全球实践案例

（一）中国银行：构建跨境合作"朋友圈"，为共建"一带一路"架设金融桥梁

从企业年年亏损、濒临破产，到如今能够带动整个塞尔维亚东部地区的发展，塞尔维亚企业博尔铜矿的"起死回生"，正是受益于共建"一带一路"。

1. 深入共建"一带一路"国家，促成贸易投资合作

在 20 世纪 90 年代初，矿业是塞尔维亚经济的重要支柱产业，博尔铜矿是塞尔维亚唯一在产的大型铜矿，也是塞尔维亚规模较大的用工企业之一。然而，由于经营不善，博尔铜矿年生产量从 2000 年以前的 17 万多吨下降到 4 万吨。企业年年亏损、濒临破产，大量员工失业问题让塞尔维亚当地政府颇为棘手，塞尔维亚政府每年都要投入巨额财政补贴，才能勉强维持企业运转。

2017 年，塞尔维亚面向全球寻求战略合作伙伴，但由于低品位矿和巨额财务压力，许多潜在投资者都望而却步。而且该项目对合作方要求很高，需同时满足项目管理经验丰富、拥有低品位矿开发技术、环保水平领先等多项门槛。

贸易投资合作是共建"一带一路"的重要内容。作为参与共建"一带一路"国家，塞尔维亚在困境中向中国求助。中国驻塞尔维亚大使旋即找到中国银行塞尔维亚子行，希望中国银行发挥全球化、综合化经营特色，促成中资企业与博尔铜矿合作。

凭借对行业客户的深入了解，中国银行将潜在合作方聚焦在了紫金矿业这家国有大型矿业集团企业身上。2017 年 12 月，在中国银行的撮合与安排下，紫金矿业负责人带领专家代表团前往塞尔维亚博尔市项目现场实地考察调研。经专家论证及多轮决策，紫金矿业最终敲定了该笔项目合作。在中国银行的并购贷款融资支持下，2018 年 12 月，塞尔维亚博尔铜矿项目在贝尔格莱德举行交割仪式，紫金矿业以 3.5 亿美元取得该项目 63% 的股权。

紫金矿业接手该铜矿项目后，短短几个月时间就使铜矿发生了翻天覆地的变化。据当地生产运营总监雷迪萨夫列维奇介绍：中国企业仅用 3 个月时间，就使博尔铜矿各项生产经营指标逐步好转，收购半年内即扭亏为盈，企业利润两年以来呈倍数增长。

在中国银行塞尔维亚子行高效务实的金融支持下，紫金矿业博尔铜矿累计完成投资 11.12 亿美元，累计缴纳各种税费 2 亿美元。2021 年这个项目在塞尔维亚的产值高达塞尔维亚 GDP 的 3%，助力塞尔维亚跻身欧洲第二大铜生产国。如今，紫金矿业已成为塞尔维亚最大的工业生产企业之一、最大的出口大户之一，不仅推动了博尔市经济增长，还带动了整个塞尔维亚东部的发展。共建"一带一路"倡议落地十年间，如博尔铜矿、塞尔维亚一样受益的企业和国家不胜枚举。

在共建"一带一路"的倡议下，中国银行还打造了"惠如愿·中银 e 企赢"全球企业生态系统，依托该平台举办一系列"一带一路"专题跨境撮合活动，开展多领域互利共赢的务实合作，推动中小企业跨境投资与合作。2023 年成功举办 19 场供需撮合活动，连续 6 年深度服务中国国际进口博览会，积极助力中国国际服务贸易交易会、中国国际投资贸易洽谈会、中国—南亚博览会、中国—阿拉伯国家博览会等重要展会活动，深化对接成效；依托"中银 e 企赢"平台，打造跨境撮合全球综合服务生态圈，建设多个特色专区，助力多地政府招商引资。截至 2023 年末，共计为 126 个国家和地区的 5 万余家企业提供"融资+融智"的金融增值服务，累计达成合作意向超 1 万项、意向金额超 540 亿美元。

2. 深化资金融通合作之路

在共建"一带一路"过程中，银行等金融机构一方面为参与共建"一带一路"国家

搭建了沟通合作的桥梁，另一方面也提供了高质量的金融服务。

以塞尔维亚博尔铜矿项目为例，为支持该项目，中国银行于 2018 年为该项目发放 2.1 亿美元并购贷款，支持项目顺利交割。2020 年上半年，在疫情影响下，该项目资金链和供应链双重承压，中国银行塞尔维亚子行为企业投放 2 亿美元贷款。2021 年为支持该项目技改，中国银行筹组银团并投放银团贷款 2.78 亿美元，为项目技术改造提供保障。2022 年，中国银行提供 2 亿美元环境、社会和公司治理（ESG）贷款，支持企业持续提升 ESG 指标。此外，中国银行还为项目公司及主要供应链企业提供结算、汇兑业务，为项目顺利运营提供有力的金融保障。

中国银行在"一带一路"共建国家累计跟进公司授信项目超过 1000 个，累计授信支持逾 3160 亿美元。此外，在第三届"一带一路"国际合作高峰论坛期间，中国银行在"一带一路"企业家大会现场签约 8 个项目，有 13 项工作成果纳入第三届"一带一路"国际合作高峰论坛务实合作项目清单。

资金融通是共建"一带一路"的重要支撑。参与共建"一带一路"国家经济发展水平各有不同，那么，银行如何通过不同金融产品满足不同国家、不同项目的资金需求？

首先，需要深入不同国家、不同市场，了解当地的政策法规、经济发展水平等，以便为其提供更适合的金融产品和服务。以中国银行为例，2013~2023 年，该行境外机构新增覆盖 26 个国家，其中 22 个为共建"一带一路"国家。截至 2023 年末，中国银行共拥有 534 家境外分支机构，覆盖全球 64 个国家和地区，其中包括 44 个共建"一带一路"国家，是在全球和"一带一路"布局最广的中资银行。2023 年 6 月，中国银行巴布亚新几内亚代表处开业；9 月，中国银行利雅得分行开业。

其次，持续完善境外机构区域化和集约化发展机制建设，打造机构协同发展合力。中国银行稳步推进境外区域总部建设，中银香港对东南亚区域管理持续深化，中国银行（欧洲）有限公司对欧盟区域化管理和集约化运营的能力有效提升，中银欧洲共享服务中心揭牌，金融服务质量和效率不断提升；拉美、南亚和南太平洋区域协同机制落地运行，进一步加强区域联动、发挥机构合力。

最后，中资银行需要积极开展多边金融机构合作。以中国银行为例，该行与亚洲基础设施投资银行、金砖国家新开发银行、亚洲开发银行、非洲开发银行、非洲进出口银行、非洲贸易开发银行等国际多边金融机构均开展了良好合作，支持其在全球特别是"一带一路"共建国家的项目投资活动。比如，为亚洲基础设施投资银行、金砖国家新开发银行等多边机构提供综合一站式金融服务，作为牵头主承销商分别协助亚洲基础设施投资银行和金砖国家新开发银行发行熊猫债；紧跟共建"一带一路"金融服务需求，作为牵头主承销商和簿记管理人，协助阿拉伯埃及共和国在中国银行间市场成功发行人民币可持续发展熊猫债暨非洲首笔熊猫债。此外，中国银行还积极在国际金融协会、APEC 中国工商理事会、亚洲金融协会、上海合作组织等多个国际金融组织履职，并积极发挥作用。

"一带一路"共建国家的政策、法律和市场形势复杂多样，中国银行凭借长期以来在外贸服务、国际惯例和规则方面的经验，维护客户利益，制定个性化服务方案，协助交易达成。在此基础上，中国银行还积极参与相关国际惯例、标准和规则制定工作，提升我国在有关业务领域的话语权，为此中国银行成功推荐多名专家分别在国际商会（International Chamber of Commerce，ICC）银行委员会指导委员会、解决跟单信用证争议专家组、保函专家组、翻译专家组、供应链金融规则起草组、《见索即付保函标准实务》（ISDGP）起草组等工作组任职，为企业开展规划咨询、项目策划、投融资顾问、风险管理等金融服务，重点支持企业"走出去"。此外，中国银行还积极参与全球绿色治理，为应对气候变化贡献中行智慧，中国银行发布的《"一带一路"绿色金融实践研究报告》，被纳入第三届"一带一路"国际合作高峰论坛成果清单。

（二）中国工商银行：优化"一带一路"金融脉络，促进资金融通合作共赢

从安哥拉罗安达新国际机场，到阿联酋迪拜光热加光伏综合电站……共建"一带一路"的十年间，众多基础设施、产能合作、绿色低碳项目在共建国家落地生根。在其背后，资金融通是重要支撑。

共建"一带一路"倡议提出十年来，中国与共建国家及有关机构积极开展多种形式的金融合作，推动金融机构和金融服务网络化布局，为国家间金融合作提供了有力支撑，也为共建"一带一路"提供了可持续的强大动力。

1. 银行多方协作，助共建国家共享发展成果

阿联酋是陆海丝绸之路交汇点。共建"一带一路"十年间，中阿在能源基建、产能合作、工程承包等领域展开了合作。其中，阿联酋迪拜光热加光伏综合电站项目，是阿联酋大力发展清洁能源战略下的重要项目之一。据测算，电站建成后，每年将为迪拜超过27万家住户提供清洁电力，减排二氧化碳160万吨、二氧化硫11万吨及氮氧化物5万吨。项目建设运营还将创造逾万个就业岗位，为促进东道国当地就业和经济社会发展发挥重要作用。

同众多共建"一带一路"国家规划中的重大基础设施项目一样，阿联酋迪拜光热加光伏综合电站项目金额大、期限长。为更好地支持项目顺利竣工投产，中国工商银行牵头为该项目筹组了银团贷款。该银团贷款以中资银行为主导，促成中国、沙特、阿联酋、西班牙企业在投资、工程等多个领域开展第三方市场合作，并成功助力我国电力企业进入国际高端市场。

国务院新闻办公室发布的《共建"一带一路"：构建人类命运共同体的重大实践》白皮书中介绍，在资金融通方面，金融合作机制日益健全。截至2023年6月底，共有13家中资银行在50个"一带一路"共建国家设立145家一级机构。商务部副部长郭婷婷介绍：2013~2022年，我们与共建国家的累计双向投资超过3800亿美元，其中对共建国家的直接投资超过2400亿美元，涵盖经济社会发展的多个领域。我们还与共建国家合作建设了一系列的经贸合作区，截至2022年底累计投资已经超过600亿美元。

在金融产品服务提供方面，中国工商银行为许多共建"一带一路"国家和地区的金融机构开立了人民币清结算账户，协助多家共建"一带一路"国家和地区银行申请成为人民币跨境支付系统（CIPS）间接参与行，与共建国家和地区的金融机构开展流动性互助合作。

为更好实现金融机构间合作，推动"一带一路"建设，2017年5月，中国工商银行

在中国人民银行的指导下倡导建立了"一带一路"银行间合作机制（BRBR 机制），为优化共建"一带一路"金融供给结构、增强共建国家金融服务能力、促进共建"一带一路"国际合作提供支持。通过该机制，成员机构可以发挥各自优势，形成合力，共同满足大规模投融资需求。

2024 年 5 月 17 日，中国工商银行新加坡、中国香港和英国伦敦三家分行成功发行全球多币种"碳中和"主题境外绿色债券。据介绍，包括新加坡分行发行的离岸人民币债券在内，此次集中发行的三只债券将在新加坡、中国香港和英国伦敦三地交易所同时整体上市。债券募集资金专项用于清洁交通和可再生能源等领域具有显著碳减排效果的绿色项目。此次发行得到市场高度认可，各类型投资机构踊跃参与认购，三只债券发行规模等值17.4 亿美元，彰显了中国工商银行在国际资本市场的良好形象和市场影响力。

此次发行承销商全部为 BRBR 机制成员。借助本次债券发行，中国工商银行携手BRBR 机制中外方伙伴，为服务"一带一路"国家和地区发展提供了有力的金融支持。

六年多以来，BRBR 机制成员及观察员由最初 28 个国家和地区的 45 家机构发展到71 个国家和地区的 164 家机构，涵盖商业银行、政策性银行、多边开发机构、保险机构、证券公司、金融基础设施、研究机构等多元主体，合作"朋友圈"不断扩容。

中国工商银行相关人士告诉《中国经营报》记者，机构间合作共建"一带一路"有助于中外金融机构发挥专业特长，实现优势互补，推动形成高水平协同。各金融机构应寻求建立紧密的合作伙伴关系，从而有效汇集各类业务和客户资源，实现资源整合、知识共享、信息互通和风险共担。同时，机构间合作业务更多使用国际银团等市场化手段，能够在更大范围内分散和管理风险，建立形成更加多元化的风险管理渠道和有效的风险缓释措施，推动"一带一路"行稳致远。

2. 推进人民币国际化，构建合作新愿景

随着我国经济发展壮大和对外开放持续深化，境内外市场主体在支付结算、投融资和金融交易中使用人民币的需求不断上升。在助力资金融通的过程中，顺应人民币国际化的大趋势，积极促进共建国家和地区的金融机构融入全球人民币生态环境构建，为共建国家和地区的企业在"一带一路"市场的展业经营提供更多货币选择。

近年来，一系列更高水平贸易投资便利化试点的出台，为企业带来了实实在在的好处。同时，人民币清算系统建设持续拓展，为商业银行提供了人民币跨境结算与清算的主要渠道。中国工商银行相关人士指出，"一带一路"倡议为人民币国际化提供了巨大市场环境，我国与共建"一带一路"国家相互依存的发展格局不断强化，一些重大项目初步构建起人民币跨境使用的生态闭环。随着跨境人民币政策进一步优化，有更多市场主体自主接受以人民币进行支付结算。

截至 2023 年 10 月，中国工商银行已在新加坡、卢森堡、卡塔尔、加拿大、泰国、阿根廷、俄罗斯、老挝、哈萨克斯坦、巴基斯坦、巴西 11 个国家担任人民币清算行，是全球首家提供 7×24 小时不间断人民币清算服务的中资银行，年处理跨境、离岸人民币业务超 100 万亿元，长期居市场领先。同时，中国工商银行依托境内外业务一体化处理系统，为客户提供高效便捷的人民币资金全球划转服务，领先的科技实力为中国工商银行深化境内外联动、创新跨境金融产品服务提供了有力支撑。

同时，中国工商银行坚持不断为资金融通注入新活力。例如，依托自由贸易账户为跨国企业提供跨境投融资、全功能型跨境资金池等产品服务，打造"在岸—跨境—离岸"新型跨境金融服务体系；作为首批托管清算试点银行，积极参与债券"南向通"业务，为投资者提供跨境托管、资金清结算、货币兑换等全面服务；创新开拓"数贸 e 联通""智慧贸金平台""清关云管家"等产品，推进与跨境电商的跨境支付业务合作；在阿联酋、泰国等地积极参与多边央行数字货币桥项目试点，助力人民币国际化。

站在"一带一路"的新起点上，谈及在资金融通方面将有哪些新机遇，中国工商银行相关人士认为，首先，金融机构可以持续完善在共建"一带一路"国家和地区的布局。继续围绕服务新发展格局和经济高质量发展需要，持续完善共建"一带一路"和重点经贸往来国家、地区的网络覆盖，形成更加完整的境外机构网络。

其次，金融机构可以持续发挥"一带一路"合作机制作用。稳步推进 BRBR 机制拓员与建设工作，聚焦绿色转型、科技赋能、投融资合作等重点领域，推动成员间开展务实合作，将 BRBR 机制打造成为服务共建"一带一路"高质量发展的重要国际多边金融合作平台。同时，加强三方或多边市场合作，与国际同业、多边金融机构及"一带一路"项目属地银行广泛开展合作，以筹组银团方式共同支持"一带一路"建设，同时加强银保联动、投贷联动及拓展第三方市场，以实现平等参与、利益共享、风险共担。

最后，金融机构可以持续优化"一带一路"融资投向和结构。聚焦服务高质量发展，发挥境外当地产业区位优势，合理引导资金流向，提升中资企业效益；鼓励中资企业更多参与兼具社会效益和经济效益的标杆项目和"小而美"项目，引导运营能力强的中企由传统的"工程承包+融资"模式向更可持续的投建营一体化模式转型，系统性提升项目造血能力；倡议中企加强维护当地劳资、社区关系，努力创造多方共赢的良好局面。

（三）中国太平保险集团：依托跨境经营优势，持续拓展"一带一路"服务网络

随着"一带一路"倡议的不断推进，中国保险业在构建全球化发展格局方面发挥着日益重要的作用。据了解，近年来，中国太平保险集团（以下简称"中国太平"）积极在全球拓展服务网络，致力于服务中资企业"走出去"。

中国太平董事长王思东在服务高质量共建"一带一路"座谈会上表示，作为央企，积极参与"一带一路"建设，既是政治使命，也是社会责任和业务发展机遇。面向未来，中国太平将积极探索国际化发展新路子，以"一带一路"为重点，与其他中资企业"抱团出海"，合力开拓海外市场，携手共同发展、互利共赢。

中国太平相关负责人在接受《中国经营报》记者采访时表示，2023 年上半年，中国太平累计承保"一带一路"项目 296 个，提供风险保障超过 3000 亿元。

1. 创新境内外协同机制

公开资料显示，印度尼西亚是"一带一路"共建国家之一，也是中国不可或缺的贸易伙伴。2023 年 9 月 7 日，作为中国"一带一路"倡议和印尼海洋支点战略对接的重大项目，也是中国高铁整体"走出去"的第一单——雅万高铁正式开通运行。

中国太平相关负责人介绍，在雅万高铁工程建设中，中国太平利用跨境经营优势，承

接了雅万高铁项目建设期的一揽子保险，份额内工程保障额度达 15.2 万亿印尼盾，为融资方、项目业主和承包商提供专业的风险管理方案。其中，中国太平旗下太平印尼公司与太平财险深入开展跨境协同，为项目配备本地化专业服务团队，提供便捷的现场服务，配合各方高效处理保险理赔，全方位保障雅万高铁项目顺利推进。

我国某电力集团在印尼拥有当地单机容量最大的机组——爪哇 7 号 2×1050 兆瓦燃煤电站，这是中国企业"走出去"出口海外单机容量最大的机组。同时，该电力集团还拥有印尼南苏穆印燃煤电站和南苏 1 号燃煤电站（在建）等大型电力资产。项目开工以来，中国太平旗下太平财险与太平印尼公司内外联动，为该电力集团在印尼的三个燃煤电厂建设期和运营期独家提供了全面的风险保障和保险服务，每年保额超过 20 亿美元。

随着 RCEP 生效实施，中国和共建"一带一路"合作伙伴加大产业链、供应链、价值链合作，推动数字、绿色、健康等领域创新，各类风险交织累积更加复杂多元，保险业服务"一带一路"项目也更加突出风险管理作用。

2019 年 9 月，中国太平东盟保险服务中心正式成立。2021 年 9 月，东盟服务中心与东盟各国头部保险公司组网建立"中国太平—东盟保险共同体"。中国太平相关负责人介绍，建立"中国太平—东盟保险共同体"，是我国保险业拓展面向东盟区域合作的一次标志性事件，也是我国与东盟地区跨境保险合作模式的首创。中国太平与保险共同体成员积极推动中国与东盟国家之间的友好交流和商业发展，切实为"一带一路"各项建设提供了境内境外一体化商业保险服务。2023 年 9 月，中国太平—东盟保险共保体迎来扩容，新增五家成员单位，共同体综合实力和服务能力明显增强。

中国太平相关负责人进一步介绍称，为全面保障"走出去"的中国企业在共建"一带一路"国家安全高效地开展业务，中国太平旗下太平再保险（中国）有限公司与北京师范大学合作，研发共建"一带一路"地区与国家灾害风险平台一期项目（以东南亚地区为基础），提高对"走出去"企业的风险评估能力和风险管理水平；与中国地震局发展研究中心合作，开展提升共建"一带一路"地震安全应对能力战略研究，为构建"一带一路"地震灾害管理体系及提供创新风险管理解决方案提出规划建议。

2. 搭建特色海外"太平医疗站"

随着共建"一带一路"倡议的推进，越来越多中资企业在海外进行投资和经营，大量外派人员在海外工作和生活。面对海外复杂的安全环境和参差不齐的医疗条件，如何保障外派员工在境外的人身健康和财产安全变得愈加重要。

据中国太平相关负责人介绍，2020 年初，北京某央企在南非投资的共建"一带一路"电力项目上，有一批中国工程师为项目安全运行而坚守。由于当地医疗条件差，企业外派员工在境外的医疗保障问题亟待解决。对此，中国太平旗下太平财险迅速采取行动成立专项工作组，协调南非当地医疗资源，获得医疗支援。同时，针对海外雇主雇员面临的实际风险情况，太平财险研究制定商业化医疗解决方案，开发适合"走出去"中资企业员工的专属健康保险产品，破解"一带一路"共建国家长期外派员工海外"看病难、看病贵"的问题。

值得一提的是，中国太平在充分发挥保险保障功能的同时，更强调前置风险管理和普及健康医疗的理念。中国太平通过"保险+医疗"服务，保障外派员工人身健康的另一重要实践是在印度尼西亚推出的"医疗驻场"模式。

中国太平相关负责人举例说，我国某能源集团在印尼承建、运营多座电厂，高效缓解了当地供电紧张的局面，有力地推动了印尼电力行业的快速发展。但由于电厂项目地理位置偏远，当地医疗条件有限，且中方外派员工无法享受当地基本医疗保障，高费用、低保障、看病难的问题成为该能源集团亟须解决的痛点。2020年，太平财险与太平印尼公司积极协同联动，在"保险+医疗"服务理念下首次创新尝试"医疗驻场"模式，在项目现场建设了两座"太平医疗站"，遴选在印尼网络系统成熟、救援能力可靠、服务品质优秀的国际医疗机构。

中国太平相关负责人表示，通过"太平医疗站"点对点提供高质量医疗服务，截至2023年6月30日，累计提供诊治服务近5000次。"太平医疗站"打通了企业项目地紧急医疗和急救转运的"最后一公里"，消除了海外员工的后顾之忧，有效转移了因员工健康问题导致的财务风险和人力风险。

（四）比亚迪：从产品出海到产业链出海

在海外，中国品牌的汽车在路上越来越多。2008～2020年，中国汽车出口量常年在100万辆左右徘徊，2021年中国汽车出口骤然突破200万辆，2022年突破300万辆并首次超越德国成为全球第二大汽车出口国。值得一提的是，2023年中国新能源汽车出口120.3万辆，同比增长77.2%，均创历史新高。而比亚迪就是中国汽车"出海"中较为典型的企业之一。

比亚迪的出海可以追溯到1998年，最初是电池、电子业务出海，之后是以纯电动大巴为代表的商用车出海。2021年5月，比亚迪开启新能源乘用车的全球化时代，并于当年正式布局欧洲市场，首站放在挪威，完成了1000辆新能源车的交付。2022年，比亚迪加速开拓欧洲、亚太、美洲等多个地区市场，并迅速推进从产品出海到生产线出海。2023年3月10日，比亚迪完成了泰国乘用车生产基地的奠基仪式，这是比亚迪全资投建的首个海外乘用车工厂，预计将于2024年开始运营，年产能约15万辆，生产的汽车将投放到泰国当地市场，同时辐射周边东盟国家及其他地区。

比亚迪品牌及公关处总经理助理罗昊表示：从中长期来看，比亚迪将根据自身业务拓展情况和市场需求，综合考虑在海外地区建设乘用车工厂和核心零部件工厂的可能性。

1. 出海，走自己的特色之路

比亚迪最初是做电池起家，直到2003年才开始涉足汽车业务，因此比亚迪早期的出海也是以电池、电子业务为主。早在1998年，比亚迪就在荷兰成立了一家海外公司，1999年又成立了北美分公司，这些分公司为比亚迪建立了海外人才储备，也在海外打响了比亚迪的品牌。

比亚迪进入整车业务领域后，起初的几年，即使在国内也表现平平。在没有"双积分""双碳目标"的那几年，王传福和他的团队始终坚持电池材料、储能与充放电领域的研究。机会总是留给有准备的人，当新能源汽车在政策东风下迎来大发展，比亚迪尝到了甜头，不仅在国内连续多年拿到新能源汽车销量的桂冠，海外市场新能源汽车的需求也颇为旺盛。

2010 年，比亚迪提出了"城市公共交通电动化"计划，开始在全球范围内推广新能源公交车、出租车。2011 年，比亚迪 K9 大巴出口美国；2013 年，K9 通过了欧盟整车型式认证（WVTA），标志着比亚迪电动大巴拿到了在欧盟国家的无限制自由销售权；2015 年，K9 进入日本京都。

也是在 2015 年，第 21 届联合国气候变化大会召开，并签署了著名的《巴黎协定》。控制温度上升幅度成为各国重要命题。随即在欧洲，比亚迪纯电动大巴进入了英、德、法等 20 多个国家超过 100 座城市。康河、大本钟、红色双层巴士是英国伦敦的"城市名片"，但你不知道的是，截至 2021 年 11 月，比亚迪纯电动大巴在英国的市场占有率达到 60% 以上，伦敦的红色双层巴士很多是比亚迪品牌。

如今，比亚迪新能源汽车运营足迹遍及全球 6 大洲、70 多个国家和地区、超过 400 个城市。以新能源公交、大巴为代表的商用车出海，让比亚迪在海外获得了新能源的品牌号召力与影响力，为新能源乘用车出海奠定了良好基础。

2020 年，比亚迪宣布与挪威汽车经销商合作，将唐 EV 打入挪威市场。2021 年 5 月，比亚迪正式宣布乘用车出海计划；2022 年 2 月，比亚迪元 PLUS（又名 BYD ATTO 3）在澳大利亚开启预售；2022 年 7 月，比亚迪宣布正式进入日本乘用车市场，并在发布会上亮相 BYD ATTO 3、BYD SEAL（比亚迪海豹）、BYD DOLPHIN（比亚迪海豚）三款车型；2022 年 9 月，比亚迪面向欧洲市场推出汉 EV、唐 EV、元 PLUS 车型；2022 年 11 月，比亚迪在巴西推出宋 PLUS DM-i 和元 PLUS 车型。

进入 2023 年，比亚迪乘用车的出海步伐更快。3 月 9 日，比亚迪在约旦举办品牌暨新车上市发布会，这是 2023 年比亚迪在中东市场的第一站，将在约旦推出比亚迪海豚、唐 EV、元 PLUS、汉 EV；3 月 16 日，比亚迪在中亚最大的汽车市场乌兹别克斯坦召开品牌及产品预售发布会，发布汉 EV、宋 PLUS DM-i 和驱逐舰 05，多家门店于 3 月起正式开业；3 月 29 日，比亚迪在西班牙马德里召开品牌及新车上市发布会，宣布向西班牙市场推出三款纯电车型——汉、唐、BYD ATTO 3。西班牙是欧洲前五大汽车市场之一，2016 年起，比亚迪在这里开展纯电动大巴业务，是比亚迪乘用车国际化战略版图中的重要一站；2023 年 3 月 30 日，比亚迪在墨西哥城（墨西哥合众国首都）举行品牌发布暨新车型上市发布会，面向墨西哥推出汉 EV、唐 EV 和元 PLUS EV，正式开启比亚迪墨西哥乘用车市场的新格局。

2024 年 2 月，比亚迪携八款新能源车型亮相日内瓦车展，比亚迪旗下百万级高端新能源汽车品牌仰望首次亮相欧洲，在日内瓦车展现场成为全场焦点。自 2022 年 9 月宣布进入欧洲乘用车市场以来，比亚迪携手本地合作伙伴，将多款新能源汽车快速推向德国、英国、法国、挪威等欧洲 19 个国家，累计开店超 250 家，为欧洲当地消费者提供优质的本地化服务和多元化产品选择。同时，2024 年初，比亚迪开始在匈牙利建厂，作为比亚迪乘用车的第一家欧洲工厂，标志着比亚迪在欧洲地区的本土化进程取得了实质性突破。

有资深投行人士分析认为，比亚迪做事情非常谨慎，一开始它在海外市场的业务盘子做得不大，但它给了海外团队足够的自由度，深耕多年，积累当地资源，因此海外市场对它来说并不是陌生市场，再加上它不断沉淀自身的技术和产品，在中国建立起了相当好的市场基础，同时去尝试规模化地出海，不失为一种比较聪明的做法。

在行业研究者看来，比亚迪的出海之路可以说是走出了自己的特色。该投行人士分析认为，比亚迪在三电（电池、电机、电控）领域的自主掌握能力是其很大的优势。受到环保要求等影响，国外特别是欧洲对电动汽车的接受度一直很高，但由于一直没有低成本制造的能力，更没有打造出能不断迭代的电池制造产业链，电池成本居高不下，进而导致整车成本无法下降。商业化难度高、玩家稀少，这就给比亚迪提供了一片蓝海市场。由于海外购买纯电动大巴的主体往往也是政府机构或大型集团，比亚迪可以在谈合作的过程中积累与购买主体的沟通经验，积累服务网点的建设经验，掌握当地需要遵守的法律法规等规则，也有利于在当地居民心中形成认知，至少不会觉得这是个陌生品牌。因此，比亚迪早期的电池和纯电动大巴等商用车业务出海有其意义所在，一定程度上为其现在全面推动新能源乘用车出海打下了一个良好的基础。

2. 因地制宜，满足当地消费者需求

不同地区的市场有不同的需求，更遑论商用车与乘用车消费主体不同，商用车的运作经验无法完全用于乘用车的海外市场拓展工作中，毕竟乘用车面向的 C 端用户规模更大，所需服务网络也要根据用户需求和地区市场自然地理环境等特点因地制宜构建。

科尔尼公司合伙人、大中华区汽车及工业品业务核心团队成员曾凤焕接受记者采访时表示，企业开拓国际业务，首先一定是战略为先，战略确定下来后是明确运营模式，最后是建立组织能力，从三个方面合力构建起针对海外业务的闭环能力。

在战略层面，要先明确品牌定位、目标市场和自身核心竞争力，不同的市场可能需要不同的产品和技术去满足，不同市场客户的关键购买因素也不尽相同。

欧洲的新能源汽车市场增长迅速，对新能源车接受度很高，市场成长空间大，但同时关于环保、安全的规则要求也非常严格，尽管如此比亚迪也将汉、唐等纯电动车型投放到了欧洲。前述投行人士说，如果中国车企能将欧洲市场跑通，那么能力就可见一斑。欧洲已经可以看到很多比亚迪汉、比亚迪唐。

亚太地区、澳大利亚也非常鼓励发展新能源车，但环保要求非常高，比如，有严格的电池回收相关法规，新能源车企必须在电池回收方面做工作。日本则相反，其人口密度高，城市道路相对拥挤，居民自家一般没有太大的停车位。曾凤焕注意到，比亚迪在日本投放的海豹、海豚等车型就比较符合当地消费者需求。目前东南亚地区对新能源汽车也有比较好的政策扶持环境，不过在驾驶习惯上，像泰国等几个东南亚国家都采用右舵的驾驶特点。

在洞察用户需求方面，比亚迪的做法是在新车型的产品设计、研发阶段，就引入了全球化思维。

战略之后，要考虑运营模式。曾凤焕认为，这一环节最核心的发力点是渠道建设以及新能源车必需的充换电等配套基础设施建设。

中国车企有没有能力将海外市场的服务做好，是出海过程中的必答题。比亚迪目前的做法是，采用以海外当地合作伙伴为主的销售模式，并将依托海外各市场优质的本地销售服务合作伙伴，为消费者提供质保、保养、维修、救援、客户关怀、车联网等全面的售后服务，升级消费者用车体验。例如，2022 年 10 月，比亚迪宣布与巴西最大的经销商集团 Saga 在首都巴西利亚开设了首家门店。据不完全统计，比亚迪在荷兰、瑞典、德国、乌兹别克斯坦、哥斯达黎加、西班牙、墨西哥、智利、泰国等多个国家市场均与当地经销商集团建立了合作关系。在补能网络上，比亚迪也携手行业领先的合作伙伴，在全球范围内建设经销商网络。例如，比亚迪与壳牌签署全球战略合作协议，携手提升比亚迪纯电动汽车（BEV）和插电式混合动力汽车（PHEV）用户的充电体验。

曾凤焕认为，本土经销商集团更了解当地消费者，特别是欧洲还有一些经销商集团非常有影响力，他们的忠诚度也较高，与一些品牌属于长期合作，销售网络布局较广，地段位置也比较好。与这类经销商集团合作，是进入当地市场一个效果较好也较为快速的方式。

3. 从 CKD 出海到产业链出海

此外，在搭建海外业务相关流程体系的同时，本地化团队的组织管理也非常重要，比如有的企业会组织培训，让参与出海的中国员工学习了解海外当地语言和风土人情，也给当地员工传播中国文化；在当地节日和中国传统节日到来时，组织双方的员工共同庆祝；提供公司总部员工与海外业务员工交流学习的渠道。

曾凤焕指出，随着中国车企产品竞争力的提升以及海外市场对中国品牌的认可度的提升，比亚迪此时出海可以说是水到渠成，同时也是在竞争激烈的国内市场之外，谋求进一步增长的机会。他观察到，未来中国汽车的出口形式会更多样化，过去主机厂更多以整车形式出口，将来可能会发展到逐步加大本土化制造，以全散件组装（Completely Knock Down，CKD）形式出口到海外，还会在当地建立完整的生产线和供应链，并带动中国汽车产业的供应链出海。

罗昊介绍，2022 年 9 月 8 日，比亚迪汽车泰国有限公司与 WHA 伟华集团大众有限公司签约，正式签署土地认购、建厂相关协议。这标志着比亚迪全资投建的首个海外乘用车工厂正式在泰国落地，企业全球化进程开启崭新篇章。

作为东盟最大的汽车市场和东南亚汽车制造中心，泰国拥有得天独厚的优势。泰国政府计划，到 2030 年，泰国电动汽车产量预计将占到汽车总产量的 30%，泰国或将成为东南亚重要的新能源汽车市场中心。近年来，在发展充电基础设施、建设智慧电网、新能源汽车减税等多项政策的激励下，泰国新能源汽车市场发展迅速，逐渐形成了强大的市场引力，为比亚迪海外乘用车工厂布局泰国提供了良好的契机。

罗昊说：经过了解和筛选，比亚迪决定在 WHA 工业园开设海外乘用车工厂，这是集团海外业务发展的重要一步。比亚迪选择在泰国建厂，是因为那里有丰富的汽车工业底蕴以及一流的制造能力，随着首个海外乘用车工厂的落地，比亚迪将充分发挥自身全产业链优势和核心技术优势，结合泰国本土汽车工业的沉淀及规模化产业集群效应，积极推动新能源汽车的普及。

除了生产线出海，比亚迪目前也在搭建海外供应链上有所探索。2022 年 12 月，比亚迪宣布与 UZAVTOSANOAT JSC（以下简称"UzAuto"）签署合资协议，合资公司将设在乌兹别克斯坦，未来主要生产比亚迪多款畅销新能源车型，包括 DM-i 超级混动车型和相关零部件。据比亚迪官方介绍，乌兹别克斯坦是中亚地区人口最多的国家，拥有丰富的矿产资源和多样化的可再生能源，汽车产业链发展较为完善，对新能源汽车产业全球布局意义重大。

随着企业海外布局的本土化程度越来越高，未来中国车企在海外市场的业务可能不只是停留在卖产品的层面，而是逐步发展到产业链出海，此时企业就已经从一个中国的本土企业转变成为跨国经营企业，就要考虑组织建设、人才培养、文化融合等方方面面的问题。比如在团队搭建方面，曾凤焕指出，可以与当地的猎头等专业服务机构进行长期合作，助力整个人才梯队的建设，而不是临时性的需求。前期针对性的人员派遣也很重要，有助于把公司在中国的整套管理体系、工作流程和企业文化输送到海外，避免脱节。

在决策机制上，前述投行人士指出，要赋予海外业务团队一定的决策权限和灵活度，其可以提出跟国内完全不一样的看法，只要能证明是对的，企业就要给团队资源去做尝试、做验证，当大部分核心问题都验证通过的时候就可以做。

在这些方面，罗昊进一步分享了比亚迪的做法。凭借在海外市场 20 多年的业务拓展经验，比亚迪组建了成熟的国际化业务和管理团队，累积了丰富的国际化业务运营经验，并已逐步实现海外各市场人才的本土化。"国际化管理团队+国际化运营经验+本土化人才"的模式，为比亚迪在海外各市场的新能源乘用车业务稳步有序开展提供了有力支撑。

在燃油车时代，海外汽车品牌占据了高端市场的主导地位，而新能源汽车时代的到来正在将燃油车时代建立起的技术壁垒和产业链条逐渐打破。罗昊相信，新能源汽车给中国汽车工业带来了前所未有的新机遇，让中国汽车品牌可以更自信地站在世界汽车大舞台上。

（五）奇瑞：开启"新合资时代"

奇瑞控股集团有限公司（以下简称"奇瑞"）公布的数据显示，2023 年汽车销量达188.13 万辆，同比增长 52.6%，其中出口汽车 93.7 万辆，同比增长 101.1%，国内销售94.43 万辆，同比增长 20.8%。也就是说，奇瑞 2023 年销售的汽车有 49.8% 销往了海外。这样的势头延续至 2024 年，2024 年 1~4 月，奇瑞累计出口汽车 342795 辆，同比增长34.2%。奇瑞汽车出口主要集中在中亚、南美和中东等地区。2024 年 4 月，奇瑞与西班牙企业埃布罗电动汽车在马德里签署协议，双方将共同设立合资企业在西班牙生产汽车，这是奇瑞在欧洲设立的首家工厂。

早些年，奇瑞汽车出口以中国制造、海外销售这种单一贸易形式为主。如今，奇瑞出海正在探索中国创造、海外制造、海外销售的本地化经营模式，以左手深耕技术、右手撬动金融，在"新合资模式"下，实现在地化的业务缠绕、成果共享。

1. "反向输出" 新模式

2001 年 10 月，叙利亚汽车商萨米尔与奇瑞达成首批 10 辆风云轿车出口叙利亚的协议，正式拉开奇瑞"走出去"的大幕。

20 多年后，2024 年 4 月，当奇瑞与埃布罗电动汽车正式签署协议的那一刻，则开启了"新合资模式"，说明优秀中国企业正在向外方输出技术、商业模式、品牌与管理文化。欧洲既是汽车文化的发源地，也是当之无愧的汽车产业全球最强地区。这一协议的签署，不仅意味着奇瑞在欧洲将拥有第一个生产基地，也意味着奇瑞将成为第一个在欧洲生产的中国汽车品牌。

汽车是西班牙的主要出口产品，德国大众、法国雷诺等品牌都在西班牙设有工厂，这里有着悠久的"造车基因"，加之西班牙日照时间长，拥有丰富的绿色电能资源。

在新能源车取代燃油车的进程中，欧洲表现得最为激进，欧盟计划到 2035 年停售新生产的燃油车。因此，当前欧洲各国对新能源汽车都表示欢迎，这也给奇瑞以及众多中国汽车企业带来了巨大的机会。

向叙利亚出口轿车，只是单一的贸易模式，做整车出口，才是产品真正地"走出去"，如今，奇瑞已升级到了品牌层面的"走出去"，这一升级历经坎坷，离不开奇瑞 20 多年来的坚持和深耕。奇瑞相关负责人表示，市场向外是奇瑞下一步发展的重要方向之一。奇瑞将继续国际、国内两条腿走路的策略，因地制宜地开发全球化产品，深度融入全球汽车产业链，做优秀的企业公民。

奇瑞连续 21 年位居中国品牌乘用车出口第一。对于"出海"，有着很多自己的思考。奇瑞相关负责人表示，随着中国汽车从高速增长进入高质量增长的关键时期，中国汽车品牌应当构建高质量、可持续发展的"出海"模式，让中国汽车不仅能够"走出去"，还能"走得稳""走得远"。

奇瑞控股集团有限公司党委书记、董事长尹同跃表示，奇瑞出海做好了四件事：一是坚持自律，珍惜口碑。今天，"中国制造"在全球市场已经逐渐告别了低质廉价的标签，这个形象来之不易。中国汽车要继续擦亮"中国制造"这块金字招牌，守好底线，践行对用户的安全、质量、服务承诺。

二是转变思路，品牌向上。中国汽车品牌进入海外市场不应该靠打恶性竞争的"价格战"，而应该打"价值创新战"。通过技术创新、品类创新、生态创新，给中国品牌"做加法"，增加品牌含金量，推动品牌向上。

三是先予后取，贡献价值。进入每一个海外市场之前，应当先思考能为当地带来什么，创造什么价值，而不是先想着能获得什么，能卖多少辆车，要先予后取。奇瑞的理念是"In somewhere，For somewhere"，旨在成为海外市场受欢迎的投资者和备受欢迎的企业公民。

四是开放合作，成果共享。过去的合作模式中，主要是我们引入外方的产品、品牌和技术，现在很多时候是外方引入我们的技术、品牌、管理和文化，实现"反向输出"的新合资模式。中国车企应抓住这个机会，与外资品牌在人才链、创新链、产业链、供应链等全价值链开展合作，这有助于推进"中国制造"加快升级为"中国创造"，向全球汽车产业价值链的高端攀升。

2. "理工男"的技术追求

技术奇瑞、"理工男"，是用户给奇瑞贴的"标签"，多年来，在技术上的钻研是奇瑞的"底牌"，也是赢得海外消费者认可的重要原因。

2023 年，"新质生产力"成为年度热词，奇瑞对此有着自己的思考。尹同跃认为，新质生产力的核心就是品质和创新。新，是新能源、新赛道，实际上就是创新；质，是品质、品牌，就是高质量发展、可持续发展和绿色发展。汽车产业特别是"新能源+智能化"的新汽车，成为"新质生产力"的典型代表，体现了技术创新、品牌向上，更体现了高质量发展。

奇瑞这几年围绕新质生产力做了大量工作，其中最关键的是坚持技术创新驱动。奇瑞依托"瑶光 2025"打造"300+瑶光"实验室，建立奇瑞的"技术分解导图"；对核心应用技术逐级分解，直到原材料级以及基础学科；把技术创新的"喇叭口"做宽做深，从中寻找若干关键点并集中突破，力求把核心技术牢牢掌握在自己手上。

2022 年开始，奇瑞每年的研发费用超 200 亿元。其中 100 亿元用于产品开发、平台开发、产品升级等应用创新，对新技术、新场景、新生态保持快速迭代，这是从 1 到 10000 的能力；另外 100 亿元用于基础学科、跨界学科的投入，构建从 0 到 1 的原始创新能力。目前，奇瑞正在打造"两个工厂"：一个是汽车制造工厂，另一个是新技术专利工厂。通过技术分解导图和"两个工厂"，打通现实主义和理想主义之间的路径，形成一批硬核技术创新成果。

依托技术创新，奇瑞的新能源产品拥有纯电、混动、增程、氢能等多技术路线支撑，形成了奇瑞风云、星途星纪元、捷途山海三大新能源序列，加上 iCAR 纯电品牌，每个品牌都有不同特色定位，为用户创造不同体验。

奇瑞相关负责人表示，自 2023 年下半年开始，奇瑞密集上市了一批新能源产品，发布了一批新技术，市场的表现不错，目前新能源产品的销量正在快速提升，加快赶超，2024 年的目标是跻身国内新能源第一阵营。

奇瑞出口到海外的车辆中，目前仍以燃油车为主，但新能源大趋势不可逆转，奇瑞也在集团内全面实行新能源战略。奇瑞集团的新能源化采取混动、增程、纯电、氢能等多条技术路线并举的发展策略，依托在发动机方面的优势做强混动，利用在纯电方面的后发优势推出高性能电动产品。其中，重点打造了超级混动平台、E0X 高性能电动平台，自研鲲鹏超性能电混 C-DM、电池技术、电驱技术、增程技术、氢能技术等，以响应碳达峰、碳中和目标，促进企业未来高质量发展。

目前，奇瑞集团旗下奇瑞、星途、捷途、iCAR 四大品牌都在全面加快产品新能源化进程。其中，奇瑞、捷途两大品牌着重以第三代混动科技——鲲鹏超性能电混 C-DM 为基础，全面迈入电混新能源时代，相继推出奇瑞"风云"、捷途"山海"新能源序列；星途坚持高端品牌路线，推出新能源产品系列——星纪元，全面进军纯电和增程的新能源赛道；"新势力"iCAR 品牌是集团首个新能源电动品牌，面向的客户群体也更加年轻、时尚。

奇瑞集团计划两年内推出 24 款超能混动 3.0 和 15 款 E0X 高端电动新品，其中包括奇瑞风云 A8、风云 T9、星纪元 ES、星途瑶光 C-DM、捷途旅行者 C-DM、iCAR 03 等全新新能源车型。同时，因地制宜开发全球化产品，加快海外市场的新能源布局，让中国新能源汽车、中国新能源与智能化技术走向全球。

3. 海外市地化思考

2023 年，中国汽车工业成绩喜人，销量首次突破了 3000 万辆，其中出口 522.1 万辆，同比增长 57.4%。

汽车出口的终极目标是把车卖给当地的消费者，让他们愿意使用。在国内，汽车金融已发展得非常成熟，以至于很多消费者认为，用汽车金融买车更划算。但是，在海外的很多国家，汽车金融还没起步，汽车金融公司甚至都不愿意去。因为中国消费者手里都有些存款，有了车贷，他们会想方设法把钱还上。但在海外很多地区并不是这样，消费者习惯于"今天挣钱，今天花"，没有存款，信贷消费容易出现坏账。

作为全国人大代表的尹同跃，在 2024 年全国两会上提出：汽车金融公司作为非银行金融机构，对促进汽车消费、助力实体经济发展、支持中国汽车"走出去"具有积极助力作用。但目前国内汽车金融公司资产证券化范围尚未覆盖全业态（仅覆盖乘用车，二手车、融资租赁及部分商用车等尚未覆盖）。2023 年 7 月出台新《汽车金融公司管理办法》后，虽然允许汽车金融公司设立海外子公司，但具体实施细则尚未出台。

为此，尹同跃建议，中国人民银行支持汽车金融公司扩大资产证券化范围，将其进一步覆盖至二手车、融资租赁车以及部分商用车；国家金融监督管理总局加速出台汽车金融公司设立海外子公司的具体实施细则，加速大型金融机构"走出去"，更好地支持中国汽车品牌向上和全球化发展。

（六）长安汽车："共商共建共享"实践者与受益者

在"新四化"的浪潮下，中国汽车品牌已经步入海外发展的"黄金十年"（2020～2030 年），拓展海外市场不仅仅是为了简单的销量增长，而是作为推动中国汽车品牌走向世界、提升全球品牌影响力的重要手段。长安汽车作为中国自主汽车品牌积极走向海外的代表之一，经过 30 余年的海外持续耕耘，长安汽车的足迹已遍布全球 70 余个国家，形成了包括中东北非、中南美、亚太等在内的多个重点万辆级核心区域市场。

1. 共商共建共享

长安汽车相关负责人介绍，长安汽车已构建起"六国十地"的全球研发布局，建设有 16 个技术、产品研发中心，17 家科技公司，拥有全球 30 个国籍的工程技术团队 1.7 万余人。值得一提的是，在"一带一路"推动下，长安汽车已成为中国汽车海外出口头部品牌。

2022 年长安出口量的 90% 来自"一带一路"共建国家，产值超过 120 亿元。长安汽车 2023 年出口 35.8 万辆，同比增长 43.9%。长安汽车相关负责人表示，长安汽车之所以能作为"一带一路"倡议的实践者和受益者，也与其坚持"共商共建共享"原则密不可分。汽车产业是产业链最长、最复杂的产业，无论是在国内还是在国际，长安汽车都将是"共商共建共享"原则的最佳实践者和受益者。在共商方面，对于每一个市场，长安汽车在进入之初，都会与当地的政府、使领馆、商会以及合作伙伴们充分研讨，明确长安进入该市场的策略和路径；同时，每年底都会充分地与全球的合作伙伴进行商讨，明确第二年的销售计划，确保大家能够心往一处想、劲往一处使。

在共建方面，长安汽车始终与全球的合作伙伴一起，共建当地的汽车产业，共建长安汽车品牌。长安汽车相关负责人说，在过去的实践经验中，长安汽车主要提供品牌、产品和技术，本地化合作伙伴则负责提供本地团队、渠道网络、资金链等，从而实现长安汽车在当地的销量提升、服务能力提升和品牌形象提升。

2019 年，长安汽车在巴基斯坦与玛斯特集团共同合资建设的汽车工厂项目，已成为中巴经济走廊中双方共建"一带一路"的标志性项目。在短短的一年时间内，长安汽车和巴基斯坦合作方共同实现了从工厂破土动工到顺利投产，在废墟上建起了一座现代化整车工厂，一举刷新当地的汽车工厂建设投产纪录。

此外，在共享方面，长安汽车始终与各合作伙伴共享劳动成果。长安汽车相关负责人介绍，在众多市场中，长安汽车的崛起也带动了当地汽车产业的转型升级；众多合作伙伴也跟随长安汽车的发展，团队不断壮大，实力不断提升；长安汽车在此过程中销量快速提升（从最初的一两万台到如今的 20 万台）、营收不断增加（收入规模即将突破 200 亿元，也从最初的亏损实现了盈利），品牌实力更是逐步加强，以上都是其践行共享原则的最好证明。

河南省商业经济学会副秘书长、郑州工程技术学院博士胡钰向记者表示，长安汽车抓住了"一带一路"建设的机会，快速实现了自身的品牌国际化和市场国际化，在"一带一路"共建国家实现自身市场的拓展、销售渠道的延伸和盈利能力的增强，长安汽车走出国内汽车产业竞争加剧的危机，通过"一带一路"共建国家走出一条国际化品牌发展之路，对于其他汽车品牌和产业发展具有借鉴意义。

2. 推动长安汽车走向全球

长安汽车在共建"一带一路"的深耕布局上也并非一帆风顺。以"一带一路"共建国家沙特阿拉伯的布局为例，长安汽车相关负责人向记者介绍，在最初的起步阶段，长安汽车也面临了极大的消费者负面情绪困难。最初中国品牌在沙特推出时，由于没有全链条的销售经验、售后管理的能力较为低下、经销商的经验不足，导致最初沙特业务运营的失败。

长安汽车相关负责人介绍，后来长安汽车做出了很多努力。例如，纳入"精益化服务"核心战略，在上市初期就提供了 5 年 15 万千米的超长质保政策，后续 UNI 系列更是提供了 6 年 20 万千米的超长质保政策。此外，不断推出服务类活动为用户提供福利，树立"值得信赖的中国品牌"形象。

得益于"精益化服务"以及"值得信赖的中国品牌"形象，长安汽车品牌也逐步赢得了沙特市场的信赖。截至 2023 年 10 月，长安汽车在沙特市场累计用户已突破 6 万人，从年销量几百台到 3 万多台，年复合增长率达到了 150%，长安汽车也成为首个进入沙特汽车市场前十的中国品牌。

而在共建"一带一路"倡议提出以后，长安汽车积极参与"一带一路"建设，投资项目进展顺利。2013 年，长安汽车成立长安俄罗斯公司，陆续将 CS35、逸动、CS75、UNIK 以及阿维塔 11 等经典产品带至俄罗斯市场。2023 年长安汽车在俄罗斯市场的销量为 47765 辆，在俄罗斯市场排名第 5。

2019 年，长安汽车与巴基斯坦玛斯特集团合资设立玛斯特长安，当前合资公司注册资本为 22.5 亿卢比，其中长安汽车出资 3679 万元，占股比 30%。玛斯特长安成为长安汽车海外基地投资的首个"试验田"，为长安汽车全球化布局拉开了序幕。

2023 年，国家正式批复长安汽车泰国基地项目。通过绿地投资泰国，拓展覆盖全球主流右舵区域市场以及东盟内部分左舵市场。长安汽车在泰国设立了 3 家公司，分别是制造公司、销售公司和零部件公司，还建设整车制造基地，开展汽车及零部件的生产、销售和进出口业务。项目总投资 19.6 亿元，在泰国罗勇府伟华东海岸工业园购置土地，建设年产 10 万辆整车生产基地，计划于 2024 年第四季度投产。依托此工厂，长安汽车每年会投放 2~3 款产品，除满足泰国及东盟市场的需求外，产品还将辐射澳新、英国、南非等全球多个市场。

此外，长安汽车还准备在欧洲设立长安汽车欧洲总部，在墨西哥、澳大利亚等市场继续设立营销机构，从而更好地推动长安汽车的产品走向全球。

北京师范大学政府管理研究院副院长、产业经济研究中心主任宋向清指出，长安汽车借道"一带一路"共建国家出海开疆拓土，对国内新能源汽车产业链、供应链的优化和再造具有积极作用和深远影响。宋向清表示，第一，推进了中国新能源汽车产业链、供应链的多元化，有利于规避部分不可控的市场或非市场因素，可以有效提高企业应对风险的能力。第二，推进了中国新能源汽车人才团队的国际化，有利于吸引国际一流新能源汽车研发、管理和营销人才，强化中国新能源汽车行业的全球竞争力。第三，推进了中国新能源汽车原材料、零配件和产成品采购和销售渠道的网络化，有利于稳定新能源汽车长期可持续生产和经营。第四，推进了中国新能源汽车行业管理现代化，有利于向全球同行学习先进技术和管理经验，提升中国新能源汽车在全球市场的地位。

（七）北汽集团：从"走出去"到"走进去"

在中东国家约旦的大街小巷，打到一辆"北京"品牌新能源出租车，已不再是新鲜事。2023 年以来，北汽国际大规模向中东地区出口新能源汽车，不单是把车卖出去，还输出了包括换电设施在内的整套换电解决方案。3 分钟内就能换一次电池——这一北汽在国内打造的换电模式，在异国他乡有了同款。

搭乘"一带一路"东风，中国汽车驶入出海"快车道"，2023 年，中国出口整车接近 500 万辆，跃居世界第一大汽车出口国。《中国经营报》记者在采访中了解到，作为中国汽车行业骨干力量、最早"走出去"的车企之一，十年间，北汽集团积极参与共建"一带一路"，北汽国际在全球 37 个国家建立了 180 个销售和服务网点；北汽福田参与"一带一路"共建国家各大援外项目、基建工程项目、能源矿产项目共计 110 余个，出口"一带一路"国家汽车销量突破 52 万辆。

此外，发展自身海外业务的同时，北汽集团与当地合作伙伴共建共享、服务基础设施建设、发展公益事业，助力共建国家创造就业、发展经济、改善民生，在"一带一路"进程中留下了独特闪耀的"北汽印迹"，贡献了实实在在的"北汽力量"。

1. "北京车"成就幸福生活，首都绿色交通方案走向全球

近年来，北汽集团加速建设"世界北汽"。北汽福田海外市场已覆盖 130 余个国家和地区，大多数市场属于"一带一路"共建国家；2023 年北汽国际公司成立十周年之际，业务范围就涵盖东南亚、中西亚、中东、非洲、中南美以及欧洲部分国家和地区。

2023 年北汽集团国际化进程加速，北汽乘商两大板块海外市场成绩显著，北汽国际出口突破 4 万辆，同比增长超过 140%；北汽福田出口超过 13 万辆，同比增长 49.1%。这些满足不同地区场景和交通需求的"北京车"，改善了当地民众的出行质量，为他们的幸福生活增色添彩，也让越来越多的外国人喜欢上了中国汽车品牌。

顺应国际绿色低碳发展趋势，北汽将"绿色交通解决方案"输出到"一带一路"国家，运用中国新能源汽车的技术和经验，推动绿色"一带一路"蓬勃发展。

在智利，北汽福田电动公交车队规模达到近 1400 辆，是智利电动公交行业市场占有

率第一的品牌，助力圣地亚哥拿下"拥有南美最大电动公交车队的城市"头衔。北汽的新能源定制化解决方案走向全球，新能源公交车已在埃及、澳大利亚、墨西哥等国家的公交系统、机场、快递物流等核心场景实现商业化运营。北汽福田电动公交车在北京公交车队中占比超过80%，在北京公共交通系统电动化过程中积累的丰富经验，正为全球绿色低碳发展贡献着力量。

2. 海外建厂创造税收就业，"走出去"真正践行共建共享

共建"一带一路"以共商共建共享为原则，推动各国实现经济大融合、发展大联动、成果大共享。北汽通过海外建厂、建立子公司、本地化运营管理等，了解当地、深耕当地，推动当地实现产业升级，提供税收，增加就业，造福当地经济社会发展，真正实现了"走出去、留下来、融进去"。

在南非约翰内斯堡1000千米外的伊丽莎白港库哈开发区，总投资达2.26亿美元的北汽南非工厂已经全面建设完成，致力于打造成立足南非，辐射非洲、欧洲、中东、拉美等地区的全球性生产基地和出口车型基地。北汽南非工厂积极提升工程土建、设备采购、用工等方面的本地化率，带动当地150多家中小企业参与建设，创造上下游产业链3000余个就业岗位，培养了一批专业的技术人才和管理人员。随着工厂进入运营期，后续将在产值、税收、就业等经济社会发展方面作出更大贡献。

在东南亚的菲律宾，北汽福田菲律宾工厂已经投产7年，实现产品在菲组装加工，直接解决当地就业700余人，而福田全菲服务营销网络解决就业达5000余人。基于北汽福田提出的全场景解决方案，福田在菲律宾服务涵盖从初创企业、中小型企业到大型跨国公司的车队客户，提供从微卡到中卡、轻卡和重卡的一站式商用车产品。如今，北汽福田在全球设有20余个散件组装工厂，解决属地就业人数超万人。

此外，北汽福田与意大利比亚乔集团签署合作协议，联合打造面向欧洲市场的微卡产品；北汽福田与泰国正大集团联合在泰国境内设立合资公司；北汽新能源与阿联酋本奥米尔控股集团签署合作协议，联手开拓中东市场；北汽福田阿根廷属地新工厂正加速建设，建成后年产能可达5000辆。作为共建"一带一路"的参与者、贡献者、受益者，北汽正努力打造协同发展、互利共赢的合作格局。

3. 服务共建国家基础设施建设，"丝路有爱"跨国界传递温暖

肯尼亚蒙内铁路东起东非第一大港口蒙巴萨港，经首都内罗毕，向西北延伸到苏苏瓦站，全长592千米，采用中国标准、技术、装备和运营管理，是中肯共建"一带一路"的重要成果之一。在蒙内铁路的施工建设过程中，北汽福田的工程机械装备立下了汗马功劳。作为蒙内铁路最大设备供应商，北汽福田专门为当地特殊道路状况设计的3.2轴距车型重卡，缩短了传动轴，更改了油箱容量，从而可以在当地更窄的路基上调头，而数十名来自北汽福田的服务技师也坚守在工地一线。这样的产品和服务，受到了当地政府和企业的一致赞扬："感谢来自中国的北汽，他们帮助我们建设了国家。"

这只是北汽集团服务"一带一路"国家建设、促进基建和互联互通的一个缩影。从中泰铁路到秘鲁公路，从坦桑尼亚中央线标准轨铁路到喀喇昆仑公路，北汽的重卡、中卡、轻卡、皮卡、客车、工程机械等产品往来不息。

遵循共建"一带一路"高标准、可持续、惠民生的目标，北汽集团坚定践行人类命

运共同体理念的责任与担当，包括承担中国政府援助巴基斯坦皮卡警车任务，向缅甸卫生和体育部捐赠负压救护车，援助突尼斯卫生项目、卢旺达国防项目等，北汽身影处处可见，助力相关共建国家减贫脱贫、增进民生福祉。

南非伊丽莎白港马瑟韦尔地区一所幼儿中心门前，土路布满碎石和垃圾，30 多个两三岁的孩子拥挤在两个如同"烤箱"的集装箱里，屋外狂风大作、黄沙漫天。北汽国际公司采购了幼儿园急需的奶粉、尿布、书本、画板等日常用品，将温暖和爱传递给那些身心饱受生活条件困苦和疾病折磨的孩子们。当北汽员工将捐赠品交予孩子们手中时，他们的神情从一开始的羞怯转向信任，并将自己手绘的北汽标志、制作的红丝带赠予每一位善良的中国朋友。像这样，北汽国际多年来持续举办"丝路有爱·I"系列公益活动，以捐资助学、抗震救灾、扶贫济困、环境保护等方式践行志愿者精神，传播超越国界的温暖。

北汽方面表示，从新的历史起点再出发，北汽集团行而不辍，将坚定不移打造"世界北汽"，让更多人认可中国自主品牌汽车，以企业高质量发展成果推进高质量共建"一带一路"行稳致远。

（八）金旅客车：深耕"一带一路"共建国家市场

经过十年发展，共建"一带一路"从夯基垒台、立柱架梁到落地生根、持久发展，已成为开放包容、互利互惠、合作共赢的国际合作平台并生产了很多国际社会普遍欢迎的全球公共产品。与此同时，中国商用车走出去的战略步伐越来越快。中国汽车工业协会数据显示，2022 年，中国商用车出口 58.2 万辆，同比增长 44.9%；2023 年，商用车出口 77 万辆，同比增长 32.2%。其中，货车出口占 80% 以上，居主导地位，为 66 万辆，增长率为 27.3%；客车出口显著增长，为 11 万辆，同比激增 72.8%。金旅客车也紧抓"一带一路"机遇，在共建国家落地生根，迈向高端技术"扬帆出海"的崭新阶段。

传播星球 APP 联合创始人付学军指出，通过参与"一带一路"建设，中国客车企业可以扩大出口规模，增加国际市场份额，提升品牌影响力。这对国内客车产业来说，将促进技术进步和创新，推动产业升级，提高产品质量和竞争力。

IPG 中国区首席经济学家柏文喜则指出，金旅客车作为在"一带一路"共建国家市场布局较完善的中国客车企业之一，其在海外市场上的成功经验对其他中国客车企业起到示范作用，将推动他们更加积极地参与"一带一路"合作，提升国内客车行业整体实力。

1. 共建"一带一路"走出去

进入 2024 年后，金旅客车拿下越南市场、沙特市场两大订单，共 400 辆客车，实现了一季度"开门红"。2024 年 3 月，金旅客车将 207 辆公交车交付越南客户。而事实上，早在 8 年前，金旅客车便投入力量布局越南市场，不断了解当地用户的实际需求。

金旅海外销售公司总经理安敏介绍，吉尔吉斯斯坦是金旅客车 2023 年开拓的全新市场。金旅客车此次出口吉尔吉斯斯坦的订单共 128 辆天然气公交车，分三批交付。这是金旅客车在"一带一路"市场的又一新突破，同时也是欧洲复兴开发银行在吉尔吉斯斯坦提供资金支持的首批客车订单。

该批车辆从位于厦门海沧的金旅客车生产基地驶出，从霍尔果斯口岸出境后，迈出国门驶往目的地——吉尔吉斯斯坦。吉尔吉斯斯坦位于欧亚大陆腹心地带，素有"山地之国"的美誉。作为"丝绸之路经济带"上的重要节点，吉尔吉斯斯坦也是最早支持和参与"一带一路"的中亚国家之一。

而从无到有、从少到多，每一个海外市场的拓展，都充满着艰辛与不易。2021年，吉尔吉斯斯坦批量采购天然气公交车，安敏介绍，当时共有16家客车企业竞标，既有海外知名客车企业，也有国内重量级客车企业，竞争相当激烈。那时，出境难度比较大，金旅客车在哈萨克斯坦的员工，进入吉尔吉斯斯坦，考察当地市场，了解市场需求，在一线做了大量工作。最终，经过多轮角逐，金旅客车凭借在新能源客车领域的多年耕耘与突出成效，成功胜出、拿下订单。

吉尔吉斯斯坦并非只是个例。得益于"一带一路"的开拓，金旅客车在共建国家的深耕布局，早已有口皆碑。

金旅客车相关负责人向记者介绍，作为北非大国，埃及地处连接西亚和非洲大陆的枢纽位置，也是金旅客车在非洲地区最重要的市场之一。金旅客车在埃及市场深挖实干，一步一个脚印踏实发展，从2010年第一台整车销往埃及起，深耕多年，如今埃及当地金旅客车保有量已超33000台。

金旅客车相关负责人向记者表示，目前，金旅海狮已成为埃及民众出行的主力军，有力地改善了埃及民众的交通生活现状，在埃及拥有良好的口碑。与此同时，金旅客车的深耕还带动了当地汽车产业链的发展。2021年，埃及政府为促进本国汽车产业发展，计划大幅降低整车进口量，降低CKD散件进口关税，鼓励汽车工业本土化生产，以促进就业、提高税收，带动埃及本土汽车产业链发展。

金旅客车同埃及当地合作伙伴决定携手合作，开展金旅客车埃及CKD项目建设。金旅客车埃及CKD项目建设过程正值新冠疫情暴发，金旅海外销售团队无畏艰险，勇敢逆行，从产线建设、物料备货发运再到装配工艺指导，"手把手"全程指导，确保项目成功下线。

作为全世界最先进的海狮车型生产线，金旅客车埃及CKD项目满产后生产效率可达到15分钟生产一台海狮车，月产能可达到600台以上。金旅客车有关负责人表示，2015年以来，金旅客车践行"一带一路"倡议，不断将客车业务拓展到多个国家，并根据这些国家的实际情况提供系统性的解决方案。多年的客车出口经验，为金旅在海外市场取得累累硕果奠定了基础。

金旅客车相关人士介绍，2023年，金旅客车在海外市场高歌猛进，客车出口量达到6946辆，同比增长31%，市场份额达到16%，稳居中国客车出口第二位。截至2023年，金旅客车在印度尼西亚、马来西亚、菲律宾、新加坡、泰国、巴基斯坦、哈萨克斯坦、吉尔吉斯斯坦、以色列、沙特阿拉伯、埃及、保加利亚、俄罗斯、蒙古国等20余个"一带一路"共建国家实现销售，出口客车已超过5万台。

2. 政策助推金旅欣欣向荣

共建"一带一路"的风口机遇，也推动了包括金旅客车在内的众多国内客车企业的产业升级。

金旅客车相关负责人表示，我国政府为企业在"一带一路"共建国家开展业务提供了一定的政策倾斜，鼓励中国企业更大力度地"走出去"。另外，随着共建"一带一路"

的深入开展，共建国家竞相制订了与共建"一带一路"相关的发展计划，为双方的合作贸易打下坚实的基础。

金旅客车相关负责人表示，金旅客车将充分利用这些利好因素，实现海外市场的大发展。同时，金旅客车借助共建"一带一路"的有利影响，实现企业的品牌升级。中国的产品由于其物美价廉的特性，越来越受到共建国家的认可，金旅客车将借助这股东风抢占海外市场。

除此之外，金旅客车还积极实施"走进去"策略，即走进海外市场，融入市场，通过产品本地化、人员本地化、合作方式本地化，以更强化自己能抓住的机会，与当地开展更深层次的合作。

金旅客车相关负责人介绍，2013 年，金旅客车首次尝试在俄罗斯建立全资子公司，负责当地市场的销售和售后工作。另外，金旅客车还尝试开展产能合作项目，通过与当地的组装厂合作，拓宽出口渠道，从海外贸易模式转变为资本和技术输出的模式。目前，金旅在埃及、尼日利亚、突尼斯、菲律宾、马来西亚、泰国、埃塞俄比亚等十数个国家都开展 KD 项目（散件组装）。

在付学军看来，通过"一带一路"共建国家出海，中国客车企业可以更好地打开国际市场，拓宽海外业务，同时也能推动中国制造业扩大国际影响力。

（九）Lazada：如何找到出海的密码

借鉴亚马逊模式的 Lazada 网站于 2012 年 3 月在新加坡上线，其最初的商业模式是直接向潜在客户销售服装或电子产品等消费品（B2C）服务。2013 年 Lazada 将网站改为"B2B2C 模式"，为第三方卖家创造在平台上销售商品的机会。随着卖家资源的丰富，Lazada 的业务也逐步渗透进入新加坡、印尼、马来西亚、菲律宾、泰国和越南。但是Lazada 在当地从事电商业务，一方面，受制于复杂的地理条件，物流基础设施相对落后；另一方面，则受限于金融支付条件。比如，印尼有一万七千多个岛屿，道路坑洼是常态，没有统一的路标路牌系统，但印尼被认为是亚洲最具吸引力的数字支付市场之一，2.64 亿人口中约有 91% 拥有手机，但相比数字支付，用户更依赖现金。

Lazada 成立之初便着眼于自建物流，但它同时还面临一个关键挑战，亚洲消费者更喜欢在当地的大型购物中心购物。为了获得更多的资金支持，2016 年 4 月，Rocket Internet将 Lazada 51% 的股份以 10 亿美元的价格卖给了阿里巴巴。一年多后，即 2017 年 6 月，阿里巴巴对 Lazada 的持股从 51% 提高至 83%。2018 年 3 月，阿里巴巴又注入了 20 亿美元。

1. 瞄准东南亚市场，数字经济基础设施先行

从硬件条件来看，中国电商的发展得益于中国良好的基础设施建设，以及为数众多的快递员群体。东南亚地区的情况则完全不同，这里岛屿众多、交通割裂，不少国家的经济发展水平还在提升之中，但智能手机已经在消费者中普及。另一个电商交易的关键要素——金融支付手段，虽然在一些国家银行卡普及率不高，但却呈现出增长的趋势。比如，2014 年，印尼银行账户拥有率为 36%，比 2011 年高出 16 个百分点。印尼用户对于储蓄账户有很强的需求，已经比同类世界平均水平高出 10 个百分点，但这一持卡比例仍有待进一步提升，才能让电商交易更为顺滑。

阿里巴巴在收购 Lazada 后，对自身定位更多的是"补缺"，做当地资源做不了的事，发挥一个合格投资人该有的功能。

首先，阿里巴巴发挥平台技术优势提升 Lazada 的用户体验，2017 年，阿里巴巴通过实施"航海者"（Voyager）等项目对 Lazada 实现全栈技术重构，在 6 个月内将 Lazada 整个电商系统全部升级到阿里技术支撑体系。系统重构带来的是性能和稳定性大大提升。以最细节的平台"页面"为例，页面呈现遵循"3 秒法则"，即如果 3 秒内没有内容展示，流量付费的用户就流失了，而现在 Lazada 平台打开平均只需要 1~2 秒。通过对平台技术的优化，阿里提高了当地用户的使用体验。在项目实施中，阿里巴巴从淘宝、天猫、业务平台、搜索、供应链等各业务单元抽调人员，涉及十几个技术业务单元的协同、技术选型和系统的搭建以及开发，组成独立团队，对 Lazada 进行优化改造。

其次，Lazada 的自研广告算法平台 Phoenix 也对标阿里巴巴 AI 的架构，让整体的搜索、广告和推荐可以更方便地实现和部署在电商系统上，从底层算法支持核心功能。比如，上层的营销场景升级，驱动"货找人"而不是"人找货"，底层算法就要最大化实现推荐系统的功能和商品曝光广度。在这方面，Lazada 提出了"One BP"（Business Partner 业务伙伴）和"One Engine"（一个引擎）的设计理念，即从顶层设计统一的广告平台和统一的引擎框架，为客户提供一致的操作体验，高效解决东南亚电商所面临的不同算法的场景问题。

最后，Lazada 自创立之初便着眼于自建物流，如今在东南亚六国的 17 座城市中建立起了至少 30 个仓库和众多的"最后一公里"配送中心，拥有超过 3000 个自提点，方便消费者选择就近的地点取包裹。

2021 年 8 月，Lazada eLogistics（LEL）和 Lazada Express（LEX）正式升级为 Lazada 物流（Lazada Logistics）。此后，Lazada 物流推出了多渠道物流（MCL）服务，提供一体化的库存解决方案，以帮助电子商务从业者和品牌实现无缝履行订单。无论消费者在 Lazada 还是其他电商渠道下单，Lazada 物流均高效履行和交付所有相关订单。

2021 年 9 月，Lazada 上线了智能补货计划系统 CPFR（Collaborative Planning Forecasting and Replenishment），这套系统会根据商家实际情况，借助 What［哪些 SKU（最小存货单位）要补货］、When（什么时候补货）、How（补货多少件）等多个维度的数字智能来指导商家进行补货。

目前，Lazada 已拥有东南亚第二大 B2C 物流网络，也是东南亚地区电商平台自建的规模最大的物流网络。Lazada 的快递可以送到东南亚六国（新加坡、印尼、马来西亚、菲律宾、泰国和越南）的几乎任何一个海岛、渔村。2021 年 9 月，Lazada 日均包裹量超过 500 万个，其中约 80% 的"首英里"、约 50% 的"最后一英里"配送均通过 Lazada 自营网络履约完成。在物流履约成本上，实现了本土订单包裹平均配送成本下降 20%~30%。

此外，Lazada 早期的创新之一是采用"货到付款"的支付方式。彼时，当地的电子商务平台还未能在东南亚的消费者与卖家之间建立起足够的信任，消费依旧严重依赖现金交易。基于"货到付款"交易方式所建立起来的信任，让 Lazada 在上线短短三年内就实现了超过 10 亿美元的商品交易总额。

如今，Lazada 钱包能够绑定银行卡，为习惯于使用银行卡的消费者提供便捷的支付体验。Lazada 针对电子商务不同发展程度的地区，继续延展出一系列满足差异化需求的服务，既能照顾到用户现有的消费偏好，又能通过直观的解决方案为用户提供数字支付服务。这一实践提升了东南亚电商行业信任度和安全性，也为 Lazada 的长期可持续发展奠定了基础。

2. 物流铺路，更多跨境商品到东南亚市场做品牌

随着阿里巴巴的进入，Lazada 作为电商交易平台的边界得到了拓展。平台上既有东南亚各国家市场的本地电商业务，也有快速增长的跨境业务。目前商家凭借一份合同即可进入 Lazada 的六大市场。在商家入驻后，Lazada 还提供全面的服务生态支持和物流保障计划，帮助商家优化运营策略，梳理物流链路，取得商业成功。

Lazada 联合菜鸟网络打造了如今覆盖东南亚的领先跨境物流网络，包括国内直邮、海外仓备货、国内中心仓发货三种模式，帮助中国跨境商家满足不同类型商家需求，配置不同的物流服务模式。

Lazada 在东南亚的成功运营，为出海的中国品牌提供了良好的基础设施。成立于 2019 年的徕芬科技是新晋国货个护品牌，徕芬高速吹风机的核心价值主张是"科技普惠"。在价格定位上，徕芬瞄准高速吹风机的高价痛点，弥补了中高端吹风机的平价市场空白。在进入东南亚市场时，徕芬发现，东南亚市场 65% 的年轻女性用户群体与目前徕芬高速吹风机的用户画像高度重合，而这类消费人群对于精致生活以及悦己消费的态度往往更加开放。徕芬借助 Lazada 平台，开始渗透进东南亚当地市场，徕芬也成为"同一个技术能够进入不同的市场，从而获得了规模效应"的典型案例。

在露营领域，当国内市场逐渐饱和后，中国露营巨头骆驼（Camel）找到了一个细分的赛道——精致露营。而东南亚多国近十年迎来高速发展，国民生活水平迅速提升，越来越多的娱乐消费得以在东南亚市场立足，户外露营正是其中之一。显然，这条有迹可循的路径与国内对于露营需求的演变不谋而合，也成为骆驼（Camel）将重心对准东南亚市场的原因之一。

当然在不同国家，热销的商品也有差异。在泰国和越南，中国香水深受欢迎，2023 年 Lazada 生日大促前 12 小时销售额同比增长 2000%。中国运动鞋服品牌特步（XTEP）、361 度也在越南和菲律宾大放异彩，销售额同比去年增长近 400%。

同时，为了让东南亚消费者能尽早收到来自中国的跨境商品，2023 年 Lazada 生日大促期间联合菜鸟网络继续提升跨境物流体验。大促第一天，来自菲律宾的消费者下班后下单国货品牌 UGREEN 电脑支架，第二天睡醒后（8：30）即能送达签收。

2022 年 3 月，在 Lazada 十周年生日大促期间，女士泳装类目的跨境商家全站点销售额较上年同期翻了 4 倍，运动相机需求高涨，同比增长达 15 倍，户外露营全站点跨境商家销售额则翻了 3 倍，其中露营类目跨境商家销售额在马来西亚更是增长高达 9 倍。

2021 年，有超过 2000 个中国品牌通过 Lazada 拓销东南亚，中国出海品牌订单同比增长高达 99%。

2022 年 4 月 11 日，Lazada 宣布集团总部及新加坡办公室 Lazada One 正式启用。随着在东南亚地区影响力的日益增长，Lazada 集团新总部的启用有望进一步带动东南亚数字商务生态的蓬勃发展。

（十）海尔：新增“埃及造”，打造出海的中国名片

远在埃及的一个工业园里，作为投资方的中国企业特意为工人们搭建了祈祷室，因为当地工人大多信仰伊斯兰教，每天都要祷告五次。这家中国企业叫海尔，这座工业园就是2023年3月15日在斋月十日城举行奠基仪式的“海尔埃及生态园”。

在海尔埃及生态园奠基前，海尔拿到了埃及政府颁发的“黄金许可证”，这是建立和运营项目所需的所有许可证的组合许可证，相当于埃及投资领域的“最强通行证”。海尔是首批获得埃及“黄金许可证”的公司之一。

海尔中东非供应链总经理王寿荣告诉《商学院》记者，海尔实行“本土化研发、本土化制造、本土化营销”的“三位一体”全球化战略，既为用户体验着想，也为本土化团队着想。

举例来说，在用户体验方面，埃及服饰多搭袍子，洗衣机容量要够大；埃及时有沙尘天气，洗衣机要有速洗功能，而且重点关注排沙排污；新冠疫情之后，健康需求受到关注，冰箱要除菌保鲜，空调要能紫外线杀菌⋯⋯

在文化关怀方面，海尔埃及生态园中埃及本土团队总能感受到企业的尊重与友好。海尔埃及团队给当地工人们建了两座祈祷室，供工人祈祷。工人祈祷前需要净身，祈祷室就配备了能够满足洗手、洗脸、洗脚等清洁需求的设施。祈祷要男女分开，所以，在为男性建一座祈祷室的同时也为女性建了一座⋯⋯

总之，在今天出海的中国企业身上，不仅能够看到技术、品牌的升级，也能看到它们无处不在的文化融合和躬身求学的姿态。

1. “全球造”新增“埃及造”

据了解，海尔埃及生态园总投资额1.6亿美元，占地20万平方米。一期工程主要生产空调、洗衣机、电视三类产品，并将于2024年上半年投产运营。二期工程主要生产冰箱、冷柜，二期工程设计总产能将超100万台。

值得一提的是，自海尔品牌出海以来，已在全球建立起“全球造”体系，如“美国造”“罗马尼亚造”“新西兰造”“泰国造”等，折射出一个庞大又完善的供应链体系。海尔埃及生态园的奠基，意味着在“海尔全球造”的体系内，将新增海尔“埃及造”，此举不仅能满足当地需求，还能辐射非洲、中东、欧洲市场。

显然，企业只有在不同市场做到了本土化，才算真正迈向了全球化。以冰箱为例，海尔的高端冰箱产品极具“全球特色”，包括美国的卡萨帝变温对开门冰箱、欧洲基地生产的意式三门冰箱、泰国的大容积冰箱、中国的法式对开门冰箱、印度的多路风冷冰箱、巴基斯坦的宽体冰箱等。

作为海尔“全球造”的重要节点，海尔“埃及造”的重要性不言而喻。

王寿荣表示，埃及地处“海上丝绸之路”沿线，是最早加入“一带一路”倡议的国家之一，人口超过1亿人，约有2500多万个家庭，当地家电市场规模大约27亿美元，是一个非常重要的新兴市场。

如今，海尔埃及生态园的投产也将带来以下多项利好：一是完善海尔旗下品牌海尔智

家的全球供应链体系。此次在埃及新建生态园，是海尔智家深化中东非市场的关键一步，也是其全球自主创牌战略再提速的又一次具体实践。

二是降低运营成本，提升效率。此前，埃及市场主要依靠进口满足用户需求；今后，将在当地形成标准化、规模化的本土化生产，实现零关税覆盖周边的中东及非洲市场，缩短市场响应时间，带来关税、运输成本等多项利好。

三是可以更好地承接国家战略，落地"一带一路"倡议。埃及是"一带一路"的交汇点。在这里，海尔智家将建造智能化、数字化、柔性化的生态工厂，预计提供超 2000 个就业岗位，促进当地经济发展，从而更好地承接"一带一路"倡议，响应国家战略。

王寿荣补充道，在中东地区，海尔在埃及、沙特、阿联酋等国家成立了贸易公司；在埃及、尼日利亚布局了两个工业园……至今海尔不断拓宽营销与服务渠道，扩大用户触点。

2. "一路生花"

海尔官网数据显示，在"一带一路"沿线区域，海尔设有 38 家工厂，占海尔海外工厂总数的一半，此外还有 11 个工业园及 40 个贸易公司。

其中，在越南，海尔旗下 AQUA 品牌在同奈省边和市建立起冰箱、洗衣机（滚筒和波轮）等产品制造基地，园区建筑面积达 8 万平方米。目前，AQUA 越南洗衣机市场份额位居当地第一。

在巴基斯坦，海尔于 2001 年正式设立工业园。截至 2023 年 5 月，该工业园已有 2 家配套企业及其他产业企业入驻，累计投资过亿元。目前"海尔巴基斯坦"已成为当地市场份额和知名度"双第一"的品牌。

在土耳其，海尔设立土耳其工业园，其面积达 34 万平方米，辐射泛欧市场。到目前，干衣机、洗碗机、厨房电器智能工厂投资约 1 亿欧元，占地 11.3 万平方米，工厂年产能 380 万台。

在罗马尼亚，海尔罗马尼亚冰箱工厂成为欧盟首个 COSMoPlat（全球首家引入用户全流程参与体验的工业互联网平台）互联工厂，占地面积 63000 平方米，年产能 100 万台，配备全自动化生产线，拥有 800 名员工。

在意大利，海尔洗衣机工厂占地 65000 平方米，应用先进的生产工艺，拥有较高的自动化水平，为泛欧洲用户提供智慧互联滚筒洗衣机产品。

同时，海尔在全球市场不断扩大品牌影响力。目前，海尔已建有"10+N"开放创新体系和 33 个工业园，其中国内工业园区 19 个、海外工业园区 14 个。同时海尔已落成 133 个制造中心和 23 万多个销售网络，建成了包括海尔、卡萨帝、统帅、GE Appliances、Fisher & Paykel、AQUA、Candy 七大品牌的集群，产品遍布近 200 个国家和地区。

3. "三位一体"的全球化战略

在海尔历史上，有这样一个案例。1996 年，一位四川农民投诉海尔洗衣机排水管老是被堵，服务人员上门维修时发现，这位农民用洗衣机洗地瓜。用户用洗衣机洗地瓜怎么办？当然是帮助他更好地洗地瓜！了解情况后，海尔的工程师吕佩师带领研发团队立即着手研发"洗地瓜"洗衣机。他们把洗衣机底部做成了螺旋形，同时创新了排水阀和密封结构，确保洗衣机也能正常洗地瓜。一年后，这款产品即实现了量产。

在偌大的中国市场，洗衣机都有如此大的需求差异，海尔扬帆出海时，越发感受到了世界的参差。为此，在以用户体验为中心的理念下，海尔实行"本土化研发、本土化制造、本土化营销"的"三位一体"全球化战略，满足全球用户的个性化体验。

在"全球造"海尔冰箱进入沙特之前，海尔从中国出口到沙特的一款 500 多立升的大冰箱很受当地市场欢迎。原来沙特男人一日三餐都离不开肉，在气温高达 40℃ 以上的沙漠腹地，这些牛羊肉的储存就需要一台制冷好的大容量冰箱。

在中东洗衣机市场，海尔注意到了中东用户对大容量洗衣机的需求，并在 2002 年着手研发大容量洗衣机。10 个月后，海尔研发出了可以一次性洗净 22 件大袍子的洗衣机，产品上市后，很快成为中东市场同容量段洗衣机中的畅销产品。

除此之外，海尔在巴基斯坦推出一次可放入 12 头羊的冷柜；在印度推出大容量冷藏保鲜冰箱；在西班牙推出可以储存大量海鲜的多门冰箱，这些产品都是根据当地的文化特点和用户使用习惯创新推出的。

"蹲下来"看问题是海尔"三位一体"战略的形象诠释，很多看起来简简单单的"原来如此"，实际上只有打破了各种"孤岛"才能让合适的产品来到用户面前。

例如，关注中东地区高温气候下的节能减耗问题，海尔磁悬浮空调为迪拜世博会中国馆定制了热带气候下的全场景空气方案，综合节能达到 50%，在超过 60℃ 环境下依然高效、可靠运行。

聚焦世界欠发达国家和地区因缺电难以获得基础免疫保障的现状，海尔开创出零碳的太阳能直驱制冷技术系列疫苗冰箱，为几内亚、缅甸、吉尔吉斯斯坦、乌兹别克斯坦等 78 个"一带一路"共建国家带去了希望，帮助全球 4500 万适龄儿童接种上安全的疫苗。

几十年来，海尔在冰箱冰柜、厨房电器、热水器、洗衣机、空调、电视等领域有着无数次创新，每一次前进几乎都来自消费者的提醒、来自市场的考验、来自"蹲下来"看问题的姿态。

作为奔赴在海尔出海一线的工作者，王寿荣表示，自己走过了很多国家，包括俄罗斯、厄尔尼亚、尼日利亚、约旦、埃及等，其实当地人是非常欢迎他们的，尤其是在合作方面，你有实力、有技术，别人就会尊敬你。海尔的全球化步伐还在推进，中国出海企业的力量也正坚定地发挥作用，触达全球多个市场，构建起沟通的桥梁。

（十一）传音：从非洲到印度，重新定义智能手机

随着中国手机制造商深圳传音控股股份有限公司（以下简称"传音"）的不断扩张，从非洲大陆到印度，全球智能手机版图正迎来新格局。2024 年第一季度传音手机全球出货量为 2850 万部，同比增长 84.9%，市场份额紧随三星、苹果和小米之后。自 2008 年首次在尼日利亚推出移动设备以来，传音已在非洲市场脱颖而出，成为该地区最大手机供应商之一。

如今，传音旗下品牌 Infinix、Itel 和 Tecno 在非洲市场占有率超过 40%，并将目光转向新兴市场。传音的全球本地化商业战略和对消费者需求的关注，使其成为全球手机市场的重要参与者之一。

市场数据调研机构 IDC 的研报显示，2024 年第一季度全球智能手机出货量同比增长

7.8%。传音位列全球智能手机出货量第四。需要指出的是，传音的出货量几乎全部面向海外，整体出货量为1.94亿部。全年智能手机出货量为9490万部。

1. 非洲市场起步，扩张全球智能手机版图

2008年，传音在尼日利亚出售了第一台移动设备。2017年传音在非洲超越三星，成为该地区最大的手机供应商。

根据水清木华研究中心提供的数据，2006~2007年，非洲地区的手机普及率约为9.4%。传音创始人、波导手机前海外市场负责人竺兆江正是看到了非洲市场的机会，于2008年在拉各斯开设了第一家办事处，开始了对非洲市场的探索。公布数据显示，2023年非洲全洲GDP是3.1万亿美元，同期中国的GDP为17.89万亿美元，仅为中国的1/6，但其人口数量与中国不相上下。

低价策略是传音的制胜法宝，传音售卖的功能机均价在60元上下，而智能机的均价也不到500元。IDC数据统计，2023年传音非洲智能机市场的占有率超过40%，在非洲排名第一。

传音的成功与其清晰的商业战略密不可分。通过采用"全球本地化"商业战略，传音打造了既可以全球销售又可以定制化的产品，重点关注非洲消费者的需求。

针对非洲市场的特点，传音旗下品牌Tecno专注于改善深色肤色曝光问题，在研发过程中投入了大量资金，通过分析数百万张深色皮肤非洲人的照片，了解当地用户的曝光和色温偏好，最终将这些偏好整合到相机设计中。

在埃塞俄比亚，Tecno成为首个推出阿姆哈拉语键盘的手机品牌，拓展了全新的客户群。同时，斯瓦希里语和豪萨语键盘也已加入到传音设备中。

非洲的运营商多达几十家，用户普遍拥有多张SIM卡，而运营商覆盖范围有限，通话费用高。针对这一市场特点，传音推出了双卡双待和四卡四待手机，满足了当地用户一机多卡的需求，迅速占领了市场。

针对非洲地区独特的气候和使用环境，传音还推出防汗防腐技术，开发了环境温度检测电流控制、防汗液USB端口、低成本高压快充技术和超长待机电池等功能，确保产品能在恶劣条件下长时间稳定运行。此外，传音还研制了可连续使用21天的超长待机电池，确保手机待机时间达到半个月以上。

在移动互联网生态构建中，传音依托用户流量和数据资源，致力于开发适应非洲网络环境的移动互联产品，重点在离线模式场景下进行产品技术创新和本地化运营。2023年10月，传音与联合国非洲经济委员会签署合作备忘录，共同推动非洲的数字化转型。

传音与网易、腾讯等国内领先互联网企业展开出海战略合作，共同开发和孵化移动互联网产品。截至2023年底，传音旗下音乐类应用Boomplay、新闻聚合类应用Scooper和综合内容分发应用Phoenix等月活用户数均超过1000万。Boomplay是深耕非洲市场多年的领先音乐流媒体平台，新增了音乐游戏、直播、音乐人赋能平台等功能。Scooper作为非洲顶尖的信息流与内容聚合平台之一，增设自制节目以提升当地创作者的参与度。Phoenix则根据用户洞察和本地化能力，推出多项针对新兴市场用户的本地化功能，成为非洲最受欢迎的手机品牌之一。

为保持产品低价优势，传音"牺牲了"高附加设备，以功能手机替代了智能手机，

但仍允许用户使用一些常用的应用。

在非洲市场取得成绩之后，传音开始进军其他新兴市场。2024年2月26日传音披露的投资者关系活动记录表显示，传音最初进入非洲市场时便取得了较高且稳定的市场份额，后来逐步扩展至南亚地区，在巴基斯坦和孟加拉国市场也取得了较高的市场份额。近年来，传音进一步拓展了东南亚、拉美、中东、东欧等市场。

根据IDC数据统计，2023年传音在巴基斯坦智能机市场占有率超过40%，排名第一；孟加拉国智能机市场占有率超过30%，排名第一；印度智能机市场占有率为8.2%，排名第六。

2. 进军印度

在非洲、巴基斯坦、孟加拉国市场取得成功后，传音将目光投向了印度。传音的两个品牌Infinix和Tecno在印度的市场份额分别为3.1%和2.9%。一个令人津津乐道的故事显示，在印度北方邦北部小镇沙赫根杰（Shahganj）的路边电子商店中，摆放着三星、小米等知名手机品牌的盒子。然而，最近许多顾客选择了一个名为Tecno的品牌，因为他们认为这个品牌提供了更高性价比的产品。

Tecno广受欢迎的2024款Spark Go售价约为7000卢比（约85美元），配备了三个摄像头，其功能类似于iPhone。店主表示，那些预算较高的顾客不会去找他们，而会去大型零售商那里购买三星、OPPO、vivo等品牌。

据悉，传音于2016~2017年在印度诺伊达建立了制造厂，并雇佣了了解当地市场的本地领导团队。Transsion的两位销售和产品开发团队高管表示，在印度生产的传音智能手机中，70%是在诺伊达工厂生产的，其余由迪克森科技和印度电子公司BPL生产。

传音针对印度市场专门设计了一系列机型，以满足当地消费者的需求，以及与竞争对手的主流机型竞争。2017年传音推出了五款智能手机，其生物识别触摸传感器即使在手指沾油的情况下也能正常工作，以适应印度人用手进食的习惯。

进入印度市场以来，传音推出新机型和营销其品牌时显得十分谨慎，在产品发布方面，传音品牌比较保守，推出新机型的速度并不快。然而，这种情况在2023年发生了变化。据该公司印度首席执行官阿里吉特·塔拉帕特拉（Arijeet Talapatra）透露，2023年前8个月，该公司推出了17款Tecno机型，并计划再推出13款。2023年底，传音还以Itel为品牌推出了印度市场上最经济实惠的5G手机。

对于未来，传音表示经营计划包括持续打造非洲市场核心竞争力，通过数字化投入、渠道模式创新、零售店形象升级等措施加固"护城河"，推进本地化运营。同时，公司将持续开拓新市场，重视新市场的可持续发展，努力提升市场份额并保持健康的运营势态。多品牌协同开拓新市场，进行深度用户洞察和产品适配，优化渠道选择，整合与协同中后台资源，实现销量突破，巩固及提升重点新市场的份额。

除了手机领域，传音也在扩大产品范围方面有所布局。竺兆江表示，借助传音在手机领域的丰富经验和渠道优势，公司正在积极发展家电、数码配件等业务。目前，传音已经创立了数码配件品牌oraimo、售后服务品牌Carlcare以及家用电器品牌Syinix。在Syinix官网上，传音在家电领域已经拥有完整的产品线，包括电视、空调、冰箱、洗衣机、音响和微波炉等产品。

在传音的 2023 年度暨 2024 年第一季度业绩说明会上，竺兆江表示，通过本地化商业模式和产品创新，传音致力于为消费者提供多元化、互联互通的软硬件产品和体验。他指出，传音目前的商业生态模式已初步成型，包括手机、移动互联网服务、家电、数码配件，未来具有较大的发展空间。

（十二）地卫二："智驭太空"，计算卫星出海

2024 年 5 月 10 日，地卫二空间技术（杭州）有限公司（以下简称"地卫二"）官宣一则新合作：近日其与巴林国家航天局（巴林王国官方太空技术科研和产业发展机构）和阿曼兰斯公司（阿曼主权基金旗下新一代人工智能航天企业）签署合作协议，三方将致力于打造新一代的星上算法体系，推动人工智能应用在太空的部署。

地卫二是一家全球化的太空智能卫星公司，成立于 2021 年，业务涵盖智能卫星研制与销售、AI 技术应用与服务、分布式云计算星座服务（包含太空 APP 开发、算力服务两种模式）。以卫星为载体实现太空计算，提供数据和算力服务是地卫二的核心业务特征。作为一家生而全球化的公司，地卫二如今的海外业务资源覆盖中东、东南亚、非洲和南美地区共 40 多个国家。

2024 年 9 月，地卫二将完成对西亚国家阿曼苏丹国（以下简称"阿曼"）的商业订单交付，这将是阿曼的首颗卫星，也是地卫二向海外国家交付的第一个商业卫星订单，标志着地卫二成为中国首个实现商业卫星出海的民营商业公司。地卫二市场方案总监李则明表示，这是一个重要的里程碑。它既是中国公司推动科技平权和合作共赢的例证，也是人类描绘太空经济璀璨蓝图的进一步探索。

1. 商业卫星的海外需求

越来越多的中东国家希望将太空技术本地化，建立本国的太空发展体系。

地卫二创始人兼 CEO 温卓明在创业之前曾任中兴通讯集团副总裁，员工中很多人也都有丰富的通信行业工作经验。公司成立之前，创始团队在沙特阿拉伯、阿联酋、阿曼等中东国家和部分北非国家已积累了 20 多年的业务拓展经验，销售过程中，他们发现这些购买通信设备的国家也同样有购买卫星的需求，这为地卫二的创立打下了良好的市场基础。

李则明表示：当地的农业、渔业、气候和能源监测都需要用到卫星资源，为此，很多海外国家纷纷规划并筹备卫星项目来进一步发展本国的航天工业。比如，卢旺达、加纳等十几个非洲国家都在积极筹备地面站、卫星等的建设，以期解决慢性饥饿、水污染等可持续发展问题，中东和东南亚地区的国家也普遍有几十颗甚至上百颗的卫星发射需求，但因缺乏技术和人才，有些国家并没有本土服务商能够为其提供相应的服务，这就给他们进入这些国家提供了土壤。

航天工业，作为高科技集聚、经济带动能力强的产业，无疑是典型的高精尖产业。在中国，发展商业航天已经被纳入发展新质生产力的内涵之中。在海外，很多国家也纷纷建立了本国的航天工业发展规划。例如，沙特阿拉伯在"2030 愿景"（致力于发展多元化经济，摆脱对石油等能源的经济依赖）框架下，于 2018 年成立沙特航天委员会并启动国家太空计划，2022 年进一步成立最高太空理事会；2018 年埃及成立航天局，致力于太空技

术和火箭发射能力建设；阿联酋推出"2030国家太空战略"，目标是将阿联酋打造成太空科学研究和商业应用的主要中心之一；2023年初，阿曼发布国家太空政策，计划用10年时间使太空业成为阿曼发展可持续经济的重要支柱。

《人民日报》援引资料提到，2023年中东国家的太空公共支出达到14亿美元，约为2010年的两倍，预计2032年将达到27亿美元。另据太空技术咨询公司"欧洲咨询"发布的最新报告，中东国家过去更多是卫星解决方案的终端用户，如今越来越多的国家希望将太空技术本地化，建立本国的太空发展体系。

除了经济上的考量，建立航天工业上的主动权也是很多第三世界国家发力太空战略的关键因素。据悉，在中东、非洲、南美洲等地区，地卫二的商业竞争对手主要来自于欧美国家公司，获得航天工业上的主动权一定程度上也能助力国家在政治上的独立和自主。更重要的是，近地轨道的卫星轨位有限，目前公认的数量是6万颗，而仅马斯克投资的SpaceX公司一家就计划在2019~2024年部署由4.2万颗卫星组成的星链，抢频占轨的紧迫性日渐增强。

李则明说，2024年向阿曼交付的商业卫星无论对阿曼还是对中国都意义重大。对阿曼来说，这是该国拥有的第一颗卫星，是其航天史上具有开拓意义的一颗卫星，推动并见证了阿曼航天技术的发展，意味着未来该国在航天领域甚至是其他相关领域将获得更多的所有权和主动权。对中国来说，这是一次输出中国优质技术成果、助力航天技术欠发达国家建设卫星基础设施的动作，旨在通过更加市场化的方式推动科技平权。

2. 推动太空数据共享普惠

阿曼是阿拉伯半岛最古老的国家之一，石油、天然气是阿曼的支柱产业，但其并不愿意始终依赖传统能源。2016年，该国颁布可持续国家发展战略阿曼"2040愿景"，将环境保护视为优先发展事项之一，并计划在2050年实现碳中和。

为了推进碳中和计划，阿曼决定统计本国一共有多少棵树，传统的做法是当地政府雇用人力一棵一棵去数，但这样效率低，成本还高。2023年8月，地卫二与阿曼最高学府——阿曼苏丹卡布斯大学达成卫星相关合作。为了数树，地卫二开发了一套AI算法模型，阿曼苏丹卡布斯大学教授带领学生在此基础上进行再开发，最终部署在中国的卫星上进行测量，结果准确率高达98.9%以上。

地卫二的技术团队综合了人工智能和航天工程两大专业背景，地卫二算法领域首席科学家康亚舒曾在美国中部交通研究中心做算法研究员，此外，技术团队内多位成员来自浙江大学微小卫星研究中心，该中心从2000年起就开展了皮纳卫星整星、测控通信、姿轨控制、星间通信及编队组网等领域的研究工作，是我国微小卫星发展的"摇篮"，温卓明也曾担任浙江大学微小卫星研究中心的副主任。

为了提供更本地化的服务，地卫二在阿曼、沙特阿拉伯、埃及等海外地区都设立了当地办事处或合资公司，李则明说："例如，我们在阿曼组建了合资公司，聘请了很多阿曼本地人去参与和负责地卫二在当地的业务。我们能真切地感受到本地员工对今年这颗卫星的发射充满期待。就在前不久，一位阿曼员工来到公司杭州总部参观学习，这是阿曼国内第一个系统性接受航天知识培训的工程师。我们也已为中亚、中东、南美、东南亚、非洲等区域的本地员工、伙伴提供过技术培训。可以看到，他们对于航天技术的学习是非常渴望和迫切的，这些国家也非常欢迎中国公司在当地建立合资公司。"

目前，地卫二的出海地区主要以"一带一路"共建国家为主，例如，东南亚的马来西亚、泰国、印度尼西亚，中东的沙特阿拉伯、阿联酋、阿曼、巴林、伊拉克、土耳其，非洲的南非、埃及、埃塞俄比亚、卢旺达、科特迪瓦、肯尼亚，南美洲的智利，等等。选择出海地时，地卫二会着重考虑当地国家政权的稳定程度、与中国的双边友好程度以及当地是否有实力较强的合作伙伴来提供相应支持。

对于地卫二来说，与"一带一路"共建国家合作是中国公司积极响应共建"一带一路"倡议的方式，这也将为相关国家提供切实的帮助。2023 年 8 月，阿曼苏丹卡布斯大学电子与计算机工程系主任艾哈迈德·马什里接受新华社记者专访时说，阿中两国科技合作有助于阿曼实现"2040 愿景"，推动阿曼的数字化转型，展示了国际合作和技术交流的巨大潜力。

截至 2023 年底，地卫二的海外收入约是国内收入的两倍。李则明介绍，国内市场的发展已比较成熟，公司主要从事数据服务和 AgentGPT 服务。相比之下，海外市场目前仍处于需要加快搭建基础设施的阶段，因而，地卫二出海时，不只是自己出海，也会带着配套地面站建设、数据服务提供商等相关产业链一同"打包"出海，这一举措也会带动我国商业航天产业链的出海发展。从长远看，海外业务的拓展将进一步助力地卫二"星上算法共乘计划"的推进和实现。地卫二的远期畅想是打造全球领先的分布式云计算星座，形成空天信息智能计算的基础设施平台，为全球用户提供通用、普惠、可靠的太空计算服务，打造支撑未来航天任务的太空云计算系统。

李则明说，就好比我们在太空中用卫星组一张网，每一颗计算卫星都是一个节点，接入一颗卫星就能实现一次太空云数据的协同，算力也可共享使用，最终形成共享星座。就像互联网一样，只有当全世界连接在一起，数据才能流通流转，发挥价值，共商、共建、共享的内涵就在于此。

（十三）疾风知劲草，国产服务机器人加速出海

近期，塞尔维亚最大连锁超市品牌 MAXI 成功引入了 Scrubber 50 机器人。在 MAXI 的 30 多个门店中，这款机器人独立承担起大约 3000 平方米的门店保洁工作，极大减轻了人力清洁工作的负担。与此同时，在奥地利的艾森斯塔特公园酒店，机器人葫芦（Ketty）、好啦（Hola）、贝拉（Bella）、闪电匣（Flash）和清洁机器人 CC1 也各司其职，承担起打扫卫生、配送物品和餐食以及迎宾服务等工作，并与顾客亲切"交流"。

值得一提的是，这些在全球各地忙碌的服务机器人都源自于中国。它们由中国企业精心打造，并迅速进入日韩、西欧、北美、东南亚等地区的市场。特别是在日韩地区，由于地理和文化的接近，中国制造的服务机器人受到了热烈欢迎，市场发展的速度也相对更快。根据韩国机器人产业协会的数据，活跃在韩国职场上的服务机器人，超过七成由中国制造。

从家居助手到餐饮服务机器人，中国制造的服务机器人在国内市场已取得显著的成绩，并在全球市场中展现出巨大的潜力。因此，越来越多的企业开始将视线转向海外，寻找新的发展机会。

1. 服务机器人卷向国外

服务机器人出海，最早是从"扫地机器人"开始的。早在 2017 年前后，石头科技、科沃斯、追觅科技等企业通过扫地机器人逐步布局海外市场，引领了服务机器人企业出海的"1.0 时代"。

石头科技相关负责人表示：从 2016 年石头科技决定出海，到 2017 年正式进入全球化市场，海外布局之初，并没有一下就进入很多的国家和地区市场，但从后台的数据情况来看，很多没进入的市场，也有用户在激活数据、在使用其产品。用户对于优质的产品和领先的技术有很高的期待，反过来推动其快速地进入这些市场。根据石头科技发布的 2023 年财报，公司境内营业收入为 44.11 亿元，占总收入比重为 51%，境外营业收入为 42.29 亿元，占总收入比重为 49%。其中，境内毛利率为 49.26%，而境外毛利率高达 61.65%。

IDC 研究分析指出，2023~2027 年，全球智能家居市场规模将持续增长，其动力来自于对便利性、能源效率和安全性的需求。据 IDC 预测，到 2027 年，全球智能家居市场的规模将超过 10 亿美元，复合年均增长率（CAGR）为 5.6%，北美、欧洲和亚太地区将持续增长，全球扫地机的市场容量将增长至 2320 万台。正是石头科技、科沃斯这些先行者的榜样力量、海外市场的高溢价，使众多服务机器人企业开始布局出海业务，在它们看来，不出海可能就意味着出局。根据国际数据分析机构捷孚凯（GfK）报道，截至 2022 年底，国产扫地机器人已占据 50% 以上的海外市场份额，其中，在东南亚和欧洲的市场，国内扫地机器人的市场份额更是分别达到了 68% 和 55%。

除了以"扫地机器人"为代表的家用服务机器人在海外打得火热，以餐饮/酒店配送机器人为代表的商用服务机器人也在国际市场快速发展。比如，擎朗智能的产品已先后进入美国、加拿大、英国、法国、意大利、日本、韩国、新加坡等 60 余个海外国家和地区，在全球餐饮配送机器人市场的占有率非常高；普渡科技与韩国公司 VD Company 在 2018 年建立战略合作伙伴关系，将普渡科技的智能送餐机器人"欢乐送"和高端送餐机器人"贝拉"引进韩国市场，到了 2021 年，公司产品在韩国市场的占有率已达到了 90%。在韩国餐饮领域服务机器人市场上，70% 的产品由中国制造。云迹科技的酒店服务机器人系列产品已入驻全球超过 25 个国家 1 万多家酒店，包括洲际、万豪、希尔顿等知名酒店集团。

2. 如何参与全球竞争

在美国亚马逊平台上搜索"扫地机器人"会发现，销量排行榜前十的品牌中有 80% 的品牌来自中国。一直以来，美国的家庭服务机器人公司 iRobot 连续多年把持着全球 50% 以上的市场份额，然而随着中国品牌的崛起与出海拓展，其行业第一的位置已变得岌岌可危。Euromonitor 数据显示，2012~2021 年 iRobot 全球销量市场占有率已经从 83% 左右下降至 30% 左右。

根据魔镜 2023 年数据，在美亚平台上，国产品牌石头科技着重布局高端市场，不乏800~1000 美元以上的单品。而 iRobot 的定位主要在 500 美元以下市场，其在售的高端产品（600 美元及以上），如干湿分离机型 j7+ 以及 S9+、i4+ 系列，销量占比为 13.9%，相比 2022 年下滑 4.7%。在 800 美元以上的高端市场，石头科技、iRobot 的销量市场占有率分别为57.3%和26%。在1000美元以上价格带，iRobot几乎没有布局产品或者没有全基站的产品，消费者在1000美元以上价格产品选择空间有限，而石头科技几乎完全占据了这一价格区间的市场份额。

同时，iRobot在500美元以下的核心战场也备感压力，它不仅需要面对本国对手Shark的竞争压力，还需要防范新进入者的替代效应，比如，科沃斯子品牌yeedi稳住了500美元以下价格带，且安克旗下的Eufy、科沃斯旗下的Lefant等品牌还继续下探到了300美元以下的中低价格带。

总的来看，国产扫地机器人品牌出海主要沿着两条发展路径，一是利用供应链及成本优势在低价格带站稳脚跟，让潜在用户不必付出太高的成本就能体验产品；二是基于研发迭代侧的势能，将产品体验做到极致，由此把握高端市场。

对于石头科技在高端产品上汇聚的"势能"，石头科技相关负责人表示，中国扫地机器人品牌（不仅仅是石头科技）已经实现了对海外龙头企业的追赶甚至超越，目前产品力已领先行业。比如导航、避障、全能式基站、伸缩式机械臂等都比国外品牌的智能体验更好，相当于一代新的技术，用户体验会更加优秀。石头科技在海外的优势主要是技术创新，智能扫地机器人是需要持续迭代创新的产品。

正如国内商用服务机器人头部厂商擎朗智能创始人兼CEO李通所说：以前中国出口的机器人产品可以达到海外先进产品70%的性能、50%的价格；现在则是以150%的性能、80%的价格与海外机器人企业竞争，中国产品正变得更有竞争力与性价比。

此外，石头科技相关负责人表示，未来石头科技会继续朝着产品本地化运营和渠道销售本地化运营两个方向去布局企业的能力建设。产品本地化运营能力的建立，首先，体现在对于不同国家、不同市场消费者的消费习惯、功能需求的洞察。针对不同的市场，石头科技能够因地制宜地提供满足当地用户需求的产品，比如北美市场的需求主要集中在扫地机器人产品上，他们可能更关注"扫"这一功能；在中国大陆地区、亚太地区，用户可能更关注"拖"这个功能，针对这些市场，石头科技会推出有针对性的产品去满足不同市场的需求。

其次，石头科技在全球设立了很多分支机构，就是希望能够更贴近当地的消费者，更能够深入地洞察用户的需求。从去年开始，石头科技推出了双螺旋胶刷的产品技术，这一类产品技术就是针对欧美家庭对地毯部分清洁的需求，这是一个刚性需求，产品推向市场以后，也取得了非常好的销售成绩。

最后，是渠道本地覆盖运营能力的建立。与大多数服务机器人出海企业类似，石头科技在出海之初，主要通过与一些较大的跨境客户和贸易伙伴进行相应渠道的覆盖，来快速进入一些线下渠道。但是，随着市场规模的提升，石头科技开始更加关注线上电商自营能力以及独立站的开拓和发展能力。同时在欧洲、北美、亚太地区，公司都会设立当地的办公室，实现本地化的经营和推广，从而真正意义上满足全球化出海业务发展的需求。

中国服务型机器人在海外占据明显优势，一方面，得益于健全的产业链，另一方面，得益于中国在人机交互、导航等领域做得"既便宜又好"。石头科技相关负责人表示：未来仍然看好扫地机器人在全球市场的发展。目前扫地机器人的市场占有率和家庭渗透率非常低，在发达国家为10%，其他国家可能只有5%左右。随着科技和人工智能的发展，未来这个行业的这个品类还有非常巨大的潜力。

需要注意的是，尽管中国商业服务机器人在国际市场上具备诸多优势，但在全球扩张过程中仍面临挑战。上海交通大学机器人研究所副研究员闫维新强调，法律法规的差异、应用环境的多样性以及对刚性需求的准确把握是中国机器人企业需要重点应对的问题。特别是在进入发达国家市场时，由于这些地区机器人技术和产品的准入门槛较高，中国商用服务机器人企业首先需要关注如何完成产品认证，获得当地市场的准入许可。这要求企业不仅要具备强大的技术实力，还需要深入了解目标市场的法律法规和文化习惯，以便更好地适应市场需求并实现可持续发展。

（十四）中国汽车零部件制造产业链抱团出海案例

2024 年是中国与匈牙利建交 75 周年，2024 年 5 月国家主席习近平圆满结束对匈牙利的国事访问。作为共建"一带一路"倡议的重要参与者，匈牙利因其完备的汽车工业体系，正吸引着越来越多的中国汽车上下游企业入驻。

中国汽车工业协会副秘书长陈士华对《商学院》记者表示，除了中国市场，新能源汽车在欧洲、南美和东南亚市场都有广阔的发展空间，这给汽车零部件产业的海外配套带来了新机遇，从华朔科技、双环传动和泉峰汽车三家汽车关键零部件企业身上，可以看到中国汽车制造产业链出海企业的雏形。

1. 华朔科技：海外布局助力进击"主力供应商"

2024 年 2 月，浙江华朔科技股份有限公司（以下简称"华朔科技"）的匈牙利工厂一期工程完工，并开始试运行。参与筹建该工厂的华朔科技匈牙利分公司工程总监张太鑫对《商学院》记者说：欧洲地区的客户希望中国供应商能实现本土化供应，他们按照客户的需求进行了几个国家的实体考察后，最终选定了匈牙利。

华朔科技是一家以新能源汽车核心零部件研发制造为一体的高新技术企业，公司在底特律、慕尼黑等城市都设有办公室。张太鑫表示，匈牙利工厂于 2022 年 4 月开始在匈东部城市德布勒森建设，一期工程于 2023 年 2 月完成，现在已开始试运行。

工厂选址当时考虑了德布勒森、凯奇凯梅特等 4 座城市，最终相中了德布勒森充沛的能源供应，以及德布勒森大学和其他齐备的职业技能学校可以提供的人才与教育资源。同时，德布勒森制定了详细的投资激励政策，还设有专门的项目经理去跟进对每家企业投资激励的评定与发放，这些投资激励不仅有税务减免，还包括一些现金支持。

在张太鑫看来，匈牙利工厂的投产为华朔科技的全球供应能力打下基石，为其全球化的产能布局提供有力保障，当然也带来了很多新的客户机会。捷豹路虎公司得知华朔科技投建新的生产基地之后，就开始与其进行积极沟通，目前双方的新项目正在协同开发中。这意味着华朔科技又新增了一位全球化大客户，并已然开始了新项目的早期合作。

张太鑫强调，新能源汽车的核心零部件设计研发，与传统汽车差异非常大，零部件制造厂商与整车品牌厂商在新项目上的早期协同设计经验非常重要，这需要很长时间的积累，同时这种协同对后续零部件的设计优化、成本降低和人才队伍培养都至关重要。目前，华朔科技已经与很多全球化汽车客户进行了早期协同开发，同时采取各种手段降低供应链成本。例如，华朔科技会选择德国 SW 公司这样的全球性企业合作，首先，华朔科技在国内工厂一直在使用 SW 的机床设备，它的全球化支持和来自匈牙利子公司的本地响应，从供应时间、成本上完全符合要求。其次，SW 配合华朔科技进行了设备工艺性适应升级，能够更好地实现产品成本以及质量控制的目标。

2017 年，华朔科技转型为电动汽车核心零部件供应企业，是中国较早转入该领域的企业之一，在先发优势之下，专注电动汽车车身轻量化这一细分市场，并已取得一定的市场优势。新能源电车的研发与投产一般在 1~2 年，甚至更快。为应对全球供应链的变化以及新能源电车的快速迭代的挑战，华朔科技设立的匈牙利工厂，无疑增强了其全球化快速响应能力。《隐形冠军》的作者赫尔曼·西蒙曾在接受《商学院》记者采访时坦陈，2/3 的隐形冠军企业会提前十年，甚至提前更长的时间确定未来的技术发展路径。从这一点上看，华朔科技初见雏形。

2. 双环传动：将"绿色工厂"建设进行到底

中国汽车核心零部件企业"抱团出海"匈牙利的第二家企业，是浙江双环传动机械股份有限公司（以下简称"双环传动"）。2023 年 11 月 17 日，双环传动匈牙利子公司投资奠基仪式在亚斯费尼绍鲁市举行，该厂区预计于 2025 年实现标准化生产，2026 年形成新能源汽车齿轮传动部件的规模化产能。

双环传动创建 40 多年来一直专注于机械传动核心部件——齿轮及其组件的研发、制造与销售，已成为中国头部的专业齿轮产品制造商和服务商之一。双环传动客户中世界 500 强企业以及各业务领域头部企业占比近 60%，业务已遍布全球，成为包括采埃孚、康明斯、卡特彼勒以及上汽、一汽等在内的国内外知名企业的供应商。

该公司匈牙利项目总监王宾廉对《商学院》记者表示，作为首次出海的中国企业，匈牙利为双环传动在欧洲发展提供了良好的土壤。在王宾廉看来，从产品出口到产能出海，加速并深化企业国际化转型是双环传动发展的必经之路。几乎与所有出海企业一样，双环传动在出海布局欧洲当地产能时，也考察了好几个国家，最终选定在匈牙利设立生产基地，主要是因为该国位于欧洲中心腹地，不但劳动力成本及关税成本低，还可以提供便捷的物资运输条件。当然，汽车产业链配套也是它的优势。

目前匈牙利全国共有 740 多家汽车及零部件生产企业，世界上最大的 20 家汽车制造商之中有 14 家在匈牙利设有整车或零部件生产基地，包括奔驰、奥迪、宝马等。匈牙利也成为中国和德国之外，第三个拥有世界三大豪华车企制造工厂的国家。另外，世界上最大的 100 家汽车零部件厂家中，一半以上在匈牙利设有工厂。这些情况都对双环传动有着强烈的吸引力。

双环传动最终选定的亚斯费尼绍鲁市距匈牙利首都布达佩斯 60 千米。其入驻的赫尔曼奥托路一号工业园可称作"万国工业园区"，韩国三星、蒂森克虏伯等知名企业都在这里选址。能聚集这么多世界知名企业，侧面反映了匈牙利对工业企业的支持力度。首次海外投资建厂的双环传动斥资 1.22 亿欧元，建设 2.6 万平方米厂房，包括机加车间、装配车间、热处理车间、仓库等。

然而，中国企业在匈牙利投资设厂并非易事。匈牙利语作为小语种，对中国企业获取当地政策信息带来了一定难度。中国贸促会、商务部等国家级资源平台，为出海企业提供了翔实的海外投资报告，包括政治、经济、人口等。由中国银行牵头，中资企业协会、中国驻匈牙利大使馆等都提供了充足的信息和资源共享，这也为中国企业"抱团出海"提供了可能。

在双环传动匈牙利子公司投资奠基仪式上，中国驻匈牙利大使龚韬表示，2024年中匈两国迎来建交75周年，两国关系已进入历史最好时期。匈牙利拥有完备的汽车工业体系，对新能源汽车产业尤为重视，而双环传动在全球新能源汽车齿轮领域拥有良好的知名度与市占率。双环抓住时代机遇，在匈牙利投资建厂，将为客户提供更好的属地化服务，加速自身全球化发展。

值得注意的是，2035年欧盟范围内只允许新能源电车销售，向绿色制造转型正成为双环传动的优势。

据王宾廉介绍，在工厂厂房设计前期，已经规划了在屋顶设立储能光伏，引进完全清洁能源，并准备将绿色工厂建设进行到底。今后将应用更多环保建筑材料，从而实现绿色制造的终期目标，碳排放要求完全响应欧盟标准。王宾廉表示，绿色制造，是目前全球汽车行业对于产品要求的整体趋势。

双环传动顺利在匈牙利建厂，除了得益于自己40年的沉淀和国际化人才培养，还离不开EMAG（德国埃马克集团）的支持。据了解，EMAG积极协助很多中国汽车零部件生产企业进入国际市场。双环传动从2014年开始与之合作。在出海方面，EMAG除了国际化人才支持外，还帮助中国企业更快地熟悉欧洲市场和搭建人际关系网络，加深文化理解等。

王宾廉表示，这也体现了国际化公司的软实力，在这方面，双环传动在全球化进程中一直在努力学习。

3. 泉峰汽车："双向培训"制胜海外工厂

2023年11月3日南京泉峰汽车精密技术股份有限公司（以下简称"泉峰汽车"）的欧洲匈牙利生产基地历时两年完成了基建，成为中国汽车零部件制造企业出海欧洲的又一典型案例。

泉峰汽车主要从事汽车关键零部件的研发、生产、销售，逐步形成了以汽车热交换零部件、汽车传动零部件、汽车引擎零部件以及新能源汽车零部件为核心的产品体系。自成立以来，公司发展态势良好，于2019年5月22日在上海证券交易所主板上市。

泉峰汽车于2020年11月4日在匈牙利米什科尔茨登记注册全资子公司——泉峰汽车精密（欧洲）有限公司（以下简称"匈牙利项目"）。匈牙利项目占地8公顷，总建筑面积30500平方米，建设5条生产线，是泉峰汽车为满足欧洲市场客户需求进行的产能扩建。

在决定出海的时候，泉峰汽车的海外订单占到订单总量的40%左右，且海外订单中80%来自于欧洲市场。为此，泉峰汽车决定建立其第一家海外生产基地，来缩短与欧洲客户之间的距离。通过对多个国家调研，泉峰汽车认为匈牙利是最好的选择，因为匈牙利对吸引企业投资比较主动，同时又是欧盟国家，其地理位置相对于泉峰汽车的欧洲客户而言距离适中。匈牙利项目副总经理史嘉琦对《商学院》记者表示：海外建厂能够更快、更好、更优质地为客户提供服务，毕竟在汽车行业中快速反应是一项硬性条件。

在欧洲建厂难免会遇到挑战。第一个挑战就是供应链的建立，包括原材料、零部件以及生产设备的供应。史嘉琦表示，泉峰汽车积极地寻求匈牙利当地供应商或者覆盖内的供应商来匹配，从而保证供应链完善。

第二个挑战就是生产技术和生产能力的传递，相对于供应链保障，这项挑战更加难以应对。泉峰汽车目前的主要解决办法是双向培训。在产品研发初期，匈牙利技术团队会被派遣到中国总部，与中国的技术团队一起进行产品开发和试产，让匈牙利技术团队在第一轮培训中对企业和生产技术有初步的了解。之后，生产线转移到匈牙利后，中国的技术和生产团队会被派到匈牙利工厂，对匈牙利团队进行二次技术交接和二次技术培训，并与后者一起进行试生产和陪产。过程中，伴随着问题的再发现和再解决，技术能力和生产经验会形成沉淀。史嘉琦认为，对匈牙利团队进行二次培训是非常重要的，这可以让产品顺利、可靠地在匈牙利工厂落地和量产。

除了上述两个挑战，在企业文化、安全管理、环保和碳排放等方面，泉峰汽车也遇到了一定的困扰。史嘉琦说：在国内泉峰汽车能够为客户提供 24 小时快速响应服务，在欧洲的话会打一些折扣。当然，快速反应的过程中如何优化、如何改善，其正在逐步推进。

王宾廉表示，从单一作战到组团作战，身边越来越多的中国企业愿意来匈牙利投资。作为出海企业代表之一，他更希望看到，未来数年能够为汽车零部件产业带来重塑的机会。

王宾廉说，在全球汽车市场上，以前是德国汽车企业在哪儿开厂，其他企业就紧跟其后。这种由西向东的流向，未来有可能会转变为由东向西，也就带来了产业链重构的可能性。

中国汽车工业协会秘书长陈士华则未雨绸缪：中国汽车产业积淀了几十年，日渐成熟。目前我国如火如荼的新能源汽车市场有近 200 家新能源汽车企业，未来将面对产品快速迭代和产业链集成的大考，大浪淘沙之下，会缩减至 10 家左右。产品更安全、更节能、更环保、更智能，这是永恒的主题。

第二篇

投资指南及法律风险预警

第五章　老挝

一、中老经济法律关系概述

（一）老挝基本情况介绍

1. 地理位置

老挝，全称"老挝人民民主共和国"，是东盟十国中唯一的内陆国。纬度约在北纬14°~22°，经度约为东经100°~189°，国土面积为23.68万平方千米。老挝北部与中国云南的滇西高原接壤，东部老、越边境以富良山脉构成高原，南部与柬埔寨以孔埠瀑布分界；西北、西南分别与缅甸、泰国隔湄公河相望。老挝境内河流众多，湄公河及其支流构成老挝最重要的水系网络，湄公河在境内河段约1900千米，由北及南贯穿老挝。老挝地势北高南低，按照国土形状由西北向东南倾斜。境内80%为山地和高原，且多被森林覆盖，有"印度支那屋脊"之称。

2. 行政区划

老挝的行政区划由省级、区/县/市级、村级行政区组成。省级、区/县/市级行政区分别设省一级、区/县/市一级政府，村为最小单位的行政区划，村级行政区设立村委会，属于准政府机构。

老挝自北向南分为上寮、中寮和下寮，共有17个省（分别是丰沙里省、琅南塔省、波乔省、琅勃拉邦省、乌多姆赛省、华潘省、沙耶武里省、川圹省、赛宋本行政特区、万象省、波里坎赛省、甘蒙省、沙湾拿吉省、沙拉湾省、色贡省、占巴塞省、阿速坡省）和1个直辖市（万象市）。万象又名"永珍"，是老挝的政治、经济、文化和科研中心，也是世界上为数不多设于国境边界附近的首都之一。老挝其他主要经济中心城市有老挝北部的古都琅勃拉邦市、中部的沙湾拿吉市以及南部占巴塞省的巴色市。

3. 人口数量

老挝地广人稀，截至2023年1月，老挝总人口为758万。根据数据显示，老挝人口在2022~2023年增加了10.5万（+1.4%）。老挝49.6%的人口是女性，50.4%的人口是男性，老挝人口的中位年龄为24.3岁。其中，37.9%的人口居住在城市，62.1%的人口居住在农村地区。[①]

4. 政治制度

老挝实行社会主义制度，老挝人民革命党是老挝的唯一政党。1975年，老挝人民革命党推翻君主制，建立了老挝人民民主共和国。1991年，老挝第一部宪法《老挝人民民主共和国宪法》明确规定，老挝人民民主共和国是人民民主国家，全部权力归人民所有，在执政党老挝人民革命党领导下，各族人民行使当家做主的权力。在老挝，党领导政府，政府内部的行政领导通常是党组织成员，即党政机关中最高领导的一体化。

5. 政府机构

老挝国会既是国家最高权力机构又是老挝的立法机构，负责制定宪法和法律。政府委员会（内阁）是国家最高行政机关。并且，在老挝人民革命党领导下，老挝建立了民族统一战线组织。[②]

老挝地方政府分为三级：省级、县（区）级和村级，此外，在必要的情况下，可以根据国民议会的决议建立一个特殊区域。老挝省级行政区设省一级政府，区/县/市级行政区设区/县/市一级政府，村级行政区设立村委会。老挝各省的下一级行政区划一般称为县，首都直辖市万象市较为特殊，其下设区一级政府，行政级别等同于老挝各省行政区下的县市一级政府。村为最小单位的行政区划，其设置的村委会属于准政府机构，享有一定的行政管理权，但非严格意义上的政府。

6. 语言文化

老挝语又叫"寮语"，作为官方语言，与汉语同属汉藏语系。历史原因，老挝语言政策的发展被打上了殖民主义的烙印。法国撤离后，法语仍是老挝官方与国外进行交流的语言，这一现象在20世纪80年代老挝实行革新开放政策后，逐渐被英语热潮代替。另外，地理因素原因，泰语对老挝影响也很深。此外，当前汉语教育在老挝发展迅速。老挝语言种类多达230种，[③] 但作为东南亚最具语言多样性的国家，老挝的民族语言并未受到有效的保护。

7. 民族宗教习俗

老挝是一个多民族的国家，有50个民族，分为四大族群：老泰族群、孟高棉族群、汉藏族群、苗瑶族群。老挝宗教文化十分浓厚，佛教文化在老挝盛行，琅勃拉邦省是老挝国内最具佛教文化的省份。目前在老挝，除了佛教外，其他三种在老挝有组织的宗教是基督教、伊斯兰教和巴哈伊教。

由于深受佛教文化影响，老挝人见面一般用合十礼来表示打招呼致意，国家庆典、商店开业、逢年过节、迎宾送客，也都要请和尚来诵经，老挝人的婚事和丧事文化也与佛教文化息息相关。在办喜事的当日，新婚男女需要斋敬僧侣，听经礼佛，并且要参加完整的佛教仪式。治丧期间，不会哭啼哀悼，仅会听僧侣诵经以默哀的方式缅怀逝者。社交禁忌方面，老挝人认为人的头部是人体最高的部位，也是最神圣不可侵犯的灵魂所在，所以非

---

① 昆明市商务局. 老挝近期相关商务信息［EB/OL］. https：//swj. km. gov. cn/c/2023-04-13/4721882. shtml，2023-04-13.

② 啊湖（PHAXAYSITHIDETVANNAXAY）. 老挝地方政府机构改革研究［D］. 长沙：湖南大学，2020.

③ 张梦. 老挝的语言政策与语言现状研究［J］. 文化创新比较研究，2023，7（14）：37-40，49.

常忌讳别人触碰头部。

老挝的传统节日泼水节，是老挝佛历新年（也称"宋干节"），几乎是老挝全年最隆重的节日，泼水节期间，当地人拜佛、浴佛、泼水、栓线、布施、堆沙、放生等。随处可见人们相互庆贺、互相祝福，用水洗刷掉过去一年的疾病、灾祸与不快，祈求来年雨水充沛、五谷丰登、诸事顺利。此外，还有高升节、迎水节、送水节、龙舟节等。

8. 自然资源

（1）矿产资源多且开发程度低。老挝位于中南半岛中部，因为板块碰撞会形成丰富的矿产资源，有着充足的铁矿、铜矿、铝矿和钾矿等矿产资源。目前，老挝已发现有铁、金、铜、铅、锌、钼、锑、锡、锰、铝土矿、钾盐、石膏、煤、高岭土、叶蜡石、宝石、石墨、石棉、滑石、石灰岩和石英砂等20余种有一定开采规模或潜力的矿产。其中，金矿、铜矿和钾盐是现阶段的三大重点资源。老挝矿产资源分布广泛，勘探开发程度较低，矿产资源具备巨大找矿前景和开发价值。近年来，外国投资持续涌入老挝，老挝境内正掀起矿业投资热潮。

（2）水电资源丰富。老挝是东盟地区水能蕴藏量最丰富的国家之一，绝大部分水能源自湄公河干流及其主要支流。同时，境内山地多、河流落差大，具有较好的水电开发条件。老挝提出了打造东南亚"蓄电池"的发展定位，致力于发展电力产业，加快水电站建设，并促进太阳能、风能等各种替代能源的开发。

（3）农林资源条件良好。老挝属热带和亚热带季风气候，林木种类繁多，生长茂盛。林木种类万余种，木材蓄积达16亿立方米。上寮地区高原、平原较多，地势较为平坦，有上百万公顷广阔的草地、草场和数百万公顷的山地丛林，发展畜牧业条件比较优越。由于老挝湄公河流域地区湖泊、水库、沼泽地众多，污染程度小，水质良好，水草丰富，很适宜鱼类繁殖，为水产业发展提供了十分广阔的水面和优越的条件。老挝整体农林资源条件良好。

9. 重点/特色产业

（1）采矿业。过去对矿业的投资已成为老挝社会经济发展的重要力量，2022年矿业出口为国家创收8.04亿美元。从老挝矿产资源的潜力来看，政府多年来一直允许投资者或开发商开采，以期为国家创收，帮助解决人民的贫困问题。矿产虽多，但也经不起无休止的开采。许多采矿项目没有得到政府的许可，对环境和老挝国家资产产生了较大的影响，老挝政府于2012年下令第13号令暂停采矿许可证，直到2016～2017年恢复采矿许可证。近期根据老挝媒体报道，老挝国民议会副议长Sommat Phalse-na在2023年7月11日召开的第九届国民议会第五次常会上宣布了十年矿产发展战略（2021-2030年）和2035年愿景的审议结果。矿产工作明确划定禁止区域和为子孙后代保留的战略区域，政府还将研究拨款用于地质矿产测绘工作，以评估经济效益并确定各类保护区、禁区的范围。

（2）农业。农业是老挝经济的重要支柱。老挝降水丰富、热量充足，自然条件适合发展农业。中部和北部地区土壤肥沃，适合耕作；东部和南部地区以山地为主，适合林业和畜牧业发展。水稻是老挝最主要的粮食作物，种植面积占全国农作物种植面积的85%。全国超过70%的居民种植水稻，基本实现自给自足。老挝主要出口木薯、咖啡、香蕉、大米等农作物，进口精制动物饲料、精制糖等加工农产品。

（3）电力。近年来，老挝积极开发电力能源，在满足国内用电需求的同时，努力扩大电力出口。据老挝《万象时报》报道，2016~2020 年，老挝电力出口增长 145%。电力连续多年对老挝国内生产总值贡献率超 10%，在出口总额中约占 30%。目前，老挝已实现对泰国、越南、柬埔寨等周边国家电力出口。其中，泰国作为老挝最大的电力贸易伙伴之一，双方共有八个输电项目正在按合约进行。新加坡也与老挝签署了框架协议，探索通过泰国和马来西亚将老挝的水电出口到新加坡。近年来中国企业与老挝电力行业不断加强合作，助力老挝能源发展和出口。

（4）铁路。过去，老挝曾是东南亚唯一一个没有铁路的国家。2015 年，中老两国正式签署了中老铁路合作协议。2021 年 12 月 3 日，中老铁路正式开通运营。截至 2023 年第二季度，中老铁路已累计运输货物近 2000 万吨，同时也承载了约 1500 万人次的旅客。除了直接的运输效益，中老铁路也带动了老挝的交通基础设施建设、贸易物流发展以及产业布局调整，逐渐释放出越来越多的利好效应。

（5）旅游业。老挝保留了较多的原始自然风貌，2013 年 5 月，老挝被欧盟理事会评为"全球最佳旅游目的地"。近年来，老挝的旅游业发展迅速，已经成为国家经济的重要支柱之一。老挝拥有丰富的自然景观，为探险和生态旅游提供了良好的条件。此外，老挝在湄公河沿岸还有许多美丽的小岛和沙滩，吸引着大量游客。在文化旅游方面，老挝的历史悠久，拥有多个文化遗址；还拥有多元的民族文化，各民族的传统节日和习俗也吸引着大批游客前往。

（二）老挝经济贸易概况

1. 发展规划及经贸状况

2021 年 3 月 26 日老挝第 9 届国会通过《老挝国家经济与社会发展第九个五年（2021-2025）规划》（老挝"九五规划"）。该规划关注维持经济高质量、稳定和可持续增长，培训适应发展需要的人才，提高人民生活水平，加强基础设施建设并高效利用，发挥优势并增进区域和国际合作等六大目标，经济特区的设立为老挝达成目标提供了强劲支撑。当前，老挝正处于"九五规划"。

老挝是世界上最不发达的国家之一。根据世界银行统计数据显示，1984~2022 年，老挝 GDP 基本表现为增长趋势，尤其是进入 2010 年之后，GDP 进入一个快速增长期，直至 2020 年达到峰值 189.8 亿美元。但受新冠疫情等因素影响，自 2020 年起，老挝 GDP 有所下降。2022 年，老挝 GDP 总量为 157.2 亿美元（见图 5-1）。[①]

中国为老挝兴建基础设施等项目提供了充足的资金援助，解决了老挝政府的资金困难问题，有效促进了老挝的经济增长。中国为老挝带来资金的同时也为老挝带来了技术和人才支持，铁路修筑技术、科技领域人才等为老挝第三产业、金融服务以及产业结构优化提供了动力，为老挝向现代化发展创造了条件。

---

① GDP（现价美元）-Lao PDR［EB/OL］. 世界银行，https：//data. worldbank. org. cn/indicator/NY. GDP. MK-TP. CD？locations＝LA.

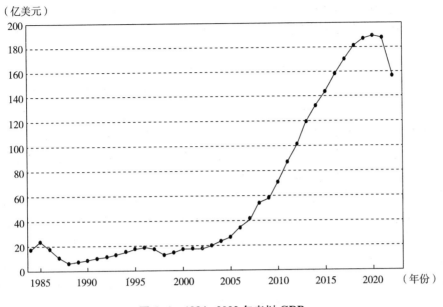

（亿美元）

图 5-1　1984~2022 年老挝 GDP

2. 基础设施状况①

亚洲开发银行 2016 年的一项研究表明，到 2030 年，东南亚需要在能源、交通、电信和水利基础设施方面投资约 2.7 万亿美元。这大约是该地区年度 GDP 的 6%，欠发达国家的实际需求更高。老挝的需求明显高于地区平均水平：据估计，到 2030 年占 GDP 的 10.2%。

由于国内资金有限，老挝的基础设施发展在很大程度上依靠双边和多边捐助者的援助以及外国直接投资。采矿业和水电是老挝经济增长的主要驱动力，占老挝 2018 年外国直接投资（FDI）的 80%。水电领域的主要参与者包括中国、泰国和越南。其中，大部分是由私人公司承担的，但老挝历来依赖于官方发展援助（ODA），如赠款和低息贷款，2018 年占总投资的 10% 以上。

中国、日本和韩国是老挝较大的双边捐助国和债权国。中国已成为老挝最大的外国捐助国和投资者，中国的铁路和公路投资与老挝由内陆国的"陆锁国"转变为"陆联国"的国家战略相吻合。在老挝开展基础设施活动的主要多边机构包括世界银行、国际金融公司（IFC）、亚洲开发银行（ADB）、亚洲基础设施投资银行（AIIB）和日本国际协力机构（JICA）。

（1）电力设施状况。据老挝能源与矿产部信息中心消息，老挝共有 94 个 1MW 以上的发电厂。其中，水电站占 80% 以上。2022 年，老挝全国共有 96 座发电厂。1MW 及以上发电厂 94 个。其中，水电站 81 座，太阳能发电站 8 座，生物发电厂 4 座，燃煤火力发电厂 1 座。总装机容量为 11661.14MW，总发电能力达 58813.42 吉瓦/年。

---

① 睿耐拓资讯. 市场行情——老挝能源及基建发展状况 ［EB/OL］. https：//mp. weixin. qq. com/s/-2VbBLyJM2ms-1bP2NKkxw，2021-04-13.

尽管老挝约70%的发电能力用于出口，但国内需求一直在迅速增长。老挝是东盟国家中人均用电量最低的国家之一，但在2013~2023年以年均14.5%的速度迅速增长。

在老挝，电力部门涉及各种利益攸关方。在所有项目（运营、在建、计划）中，泰国是老挝发电部门的最大投资者，拥有12984MW发电能力的全部或部分所有权（水力发电10567MW、煤炭发电1817MW、风力发电600MW）。中国以8063MW（水电6863MW、太阳能1200MW）的全部或部分发电能力排名第二。越南排名第三，拥有2380MW的水电。在美国、韩国、日本、法国等其他9个国家注册的公司，以及几个欧洲国家也对每个超过100MW的发电项目拥有全部或部分所有权。

根据第九届新经济发展战略（2021—2025年）的初步构想，关键目标是充分关注现有的社会经济发展潜力，以便摆脱最不发达国家的地位，到2030年实现可持续发展目标。

（2）交通状况。老挝是一个内陆国家，但它位于中国、泰国、缅甸、柬埔寨和越南之间的中心位置，这意味着它在区域过境中发挥着重要作用，并为它发展为一个交通枢纽提供了机会。全国政府力求通过提供高效和可靠的运输基础设施，便利跨境贸易和过境，将老挝从一个内陆国转变为一个与中南半岛各国相连的国家。

公路服务了老挝绝大多数的客运和货运，根据老挝政府的记录，2014年老挝全国公路网里程约为5.15万千米，比2010年增加了30%。老挝现有的项目涵盖了6410千米的国道、4882千米的国道升级工程、1367千米的铁路和446千米的高速铁路。

尽管公路对经济活动至关重要，但现有公路网中只有约16%铺了路，老挝境内的亚洲公路网（提供老挝境内和邻国之间的骨干连接）的87%以上被评为或低于最低的理想标准。此外，约40%的村庄缺乏全天候道路。大部分的公共投资都被用于扩建交通网络，而不是升级或维护现有的道路。

曾经在老挝，铁路基础设施几乎不存在。中国政府于2013年提出并主导的"一带一路"倡议，为推动沿线国家的经济社会发展和民生改善发挥了重要作用。2021年12月3日，中老铁路正式通车。中老铁路全长超过1000千米，全线新建车站50个，全线历经11年艰苦建设（中老铁路昆玉段2010年开工建设，玉磨段2016年开工建设）。它北起中国云南昆明，南至老挝首都万象，是首条采用中国标准、中老合作建设运营，并与中国铁路网直接连通的境外铁路。它为老挝当地创造了超过11万个就业机会，通车后，昆明到万象可实现10个半小时通达（2023年7月25日全程运行时间由10小时30分缩短至9小时26分）。这标志着中老铁路在促进区域互联互通的过程中扮演越来越重要的角色。

（3）工业状况。工业在老挝经济中发挥重要作用，截至2019年，工业占国内生产总值的比例上升至30.9%。虽然与服务业（42.2%）和农业（31.3%）相比，工业对劳动力的占比相对较低，仅为14.1%，但老挝作为中国和许多其他快速增长的东南亚国家之间的纽带，激励了许多促进互联互通的产业倡议的发展。截至2023年上半年，老挝共有22个经济特区、12个机场、沿湄公河有20多个小型码头、中老铁路全线设33个车站。

（4）航空运输。老挝有11个机场，其中4个——琅勃拉邦、万象、巴泽和萨凡纳赫提供国际服务。这 4 个国际机场的运量占全国运输总量的 2%，预计入境国际旅客约 116 万人。新机场的升级和建设主要是为了促进旅游业的发展。然而，老挝在直飞、中程和长途航班方面落后于东盟的许多其他国家，并依赖曼谷机场和其他区域枢纽进行中转。

（5）经济特区。为了促进产业发展和区域供应链支持，老挝已批准设立了 22 个经济特区（截至 2023 年上半年）。这些经济特区为租赁土地用于工业开发的公司和在区内投资经营的公司提供了有利的投资条件。其中 5 个获得许可的经济特区支持万象周围的工业化，而其他的位于全国的战略边境地区。5 个特区租给了中国公司拥有所有权和经营权，这些特区占地 244 平方千米，占老挝经济特区总面积的一半以上。其他拥有经济特区全部或部分所有权的国家还有越南、泰国和韩国。

3. 贸易环境①

（1）贸易总量。据老方统计，2019 年老挝进出口贸易总额 116.04 亿美元，超计划 2.77%。其中，出口额为 58.64 亿美元，同比增长 8.39%；进口额为 57.40 亿美元，同比下降 1.84%，贸易顺差 1.24 亿美元。未来几年老挝需要更多的外汇来进口货物，贸易赤字的上升可能会导致老挝国内汇率和外汇储备的波动。

（2）贸易结构。老挝出口商品以矿产品、电力、农产品、手工业产品为主，主要进口工业品、加工制成品、建材、日用品及食品、家用电器等。当前，老挝出口商品主要有电力、铜制品、木粉和饮料等；进口商品主要有柴油、铁及铁制品、钢筋、车辆、机械、电器和电器器材等。

（3）主要贸易伙伴。中国是老挝的主要贸易合作伙伴，据 2022 年 4 月发布的公开数据显示：老挝前五大出口国包括中国（1.37 亿美元）、越南（1.06 亿美元）、泰国（6500 万美元）、澳大利亚（3200 万美元）、瑞士（1400 万美元）；前五大主要进口国分别为泰国（2.38 亿美元）、中国（1.57 亿美元）、越南（4700 万美元）、美国（1800 万美元）、日本（1200 万美元）。

（4）特许权。老挝作为联合国认定的最不发达国家之一，享受联合国给予的优惠市场准入和商品贸易优惠等特许权。全球 38 个国家和地区将老挝列为其普惠制的受惠国，其中，欧盟给予老挝其普惠制中最高层次的优惠，对进入欧盟市场的所有老挝商品免关税和无配额限制。中国给予老挝特殊优惠关税待遇，对 459 种老挝商品免除其进口关税。

4. 金融环境

老挝的金融环境相对宽松，原本严格的外汇管制政策也在逐渐放宽，目前老挝外汇管理规定，允许在老挝注册的外资企业在老挝银行开设外汇账户，用于进出口结算，但外汇的进出仍然需要向老挝海关和政府申报。

老挝的债务负担相对较高。根据世界银行数据，截至 2021 年 12 月，老挝拥有 13 亿美元的外汇储备，然而直到 2025 年，老挝每年需要偿还的外债总额就差不多等于这个数

① 参见商务部国际贸易经济合作研究院、中国驻老挝大使馆经济商务处和商务部对外投资和经济合作司联合发布的《对外投资合作国别（地区）指南　老挝（2020 年版）》第 23 页。

· 173 ·

额，即国内总收入的一半左右。2022 年 6 月，中国国际贸易促进委员会浙江省委员会发布消息提醒，目前老挝现金储备减少，正面临债务违约的风险。

（三）中国—老挝投资贸易概况

1. 双边贸易

中国是老挝第二大贸易伙伴，2018~2022 年，两国双边贸易额超过 159 亿美元，年均增长 15.9%。老挝主要从中国进口机械、电器、设备、汽车零部件、钢材等；向中国出口的产品包括混合黄金、铁矿石、木材、家具产品、纸制品、化肥、乳胶、香蕉和其他水果。

2. 投资情况

近年来，中国对老挝的投资项目逐年增加，达 600 多项，中国已成为老挝最大的对外直接投资来源地。就行业、领域来看，中国对老挝的投资主要集中在公路、铁路建设等基础设施项目和电力、采矿之类的劳动密集型产业，农业也是中国投资的重要产业。[①]

3. 货币互换协议

2020 年 1 月 6 日，中国人民银行与老挝银行签署了双边本币合作协议，允许在两国已经放开的所有经常和资本项下交易中直接使用双方本币结算，有利于进一步深化中老货币金融合作，提升双边本币使用水平，促进贸易投资便利化。

4. 中老投资政策环境

1988 年 12 月，中国与老挝签署了《中老贸易协定》《中老边境贸易的换文》等文件，自中老签订以上文件以来，两国之间的政治、经济关系也很快步入了正轨。随后，中国与老挝于 1993 年签订了《中华人民共和国和老挝人民民主共和国政府关于鼓励和相互保护投资协定》，该协定的目的是加强两国经济领域的交流与合作，促进两国之间的投资，最大程度地保护投资和中国企业的利益。2009 年 8 月 15 日，在第八次中国—东盟经贸部长会议上，中国和东盟双方代表共同签署了中国—东盟自贸区《投资协议》。该协议通过相互给予国民待遇、最惠国待遇和投资公平公正待遇，提高投资相关法律法规的透明度，创造了一个自由、便利、透明及公平的投资环境，并为企业的发展提供充分的法律保护，从而进一步促进了投资便利化和逐步自由化。

同时，为了更好地吸引和鼓励中国企业来投资，老挝自 2002 年起积极推进经济特区建设，到 2020 年已经在老挝国内建成 10 个经济特区和 29 个经济专区。经济特区是指由政府决定设立、有专门的行政管理机构的地区，以满足利用高科技、环保、出口生产及进口替代吸引资金的需求，在农产品生产、清洁生产、节约自然资源和能源中利用新科技，以保持可持续发展。

---

① 王新哲，周永胜，马鹤方. 中国对外直接投资促进老挝经济发展探究［J］. 南宁职业技术学院学报，2022，30（5）：54-60.

二、老挝法律制度概述

老挝自 1975 年 12 月 2 日成立之日起，老挝执政党即老挝人民革命党就开始探索具有老挝特色的社会主义民主法治建设道路。老挝的法律体系采用成文法体例，国会高度重视立法工作，不断制定和完善符合国情和各时期实际的法律法规。1991 年 8 月，老挝颁布实施首部《老挝人民民主共和国宪法》，并分别于 2003 年和 2015 年进行修改。进入 21 世纪，老挝法律体系建设进程逐步加快，尤其是 2016 年以来的法律体系建设工作成效尤为显著。2016~2021 年，老挝制定或修改的法律共有 92 部。目前，老挝已颁布实施的法律法规已构成较为完善的体系，涉及政治、经济、文化、社会、外交、国防、治安和环保等各个领域。老挝国会官方网站 2023 年 9 月最新列举老挝现行实施的法律位阶层面的文件清单 182 部。182 部法律并非完全独立，存在相同法律不同时期的修订版本，但数量较少，忽略不计。根据该清单，老挝现行的法律位阶层面与民事和经济类相关的法律数量较多，182 部法律中大约有 40 部，占比近 1/4。就法律内容来看，经济类法律中对有关外商投资、海关、外汇、关税、进出口等相关的法律修订较多，基本趋势为吸引外商投资、促进本国经济发展。另外，从各法律发布或修订的时间来看，现在仍在适用的 20 世纪 90 年代的法律仅有 1 部，即 1998 年的《农业法》；此外，2000~2009 年的法律约 14 部，2010~2019 年的法律约 132 部，2020 年之后颁布或修订的法律约 33 部。上述时期颁布或修订法律的数量反映出，老挝在 2010 年之后立法形势突飞猛进，结合老挝 GDP 在 2010 年之后大幅增长的客观事实，基本符合经济基础的发展决定着法的发展变化，法又反作用于经济基础的法理。

（一）投资法律制度

1. 投资法律体系

老挝于 2009 年在世界银行的协助下，将原《国内投资法》和《国外投资法》合并，统一为新的《投资促进法》，随后又于 2011 年 4 月颁布了《投资促进法实施条例》，对《投资促进法》的具体条文进行了详细解释。2016 年 11 月颁布了新修订的《投资促进法》。修改后的法案共有 12 个部分，109 个条款，适用于在老挝境内投资、开展经营的国内外个人和法人及前往境外投资的国内投资人。本次修订完善了各类投资促进政策、投资形式和种类、程序，以及土地管理费等内容，并新增扩大投资关税政策、特许经营投资人、关于投资方面的各级政府通过权、投资一站式服务等内容，对促进外国投资者到老挝进行投资有很大积极意义。[①]

老挝不断促进外商投资，这一点也反映在外资准入领域法律规定的变化上。内容方面，基本沿用 2012 年老挝总理令颁布的《管控经营类一览表》《保护经营类一览表》《禁止经营类一览表》《外国投资者有条件限制的经营类一览表》等对老挝外商投资准

---

① 王珏. 老挝外资准入法律制度研究 [D]. 昆明：云南财经大学，2018.

入行业的细化规定框架，但老挝外商投资行业方面的限制性规定随着社会经济的发展不断细化和完善；投资期限方面，经历了 1994 年《管理和促进外国在老挝投资法》规定的 15 年、2005 年修改规定的 50 年（特殊情况经政府同意可以延长到 70 年）、2009 年《投资促进法》规定的"除专项法规另有规定外，对一般经营项目投资期限不作限制性规定，特许经营项目和经济特区、经济专区的投资期限最长不超过 99 年"，以及 2016 年最新修订的老挝《投资促进法》中将特许经营项目如土地、矿产、电能、航线、电信等的最长投资期限由 99 年减少至 50 年（特殊情况并经过该省政府或国民议会同意的，可延长特许经营项目的投资期限）；审批程序方面，2009 年《投资促进法》规定特许经营许可证、代表处设立许可证、经济特区特许经营许可证等需要在不同渠道办理，2016 年新版《投资促进法》规定上述许可证可以通过一站式投资服务办公室统一办理，可以看出老挝外商准入审批流程正在不断精简，符合老挝加大鼓励外商投资的目标。

目前老挝国内和外商投资适用一套相同的规则，主要包括以下法律规定：《投资促进法》（2016 年颁布）；《企业法》（2013 年颁布，2023 年新修订）；《劳动法》（2013 年颁布）；《商业竞争法》（2015 年颁布）。

此外，一些特殊法规也适用于国内和外国投资者，如 2018 年颁布的《经济特区法令》。不过需要注意的是，尽管国内和外国投资者适用统一的法规，在特定行业和活动方面外商投资仍然有些特殊限制。

2. 投资管理部门

政府是集中、统一管理全国范围内投资促进工作的管理人，授权计划投资部门为直接责任人，并主动和其他部门及有关的地方政府协调。老挝工贸、计划投资部分别负责外国投资中的一般投资、特许经营投资和经济特区投资。投资促进管理委员会是由政府设立的一个委员会，以便履行投资的促进和管理工作。

3. 外商投资及企业设立

（1）投资形式。根据老挝 2016 年修订的《投资促进法》第 26 条至第 31 条，投资方式有 5 种类型。①国内或国外投资人独资是国内或国外投资人的投资（在老挝的某一经营或某一项目中可以是 1 人或多人）。②国内投资人和国外合资是国内投资人和外国之间的共同投资（开展经营、拥有共同产权并在老挝法律项下成立新法人）。合资人的组织、活动、行政管理、权利和义务在合资合同和该新法人的章程中予以规定。至于该形式投资的外国人，其出资额不得低于总投资的 10%。③按合同联营投资是外国法人和国内法人通过联营合同共同经营的一种方式，包括公共成分和私人成分。具体是根据老挝的法律规定，在一定的时间内，没有必要在老挝设立新法人或分支，但该合同必须明确规定各方相互之间的权利和义务以及对政府的权利和义务。在该联营合同签字的国内法人，必须向一站式投资服务办公室通报，以便确认和按规定管理，并且必须在合同执行地的老挝公证处给予公证。④国企和私企的合资是在老挝法律项下成立新法人，开展经营、拥有共同产权的国企和私企之间的合资。国企和私企共同投资人的组织、活动、行政管理、权利和义务必须在合资合同和该新法人章程中予以规定。⑤公共成分和私人成分共同投资是在合资合同项下，为组织实施新建设项目、改善基础设施或提供公共服务而进行的公共成分和私人成分之间的合资经营。公共成分和私人成分共同投资的部门、条件、程序、投资形式已做出专门规定。

政府根据有关法律规定的不同情形，可以在特许经营权经营中参与持股。

（2）投资准入限制①。老挝对下列行业禁止投资：

各种武器的生产和销售；

各种毒品的种植、加工及销售；

兴奋剂的生产及销售（由卫生部专门规定）；

生产及销售腐蚀、破坏良好民族风俗习惯的文化用品；

生产及销售对人类和环境有危害的化学品和工业废料；

色情服务；

为外国人提供导游。

下列行业由老挝政府专控：

石油、能源、自来水、邮电和交通、原木及木材制品、矿藏及矿产、化学品、粮食、药品、食用酒、烟草、建材、交通工具、文化制品、贵重金属和教育。

下列职业为老挝公民专门保留：

工业手工业部门：制陶；金、银、铜及其制品的打制；手工织布和编纺刺绣；工厂的织布、缝纫工作；竹篾、藤凉席的制作；佛像、木雕制作；玩具的制作；棉或木棉服装和被褥的制作；铁匠；电焊工。

金融部门：金、银、铜及其有价物品的销售。

商业部门：流动和固定零售；成品油零售。

财政部门：财务监督或提供财务服务工作。

教育部门：为外国人教授老挝语。

文化部门：老挝传统乐器制作；手工字母排版；各种广告牌的设计和制作；各种场所的装修。

旅游部门：导游和导游的分配。

交通、运输、邮电和建设部门：各种运输车辆的驾驶；建筑行业的各种载重车（推土机、自卸车等）的驾驶；铲土机、平地机、打夯机、挖土机的操作；各种信件、报纸、文件的发送；密码工作；汽车美容。

劳动和社会服务部门：普通工人、清洁工、保安；为外国人提供家政服务；美容、烫发和理发；文书和秘书工作。

食品部门：米线制品的生产。

老挝对国产水泥、钢筋、洗洁净、PVC 管、镀锌瓦、水泥瓦实行保护政策。

（3）投资期限。根据老挝 2016 年修订的《投资促进法》第 40 条、42 条，对投资期限有如下规定：

一般经营不限制投资期限，有关部门规定投资期限的情形除外。

---

① 参见商务部国际贸易经济合作研究院、中国驻老挝大使馆经济商务处和商务部对外投资和经济合作司联合发布的《对外投资合作国别（地区）指南　老挝（2020 年版）》第 34 页。

特许经营权的投资期限，根据有关的法律、行业的种类、经济技术可行性研究报告、规模、金额、条件而定，但最高不得超过 50 年。特许经营权的投资期限，可以根据国会、政府或省级人民议会的决定延期。

（4）设立企业手续。

1）设立企业形式。老挝《企业法》规定的法人形式包括个体企业、普通合伙、有限合伙、一人有限公司、有限公司（或称为私人公司）和公众公司。在老挝开展外商投资可以采用外国独资或与国内投资者进行合资的方式。外商投资的企业形式可以采用上述任一企业形式，但是由于部分行业存在国内投资者的最低持股比例的要求，因此这些行业的外商投资无法采用一人有限公司的形式。由于实体组织所需的简单管理机构，几乎所有的外商投资企业都是有限责任公司的形式。

关于公司的注册资金，老挝《投资促进法》第 52 条、53 条有如下规定：特许经营权的注册资金不得低于总投资的 30%。投资于一般经营的外国投资人，自获得投资之日起 90 日内至少引进注册资金总额 30% 的资金，其余部分按《企业法》和其他有关法律执行。根据相关法律法规，资本可以以现金和（或）实物形式输入。现金和（或）实物资本的进口需要老挝人民民主共和国银行根据相关法律法规认证的证明文件。

2）注册企业受理机构。《投资促进法》明确区分了不同部门的监管职责，老挝工贸部负责非特许经营活动的审批，计划和投资部负责特许经营活动的审批。工贸部向企业颁发企业登记证明以批准普通企业的设立，计划和投资部向企业颁发特许经营注册证以批准特许经营企业的设立。

3）注册企业主要程序。向老挝计划和投资部及其下属省/直辖市计划和投资厅或者老挝工业贸易部及其下属省/直辖市工业贸易厅申请外国投资许可证；《投资促进法》对投资许可证制度进行了较大修改，取消了对拟开展"普通经营活动"的外国投资主体应取得投资许可的规定。

递交申请后 10 个工作日获得批复（如未获批准将有书面说明）。

（5）"一站式"投资服务。为简化投资手续，吸引投资，老挝建立了"一站式"投资服务。

老挝《投资促进法》规定，"一站式"投资服务提供投资审批、颁发营业执照或颁发专营权承包许可、给予投资者通报函等。"一站式"投资服务建立如下部门：①对于专营权承包及经济特区和经济专区的"一站式"服务设在计划投资部门；②对于普通投资的"一站式"服务设在工业与贸易部门；③对于经济特区的投资"一站式"服务设在经济特区和经济专区里。

老挝对外商的投资实行投资促进管理委员会"一站式"的审批制度，其受理投资者的所有文件，审批和依法向有关部门申请各种执照，禁止投资者或中介直接把各种文件拿去与各有关部门联系。未经投资促进管理委员会授权的人员，包括国家干部、公务员或公、私组织的中介。投资促进管理委员会有权召集政府各部门和有关省来商议，共同审批。

4. 投资优惠政策及鼓励措施

（1）投资优惠行业。老挝鼓励外国投资的行业，分别是出口商品生产；农林、农林加工和手工业；加工、使用先进工艺和技术、研究科学和发展、生态环境和生物保护；人力资源开发、劳动者素质提高、医疗保健；基础设施建设；重要工业用原料及设备生产；旅游及过境服务。

（2）地区鼓励政策①。老挝吸引外资较多的省（市）有万象市、万象省、甘蒙省、沙湾拿吉省等，琅勃拉邦省、乌多姆赛省、华潘省、波利坎赛省、沙拉湾省、阿速坡省、占巴色省等也有较大潜力吸引外资，主要引资行业有农业、农产品加工、贸易、能源、矿产、旅游业等。

老挝政府根据不同地区的实际情况给予投资优惠政策：①一类地区，指没有经济基础设施的山区、高原和平原，免征 7 年利润税，7 年后按 10% 征收利润税。②二类地区，指有部分经济基础设施的山区、高原和平原，免征 5 年利润税，之后 3 年按 7.5% 征收利润税，再之后按 15% 征收利润税。③三类地区，指有经济基础设施的山区、高原和平原，免征 2 年利润税，之后 2 年按 10% 征收利润税，再之后按 20% 征收利润税。免征利润税时间按企业开始投资经营之日起算；如果是林木种植项目，从企业获得利润之日起算。

此外，企业还可以获得如下四项优惠：①在免征或减征利润税期间，企业还可以获得免征最低税的优惠；②利润用于拓展获批业务者，将获得免征年度利润税；③对直接用于生产车辆配件、设备，老挝国内没有或不足的原材料，用于加工出口的半成品等进口可免征进口关税和赋税；④出口产品免征关税。对用来进口替代的加工或组装的进口原料及半成品可以获得减征关税和赋税的优惠；经济特区、工业区、边境贸易区以及某些特殊经济区等按照各区的专门法律法规执行。

5. 投资终止情形

出现下列情形之一，投资终止：

（1）根据投资许可证所规定的期限期满或投资项目已执行完毕。

（2）投资许可证被吊销或根据本法相关规定被取消投资。

（3）根据《企业法》规定的程序解散企业。

（4）根据有关部门的证明，按投资人或合同双方的提议取消。

（5）有法院生效判决书解散企业或取缔投资经营。

6. 投资合作咨询机构

投资合作咨询机构包括中国驻老挝大使馆经济商务处、老挝中国总商会、老挝驻中国使（领）馆、老挝投资促进机构、中国商务部研究院海外投资咨询中心、南南合作促进会海外投资项目信息中心。

（二）贸易法律制度

1. 贸易法律体系

老挝的贸易法律法规主要包括《企业法》《进口关税统一与税率制度商品目录条例》

---

① 参见商务部国际贸易经济合作研究院、中国驻老挝大使馆经济商务处和商务部对外投资和经济合作司联合发布的《对外投资合作国别（地区）指南　老挝（2020 年版）》第 37 页。

《进出口管理令》《海关法》《关税法》《投资促进法》。

老挝《海关法》（2005年）后历经2011年、2014年、2020年修订，老挝《海关法》（2020年修订）对进出口商品限制、禁止种类、报关、纳税、仓储、提货、出关、关税文件管理及报关复核等作了相关规定。

2. 贸易管理部门

老挝贸易管理部门为老挝工业与贸易部（下设省市工业与贸易厅、县工业与贸易办公室），主要职责是制定、实施有关法律法规，发展与各国、地区及世界的经济贸易联系与合作，管理进出口、边贸及过境贸易，管理市场、商品及价格，对商会或经济咨询机构进行指导以及企业与产品原产地证明管理等。① 另外，政府指定财政部作为与其他部委和有关地方行政部门合作的协调中心，对全国海关活动进行统一监管。海关管理机构包括财政部、财政部海关局、省市海关（包括边境海关和派驻仓库、经济特区和其他经济区的海关）。

3. 贸易壁垒②

（1）进出口商品种类限制。老挝所有经济实体享有经营对外经济贸易的同等权利，除少数商品受禁止和许可证限制外，其余商品均可进出口。①禁止进口商品：枪支、弹药、战争用武器及车辆；鸦片、大麻；危险性杀虫剂；不良性游戏；淫秽刊物等5类商品禁止进口。②禁止出口商品：枪支、弹药、战争用武器及车辆；鸦片、大麻；法律禁止出口的动物及其制品；原木、锯材、自然林出产的沉香木；自然采摘的石斛花和龙血树；藤条；硝石；古董、佛像、古代圣物等9类商品禁止出口。③进口许可证管理商品：活动物、鱼、水生物；食用肉及其制品；奶制品；稻谷、大米；食用粮食、蔬菜及其制品；饮料、酒、醋；养殖饲料；水泥及其制品；燃油；天然气；损害臭氧层化学物品及其制品；生物化学制品；药品及医疗器械；化肥；部分化妆品；杀虫剂、毒鼠药、细菌；锯材；原木及树苗；书籍、课本；未加工宝石；银块；金条；钢材；车辆及其配件（自行车及手扶犁田机除外）；游戏机；爆炸物等25类商品进口需许可证。④出口许可证管理商品：活动物（含鱼及水生物）；稻谷、大米；虫胶、树脂、林产品；矿产品；木材及其制品；未加工宝石；金条、银块等7类商品出口需许可证。

（2）进出口商品检验检疫。老挝对各类动植物产品的进口有检疫要求，要求对进口产品的特征及进口商的相关信息进行检查。①动物检疫：根据老挝动物检疫规定，活动物、鲜冻肉及肉罐头等进口商须向农林部动物检疫司申请动物检疫许可证。商品入境时由驻口岸的动物检疫员查验产地国签发的动物检疫证和老挝农林部签发的检疫许可证。②植物检疫：老挝农林部负责植物检疫工作。进口植物及其产品须在老挝的边境口岸接受驻口岸检查员检查，并出示产品原产国有关机构签发的植物检疫证。

4. 重要贸易制度介绍

（1）商品种类及其原产地规则。各种进出口商品和物资，都必须按进出口税率目

---

① 参见商务部国际贸易经济合作研究院、中国驻老挝大使馆经济商务处和商务部对外投资和经济合作司联合发布的《对外投资合作国别（地区）指南 老挝（2020年版）》第32页。

② 西安市法学会"一带一路"国际投资法律研究会."一带一路"国际投资法律规范指引（欧亚篇）：老挝 [EB/OL]. http://www.brilra.com/? html/gzjg/gzgl/20.html, 2021-03-15.

录申报代码和物资种类。对某些对国家有利的进出口商品和物资，由国家主席颁布法令规定实行互惠互利的特殊关税税率。特殊关税税率按照有关商品的原产地价值来确定。

老挝原产地证，又称老挝东盟 FORME 产地证，主要用于向老挝海关证明出口货物的原产地，进而用于核定进口货物税率，是货物顺利通关的重要依据。

（2）出口报价、进口报价和违禁品。出口报价是指商品物资运出老挝边境，不计进口税的实际价值。进口报价是指商品物资运抵老挝边境海关的实际价值，包括保险费和运费。实际价值是确定报价的关键因素。为证明实际价值，报关时报关人应当将原始发票黏附于报关单上。国家对外贸易管理部门为了维护国家利益，将公布那些损害国计民生的商品为禁止进口或限制进口的商品。所谓违禁品是指国家禁止进出口的商品和物资，或在质量规定方面、包装方面和某些方面违反相关规定，被列为限制进口或禁止进口的商品或物资。

（3）担保制度。商品物资的押运人或承运人无论采用何种方式（陆、海、空）将受海关税务部门控制下的商品物资从一地运往另一地都应当遵守担保放行制度。

押运人和承运人必须向海关税务部门申领放行担保单，并在运输过程中随时携带，应当严格执行放行单保单上规定的各项义务，并持放行单向沿途的海关税务部门报告。担保可采取物保和人保两种方式。在进行违禁商品或物资的运输时，押运人或承运人还必须持有国家有关专门权力机构开具的随行批文。当把商品物资运抵目的地后，押运人和承运人要持放行单和商品物资担保地地级市的海关税务部门报告，以便按照税收制度正式报关。海关税务部门按照终点原则规定对商品物资进行检查。对尚未付清的税款，终点海关税务部门要一并收齐，并按照对待进口国的消费商品物资给予同等对待。被列入其他税收制度的商品物资除外。

（4）商品物资仓储制度。商品物资仓储制度是指经营者将以出口为目的的或以在国内消费为目的的国内生产或从外国进口的商品物资，以保税和置于税务部门检查制下的形式，在保证的期限内存入仓库，以便等待关税制度执行的制度。商品物资仓储制度由财政部部长批准施行，并由财政部部长规定建造仓库的地点、组织、使用、控制和各种商品物资的储存期限。

属于仓储制度的商品物资存储库有实物仓库、特殊仓库（用于储存活禽畜产品、禁止进口的商品物资或特殊控制和管理的商品物资、对人体有害、不符合卫生规定和污染环境的商品）、保税仓库和工业品仓库四种。

老挝《关税法》规定，经过老挝境内的违禁商品物资可以在获得批准后使用上述仓库进行储存，但必须在保证的期限内运送出境。如果某些商品物资会对人体造成伤害，不利于环境保护或影响在仓库内的工作，那么海关管理部门有权拒绝储存。

（5）临时进出口制度。老挝《关税法》第 43 条规定，对以下商品实行临时进出口制度：

为某种目的服务后又按原数量和状态出口而引进的商品；

为加工、组装成成品或改造和修理后返回其国家而进口的商品物资。

对属于临时进出口的商品物资，按照有关法律规定，进口是按照保税制度执行，返回其国家时免交关税。但对于加工或改造后剩余的原材料，或质量不合格返回其原国的半成品，如果投入国内市场销售或使用，必须按照规定缴纳关税。海关税务部门对为了临时出口的商品物资作了改造或包装的规定的，在其返回国内时应当按照改造、包装的价值缴纳关税。

（6）老挝贸易协定。老挝于2013年加入世界贸易组织（WTO），并继续通过东盟经济共同体与东盟邻国融合。以下国家和地区已给予老挝普惠制（GSP）地位：澳大利亚、白俄罗斯、加拿大、冰岛、日本、新西兰、挪威、俄罗斯、瑞士、土耳其、奥地利、比利时、保加利亚、塞浦路斯、捷克、丹麦、爱沙尼亚、德国、希腊、芬兰、法国、匈牙利、意大利、拉脱维亚、立陶宛、卢森堡、马耳他、荷兰、波兰、葡萄牙、罗马尼亚、斯洛伐克、斯洛文尼亚、西班牙、瑞典、英国。

以下国家和地区为老挝商品提供最不发达国家特有的免税待遇：智利、中国大陆、中国台湾、吉尔吉斯共和国、塔吉克斯坦和泰国。

老挝还与东盟所有其他九个成员国签署了贸易协定，并作为东盟成员国参与了一系列谈判。老挝和美国于2016年签署了贸易与投资框架协议，此后老挝还与越南、中国、柬埔寨、缅甸、泰国、朝鲜、蒙古、马来西亚、俄罗斯、印度、白俄罗斯、阿根廷、科威特和土耳其签署了贸易与投资框架协议。

老挝还是2022年1月生效的《区域全面经济伙伴关系协定》（RCEP）的成员。

5. 特殊经济区域

（1）经济开发区。老挝2016年修订的《投资促进法》规定，经济特区及专业经济区经营期限最长不超过50年，根据适当情况可以延长，原已确定的投资项目年限（99年）维持不变。

截至2022年底，老挝已在8个省份批准设立22个经济特区，参与注册投资的公司有1184家，实现国家预算超8090亿基普，出口额超过30亿美元，共有61482名工人。

开发经济特区的土地特许经营权期限是根据投资种类、规模、金额，依法及有关部门的规章而定，但最高不得超过50年。

（2）境外经贸合作区。老挝万象赛色塔综合开发区占地面积11.5平方千米，位于老挝首都万象市主城区东北方14千米处，是万象新城区的核心区域。截至2023年4月底，已有来自八个国家和地区的126家企业入驻园区，涵盖仓储物流、新能源、电子产品制造、生物医药、农产品加工、纺织品加工、总部经济、商贸服务、大健康等产业。

（3）跨境经济合作区。2016年4月初，中老磨憨—磨丁经济合作区获得中华人民共和国国务院批复同意设立。该合作区是继中国与哈萨克斯坦霍尔果斯国际边境合作中心之后中国与毗邻国家建立的第二个跨国境的经济合作区。2022年第四季度，中老磨憨—磨丁经济合作区开工项目13个，总投资382.3亿元。其中，产业项目1个、农林水利项目1个、市政基础设施项目6个、口岸配套设施项目4个、商业配套项目1个。

（三）金融法律制度

1. 金融法律体系

老挝商业银行法律制度主要以《老挝人民民主共和国银行法》（以下简称《商业银行

法》）为核心。2019 年 1 月 21 日，老挝正式颁布实施《商业银行法》（2018 年修订）（第 56/NA 号，2018 年 12 月 7 日），为老挝境内设立的商业银行合法合规运营提供了明确的指引和要求。

此外，还有《老挝人民民主共和国关于外汇和贵金属流通管理的法令》（以下简称《外汇和贵金属流通管理的法令》）、《老挝人民民主共和国银行关于在境内使用外汇的公告》（以下简称《在境内使用外汇的公告》）。外币持有者如需支付结算，需要先到获准经营兑换外币的银行和机构，把外币兑换为老挝基普；需要兑换外币者可向获准经营兑换外币的银行和机构购买外币。

2. 金融管理部门

老挝中央银行即老挝人民民主共和国银行，是老挝的金融管理部门，相当于部级，具有法人资格，总部设在首都万象。

3. 外汇管理法律法规

为了实行对外合作关系、开放政策，开放国内商品货币流通，逐步发展商品经济和货币市场，同时为了保障国家货币的主权性和独立性，使国家的货币值日益提高，为了独立成体系地管理外汇流通和更好地保障国家的财产，老挝执行严格的外汇和贵金属流通管制制度。

外汇管理相关法律法规：《商业银行法》、《外汇和贵金属流通管理的法令》、《在境内使用外汇的公告》、《外汇管理法》（2014 年）、《〈外汇和贵重物品管理条例〉实施细则》、《货币兑换业务决定》、《关于外汇交易远期合约的决定》。

2016 年 12 月 9 日颁布的《关于外汇交易远期合约的决定》（第 1083/BOL 号）重申了一些外汇使用的限制，如禁止在老挝境内以外币向个人或法律实体付款。老挝的美元储备相对匮乏，当局努力避免货币从本国流出。实际上使用外汇在老挝并未被禁止，实践中允许就下列事项使用外汇：从国外进口产品；支付与进出口相关的服务；支付外债；向境外支付利息或股息；以外汇支付投资。

由于老挝本币老挝基普对外币大幅度贬值，政府采取了一系列措施来阻止贬值，修订后《外汇管理法》并于 2022 年 11 月 30 日发布。该法的一个目标是确保国家的外汇流动性更强，即增加该国持有的货币的外汇储备。

2023 年 7 月，老挝国家总理签署了《外汇管理令》，该管理令在外汇兑换方面，授权老挝央行执行：指定商业银行外汇兑换政策和制度，促进以窗口或网络形式进行外汇兑换服务；并调整商业银行间的外汇兑换市场，为商业银行相互之间兑换外汇提供便利条件。

上述近年来在外汇管理方面的政策变化，对外商投资都起到促进作用。

4. 证券交易与资本市场

老挝证券市场于 2011 年 1 月 11 日正式开市运营，老挝《证券法》对证券交易活动进行管辖。《证券法》适用于在老挝境内和境外开展证券业务的个人、法人、组织（包括境内和境外的）。

证券交易所是由老挝银行（持股 51%）与韩国证券交易所（持股 49%）于 2010 年底共同建立的合资企业。老挝证券交易委员会对老挝证券交易进行监管。

个人和法人都可以在老挝证券交易所进行证券交易。根据相关部门的规定、上市公司的股东决议及老挝证券交易委员会的决定，外国投资者可以购买老挝证券交易所上市公司的股票。

有关规定列举了为老挝公民保留从事的排他性的商业活动。外国投资者不能购买涉及为老挝公民保留从事的排他性的商业活动的公司的股票。"外国投资者"即来自外国的投资者。外国投资者包括个人投资者和机构投资者。机构投资者包括证券公司、公共基金、商业银行、资产管理公司、保险公司和国际组织。

老挝的资本市场很小，股市活动不热络，老挝证券交易所（LSX）从 2011 年运营至 2020 年，只有 11 家挂牌企业，前 5 大企业分别是国营的老挝电力（EDL-Gen）、老挝外贸银行（BCEL），以及民营的地产与物业公司老挝世界（Leo World）、PCL 石油贸易公司（PCL）、素万尼国内贸易公共公司（Souvanny Home Trading Public Company）。以 2021 年 4 月为例，日均交易量仅约 16 亿基普（Kip），折合约 17 万美元。老挝制度化地扩大资本市场，有助于一国的经济发展，但规模实在太小，并且在金融、财政、外汇与资本等政策规范上，老挝仍较保守。例如，外籍投资者最多只能购入国营上市企业 3% 的股票，机构的上限仅为 10%，加上必须以本地货币交割，故外资进场的意愿其实不高。[1]

（四）劳动制度

1. 劳动法概述

老挝现行劳动法《老挝人民民主共和国劳动法》（2013 年 12 月 24 日第 43/NA 号，以下简称《劳动法》）经老挝国会通过，于 2014 年 12 月 4 日生效，分为 17 章共 181 条。

2.《劳动法》关于国民优先的具体规定[2]

第四章"劳工保护"第五节"老挝外籍劳工"对外籍劳工的权利义务等进行了规定。第 68 条规定了接受外籍劳工的条件和要求：当用人单位制订人员编制计划时，有义务优先考虑老挝劳动力。但是，如果老挝国民不能满足劳动力市场需求，雇主有权申请使用外籍劳工。用人单位接受外籍劳工的比例规定如下：

从事体力劳动岗位的用人单位，外籍劳工总数不超过老挝劳动力总数的 15%；

从事脑力劳动岗位的用人单位，外籍劳工总数不超过老挝劳动力总数的 25%。

对于大型项目、五年或以下的政府重点项目，外籍劳工的使用将按照项目所有者和政府之间达成的协议执行。对于在老挝工作的来自诸如东南亚等与老挝建立合作关系的国家的外籍劳工，将根据专项法律规定进行管理。在老挝工作的外籍劳工将受到本法和老挝其他相关规定的保护和管理。

另外，如果用人单位根据实际情况需要聘用更多的外籍劳工，可以向总理府进行申请。

第 69 条规定了外籍劳工享有的权利和义务：

---

① 老挝：世界上最小的股市 [EB/OL]. https：//mp. weixin. qq. com/s/edRkVRe0qE3dVVNO0asiwQ, 2022-03-17.

② 老挝劳动法关于外籍劳工的规定 [EB/OL]. https：//mp. weixin. qq. com/s/dFYeYDh1Sg9C1GZx9sPm9g, 2023-08-21.

受到老挝法律保护；

劳动标准、工作条件以及工资待遇等均与老挝本地劳工相同。

外籍劳工负有下列义务：

尊重老挝的法律和习俗；

为向老挝当地劳工传授技术知识制订计划；

依法缴纳所得税；

在劳动合同期满后 15 日内离开老挝国境。

第 70 条规定：

用人单位有劝告、指导外籍劳工遵守老挝法律和习俗的权利和义务；

制订适当的以老挝劳动力替代外籍劳工的计划，并提交劳动行政部门；

雇佣期满后，为外籍劳工离开老挝提供便利，督促外籍劳工离开老挝国境，并将工作许可证交还给劳动行政部门。

由此可见，老挝一再鼓励用人单位使用老挝国民，并采取系列措施来保障老挝国民的优先就业，以满足老挝人民革命党改善国民经济和国民生活条件的执政理念。因此，在老挝用工，需要特别注意《劳动法》等相关规定。

（五）知识产权法律制度

1. 知识产权法律体系

老挝的知识产权法律制度主要包括：《老挝人民民主共和国商标令》（以下简称《商标令》，1995 年颁布实施）；《老挝人民民主共和国知识产权法》（以下简称《知识产权法》，2008 年 1 月颁布实施，2011 年 12 月，老挝对《知识产权法》进行第一次修订，2017 年 11 月，老挝对《知识产权法》进行第二次修订，取代了 2011 年的版本，并且沿用至今）。

老挝国家科技部是负责包括专利在内的一切知识产权事务的主管部门，下设省/市科技厅，企业或个人申请专利必须向其提交申请。

2. 专利保护

老挝《知识产权法》规定了三种类型的专利，即发明专利、小专利和工业外观设计专利。其中，小专利相当于中国的实用新型专利，其授权必须具备新颖性和实用性；工业外观设计专利相当于中国的外观设计专利，其授权条件需要具有新颖性。在专利权保护期限方面，老挝《知识产权法》对发明专利给予 20 年的保护期，对小专利给予 10 年的保护期，对工业外观设计专利给予 15 年的保护期，均自申请之日起算。

在新颖性方面，发明专利采用了全球新颖性的标准，但小专利只要求满足国内新颖性，且在公开的时间标准上，小专利只考察"提交申请之日前一年内"的现有技术。在创造性方面，发明专利也相应地比小专利要求更具有创造性。工业外观设计专利规定的新颖性也采用了全球新颖性标准。

老挝《知识产权法》规定，专利权属于发明人或设计人，专利权以发明人的名称命名。如果两个或两个以上的人完成某项发明，则专利权属于共同发明人或设计人。在履行职务中的发明，如果发明或设计是在履行雇主合同中创造的，除合同中有相反规定外，专利权属于雇主。老挝对于两个或两个以上的人针对同一发明创造申请专利的情况，采用先申请制，即将专利授予最先提出申请的人或具有有效的、最早优先权的申请人。

2018 年 4 月 2 日，中国和老挝共同签署了《中华人民共和国国家知识产权局与老挝人民民主共和国科技部知识产权领域合作谅解备忘录》。根据该合作谅解备忘录，老挝对中国发明专利审查结果予以认可。

3. 商标权

（1）商标注册要素。老挝《知识产权法》规定，文字、人名、字母、数字、形象元素、形状、三维图形、动态图形或产品包装和颜色组合，以及这些标志的任何组合，均可作为商标进行注册。

（2）商标注册消极条件。禁止注册的标识主要包括通用名称标识、描述性标识和欺骗性标识，与官方标志相同或近似的标识、与他人在先的相同或类似商品上相同或类似的标识、虚假暗示原产地之外地方的地理标志以及违背国家安全、社会秩序、文化和民族的优良传统的标识。该条同时还强调，商品或服务的性质不是拒绝商标注册的理由。

（3）商标异议和撤销。经过形式上的初步审查之后，商标申请案便会进行公开发布。他人可在公布日之后的 60 天之内对该商标提起应当不予注册的申请。商标注册公告之后，他人可在公告之日起 5 年内要求对该商标予以撤销。

（4）商标权保护期限。老挝的商标注册有效期是 10 年，但起算日期从商标申请之日开始。如有效期期满，注册人可提前缴费之后进行无限次续展。每次续展注册的有效期为十年。

（5）驰名商标保护。不论是否注册，驰名商标均可依法获得保护。

4. 著作权

老挝《知识产权法》通过"概括+列举"的方式对作品给出了定义。著作权可及于文学、科学和艺术领域内源自作者独立创作、能以某种形式表达且已经固定在有形介质上的创作成果。经过选择和编排而成的百科全书、选集、数据等可作为智力创造成果予以著作权保护。演绎作品也可作为原创作品受到保护，但行使权利时不得有损原作品权利人的利益。

（1）著作权归属。创作作品的自然人为作者；对于合作作品，如无特别约定，著作权归属于共同创作者。对于雇佣作品，如无特别约定，著作权归属于雇主。对于电影作品的著作权归属的规定较为繁琐。

（2）著作权内容。著作权分为精神权利（Moral Rights）和经济权利（Economic Rights），分别对应著作人身权和著作财产权。其中，精神权利有发表权、署名权和保护作品完整权。经济权利根据不同类型的作品作了区别规定，如文学作品的作者享有汇编、复制、发行、翻译、广播（以有线或者无线方式公开传播或者转播作品，以及通过扩音器或者其他传送符号、声音、图像的类似工具向公众传播广播的作品）以及公开朗诵等权利。戏剧、戏剧音乐剧和音乐作品还享有公开表演、公开播送作品的表演以及翻译作品的表演等权利。

（3）权利保护期。作品自创作完成时即可获得著作权保护。就精神权利而言，发表权的保护期为作者终生，除非作者生前以书面形式明确了于其死后发表。署名权和保护作品完整权的保护期则与作者的经济权利保护期等同。就经济权利而言，一般作品的保护期截至自然人作者死后第五十年的 12 月 31 日，合作作品则是以最后死亡的作者为准。电影作品是截至作品经作者同意发表之后的第五十年的 12 月 31 日，未发表的，保护期截至作品创作完成后第五十年的 12 月 31 日。对于实用艺术作品和摄影作品，保护期截至作品创作完成后第二十五年的 12 月 31 日。邻接权的保护期均是五十年，自首次表演、首次固定和首次广播时起算。

除了对著作权、专利权和商标权这三类主要的知识产权作了规定之外，老挝《知识产权法》还涉及商号、集成电路布图设计、地理标志、商业秘密和植物新品种等。不正当竞争作为广义的知识产权法范畴，在老挝《知识产权法》中也得以体现。

（六）税收法律制度

老挝税收法律制度主要有以下几个特点：一是实行全国统一的税收制度，外国企业和个人与老挝本国的企业和个人同等纳税。二是税收分为直接税和间接税。直接税以个人、公司及其他组织为纳税对象，包括任何取得的来源于老挝境内收入的外国公司或外籍个人，直接税主要是所得税、利润税、定额税、环境税、手续费和专业服务费五种；间接税主要是增值税和消费税两种。三是老挝的法律、法规基本齐备，与外资直接相关的老挝税收法律主要包括《老挝人民民主共和国投资促进法》《老挝人民民主共和国企业法》《老挝人民民主共和国税法》《老挝人民民主共和国增值税法》等。

1. 税收法律体系

老挝税收法律体系在 2020 年之后经历了多次修订。2020 年之前，老挝税收法律体系主要包括《税法》（2014 年）、《手续费和服务费的政令》（2012 年）和《增值税法》（2018 年）。2019 年 6 月老挝国会通过了《税务管理法》（2019 年）、《所得税法》（2019 年）、《消费税法》（2019 年），三部法律于 2020 年 2 月 18 日生效正式实施。三部法律系由《税法》（2014 年）中税务管理章节、所得税章节、消费税章节独立而成，《税法》（2014 年）不再有效。增值税取代了营业税，废除了最低税，税收结构更加合理，也减轻了企业的部分税收负担。2021 年 7 月老挝总理府颁布了《所得税法实施政令》（2021 年），8 月颁布了修订后的《手续费和服务费的政令》（2021 年）。2021 年 12 月老挝国会通过了《税务法律修正案》（2021 年），对《税务管理法》《所得税法》《增值税法》《消费税法》的部分条款进行了修订。除上述主要税收法律法规外，与税收相关的法律法规还包括《国有土地特许权费和租金政令》（2009 年）、《自然资源费政令》（2015 年）、《投资促进法》（2016 年）、《社会保险法》（2018 年）、《社会保险法实施政令》（2019 年）、《海关法》（2020 年）和老挝财政部发布的相关决议、决定、通知等。

老挝 2020 年以来的税收法律体系发生明显变化，主要税种税率大幅下降，其中增值税由 10% 下降到 7%，一般企业的企业所得税由 24% 下降到 20%，政府部门收取的手续费和服务费也进行了较大幅度下调。

（1）所得税。老挝的个人所得税是向个人征收的一种直接税，个人所得税采用阶梯税率，税率在 0%~25%。纳税人分为居民纳税人和非居民纳税人，但是老挝现行税法未对居民和非居民身份进行明确定义。

根据实践，居民包括：①在老挝境内拥有永久性住所，并且在老挝境内居住和谋生的个人；外国人在老挝境内停留超过 183 天；②在老挝境内有固定居所、到国外工作并取得老挝所得税应税收入的个人，如在国外免征所得税，需在老挝申报缴纳所得税；③在国外大使馆、领事馆或者国际组织工作的老挝员工，在老挝境内获得的所得税应税收入须在老挝申报缴纳所得税。

根据实践，非居民包括：①既不居住在老挝境内，在老挝境内也没有永久性住所的个人；②外国人在老挝境内工作或居住不满 183 天。

老挝个人所得税的应税所得及其计税基础，具体如下：①工资、劳务费、加班费、超时务工费、职务工资、职位工资、年度补贴、公司董事会或经理的会务费，以及其他货币或实物形式的个人收益。其计税基础为货币收入金额、物品价值以及所有合同规定的其他收益之和。②公司股东或持股人的股息分红或其他收益；出售个人、法人股份所获得的收益。其计税基础分别为按照公司规定或者股东大会、董事会和领导层会议决定的需支付给股东或持股人的利润分红或其他收益；股权转让收益。③贷款利息、佣金、担保费收益：贷款利息所得；个人、法人的代理费或委托费用；按照合同或者其他条约收取的保证金所得。其计税基础为按合同约定应收的利息、佣金及保证金。④从政府组织的非商业性活动、国家建设、大型组织或民间社团活动中获取的收益。应将所有相关收入计入计税基础。⑤500 万老挝基普以上的奖金及彩票收益。其计税基础为奖金和彩票的实际价值，如属于物资类奖励，应按物品价值折算成货币金额再申报缴纳所得税。⑥租金收入：土地、房屋建筑物、交通工具、机械设备或其他资产的租金收入。计税基础为租金或按合同条款收取的物品的货币价值。⑦知识产权收入：出让专利、版权、商标或者其他权益所取得的收入。计税基础为按照合同约定应收取的所有收入。⑧房地产转让收入：土地、建筑物或土地连带建筑物使用权的转让所得。包括个人转让房地产所取得的收入以及不属于申报纳税体系中的事业单位转让房地产所取得的收入。

以下收入可免予缴纳所得税：①不超过 130 万老挝基普的月薪收入；②由老挝政府与相关方签订合同，并根据外交部的规定，在老挝境内工作的使馆员工、国际组织机构的人员以及外国专家的工资收入；③配偶津贴、未满 18 岁子女津贴、生育、流产或疾病津贴、工伤事故津贴、国营和私营企业雇员/公务员的一次性补贴、国民议会和省人民代表大会家属津贴、养老金、退伍军人和学生津贴，不超过 200 万老挝基普的加班补贴；④证券交易所上市股票的转让所得以及股息所得；⑤在证券交易所发行股票和债券取得的所得，以及经证券交易委员会批准的非公开发行股票和债券取得的所得；⑥不超过 130 万老挝基普的奖金及类似所得；⑦有相关组织证明的残疾人劳务费；⑧企业经营者所获得的资产租赁收入；⑨政府和私营企业缴纳的社会保险；⑩从事取得相关部门许可的公益活动的所得，如文化和体育表演；⑪存款利息、政府债券收益、投资企业的投资收益或证券交易委员会授权交易的其他金融产品的投资收益；⑫个人或组织的人身财产保险；⑬政府奖励给个人在监督、搜查、预防和打击各种违法行为中做出突出贡献的奖金或补贴；⑭向在国家解放斗争事业中有重要贡献的人员、烈士等发放的补贴；⑮因科研发明创新成果获得的奖金；

⑯根据预算支出使用法的规定，使用政府预算或者援助项目资金从事重要工作的员工、政府公务员的餐费、路费、备用金以及住宿费；⑰转让土地、土地使用权、完工项目取得的所得，前述项目是指已登记为应纳利润税企业资产的项目；⑱亲属取得的遗产继承所得，亲属包括祖父母、父母、配偶、亲生或收养的子女、兄弟姊妹和孙子女；⑲培训费用及高等教育学费；⑳预防劳动事故的服装和设备津贴。

居民纳税人工资薪金所得税率如表 5-1 所示，非居民纳税人所得税率如表 5-2 所示。

表 5-1　居民纳税人工资薪金所得税率

月薪（百万基普）	税率（%）	本级应纳所得税额（万基普）	本级累计应纳所得税额（万基普）
≤1.3	0	0	0
>1.3 且 ≤5	5	18.5	18.5
>5 且 ≤15	10	100	118.5
>15 且 ≤25	15	150	268.5
>25 且 ≤65	20	800	1068.5
>65	25	—	—

注：自 2020 年 1 月起，登记注册为企业的自由职业者需就其收入缴纳利润税。未登记注册为企业的自由职业者需就其收入按以下税率缴纳所得税：①咨询服务收入所得按照 5% 缴纳所得税；②建筑及维修类服务收入所得按照 2% 缴纳所得税。

表 5-2　非居民纳税人所得税率

收入类型	税率
工资薪金所得和福利费所得	不超过 1300000 基普（0%）；超过 1300000 基普（5% ~ 25% 累进税率）
股息或其他收益以及贷款利息收入；车辆、建筑物和设备的交易和出租收入；委员会成员、演员、运动员及其他职务收入	10%
研究员及教育领域的教授、讲师、培训师、助教等职务收入；版权费、特许权使用费和商标使用费收入；现金与实物形式的彩票收益；经纪人及咨询顾问服务收入	5%

（2）利润税。老挝的利润税属于直接税。利润税对境内外有利润收入的老挝生产经营者征收，包括从事生产经营的企业和各类组织。无论生产经营者是否为老挝居民，只要在老挝从事经营活动，无论是长期经营还是暂时经营，都需要缴纳利润税。2020 年之后，老挝的利润税整体下调了 4%。

利润税的纳税主体包括居民企业和非居民企业。老挝先行税法未对居民企业和非居民企业进行明确定义，从实践操作来看，在老挝注册成立的企业被视为居民企业，未在老挝注册的企业被视为非居民企业。对居民企业的征税范围是就其来源于老挝境内的利润以及其在境外经营所得的利润缴纳；应纳税额＝（应税收入−允许税前扣除费用−允许结转以前年度亏损）×税率；一般企业的税率为20%，上市企业在登记之日起4年内可享受13%的优惠税率，从事人力资源开发、现代医疗活动、创新型研发和教育活动的企业和机构在免税期后仍享受7%的优惠税率，以可节约自然资源生产方式和以清洁能源进行生产的公司在免税期后仍享受5%的优惠税率。对非居民企业的征税范围是就其来源于老挝境内的利润征税；应纳税额＝收入总额×核定利润率×适用税率，核定利润率区分不同行业和领域（7%～30%）。居民企业利润税一般税率如表5-3所示，居民企业利润税优惠税率如表5-4所示，非居民企业外国承包方预提税税率及核定利润率如表5-5所示。

表5-3　居民企业利润税一般税率

企业类型	税率
法人企业（上市公司除外）	20%
进口、生产和销售烟草产品的企业	22%
矿采企业	20%
从事与人力资源开发及管理业务相关的企业或机构；从事与现代医院、医药和医疗设备生产等有关商业活动的企业或机构；从事创新型研发及相关教育活动的企业或机构	5%（免税期后）
利用创新型技术、生态友好型技术、以可节约自然资源方式生产和以清洁能源进行生产的公司	7%（免税期后）
已在老挝进行税务登记，但未保留会计记录或未合理地、正确地实行老挝会计准则的法人实体	适用7%～30%的核定利润率

表5-4　居民企业利润税优惠税率（截至2022年6月）

企业类型	优惠期/条件	税率		
上市公司	自登记之日起4年内	13%		
增值税纳税人				
微型企业				
已在增值税系统中注册	自注册之日起3年内	0.1%		
未在增值税系统中注册的且年营收小于4亿基普	年营收（万基普）	适用税率		
		农业、工业、制造业	贸易业	服务业
	≤5000	免征利润税		
	5000～40000	1%	2%	3%

续表

企业类型	优惠期/条件	税率
小型企业 （已在增值税系统注册）	自注册之日起3年内	3%
中型企业 （已在增值税系统注册）		5%
优先发展区域		
贫困地区 （社会经济基础设施 投资较少的偏远地区）	免除10年的利润税；鼓励类行业可额外享受5年利润税免除的待遇	
社会经济基础设施 投资较多的地区	免除4年的利润税；鼓励类行业可额外享受3年利润税免除的待遇	
经济特区	以具体政策及磋商结果为准，对于特许经营活动，应遵循相关法律或协议	

表5-5　非居民企业外国承包方预提税税率及核定利润率

业务类型	核定利润率	实际预提税率
未保留会计账簿的非居民实体适用的预提税税率		
农业和手工业	7%	总收入的1.4%
工业和制造业	10%	总收入的2%
贸易业和服务业	15%	总收入的3%
能源业和矿业	30%	总收入的6%

（3）土地税。老挝人民民主共和国的土地属于国家所有，国家是土地所有权的代表，对全国土地实行集中统一管理，并进行分配、规划和土地开发。外侨、无国籍人、外国人和外籍老挝裔有权租赁或特许经营国有土地，有权购买国家规划的有条件的土地使用权及向老挝公民租赁土地。

老挝现行的土地税法律是2000年8月发布的《土地税条例》，2007年《土地税条例》经过了一次修订。《土地法》（2019年）和《税务管理法》（2019年）也规定了土地和财产税，但没有明确税率，而是由单独制定的法令具体规定，至今仍没有颁布单独的土地和财产税税率的法令。尽管没有法律法规明确统一的土地税税率，但实践中老挝土地管理部门已经在收取土地税，根据土地位置的不同，土地税税率从300基普/平方米/年至2000基普/平方米/年不等。

2023年7月，老挝国会将新的《土地税法草案》列入第九届国会第五次会议进行审议（该草案包括九部分，48个条款）。因为《土地税条例》的实施经验情况显示，该国土地税征收收入较低，与目前的法律环境不符，且执行难度大。新的《土地税法草案》的一大主要内容是土地税的征收采用相对基准税率，以土地面积平方米×省人民议会批准的评估价格×土地相对基准税率来计算。把基准税率和土地评估价作为计税基本要素，土地税征收更加公平，且可以帮助解决错保留、侵占土地缴纳土地税的问题，并依法采取措施。

（4）环境税。《税务管理法》（2019 年）明确，环境税是指向在老挝境内被允许从事生产经营、进口贸易、参与或使用自然资源并对环境造成污染，对人、动物、植物的生命健康以及生态平衡造成损害的个人、法人和组织收取的一种直接税。环境税用于处理、消除污染和残余物，维护自然环境，使社会生活保持优良状态。环境税纳税人包括得到许可从事生产经营、进口贸易或使用自然资源，且对老挝自然环境造成污染、损害的所有老挝人、侨民、外国人、无国籍的自然人、法人单位和组织。

但对于需要缴纳环境税的特定经营活动和税率没有作出明确界定。《环境保护法》（2012 年）规定的环境保护基金可以认为是环境税，但同样没有明确税率。实践中，矿业项目、输电项目、水电站项目等特许经营项目通常需要缴纳环境保护基金，金额从 5000 美元/年到 5 万美元/年不等，每个项目的缴纳金额根据与政府签订的特许经营协议确定，没有统一的税率。

（5）手续费和服务费。《手续费和服务费政令》（2021 年）规定了老挝政府部门和组织在为个人、法人提供公共服务如文件登记、文件公证、颁发驾驶证、船舶登记等过程中收取的费用。手续费和服务费涉及的公共服务项目有近千项，每个项目收取的费用在 5000 基普到 500 万基普不等，多数公共服务的手续费和服务费集中在 2 万基普到 10 万基普。

《手续费和服务费政令》（2012 年）中涉及手续费金额较大的项目集中在土地登记，如土地使用权担保登记和土地租赁合同登记。以土地使用权担保登记为例，按照老挝《履约担保法》的规定，使用土地使用权担保需要进行担保登记，《手续费和服务费政令》（2012 年）规定土地使用权担保登记费率为贷款金额的 0.2%，如果贷款金额是 1 亿美元，登记的费用就是 20 万美元，这无疑增大了融资成本。但《手续费和服务费政令》（2021 年）中土地使用权担保登记费率已由贷款金额的 0.2% 修改为 20 万基普（约合 20 美元），不再与贷款金额相关联，极大降低了融资成本。

（6）增值税。增值税是向老挝境内提供货物、服务或从外国进口货物过程中需要缴纳的税，税率为 10%，《税务法律修正案》（2021 年）将增值税税率由 10% 降至 7%，从老挝向外国出口货物的增值税税率为 0%。《增值税法》规定了提供货物、服务和进口货物过程中豁免缴纳增值税的 40 种情形，如进口农业使用的机械、进口教学教材和现代教育设备、进口用于公共医院的医疗设备等。

（7）消费税。消费税是使用某些进口或老挝国内生产的商品或服务需要缴纳的税。消费税适用于车辆、含酒精饮料等 20 种商品和高尔夫、赛车等 10 种服务，税率从 3% 到 90% 不等。《消费税法》规定了 11 种豁免缴纳消费税的情形，如过境商品和专门用于农业生产的机械等。

（8）其他税费。除了《税务管理法》规定的直接税和间接税，在老挝投资还涉及其他三种重要的税费。

第一，关税。关税由老挝《海关法》（2020 年）具体规定，在货物进出口时由海关收取。货物进口和出口的关税税率在 0% 到 40%。

2019 年 12 月，老挝国会确认修订 2016 年修订版《投资促进法》第十二条内容，以与 2018 年修订版《增值税法》第十二条及第十七条相符，将使在老挝投资者获得利润税政策，同时再获得关税和税费政策。①

为有效和高效落实关税法、外汇管理法和国家财政货币政策，确保通过老挝境内银行的外汇结算合法、明确和可审查。老挝财政部于 2022 年 8 月 21 日向贸易商、贸易报税服务商、贸易相关个人、法人和机构发布了《关于利用通过老挝境内银行与国际进出口服务和货物的结算凭证材料详细录入关税申报单的通知》，其最直接的作用是管理税源、增加税收。老挝传统的贸易模式于 2022 年 10 月 1 日通知生效起发生根本变化，逐渐实现规范化、合法化、数字化并与中国接轨。可以看出老挝正在不断革新贸易形式，促进外商投资，发展本国经济。

第二，社会保险费。老挝境内企业需要为员工缴纳社会保险费。根据老挝《社会保险法》（2018 年）规定，社会保险福利范围包括健康保护补助、生育补助、工伤职业病补助、疾病补助、残疾补助、养老金、死亡补助、被保险人家人补助、失业补助，员工发生上述情况即可领取相应补助。老挝社会保险费不是分项缴纳，而是按照总额收取。社会保险费的费率为员工月工资的 11.5%，其中员工承担 5.5%、单位承担 6%。社会保险费的缴费基数上限是月工资 450 万基普，即员工月工资高于 450 万基普，按照月工资 450 万基普缴纳社会保险费。

第三，自然资源费。自然资源费是经营有关老挝境内自然资源应当缴纳给老挝政府的费用，如矿业、水电站、林业经营过程中利用老挝的矿石、水资源、林木等。《自然资源费政令》（2015 年）明确了两种缴费方式：一是按照自然资源的量来收取，如用于建筑的砂石矿开采按照 4000 基普/立方米收取；二是按照出售价值的一定比例收取，如金矿和银矿按照矿产品销售收入的 7% 收取。

2. 老挝税收管理

老挝税务主管部门为隶属于老挝财政部的税务总局，税务总局下辖各省税务厅和各县税务局。税务总局直接负责征缴的税费为企业所得税、个人所得税、增值税、消费税。关税的征缴部门为隶属于老挝财政部的海关总署及各地海关。土地和财产税、环境税、国有土地特许权费或土地租金的征缴部门为老挝自然资源与环境部、各省自然资源与环境厅和各县自然资源与环境局。社会保险费的征缴部门为老挝劳动与社会福利部及各省劳动与社会福利厅和各县劳动与社会福利局。自然资源费的征缴部门为相关行业的主管部门，如矿业的行业主管部门为老挝能源与矿产部。手续费和服务费由相关办理部门负责征缴。

3. 税务识别号

税务识别号是由 12 位数字组成的税务编码，用于税收缴纳数据系统管理，属于纳税人的税务身份证号。2020 年以前，企业需要在取得营业执照后专门去税务局申请税务登记证，税务登记证上记载企业的税务识别号。2020 年后，老挝工商系统与税务系统联网，企业取得的营业执照上直接记载税务识别号，不再需要去专门申请税务登记证。

在老挝境内从事工程项目的国际承包商如果未在老挝境内设立实体，成立工程项目部

---

① 10 万在老华商注意！老挝投资促进法将迎来重大变革 [EB/OL]. 老挝华助，http://www.huazhu.la/index.php? c=article&id=617.

时可以向老挝税务局申请临时税务登记号。

4. 发票使用

老挝财政部税务总局印制统一格式的红色纸质增值税发票，各企业需要向税务局申请购买，但并不强制所有企业购买使用红色纸质增值税发票，各企业向财政部税务总局申请获得批准后，可以自行印制该企业的增值税发票。老挝目前还没有电子发票。

（七）争议解决法律制度

老挝投资纠纷的解决方式不断规范化和法治化。受到国内法、东盟合作条约和世界贸易组织三方面的规范。由于国际经济往来不断增多，其他国家的法律也影响了老挝的纠纷解决机制的发展。

1. 老挝司法体系

老挝宪法规定，人民法院是国家审判机关，审判权由人民法院独立行使，其他国家机关、个人和社会团体均不得干预。老挝法院分为三级，即初审法院、上诉法院、终审法院。具体包括最高人民法院、大区人民法院、省级人民法院、县级人民法院以及未成年人法院、军事法院。

法官大会是法院和审判机构最高组织，最高人民法院院长担任主席，由最高人民法院副院长及法官，大区法院院长、副院长、庭长，省级人民法院，县级人民法院院长以及未成年人法院院长、副院长，高级军事法院及初级军事法院院长组成。法官大会每两年由最高人民法院院长召集召开一次全会。

最高人民法院管理地方各级法院组织和行政工作，指导各级地方法院和军事法院履行法定职责并监督审判工作。法官审判时保持独立地位。上级法院监督下级法院的审判。

2. 老挝争端解决类型

根据老挝《投资促进法》的规定，解决与投资相关的纠纷，方式有以下四种：

（1）互相调解进行解决。在发生投资纠纷的情况下，当事人双方可以通过和平的方式或中间人解决、调解纠纷，与国内的调解程序有些相似。

（2）以行政方面的手段解决。当事人双方或任意一方可以通过向"一站式"投资服务办公室提交纠纷信息，以向投资促进和管理委员会申请审批，依法解决纠纷。

（3）通过老挝缔约的驻老挝或外国的经济纠纷解决机构进行解决。在发生投资纠纷的情况下，当事人双方可以向合同中规定的老挝或国外经济纠纷解决机构提出申请。

（4）向国内或老挝缔约的国外法庭提起诉讼。在发生投资纠纷的情况下，当事人任意一方可以依据老挝或老挝缔约的外国法律向国外或缔约国法院提起诉讼。在取得有效的法院判决后，可以要求老挝法院予以承认并执行。

3. 法院的设置及职能

最高法院的职能主要是上诉审和监督下级法院，不受理一审案件。目前，老挝正在考虑把上诉审的职能从最高法院剥离出来，成立专门的上诉法院。省级法院主要审理刑事案件和重大民事案件以及对不服县法院判决、裁定的上诉案件。县级法院是老挝的基层法院，大量轻微的刑事案件和一般的民事案件、经济纠纷案件都由县级法院来审理。

4. 判决执行情况

法院的刑事判决和民事判决都不是由法院自己来执行，而是分别由不同的行政部门来执行。民事判决的执行由司法部负责；同时，老挝的行政强制执行也是由司法部负责。公安部负责刑事判决的执行。

5. 中老双边条约

近年来随着我国与老挝经济合作的开展及共建"一带一路"的推进，投资老挝的中方企业增多。截至 2020 年 10 月，中国已成为老挝最大外国投资者，已投资项目达到785 个，累计金额超过 120 亿美元。随着商业合作的不断增强，涉及中国公民和企业的民商事纠纷也不可避免地随之产生。

中国与老挝签署了《中华人民共和国和老挝人民民主共和国领事条约》（以下简称《中老领事条约》，1989 年 10 月）、《中华人民共和国和老挝人民民主共和国关于民事和刑事司法协助的条约》（以下简称《中老民事刑事司法协助条约》，1999 年 1 月）、《中华人民共和国和老挝人民民主共和国引渡条约》（以下简称《中老引渡条约》，2002 年 2 月）等协定，在司法方面规定了相关保护政策。

老挝与中国于 1999 年签署《中老民事刑事司法协助条约》，其中包含了法院判决承认与执行的内容。该条约明确可执行的"法院裁决"包括判决、裁定和调解书。

老挝承认与执行中国法院的条件，排除了十种情形：

（1）该判决可继续进行诉讼或上诉，而不是最终决定；

（2）请求承认与执行的案件属于老挝法院专属管辖；

（3）外国判决中败诉的一方未参加诉讼程序，判决是在缺席情况下作出的；

（4）老挝法院在此前对于相同当事人间就同一标的已作出最终裁决；

（5）该裁决的诉讼程序开始前，相同当事人已就统一标的在老挝法院提起诉讼；

（6）根据老挝法律，该判决是不可执行的；

（7）承认与执行该裁决损害老挝的主权或安全；

（8）承认与执行该裁决违反老挝的公共秩序或基本利益；

（9）承认与执行该裁决违反老挝法律的基本原则；

（10）作出判决的中国法院依本条约第 22 条判定为不具有管辖权。[①]

（八）环境保护法律制度

1. 环保法律体系

老挝环保管理部门包括自然资源环境部、部派驻处、省/直辖市自然资源厅、县以及村委会等 5 级机构。目前，老挝在立法方面已初步形成一定规模的环境保护法律框架。1999 年4 月 26 日颁布的《环境保护法》，并于 2012 年 12 月 18 日进行修订，是老挝保护环境资源的基本法律，在法律层面对环境保护的基本原则、方针政策、防治污染措施、管理机构职权等内容作出重要规定。此外，老挝陆续颁布了其他与环境及自然资源保护有关的法律法规，如2007 年《森林法》、2012 年《水资源法》、2011 年《电力法》、1998 年《农业法》、2003 年

---

① 何静颖. 中国法院判决在东盟国家的承认与执行［D］. 南宁：广西大学，2020.

《土地法》、2010 年《环境评价条例（修订）》、2017 年《矿产法（修订）》等。

2. 环保规定概述

老挝环保法规定，个人或组织在实施项目中必须负责预防和控制水、土地、空气、垃圾、有毒化学物品、辐射性物品、振动、声音、光线、颜色和气味等污染；禁止随意向沟渠、水源等倾倒、排放超标污水和废水；禁止排放超出空气质量指标的烟雾、气体、气味、有毒性化学品和尘土；生产、进口、使用、运输、储藏和处理有毒化学物品或辐射性物品必须按照相关规定执行；禁止随意倾倒垃圾，必须在扔弃、燃烧、埋藏或销毁前进行划定或区分垃圾倾倒区域；禁止通过老挝水源区、境内或领空进口、运输、移动危险物品。个人或组织违反环保法的，情节较轻者处以教育、罚金；情节重者可按相关民事法律和刑事法律进行处罚。

老挝鼓励对《投资促进法》所规定的促进部门的投资，其中包括开发环境友好型技术、自然资源和能源。任何类型的发电厂都将被视为这一促进部门的一部分，因此将有资格享受以下税收和关税豁免：①在老挝不得以固定资产形式采购或生产的材料、设备，以及直接用于生产的机械、车辆（包括太阳能电池板和逆变器），进口免征进口税和 0% 增值税。但是，燃料、天然气、润滑油、行政车辆等材料的进口必须符合有关法律的规定。②进出口免税，对生产和出口的原材料、设备、零部件免征增值税。③对用于出口用成品和半成品生产的国内原材料（除自然资源外）免征增值税。

（九）签证制度

1989 年 10 月 8 日，中国和老挝签订《中华人民共和国政府和老挝人民民主共和国政府关于互免签证的协议》（以下简称《中老互免签证的协议》），该协议规定中国公民持有效的外交、公务、因公普通护照和老挝公民持有效的外交、公务、加注有效公务签证的普通护照，通过对方向国际旅客开放的口岸入境、出境或过境，免办签证。

1. 签证类型

（1）老挝旅游签证。只有去老挝旅游的情况下才能申请此类型的签证，没有多次签证，只能申请单次签证，最长 30 天，并且在有效期结束之前一定要按时回国。旅游签证即 B3 签证，一般在入境地可办理，可以申请延长两次，但是禁止工作。中国人可以在老挝驻中国大使馆或领事馆申请，或者在入境时，到达老挝的入境口岸时获得旅游签证。

（2）老挝商务签证。需要在老挝开会、经商、谈业务等商务活动必须申请此类型的签证，与旅游类型的签证很像，不过再次申请签证时，能够获得多次入境的签证。商务签证简称 B2 签证，旅游签证转商务签证必须要有邀请函。商务签证自入境的签发日起一个月的时间，在签证失效 10 天前可申请延期，一般可以申请延长 2 次，每次延长 3 个月。B2 签证又可分为专家签证（E-B2），适用于受雇于国际组织或非政府组织的外国工人；投资者签证（NI-B2）适用于投资在老挝注册的企业的外国公民；劳工签证（LA-B2）适用于根据固定雇佣合同在老挝工作的外籍人士。

（3）老挝探亲签证。此类型签证，不仅针对在老挝看望亲属的人申请，还能允许在老挝看望朋友的人申请，因此它还有另一个称号：探亲访友签证。

（4）老挝学习签证。与其他国家的留学签证相同，都是针对需要在国外上课的人申请的，此类型的签证比以上三种签证的停留时间都长。

（5）老挝劳务签证。这种签证主要颁发给要在老挝长期工作的人，即申请者与老挝方面的雇主有一定的钱款交易活动。

持因私普通护照须办签证，一次入出境的商务、旅行签证可在老挝停留 30 天（签证期满可到老挝移民局申请延期），过境签证停留期 7 天。申请签证可到北京老挝驻华大使馆或老挝驻昆明总领事馆申请。获取签证进入老挝后，必须按所申请的签证种类从事相应的活动，否则将被视为非法活动并予处罚。

2. 工作许可制度

近年来，老挝政府为保护本国劳工权益，规范外籍人员管理以及公共安全等多种原因，加大了对老挝外籍人员工作证和暂住证的检查力度。劳动部门和公安部门联合检查在老挝外籍经商、务工人员的工作证和暂住证，检查是否存在非法滞留，用旅游签证在老经商、务工等情况，如果检查出问题，一般都面临罚款。所以合法合规地办理老挝工作证、暂住证是有必要的。

LA-B2 是发给在老挝生活和工作的外国人最常见的签证类型。它是一种多次入境签证，有效期为三个月、六个月或一年。外国申请人必须确保他们在进入老挝之前从位于其居住国或本国的老挝领事馆登记签证；在老挝居住期间不能申请签证。要获得 LA-B2 签证的资格，外国申请人必须首先获得合法就业，并获得老挝当地许可和注册实体的担保函。担保实体必须在首都万象寻求老挝外交部（MFA）的批准，并为未来的外国雇员提供财务担保。一旦获得批准，老挝领事馆将签发 LA-B2 签证，允许申请人入境。

办理工作证和暂住证首先必须是 B2 商务签证入境（旅游签证 B3 不可以办理工作证和暂住证）。单位、公司、私人企业、商铺可向所在省劳动保障部门申请劳动指标后，办理工作证。工作证办理好后，到省公安外事管理部门申请暂住证。工作证、暂住证办理好后，到老挝外交部申请办理多次往返签证，也可以不申请，如不申请，出境老挝后，工作证、暂住证即作废。

三、老挝法律风险

（一）投资风险

1. 资市准入限制

老挝对外国资本进入的机构设置了股权投资比例、行业准入门槛和融合范围的门槛制约，这就包括最常说的投资领域准入约束条件，主要表现为限制投资国在特定行业或者特定领域的投资活动。

实际上，并不是所有的资金都能顺利进入老挝的投资市场，虽然老挝为了让更多资金涌入，设立了不少有利于投资企业的制度，但这也造成了一些拥有特权的企业在某些行业垄断经营，使市场变得死气沉沉，也间接导致了市场法则的消亡。那些拥有特权的企业掌控市场，违背了正常的市场规律，也与老挝吸引国外投资的目的背道而驰。因此，在投资准入范围要求的规定中，老挝的外商投资法律制度尽管在形式上满足了外资享受国民待遇的要求，但是在实际的投资申请程序中，却暗含着非国民待遇和超国民待遇，非国民待遇往往落在了具有外资属性的投资者身上，而超国民待遇往往被本国投资者享受，本质上区别对待了内资外资，实际上造成了对中国部分投资企业的不公平不公正待遇。

2. 老挝投资法律体系不完备，政策缺乏透明度

老挝现行投资法律体系仍不完备，经常出现相关法律法规定义不尽统一甚至相互矛盾的情况。在老挝新版的《投资促进法》中关于对外国投资者进行税收免征和降低进口关税的规定，并没有反映到税法里。立法内容的不协调和冲突、抵触，给很多中资企业带来困惑与不便。老挝在电力、通信、农业等行业至今仍缺乏行之有效的具体法规来鼓励外国投资。

另外由于老挝《民法典》与中国《民法典》存在差异，中国企业若不能对老挝《民法典》中合同相关规定与中国《民法典》中对合同相关规定的异同作出区分，明晰相应法律风险，贸然投资，可能会面临巨大的投资法律风险。

老挝合同相关规定缺乏对合同履行抗辩权、债权债务转让通知及解除合同后的义务的相关规定，以合同解除为例，中国《民法典》第五百六十三条规定了合同法定解除的几种适用情形，包括在延迟的合理期限内不履行、预期违约和根本违约，但没有将合同的解除作为违约责任的承担方式，并且中国《民法典》第五百六十六条规定合同因违约而解除之后，对于已经履行的义务，当事人可以请求恢复原状，也可以请求对方承担违约责任。反观老挝《民法典》，其在三百九十二条规定了合同的解除是违约责任的一种承担方式。除非合同双方另有约定，否则，对于任何与合同内容不符的违约行为，受损害方都有权单方面解除合同。合同解除后，合同双方将消灭合同各方将来的权利义务关系，对合同已经履行的部分不予改变。由此可以看出，老挝的合同解除权标准线不高，规定较为宽松，和中国有关规定相比，老挝的合同解除对受损害方的救济不够充分。因此，中国企业应当了解中老相关法律存在差异的事实，通过约定适用法律等方式选择对自身最有利的法律管辖地等方式，尽量避免纠纷。

尽管老挝《投资促进法》中明确规定中国企业具有自主经营权，但并未对企业的管理人员、权力机构的设置等作出明确规定，因而存在着权责不明和受到不确定性干预的风险。同时，按照"争议解决方式"的规定，投资过程中如果出现经济纠纷或其他纠纷可以通过双方协商、必要的行政手段、纠纷仲裁委员会和法律诉讼去逐层解决。如此一来，便赋予了人民法院最终的争端决定权。这种规定在调解国内投资纠纷时或许是有效的，但面对复杂的外商投资会面临诸多问题，既包括法理层面的不明显，同时在执行上也相对困难。这种情况会使得中国企业认为投资安全缺乏保障，降低外商投资的积极性。

此外老挝官僚主义较为严重，行政效率不高，部分商业许可及牌照申请程序复杂烦琐，时间较长易延误投资时机，且政策缺乏透明度。

（二）金融风险

1. 金融、汇兑风险

由于政策性借贷和缺乏信用环境，老挝银行业坏账负担较大，大量坏账牵扯到的都是国有企业。要彻底解决银行坏账问题还有赖于老挝国有企业的重组和改革进程。

老挝大约50%的银行资产和90%的银行存款都集中在首都万象，银行业务涉及面较窄，银行业发展水平比较滞后，对投资的支持作用相当有限。

虽然外资银行在开展业务方面没有法律障碍，但目前这种业务基本只针对贸易融资领域。

为了扩大外国在老挝投资，有效做好管理资金引进工作，老挝国家银行于1990年制定了《外汇管理规定》。根据规定，外币不能在境内直接买卖或结算，外币买卖或结算时须到指定银行或机构进行。外国投资者将利润汇出劳务需要经过中央银行审批，等待时间较长、相对不透明，不确定性较高。可向境外转移的外汇资金主要包括：生产经营活动的利润；向他人出让、出租、出售财产或提供工艺及技术服务的收入；提供贷款或购买股份的本金和利息；投资合同期满或投资项目完结、清算后的资金；外国劳工扣除其开支后的劳务报酬。

老挝对以何种货币作为结算货币没有强制性管理规定，但原则上中央银行只提供和接受德国马克、法国法郎、日元、英镑、瑞士法郎、泰铢和美元。

老挝外贸银行负责外汇业务和账户的管理，外国投资资金必须存入老挝外贸银行，并通过老挝外贸银行结算。生产经营活动中所获得的利润、项目期满的投资及其他经营活动的投资，在纳税后，可通过商业银行汇往境外。大额资金的转移要得到批准，并按老挝国家银行认可的计划分批转移。此外，外国投资资金全部到位后，投资者才能向银行申请流动资金贷款。如果外国投资者从国外贷款，须经老挝国家银行批准。

此外，在汇兑方面，根据有关规定，外国投资者可以汇出利润，但在实际操作中仍有障碍。外国投资者将利润汇出境外必须得到老挝国家银行批准。这一审批批准过程等待时间长，不透明和不确定性都很高。

总之，中国企业对老挝出口商品存在对方延期支付货款的风险。

2. 信贷和外汇风险

在资金运营方面，企业主要面临外汇汇出便利化程度较低、市场拖欠、信用环境脆弱、汇率持续贬值、通胀风险居高不下等问题。

3. 财务管理风险

外国投资者必须使用老挝的会计账簿，并接受老挝政府的会计管理条例的正常监督以及财政机关的检查。所以尽职调查过程中需要调查清楚老挝政府的会计管理条例与国际的会计管理制度的区别及财务管理法规的区别。

（三）劳动用工风险

1. 缺少劳务合作协议

中老两国政府尚未签订劳务合作协议，因此在会计、律师、特种劳务等项目中没有进行劳务合作业务。

2. 外国人在当地工作的风险

（1）治安风险。因经济相对落后，其地理位置靠近缅甸、泰国等地区，作为外地投资者，应当防范电信诈骗、偷盗、赌博等风险因素。

（2）自然风险。老挝气候主要分为雨季（从五月初开始至九月底）和旱季（约从十月至来年四月）。老挝南部地区是降雨量最大的地区，在长山山脉降水量可达 3000 毫米。在万象，降雨量则在 1500 毫米至 2000 毫米。在北部省份就只有 1000 毫米至 1500 毫米。需要施工的投资项目需要特别注意雨季的影响。

（3）食品安全风险。投资者需注意中老饮食文化的差异性、当地风俗禁忌，以及食品安全卫生问题。

（4）劳动力素质风险。老挝文化教育相对落后，劳动力素质较低，熟悉对外经贸业务和专业技术的人员十分缺乏，一些工程项目因缺乏专业技术人员而不得不一再拖延。此外，可能存在劳动力不足，当地雇员一般不愿加班，因此赶时间、工期的项目执行中难度较大。

3. 保护当地劳动力倾向明显

老挝为了保护国内就业，对雇佣外籍劳工管理相对严格，在 2016 年前仅允许有条件引进老挝本国公民无法胜任的工种，2016 年的《投资促进法》取消了外国投资者雇佣当地技术工人的比例要求，也不再要求老挝员工与外籍员工同工同酬，但对于无须劳动技能的工作，仍规定必须雇佣本国公民，因而可能会加大中国企业的用工风险和经营成本。

（四）知识产权风险

相较于老挝的国内经济技术发展水平，中国国内对专利的申请并不多，法律制度也并没有得到充分的利用。在知识产权的规定上，中老两国的规定大致相同，但仍旧存在一些不同之处。在专利的有关规定方面，老挝法律中有小专利，中国则有与之相对的实用新型专利，老挝法律中规定了工业设计专利，中国则在法律中确认了外观设计专利，两相比较之下，这两大法律概念在老挝所涵盖的范围更广。同时针对专利申请问题，两国均实行请求审查制度，针对优先权问题，两国的不同之处是老挝在其现有法律当中只确认了为期 12 个月的外国优先权，而中国除此之外，还在法律中设置了国内优先权。另外值得注意的是中国在相关法律中确认实行展期制度，老挝则没有相关记录。

（五）税收风险

老挝亟需更多外国企业对他们进行投资，所以为这些企业打造了很多税收方面的有利政策，但美中不足的是，老挝关于经济方面的法律制度并不完善，这也导致了他们在税收方面制定的那些政策常常出现各种各样的问题。其在法律中规定，外国投资的企业，不管是合作经营还是联营，抑或是独资企业，都必须依法向政府缴纳企业所得税。

其中，如果企业属于老挝鼓励的和政策优惠的行业，那么其只需缴纳所获利润的 10%~15%，其他的行业则需要缴纳所得纯利润的 35%，而对于商业等服务业所负担的税率都在 35% 以上，呈现出税率畸高的特点。

另外，对于联营和独资企业这两种形式，老挝规定其可以从公司的盈利之年开始（2~4 年）免缴所得税，开始征税的前两年只需负担全部税负的一半，如果亏损还可以将当年的税负累积到下年。但是，老挝采用的是单一税种，并没有规定增值税，增值税可以通过抵减等制度来防止重复征税，而且可以进行普遍征收，其更具有公平性，老挝在税法的规定中尚有不足。

此外，老挝在其税法中还规定很多费用。收费名目庞杂。不利于外商投资的税收合理与公平问题。

（六）环境保护风险

保护生态环境的意识由来已久，老挝政府也较早出台了有关环境监管的法律法规，老挝还在《环境评价条例》中制定了严格的环评程序。但近年随着经济的快速增长，老挝的生态环境受到明显影响，环境污染、土地退化和自然资源枯竭等问题不断出现。对老挝投资的企业应当注意业务开展与老挝环境保护法律法规规定是否相冲突，是否遵循了老挝环评程序进行操作等，避免因为破坏环境的风险造成投资项目的停滞。

（七）司法救济风险

1. 司法独立性有限

老挝法律体系中存在官僚腐败和政治干预等不足，法律具体执行方式和条款之间也存在较大差异，以至于投资者很难预测政府或法律部门如何解释和应用法律条款，为合同执行带来不确定性。

2. 投资退出成市高

以世界银行2015年营商环境指数中的办理破产来衡量在老挝投资的退出成本。办理破产这一指标估算了破产程序的时间和成本，归纳了破产法规中存在的程序障碍。老挝在189个国家中排名189位，经济体破产框架强度指数得分为0，各项指标均低于世界平均水平，反映了在老挝投资退出成本较高。

3. 法律执行效力低

老挝近年来大量颁布新法律完善法律体系，尽管老挝法律正在逐渐完备，但从其退出成本、执法成本等方面考虑，老挝法律在执行效率方面仍存在很大问题。

四、法律风险防范对策

（一）投资风险防范

1. 适应环境复杂性

老挝法律体系中存在官僚腐败和政治干预等不足，法律具体执行方式和条款之间也存在较大差异，法律环境存在较多不确定性，存在某些执法不严的情形。投资者应加强合同管理，防范违约法律风险。慎重选择合作方，做好尽职调查。

2. 全面了解优惠政策

老挝政府公布的外商投资优惠政策对不同行业、不同地区、不同贡献的企业有不同的标准，要全面、客观了解清楚优惠政策申报条件、时限等，做好调查研究，规避政策风险。例如，进入经济特区、工业园区的投资企业，虽然可享受保税、免税的政策，但企业要自行解决"三通一平"等基础设施的建设投入，需要统筹评估利弊关系。

3. 尊重当地习俗文化

尊重老挝的标准工作时间与公众假期。

在老挝，人们对佛教象征和僧人非常尊重。大多国民信佛教，恪守"五戒"感情真；"过午不食"为教规，忌吃"十肉"不忌荤。

与老挝人民交谈时，应避免过分直接或具有攻击性的语言。老挝人民诚恳友好，注重礼仪，传统"栓线"迎宾客，表达情意分外亲；惯同客人饮坛酒，意为同你不隔分。

4. 对中国企业撤资的建议

对于中国企业因经营不善或者基建完工直接撤资所带来的风险，中国企业应选择合适的保险投资来保证能够应对这类退出阶段风险。保险投资可以为投资企业带来一定的缓冲，最大程度上减少投资企业的损失，这要求中国企业要进行相应的保险投资，就当前发展情况来看，投资的担保机构按照范围的不同有国际和国内两种可供挑选。要想降低在推出阶段所面临的风险，中国企业作为投资主体必须强化自身的投保意识，同时充分掌握投保的相关信息，并结合项目的实际情况做出最合适的选择。

实践中，中企也可能因为受老挝政策或者国内特殊情况的影响而被迫撤资。实践表明，投资环境状况能够在一定程度上决定投资的成败，为此作为投资一方的中国企业要从自身长远发展出发，竭尽所能创设有利于其发展的投资环境，如针对政府要做好定期与不定期的沟通交流工作，与之形成理想合作状态，同时还应主动融入当地人文环境，在发展的同时不能忽视公益活动问题，以此来构建有利于自身发展的社会环境，从而给予包括企业形象在内的企业各部分积极反馈。老挝南立1-2水电站项目的建设充分体现了该点。为了能够使该项目如期进行，达到理想的建设效果，针对所在地政府，中国投资公司主动寻求合作，同时通过交流会的形式逐渐深入接触当地企业，可以说无论同政府抑或是同相关企业都形成了理想的关系状态。此外，值得注意的一点是该投资公司深入分析并掌握了当地在环境问题上的重视态度，以此为基础进行了一系列环境方面的前期准备，通过一系列有关当地环境和后续发展的评估报告表明了自身的积极态度，赢得了政府以及当地民众的认可，为后期项目的开展营造了适宜的社会环境，对于整个项目的顺利推进起着举足轻重的作用。

（二）金融贸易风险防范

1. 了解贸易管理规定

投资者需要充分了解老挝最新的贸易管理规定。2023年5月25日，老挝公布了第0752号《关于货物进出口登记的决定》，要求进出口商向工商部（MOIC）登记其进出口活动和相关货物，加强经济监测，控制外汇流动。投资者应按照相关规定，对部分货物获取进出口许可证。

2. 规避汇率风险、信用风险

老挝总理府于2023年7月14日发布关于实施刺激经济发展的信贷政策和在当地分配资本来源的信贷政策的协议，同意老挝中央银行实施刺激经济的信贷政策和向当地分配资本的信贷政策。投资者需要实时关注老挝汇率行情，关注老挝货币贬值情况，以做出对老挝货币持有量的正确判断。

3. 关注商品质量和服务

出口检验流程是出口企业的质量保障体系的重要组成部分，外贸企业应注重商品质量符合相关质量标准。同时，应关注商品售后服务，提升服务质量，展现服务品质。

4. 适应使用商务礼仪

行合十礼是老挝常见的商务礼仪，表示问候与敬意。商务活动最优季节为每年的 10 月到次年的 3 月。

（三）劳动用工风险防范

在最大限度上规避劳工问题带来的法律风险，需要从多方面考量，综合做好防范工作：在用人时始终保证自身行为合乎法律要求。如前所述，两国法律规定在该方面存在明显不同，因此中国企业从雇佣开始就要熟识有别于国内的劳动法律法规，掌握在每个用人节点的具体流程举措，建立符合当地要求的劳动关系，真正将书面劳动合同落于实处，同时在日常员工管理方面也要加大投入，确保在法律的规定范围内进行。

从劳动力资源自身来看，老挝存在区域分配不均衡问题，此外在其素质方面也存在一定不足，这一点无论是从专业技术层面，还是在实践中表现出来的劳动强度层面都可以看得出来，之所以会出现这种问题，是因为老挝的劳动力受到多重社会经济或自然条件的限制。考虑到这一方面，为形成理想的劳资关系，同时提高劳工素质，从而为企业创造更大利润，中国企业应当入乡随俗，深入掌握有关的文化生活习惯，在此基础上给予劳工相应的福利，同时定期为其组织培训以提升专业能力素养，从而为企业发展创设良好的用工环境。企业在用工时，在同等的条件下要将当地劳务放在雇佣人选的首要位置，同时做好在对外劳务方面的审查工作。

就当前而言，为了促进就业，发展本国经济，老挝政府对于本国劳动力的雇佣优先地位已经通过法律手段加以确定，同时对于外籍劳务也长期处于限制态度。然而即便有诸如此类的种种限制条件，仍旧有很多中国企业不顾由此招致的法律风险选择中国劳工，之所以会出现这一现象，是因为如前所述老挝劳工存在素质不足的问题，同时该国迄今为止也没有在该领域形成系统管理体系。因此中国企业的这些做法是存在严重的法律风险的，一旦出现问题，公司将蒙受难以估量的损失，因此尽管老挝并没有严格执行此类规定，但是企业还是要从长远考虑，积极遵循。此外，用老挝劳工是有着显著的成本优势的，同中国劳工相比，当地劳动力价格较低，中国企业大量雇佣当地劳动力会在很大程度上减少用工成本。

在对员工进行日常管理时，要注重沟通交流，向员工潜移默化地介绍企业文化，通过友好相处与耐心指导使东道国员工摆脱长久以来的"中国威胁论"误会，帮助其融入企业发展，引导其将个人利益与企业发展利益相统一。此外，中国企业还要重视工会组织，定期与其进行交流。工会一直都是老挝《劳动法》所规定的重要组织，只有强化和工会的联系，才能在一定程度上降低企业在发展过程中所面临的风险，主要包括法律方面的风险以及因用工问题给企业招致的经营风险。最后，要强化企业信息的透明程度，不论是自己的员工，还是投资当地的民众都可以作为公开的对象，从而减少因不了解所招致的误会，形成良好用工氛围，提升和优化企业形象。

投资前应充分了解老挝的劳动法律等相关政策规定，外国投资者应首先雇佣老挝当地公民作为劳动者。但是，如果老挝国民无法提供劳动力需求，雇主有权要求使用外国劳动力。从事体力劳动的技术专家占该用人单位老挝劳动力总人数的 15%；从事脑力劳动的技术专家占该用人单位老挝劳动力总人数的 25%。

（四）知识产权风险防范

从宏观方面来看，这些企业面临的知识产权风险包括两个方面：一方面，在老挝成为知识产权侵权人，卷入不必要的知识产权纠纷。另一方面，不能有效保护已有的知识产权，利益受到损害。

避免知识产权风险的建议如下：

第一，做好专利检索工作，明确自己的产品在老挝是否侵权，即围绕自己的产品，检索老挝的专利，看该产品是否会落入老挝专利的权利保护范围。由于老挝并非一个知识产权强国，知识产权保护意识不是特别强，所以这个风险要比在美国等知识产权高标准保护国家面临的风险要低，但从长远来看，不能排除一些大的跨国公司或本土企业在老挝做的专利布局，所以需要做好专利检索工作。

第二，在老挝做好知识产权战略布局，商标申请是非常有必要的，如果商标未申请或未获得注册，虽然仍可依照驰名商标获得保护，但驰名商标需商标权人的商品或服务在老挝领土内得到相关领域的广泛认可，还要考虑诸多因素，而商标注册的成本并不高，所以商标申请注册是有效保护自己知识产权的有效手段之一。此外，对于核心技术可以考虑在老挝申请专利，但需要注意的是，老挝专利三性要求之新颖性，其公开的要求是世界公开而非仅在老挝公开，所以如果是在中国已获得专利的技术，实际上便是已经公开的技术，除非还在优先权保护期间，否则将因不具备新颖性而无法获得专利。

第三，老挝的《知识产权法》不仅包括商标、专利、著作权等核心知识产权制度，还包括不正当竞争法的相关内容，如商业秘密的保护、对于不正当竞争行为的禁止等。将走进老挝的中国企业除了选择专利制度保护自己产品外，还可以选择以商业秘密的方式进行保护。

（五）税收风险防范

1. 合理利用税收优惠政策

投资老挝进行税收筹划的首要方式是合理利用法律给予的税收优惠政策。老挝的税收优惠政策主要由《投资促进法》（2016 年）规定，包括企业所得税、增值税、关税、国有土地特许权费或土地租金等优惠政策。

（1）企业所得税、国有土地特许权费或土地租金优惠政策。企业所得税、国有土地特许权费或土地租金优惠适用于特定行业和特定区域。

享受企业所得税、国有土地特许权费或土地租金优惠政策的条件：投资额至少为12 亿基普或聘用 30 名老挝技术员工或聘用 50 名老挝工人并签订至少 1 年以上劳动合同。根据《所得税和土地特许权费优惠政策享受的指导意见》（2021 年），老挝境内投资一类区域主要包括老挝北部、中部和南部山区发展较为落后的 22 个县；二类区域包括首都万象市、占巴色省等经济较为发达的省份所属的 125 个县；三类区域是经济特区，目前有 11 个经济特区，每个经济特区的税收优惠政策单独制定，如万象市赛色塔经济特区的增值税按照 5% 的优惠税率收取。投资者可以根据不同行业和区域的优惠政策来选择企业注册地和组合经营的行业，以获得更多税收优惠。

（2）增值税和关税优惠政策。增值税和关税免税适用以下情形：

一是进口老挝无法提供或生产的用于固定资产建设的材料和直接用于生产的车辆，免缴增值税和关税；

二是进口用于出口货物生产的原材料、材料和零部件，免缴增值税和关税；

三是使用老挝国内的非自然资源的原料生产的用于出口的成品和半成品，免缴增值税。

2. 合理利用特许经营协议

投资者享受的税收优惠政策需要在与老挝政府签订的特许经营协议中加以明确。投资者在与老挝政府谈判签订特许经营协议时，还可以根据投资的财务模型和内部收益率计算结果，要求老挝政府给予更多的税收优惠政策。除《投资促进法》（2016 年）规定的优惠政策，投资者还可以要求其他法律法规没有规定的税收优惠。税收优惠方式可以是税费的豁免缴纳或降低税率或按年缴纳固定金额的费用，如投资过程中涉及大量外籍劳务的使用，可以提出按照每年 10 万美元的固定金额缴纳所有劳工的个人所得税。老挝政府给予投资者法律法规中没有规定的任何税收优惠政策，均需要由老挝国会通过法律豁免决议的方式予以确认。

特许经营协议除了明确投资者享有的税收优惠政策，还可以明确投资者作为项目业主的总承包商和分包商的税收优惠政策。通常情况下，项目的国际承包商可以享受到与作为投资者的项目业主同等的税收优惠政策。

3. 合理利用国际税收协定

根据中国与老挝签订的《中华人民共和国政府和老挝人民民主共和国政府关于对所得避免双重征税和防止偷漏税的协定》，股息所征税款不超过股息总额的 5%，在老挝的利息所征税款不超过利息总额的 5%。但按照老挝《所得税法》，股息和利息的预提税率均为 10%，所以符合中老税收协定的中国投资者可以向老挝税务局申请适用 5% 的股息和利息税率。

4. 其他方式

税收筹划通常使用的转让定价和资本弱化方式只在老挝法律中有零星的原则性规定。如根据《所得税法实施细则》（2021 年），转让定价要参考 OECD《跨国企业与税务机关转让定价指南》，但没有其他具体规定。

关于资本弱化，《投资促进法》（2016 年）中明确了特许经营行业投资的最低投资比，即项目注册资本不得低于项目总投资的 30% 且在投资期间不得降低。但由于法律没有明确具体操作方式，无法判断老挝税务局可能采取的态度和措施，投资者应谨慎选择使用转让定价和资本弱化方式进行税收筹划。

（六）争议解决风险防范

1. 诉讼和仲裁

中国企业在老挝开展投资和经贸合作时，如果发生纠纷，一般应依据合同各方约定的纠纷解决方式解决争议，比如先进行友好协商，协商不成的，根据约定提起诉讼或进行仲裁。

2. 法律适用

对不属于老挝法律专属管辖的事务，争议方可以选择适用老挝的法律，也可以适用与争议相关的第三国法律。例如，鉴于老挝的法律制度不是非常健全，争议方可以约定，在查明老挝法律没有相关规定的情况下，可以适用他国法律。在保险、保理事务中，英国法是全球公认较为完备健全的法律，各方可以选择适用英国法。

3. 国际仲裁

就纠纷解决的方法，如果争议方一致同意，或者在发生争议时达成协议，可以将纠纷提交国际仲裁机构进行裁决。这是目前解决国际商事纠纷比较通行的处理方式。在老挝当地法院解决纠纷的时间可能长达数年，加之以往的判决无法被公众了解，且审判需要用老挝语进行，对于外国投资者来说并不是解决纠纷的有效方法。与提交法院进行司法诉讼相比较，国际仲裁基于双方的协商，易于解决问题，且具有更大的灵活性、透明度、独立性和自主性，解决争议的效率一般比司法机关高，仲裁费用也比较低。另外，仲裁通常是在双方自愿的基础上进行，对于和平化解争议，缓和矛盾有一定作用。

老挝是《承认及执行外国仲裁裁决公约》即《纽约公约》的成员国。老挝于1998年加入《纽约公约》，并且未对该公约作任何保留声明。老挝于1997年加入了东盟自贸区后，根据东盟自贸区的规定，修订法律并积极推进市场经济条件下法律体系和制度的完善。2005年老挝颁布了首部《经济仲裁法》，并于2010年对该法进行了完善，同时将国内的经济纠纷仲裁署更名为经济纠纷仲裁中心，实现了和国际仲裁相关法律制度的对接。其后老挝又于2013年加入世界贸易组织，并按照WTO的相关规则，对法律进行了全面的梳理，遵守了相关法律公开的基本要求。因此从老挝的法律体系和现在参加的国际组织和条约的情况看，国际仲裁可以在老挝得到执行。

4. 司法协助

在遇到纠纷或者法律风险时，当事人还可以根据相关国家间的司法协助协定，获得相关的救济途径。例如，中国和老挝签订了《中老领事条约》《中老民事刑事司法协助条约》《中老引渡条约》等双边条约，加强双方在司法领域的合作，为双方的公民和企业提供司法方面的保护和一些便利化的解决措施。

此外，企业或个人可以根据自己的需要到老挝当地律师事务所或者老挝司法部咨询相关情况，必要时聘请老挝当地的律师或通过大使馆协助聘请律师。中资企业在老挝的投资合作中，还要与当地政府相关部门建立密切联系，并及时通报企业发展情况，反映遇到的问题，寻求所在地政府更多的支持。如遇有突发事件，应及时寻求使领馆帮助。

（七）环境保护风险防范

中国到老挝进行投资活动时应当尊重地方社区对土地资源、自然资源和水资源的原有使用权和所有权，制定相应措施以最小化对地方环境的负面影响。老挝的《环境评价条例》中制定了严格的环评程序，进一步完善了公众参与制度。在老挝当地投资建厂一定要注意环境影响的问题，避免因为破坏环境的风险造成项目的停滞，给投资者带来损失。《环境评价条例》将所有项目分成两大类：一类是小规模投资项目和对环境与社会影响小的项目；另一类是大规模投资的项目，包括复杂的和显著影响环境与社会的项目。

环境评价工作在中央政府一级由老挝自然资源和环境部下的环境和社会影响评估部门负责管理。投资项目分类区别管理和要求，投资类型和活动按照清单划分为五个行业（能源、农业和森林、工业加工、基础设施和服务，以及矿业）和两个类别（小规模及其他规模），不同类别的投资活动需提交不同的文件。

初步环境检查报告和环境影响评估报告给出的环境评估证书是给出即持续生效的，并作为项目正式实施的条件。对于项目的环境和社会管理和监测方案的环境评估证明书的有效期为 2~5 年，在项目实施过程中会要求根据实施情况适时调整和完善。

五、中国投资老挝相关案例评析

（一）案例一：老挝跨境调解案[①]

1. 案例介绍

自 2013 年以来，泰国租赁公司（A 公司）一直向一家提供国内和国际运输服务的泰国公司（B 公司）提供车辆租赁服务，相关 106 辆汽车的总资产约为 100 万美元，之后 B 公司未能按时支付租赁费。A 公司要求 B 公司归还资产和付款，但 B 公司只归还了一部分就不再就未支付的租赁费做出任何回应。

2023 年 4 月，A 公司发现他们的车辆在老挝被租赁，A 公司怀疑这些车辆正在被 B 公司的一家老挝子公司使用。2023 年 6 月，A 公司试图在老挝通过调解方式解决与 B 公司的争议。虽然老挝《经济纠纷解决法》规定外国投资者可以在老挝进行调解，但前提是双方在协议中明确约定或双方自愿[②]，A、B 公司并未满足这一条件。因此，A 公司无法在老挝进行调解，必须将案件退回泰国立案或调解。

[①]　本案例由老挝当地律所 ILAWASIA CO.，LTD. 提供。

[②]　老挝《经济纠纷解决法》

第二条　经济纠纷解决

经济纠纷是个人之间、个人与个人或组织之间的利益冲突，境内外的个人与个人、个人与组织之间的违法行为、经济合同或商业交易。

经济纠纷解决是指通过调解或决定的方式解决利益冲突，由经济纠纷组织解决。

第十六条　可接受处理的经济纠纷解决方式

经济纠纷调解中心可接受处理的经济纠纷解决方案或因违反经济协议和业务经营而引起的纠纷，必须予以解决。

相关条件如下：必须经双方同意，并在协议中约定或双方自愿；不属于人民法院正在解决或有最终判决的争议；不涉及国家安全、社会安宁、环境纠纷。

2. 风险分析

与诉讼相比，调解能够减少如律师费等各项费用，减少各审级的诉累，并促成双方以更包容、和谐的方式获得公正和公平的结果，以一种更加便捷的方式定分止争。对外国投资者来说，老挝的调解和仲裁证明是有效且节约成本的方法。但根据老挝《经济纠纷解决法》第16条规定，争议双方申请经济纠纷调解中心进行调解，必须满足以下条件：经双方同意，并在协议中约定或双方自愿；不属于人民法院正在解决或有最终判决的争议；不涉及国家安全、社会安宁、环境纠纷。一般情况下，外商投资涉及的纠纷较容易满足后两种条件，但如果双方在合作协议签订之时未在协议中明确约定可将争议提交老挝经济纠纷调解中心进行解决的条款，则当双方发生争议且未能达成统一调解方式的情况下，外商投资者可能面临无法选择在老挝通过经济纠纷调解中心解决争议，并且可能要在老挝或外国花费更高的经济或时间成本进行争议解决。

3. 评论与提示

如中资企业在老挝开展投资发生纠纷，一般应依据合同各方约定的纠纷解决方式解决争议，诸如先进行友好协商，协商不成的，向老挝当地调解组织或主管部门申请调解，也可以提起诉讼或仲裁。但调解方式基于双方的协商，易于解决问题，且具有更大的灵活性、自主性和高效性，不仅费用相对较低，还具有缓和双方矛盾的作用，但老挝现行调解制度并不完备，只能满足一般项目投资纠纷解决的需要。中方在重大项目投资中，如果想在老挝与当地企业通过调解方式解决争议纠纷，建议提前在合同或协议中明确约定该争议的解决方式，并写明通过经济纠纷调解中心进行调解。同时为使得合法利益最大化，除选择调解方式之外，还可以在合同中约定国内外知名且成熟的仲裁机构或商事调解中心进行仲裁或商事调解，作为调解的替代方案。目前中国国际经济贸易仲裁委员会（包括贸仲华南分会）、香港国际仲裁中心、新加坡国际仲裁中心都是较为可行的选择。

（二）案例二：假冒注册商标案①

1. 案例介绍

2015年，一名泰国公民（以下简称"甲方"）在老挝成功注册了他们的公司商标。目前，甲方发现假冒产品正在老挝境内分销销售。这种侵权的程度导致甲方产生了大量经济损失。针对该情况，甲方开始调查这些假冒商品的来源。调查结果显示，这些产品不仅在老挝销售，而且还在该国制造，涉及多个侵权方。因此，甲方决定在老挝采取法律行动。老挝对知识产权侵权行为的法律责任规定为，从事伪造国际知识产权等活动的个人，欺诈性地创造国际知识产权或参与不公平竞争，对另一方的知识产权造成损害，都可能面临处罚。这些处罚包括一至三年的监禁，或不剥夺自由的替代性再教育形式。此外，500万至2000万基普的罚款也可作为这种侵权行为的法律后果的一部分。目前，该案件正在调查中。

2. 风险分析

外国企业在老挝进行投资，首先要提高知识产权布局意识。例如，基于商标保护的

---

① 本案例由老挝当地律所 ILAWASIA CO., LTD. 提供。

地域性原则，尤其是外国知名企业，具有被老挝当地企业或人员抢注品牌商标的法律风险；然而，即使外国投资企业在老挝提早注册了商标，但由于老挝国内的原料生产条件和工业基础配套不完善等诸多客观原因，在老挝造假的成本更高，但即使如此，外国投资企业更要防范侵权产品在境外生产后再通过进口方式进入老挝销售的情形，这同样会给在老挝注册了相关商标的权利人造成商业损失。另外，基于商标保护的地域性原则，在老挝已经对商标进行注册登记的权利人，其权利保护范围只在老挝境内有效。在境外生产的使用在老挝注册商标的产品若未进入老挝销售，在老挝注册商标的权利人也很难维权。

3. 评论与提示

如果中国企业发现自身商标在老挝当地被注册或被恶意抢注，并且该商标在中国被认定为驰名商标，则可以依据《保护工业产权巴黎公约》第六条之二的规定，向老挝商标主管机关申请撤销该商标的注册。适用该规定需要满足的条件：另一商标构成对此驰名商标的复制、仿造或翻译，用于相同或类似商品上，易于造成混乱，如非恶意抢注，则可在另一商标注册之日起至少五年内提出撤销；如属于恶意抢注，则商标权人提出撤销期限不受五年限制。另外，虽然基于商标保护的地域性原则，在老挝的外商投资企业很难对老挝境外的未经授权使用其商标的产品进行维权。但可以阻止境外商标侵权者使用带有其商标的产品进入老挝。依据老挝《海关法》，如果是在老挝已经登记注册的商标持有人，可以向老挝当地海关部门提供相关线索，申请查扣侵犯商标权的产品，并阻止该产品进入老挝。对于相关线索的获取，如果企业通过自身获取较为困难的，可以向老挝海关部门申请对可疑货品进行检查，或委托律师就侵权产品进行调查取证并申请扣押，以便在产品生产销售链条的上中游阶段遏制住其侵权路径的延展，从而尽可能减少商标权利人的损失。

（三）案例三：合营企业土地纠纷案

1. 案例介绍

甲、乙均为在老挝投资的外国自然人。2019年4月，甲、乙双方达成书面合作协议，共同投资设立一家酒店公司。其中，甲以60万美元现金出资，乙以老挝某地段的土地使用权出资，甲、乙双方分别持有该酒店公司60%、40%的份额。同时，双方约定酒店公司设立前，统一由乙代为管理注册资本，待公司设立后存入公司账户。为保障甲的权益，乙同意将上述土地使用权抵押给甲，双方签订了《土地使用权抵押合同》，但未实际交付《土地使用权证书》原件，也未办理土地使用权抵押登记。之后甲、乙双方因公司注册、土地归属等问题发生纠纷，乙拒绝返还代为管理的甲的60万美元，给甲造成了巨大损失。

2. 风险分析

老挝《土地法》明确规定了老挝土地所有权归国家全民所有，外国人只能通过租赁或土地特许权或购买国有规划土地有条件使用权的方式获得一定年限的土地使用权。但这几种方式均具有一定的限制。例如，通过租赁方式取得土地使用权，需要签署租赁合同后层层报送租赁材料，租赁期限最长不超过30年，经过国家土地管理局审批后，可以续租。该方式存在租赁合同报备程序烦琐、租赁期限短、稳定性差的缺点；通过土地特许权获得土地使用权，需要在取得土地权利之前与老挝政府达成一项谅解备忘录和项目开发协议，并进行企业注册登记，并不得以个人名义申请，该方式存在程序烦琐、门槛高等缺点；另外，购买国有规划土地有条件使用权从而获得老挝土地使用权，这种方式虽然具有投资门槛低、更加稳定等特点，但其也存在 50 年的年限限制。基于此，实践中存在外国投资者以代持方式在老挝进行土地交易的行为。以土地代持模式进行土地交易的风险在于，根据老挝现行《土地法》的规定，若老挝政府发现存在土地代持行为，无论是个人还是组织存在土地代持的行为或协助土地代持的行为，一经查实将面临民事赔偿、行政处罚、刑事处分等责任，并且会没收被代持的土地的法律风险，代持相关的合同也会因为违反老挝土地法律规定而被认定为无效，由此给土地交易实际出资人造成损失，进而无法实际获得土地相应权利。

3. 评论与提示

中方投资者以租赁、土地使用权出资、土地代持等方式投资老挝土地之前，务必做好前期尽职调查工作，确认该土地使用权的权属、位置、土地性质等问题。由于老挝土地所有权归国家所有，老挝公民及外商投资者只能获得土地使用权，因此现实中，可能会存在因土地性质违反国家规定而被禁止交易、实际购买的土地并非土地证所显示的土地等问题。中方投资者应当首先查看交易对方土地使用权证书原件，切勿轻信对方提出的"原件已经遗失，但可以帮忙找土地管理部门的人核实"等类似表述。最好携带土地证原件，前往相关土地部门、相关法院公证部门进行核实，确认交易对方是通过何种途径获得该土地使用权的，土地性质是否已经转变为可供投资业务开展的性质，以及该土地是否有涉诉、查封、抵押等情形。另外，一般老挝村主任在所在村具有较高威望，熟悉村内大小事宜，如果投资的是老挝村里的土地，可以向本村村主任核实土地情况，查看周围环境及居民影响情况等。对于投资项目本身，中方投资者还需要核实该合作项目是否属于老挝保留类经营范畴，避免该项目面临无法获得相关经营许可证的风险。最后，经考察无误，双方准备签署相关交易合同时，建议聘请当地专业法律服务机构代为起草或审查合同文书、设计交易架构，谨防将来可能面临的风险。如果需要与合作方签署《土地使用权抵押合同》，建议在形式和内容上严格按照老挝法律规定，办理土地使用权抵押登记等，避免投资者就该土地使用权无法主张优先受偿的情况。

六、老挝现行法律法规清单

老挝现行法律法规清单如表 5-6 所示。

表 5-6　老挝现行法律法规清单

国家治理、法律程序类
《人民保安部队法（修订版）》
《国家预算法（修订版）》

续表

国家治理、法律程序类
《公务员法》
《老挝人民阵线法》
《国家边境法》
《国家预算法（修订版）》
《国家资本采购用工法》
《国防法》
《老挝人民军军官法（修订版）》
《国防义务法（修订版）》
《国家安全法》
《军事法庭法》
《军事检察院法》
国会常务委员会关于监督和评估司法领域4部法律实施情况的建议
《人民法院法（部分条款修改）》
《文件法（新）》
《刑法典》
《法官法》
《〈国会法〉和〈省人民议会法〉部分条款修改法（修订版）》
《省人民议会法部分条款修改法》
《省人民议会法》
《民事诉讼法（修订）》
《立法（修订）法》
《立法法》
《申诉补救（修订）法》
《申诉补救（修订）法》
《国家监察法（修订版）》
《刑事诉讼法（修订）》
《反腐败法（修订）》
《国会和省人民议会监督法（修订版）》
《法院判决执行法（修订版）》
《法院判决执行法（修订版）》
《国会和省级人民议会议员选举法（修订版）》
《国会议员和坚强人民议会议员选举法（修正版）部分条款修正法》
《法院收费法（修订版）》
《国会法（修订版）》
《国会法（修订版）部分条款修改法》

续表

国家治理、法律程序类
《〈国会法〉和〈省人民议会法〉部分条款修改法（修订版）》
《人民法院法（修订版）》
《法院登记法（修订版）》
《老挝国籍法（修订版）》
《政府法（修正案）》
《地方政府法（修订版）》
《人民检察院法（修订版）》
《户籍法（修订版）》
社会治理类
《妇女发展和保护法》
《毒品法》
《儿童权益保护法》
《反人口贩卖法》
《武器和爆炸物管理法》
《手工艺法》
《辐射安全法》
《食品法（修订版）》
《劳动法（修订）》
《老挝妇女联盟法》
《社会保障法（修订版）》
《打击和预防暴力侵害妇女儿童法》
《酒精饮料控制法》
《城市规划法（修订版）》
《建筑法》
《律师法（修正案）》
《少年司法法》
《火灾预防和控制法》
《烟草控制法》
《老挝人民革命青年委员会法（修订版）》
《老挝退伍军人联盟法》
《标签法》
《残疾人法》
《性别平等法》
《老挝青年法（新）》
《控烟法（修订版）》

续表

社会治理类
《国家遗产法（修订版）》
《行为防控法（修订版）》
《化学品管理法》
《加工工业法（修正案）》
《技术转让法》
民事经济类
《国家审计法（修订版）》
《修订〈2020 年国家审计法〉某些条款的法案》
《民法典》
《经济纠纷解决法（修正案）》
《合同履约保证法》
《投资促进法（修订）》
《投资促进法（修订）第 12 条修订法》
《会计法（修订版）》
《保险法（修正案）》
《企业重整和破产法（修订版）》
《税收管理法（修订版）》
《国有物权法（修订版）》
《知识产权法（修订）》
《商业银行法（修正案）》
《老挝人民民主共和国银行法（修订版）》
《税法（修正案）》
《税法（部分条款修改）》
《中小企业促进法》
《增值税法（修订版）》
《消费者保护法》
《统计法（修订版）》
《国家投资法（修订版）》
《企业法（修订版）》
《电子交易法》
《证券法（修订版）》
《独立审计法》
《反洗钱和恐怖主义融资法》
《外汇管理法》
《商业竞争法》

续表

民事经济类
《受货物进口影响的生产者保护法》
《支付系统法》
《公共债务管理法》
《消费税法》
《所得税法》
《税收法债务法修正案》
《国有财产法（修订版）》
《外汇管理法（修订版）》
《企业法（修订版）》
《税法（修订版）》
《健康保险法》
外国事务类
《国际刑事合作法（新）》
《老挝人民民主共和国外国人出入境管理法》
《引渡法》
《市场滥用对策及出口国援助法》
《国际条约和协定法》
《老挝人民民主共和国海外代表机构法》
《外交阶层法（新创）》
科教文卫体类
《测绘法》
《药品法（部分条款修正案）》
《畜牧兽医法（修订）》
《标准法（修订版）》
《计量法（修订）》
《科学技术法》
《生物技术安全法》
《高科技法案》
《旅游法（修订版）》
《治疗法（修正案）》
《药品和医疗产品法（修正案）》
《艾滋病毒/艾滋病预防和控制法》
《卫生健康促进法（修订版）》
《体育身体法（修正案）》

续表

科教文卫体类
《媒体法（修订版）》
《民族遗产法（修订版）》
《出版法》
《图书馆法》
《职业教育法（修订版）》
《教育法（修正案）》
《表演艺术法》
《老挝红十字会工作法》
《传染病防治法》
《疫苗接种法》
《电影法》
《高等教育法（新）》
《博物馆法（修订版）》
交通、电信类
《陆路交通法（修订）》
《陆地交通法（修订版）》
《民用航空法（修订）》
《邮政法（修正案）》
《电信法（修订）》
《公路法（修订版）》
《多式联运法》
《计算机犯罪预防和控制法》
《信息通信技术法》
《无线电频率法》
《电子数据保护法》
《电子签名法》
《铁路法》
《陆地车辆法》
《电信法（修正案）》
环境、能源、矿产
《农业法》
《林业法（修订版）》
《水与水资源法（修订版）》
《水及预水资源法和环境保护法》
《电力法（修订版）》

环境、能源、矿产
《渔业法》
《矿产法（修正案）》
《水法》
《灌溉法》
《水和环境保护法先于水和资源法》
《气象水文法》
《土地分配和占用法》
《水和野生动物法》
《大坝安全法》
《水和水资源法（修订版）》
《环境保护法（修订版）》
《土地法（2019 年修订版）》

资料来源：老挝国民议会官网。

第六章　越南

一、中越经济法律关系概述

（一）越南基本情况介绍

1. 地理位置

越南社会主义共和国（简称"越南"）位于中南半岛东部，陆地面积为32.9万平方千米，是东南亚地区的第一大国。北部与中国广西、云南接壤，中越陆地边界线长1347千米；西部与老挝、柬埔寨交界；东部和东南部濒临南中国海，地形狭长，拥有良好的航运条件；南部为湄公河流域，以胡志明市为中心；北部是红河流域，以河内为中心。越南的两条生命之河皆发源于中国。

2. 行政区划

越南行政区划实行省、县、乡三级行政区划，在实际行政管理中，越南亦设有市这一行政区，并将其规定为县级行政，即"县级市"，下辖各坊、镇、社乡等乡级行政区。

越南属于"国小省多"的国家，在国土面积相当于中国的1/30的情况下，由于历史及地理位置原因，却拥有58个省和5个直辖市。其中，面积最大的乂安省仅有16490.70平方千米，最小的北宁省更是只有808平方千米。河内市作为越南的首都，是一座千年古都，也是越南北方的中心城市和政治文化中心。胡志明市作为越南第一大城市，是越南经济贸易中心，位于湄公河三角洲东北、同耐河支流西贡河右岸，距出海口80千米。1975年之前称西贡，曾被誉为"东方小巴黎"。

3. 人口数量

越南的人口在2023年12月1日超过1亿[①]，这一里程碑事件将使越南成为世界第15大人口国和东南亚人口规模达1亿的三个国家之一。越南正处于黄金人口结构时期，近70%的人口处于劳动年龄阶段。充足的人口和年轻的劳动力是经济社会发展时期的坚实资源，将为越南提供足够的人口红利和快速可持续发展的机遇。

4. 政治制度

越南于1945年9月2日宣布独立，成立越南民主共和国。1976年宣布全国统一，定国名为越南社会主义共和国，总体上实行政治权力比较集中的社会主义制度。越南宪法规

---

① 参见 CEIC Date 网站（https：//www.ceicdata.com/zh-hans/indicator/vietnam/population）。

定，越南共产党是国家的领导力量。国会是国家最高权力机关。

越南共产党是唯一政党，其领导层的权力结构相对分散，并在发展中形成了"四驾马车"的权力架构，即党的总书记、国家主席、总理以及国会主席这四大最高权力机关之间相互制衡的局面。这一架构导致了越南国家权力的相对分散。①

5. 政府机构

根据越南现行宪法，越南国家机构包括中央国家机关和地方国家机关两大部分。越南中央国家机关包括国会及其常务委员会、国家主席、中央政府、国防与安宁委员会、最高人民法院和最高人民检察院等；越南地方国家机关包括人民议会及其常务委员会、人民委员会、地方人民法院和人民检察院等。

政府是越南国家最高行政机关。根据 2021 年 6 月 23 日的越共政治局第 1108-CV/VPTW 号文件，越南政府机构有 22 个部委，包括 18 个部委及 4 个部级机构。

越南政府机构包括国防部、公安部、外交部、内务部、司法部、计划投资部、财政部、工贸部、农业与农村发展部、教育培训部、交通运输部、建设部、资源环境部、通信传媒部、劳动伤兵和社会部、文化体育和旅游部、科技部、卫生部、国家银行、民族委员会、政府监察总署和政府办公厅。②

越南司法机构由最高人民法院、最高人民检察院及地方法院、地方检察院和军事法院组成。

6. 语言文化

越南语，又称"京语"或"国语"，是越南的官方语言，属于南亚语系越芒语族越语支。越南语在历史上受到了汉语非常深入的影响，目前其词汇中至少有 60% 以上源自汉语，现代的越南语是一种和汉语较为接近的语言。

7. 民族宗教习俗

越南有 54 个民族，主体民族是越族（京族），约占 90% 的人口。越南越族在我国也是 55 个少数民族之一，被称为"京族"。

从越南宗教的整体格局来看，越南不仅信教人数众多，而且宗教的种类也十分繁杂，呈现出多种宗教共生共存的局面。当前在越南比较有影响力的宗教有佛教、儒教、天主教、福音教、和好教、高台教。越南宗教的主要特征：多种宗教共生共存；具有鲜明的多神论色彩；外来性与本土化交融。

越南是世界上少数几个使用农历的国家之一，也是少数几个全国过春节的国家之一。此外，越南主要的节日还有雄王节、越南解放日、劳动节、端午节、中秋节等。越南人崇尚儒家思想，日常禁忌方面，在越南不能用脚指物，席地而坐时不能用脚对着人，不能从坐卧的人身上跨过去，否则视为对人的不尊重；进屋要脱鞋，否则认为是看不起主人；不要随意摸别人的头部，包括小孩；忌用左手行礼、进食、送物和接物；越南人忌讳三人合影，不能用一根火柴或打火机连续给三个人点烟，认为不吉利。

---

① 亚洲政治发展研究课题组. 民主与发展：亚洲工业化时代的民主政治研究 [M]. 北京：社会科学文献出版社，2015：161-211.

② 参见商务部国际贸易经济合作研究院、中国驻越南大使馆经济商务处和商务部对外投资和经济合作司联合发布的《对外投资合作国别（地区）指南 越南（2022 年版）》第 6 页。

8. 自然资源

越南矿产资源丰富，种类多样，主要有煤、铁、钛、锰、铬、铝、锡、磷等。越南煤、铁储量较大，2019 年数据显示，已探明的煤矿储量达 38 亿吨；铁矿资源极其丰富，非常具有开发潜力，现有的 3 个铁矿区储量高，近 13 亿吨；石油、煤炭、磷化工已经形成一定生产规模，是越南外贸出口的主要产品。

越南的土壤、气候和生物资源非常适宜农、林、渔业的发展，素有"东南亚鱼米之乡"的美誉。水稻、玉米、高粱、豆类、木薯是主要的粮食作物，越南已经连续多年保持了世界第二大稻谷出口国的地位。

越南还盛产橡胶、咖啡、茶叶、甘蔗、椰子、槟榔、腰果等经济作物。热带水果种类繁多，一年四季不间断，主要品种有香蕉、菠萝、芒果、龙眼、荔枝、柑橘、木瓜、榴莲、红毛丹等；森林树种资源丰富，约有 1000 余种，其中红木、铁木、花梨木、玉桂等珍贵木材有 20 多种。

越南森林面积约 1000 万公顷，森林覆盖率接近 42%。越南拥有丰富的渔业资源，盛产红鱼、鲐鱼、鳖鱼等多种鱼类；中部沿海、南部东区沿海和暹罗湾等海域，每年海鱼产量达数十万吨。[1]

9. 重点/特色产业

（1）农业。越南是传统的农业国家，可耕地面积占领土面积的 20.6%，广阔的土地、适宜的气温、充足的降水量以及长时间日照为越南农业发展创造了优越的自然条件。目前越南的农产品主要是大米、咖啡、橡胶、胡椒、腰果等，越南已跻身世界第二大米出口国、世界第二咖啡出口国、东南亚农产品出口大国。

越南农业与农村发展部部长黎明欢在 2022 年 2 月 17 日举行的《2021—2030 年、展望至 2050 年越南农业与农村可持续发展战略》新闻发布会上强调长期战略不仅解决了农业内部问题，而且更重要的是顺应全球经济的潮流，其中包括世界绿色消费的趋势。该战略力争实现到 2030 年，越南农业总产值年均增长率达 2.5%~3%，农产品出口额年均增长达 5%~6%。到 2050 年，越南将成为世界的领先农业国家。2022~2032 年，越南将形成数字化农业产业。

在农业领域，最吸引外商投资的是饲料加工业、肥料业、农用机械等。由于在越南的各类农作物中水稻是用农药的第一大作物，因此越南农药市场的潜力很大，是出海企业可以关注的机会。[2]

（2）纺织服装产业。越南是世界纺织服装行业增速最快的国家，2020 年，越南已经取代孟加拉国，成为全球第二大纺织品服装出口国，仅次于中国；2022 年，越南的纺织服装及鞋业出口总额达 710 亿美元，创下了历史最高水平。越南的面料和服装辅料主要源自中国，经本土剪裁加工后，再销往美国、日本、中国、韩国、德国等地。在美国的服装和鞋履行业，越南的市场份额仅次于中国，占美国鞋类制品市场的 30% 和服装市场的

① 韩越. 东南亚南亚商务环境概论（第 3 版）［M］. 北京：北京大学出版社，2023.

② 山海图：越南重点的农业产业和中国外资投资最多的农业领域［EB/OL］. https：//mp. weixin. qq. com/s/1s6hmZrwS1yDYwZP2yJ89A，2023-06-25.

20%，如耐克超过一半的鞋出自越南工厂。

纺织产业链的上游为研发设计及原材料供应，中游为纺织加工及成衣制造，下游为品牌零售营销。据越南纺织服装协会数据，以简单缝制加工为主的企业占越南纺织服装业的65%，贴牌加工占比25%，原始设计制造占比9%，原始品牌制造仅占1%，反映越南在全球服装业价值链上仍处在生产末端，附加值不高。

（3）电子产业。电子产业方面，越南近年来发展迅速。电子产品出口量位列全球第12，手机出口量居全球第二，其中，三星超过50%的手机以及30%的电子产品在越南组装成最终产品。外资企业（主要是韩国、日本企业）占越南电子产品出口总额的95%。知名消费电子品牌三星、英特尔、LG、苹果、小米等将部分供应链转移至越南，国际大型代工商富士康、立讯精密、和硕、歌尔等也加速在越南布局，希望将越南打造成其全球供应链的枢纽。

从电子产业链看，越南自身研发能力不足，缺乏突破性技术，依赖从中国等地进口原材料和零部件，进行简单零件组装和产品加工后再销往欧美等地，处于附加值较低的环节。为推动越南产业向价值链上游提升，越南政府近年来积极吸引外资，鼓励国内高新技术发展。

（4）机器设备和精密仪器。近年来，越南不断加强研发能力，掌握了部分现代机械生产的核心技术，目前可以制造包括500kV超高压变压器在内的其他电力相关重要设备。机器、设备、工具和仪器类是越南第三大出口产品，出口市场主要为美国、欧洲、中国、日本和韩国。越南出口的机械设备主要用于电子产业，包括电压互感器、稳压器、电池。值得指出的是，越南的优质镍矿储备丰富，而镍是锂电池的重要原料。越南2035年汽车工业发展战略中鼓励生产电动汽车，进一步推动汽车电池制造发展。2021年，越南电动汽车制造商VinFast开始建造越南第一个电动汽车电池厂，并与中国电池厂商国轩高科进行锂电池的研发和生产合作。

精密零件制造加工业作为配套产业，是制造业发展的关键一环，产品可广泛应用于通信设备、精密机床、汽车、飞机制造、医疗等行业。越南当地的精密零件制造加工技术落后、规模小、行业集中度低、厂商分散、竞争性弱，主要生产中低端产品。近年来，日本和中国的企业加速对越南精密仪器行业的投资，扩大研发、生产、销售等业务。配套产业的发展，有利于越南实现上下游产业的升级，在产业链上获取高增值。越南政府提出到2025年，国产零部件要满足越南境内工业领域45%的需求；2030年，要满足境内需求的65%，更广泛用于生产高科技产品。①

此外，在"一带一路"倡议下，中越两国不断完善高速公路、铁路、路桥等基础设施和跨境口岸设施，增加航空班次，促进基础设施互联互通；越南优越的地理位置和气候为太阳能和风能等新能源产业的发展提供了良好条件，很多沿海地区和山区都可以建风力发电厂、太阳能发电厂；越南河内、胡志明市等地区旅游资源丰富，旅游条件良好。因此，基础设施、新能源产业、高端酒店和旅游业也是对越投资的热点领域。

---

① 李涵睿．越南对外经贸关系及产业链竞争力分析［J］．经济资料译丛，2022（3）：19-30.

（二）越南经济贸易概况

1. 经济发展历程

越南在经济总量上属于增速较快的追赶者。越南在近代的发展较为曲折，在统一后的前十年中，越南效仿苏联建立了计划经济体制，集中发展重工业导致经济结构失衡。此外，越南又在1978年出兵柬埔寨，战争的高昂开支也使得并无起色的经济面临更重的负担。直到1986年，在中国的启示下，越南启动革新开放，开始了社会主义市场化经济和对外开放的探索。革新开放后，越南政府制定了一系列对外开放政策以吸引外资。开放的政策与低廉的劳动力成本，以及越南加入世界贸易组织（WTO）的影响，吸引了大量外资涌入，尤其是1990~1996年与2007~2008年增长最为显著。[1]

近年来越南经济被称为"黑马"，外资的作用功不可没。不少外国投资者在越南港口领域开展投资，其中位于越南南方地区的巴地—头顿省最引人瞩目。根据越南交通运输部海事局统计数据，2011~2020年越南港口投资总额为202万亿越南盾，其中企业投资173万亿越南盾，占比86%，中央预算内投资占比14%。

根据世界银行统计数据，近年来，越南的GDP一路高歌猛进，增速基本超6%。2022年更是超8%（见图6-1），GDP首次突破4000亿美元。截至2022年，越南GDP为4088亿美元（见图6-2）。[2]

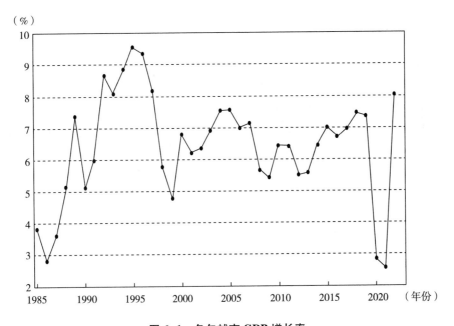

图6-1　各年越南GDP增长率

① 越南经济总量研究：崛起的小国开放经济［EB/OL］. https：//mp. weixin. qq. com/s/1lgswejilrZrx4ksw7cL-A，2023-06-29.

② GDP（现价美元）-Viet Nam［EB/OL］. https：//data. worldbank. org. cn/indicator/NY. GDP. MKTP. CD？ loca-tions=VN.

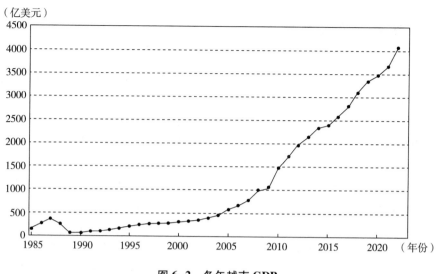

图 6-2　各年越南 GDP

2. 进出口情况及外资引进

出口是支撑越南经济增长的关键，几乎与该国 GDP 的规模相当。

据越南统计总局公布，2022 年越南共有 8 种商品的出口额超 100 亿美元，这 8 种商品的出口额占据了全国出口总额的 70%。这 8 种商品分别是手机及零部件，电子、电脑及零部，机械设备和其他配件工具，纺织品服装，鞋类，木材及木制品，运输工具及配件，水产品。据越南交通运输部提交的《2021-2030 年国家总体规划和 2050 年愿景》，除了新山—国际机场、河内内排机场、岘港国际机场和正在建设的隆城国际机场，到 2030 年，越南机场总数将增加到 28 个。稳定的发展环境，完善的交通设施，方便外商来往之余还有助于货物进出口，无疑是吸引外商投资的一大利器。

但由于近期全球经济低迷，根据越南统计总局发布的最新统计数据，越南出口已连续数月下滑。2023 年 8 月越南货物进出口总额达 609.2 亿美元，环比增长 6.7%，同比下降 7.9%。2023 年前 8 个月，越南货物进出口总额达 4352.3 亿美元，同比下降 13.1%。其中，出口额约 2277.1 亿美元，同比下降 10%，进口额约 2075.2 亿美元，同比下降 16.2%，累计货物贸易顺差 201.9 亿美元。主要出口商品为加工制造业产品、农林产品、水产品等，主要进口商品为机械设备、工具及零配件，生产原材料、燃料等。

根据越南官方数据，越南 2023 年上半年 GDP 增长率为 3.72%，远低于此前定下的至少增长 6.2% 的目标。第一季度仅 3.32% 的增长率，与 2022 年 8% 的高增长，形成了坐"过山车"的既视感。第二季度稍有起色（增长 4.41%），但与年增长 6.5% 的目标还有相当长的距离。①

虽然越南的出口持续下降，但越南 2023 年引进外资保持增长势头。越南计划投资部外国投资局数据显示，截至 2023 年前 5 个月，外国投资者新批、增资及购买股份资金金

---

① 坐了"过山车"，越南经济前景如何［EB/OL］. 南风窗，https：//mp. weixin. qq. com/s/5pm1VwYf-lasJIqUF-GNZNQ，2023-08-11.

额有所改善，达 108.6 亿美元。其中新注册金额达 52.6 亿美元，同比增长 27.8%，增资资金为 22.8 亿美元，同比下降 59.4%，合资和购买股份金额为 33.2 亿美元，同比增长 67.2%。

据越南计划投资部对外投资司数据，2023 年前 8 个月，越南对外新增和调整投资总额近 4.163 亿美元（同比增长 5.2%）。其中，共有 79 个项目获得投资许可证，注册资本总额近 2.44 亿美元（为去年同期的 70.8%）；调整投资额项目达 18 个，增资总额超 1.72 亿美元（同比增长 2.38 倍）。对外直接投资分布在批发零售业、信息通信行业等 14 个领域，以及加拿大、新加坡、老挝、古巴等 23 个国家和地区。[①]

3. 越南工业区及产业园区

越南自 20 世纪 90 年代以来，就在全国各地大力建设产业园区，并发展出口导向型经济，各个园区对越南社会经济的发展尤其是进出口的增长起到了极大的促进作用。

越南的工业园区分布在越南面积约为 87.15 万公顷的 17 个省份、18 个经济区中，成为各个经济区发展的主要驱动力量。随着越南政府投资优惠政策的不断推出和外资的持续涌入，越南工业园区数量在未来会继续增加。截至 2021 年底，越南工业园区数量（包括计划建设园区）为 564 个，占地面积为 21.17 万公顷。其中，已建成 398 个，占地面积为 12.35 公顷；投入使用园区 292 个，比 2020 年增加 14%。[②]

发展情况良好、知名度较高的产业园区有天虹广宁省园区、南定省宝明工业园区、南定省黎明工业园区、西宁省福东工业园区、新加坡越南工业园区（平阳省）、胡志明市协富工业园区、河内市富义工业园区、永福省平川工业园区、平福省工业园区、北宁省南山—合岭都市工业园区。

在工业产值方面，重点园区工业产业规划主要集中在纺织轻工、机械电子、建材化工 3 个领域。2021 年，越南全国重点园区创造工业生产值达 350 亿美元，出口值达 1420 亿美元，为全国进出口总额贡献了近 59%，越南财政因此创收超过百万美元，重点园区每年的工业生产值、进出口额的增长速度均高于全国增速。[③] 越南工业化起步晚、水平低，加上劳动力成本偏低等优势，整体产业概况以劳动密集型产业为主。

（三）中国—越南投资贸易概况

1. 中越双边进出口贸易

中国是越南第一大贸易伙伴、第一大进口来源地和第二大出口目的地。据商务部信息，2021 年，双边贸易额首次突破 2000 亿美元大关，达到 2302 亿美元，同比增长 19.7%。2022 年，中国与越南的贸易额达到 2349.2 亿美元，占越南 2022 年进出口总额的 24%。截至 2022 年 1 月，中国保持为越南第一大贸易伙伴和第二大出口市场。越南也保

---

① 中国驻胡志明市总领事馆. 越南经贸信息拾零 [EB/OL]. https：//mp. weixin. qq. com/s/lhC6nrO ypYEBfDm-mh5v95w，2023-09-06.

② 新丝路产业研究. 越南工业区概况与中越合作展望 [EB/OL]. https：//mp. weixin. qq. com/s/JIBU9ZsJ G3G6ojrzm-qHfQ，2023-02-09.

③ 东博社. 投资热浪席卷越南重点园区，广西能从中看出哪些启示？[EB/OL]. https：//mp. weixin. qq. com/s/ xEjrzwugX_0e0LK3m0oUBw，2022-12-12.

持中国在东盟的第一大贸易伙伴和继美国、日本、韩国、德国和澳大利亚之后中国在全球的第六大贸易伙伴。

中国和越南的双边贸易高度互利互惠互补。中国在大部分初级和中间产品类别上能够给越南提供重要的资源和产品支持，越南在植物产品（主要是水果）和原材料、矿产品及能源（主要是天然橡胶、木业、化肥和原油、金属、煤炭、皮革）等方面对中国的出口具有比较优势。其中，纺织服装和机械产品是中越双边贸易当中最重要的两大品类。

越南对中国的主要出口产品具体包括各类手机及零件；电脑、电子产品及零件；蔬果；机械设备、其他配件；相机、摄像机和组件；各种纤维和纺织纱线；鞋类；橡皮；木材和木制品；水产品；木薯及木薯制品；纺织品；大米；电线和电缆；其他普通金属及制品；纸及纸制品；腰果；饲料及原料；化工和化学产品；运输工具及备件；塑料原料；纺织、服装、皮革、鞋材的原材料；塑料制品等。

越南从中国的主要进口产品具体包括电脑、电子产品及零部件；其他机械、设备、工具和备件；各类布料；各类手机及零件；钢材；塑料制品；化学产品；纺织、服装、皮革、鞋材的原材料；钢铁制品；化工；其他普通金属；塑料原料；其他普通金属制品；电线和电缆；纤维、各种纺织纱线等。

2. 中越经贸合作协定

1991年中越关系正常化以来，两国的经贸合作得到迅速恢复和发展。据中国商务部《境外投资企业（机构）名录》显示，中国企业对越南直接投资始于1995年，从2005年开始形成规模。随着"一带一路"建设的深入推进和中国—东盟自由贸易区的升级，中越经贸合作迎来了全新的历史机遇。

两国政府签署的其他经贸合作协定主要包括：《贸易协定》（1991年11月）；《经济合作协定》（1992年2月）；《中国人民银行与越南国家银行关于结算与合作协定》（1993年5月）；《关于货物过境的协定》（1994年4月）；《关于保证进出口商品质量和相互认证的合作协定》（1994年11月）；《关于成立经济、贸易合作委员会的协定》（1995年11月）；《边贸协定》（1998年10月）；《中越北部湾渔业合作协定》（2000年12月）；《关于扩大和深化双边经贸合作的协定》（2006年11月）；《中越经贸合作五年发展规划》（2011年10月）；《中越经贸合作五年发展规划重点合作项目清单》（2013年5月）；《关于建设发展跨境经济合作区的谅解备忘录》（2013年10月）；《中越经贸合作五年发展规划补充和延期协定》（2016年9月）；《中越边境贸易协定》（2016年9月）；《"一带一路"倡议与"两廊一圈"规划发展战略对接协议》（2017年11月）；《关于成立中越贸易畅通工作组的谅解备忘录》（2021年9月）。

目前，中国与越南的经贸合作框架主要有四个：中国—东盟自由贸易区（China-ASEAN Free Trade Area，CAFTA）；《区域全面经济伙伴关系协定》（RCEP）；《中华人民共和国政府与越南社会主义共和国政府推进共建"一带一路"倡议和"两廊一圈"框架对接的合作规划》；澜沧江—湄公河合作。

越南已相继于2015年在重庆、2018年在杭州设立贸易促进办公室。RCEP在2020年东盟轮值主席国越南的组织下正式签署，并在2022年1月正式生效，越南等东盟成员国和中国等非东盟成员国也正式开始实施协定。①

二、越南法律制度概述

越南自 1945 年 9 月独立后，开始以大陆法系为基础发展出社会主义法律体系。第一部宪法于 1946 年通过，并于 1959 年、1980 年、1992 年更新。1992 年宪法首次明确对吸引外资的原则，即"国家鼓励外国组织和个人在符合越南法律、国际法和国家惯例的基础上到越南进行资金和技术投资；国家保障外国组织和个人合法的资金、财产所有权和其他合法权利，保障外国投资企业不被国有化。国家为在外国定居的越南人回国投资创造有利条件"。为了适应新的政治、经济、社会的发展形势，越南于 2013 年通过了《1992 年宪法修正案》。

自 20 世纪 80 年代中期越南开始革新事业后，越南颁布了许多有关经济和社会革新的规范性文件和政策性文件。随着经济的发展，越南不仅对法律法令进行了较多的修订，还制定了许多新的民商事和经济、社会法律。近年来，民商事立法及与民商事活动紧密相关的法律数量就非常庞大，如：

2014 年制定或修改的《投资法》《企业法》《住房法》《不动产经营法》《婚姻家庭法》《环境保护法》《破产法》《建筑法》；

2015 年制定或修改的《航海法典》《统计法》《会计法》；

2016 年制定或修改的《药品法》《进出口税法》；

2017 年制定或修改的《林业法》《水产法》《信用组织法》《旅游法》；

2018 年制定的《竞争法》；

2019 年制定或修改的《证券法》《保险经营法》《知识产权法》《建筑法》等。这些法律文件强调保护个人、法人以及其他主体的民事权利和合法权益，并与国际民事法律接轨。②

越南第一部《民法典》自 1996 年 7 月 1 日起生效，之后分别于 2005 年、2015 年通过新的民法典。此外，越南企业法律体系逐渐发展完备。1990 年颁行《公司法》和《私人企业法》，2000 年后并存有《企业法》《国有企业法》《外商投资法》《国内投资激励法》《商贸法》《竞争法》《破产法》和其他许多法律，此后随着经济的不断发展，越南分别于 2014 年、2020 年对《企业法》进行了修订。2014 年之后的《企业法》加强了对外国投资者的企业登记管理。

在吸引外资方面，越南有一部悠长的法律史。1977 年颁布了《外国投资条例》，1987 年 12 月国会通过了《外国在越南投资法》。1990 年、1992 年、1996 年、2000 年、2003 年分别对其进行修改；为适应加入 WTO 的需要，2005 年通过了新的《投资法》，并于 2006 年 9 月颁布了《关于越南投资法实施细则的决定》；随着经济形势的发展变化，

① 张天桂. 中国—越南贸易与投资合作进展探究 [J]. 投资与创业, 2023 (9)：37-39, 43.
② 伍光红. 越南法律史 [M]. 北京：商务印书馆, 2022.

越南又于 2014 年 11 月 26 日对《投资法》进行了修订。总之，越南近 50 年来多次修订《投资法》，通过扩宽外资活动范围、降低外资股权限制和税率、允许外商投资银行和金融业、延长外国投资企业活动期限为 70 年、允许建设—经营—移交（BOT）等投资形式法律化、简化投资手续、允许越南国内外投资者在同一法律框架下公平地竞争等措施，改善了越南投资环境，为外国投资提供了便利，促进了本国的经济发展。

（一）投资法律制度

1. 投资法律体系

2020 年 6 月 17 日越南出台第 61/2020/QH14 号《投资法》（自 2021 年 1 月 1 日起生效）；2020 年 6 月 17 日越南出台第 59/2020/QH14 号《企业法》（自 2021 年 1 月 1 日起生效）；第 01/2021/ND-CP 号法令规定了企业注册相关内容；第 03/2021/TT-BKHDT 号通知规定了越南投资活动、对外投资活动和投资促进活动相关文件和报告的模板；2021 年 3 月 26 日政府颁布第 31/2021/ND-CP 号法令，即《投资法》实施细则（"31 号法令"）；第 80/2021/ND-CP 号法令阐述了《向中小企业提供援助法》的部分条款；第 122/2021/ND-CP 号法令对违反规划和投资条例的行政违法行为进行处罚。

2. 投资管理部门[①]

越南主管投资的中央政府部门是计划投资部，设有 31 个司局和研究院，主要负责对全国"计划和投资"的管理，为制定全国经济社会发展规划和经济管理政策提供综合参考，负责管理国内外投资，管理工业区和出口加工区建设，牵头管理对 ODA 的使用，负责管理部分项目的招投标、各个经济区、企业的成立和发展、集体经济和合作社及统计归口职责等。各省、直辖市政府主管投资的部门是计划投资厅。

3. 外商投资及企业设立

投资者有权在《企业法》未禁止的行业和行业中进行商业投资活动。对于有条件的业务线，投资者必须符合法律规定的商业投资条件。越南禁止从事下列商业投资活动：规定的麻醉品交易；规定的化学品和矿产贸易；买卖《濒危野生动植物种国际贸易公约》规定的从自然界中提取的野生动植物标本；规定的自然开采的第一类森林植物、动物和水生动物的濒危、珍贵和稀有物种标本；从事卖淫活动；买卖人体、组织、尸体、人体部位、人体胎儿；与人类克隆有关的商业活动；鞭炮贸易；催收服务业务。

规定的产品在分析、检测、科研、医疗保健、药品生产、刑侦、保险等方面的生产和使用，以及国防和安全保障应当遵守越南政府的规定。外国投资者还应遵守投资负面清单。

外国实体在越南投资的类型包括一人或多人有限责任公司、股份公司、合伙企业、分公司、代表处或办事处、作为商业合作条约的一方。

投资设立经济组织的形式：出资投资、股份购买、认缴出资。根据 2020 年《投资法》第二十三条，外商投资经济组织的投资活动，经济组织投资设立其他经济组织，必

---

① 参见商务部国际贸易经济合作研究院、中国驻越南大使馆经济商务处和商务部对外投资和经济合作司联合发布的《对外投资合作国别（地区）指南 越南（2022 年版）》第 42 页。

须符合外国投资者规定的投资条件并办理投资手续。经济组织有下列情形之一的，以
BCC合同形式进行投资：①外国投资者持有超过50%的注册资本或大多数普通合伙人是
外国个人，经济组织为合伙企业；②拥有本条第①点规定的经济组织持有超过50%的章
程资本；③本条第①点规定的外国投资者和经济组织持有50%以上的章程资本。

除第①~③点规定，经济组织应当符合境内投资者投资设立组织的投资条件和程序。
以出资、参股、购买其他经济组织出资的方式进行投资；BCC合同形式的投资。已在越
南设立的外商投资经济组织若有新的投资项目，应办理该投资项目的实施手续，无须设立
新的经济组织。

外国投资者向经济组织出资、参股或者出资，应当符合下列规定和条件：①规定的外
国投资者市场准入条件；②依照本法保障国防和安全；③《土地法》对土地使用权取得
条件，海岛、公社、边镇、沿海公社、区、乡土地使用条件的规定。

外商直接投资需要获得批准[①]，投资程序：①某些投资类型需获得投资政策性批准
（IPA）。当拟议投资属于特定类型的项目（如博彩、经济特区）时，无论本国和外国投资
者均需先获得投资政策性批准；根据不同的投资类型，投资者需先向国民大会、政府总理
或省人民委员会申请并获得投资政策批准。②《投资登记证》（IRC）。当投资项目位于工
业区外时，投资者需要从当地规划和投资部门获得《投资登记证》；当投资项目位于工业
区、出口加工区、高新区和经济区内时，需向该园区的管理委员会申请并由其授予《投
资登记证》。③在获得《投资登记证》后，投资人继续为在越南设立的外商投资企业取得
《企业登记证》。

4. 投资优惠政策及鼓励措施

（1）投资优惠。根据越南2020年《投资法》第十五条，投资优惠形式为企业所得税
优惠；依照企业所得税法的规定，免征或减征企业所得税及其他优惠措施；为创造固定资
产而进口的货物免征进口税；根据进口税和出口税法进口用于生产的材料、供应品和部
件；免征或减征土地使用税、土地租金；加速折旧或计算应税收入时增加可扣除费用。

投资优惠目标为符合投资优惠条件的部门和行业的投资项目；符合投资激励条件的地
理区域的投资项目。

资本额6万亿越南盾或以上的投资项目，在获得投资登记证书或投资政策批准后3年
内支付至少6万亿越南盾，并同时满足以下条件之一：自产生收入之年起3年后，每年的
总营业额至少达到10万亿越南盾；雇佣超过3000名工人；社会住房投资项目；雇佣至少
500名工人的农村投资项目；雇佣残疾工人的投资项目；高新技术企业、科技企业、科技
组织；涉及鼓励转让技术清单中技术转让的项目；科技孵化器和科技企业孵化器；服务于
环境保护要求的技术、设备、产品和服务的生产、供应企业；创新创业投资项目、创新中
心、研发中心；对中小企业产品分销链的商业投资；支持中小企业的技术设施和中小企业
孵化器的企业投资；联合办公空间的商业投资，支持中小型创新创业企业。

---

① 越南外商投资及并购指南（上篇）［EB/OL］. 走出去服务港, https：//mp. weixin. qq. com/s？_ biz = MjM5
ODA4NDczNg＝＝&mid＝2651729308&idx＝1&sn＝ed01f20bbae26f33bd3b40ae999c339e&chksm＝bd2aa4738a5d2d655ce72
d67b9302bd118726ab177a6f80090b57e3d2fc56313f3e80ecf6e95&scene＝27, 2022-10-20.

根据越南 2020 年《投资法》第十八条，投资支持形式为支持投资项目范围内外的技术和社会基础设施系统的发展；支持人力资源培训和发展；信贷支持；支持进入生产和经营场地；根据国家机关的决定，支持生产经营场所的搬迁；支持科学、技术和技术转让；支持市场开发和信息提供；支持研究和开发。

投资支持目标为高新技术企业；科技型企业；科学技术组织；投资农业和农村地区的企业；投资于教育和法律传播的企业；其他科目。

（2）特殊奖励。根据越南 2020 年《投资法》第二十条，符合特殊投资奖励和支持条件的项目，包括投资项目（也包括扩大此类投资项目）：

新的创新中心或研发中心的资本额达到 3 万亿越南盾或以上，并在获得投资登记证书或投资政策书面批准后 3 年内支付至少 1 万亿越南盾；根据总理决定成立国家创新中心；符合特别投资优惠政策的部门或行业的投资项目，资本额达到 30 万亿越南盾或以上，并在获得投资登记证书或投资政策书面批准后 3 年内支付至少 10 万亿越南盾。

特别奖励措施的适用水平和期限必须符合《企业所得税法》和《土地法》的规定。企业所得税、土地租金、水面租金等特别优惠政策的适用水平和期限，按照《企业所得税法》和《土地法》的规定执行；特别激励措施的实施水平和期限，必须确保以下条件：

税率激励减少但不超过正常税收激励的 50%；

税收优惠申请时间不得超过税收优惠申请时间的 1.5 倍。

（3）不适用投资优惠的情形。投资优惠政策不适用 2021 年 1 月 1 日至投资法生效日期之前已获得投资证书或投资登记证书、投资政策决定的投资项目；矿产开发投资项目；生产或交易《消费税法》规定的消费税产品或服务的投资项目，制造汽车、飞机或游轮的项目除外；投资建设商品房项目。

5. 投资项目终止经营

根据 2020 年《投资法》，投资者在下列情况下应终止投资活动或投资项目：①投资者决定终止投资项目的运营；②根据合同、企业章程规定的终止经营条件；③投资项目经营期限届满。

投资登记机构在下列情况下应当终止或者终止部分投资项目的经营：①投资项目有《投资法》第四十七条第二款、第三款规定的情形之一，投资者不能克服停止经营的条件；②投资者不得继续使用投资地点，且自不得继续使用投资地点之日起 6 个月内未办理投资地点调整手续，但第④点规定场合除外；③投资项目已停工，自停工之日起 12 个月内，投资登记机构无法联系投资者或投资者法定代表人；④投资项目因土地未按照土地法规定投入使用或延迟投入使用而需要收回土地的；⑤投资人未按法律规定的托管义务为符合投资项目实施担保条件的投资项目提供保证金或担保；⑥投资者依据民法规定，以虚假民事交易为基础进行投资活动；⑦根据法院判决、决定、仲裁裁决，对投资政策批准的投资项目，投资登记机构在征得投资政策批准机构的意见后，终止投资项目的经营。

6. 投资合作咨询机构[①]

中国驻越南大使馆经商处；

[①] 参见商务部国际贸易经济合作研究院、中国驻越南大使馆经济商务处和商务部对外投资和经济合作司联合发布的《对外投资合作国别（地区）指南　越南（2022 年版）》第 89 页。

中国驻胡志明市总领馆经商室；

越南中国企业商会；

越南中国商会胡志明市分会；

越南中国商会广宁省分会；

越南中国商会海防分会；

越南工商会；

中国商务部研究院海外投资咨询中心。

（二）贸易法律制度

1. 贸易法律体系

越南主要贸易法律法规主要包括：《贸易法》《外贸管理法》《民法典》《投资法》《电子交易法》《海关法》《进出口税法》《知识产权法》《信息技术法》《反倾销法》《反补贴法》《企业法》《会计法》《统计法》。

2. 贸易管理部门①

越南主管贸易的部门是工贸部，设有 36 个司局和研究院，负责全国工业生产（包括机械、冶金、电力、能源、油气、矿产及食品、日用消费品等行业生产）、国内贸易、对外贸易、WTO 事务、自由贸易区谈判等。各省和直辖市设有工贸厅，主管辖区内的工业和贸易工作。此外，工贸部在各驻外使领馆和多边经贸组织派驻代表。

3. 贸易壁垒

第 122/2016/ND-CP 号法令公布了进口关税及优惠进口关税表、商品清单及其统一税、复合关税、配额外进口关税。美国企业需要履行清关、生产相关任务的货物分类、质量控制实施或进出口食品安全检验按照第 14/2015/TT-BTC 号通知执行。第 134/2016/ND-CP 号法令为进出口关税法提供了指导方针。关于进出口税的第 107/2016/QH13 号法律第 16 条规定了免税。2022 年越南的主要进口产品是电子产品、计算机及其零部件、机械、仪器、配件、各种电话及其零部件、纺织品和织物以及塑料材料。中国是越南的主要进口来源国。越南进口贸易关税税率较高，如汽车的进口关税税率为 50%～90%、牛肉为50%、动物内脏为 50%、蔬菜为 35%、谷物及制品为 35%、酒精饮料为 50%、耐火砖为55%、袜子为 45%。

第 187/2013/ND-CP 号法令禁止了进口到越南的某些物品。禁止进口清单包括武器、弹药、爆炸物（工业炸药除外）、各种鞭炮、二手消费品、色情出版物等文化禁制品、某些无线电设备、右舵机动车、改装汽车和摩托车、某些药品等。尽管有这些禁令，但经政府批准，仍可允许进口用于科学研究或人道主义援助。

工贸部发布的第 34/2013/TT-BCT 号通知增加了不得进口到越南的其他物品，特别是外商投资企业不得进口的物品。该清单上的物品包括某些飞机、雪茄和加工烟叶、一些光盘和磁带、特定报纸和期刊以及从原油以外的沥青矿物中提取的石油。显然，这些限制旨

---

① 参见商务部国际贸易经济合作研究院、中国驻越南大使馆经济商务处和商务部对外投资和经济合作司联合发布的《对外投资合作国别（地区）指南　越南（2022 年版）》第 39 页。

在保护某些国内产业或维持对某些部门的控制。

根据第 18/2019/QD-TTg 号决定，使用年限低于 10 年（或用于某些行业时为 15~20 年）的二手机械和设备可以进口。使用的设备必须符合越南或任何 G7 国家的安全、节能和环保标准。该政策使企业能够进口仍然可以提供大量运营服务的二手设备，同时促进环境可持续性。

4. 重要贸易制度介绍

（1）进出口管理制度。2013 年 11 月越南公布的第 187/2013/ND-CP 号法令详细规定了有关国际货物买卖以及与外国进行货物买卖、加工和过境代理活动的商法的实施。法令详细规定了商法有关国际货物买卖的实施，包括进出口、暂时进口再出口、暂时出口再进口、边境货物买卖等；登机口接送；进出口及委托业务；货物收购、销售、加工、中转代理；动产、外交人员需要的物品以及法律规定的个人行李等物品，遵守政府和总理的单独规定。该法令适用于越南商人以及商法规定的从事贸易相关活动的其他组织和个人。

（2）反倾销制度。根据 2017 年《对外贸易管理法》第 77 条和第 78 条，反倾销措施包括征收反倾销税；生产或出口货物的组织和个人应向越南调查机关或越南制造商（经调查机关批准）采取反倾销措施的反倾销措施承诺。

当进口货物完全满足下列条件时，适用反倾销措施：

进口到越南的货物在规定的倾销幅度内倾销，但特殊规定的情况除外；

越南国内产业受到重大损害或威胁，造成重大损害或阻碍国内产业的形成；

规定的倾销货物的进口与规定的国内产业损害之间存在因果关系。

反倾销措施不适用于倾销幅度不超过向越南出口商品价格 2% 的进口商品。如果进口货物原产地的数量或数量不超过越南进口同类货物总数量或数量的 3%，且从符合上述条件的国家出口的货物总数量或数量不超过越南进口同类商品总量或数量的 7%，这些国家不在反倾销措施的适用范围。

5. 中资企业在越南合作的境外园区

目前，中资企业在越南投资建设的经贸合作区（工业园区）有 6 个，其中 1 个是国家级境外经贸合作区。主要情况[①]如下：

（1）龙江经贸合作区。龙江经贸合作区（龙江工业园）是由中国浙江前江投资管理有限责任公司在越南投资开发的综合性工业园，位于南方前江省。项目总体规划面积为 600 公顷，包括 540 公顷工业区和 60 公顷住宅服务区，总投资额 1 亿美元。园区投资许可于 2007 年 6 月获越南政府总理批准，2009 年 2 月中国国家发展改革委正式批准项目投资。园区于 2011 年 9 月正式通过中国商务部考核成为国家级境外经贸合作区。龙江工业园享受越南政府目前最优惠的税收政策，入园企业自有营业收入之年起享有 15 年的所得税优惠期，优惠税率为 10%（目前越南的企业所得税为 25%）；自盈利之年起前 4 年免税，后续 9 年税率减半。

目前，园区已开发面积 420 多公顷，入园企业 46 家，总投资 18 亿美元，完全达产后

---

① 参见商务部国际贸易经济合作研究院、中国驻越南大使馆经济商务处和商务部对外投资和经济合作司联合发布的《对外投资合作国别（地区）指南 越南（2022 年版）》第 27 页。

年产值超过 40 亿美元。现有 33 家为中资企业，投资总额逾 13 亿美元。35 家入园企业已正式投产，2021 年年产值超过 16 亿美元，完成利税 5 千万美元，为当地创造了 2.5 万个工作岗位。

（2）深圳—海防经贸合作区。深圳—海防经贸合作区（安阳工业园）是深圳市政府在越南海防市投资开发的工业园区，占地面积约 2 平方千米。该项目最早由中航深圳公司牵头 7 家民营企业于 2008 年立项开发。2016 年 9 月，深圳市政府出资 1 亿元人民币收购全部股权，承接合作区投资、建设和运营。合作区规划开发土地面积为 196 公顷，分三期建设，预计项目总投资约 2 亿美元，已累计投资 1.3 亿美元。目前共引入 14 家企业入园，总投资额 3.11 亿美元，完全达产后年产值预计 7.22 亿美元，包括机电设备、电子仪器及通信信息设备、汽车被动安全系统部件、制冷空调配件等轻工制造领域。入园企业中现有 10 家中资企业，投资总额 2.61 亿美元。

目前，合作区有 5 家企业已正式投产，2018 年实现工业生产总值 0.39 亿美元，占海防市 2018 年工业产值的 0.46%，带动海防市出口 0.39 亿美元。截至 2018 年 12 月，已投产企业共为当地提供约 1220 个劳动就业岗位。园区全部建成后，预计将引入 30~50 家企业入驻，带动 10 亿美元投资，给当地带来 3 万个就业岗位。

（3）铃中加工出口区。越南铃中加工出口区位于胡志明市郊区，是中越合资经营开发的工业区项目，1992 年由中国电气进出口有限公司与胡志明市西贡工业区开发公司（IPC）共同出资设立越南铃中有限责任公司进行开发。项目注册资本 1700 万美元，实际总投资额 7000 万美元，占地 326 公顷。铃中公司已经开发了铃中一区、二区和三区 3 个位置相临近的工业园区，截至 2017 年 12 月三个区累计吸引 150 家企业入驻，投资总额 11 亿美元，2017 年进出口总额 50 亿美元，创造就业机会 9.6 万个。

（4）海河天虹工业园区。越南海河天虹工业园区位于中越边境地区的越南广宁省海河县，由浙江民营企业天虹纺织集团经由香港公司投资。2013 年 8 月开始启动立项。工业园区总体规划面积 3300 公顷，预期总投资额 10 亿美元。一期开发 660 公顷，预计投资 2.15 亿美元。目前已经交付熟地约 410 公顷。园区设计以纺织服装及其配套产业为中心产业，采取滚动开发模式，边建设边招商。目前已有 6 家纺织服装及相关企业入园（其中 4 家为天虹集团所属企业），投资额 6.97 亿美元。同时，园区一期正在进行道路、水、电、气、污水处理、标准厂房、生活服务等配套基础设施建设，已投入开发建设资金近 5 亿元人民币，创造就业岗位 7800 个。园区建成后，预计将解决 10 万人就业。

（5）仁会康洋工业园。越南仁会康洋工业园是由香港康洋国际有限公司在越南中部平定省仁会经济区投资成立的港资工业园，于 2007 年 2 月获得投资许可，并通过注册成立越南康洋有限责任公司启动仁会工业区 B 区（康洋工业园）项目的开发建设、招商运营和服务管理。康洋工业园规划面积为 451.86 公顷，土地使用期限至 2057 年 5 月 10 日。到目前为止，包括"六通一平"基础设施工程和绿化工程在内，已基本建设完成的土地面积为 340 多公顷，总投入超过 5000 万美元，正在开发建设的土地面积约 110 公顷。当前正式进驻康洋工业园的企业有越南明阳生化有限公司（广西农垦集团属下）、平定 AUSTFFED 责任有限公司（饲料加工）、南洋鲍尔成建材股份公司、大洋矿业加工有限公司 4 家，用地面积共 29.3 公顷。除工业园自用部分土地外，目前尚有约 400 公顷土地有待继续招商引资。项目预算投资 9000 万美元，全部完成后，预计可引资超过 8 亿美元以上投资额的项目。按预见每平方公顷工业地平均 80 人劳动力，能解决 3.6 万人就业，将给平定省带来明显的综合效益，积极促进形成平定省的综合新城建设。

（6）北江国际物流产业园。北江国际物流产业园位于越南北江省北江市，由海南启程资产管理股份公司（90%）和越南皇富管理与投资有限公司（10%）合资建设，占地 71.66 公顷（第一期），预计投资金额 2.18 亿美元。拟规划在越南北部建设一个现代化及多功能的国际物流中心，成为中国南向通道的货物供应链上的一个重要连接点。目前项目已取得 50 年使用权。

（三）金融法律制度

1. 金融法律体系

越南于 2005 年 6 月 14 日通过了《贸易法》，2017 年 6 月 12 日颁布《对外贸易管理法》。该法规定外商投资贸易商等享有自由进出口业务的权利，还规定了对外贸易管理措施，包括行政措施、技术和检疫措施、贸易救济措施、对外贸易活动的紧急控制措施和发展对外贸易活动的措施。2006 年越南《证券法》出台，对公开发行证券、证券上市、交易和投资以及提供证券和证券市场服务作出规定。2010 年越南《国家银行法》（修正案）出台，国家银行以币值稳定为目的的进行操作；确保银行业务和信贷机构系统的安全；确保国家支付系统的安全性和有效性；为沿着社会主义方向加快经济社会发展作出贡献。

2020 年越南《企业法》规定了企业之成立、组织管理、重组、解散及其相关活动，包括责任有限公司、股份公司、合名公司及私人企业；公司群组之规定。2023 年 3 月 1 日，越南新颁布的《反洗钱法》正式生效。新的《反洗钱法》发生重大变化，对于反洗钱的规制也更为严格。新的《反洗钱法》扩大洗钱活动的定义、对数字钱包提供商施加额外的报告义务、引入新的客户信息验证措施以及实施新的风险评估政策等。

2023 年 8 月，越南国家银行（越南中央银行）的《边境国家货币兑换代理活动规定》和《非政府担保外国贷款条件规定》正式生效。

2. 金融管理部门

银行业、证券基金业、保险业分别由越南国家银行、越南国家证券委员会、越南保监局进行监管。越南国家银行（SBV）是越南的中央银行。越南国家金融监督管理委员会（NFSC）支持总理对金融市场的监管。

3. 外汇管理法律法规

财政部 2010 年 11 月 18 日第 186/2010/TT-BTC 号通知第二条规定可向国外转移的利润。外国投资者根据本通知汇往国外的来自越南的利润是他们根据《投资法》在越南的直接投资活动中分享或赚取的合法利润，在按照规定充分履行对越南国家的财务义务后，来自越南的利润可以用现金或实物汇往国外。根据《外汇管理法》，利润以现金汇往国外；根据《货物进出口法》和相关法律的规定，利润以实物汇往国外，并转换成物品的价值。

汇出境外的年度利润是指外国投资者在一个会计年度内根据经审计的财务报表、外国投资者参与投资的企业所得税资产负债表分享或获得的利润加（+）其他利润项目如以前年度尚未汇出的利润项目加本年；负（-）外国投资者用于或承诺用于在越南再投资的利润项目，外国投资者用于支付外国投资者在越南生产经营活动或个人需求的支出项目。

外国投资者不得将他们在越南直接投资所分享或获得的利润汇出境外，如果他们投资的企业的年度财务报表和增加的利润在根据企业所得税法结转亏损后仍有累计亏损。外国投资者可以在外国投资者参与投资的企业根据法律规定完成对越南国家的财务义务并向直接管理税务机关提交当年经审计的财务报表和企业所得税最终申报后，在会计年度结束时，每年将他们分享的利润或他们在越南直接投资获得的利润汇往国外。外国投资者投资的企业有责任根据有关外国投资者将利润汇往国外的收入的法律，充分履行对越南政府的所有财政义务。外国投资者可直接或委托其参与投资的企业按照通知所附表格，在利润汇出前至少7个工作日，向其参与投资企业的直接主管税务机关发出利润汇出通知。

4. 资市市场

越南有两个证券交易所：胡志明证券交易所、河内证券交易所。越南总理于2020年12月23日发布第37/2020/QD-TTg号决定，建立越南证券交易所。据此，河内证券交易所和胡志明证券交易所成为子公司，越南证券交易所拥有100%的注册资本。越南证券交易所是一家单一成员有限责任公司，旨在组织证券交易市场。其3万亿越南盾的法定资本由国家持有。它在国家财政部和国内商业银行设有银行账户，以越南盾和外币开展业务。根据国家法律，交易所负责财务制度、统计报告、会计和审计。

5. 与进出口关税相关的法律法规

新的《进出口关税法》于2016年9月1日正式生效，取代2005年《进出口关税法》。本法规定了征税商品、纳税人、计税依据、计税时间、税则、反倾销税、反补贴税、进出口保障税；免税、减税、退还进出口关税。为了指导《进出口关税法》的实施，2021年3月15日，政府发布了第18/2021/ND-CP号法令，修正和补充了2016年9月1日政府第134/2016/ND-CP号法令的某些条款，详细说明了《进出口关税法》实施的若干条款和措施。2023年5月31日，政府发布了第26/2023/ND-CP号法令，取代关于出口货物关税表、优惠进口关税表、货物清单和绝对关税率、混合关税率、配额外进口关税的第122/2016/ND-CP号法令，自2023年7月15日起生效。

关于执行越南和东盟与其他国家的货物贸易协定的越南特别优惠进口关税表的规定，政府颁布了以下几项法令：关于2022~2027年越南执行东盟—中国货物贸易协定特别优惠进口关税表的第118/2022/ND-CP号法令；关于2022~2027年越南执行东盟货物贸易协定特别优惠进口关税表的第126/2022/ND-CP号法令；关于越南执行东盟货物贸易协定特别优惠进口关税表的第122/2022/ND-CP号法令。此外，2022年12月30日，政府发布了第129/2022/ND-CP号法令，对越南实施2022~2027年区域全面经济伙伴关系协定的特别优惠进口关税表。

除上述法令外，还有一系列旨在补充和澄清进出口关税条例的通知：修订关于海关程序的第38/2015/TT-BTC号通知的第39/2018/TT-BTC号通知；海关检查、监管；财政部发布的进出口货物的出口税、进口税和税收管理；海关总署发布的第133 TCHQ/KTTT-1995号通知，指导石油和天然气勘探和开采活动所用货物的进出口关税豁免；财政部发布的1993年第18-TC/TCT号通知，指导进出口关税滞纳金的处理；信息和通信部发布的第 25/2022/TT-BTTTT 号通知，对确定直接用于生产信息技术产品、数字内容、软件的免进口税的进口原材料、供应品和组件作出规定；以及关于确定运输车辆的标准的第 14/2017/TT-BKHCN 号通知；科技部发布的指导进出口关税法的第 134/2016/ND-CP 号法令第 40 条第 2 款规定的机械、设备、备件、专用材料以及文件、书籍、科学期刊清单。

6. 与外国承包商税收相关的法律法规（FCT）

第 43/2013/QH13 号《投标法》以及第 103/2014/TT-BTC 号通知是在越南开展业务或在越南赚取收入的外国实体纳税义务指南。

《投标法》于 2013 年颁布，并于 2014 年 7 月 1 日生效。它规定由国家管理采购；相关方的责任和采购活动，包括承包商的税收、费用和收费义务。此外，2014 年财政部发布了第 103/2014/TT-BTC 号关于在越南开展业务或在越南赚取收入的外国实体履行纳税义务指南的通知，进一步明确与承包商税收相关的规定。

2014 年 8 月 6 日，财政部发布第 103/2014/TT-BTC 号通知，指导在越南开展业务或在越南赚取收入的外国实体履行纳税义务，规定承包商/分包商拥有永久在越南设立机构或承包商/分包商是越南居民；主合同或分包合同在越南的经营期限为自合同生效之日起183 天或以上，并且承包商/分包商采用越南会计惯例，已申请税务登记并获得纳税人识别号（TIN）税务机关依照法律规定征收税款（包括增值税和企业所得税）。

特别是，自 2014 年 10 月 1 日起，应缴纳增值税的收入是指外国承包商或外国分包商收到的来自提供服务和应缴纳增值税的货物附带的服务的总收入，包括减去应付税款和任何成本（如有）由越南一方而非外国承包商或外国分包商支付。

同样，从 2014 年 10 月 1 日起，转让所有权或财产享有权、转让参与越南商业合同/项目的权利、转让越南财产权所得应缴纳企业所得税。

（四）劳动与社会保障制度

1. 劳动法与社会保障主要法律法规

《越南外来工人法》（越南国会于 2020 年 11 月 13 日通过的第 69/2020/QH14 号）；

《劳动法》（越南国会于 2019 年 11 月 20 日颁布的第 45/2019/QH14 号）；

《职业安全和健康法》（越南国会于 2015 年 6 月 25 日通过的第 84/2015/QH13 号）；

《职业教育法》（越南国会 2014 年 11 月 27 日通过的第 74/2014/QH13 号）；

《社会保险法》（越南国会 2014 年 11 月 20 日通过的第 58/2014/QH13 号）；

《外国人在越南入境、出境、过境和居留法》（越南国会 2014 年 6 月 16 日通过的第 47/2014/QH13 号）；

《工会法》（越南国会 2012 年 6 月 20 日通过的第 12/2012/QH13 号）；

《健康保险法》（越南国会于 2008 年 11 月 14 日通过的第 25/2008/QH12 号）；

越南政府 2022 年 6 月 12 日通过的第 38/2022/ND-CP 号法令，规定了支付给根据劳动合同工作的雇员的法定最低工资；

越南政府 2022 年 1 月 17 日通过的第 12/2022/ND-CP 号法令，规定了关于对违反劳动、社会保险和越南客工条例的行政违规行为的处罚；

越南政府 2020 年 12 月 30 日通过的第 152/2020/ND-CP 号法令，规定了关于在越南

工作的外国工人以及为越南外国雇主工作的越南工人的招聘和管理;

越南政府 2020 年 12 月 14 日通过的第 145/2020/ND-CP 号法令,阐述了《劳动法》中关于工作条件和劳动关系的一些条款;

越南政府 2018 年 10 月 15 日颁布的第 143/2018/ND-CP 号法令,详细介绍了越南外籍员工所需的社会保险法以及职业安全和卫生法律;

越南政府 2013 年 11 月 21 日通过的第 191/2013/ND-CP 号法令,详细说明了工会财务;

越南政府 2013 年 5 月 10 日通过的第 43/2013/ND-CP 号法令,详细介绍了《工会法》第 10 条,工会在代表、保护雇员合法权益方面的责任;

越南劳动、荣军和社会事务部部长 2021 年 12 月 15 日发布的第 18/2021/BLDTBXH 号通知,内容涉及适用于从事季节性生产和订单商品加工的工人的工作时间和休息时间规定;

越南劳动、荣军和社会事务部部长 2020 年 11 月 12 日发布的第 10/2020/BLDTBXH 号通知,阐述并指导《劳动法》中关于劳动合同、集体谈判委员会以及危害生殖功能和抚养子女的工作的某些条款;

越南劳动、荣军和社会事务部部长 2020 年 11 月 12 日第 09/2020/BLDTBXH 号通知,阐述了《劳动法》中关于未成年工人的一些条款。

雇员与雇主之间的劳动关系是一种复杂的法律关系,外国投资者和外国雇员都应该考虑到这一点。越南《劳动法》规定了越南劳动关系的基本法律基础。2012 年的《劳动法》被 2019 年颁布并于 2021 年 1 月 1 日生效的新《劳动法》取代。新法规包括与雇佣合同、工作时间、工资、社会保险、劳动纪律条例和设备责任、职业安全和健康等有关的规定。根据《劳动法》,外商投资企业(Foreign-Invested Enterprise,FIE)可以直接招聘越南员工,也可以通过授权劳工代理人招聘。此外,外商投资企业应在当地劳工部门登记招聘员工名单,并定期向劳工部门提交关于人员使用和变动的报告。2019 年《劳动法》中,国家排除了第三种劳动合同。因此,当新的《劳动法》生效时,就业合同必须根据以下类型之一签订:

无固定期限劳动合同,是指双方当事人没有约定劳动合同期限或者劳动合同终止时间的合同。

固定期限劳动合同,是指双方约定劳动合同期限和终止时间的合同,自合同生效之日起最迟不超过 36 个月。

2019 年《劳动法》规定,除法律规定的情形外,双方只能就期限在 1 个月以下的合同订立口头劳动合同。此外,2019 年《劳动法》增加了一种劳动合同形式,即根据《电子交易法》以数据电文形式通过电子手段订立的就业合同。因此,以这种形式订立的劳动合同也具有书面劳动合同的效力。

关于劳动终止,除了根据 2012 年《劳动法》终止劳动合同的情况外,2019 年《劳动法》还规定了以下三种情况:根据国家主管机构具有法律效力的判决或决定,驱逐在越南工作的外国雇员;外国工人在越南的工作许可证到期;试用期协议是雇佣合同不可分割的一部分,或任何一方取消试用期合同,试用期不令人满意。

根据 2019 年《劳动法》，加班时间增加到每月不超过 40 小时。

关于在越南工作的外国工人的条件，2019 年《劳动法》第 151 条规定，雇主只能与外国工人签订定期劳动合同，条件是这一期限相当于工作许可证的期限。2019 年《劳动法》规定，工作许可证可以延长，但只允许延期一次，最长期限为 2 年。

2012 年颁布实施的《工会法》规定了越南工会的职能、权利和责任。具体来说，工会受到劳动法的支持，劳动法赋予工会代表和保护工人合法权益的强大权利。《劳动法》要求雇主为工会履行其合法权利和职能提供一切必要的条件和信息。此外，2013 年 11 月 21 日，政府发布了第 191/2013/ND-CP 号法令，详细规定了工会财务。该法令于 2014 年 1 月 10 日生效，要求企业缴纳相当于工资总额 2% 的工会会费，用于社会保险缴款，无论该实体是否有工会。

《社会保险法》对越南的社会保险缴款和福利作出了规定。现行法律于 2014 年颁布，自那时以来已多次修订。当外国工人满足第 143/2018/ND-CP 号法令中规定的标准时，他们需要参加强制性社会保险，该法令规定了社会保险法以及职业安全和卫生法律对在越南工作的外国公民的社会保险要求，具体如下：有工作许可证或同等的执照；有定期合同，至少一年以上；处于越南法定工作年龄；不是已经在越南境内建立商业机构的外国企业的经理、执行董事、专家和技术工人，临时在企业内部转移到越南境内的商业机构，并且在 12 个月之前已经受雇于外国企业。在越南工作的外国公民必须根据工资、津贴和劳动合同中规定的其他额外金额支付保险费。具体而言，他们必须支付月工资的 8%，而他们的雇主必须支付全额应计养恤金工资的 17.5% 或 17.2%（如果公司符合该法令第 5 条规定的标准，第 58/2020/ND-CP 号法令削减 0.3%）。

《健康保险法》规定了越南健康保险缴款和福利的规则。现行法律于 2008 年颁布，自那时以来已经过多次修订。该法适用于持有工作许可证并根据至少 3 个月的合同受雇的外国人，HI 缴款率为 HI 缴款收入的 4.5%，雇主缴款 3%，雇员缴款 1.5%。计算健康保险费的最高金额是基本工资的 20 倍。

《外国人在越南入境、出境、过境和居留法》规定了外国人进入越南工作的规则。现行法律于 2014 年颁布，自那时以来已多次修订。签证代码"DL"指的是旅游，禁止外国人获得 TRC 以及在越南工作。因此，外籍工人应将其旅游签证转换为其他类型的签证，方法是离开越南后再返回，因为签证一旦签发，就不能转换为其他类型。

《职业安全和健康法》概述了雇主和雇员在工作场所安全和健康方面的权利和责任。现行法律于 2015 年颁布。

2. 外国人签证及临时居留和工作许可证

外国人造访越南应提前到越南在海外的使领馆获取签证，东盟等国享有签证豁免的除外。仅特殊情况下签证在入境时在边境口岸签发，如亲属葬礼、重病亲属探视、特殊计划或项目的紧急技术支持或从未设越南使领馆或任何外交代表的国家出境。根据越南与特定国家（地区）签订的双边条约，缔约国另一方公民在规定的逗留时间内无须获得越南入境签证。

外国人持有效工作许可证在越南临时居留的，可申请由公安部入境事务处签发的临时居留证。每张临时居留证的期限将根据工作许可证的有效期（最多两年）而定。

持有临时居留证的外国人在临时居留证有效期内进入和离开越南，将免除签证申请。

持有工作许可证的外国人在越南为企业实体和组织工作的，必须获得"专家""管理/行政""技术员"类别的工作许可，法律规定的例外情况除外。企业必须向当地人民委员会说明该工作岗位招聘外籍员工的必要性，然后才能为外籍员工申请工作许可证。该申请应在员工在越南开始工作之前至少 30 日递交。获得雇佣外籍员工批准后，企业可以于外籍员工开始在越南工作之前至少 15 个工作日为该员工申请工作许可证。申请工作许可证应包含的其他文件有资质证明、经验证明、无犯罪记录证明和体检记录。工作许可证的最长有效期为 24 个月，在法律规定的特定情况下可以延长。另外，若外籍人士豁免申请工作许可，出于行政管理目的，雇主仍应通知当地劳工部。

（五）知识产权法律制度

越南自 2007 年起就加入了世界贸易组织。根据世界贸易组织对其成员的要求，成员必须建立起满足最低要求的知识产权保护体系。因此，越南的知识产权保护体系与其他发展中国家的知识产权保护体系大致相同。目前，越南知识产权法律主要是《知识产权法》，该法 2005 年颁布，于 2009 年、2019 年、2022 年经过三次修订和补充。2023 年 8 月 23 日，越南政府发布第 65/2023/ND-CP 号法令，对越南 2022 年修订、2023 年 1 月 1 日实施的《知识产权法》进行解释和指导。修订《知识产权法》和制定法令均反映了越南致力于将知识产权保护与国际标准接轨的趋势，更多地采用国际公约、条例和惯例，降低外国投资者的法律门槛。此外，知识产权保护的规定还散见于《民法典》《竞争法》《民事诉讼法》《刑事诉讼法》《贸易法》等多部法律。

越南是多项知识产权条约和公约的成员国，签署了《保护工业产权巴黎公约》《保护文学和艺术作品伯尔尼公约》《罗马公约》《与贸易有关的知识产权协议》《专利合作条约》《马德里议定书》《海牙协议》，并且越南积极参加《欧盟—越南自由贸易协定》和《全面与进步跨太平洋伙伴关系协定》，在知识产权保护上进一步加强，为履行国际公约及协定完善相应的法律体系。

1. 知识产权分类

越南的知识产权保护体系大致可以被划分为三个部分：一是版权及相关权利；二是工业产权（包括专利、实用新型、外观设计、商标、集成电路布图设计、商号、商业秘密、地理标志等）；三是植物品种权利。版权及相关权利的管理主体为越南国家版权局，工业产权的管理主体为越南国家知识产权局（NOIP），植物品种权利的管理主体为植物品种保护办公室。越南国家知识产权局（NOIP）在知识产权管理工作中担任首席协调员的角色。

（1）版权。越南是《伯尔尼版权公约》的签署国。依据该公约规定，电影作品、摄影作品、戏剧作品、应用艺术作品和匿名作品的最低保护期限为 50 年，其他作品的出版期限为作者去世后 50 年。值得注意的是"计算机程序"在越南不能申请专利，而是被纳入著作权法进行保护。

（2）专利。与中国类似，越南将专利分为发明、实用新型（或称"实用解决方案"或"小专利"）和外观设计专利。认定实用新型的规则与认定发明专利的规则类似，但实用解决方案不需要证明"创造性"。发明专利的保护期最长为 20 年；实用解决方案专利的保护期为 10 年；外观设计的保护期限最长为 5 年，可另外续期两个 5 年的期限。越南的专利法遵循"先申请"的原则，也就是说，如果两个人对一项相同的发明申请专利，先申请的人将获得该项专利。

（3）商标。越南商标保护的运行体系与欧洲国家类似，保护用于识别企业产品或服务的符号、颜色和其他视觉设备，现在也包括三维物体。在越南，商品名称也是一种工业产权，其权利是通过使用而不是通过正式的注册制度确立的。2022 年修订的《知识产权法》首次允许声音商标保护，2023 年新颁布的法令概述了声音商标在声音商标样本和商标描述和陈述方面的要求。但迄今为止，全面的声音商标保护指南仍然很少。

商标的注册时间长达 15 个月（理论上是 13 个月），商标有效期为 10 年，之后可以每 10 年进行续期。域名是按照"先到先得"的原则分配的，所以必须通过"先注册"的方式，避免被滥用者"域名抢注"。

2023 年"法令"更详细地规定了商标权转让时混淆的情形：与国际商标注册保护的商标相似的，与他人的商品或服务商标相似的，商标会对商品或服务的场地、质量、价格产生误解的，都会被视为商标的混淆，属于违法行为。这一点可以更好地保护投资者的商标权利，对商标的保护不再停留在纸上谈兵的层面。

2. 知识产权的保护

（1）知识产权的登记注册。对于专利（包括发明、实用新型和外观设计），权利人注册必须在越南进行，但对于工业外观设计以外的权利，可以根据专利合作条约的条款申请，通常更容易和更快捷。

对于商标，可以在越南注册，也可以根据《马德里议定书》获得国家或地区商标注册系统下的统一权利。就版权而言，无须登记，但需向版权主管部门登记版权。《巴黎公约》规定的"优先权"可以帮助在当地注册商标、外观设计和专利，因为它允许以前在其他地方注册过的权利在一段时间内在越南生效。

（2）知识产权保护的执行措施。

第一，行政措施。越南最常见的知识产权维权途径是行政途径，大多数知识产权纠纷都是通过这种方式解决的，通过这一途径解决的侵权纠纷约占总维权案件的 90%。不同的执行机构，对知识产权保护负有特殊的责任和职能。行政制裁手段可能包括警告、没收侵权产品、没收制造侵权产品的原材料和要求侵权方中止涉及侵权行为的业务运作、吊销营业执照。2023 年"法令"允许知识产权持有人要求当局强制侵犯知识产权商品的制造商召回通过其销售渠道销售的商品，以便采取相关行政措施。海关查处作为一种边境的行政维权途径，因其程序要求清晰、简便，深受权利人的欢迎。海关分支机构有权在检查、监督和控制过程中，对涉嫌假冒商标或地理标志的物品主动作出暂停办理海关手续的决定。但限于海关内部执法力量偏少，越南海关每年查处的案件仍然较少。

第二，民事诉讼。权利人可以提起民事诉讼保护知识产权，要求终止侵权行为、公开道歉或更正、赔偿损失、销毁侵权产品或要求仅在非商业用途目的下使用。为防止损害扩大，权利人可向法庭申请诉前禁令，并要求赔偿相应损失等。2023 年"法令"还增加了因知识产权侵权行为对权利人造成精神损失的，可以主张精神损失赔偿的规定，这也是该"法令"的一大创新和突破。当专利、工业品外观设计、布图设计和植物新品种的作者的精神权利受到侵犯时，荣誉、尊严、声望、名誉的损失以及其他精神损失将被考虑在内。

第三，刑事控告。越南《刑法》明确了如进口或转运侵犯知识产权的货品以及假冒伪劣商品构成犯罪的，司法机关有权采取司法措施，违法犯罪人员应承担刑事责任。包括海关在内的政府部门可以提起诉讼，版权所有人也可以主动申请。在严重的、有组织的或与商业有关的知识产权刑事案件中，处罚可包括罚款、监禁甚至死刑。生产或交易销售额高达 1 亿越南盾的假冒商品的个人将面临 1 亿至 10 亿越南盾的罚款和/或 1 年至 5 年的监禁。涉及营业额 1 亿至 2 亿越南盾的侵权行为可被判处 5 年至 10 年监禁。任何涉及营业额超过 2 亿越南盾的违法行为都将使违法者面临 7 年至 15 年的监禁。

第四，自力救济。一般来说，可以在事先采取一定的手段来阻止侵权者复制产品。当雇佣员工时，必须在雇佣合同中包含有效的知识产权相关条款。另外，有必要对员工开展有关知识产权保护的培训和教育；对文件、图纸、模具、样品、机械等有完善的物理保护方式和销毁方法；确保没有可能被造假者用来制造假冒伪劣产品的包装发生泄露；检查生产流程，确保正品没有被通过其他名称销售。

（六）税收法律制度

目前，越南现行的《税收管理法》是 2019 年修订后于 2020 年 7 月生效的，由 17 章 152 条组成。为了指导《税收管理法》，越南政府于 2020 年 10 月 19 日发布了第 126/2020/ND-CP 号法令，于 2022 年 10 月 30 日颁布了第 91/2022/ND-CP 号法令。这些法令适用于国家预算中各种税收和其他收入项目的管理，但有关关联方交易、发票、文件、税务领域行政处罚和海关领域行政处罚的规定除外。

越南没有中央税和地方税之分，税收收入全部由财政预算统一调整，税收立法权和征税权集中在中央。越南减免税实行自核自免，年终清算。在越南享受税收减免的企业无须向税务部门报告申请，企业只要对照税收法律，若符合税法规定减免税的，自行核算自行减免，年终税务部门在进行一年一度的税收清查时，对企业的减免税情况一同审核认定，如果发现企业不符合减免税规定，在要求企业补税的同时加收滞纳金，并处不缴或少缴税款 1 倍以上 5 倍以下的罚款。

1. 税务制度概况

越南初步建立起相对完善的税收体系，并有力推动国民经济和社会事业的发展，在经济体制转轨过程中发挥很大的作用。具体来说，包括以下主要内容：符合资质的企业、合作企业、机构以及在越南法律下成立并且总收入不超过 2000 亿越南盾的其他团体，在 2021 年继续实行减免 30%的企业所得税优惠政策。

越南税务监管机构正着眼于 2021～2030 年的进一步改革，重点是简化税务程序和在管理中应用信息技术，以促进营商环境的改善，此次税制改革战略有两个目标：一是完善和同步税收政策以实现社会经济发展目标；二是建立高效运行的现代精简税制体系。改革必须确保税收收入的稳定性、可持续性和透明度，同时建立适合国家一体化和发展进程的有竞争力的经济环境。改革的最高目标是促进生产，提高竞争力，鼓励越南企业参与全球价值链，创造高附加值。

因此，到2025年底，企业所得税税率将稳定保持在20%，并可能从2026年开始根据越南经济形势和全球环境进行调整。增值税方面，要缩小免税对象，扩大税基，从2025年的20类商品和服务缩小到2030年的12类。到2030年，将努力加快电子政务向数字政府的发展，使越南在电子政务和数字经济方面跻身世界前50位和东盟第三位。

越南现行的税收法律法规设有以下税种：企业所得税、增值税、个人所得税、预提所得税、特别消费税、非农业用地使用税、营业牌照税、社会保障税、进出口税、环境保护税、资源税等。

2. 税收种类和税率

（1）企业所得税。企业所得税是指对越南境内的企业（包括居民企业及非居民企业）和其他取得收入的组织以其生产经营所得为课税对象所征收的一种税。企业所得税是直接税。企业所得税法采用双重税收管辖权，即居民税收管辖权和来源地税收管辖权。

第一，纳税人。企业所得税的纳税人分为居民企业与非居民企业。居民企业是指按照越南法律、法规在越南境内成立的企业。非居民企业是指在越南境内设立了机构、场所或者没有设立机构、场所但有来源于越南境内所得的企业。扣缴义务人是指法律、行政法规规定负有代扣代缴、代收代缴税款义务的单位和个人。对于在越南无常设机构，但在越南取得收入的外国组织，支付其收入的越南组织、个人有责任按照相关法律规定代为扣缴税款。

第二，征税范围。居民企业就其来源于越南境内、境外的所得缴纳企业所得税。应税收入包括生产经营收入、提供劳务收入和其他收入。其他收入包括资本与股权转让收入；项目转让收入；转让矿产资源的勘探、开采和加工权的收入；不动产转让收入；凭借资产所有权和使用权取得的收入，包括各种形式的版权（即特许权使用费）和知识产权收入、技术转让收入、各种形式的资产租赁收入；财产转让、租赁、清理的收入（包括各类有价字据）；存款利息、资金借贷、外汇交易的收入；收回已核销准备金；收回已核销坏账；无法识别债权人的应付债务；以前年度经营活动的遗漏收入；罚没收入；各种形式的补助收入和税法规定的其他收入。

非居民企业在越南境内设立机构、场所的，应当就其所设机构、场所取得的来源于越南境内的所得，以及发生在越南境外但与其所设机构、场所有实际联系的所得，缴纳企业所得税；在越南没常设机构的非居民企业应就发生在越南境内的应税收入缴纳企业所得税。

第三，适用税率。居民企业：自2016年1月1日起，越南的居民企业所得税的基本税率为20%。在越南境内从事油气勘测、勘探、开采活动的，企业所得税税率为32%~50%。对于珍贵矿山和稀有自然资源，若其有70%及以上的面积位于社会经济条件特别困难地区，适用的企业所得税税率为40%。勘测、勘探、开采其他稀有资源（包括白金、黄金、银、锡、钨、锑、宝石和稀土）的，适用的企业所得税税率为50%。非居民企业：非居民企业因是否在越南境内设立机构而承担不同的税率，具体税率情况如表6-1所示。

表 6-1　非居民企业税率

主体类型	收入类型	税率
	境内设立机构	20%
无境内机构	提供劳务	商店、酒店赌场管理为 10%；销售商品时提供应税劳务的为 1%，无法划分商品价值和劳务价值的为 2%；其他为 5%
	按国贸条例在越南境内提供或调拨商品	1%
	特许权使用费	10%
	船舶、飞机（包括发动机及配件）租赁费	2%
	井架、机械设备、运输工具租赁（除船舶、飞机）	5%
	借款利息	5%
	证券转让、境外再保险	0.1%
	金融衍生服务	2%
	建筑、运输及其他服务	2%

第四，税收优惠。居民企业设立在指定的投资区域即经济区、高科技区、工业区和出口加工区的，享有优惠的企业所得税税率以及相关奖励措施，企业从符合条件的活动中获得收入的第一年起适用优惠税率，不同的特殊区域适用不同的税收优惠政策，优惠税率从10%到17%不等。

（2）个人所得税。个人所得税是根据越南《个人所得税法》，对越南居民和有劳动合同的外国人（越南税务居民）取得的不论支付地点是否在越南的所得而征收的税种。

第一，纳税人。个人所得税的纳税人分为居民纳税人与非居民纳税人。居民纳税人是满足下列其中一个条件的个人：在一个年度内或从到达越南的第一天起计算的连续12 个月内在越南居住 183 天或超过 183 天的个人；在越南拥有一个习惯性居所（经常性住所），可以是在越南有一个登记的永久住所或一个有期限的租赁合同所明确的用于居住的出租房。非居民纳税人是指不满足上述居民纳税人判定标准条款所列的任一条件的个人。

第二，征税范围。居民纳税人按照其全球收入纳税，非居民纳税人按其来源于越南的收入纳税。个人所得税的征税范围：经营活动所得（含商品生产或贸易、提供服务所得及独立自由职业者取得的收入）；工资薪金所得；资本投资所得（含利息、股息和其他形式的资本投资所得，银行存款和人寿保险、政府公债利息除外）；资产转让所得（含在经济组织中财产的转让所得、有价证券转让所得和其他形式的资产转让所得）；不动产转让所得；中奖所得和竞赛奖金；特许使用费所得和遗产所得。

第三，适用税率。越南实行分类与综合相结合的个人所得税制。越南个人所得税制度规定经常所得项目和非经常所得项目采用不同的税率，其中对经常所得项目分设 7 档超额累进税率，对非经常所得项目采用差别税率，如科技转让所得及博彩所得分别适用5%和10%的税率。居民纳税人经常所得超额累进税率、居民纳税人非经常所得税率、非居民纳税人所得税率分别如表6-2、表6-3、表6-4所示。

表6-2　居民纳税人经常所得超额累进税率

级次	年应纳税收入（百万越南盾）	月应纳税收入（百万越南盾）	税率
1	60 以下	5 以下	5%
2	60~120	5~10	10%
3	120~216	10~18	15%
4	216~384	18~32	20%
5	384~624	32~52	25%
6	624~960	52~80	30%
7	超过 960	超过 80	35%

表6-3　居民纳税人非经常所得税率

应税收入	税率
经营所得	0.5%~5%，基于收入类型
特许权使用费所得	5%
中奖所得	10%
遗产、赠予所得	10%
资本转让	净收益的20%
有价证券转让所得	转让收入的0.1%
版权所得	5%
不动产转让所得	转让收入的2%
利息（不包括银行利息）或股息	5%

表6-4　非居民纳税人所得税率

应税收入	税率
商品贸易所得	1%

续表

应税收入	税率
提供劳务所得	5%
生产、建筑、运输和其他经营活动所得	2%
工资薪金所得	20%
利息、股息所得	5%
有价证券、资本转让所得	转让收入的 0.1%
不动产转让所得	转让收入的 2%
特许使用费所得	5%
中奖、遗产或赠予所得	10%

（3）增值税。增值税是根据越南《增值税法》对在越南境内生产、提供应税商品、服务及进口应税商品的单位和个人征收的税种。

第一，纳税人。越南《增值税法》规定，在越南境内生产、提供应税商品、服务以及进口应税商品的单位和个人为增值税的纳税人。范围具体如下：企业；国家政治组织、社会组织、军队、公共服务组织和其他组织；有外方参与合作经营的外资企业；在越南境内开展经营活动但未设立法人机构的外国组织和个人；个人、家庭户；向在越南无常设机构的境外机构或不在越南居住的外国人购买服务（包括随同货物购买的服务）的在越南境内从事生产经营的组织、个人，购买免税服务的除外；根据工业园区、出口加工区和经济区法律的规定，在越南从事货物贸易或与货物贸易相关的出口加工公司的分支机构。

第二，征税范围。征税范围覆盖生产、销售、服务全过程，对货物或服务从生产、流通到消费过程中所产生的增值额征收增值税。税法列举了 25 类不属于增值税征税对象的商品和服务，除此之外均属于越南增值税征税范围。纳税人在开展非增值税应税项目的贸易活动时，不能抵扣增值税进项税额及申请退税，但享受零税率的项目除外。

第三，适用税率。增值税税率分为零税率、5%、10%（基本税率）。零税率适用于出口商品，5%的税率适用于农业、医药、卫生教学、科学技术服务等，10%的税率适用于石化、电子、化工机械制造、建筑、运输等。

越南增值税的计税方式分为抵扣法和直接法。抵扣法适用于严格遵守会计法规并且根据税收抵扣方法向税务机关注册缴纳增值税的纳税人。越南采用消费型增值税，包括固定资产在内的进项税额可全部抵扣。直接法适用于符合以下条件的企业：年营收在 10 亿越南盾以下的企业、合作社（自愿按抵扣法登记纳税的除外）；新成立的企业、合作社（自愿按抵扣法登记纳税的除外）；个体户、个人；在越南从事生产经营活动，未严格遵守会计法规的外国组织或个人（为从事油气勘测、勘探、开采活动而销售货物、提供服务的外国组织或个人除外）；非企业、合作社的其他经济组织（按规定应以抵扣法登记缴纳增值税的除外）。

（4）特别消费税。

第一，纳税人。特别消费税是针对从事 11 类产品和 6 类服务的生产、进口及经营的应税劳务的组织及个人征收的税种。上述 11 类产品和 6 类服务系奢侈品或非必需品及服务。纳税人在进口和销售该类产品时都需缴纳特别消费税。但是，为了避免过度的税收负担，进口的特别消费税可以抵扣销售时发生的特别消费税。若从事出口活动的组织、个人购买用于出口但未出口且在国内消费的应税消费品，则从事出口活动的组织、个人为特别消费税纳税人。

第二，征收范围。特别消费税的征收范围包括商品和劳务。商品包括卷烟、雪茄及其他烟草制成品；酒；啤酒；24 座以下汽车，包括两座以上的客运货运两用汽车；两轮摩托车、汽缸容量为 125 立方厘米以上的三轮摩托车；飞机、游艇；各类成品油；功率为 90000BTU（英国热量单位）以下的空调；纸牌、祭祀用品。劳务包括经营舞厅；经营按摩、推拿、卡拉 OK；经营赌场、赌机；经营博彩业务；经营高尔夫业务，包括销售会员卡、球票；经营彩票。

（5）非农业用地使用税。

第一，纳税人。根据越南《非农业用地使用税》和《非农业用地使用税法指导意见》，非农业用地使用税的纳税人是使用非农业生产和经营用地的组织和个人。若组织或个人尚未获得土地使用权、房屋及其他附属资产的土地使用权证书，则目前的土地使用者为纳税人。

第二，征收范围。非农业用地使用税的征收范围：城乡住宅用地；工业园区建设用地，包括工业集群、工业园区、出口加工区和其他受公共土地制度管理的综合生产经营区；生产经营场所的建设用地，包括工业生产、家庭手工业和手工业企业用地；服务贸易设施和其他服务生产经营业务的设施用地（包括高新园区和经济区的生产经营场所建设用地）；矿产资源开采和加工用地（除不影响土壤表层或土地表面的开采活动外）；建筑材料或陶器生产用地，包括作为原材料、建筑材料加工和陶器生产用地；符合不征税范围规定，但被组织、家庭或个人改变用途用于商业目的的非农业用地。

第三，适用税率。住宅用地（包括用于商业用途的住宅用地）适用的累进式税率如表 6-5 所示，其他非农业用地的适用税率如表 6-6 所示。

表 6-5　住宅用地（包括用于商业用途的住宅用地）适用的累进式税率

税级	应税土地面积（平方米）	税率
1	住宅指标内面积及多用户公寓、公寓和地下工程用地	0.03%
2	面积≤3 乘以配额	0.07%
3	面积>3 乘以配额	0.15%

表 6-6 其他非农业用地的适用税率

序号	税目	税率
1	商业用途的非农业生产经营用地和非农业用地	0.03%
2	由投资者注册及经国家主管机关批准的阶段性投资项目用地	
3	用途不当或违规使用的土地	0.15%
4	被侵占或挪用的土地	0.20%

（6）进出口税。越南进出口税包括进口税和出口税。大部分进口越南的商品均需缴纳进口关税，但符合免税条件的除外。进口关税是从价计算的，即将进口商品的应税价值乘以相应的进口关税税率。进口关税税率分为 3 类：普通税率、优惠税率、特惠税率。一般适用于自然资源，包含沙料、白垩岩、大理石、花岗岩、矿石、原油、林产品和废金属。税率范围为 0%~40%。出口税的税基为离岸价（边境交货价格），即在合约中所规定启运港的销售价格，不包括运费和保险费。

（七）争议解决法律制度

1. 司法制度概述

越南自 1945 年 9 月 2 日独立以来，建立了以大陆法系为基础的社会主义法律体系。越南的司法体系由人民法院和人民检察院共同组成。

人民法院是越南的司法机关，包括最高人民法院、地方人民法院和军事法庭和其他依法设立的特别法庭。其中最高人民法院是越南的最高司法机关，它监督和指导地方人民法院和军事法庭的司法工作。最高人民法院下设三级法院：高级人民法院、省级人民法院和最低级别的地区级人民法院。越南人民军在各级设立了军事法庭，最高的是中央军事法庭，隶属于最高人民法院。在某些特殊情况下，国民议会可以决定设立特殊法庭。从审理层级上来看，越南有两级法院系统，包括初审法院和上诉法院。

人民检察院是越南的检察机关，与法院的结构类似，人民检察院包括最高人民检察院、地方人民检察院和军事检察机关。人民检察官的任务是进行公诉和司法监督。

2. 诉讼制度

越南采用两审终审制，特殊情况下，最高人民法院有权进行初审、终审。大多数涉及外国公司的案件都是从地方法院开始，然后再向省法院上诉。但是，有关外国投资、金融、银行、保险、知识产权和技术转让或涉及广泛影响或复杂、技术性问题的事项可由省法院开始处理。对这类问题的上诉可向位于河内、胡志明、岘港和芹苴的高级人民法院提出。当涉及境外公司与越南公司的争议问题时，根据《民事诉讼法》的有关规定，有权受理并判决境外公司起诉越南公司的商事争议一审案件的越南法院为被告越南公司总部所在地的省级人民法院。

通常情况下，立案申请受理后，案件准备审理的期限为 2~6 个月。自做出开庭决定之日起 1 个月内开庭审理，如有合理理由可延长至 2 个月。因此，平均而言，获得判决需要 6~8 个月，但实践中一审案件诉讼过程可能需要一到两年。同时，诉讼案件的立案和结案效率也会受到现实因素影响，因此有较多不确定性。各类案件诉讼时效如表 6-7 所示。

表 6-7　各类案件诉讼时效

民事纠纷	自权利受损之日起 2 年内
商事纠纷	自权利受损之日起 2 年内
继承纠纷	不动产为 30 年，其他类型的不可移动的财产为 10 年
劳动纠纷	根据不同争议的类型 6 个月到 1 年

3. 替代性纠纷解决机制

（1）调解。从文化上讲，越南并不是一个诉讼社会，有大量纠纷是在法院外解决的。越南法律也高度强调调解的作用，调解是某些诉讼程序的强制性组成部分。例如，民事诉讼、劳工和婚姻及家庭诉讼。国家鼓励通过调解来解决民事和家庭纠纷及其他不构成刑事犯罪、行政违法行为。

（2）仲裁。仲裁作为可替代性争议解决方式，但仅限于商业纠纷。相较于诉讼，仲裁效率更高，争议双方一般能在数月内得到裁决，但由于薄弱的执行力，仲裁在越南难以成为一种普遍的争议解决手段。2010 年通过的《商事仲裁法》试图提升仲裁裁决在越南的有效性和可执行性。根据 2010 年《商事仲裁法》，越南仲裁庭作出的仲裁裁决将自动执行，即当事各方不再需要为执行仲裁裁决而寻求法院的裁决。

中国、越南同为 1958 年《承认及执行外国仲裁裁决公约》（以下简称《纽约公约》）的成员。因此越南的仲裁裁决可以在包括中国在内的 168 个国家得到承认和执行。越南最著名的仲裁组织是位于越南工商会的越南国际仲裁中心。

（八）环境保护法律制度

在越南，自然资源属于越南人民，私营方可取得自然资源的使用权，但须支付相关费用和税费。为实现自然资源的开采和环境保护之间的平衡，满足鼓励可持续开采和投资的需要，政府颁布了若干法律，《环境保护法》作为综合性法律，确立了越南国家环境保护的基本政策。

1. 环境保护法

2020 年 11 月 17 日，越南国会审议通过新的《环境保护法》并于 2022 年 1 月 1 日起实施。新的《环境环保法》增加了许多新内容，如扩大适用范围，将居民社区首次列为环境保护工作的主体，提出充分发挥民众的监督作用；增加对投资项目进行分类的环保指标，包括项目的规模、能力、生产、经营和服务类型、土地和水面、海域使用面积、自然资源开发规模、环境敏感因素等。并据此把投资项目分为四类：环境影响高风险项目（一类）、可能影响环境的项目（二类）、环境影响低风险项目（三类）和无环境影响项目（四类）。政府对不同类型的投资项目采取相应的管理措施，如一类项目需进行初步环境影响评估；首次规范环保许可的规定，要求前三类投资项目必须获得环保许可等。

《环境保护法》鼓励保护、合理使用和节约自然资源，严禁破坏和非法开发自然资源；严禁采用毁灭性的工具和方式开发生物资源；严禁不按环保技术规程运输、掩埋有毒物质、放射性物质、垃圾和其他有害物质；严禁排放未处理达标的垃圾、有毒物质、放射性物质和其他有害物质；严禁将有毒的烟、尘、气体排放到空气中；严禁进口或过境运输垃圾；严禁进口未经检疫的动植物；严禁进口不符合环保标准的机械设备。

2. 环保管理机构

越南政府环境保护主管部门从中央到地方共分四级，包括资源环境部、各省和中央直辖市资源环境厅、县资源环境处，乡级设环保专职干部。越南资源环境部主要负责管理全国土地、水资源、地质矿产资源、环境、水文气象、气候变化、地图测绘以及海洋和海岛资源环境保护和综合管理等工作。下设土地管理总局、越南地质和矿产总局、越南海洋和海岛总局、环境总局、水文气象总局等21个司局和国家水资源规划和调查中心、地质矿产科学院、测量和地图科学院、水文气象和气候变化科学院等10个事业单位以及资源环境总公司、南方资源环境公司等3家直属企业。

3. 环境影响评估报告（EIAR）

（1）适用范围。由国会、政府、政府总理审批的项目；使用自然保护区、国家公园、历史文化遗迹和旅游胜地部分土地的项目；建筑，建材生产，交通，电子、能源和放射性，水利和森林种植开发，矿产勘探开发和加工，油气，垃圾处理，机械冶金，食品生产加工等项目；有可能对内河流域、沿海地区和生态保护区造成不良影响的项目；工业区、经济区、高新技术区和出口加工区建设项目；新都市和居民聚集区建设项目；地下水和自然资源大规模开发和利用项目；对环境有较大潜在不良影响的项目。

（2）审批机构。对于国家级或跨省的投资和工程项目，环境影响评估委员会成员由项目审批部门、政府相关部委、有关省政府的代表以及相关行业的专家组成；对于省级投资和工程项目，环境影响评估委员会成员由所在省或直辖市政府和环保部门代表及相关行业专家组成。环境影响评估结果将作为项目审批的依据之一。

越南资源环境部负责组织对国会、政府和政府总理审批的项目进行环境影响评估；政府相关部委负责组织对本部门审批的项目进行环境影响评估；省政府负责对本省审批的项目进行环境影响评估。

（3）环保费。越南对部分行业征收环保费。根据2016年2月越南政府颁布的关于矿产资源开发环境保护费的第12号决定（12/2016/ND-CP），原油环境保护费收取的幅度为10万越南盾/吨；天然气、煤气收费幅度为50越南盾/立方米，开发原油（天然气）过程中的天然气收费为35越南盾/立方米。石油和天然气、煤气开发环境保护费归国家财政所有，100%上缴中央；矿产资源开发环境保护费（原油、天然气和煤气除外）100%归地方财政所有，以扶持对环境的保护和投资。

（九）签证制度

1. 签证/居留许可

通常情况下外国个人进入越南需要首先获得越南的签证，在满足特定情况下可以获得签证豁免。入境越南从事商业活动的个人可获发以下组别：

（1）DT 签证向在越南执业的外国投资者和律师颁发，有效期最长为 5 年。

（2）DN 签证签发给进入越南与越南企业工作的外国人，有效期最长为 12 个月。

（3）NN1 签证签发给驻越南的代表机构或国际组织和外国非政府组织项目的首席代表，有效期不超过 12 个月。

（4）NN2 签证签发给驻越南的代表处，外国贸易商分支机构，其他外国经济、文化和专业组织的代表处的首席代表，有效期最长为 12 个月。

（5）NN3 签证签发给在越南工作的外国非政府组织，代表处，外国贸易商分支机构，其他外国经济、文化和专业组织的代表处的人员，有效期最长为 12 个月。

（6）HN 签证为进入越南参加会议的外国人签发，有效期最长为三个月。

（7）LD 签证发放给工人，最长期限为两年。

（8）TT 签证适用于 DT、NN1、NN2 和 LD 签证的父母、配偶、18 岁以下子女，有效期最长为 12 个月。

为了获得在越南工作的签证，必须有越南保证人出具的邀请函，邀请外国雇员来越南工作。保证人必须是在越南的实体，必须代表外国雇员向越南移民局提交申请文件。在越南工作的签证最长期限为两年，并且工作签证的期限必须与工作许可证的期限一致。获得越南工作签证的时间根据申请的工作签证类型而有所不同，从 5 个工作日到 8 个工作日不等。在越南工作签证的申请费取决于签证的类型和期限，从 25 美元到 145 美元不等。

希望在越南长期工作的外国人可以申请临时居留证，而不是工作签证。有资格申请临时居留证的外国人包括那些在越南企业或外国公司在越南的代表处工作的人。临时居留证由公安部授权的省级出入境管理机构核发，有效期不少于 1 年，至外国人就业证、豁免就业证或执业许可证有效期届满之日止。办理临时居留证的时间为提交完整申请文件之日起 5 个工作日。申请费用根据临时居留证的期限不同，从 145 美元到 155 美元不等。

2. 工作许可

外国人要想在越南工作，必须持有工作许可证，除非符合法律的特别豁免。工作许可证分为专业人士、管理阶层和技术人员三大类。需要招聘外籍员工的企业需要在申请工作许可证之前，针对相关职位的空缺说明其聘任外国雇员的理由。

工作许可证由雇主代表外国雇员进行申请，在外国雇员开始在越南工作前至少 15 个工作日向当地劳工当局提交申请文件。申请时须提交资格证明、工作经验证明、犯罪记录、健康检查等文件。劳工部门在收到完整的申请文件后，必须在 5 个工作日内签发工作许可证。工作许可证最长期限为 2 年，并且可以延长 2 年。此后仍然需要在越南继续工作的外籍人士，需要重新申请工作许可证。

工作许可的申请费由省级人民会议决定。目前，在河内签发新工作许可证的申请费为40 万越南盾，在胡志明市为 60 万越南盾。

三、越南法律风险

（一）投资风险

1. 制度/政策限制

2021 年 3 月 26 日，越南政府发布第 31/2021/ND-CP 号法令（以下简称"第 31 号法令"），为 2020 年《投资法》的实施提供了指导。第 31 号法令适用于外国投资者限制市场准入的业务清单，其中不允许进入市场的业务线，如交易国家垄断商业部门的商品服务清单上的商品和服务、任何形式的新闻及信息采集活动、渔业、境外承包劳务代理机构、临时进口再出口业务。具体如下：

（1）经营商业领域内由国家垄断经营的商品和服务。

（2）各种形式的新闻及信息采集活动。

（3）水产捕捞或开发。

（4）安全调查服务。

（5）司法行政服务，包括司法鉴定服务、诉讼文书送达服务、财产拍卖服务、公证服务、资产清理服务。

（6）根据合同将劳务人员送往国外工作的服务。

（7）投资建设陵园、墓地设施，以便转让与设施关联的土地使用权。

（8）直接从居民家中回收垃圾服务。

（9）向公众征询意见（民意调查）服务。

（10）爆破服务。

（11）生产经营武器、爆破材料及辅助工具。

（12）进口、拆解二手海船。

（13）邮政公益服务。

（14）商品转口。

（15）商品暂进再出。

（16）出口、进口和分销外国投资者、外资经济组织不能出口、进口和分销的商品目录内的商品。

（17）在武装力量所属单位收集、购买和处理公共财产。

（18）生产军事物资或设备；经营武装力量的军装、军用物资、军用武器；经营军队和警察专用的设备、技术、器材、车辆及零件、部件、配件、物资、特种设备；经营上述物资生产专用技术。

（19）工业产权代理服务、知识产权鉴定服务。

（20）建立、运行、维护、保养用于航海、水区、水域、公共海运水道和航线的警报系统；为公布《航海通告》而进行的水区、水域、公共海运水道和航线考察服务；考察、制作和发行水域、海港、海运水道和航线的航海图；制作和发行航海安全资料、印刷品。

（21）为保障水区、水域、公共海运水道航行安全而进行的调度服务；航海电子信息服务。

（22）对交通运输工具（包括系统、总成、设备、零件）进行检测（检查、测试）并颁发证书；对用于交通运输的工具、专用设备、集装箱、危险物品包装设备进行检测并颁发技术安全和环保证书；对海上油气勘探、开采和运输工具及设备进行检测并颁发技术安全和环保证书；对安装在交通运输工具和海上油气勘探、开采、运输工具及设备上的对劳动安全有严格要求的机械设备，进行劳动安全技术检测；对渔船开展登检服务。

（23）天然林调查、评估和开发（包括木材采伐，捕猎、捕捉稀有野生动物，管理植物、生物及用于农业的微生物基因库）。

（24）在农业与农村发展部审定和评价之前，对新的生物物种基因进行研究或使用。

（25）提供旅行服务，不包括为国际游客到越南提供国际旅行服务。

2. 越南投资法律体系不完备，政策缺乏透明度

在全球经济衰退及缓慢复苏的大背景下，越南投资贸易政策并不顺畅，政府自由裁量权较大，仍存在较高的贸易壁垒。部分政策缺乏透明度，实际开展商业活动时，越南仍存在重复审批和部门权限重叠等现象。越南在投资环境法律政策方面，仍然面临一些挑战，其中包括政府腐败现象频出、国有企业在特殊行业的垄断、关键行业的监管不确定性、法律政策依然薄弱、较为不透明、知识产权执法不力、熟练劳动力短缺、限制性劳工做法和政府决策过程缓慢。

3. 中越投资法律比较

2020 年越南通过了新修订的《投资法》，促进外商对越投资，同时推行外商投资负面清单制度。《投资法》详细阐述了企业投资政策、禁止经营业务，有条件的业务范围，外国投资者资产向境外转移的保证，政府对部分重要项目的保障，投资优惠和鼓励形式、措施，投资方式、PPP 合同下的投资等一系列外商投资规定。

2019 年中国发布《中华人民共和国外商投资法》，对外商投资促进、投资保护、投资管理等进行规定。2019 年中国发布《中华人民共和国外商投资法实施条例》，是对《中华人民共和国外商投资法》的细化，对部分条款进行了充分释义。2022 年中国修订《外商投资电信企业管理规定》，吸引外商投资电信企业，适应电信业对外开放的需要，促进电信业的发展。

（二）金融风险

1. 金融、汇兑风险

越南营商环境复杂，银行体系透明度较低，近期越南外汇储备和进口覆盖率下降，信贷增长较高。2023 年第一季度，越南中央银行开始放松货币政策，降低贴现率和基准再融资利率。房地产行业信贷紧缩导致银行业坏账风险上升。越南进出口脚步放缓，国际贸易同比下降幅度较大，房地产市场不稳定，金融市场波动剧烈，越南盾进一步贬值。外商投资者应警惕越南多重金融风险。

2. 银行和外汇规制法律问题

（1）银行账户—直接投资。外商投资企业、商业合作合约（BCC）和公共私营合作制（PPP）的外资方未成立项目公司的，应通过授权信贷机构开立直接投资资本账户（DICA）对交易进行担保（如接受投入资本、投入资本调配资金、接受外国贷款；外国投资者向越南境外支出资本、利润或其他合法收入，以及其他与外国直接投资活动相关的收入和支出等）。需要注意的是，外商投资企业可以在授权信贷机构开立外币或越南盾的现金和交易账户进行日常业务交易。此外，经过越南国家银行（State Bank of Vietnam）授权批准，外商投资企业还可以开立离岸外币银行账户。

（2）银行账户—间接投资。非税务居民外国投资企业应在授权信贷机构开立越南盾间接投资资本账户（Indirect Investment Capital Account）进行间接投资。外币投资资本在间接投资执行之前应转换成越南盾。

（3）外汇管制。越南盾不是自由兑换的货币，外汇市场仍然十分依赖外币，尤其是美元。越南政府已采取措施以逐步减少对美元的依赖。越南境内的所有货币交易都必须采用越南盾做媒介，法律允许的外币交易除外（如支付给外籍员工的工资）。在特定条件下，外商投资企业可从银行兑换外币用于履行交易中的支付义务。一般而言，越南国家银行对外币流入的监管比流出宽松，外币流出仅限于特定交易，如支付进口商品和服务、偿还海外合约贷款和支付由此产生的应计利息。只有银行、非银行信贷机构和其他授权机构才有资格提供外汇服务。

（4）利润汇出法规。外国直接投资和间接投资产生的合法越南盾收入可通过授权信贷机构兑换为外币后汇出。汇出利润无须缴纳其他税费。外国投资人应在利润汇出前至少7个工作日内向税务机关递交通知。此后，外国投资人可向越南开户行买入外汇汇出。请注意，尽管外国投资者有权购买外币，但银行没有义务必须出售。外币供应量取决于当时市场的流通状况。因此，在越南与某一家银行保持良好的合作关系非常重要，挑选银行时应该就外币兑换问题进行协商。

（三）劳动用工风险

1. 劳动方面刑事风险[①]

越南现行《刑法》专门设置了"强迫认同56公职人员辞职或违反辞退劳工罪"（第162条），"侵犯性别平等权罪"（第165条），"逃避为劳工缴纳社会保险、医疗保险和失业保险罪"（第216条），"违反劳动安全、劳动卫生、聚众场所安全规定罪"（第295条），"违法雇佣未满16周岁劳工罪"（第296条），"强迫劳动罪"（第297条）等多个罪名，旨在严厉打击劳动用工、社保领域的违法行为。触犯这些罪名的雇主不仅可能被处以警告、罚金、监外改造，严重的还可能被处以有期徒刑。

2. 外籍劳动者及外籍劳动者雇主的风险

2021年生效的第152/2020/ND-CP号法令《关于在越南的外籍工人以及在越南的外

---

① 用工风险大增：中资企业在越南该如何应对？[EB/OL]. YK越南投资新视野，https://mp.weixin.qq.com/s/q6Dr6e_aLCcoIHyVueE03g，2023-03-09.

国组织和个人工作的越南工人的招聘和管理》，对外国人在越南工作做了相关规定及限制，外国公民在越南的工作形式如下：履行劳动合同；企业内部调动；在经济、商业、金融、银行、保险、科学技术、文化、体育、教育、职业教育和卫生方面执行各种合同或协议；合同服务提供者等情形。越南对外籍员工实行的是劳动许可证制度。外国人工作证期限为两年，仅可以延长一次，最多延长45天，若工作证到期可依劳动法相关规定重新办理工作证，而非以工作证延期方式办理。外籍劳务人员不得超过当地雇员的3%。关于外籍劳动者就业需求的报备，雇主（承包商除外）应在预计雇佣外国工人的日期前至少30天确定雇佣外国工人的需求，并发送根据表格制作的报告，提供给劳动荣军和社会事务部或外国工人预计工作地点的省级人民委员会。每年7月5日之前和次年1月5日之前，外国工人的雇主应提交关于外国工人就业情况的半年报告和年度报告。

3. 外商投资企业社保缴费风险

《违反劳动、社保、派遣越南劳工去海外工作规定的行政处罚条例》明确规定，外商投资企业未按期、非故意、未足额缴纳强制社会保险费的，可处以强制社会保险总额12%以上15%以下的罚款。外商投资企业未缴纳强制社会保险但未达到刑事追诉程度的，可处以社会保险缴费总额18%至20%的罚款。如果公司逃避这些捐款但未达到刑事追诉的程度，违规的外商投资企业可能会被处以高额罚款。

（四）知识产权风险

越南的商标制度尚不完善，对于中方投资者，需要特别注意的是商标抢注风险。越南相关法律规定，专利证书签发给享有优先权或最早递交申请中注册卷宗的组织或个人，这样增加了中资企业商标被抢注的风险，而且会有不法分子盯上尚未进入越南市场或已进入但尚未申请注册的商标。一旦被抢注，不仅需要中方投资者花费时间与金钱进行海外维权，还会加大进入越南市场的阻力。企业商标不能以原有商标进入越南市场，对市场份额产生消极影响，其次恶意抢注商标的组织或个人向企业倒卖商标或借此敲诈企业，企业也会因此遭受损失。

尽管越南与WTO相关的知识产权法有了实质性的改进，但在执行知识产权方面存在重大困难。当前的主要问题并非是越南缺少知识产权保护的相关法律法规，而是在执法层面，缺少强有力的执行机制。通常而言，对知识产权领域的违法行为打击力度较低，侵害知识产权的违法成本较低。越南的知识产权立法从形式上看是全面的，并且已经按照国际标准涵盖了保护知识产权的各个方面。然而，执法机构实际上很难跟上最新法律的规定，而且由于涉及的机构众多，行政执法变得复杂，法律保障还难以在实践中得以应用。

越南的司法制度起步晚，其本国具有相关法律背景的从业人员不足。通过民事诉讼的方式进行知识产权保护在越南很少见，因为司法人员目前还缺少对知识产权专业问题的培训，同时越南缺乏专门的知识产权法庭，法院也没有形成通过民事诉讼方式解决知识产权保护问题的传统。知识产权案件专业性高，并且专利案件还具有相当高的技术含量，这使得法官可能还需要更多的知识储备。行政手段是处理侵权行为的通常途径，成本低、见效快。然而，这种威慑作用是有限的，因为处罚水平相对较低，也缺乏对权利人的补偿机制。与知识产权相关的民事案件一审可向地区级或省级人民法院起诉，二审相应上诉至省级或最高人民法院。但涉外知识产权案件直接以省级人民法院为一审法院。

越南的国民教育水平普遍不是特别高，其法律意识有待提高，在出现知识产权纠纷时，普遍不会采用法律的手段维权。

越南的制造业主要是国际代加工，其本土技术不足，研发能力有待进一步提高。近年来，越南本国申请人的申请量增加迅速，但是占比很小，越南专利和外观设计约80%案件的申请人都是境外申请人。

（五）税收风险

越南征税范围较广，且税种繁多，有着印花税、门牌税、社会保障税、健康保障税、预提税、财产税、自然资源税等不被中国企业熟悉的税种。越南存在企业所得被重复征税的可能。各国行使各自税收管辖权，会产生对"走出去"企业同一笔所得重复征税的情况，造成企业税收负担增加。

税收法律政策频繁调整。越南政府不断调整企业所得税税收优惠政策，企业所得税法平均不到五年修订一次。对指定商品征增值税、特别消费税等政策也会不定期进行调整。对此，部分中小型外资企业难以及时掌握税收政策的最新变动，在税收成本核算、预期收益调整等方面有较大税务风险。

（六）争议解决风险

从近年情况来看，中越双方企业如发生合同纠纷，即便当地法院判中方胜诉，执行起来也十分困难，原因在于法院缺乏强制执行力，而且越南企业资信状况难以摸清，难以控制。对于诉讼、仲裁等常见的争议解决方式，很难选出一种适用于所有商业争议的争议解决方式，任何一种方式与其他几种相比都不存在明显优势。外国法院做出的判决难以执行，而国内法院的判决可能有失公允，特别是在争议一方为国有企业时。仲裁裁决和法院判决在越南的执行率都很低。在争议解决方面，越南主要有以下几个方面的风险：①司法独立性有限；②投资退出成本高；③法律执行效力低。

（七）环保风险

1. 提升环评标准，要求企业加强环评过程

新的《环境保护法》明确提高了环境评价标准，强调企业需加强环评过程。在新的《环境保护法》生效之前，大部分环保报告可在地级行政单位办理。然而，新的《环境保护法》实施后，环保报告需要上报到部级单位，审查要求更为严格，审查时间更长。中资企业需特别关注环评过程中废弃物的处理，越南的审查机构将有针对性地对企业进行详细质询，以确保不对当地环境造成污染。不同地区环评标准存在差异，企业需依据地方实际情况制订切实可行的方案。

2. 强化废水治理监管，严控废水标准

新的《环境保护法》加强了对废水治理的监管，使企业达标排放成为监管的重点，明确提出更严格的废水处理标准，且各地标准有所不同，有些地区标准甚至高于国家标准。中资企业必须全面了解越南当地标准，确保废水处理符合要求，避免

受到处罚。

3. 碳排放报告制度带来更多环保义务

新的《环境保护法》引入了碳排放报告制度，企业需主动参与数据统计。依据规定，企业每月必须汇总碳排放数据，并进行季度报告。中资企业应提前收集并整理相关数据，若自身无法完成碳排放报告，亦可委托第三方机构提供专业服务。

（八）签证风险

越南政府为了保护当地就业市场，规定了外籍劳工及越籍劳工的比例、薪酬标准，同时规定进入越南工作3个月以上的外国人需要办理工作许可证，需提供省级以上或国家级医院开具的健康证明、所在地派出所出具的无犯罪证明、技术能力证明等文件，整套手续办下来约2个月时间（含国内公证和认证时间）。外国劳动者的工作许可证最长时限为2年，通常取得的有效期限为6个月、1年，办证条件较苛刻，且政策变动频繁，工人是很难取得工作许可证的。越南政府不允许一般外国工人进入本国劳动力市场，当地出入境管理局及公安等政府部门经常突击检查外籍人员的证件。

四、法律风险防范对策

（一）投资风险防范

1. 适应法律环境复杂性

越南的法律体系仍有待完善。尤其是在投资方面，很多法律规定与实践操作存在矛盾之处。法律环境较为复杂，执法、司法环境有待改善。法律具体执行方式和条款之间也存在较大差异，法律环境存在较多不确定性，存在某些执法不严的情形。投资者应加强合同管理，防范违约法律风险。

2. 全面了解优惠政策

外商投资者要全面、准确地了解越南针对不同行业、不同区域等的优惠政策，以便有针对性地在越投资，切实享受到优惠政策红利。越南鼓励外商直接投资发展高新技术产业，尤其是鼓励到高新技术开发区投资建厂。例如，外商投资高新技术产业，可长期适用10%的企业所得税税率（园区外高科技项目为15%，一般性生产项目为20%～25%），并从盈利之时起，享受4年免税和随后9年减半征税的优惠政策。

3. 尊重当地习俗文化

越南人热情好客，对于客人，越南人喜欢拿出自家的好酒好菜热情招待。客人吃得越多，主人越欢喜。每当客人要离开时，主人多会准备特产赠送给客人。越南人重视礼仪，见面一般行作揖礼或行合十礼。与人交往，切忌摸头拍肩、大声呼喊，亦不可用手指人，这些都被视作有失礼貌的行为。越南人有染黑齿的习俗，传统习俗以黑齿为美，越南人的民歌中有"白齿像狗齿，白齿如呆齿"的说法。

（二）金融贸易风险防范

1. 了解贸易管理规定

外商投资越南或与越南企业交易应遵守《贸易法》《投资法》《海关法》《进出口税法》《反倾销法》《反补贴法》《企业法》等一系列贸易法律法规，外国投资者应充分了解越南进出口程序和管理规定，注意规避贸易管制清单。

2. 规避汇率风险、信用风险

外商应注意防范信用证诈骗等法律风险，做好事前调查、分析、评估，防范信用证"软条款"的法律风险。

3. 关注商品质量和服务

与越南企业洽谈合同，甄别越南合作伙伴，同时注重合同细化管理，在遵循国际惯例的基础上，注意明确交货、付费、质量要求。加强产品和服务质量管理，避免出现产品瑕疵。

4. 适应使用商务礼仪

越南与其他国家一样，握手是其商务活动的一般礼仪。越南文化较为注重资历，充分尊重资历高的企业长辈亦是一种商业文化。与西方国家不同，越南商务文化中一般不会出现拥抱等形式，谦逊低调、保守着装在越南商务文化中较为普遍。

（三）劳动用工风险防范

雇佣外籍员工，应充分考虑到工作许可证制度，严格遵守期限限制，切不可因政策难办或办理周期长，而去做一些不合法的规避措施。

中方企业应注意为越南员工按时足额缴纳社会保险，否则可能面临高额处罚。

（四）知识产权风险防范

在越南应对知识产权问题的最佳方法是提前部署防御性措施。防御性措施包括确保雇佣合同中有与知识产权相关的明确条款，警惕生产超支（该情况表明企业的产品可能正在其他地方出售），与同一运营领域的其他外国企业交流学习最佳做法，并注册相关知识产权。

（五）税收风险防范

在越南开展投资、贸易、承包工程和劳务合作的过程中，要特别注意事前调查、分析、评估相关风险，事中做好风险规避和管理工作，切实保障自身利益。包括对项目或贸易客户及相关方的资信调查和评估，对项目所在地政治风险和商业风险的分析和规避，对项目本身实施的可行性分析等。

第一，纳税人赴越南投资，要提前了解越南税收政策和中越双边税收协定，通过了解越方税收政策和中越双边税收协定，合理规避税收风险，享受税收协定待遇，避免税务纠纷。

第二，要遵循当地税收征收管理制度。越南在税收征收管理上与我国征管制度不一致，投资过程要遵守越南税收征管法规，依法进行纳税申报，与当地税务机关建立良好的税企关系。

第三，加强与国内税务机关的沟通。在越南的投资和所得要按国内法进行报告和纳税申报，自觉提高纳税遵从度，及时让国内主管税务机关掌握企业在境外发展状况，以便税务机关及时提供税收服务。在越南遇到税务纠纷，可以及时报告并寻求国内主管税务机关的帮助，避免遭受不必要的损失。

（六）争议解决风险防范

中资企业投资前应充分了解越南当地的土地管理、税收、环保、劳动用工、外汇管制等重要领域的法律法规，并做好危机预案，预测潜在危机，做好应对措施。中资企业尽量与越南国有企业进行合作，因为越南国有企业在各行业中占有重要地位，实力相对较强，资金较有保障，合作风险相对较小。在经营过程中，中资企业应与当地政府建立经常性联系，寻求当地政府更多支持。

中资企业或者中国公民在越南需要通过诉讼和仲裁解决纠纷的，可以聘请当地律师处理相关事务，因为当地律师更熟悉该国的法律体系，在语言方面也具有优势。中国公民、中资企业合法权益受到侵害时，还可以向中国驻越南使（领）馆寻求帮助。中国驻越南使（领）馆依据包括国际公约在内的国际法的各项原则、双边条约或协定以及中国和越南的有关法律，通过外交途径反映有关要求，敦促越南有关当局公正、合法、友好、妥善地处理。

（七）环保风险防范

新的《环境保护法》实施后，企业应在投资阶段便开始重视环评问题。在施工阶段，可选择专业机构，依据越南实际情况选用适宜的设备和工艺。运营阶段则需开展废水处理、废弃物处理等全面评估，同时借助第三方机构协助处理垃圾和废弃物。此外，关于碳排放报告，建议中资企业每月整理相关资料，并请第三方机构提供协助。

在越南投资，环保已成为无法回避的核心议题，要实现在这片热土上的可持续发展，企业必须视环保为头等大事。从环评、废水治理到碳排放报告，每一个环保细节都承载着企业责任和机遇。深入了解当地环保标准，制定切实可行的应对方案，是关键所在。

因此，中资企业在越投资必须高度重视环保问题，特别关注环评、废水治理及碳排放报告等领域，详细了解本地标准并制定切实可行的应对方案。无论是投资评估还是运营阶段，都应全面开展环保评估及合规措施，确保企业在环保领域可持续发展，进而保障中资企业在越南迈向绿色新篇章的道路上能够行稳致远。

（八）签证风险防范

由经验丰富的专人负责办理工作许可证，在外派人员出国前提供所需资料清单，外派人员在出行前及时准备好办理工作许可证所需的文件。工作许可证实行造册备案管理，动态维护更新，工作许可证期满前及时续签。外派人员需依照越南法规缴纳社会保险，自

2018 年 1 月 1 日起，在越南工作的外国劳务人员如工作日期超过一个月，即需缴纳社会保险。

五、中国投资越南相关案例评析[①]

（一）商品原产地欺诈案

1. 案例介绍

一家完全来自中国投资资本的某自行车公司，专门从事组装自行车和出口电动自行车。越南海关检查发现，该公司全部从中国进口自行车和电动自行车零部件，再到越南进行简单组装，然后出口到美国享受优惠进口税（中国自行车出口到美国时要缴 75% 的税，而越南自行车出口到美国的进口税只有 5%~10%）。通过原产地欺诈，这家中国自行车公司的该业务已经逃避了巨额税款。

海关当局还发现该企业另一个避税伎俩是，该企业实际将进口成分与国产成分混合用于商品生产，但所有书面的商品信息记录为"越南制造"。

2. 风险分析

由于越南享受一些国家的关税优惠，很多外国企业利用越南的关税优惠税率，想办法把产品或者半成品运到越南，经过简单加工或包装之后，变身"越南制造"的产品，然后出口到第三市场，从而减少该商品直接从本国出口到第三市场的高额关税。但实际上，在投资物流相关业务时，包括进行商品进出口，中国投资的合资企业在出口到美国和欧盟等挑剔的市场时，需要严格遵守检查货物原产地文件的规定。如果当地市场怀疑或发现违反商品原产地规定，企业必须立即向海关报告情况。如果中方出资的合资企业不仔细检查货物单据，将存在一定的法律风险，从长远来看，会带来很多危害。例如，如果被查出具有上述情况，涉案相关商品的整个行业将被进口国征收非常高的反倾销或保障税，进出口贸易渠道将被冻结。

3. 评论与提示

随着国际经济一体化进程加快，出口成为拉动越南经济增长的重要引擎，与此同时，越南也面临着为享受国外关税优惠或规避贸易壁垒而实施的商品原产地欺诈、转口行为，案件数量呈上升趋势且变得日趋复杂，特别是在中美贸易战变得更具挑战性的背景下，这些欺诈行为使得来自越南的商品更频繁地被调查，征收反倾销税、保障税和反补贴税，从而降低了越南商品在国际市场上的声誉，并对越南的出口活动产生了负面影响。为打击逃税、原产地欺诈和非法转运贸易行为，越南政府于 2019 年发布了第 824 号决定，批准了"加强对原产地欺诈和反规避行为的国家管理"提案；同年发布了关于加强管理，打击原产地欺诈和非法转运贸易的第 119 号决议等。此外，越南工贸部还会同国外有关部门合作打击原产地欺诈和反规避行为，提出建立自愿出口合同登记机制等措施，旨在加强越南与

[①]　相关案例原始素材由越南当地律师事务所 ASL Law Firm 提供。

其他国家之间的配合，增进信息共享，以有效处理这一问题，提高越南出口商品的信誉。

中国在越南投资企业在商品原产地问题上应当谨慎行事，遵守出口市场法规，规避风险。具体而言，在进行海外新设或收购生产设施的规划和决策前，建议企业聘请专业的咨询机构、律师团队等对相关风险问题进行全面分析，将反规避、原产地风险纳入评估论证范围，以做出科学审慎的决策。考虑反规避调查的风险点：充分论证海外建厂的经济合理性，避免仅安排海外工厂承担后端非重要工序，在原材料上避免过分依赖来自中国的原材料或成品，尽量实现上游供应的多元化，并在定价环节注意价格的合理性。除此之外，企业避免从事极易被认定为故意的原产地欺诈的行为，如不经加工的转口、更改产品标签或包装等。如果计划向海外工厂出口可能涉及双反税的半成品甚至成品，进行后续加工前，企业应事先进行专门的商业及法律风险评估，以免造成不必要的麻烦。另外，企业要加强对有关业务人员的培训，树立员工反规避风险、原产地风险意识；在构建涉外合规制度时，还应当针对原产地风险等进行制度性防控安排。

（二）公司诉劳动者赔偿培训费用案

1. 案例介绍

KCP 越南工业有限责任公司（以下简称"公司"）是一家总部设在越南的 100% 外商投资企业。2014 年 3 月 7 日，Q 先生与公司签订了无固定期限劳动合同，Q 先生在该公司担任电气工程师。2016 年 3 月 26 日，公司与 Q 先生签订了岗位培训承诺书，随后 Q 先生被送去参加业务培训，承诺服务至少 5 年，如有违反，必须按照公司要求负责报销所有培训费用，包括工资、集中培训期间增加的额外工资和其他津贴。2018 年 1 月 1 日，双方继续签订岗位培训承诺书，培训期 18 个月，Q 先生继续承诺培训结束至少服务 5 年，若违反，必须负责退还培训费用及损害赔偿。2019 年 8 月 10 日，Q 先生提交辞呈，并于 2019 年 10 月 9 日正式辞职。

公司向 Q 先生提起诉讼，要求其退还因违反签署的承诺而产生的培训费等费用共计 236526430 越南盾，并赔偿因违反承诺工作 5 年所造成的经济损失 168873593 越南盾。

初审法院做出了有利于该公司的判决，Q 先生偿还了 102774622 越南盾的培训费、工资、其他津贴和 12888000 越南盾的奖金。但法院驳回了公司要求 Q 先生对其他侵权行为赔偿 289737401 越南盾的诉讼请求。

公司提起上诉，上诉法院基本维持原判，原因是公司对于所主张的要求退还部分工资、保险费用、餐费、2% 的工会费用、414000 越南盾的定期健康检查费用、制服费用、安全鞋和其他侵权费用共计 229143401 越南盾，缺乏发票等证据。

2. 风险分析

根据越南《劳动法》，由雇主提供奖学金和培训费用的培训课程的毕业生必须根据培训合同中承诺的条件为雇主工作；如果不遵守承诺，奖学金和培训费用必须退还。此外，单方违法解除合同的劳动者必须向用人单位偿还培训费用。因此，接受公司提供的培训并承诺了服务期的员工，未满服务期单方面解除劳动合同，要负责承担培训费用。但是该费用的具体数额需要公司通过发票等证据加以固定。如果在越投资企业进行劳动用工并需要对劳动者进行职业培训时，没有签订服务期合同或者未能提供有效证据证明公司为员工承担的培训成本，那么在被员工提前解除劳动关系的情况下，公司有可能面临无法全额获得为该员工承担的成本的风险。

3. 评论与提示

根据越南《劳动法》规定，员工在劳动关系中被认为处于弱势地位，越南《劳动法》倾向于保护员工。因此，在越投资企业需要重点关注当地劳动用工方面的法律规定，避免支出不必要的劳动用工成本。对于本案类似情形，建议在越投资企业与越南劳动者签订职业培训合同时，明确约定退还培训费用的条件，对于部分员工提出的免除退还培训费用责任的要求需要慎重确认，同时企业需要留存因员工职业培训，企业所承担的具体费用的发票等凭证。

另外，如果企业对雇员采取包括解雇在内的纪律措施时，企业需遵守越南《劳动法》关于雇主可以解雇雇员的情况和解雇程序的规定，证据是任何解雇案件的必备条件，而解雇举证责任需由企业承担。如果企业开除员工，那么开除处分决定必须有被开除员工本人签名才有效。

（三）公司费用抵消公司所得税政策

1. 案情介绍

在持续的全球经济发展和快速的数字化转型中，建设和维护信息系统，以及确保最佳的技术运行，已经成为企业成功的重要组成部分。在各种情况下，外国企业（母公司）需要将员工派往其位于越南的公司，帮助建立内部电子邮件系统、安装计算机以及解决计算机问题等。与此相关，许多外国企业想知道，在确定母公司的企业所得税应税收入时，其外国员工在越南的餐饮、住宿和交通费用是否可以扣除。

为了解决这一问题，参考第 1510/CTLAN-TTHT 号公函，越南税务部门提供了以下答复："如果外国企业（母公司）派遣员工到其越南公司协助建立内部电子邮件系统、安装计算机和诊断计算机问题，并且越南公司和外国员工在越南工作期间没有按照规定签订劳动合同，则该员工的餐饮、住宿等费用在确定母公司应缴纳企业所得税的应税收入时，外国雇员在越南的交通费用将不被视为可扣除的费用。"

2. 风险分析

上述案例涉及劳动用工以及企业税收的双重问题。相关经济成本的承担或避免考验着企业对于越南劳动用工及税务方面联动规定的掌握情况。本案类似情形中，如果在越投资企业因为业务发展需要，从国内派遣一批员工到越南公司从事相关工作，但没有更新越南部分的劳动关系，那么该公司很有可能无法享受到相应的税收费用减免政策。与此同时，未及时签订劳动合同，不论对该员工还是企业，在越南本地的劳动用工法律风险也会相应增加。

3. 评论与提示

在实践中，对于在越南开展活动的外商投资企业，在经营过程中，不可避免地会产生大量的费用，如本案列举的从母公司派遣至越南的员工的餐饮、住宿、交通等费用，以及与外国工人的签证申请和工作许可有关的费用等。这些费用在计算企业所得税（CIT）时，并非都有资格被扣除。对于目前在越南经营或打算扩大其业务活动的外国企业来说，如果全部承担该类费用，无疑是一笔不小的开支。因此，很多投资企业想知道这些费用是否可以抵消其应纳的企业所得税（CIT），以此保护和优化与企业所得税相关的利益。事实是，虽然越南法律框架全面规定了在确定应税收入时可扣除和不可扣除的费用清单，但该问题具体到实践当中仍然经常存有疑问。

实际上，税务引起的问题或争端通常不会提交法院，而是通过行政制裁解决。在越投资的外国企业针对此类问题，可以关注越南税务机关在公函中回复的有关适用税收法律法规时的意见，这些意见往往能够起到指导性作用。另外，越南公司和外籍员工在越南工作期间是否签订劳动合同，将会影响各个方面，包括人力资源管理和运营成本。因此建议在越投资企业合规用工，及时签订劳动合同，以便相关费用能够被包含在企业的运营成本中，并在计算企业所得税时扣除，从而减少企业经济成本。

（四）商标抢注案

1. 案情介绍

2012 年，一家中国办公用品公司（以下简称"A 公司"）在中国提交了一系列产品和服务的商标注册申请，该商标于 2014 年获得中国商标权保护。

2015 年，A 公司与一家越南办公用品公司（以下简称"B 公司"）建立了合作伙伴关系，在越南境内经销 A 公司的产品。此时，A 公司尚未在越南境内注册或获得商标保护。2016 年，B 公司发现 A 公司在越南没有申请注册商标，于是以 B 公司的名义提出商标注册申请。该商标于 2018 年在越南获得证书保护。

2020 年，A 公司准备扩大业务经营并在越南建立直销，但此时才发现商标已经被之前的业务伙伴 B 公司在越南抢注。

2021 年，A 公司决定提起诉讼，撤销 B 公司注册的商标（适用越南《知识产权法》第 96 条第 1 款 a 点）。

2. 风险分析

商标注册对于保护公司品牌身份、声誉和商业利益具有根本的重要性，在越投资企业，不论是在越南单独成立公司或者与其他合作伙伴共同经营，即使该商标已经在中国提出过申请并已经受到中国商标权的保护，但出于商标保护的地域性考量，如果未能考虑到越南当地的知识产权保护问题，则可能出现法律风险。例如，被合作了多年的合作伙伴抢注商标，或者被他人未经授权进行擅自开发和利用，从而损害出海企业自身品牌及经济利益，也会带来人力、物力、财力等不必要的多重成本负担。

3. 评论与提示

上述案例中，B 公司未经 A 授权并且构成恶意注册商标，违反了 A、B 两个经营实体之间先前约定的相关合作协议。这也提示海外投资者，开拓海外新市场应当具有自身品牌知识产权保护意识，避免面临法律诉讼和失去对自身品牌、产品和服务控制的风险。具体实践中，无法获得商标保护会削弱投资者在市场中的立足点，危及投资并破坏业务的可持续性。因此，提示涉足新领域的外国投资者应该优先对商标注册进行彻底的尽职调查；当投资者选择与当地经销商合作时，需要明确的合同协议来界定双方之间的经营范围和商标使用范围，不明确的条款可能会导致意料之外的商标纠纷。

（五）商标失效案

1. 案情介绍

2010年，一家从事服装生产和贸易的中国公司（以下简称"A公司"）在越南注册了一个商标，该商标随后于2012年获得官方保护。然而，由于业务需求等多方面原因，A公司之后一直没有在越南开展业务活动。

2018年，B公司发现A公司在2013年至2018年没有任何使用该注册商标的迹象。因此，B公司寻求法律顾问并提起诉讼，以连续5年未使用该商标为由终止A公司商标的有效性（适用越南《知识产权法》第95条第1款d点）。

2020年，A公司计划扩大业务，选择越南作为下一个业务地点。然而，在办理商标注册续展手续时，才发现商标早已被B公司正式宣告无效。

2. 风险分析

根据越南《知识产权法》相关规定，在越南注册后的商标5年内未进行使用，该商标可以被第三人申请终止其有效性。因此，如果商标权利人在越南早早注册了商标，但未能对该注册商标进行商业运营使用，致使该商标搁置5年以上，该商标权利人将面临失去该商标权利的风险，商标也可能变为第三方的正当权利。如果该商标与商标权利人的其他商标或产品特性具有一定的关联性，那么失去该商标或该商标被他人掌控，无疑会给商标权利人在商业运营方面造成难以估量的经济损失。

3. 评价与提示

本案例强调了商标注册和谨慎使用对于防止商标失效风险的重要性。外国投资者在进入新市场时，必须仔细评估目标市场中与商标保护相关的法律环境，首先应提高企业商标与商业运作一致的商标保护战略意识，其次不仅要在新市场所在地及时申请商标注册，还要在注册之后积极使用商标，避免长时间不使用注册商标导致其失效，以此维持其商标有效性。另外，外国投资者应该在维护商标使用和商业需求之间取得平衡，如果业务运营暂时停止或业务需求缩减，投资者可以寻求与当地经销商合作，通过合作伙伴继续运营等方式，确保商标的持续使用，从而降低商标失效的风险。

（六）拒绝承认广州仲裁庭仲裁裁决案

1. 案例介绍

中国JY公司与越南SH公司于2009年9月签订《服务合同》，内容是JY公司为SH公司提供两座52吨炼钢电炉的耐火材料和60吨炼钢钢桶所需的全部耐火材料及相关服务，《服务合同》第XI条约定了依据中华人民共和国法律适用仲裁法。在履行合同期间，SH公司违反了付款义务。因此，JY公司将双方之间的争议提交中国广州仲裁委员会，建议通过仲裁解决。中国广州仲裁委员会于2017年8月作出裁决书，裁定SH公司向JY公司支付总额为24179939702越南盾。

越南一审法院作出了承认并执行中国广州仲裁委员会作出的仲裁裁决的决定。然而，这一裁决在上诉法院被推翻，河内市高等法院基于以下理由发布了拒绝承认和执行上述裁决的裁决：

关于参加仲裁程序的授权问题，根据 SH 公司的陈述，SH 公司是越南法人，授权文件因未经公证和领事认证而无效。

在仲裁过程中，根据 SH 公司的陈述，SH 公司律师提出反仲裁申请意见，要求 JY 公司和广东某矿产进出口公司赔偿 SH 公司遭受的损失。根据中国广州仲裁委员会的仲裁规则，当有反仲裁申请时，反仲裁申请必须被考虑。然而，在仲裁裁决中，仲裁庭未考虑反仲裁申请。

2. 风险分析

尽管当前越南法院似乎越来越愿意承认与执行外国仲裁裁决，但在商业领域，各方当事人仍应注意不被越南相关法律体系的特殊性阻碍。越南法院经常援引的不予执行的一个理由是，仲裁协议的签字人没有约束该方当事人的法律资格。此外，还存在仲裁协议被认定无效的情况，如裁决被执行人未在载有仲裁条款的文书上签字等，本案则表明授权文件因未经公证和领事认证而被越南法院认定外国仲裁裁决无效。这类案件凸显出审查必要的授权文件的重要性。

3. 评论与提示

在越南申请外国仲裁裁决的执行，需注意的是，越南 2015 年版《民事诉讼法》规定了申请承认与执行外国仲裁裁决的时效期限，该期限自仲裁裁决发生法律效力之日起三年内届满。《民事诉讼法》还规定了越南法院行使外国仲裁裁决执行管辖权的条件：①裁决被执行方的住所地或总部位于越南；②与强制执行相关的资产位于越南。另外，承认和执行外国仲裁裁决的第一审决定必须在当事人都申请参与的情况下才能做出。越南承认和执行外国仲裁裁决须满足以下条件：仲裁裁决必须解决争议的全部事项；仲裁裁决是仲裁委员会的最终裁决；仲裁裁决将导致仲裁程序终止；仲裁裁决生效。如果部分裁决被记录为最终裁决的一部分，则承认和执行部分裁决的申请也会被考虑接受。并且当事人有权对法院作出的承认和执行或不承认外国仲裁裁决的决定提出上诉，请求高级人民法院根据《民事诉讼法》重新审议。

尽管近年来承认与执行外国仲裁裁决已有积极的发展，但仍然建议对越投资者考虑提前采取以下措施，尽可能将外国仲裁裁决的可执行性最大化：一是就涉及越方当事人或越南财产的协议进行谈判时，确保任何合同条款不与越南法律的特殊条款或基本条款相抵触。可以征询越南律师的建议，获取当地律师的法律意见书。二是在签署协议之前，核实所有签字人均拥有约束相关方的公司授权，向仲裁协议另一方当事人送达仲裁通知时，应确保遵守合同约定的通知条款及越南法律的相关规定。

（七）出资转让交易合同纠纷案

1. 案件介绍

2015 年 8 月 1 日，W 先生与 T 公司签订了一份协议，约定在 2015 年 8 月 31 日前向公司出资，出资金额为 40 亿越南盾，公司将向 W 先生转让 30% 的股份和 30% 的生产和经营权。协议签订后，W 先生已经分两次把钱转给公司，截至 2015 年 9 月 24 日，W 先生向公司共投入资本总额为 30 亿越南盾。然而，该公司没有按照合同约定履行股权和经营权转让义务，公司也未将承诺的投资金额用于约定领域。因此，W 先生将 T 公司诉至法院，请求还款 30 亿越南盾。

一审法院称，W 先生和 T 公司自愿签订协议，W 先生承诺在 2015 年 8 月 31 日前向公司出资 40 亿越南盾，T 公司认为 W 先生没有在期限内缴纳足够的资本，违反了合同约定。但 2015 年 9 月 24 日，公司仍正常接收了 W 先生出资的 10 亿越南盾，并且没有对转账时间提出异议，据此，法院认定双方仍在继续履行出资协议。T 公司未能提供证据证明其履行了合同义务，因此法院判决 T 公司归还 W 先生 30 亿越南盾。

2. 风险分析

在签订出资合同时，双方应当根据出资合同的类型，约定允许抽回出资或转让出资的情形。如果当事人不详细、具体地按照出资合同的类型来约定上述问题，将容易引发纠纷，如果是出资合同涉及跨境交易，如中国公司或自然人与越南公司之间为商业利益签订出资合同，则引发的风险问题会更多，包括不限于管辖法院的适用、外汇因素等。

3. 评论与提示

企业在越投资时应重视对越南投资环境及外商投资法律的研究，全面排查投资可能遇到的法律风险。投资环境包括但不限于越南的社会情况、文化特点、劳动力素质、商业习惯、政府廉洁性、行政效率、行业发展状况、市场竞争情况、上下游企业状况、消费者的消费习惯、越南各界对外商投资的态度等，最好实行事前调研，考虑通过咨询法律服务机构等，对合作伙伴展开尽职调查，并制作可行性分析报告。此外，投资企业需了解越南的市场准入规则及其产业负面清单。如果拟投资项目属于越南负面清单中的产业应当及时终止投资；避免潜在的投资壁垒，如越南在投资项目涉及的特定领域对外资的股比进行限制等；还可以在投资之前通过保险或担保等金融方法，进行风险预防。此外，一旦进入正式投资阶段，企业在签署合同时，应当明确纠纷发生时的争端解决机制，以及允许抽回出资或转让出资以及作为投资者单方解除合同的情形等，尽量将引发纠纷的可能性降至最低。

六、越南现行法律法规清单

越南现行法律法规清单如表 6-8 所示。

表 6-8 越南现行法律法规清单

物流、交通、边境贸易相关
第 95/2015/QH13 号《海事法规》
第 61/2020/QH14 号《投资法》
第 06/2017/QH14 号《铁路法》
第 05/2017/QH14 号《对外贸易管理法》

续表

物流、交通、边境贸易相关
第 54/2014/QH13 号《海关法》
第 18/2012/QH13 号《海洋法》
第 23/2008/QH12 号《道路交通法》
第 66/2006/QH11 号《民用航空法》
第 36/2005/QH11 号《商业法》
第 23/2004/QH11 号《内河交通法》
第 31/2021/ND-CP 号法令（指导第 61/2020/QH14 号《投资法》某些条款）
第 10/2020/ND-CP 号法令（规定汽车运输业务和条件）
第 144/2018/ND-CP 号法令（修正和补充多式联运法令）
第 65/2018/ND-CP 号法令（指导第 06/2017/QH14 号铁路法）
第 31/2018/ND-CP 号法令（在货物原产地方面指导 2017 年《对外贸易管理法》）
第 14/2018/ND-CP 号法令（关于边境贸易）
第 160/2016/ND-CP 号法令（关于航运业务、船舶代理服务和拖航服务条件）
第 08/2015/ND-CP 号法令（就海关程序，海关程序的审查、监督和控制，为执行 2014 年《海关法》提供了具体规定和指导）
第 110/2014/ND-CP 号法令（规定内河运输业务条件）
第 30/2013/ND-CP 号法令（关于航空运输业务和通用航空活动）
第 87/2009/ND-CP 号法令（关于多式联运）
第 21/2020/TT-BGTVT 号通知
第 12/2020/TT-BGTVT 号通知（规定通过汽车和道路运输支持服务组织和管理运输活动）
第 09/2018/TT-BGTVT 号通知（规定在国家铁路和连接国家铁路的专用铁路上运送乘客和行李）
第 05/2018/TT-BCT 号通知（货物原产地）
第 191/2015/TT-BTC 号通告（指明通过国际快递服务转运的进口货物的海关程序）
第 39/2015/TT-BTC 号通知（关于进口货物和出口货物完税价格）
第 38/2015/TT-BTC 号通知（关于适用于进出口的海关程序、海关监督和检查、出口税、进口税和税收管理）
第 81/2014/TT-BGTVT 号通知（管制航空运输和通用航空活动）
第 66/2014/TT-BGTVT 号通知（对港口、码头和越南内水水域之间的高速客船运输乘客、行李以及跨境运输进行管制）
第 1093/QD-BCT 号决定（批准 2025 年至 2035 年在中越边境口岸发展货物仓库的总体规划）
第 1037/QD-TTg 号决定（批准将越南海港系统发展总体规划调整至 2020 年，面向 2030 年）
劳动用工相关
第 69/2020/QH14 号《越南外来工人法》
第 45/2019/QH14 号《劳动法》
第 92/2015/QH13 号《民事诉讼法》

续表

劳动用工相关
第 91/2015/QH13 号《民法典》
第 84/2015/QH13 号《职业安全和健康法》
第 74/2014/QH13 号《职业教育法》
第 58/2014/QH13 号《社会保险法》
第 47/2014/QH13 号《外国人在越南入境、出境、过境和居留法》
第 12/2012/QH13 号《工会法》
第 25/2008/QH12 号《健康保险法》
第 38/2022/ND-CP 号法令（规定了支付给根据劳动合同工作的雇员的法定最低工资）
第 12/2022/ND-CP 号法令（关于对违反劳动、社会保险和越南客工条例的行政违规行为的处罚）
第 152/2020/ND-CP 号法令（关于在越南工作的外国工人以及为越南外国雇主工作的越南工人的招聘和管理）
第 145/2020/ND-CP 号法令（阐述了《劳动法》中关于工作条件和劳动关系的一些条款）
第 143/2018/ND-CP 号法令（详细介绍越南外籍员工所需的社会保险法以及职业安全和卫生法律）
第 191/2013/ND-CP 号法令（详细说明工会财务）
第 43/2013/ND-CP 号法令（详细执行《权利法》第 10 条，工会在代表、保护雇员合法权益方面的责任）
第 18/2021/BLDTBXH 号通知（适用于从事季节性生产和订单商品加工工人的工作时间和休息时间规定）
第 10/2020/TT-BLDTBXH 号通知（阐述并指导《劳动法》中关于劳动合同、集体谈判委员会以及危害生殖功能和抚养子女的工作的某些条款）
第 09/2020/BLDTBXH 号通知（阐述《劳动法》中关于未成年工人的一些条款）
土地相关
第 22/VBHN-VPQH 号《企业所得税法》
第 66/2014/QH13 号《房地产交易法》
第 65/2014/QH13 号《住房法》
第 45/2013/QH13 号《土地法》
第 02/2022/ND-CP 号法令（阐述了《房地产交易法》的某些条款）
第 91/2019/ND-CP 号法令（关于土地相关行政处罚）
第 123/2017/ND-CP 号法令（关于征收土地税、地租和水面租金的法令的某些条款的修正案）
第 53/2017/ND-CP 号法令（关于授予建筑许可证的法定土地文件）
第 01/2017/ND-CP 号法令（关于《土地法实施法令》的修正案）
第 135/2016/ND-CP 号法令（修订和补充了关于土地征收、土地和水面租金的法令的若干条款）
第 46/2014/ND-CP 号法令（关于收取土地租金和水面租金的规定）
第 45/2014/ND-CP 号法令（规定征收土地使用税）
第 44/2014/ND-CP 号法令
第 43/2014/ND-CP 号法令（详述了《土地法》的若干条款）

税收管理相关
第 38/2019/QH14 号《税收管理法》
第 12/2015/ND-CP 号法令（关于制定《税法修正案》和《税收法令某些条款修正案》）
第 100/2020/ND-CP 号法令（关于免税业务）
第 123/2020/ND-CP 号法令（规定发票和记录）
第 125/2020/ND-CP 号法令（关于税务和发票违法行为的行政处罚）
第 126/2020/ND-CP 号法令（制定税收管理法）
第 132/2020/ND-CP 号法令（规定对有关联交易的企业进行税务管理）
第 102/2021/ND-CP 号法令（修订与税收、发票、海关、保险、彩票业务、公共资产管理和利用、节俭做法、反浪费努力、国家储备、国库、独立会计和审计领域的行政处罚有关的法令的某些条款）
第 15/2022/ND-CP 号法令（规定根据国民议会关于支持社会经济复苏和发展方案的财政和货币政策的第 43/2022/QH15 号决议实行税收减免）
第 41/2022/ND-CP 号法令
第 91/2022/ND-CP 号法令（对阐述《税收管理法》的第 126/2020/ND-CP 号政府法令的一些条款进行了修订）
第 119/2014/TT-BTC 号通知
第 184/2015/TT-BTC 号通知（关于出口、进口货物、过境货物和出入境车辆的申报、海关担保、关税征收和支付、滞纳金、罚款、费用和其他应付款项的程序）
第 06/2021/TT-BTC 号通知《进出口货物税收管理指导意见》
第 78/2021/TT-BTC 号通知和关于发票和文件的第 123/2020/ND-CP 号法令（指导执行税收管理法）
第 80/2021/TT-BTC 号通知（指导《税收管理法》）
第 126/2020/ND-CP 号法令（关于 2019 年《税收管理法》）
第 100/2021/TT-BTC 号通知（修正和补充第 40/2021/TT-BTC 号通知，指导增值税、个人所得税和家庭企业和个人税收管理的某些规定）
第 105/2020/TT-BTC 号通知《税务登记指南》
第 19/2021/TT-BTC 号通知（指导税务部门电子交易）
第 31/2021/TT-BTC 号通知（关于税收管理风险管理）
第 45/2021/TT-BTC 号通知［指导从事关联交易的企业在税收管理中应用预约定价协议（APA）机制］
个人所得税相关
第 04/2007/QH12 号《个人所得税法》
第 26/2012/QH13 号法律（修正和补充《个人所得税法》若干条款）
第 71/2014/QH13 号法律《税法修正案》
第 12/2015/ND-CP 号法令（为财政部发布的某些税务法令的税务修正和补充法的实施提供了详细指导）

续表

个人所得税相关
第 111/2013/TT-BTC 号通知和第 65/2013/ND-CP 号法令（指导《个人所得税法》）
第 92/2015/TT-BTC 号通知关于对从事经营活动的居民个人实施增值税和个人所得税的指导意见的通知 （指导实施第 71/2014/QH13 号《税法修正案》中对个人所得税条款的某些修订和补充）
第 92/2015/TT-BTC 号通知关于对从事经营活动的居民个人实施增值税和个人所得税的指导意见的通知 （关于实施个人所得税若干修订补充规定的指导意见）
第 20/2010/TT-BTC 号通告（修订若干与个人所得税有关的行政程序）
第 100/2021/TT-BTC 号通知（对财政部 2021 年 6 月 1 日发布的第 40/2021/TT-BTC 号通知部分条款的修订， 指导增值税、个人所得税以及企业和个人家庭的税收管理）
企业所得税相关
第 32/2013/QH13 号《企业所得税法》
第 71/2014/QH13 号法律《税法修正案》
第 218/2013/ND-CP 号法令（详述和指导《企业所得税法》实施）
第 44/2021/ND-CP 号法令（关于企业/组织对新冠肺炎疫情防治工作的赠款在确定应缴纳企业所得税的 收入时可扣除费用的指导方针）
第 57/2021/ND-CP 号法令第 2 条、第 218/2013/ND-CP 号法令第 20 条
指导实施第 218/2013/ND-CP 号法令的第 78/2014/TT-BTC 号通知，详述并指导实施《企业所得税法》
第 71/2021/TT-BTC 号通知关于根据 2014 年 8 月 25 日政府第 63/nNQ-CP 号决议尚未从社会实体追收的 企业所得税欠款的指导
增值税相关
第 13/2008/QH12 号《增值税法》
第 31/2013/QH13 号法律（关于《增值税法》修正案）
第 106/2016/QH13 号法律（修订和补充了《增值税法》、《特别消费税法》和《税收管理法》）
第 209/2013/ND-CP 号法令（指导《增值税法》）
第 12/2015/ND-CP 号法令（详细说明了税法修正条款的执行情况，并修正和补充了某些与税收有关的法令）
第 100/2016/ND-CP 号法令（指导《增值税法》、《特别消费税法》和《税收管理法》修订和补充条款）
第 49/2022/ND-CP 号法令（修正了越南政府第 209/2013/ND-CP 号法令， 阐述并指导了经第 12/2015/ND-CP 号法令、第 100/2016/ND-CP 号法令和 第 146/2017/ND-CP 号法令修订的《增值税法》某些条款的实施）
第 44/2023/ND-CP 号法令（根据第 101/2023/QH15 号决议规定增值税减免政策）
指导《增值税法》的第 219/2013/TT-BTC 号通知和第 209/2013/ND-CP 号法令
第 26/2015/TT-BTC 号通知（根据第 12/2015/ND-CP 号法令指导增值税和税收管理， 及对第 39/2014/TT-BTC 号通知某些条款的修订和补充）
第 92/2015/TT-BTC 号通知（指导对从事商业活动的居民个人实施增值税和个人所得税， 指导实施经修订的第 71/2014/QH13 号《个人所得税法》的某些条款）

续表

进出口关税相关
第 107/2016/QH13 号《进出口关税法》
第 134/2016/ND-CP 号法令（关于《进出口关税法》）
第 18/2021/ND-CP 号法令（对阐述《进出口关税法》的第 134/2016/ND-CP 号法令的某些条款进行修正）
第 114/2022/ND-CP 号法令（关于 2022~2027 年执行越南和古巴贸易协定的越南特别优惠进口关税表）
第 118/2022/ND-CP 号法令（关于越南在 2022-2027 年执行《中国—东盟货物贸易协定》的特别优惠进口关税表）
第 119/2022/ND-CP 号法令（关于越南在 2022-2027 年执行《东盟—韩国货物贸易协定》的特别优惠进口关税表）
第 122/2022/ND-CP 号法令（关于越南在 2022-2027 年执行《东盟—印度货物贸易协定》的特别优惠进口关税表）
第 126/2022/ND-CP 号法令（关于 2022-2027 年越南执行《东盟货物贸易协定》的特别优惠进口关税表）
第 129/2022/ND-CP 号法令（关于 2022-2027 年越南执行《区域全面经济伙伴关系协定》的特别优惠进口关税表）
第 26/2023/ND-CP 号法令（关于出口关税表、优惠进口关税表、关税税则、固定关税、混合关税、配额外进口关税）
第 39/2018/TT-BTC 号通知（修订关于海关程序的第 38/2015/TT-BTC 号通知；海关检查、监管；进出口货物的出口税、进口税和税收管理）
第 133 号通知 TCHQ/KTTT-1995（指导石油和天然气勘探和开采活动所用货物的进出口关税豁免）
1993 年第 18-TC/TCT 号通知（指导进出口关税滞纳金的处理）
第 25/2022/TT-BTTTT 号通告（对直接用于生产信息技术产品、数字内容、软件的进口原材料、供应品、免进口税组件的确定作出规定）

特别消费税相关
第 27/2008/QH12 号《特别消费税法》
第 108/2015/ND-CP 号法令（《特别消费税法》和《消费税法修正案》某些条款的指导方针）
第 100/2016/ND-CP 号法令（对《增值税法修正案》、《特别消费税法》和《税收管理法》的一些条款的阐述和指导方针）
第 195/2015/TT-BTC 号通知（为指导《特别消费税法》和《特别消费税法修正法》的第 108/2015/ND-CP 号法令提供了指导）
第 130/2016/TT-BTC 号通知、第 100/2016/ND-CP 号法令（指示《增值税法》、《特别消费税法》、经修订的《税收管理法》以及修订与税收有关的通知）
第 20/2017/TT-BTC 号通知

许可费相关
第 97/2015/QH13 号《收费法》

续表

许可费相关
第 04/2017/QH14 号《向中小企业提供援助法》
第 139/2016/ND-CP 号法令（关于许可费）
第 22/2020/ND-CP 号法令（对 2016 年 10 月 4 日关于许可费的第 139/2016/ND-CP 号法令的修正）
第 80/2021/ND-CP 号法令（阐述了《向中小企业提供援助法》的一些条款）
第 22/2020/ND-CP 号法令（对 2016 年 10 月 4 日关于许可费的第 139/2016/ND-CP 号政府法令的修正）
第 302/2016/TT-BTC 号通知（关于许可证费用指南）
第 65/2020/TT-BTC 号通知
外国承包商税收相关
第 43/2013/QH13 号《投标法》
第 103/2014/TT-BTC 号通知（在越南开展业务或在越南赚取收入的外国实体纳税义务指南）
财务报告相关
第 67/2011/QH12 号《独立审计法》
第 88/2015/QH13 号《会计法》
第 17/2012/ND-CP 号法令（详述和指导实施《独立审计法》若干条款）
第 174/2016/ND-CP 号法令（阐述《会计法》某些条款）
第 41/2018/ND-CP 号法令（关于对会计和独立审计领域行政违法行为的处罚）
第 151/2018/ND-CP 号法令（关于对财政部管理的一些商业条件法令的修正）
第 05/2019/ND-CP 号法令（关于内部审计）
第 123/2020/ND-CP 号法令（规定发票和记录）
第 102/2021/ND-CP 号法令（关于对违反会计和独立审计条例的行政违法行为进行处罚的法令的某些条款的修正案）
第 05/2019/TT-BTC 号通知（关于小额金融机构会计指示）
第 39/2020/TT-BTC 号通知（关于会计和独立审计领域某些通知中报告机制的修订和补充）
利润汇回相关
第 61/2020/QH14 号《投资法》
第 186/2010/TT-BTC 号通知（指导外国组织和个人根据《投资法》将其在越南直接投资所得利润汇回越南）
第 06/2019/TT-NHNN 号通知（关于越南外商直接投资外汇管理）
电子商务相关
第 91/2015/QH13 号《民法典》
第 36/2005/QH11 号《商业法》
第 51/2005/QH11 号《电子交易法》
第 57/2006/ND-CP 号法令

续表

电子商务相关
第 52/2013/ND-CP 号法令
第 98/2020/ND-CP 号法令（规定了对违反政府 2020 年 8 月 26 日发布的关于假冒和违禁商品的商业、生产和贸易以及保护消费者权利的条例的行政违规行为的处罚）
第 85/2021/ND-CP 号法令（对第 52/2013/ND-CP 号法令的修正）
第 47/2014/TT-BCT 号通知（关于电子商务网站管理）
第 59/2015/TT-BCT 号通知（规定了通过移动设备上的应用程序进行电子商务活动的管理）
第 21/2018/TT-BCT 号通知（修订第 47/2014/TT-BCT 号通知和第 59/2015/TT-BCT 号通知的若干条款）
知识产权相关
经 2009 年、2019 年和 2022 年修订的《2005 年越南知识产权法》
第 103/2006/ND-CP 号法令
第 122/2010/ND-CP 号法令
第 01/2007/TT-BKHCN 号通告
第 05/2013/TT-BKHCN 号通告
第 16/2016/TT-BKHCN 号通告
1891 年《商标国际注册马德里协定》
仲裁相关
2010 年《商事仲裁法》
2015 年《民事诉讼法》
投资和企业相关
第 61/2020/QH14 号《投资法》
第 59/2020/QH14 号《企业法》
第 122/2021/ND-CP 号法令（对违反规划和投资条例的行政违法行为进行处罚）
第 80/2021/ND-CP 号法令（阐述《向中小企业提供援助法》的一些条款）
第 31/2021/ND-CP 号法令（拟订《投资法》某些条款）
第 01/2021/ND-CP 号法令（关于企业注册）
第 03/2021/TT-BKHDT 号通知（规定了越南投资活动、对外投资活动和投资促进活动相关文件和报告的模板）
第 12/2015/ND-CP 号法令

资料来源：由越南当地律师事务所 ASL Law Firm 提供。

第七章 新加坡

一、中新经济法律关系概述

（一）新加坡基本情况介绍

1. 地理位置

新加坡是东南的一个岛国，位于马来半岛南端，介于马来西亚和印度尼西亚之间，濒邻马六甲海峡。新加坡与印度尼西亚之间隔着新加坡海峡，与马来西亚之间隔着柔佛海峡。截至 2023 年，新加坡的陆地总面积为 735.2 平方千米。

从地理位置上看，新加坡由大陆和附近 63 座岛屿组成。新加坡大陆东西约 50 千米，南北约 26 千米，海岸线长 200 余千米。

2. 气候条件

新加坡地处赤道附近，属典型的热带气候，雨量充沛，气温高而均匀，常年湿度较高。全年温度和相对湿度不会呈现太大的变化。

3. 行政区划

新加坡是一个城邦国家，故无省市之分。然而，出于行政管理和城市规划的目的，新加坡在历史上曾被以不同的方式细分。

新加坡于 1997 年成立社区发展理事会（CDC），将全国划分为 9 个区，并由 9 个不同的社区发展理事领责管理。2001 年，将 9 个区和社区发展理事会改革为 5 个，即东北区社区发展理事会、西北区社区发展理事会、东南区社区发展理事会、西南区社区发展理事会和中区社区发展理事会。每个区由一个社区发展理事会管理，理事会由一名市长领导，有 12~80 名成员。成员由人民协会主席或副主席任命。

社区发展理事会的职责是发起、规划和管理社区计划，以促进当地社区的联系和社会凝聚力。

4. 人口数量

2022 年，新加坡人口数量约为 564 万，截至 2023 年 12 月，新加坡人口约为 592 万，比上一年有所增加。新加坡总人口包括常住人口和非常住人口，其中常住人口包括公民和永久居民。公民约有 361 万人，非常住人口约有 177 万人，其余为新加坡永久居民。

2023 年新加坡的人口密度为 8592 人/平方千米。①

截至 2023 年 6 月，新加坡约有 32.4 万居民年龄在 30~34 岁，是新加坡常住人口中最大的年龄组。其次约有 31 万居民年龄在 40~44 岁。②

5. 政治制度

新加坡的《宪法》于 1963 年颁布，当时新加坡仍然属于马来西亚的一部分。在 1965 年，新加坡独立，《宪法》在修改后以适应新的独立国家。1979 年，为了迎合国家政治、经济和社会的需求，对《宪法》进行再次修订，进一步确定了国家的基本原则和治理结构。

新加坡的政治制度为议会共和制，新加坡总统是国家元首，总统和议会一同实施立法权。新加坡总理是政府首脑。行政权由内阁和总统行使。内阁负责政府的总体领导和控制，并向国会负责。

6. 政府机构

（1）国家元首。新加坡共和国总统是新加坡的国家元首。总统的权力分为两部分：一部分是可以自行酌情行使的权力，另一部分是必须根据内阁或在内阁总体权力下行使的部长建议行使的权力。

总统代表国家履行官方外交职能，并对新加坡政府拥有一定的行政权力，包括控制国家储备以及撤销和任命公共服务任命的能力。总统还拥有赦免的特权。

（2）国会。国会的职能包括制定法律、发挥关键/调查作用以检查政府的行动和政策以及审查国家财政。

国会的主要职能之一是为国家制定法律。法律通过之前，其草案会被提交给国会。法案通常由部长代表政府提出。然而，众议院的任何议员都可以提出一项称为私人议员法案的法案。所有法案必须在国会经过三次阅读并获得总统同意才能成为国会的法案或法律。③

（3）内阁。新加坡内阁与总统共同组成新加坡的政府结构。内阁的组成机构有总理公署、国防部、外交部、交通部、国家发展部、通信及新闻部、永续发展与环境部、律政部、卫生部、教育部、社会及家庭发展部、文化社会及青年部。

（4）司法机关。司法机构由最高法院和州法院组成，司法机构负责人是首席大法官。新加坡的司法权属于最高法院和现行成文法规定的下级法院。

（5）执法机关。在新加坡，执法主要由新加坡警察部队（SPF）领导，并得到其他机构的支持，包括新加坡监狱管理局、中央麻醉品局、腐败行为调查局、内部安全部、移民和检查站管理局以及新加坡海关。此外，一些执法权可由非政府实体行使，如辅助警察部队和安全官员。

---

① Statista. Singapore ［EB/OL］. https：//www.statista.com/statistics/713063/singapore-total-population/，2024.

② Statista. Singapore ［EB/OL］. https：//www.statista.com/statistics/624913/singapore-population-by-age-group/，2024.

③ Parliament Singapore. The Functions of Parliament ［EB/OL］. https：//www.parliament.gov.sg/about-us/parliament-information/functions，2024.

7. 语言文化

新加坡宪法规定新加坡的国语是马来语。这具有象征意义，因为马来人被宪法承认为新加坡原住民，保护他们的语言和遗产是政府的责任。除马来语外，新加坡人还讲华语、泰米尔语和英语，其中英语为行政用语。

8. 民族宗教习俗

新加坡是一个多语言、多文化的国家，华裔在新加坡占大多数，除华人以外，马来裔、印度裔和欧亚裔也占了很大的比例。

新加坡是一个多宗教社会，有五个主要宗教团体：佛教、道教、印度教、伊斯兰教和基督教。根据新加坡 2020 年人口普查数据显示，31.1%信仰佛教、8.8%信仰道教、5%信仰印度教、15.6%信仰伊斯兰教、18.9%信仰基督教。[①]

由于新加坡人口的多样性，其节日也各具色彩（见表7-1）[②]。

表 7-1　2024 年新加坡节假日

2024 年 1 月 1 日	元旦节
2024 年 2 月 10~13 日	中国春节
2024 年 3 月 29 日	耶稣受难日
2024 年 4 月 10 日	开斋节
2024 年 5 月 1 日	劳动节
2024 年 5 月 23 日	卫塞节
2024 年 6 月 17 日	哈芝节
2024 年 8 月 9 日	国庆日
2024 年 11 月 1 日	屠妖节
2024 年 12 月 25 日	圣诞节

9. 自然资源

新加坡是东南亚不拥有领先自然资源的国家之一。新加坡专注于发展服务业、贸易和旅游业来提振经济。

10. 特色产业

（1）农业。20 世纪 60 年代，新加坡的农田占地 14000 公顷。到 1988 年，面积减少了 2037 公顷。新加坡内的食品 90%都是进口的，而土地只有 1%可以用于农业。因此，新加坡于 2019 年启动了 "30 by 30" 计划。根据该计划，其目标是到 2030 年生产新加坡

①　Statista. Share of Population in Singapore in 2020, by Religion［EB/OL］. https：//www.statista.com/statistics/1113870/singapore-share-of-population-by-religion/，2024.

②　RILI. 新加坡节假日一览表［EB/OL］. https：//rili. pro/region/singapore/2024，2024.

国内消费的 30%的粮食。

鉴于新加坡没有大片土地来支持农业活动，他们通过农业技术来克服这一困难。例如，林厝港农业科技园是世界上第一个在热带气候下种植温带蔬菜（如生菜）的园区。随着时间的推移，这种模式在当地其他地区被分阶段复制。该产业既保障了新加坡本国的粮食安全，同时也是自己成为全球农业技术行业的关键参与者。

另外，新加坡 2003 年开业的海水养殖中心（MAC）培育出了新的鲈鱼品种，其孵化时间更短，抗病能力更强。在一项试点测试中，有 50 万条鱼在圣约翰岛孵化，在印度尼西亚培育，然后送回新加坡。

（2）生物医药业。2023 年，新加坡的生物医药业为 GDP 贡献了约 94 亿新元。

新加坡是亚洲领先的生物医学和制药中心之一。新加坡政府于 2000 年 6 月启动的生物医学科学（BMS）计划，资助生物医学及相关科学的研发，将生物医药产业列为新加坡支柱产业之一。新加坡吸引了众多外国和私人投资者，推动了该行业的发展。

英国的葛兰素史克（GSK）、美国的默克（MSD）、赛默飞（Thermo Fisher Scientific）、法国巨头赛诺菲（Sanofi）、德国公司 BioNTech 等均在新加坡建厂。

（3）银行和金融服务业。新加坡是主要的国际金融中心，不仅服务于国内市场，还服务于亚太地区。新加坡最主要的三家银行为星展银行（DBS Bank）、华侨银行（OCBC Bank）以及大华银行（United Overseas Bank）。银行分为 10 家特准全面银行、23 家全面银行、94 家批发银行、20 家附属成员和 4 家准成员。①

金融机构是金融服务部门的一部分，为政府、中小企业和非营利组织提供服务。他们的一些金融服务包括商业银行、企业银行服务、基础设施建设贷款、资产负债管理、住房金融、共同基金等。

新加坡的金融公司与商业银行从事货币和资产管理、投资管理、贷款、保险等业务。这些金融机构根据《金融公司法》获得许可并受其管辖。主要的金融机构包括但不限于丰隆金融有限公司、野村新加坡、AV Capital、星展银行、汇丰银行、星金融发展有限公司、国际资本有限公司、德意志银行、SME Financial Services Pte Ltd 等。

（4）物流与供应链。全球排名前 25 的物流公司中有 20 家在新加坡开展业务。其中大多数，如 DHL、德迅（Kuehne+Nagel）、Sankyu 物流、Schenker、拓领（Toll）、UPS 和日邮物流（Yusen Logistics）等，都在新加坡设立了区域或全球总部。

新加坡拥有全球领先的物流企业、世界一流的基础设施和卓越的全球连通性，是各行业领先制造商的首选物流和供应链管理中心，其中包括 Avaya、Diageo、Dell、Hewlett Packard、Infineon、LVMH、诺华、安森美半导体、松下和西门子医疗仪器。

随着越来越多的全球公司通过审查和重新设计其供应链，新加坡成为领先的供应链中心，拥有世界一流的服务提供商来支持其供应链活动。

（5）旅游与酒店业。2023 年新加坡接待国际游客人数达到 1360 万人次，达到新加坡旅游局（STB）预测的 1200 万~1400 万人次。2023 年旅游收入预计达到 245 亿~260 亿

---

① The Association of Banks in Singapore. Member Banks [EB/OL]. https：//www. abs. org. sg/about-us/memberbanks, 2024.

新元。

国际游客中印度尼西亚的游客达到 230 万人次、中国游客达到 140 万人次、马来西亚游客达到 110 万人次。另外，澳大利亚、韩国和美国的游客人数也明显增多。

2023 年，新加坡共有约 378 家酒店，比 2022 年略有增加。近年来，新加坡的酒店数量一直在稳步增长。

（二）新加坡经济贸易概况

1. 发展规划及经贸情况

（1）提高工资标准。根据新加坡财政部表示，从 2024 年 7 月起，新加坡本地薪金门槛（LQS）将从每月 1400 新元提高到 1600 新元。[1]

新加坡财政部将会采取更多措施，特别是通过增强保障计划，在日常必需品、公用事业和公共交通等领域帮助低收入家庭。

（2）新加坡金管局着重培养 AIDA 人才。新加坡金管局会同 11 家机构成立 AIDA 人才联盟（Talent Consortium），以此来推进金融机构和培训机构就人才培育计划进行合作。该举措将鼓励整个行业采用 AIDA，使劳动力掌握所需的技术技能。[2]

（3）《资讯通信科技产业转型蓝图》将加强科技和数字能力。新加坡在 2023 年 5 月 5 日公布新版《资讯通信科技产业转型蓝图》（Information & Communications Industry Transformation Map），旨在继续深化和加强新加坡的科技和数字能力。新加坡政府希望在 2021 年至 2025 年，特定科技领域可取得 5%~7% 的复合年均增长率，并创造约 8 万个高薪工作岗位。[3]

（4）《净零金融行动计划》推进绿色金融发展。该计划是《绿色金融行动计划》的延续，《净零金融行动计划》增加了转型金融方面的内容，强化并延长新加坡现有的津贴计划，为新加坡及亚洲实现净零排放目标提供助力。新加坡金融管理局增加拨款 1500 万元，增强可持续债券和贷款津贴计划，支持转型债券和贷款，并将津贴计划再延长五年至 2028 年底。同时，金融管理局把保险关联证券津贴计划再延长三年至 2025 年底，为专注于亚洲风险的巨灾债券支付发行成本。自 2018 年以来，这项计划已支持 23 个巨灾债券在新加坡发行。[4]

2. 基础设施状况

（1）铁路。新加坡的铁路系统由新加坡地铁有限公司（SMRT Corporation Ltd）和新

① Government of Singapore. Factors Leading to Decline in Real Income Growth for Bottom 10% of Income Earners and Additional Help Initiatives Being Considered ［EB/OL］. https：//www. mof. gov. sg/news-publications/parliamentary-replies/factors-leading-to-decline-in-real-income-growth-for-bottom-10-of-income-earners-and-additional-help-initiatives-being-considered，2024-02-26.

② 中华人民共和国商务部. 新加坡金管局培训 AIDA 人才　加强金融界精深 AI 能力 ［EB/OL］. http：//sg. mofcom. gov. cn/article/dtxx/202305/20230503411585. shtml，2023-05-23.

③ 中华人民共和国商务部. 更新版《资讯通信科技产业转型蓝图》出炉　继续加强科技和数字能力 ［EB/OL］. http：//sg. mofcom. gov. cn/article/dtxx/202305/20230503408566. shtml，2023-05-08.

④ 中华人民共和国商务部. 《净零金融行动计划》出台进一步推进绿色金融发展 ［EB/OL］. http：//sg. mofcom. gov. cn/article/dtxx/202304/20230403405772. shtml，2023-04-21.

捷运（SBS）来进行运营。SMRT 运营南北线、东西线、环线、汤申—东海岸线和武吉班让轻轨。SBS 运营东北线、市中心线以及盛港—榜鹅轻轨。

新加坡铁路线路大约有 200 千米，有 6 条地铁线路，包含 140 多个车站遍布全岛，每日的乘客量超过 300 万人次。

新加坡陆路交通管理局（Land Transport Authority，LTA）表示，新加坡的目标是到 2030 年将铁路网络扩展至约 360 千米。这意味着大部分的家庭可以在 10 分钟内到达火车站。[①]

（2）公路。新加坡拥有 9500 车道千米的公路网，占总面积的 12%，连接全岛各个角落。

LTA 负责构建、管理和维护公路网及其配套基础设施。通过对现有公路的升级以提高其可靠性和连通性，并创建新的道路以服务不断增长的社区。鉴于新加坡土地面积的限制，现有道路的扩建和改善将主要支持公交车的运行，以增强公共交通体验。为了更接近实现轻汽车愿景，减少车辆的数量，新加坡采取车辆配额系统（VQS）监管车辆增长，同时，个人必须首先申请权利证书（COE）以确保在一定时间内对车辆拥有所有权。新加坡整合了新的基础设施开发计划，更多的在于支持骑自行车和步行等主动出行方式的选择。

通过新加坡的畅行乘车计划（Walk2Ride），所有通勤者都可以更轻松地步行前往地铁站和巴士换乘站。该计划中包括 200 千米的有遮蔽的人行道、人行天桥的电梯、综合交通枢纽，这些方式让新加坡的陆路交通系统更加实用。

（3）航空。截至 2024 年，新加坡有 5 个机场在正常运营，其中包括 2 个国际机场：

樟宜机场（Singapore Changi Airport）与实里达机场（Seletar Airport）为国际机场，其余机场为：登加空军基地机场（Tengah Air Base）、巴耶利峇空军基地机场（Paya Lebar Air Base）、三巴旺（胜宝旺）机场（Sembawang Air Base）。

在新冠疫情的影响下，樟宜机场 2021 年客运量为 305 万人次。截至 2023 年 10 月，樟宜机场客运量为 512 万人次，人数在不断回升。[②]

（4）水运。新加坡有两家主要的商业港口码头运营商，分别为新加坡国际港务集团（PSA International）和裕廊港（Jurong Port）。新加坡国际港务集团主要管理五个集装箱码头，裕廊港主要负责散货和常规货运，该港口利用广泛的管道和输送系统网络来处理钢铁产品、水泥、工程货物和铜渣等，以实现快速、环保的卸货和装载。它还被伦敦金属交易所认可为从事钢铁和锡锭等金属交易的公司的理想存储和转运中心。凭借其多用途能力，裕廊港能够在同一码头高效、无缝地处理不同类型的货物。

新加坡港可以容纳所有类型的船舶，包括集装箱船、散货船、滚装船、货船、沿海运输船和驳船。2023 年新加坡港集装箱吞吐量增长 4.6%，达到 3901 万标准箱的新高，超过了 2021 年创下的 3757 万标准箱的纪录。同时，新加坡港的年度船舶抵港吨位首次突破

① Land Transport Authority. Public Transport-Rail Network［EB/OL］. https：//www. lta. gov. sg/content/ltagov/en/getting_ around/public_ transport/rail_ network. html，2024.

② Statista. Number of Passengers at Changi Airport in Singapore from January 2021 to October 2023［EB/OL］. https：//www. statista. com/statistics/1332992/singapore-monthly-passenger-flow-at-changi-airport/，2024.

30 亿总吨，较 2022 年增长 9.4%，并于 2023 年创下 30.9 亿总吨的新高。

3. 贸易环境

（1）新加坡本地进口限制。所有进口到新加坡的货物均受《海关法》《商品服务税法》（GST）和《进出口管理办法》的监管。进口货物需缴纳商品及服务税和/或关税。货物的进口和纳税需要海关许可证。

酒精类产品、烟草制品、机动车、石油产品需要同时缴纳商品及服务税和关税，因此，在新加坡，这四类产品非常昂贵。除此之外其他商品仅需要缴纳商品及服务税。

在新加坡进口货物之前，要检查货物是否为禁止进口或者限制进口类别，或者在进口前需要获得授权。同时，在某些情况下还需要参阅联合国安理会制裁禁止进口的货物名单。

（2）新加坡出口限制。新加坡出口的货物受到《海关法》《进出口管理办法》《战略物资管制法》以及新加坡主管当局（CA）和相关主管部门监管。

从新加坡出口货物，需要向新加坡海关申报货物。从新加坡出口的货物不征收商品及服务税（GST）和关税。出口货物前，需要提前到关税区、零售商品及服务税仓库、许可仓库或根据主要出口商计划进口至自由贸易区（FTZ）或出境检查站核算货物出口的情况，如果遇到了受管制货物，需要按照相关步骤获得出口许可证以及授权。[1]

4. 金融环境

（1）出境入境携带货币规定。进入或离开新加坡时携带的实物货币（硬币和印制的货币）和不记名可转让票据（包括汇票、支付"现金"的支票、未划掉"或不记名"的支票、本票、不记名债券、汇票和邮政汇票）（CBNI），在总价值超过 20000 新元（或等值外币）的情况下，新加坡法律将要求持有人向新加坡税务局提交完整且准确的报告。当持有人为自己、代表任何其他人、单独或与其他人一起旅行携带实物货币和不记名可转让票据时，也需要持有人向新加坡税务局提交完整且准确的报告。

根据新加坡《腐败、毒品贩运和其他严重犯罪（没收福利）法》，在未提交相关报告的情况下，持有人将构成犯罪，会面临最高 50000 新元的罚款或最高三年的监禁，或两者并罚。同时，实物货币和不记名可转让票据一经定罪可能会被扣押和/或没收。[2]

（2）投资环境。新加坡主要支持开放的投资政策和自由市场经济，以管理和维持新加坡的经济发展。新加坡严格执行《防腐败法》，被评为亚洲腐败程度最低的国家。2023 年新加坡在全球廉洁榜中排名第五。

新加坡拥有多元化的经济，在制造业（石化、电子、制药、机械和设备）和服务业（金融、贸易和商业）领域吸引了大量外国投资。政府通过提供税收优惠、研究补助金以及与国内研究机构的合作机会，积极推动新加坡成为企业研发（R&D）和创新中心。根据新加坡经济发展局的数据，2023 年，美国公司仍然是新加坡最大的投资者，占总投资的 51.9%，即超过 65 亿新元，其次是欧洲公司，占 24.8%。中国占 2.9%，约 3.68 亿

---

① Singapore Customs. Export Procedures［EB/OL］. https：//www. customs. gov. sg/businesses/exporting-goods/export-procedures/，2024.

② ICA. Taking Cash in and out of Singapore［EB/OL］. https：//www. ica. gov. sg/enter-transit-depart/at-our-check-points/for-travellers/CBNI.

新元。

（三）中国—新加坡投资贸易概况

1. 双边贸易

根据中国海关总署的数据，2023 年中国与新加坡贸易额达约 1083.9 亿美元，其中，中国向新加坡出口额约为 769.6 亿美元，进口额约为 314.3 亿美元（见表 7-2）。

表 7-2 中国—新加坡双边货物贸易情况　　　　　　　　　单位：亿美元

年份	进出口额	进口额	出口额
2019	900.4	352.4	548.0
2020	892.4	316.2	576.3
2021	928.5	387.8	540.7
2022	1112.8	334.3	778.5
2023	1083.9	314.3	769.6

资料来源：中国海关总署。

2023 年 1~12 月，中国对新加坡出口前几位商品名称为车用汽油和航空汽油（不含有生物柴油）、智能手机、低值简易通关商品、浮动或潜水式钻探或生产平台、柴油（不含生物柴油）。

中国从新加坡进口的前几位产品名称为其他未锻造金（非货币用）、制造半导体器件或 IC 的化学气相沉积装置、其他用作处理器及控制器的集成电路、其他用作存储器的集成电路、制造半导体器件（包括集成电路）时检验半导体晶圆、器件（包括集成电路）或检测光掩模及光栅用的光学仪器及器具。

2. 投资情况

（1）中国对新加坡的投资。2022 年，中国对东盟的直接投资流量为 186.5 亿美元，新加坡居于首位，流量达 83 亿美元，占对东盟投资总体流量的 44.5%，主要的投资方向为批发和零售业、制造业等（见表 7-3）。

2022 年，中国对东盟的年末存量为 1546.6 亿美元，对新加坡直接投资额居首位，达 734.5 亿美元，占对东盟投资存量的 47.5%，主要方向为租赁和商务服务业、批发和零售业、制造业、金融业等（见表 7-3）。[①]

表 7-3 2018~2022 年中国对新加坡直接投资情况　　　　　　单位：万美元

年份	2018	2019	2020	2021	2022
年度流量	641126	482567	592335	840504	829538
年末存量	5009383	5263656	5985785	6720228	7344991

---

① 中华人民共和国商务部、国家统计局和国家外汇管理局联合发布的《2022 年度中国对外直接投资统计公报》。

（2）新加坡对中国的投资。2023 年 1~8 月，外国资本对华投资规模超过 900 亿元人民币，新加坡投资金额约为 260 亿元人民币，主要行业为机器人、集成电路以及汽车交通行业。

截至 2023 年 11 月底，中国已和新加坡签订 7 份工程项目协议，包括的类型有一般建筑及交通运输建设（见表 7-4）。

表 7-4　2023 年中国在新加坡工程建设情况

编号	项目名称	类型
1	新加坡金文泰一号街私人住宅地块房地产项目	一般建筑
2	中交新加坡分公司接连中标新加坡三个基础设施项目	交通运输建设
3	中建南洋新加坡康宁河湾项目（CanningHill Piers）幕墙工程	一般建筑
4	新加坡 Grand Dunman 公寓项目	一般建筑
5	新加坡八珊顿道混合用途大楼改建项目	一般建筑
6	新加坡 810H 盛港—榜鹅轻轨车辆段扩建供电系统改造项目	交通运输建设
7	新加坡伦多中路公寓开发项目	一般建筑

资料来源：https://mp.weixin.qq.com/s/iwhUGmBJlxIN5uJTY7ydSQ.

3. 货币互换协议

2010 年 7 月 23 日，中国人民银行和新加坡金融管理局签署了双边本币互换协议，互换规模为 1500 亿元人民币（约 300 亿新元）；2012 年 6 月，中国人民银行批准新加坡金管局在华设立代表处；2012 年 7 月，两国签署中新自贸协定框架下有关银行业事项的换文；2012 年 10 月，授予中国银行和中国工商银行新加坡分行特许全面牌照；2013 年 2 月，中国人民银行授权中国工商银行新加坡分行担任新加坡人民币业务清算行；2013 年 3 月 7 日，两国续签将协议扩大至 3000 亿元人民币（约 600 亿新元）；2013 年 4 月，中国工商银行新加坡分行在新人民币清算业务正式启动；2013 年 5 月，新加坡金管局北京代表处正式揭牌；2013 年 10 月，中国人民银行确定新加坡市场人民币合格境外机构投资者（RQFII）投资额度为 500 亿元人民币。同月，两国外汇市场正式推出人民币和新加坡元直接交易；2015 年 11 月，中方将新加坡 RQFII 额度提高到 1000 亿元人民币。2020 年 12 月，新方授予中国建设银行新加坡分行特许全面牌照，中国建行成为第三家获得新加坡特许全面牌照的中资银行，中国也成为在新拥有特许全面牌照银行最多的国家。2022 年，双方续签本币互换协议，目前双方本币互换规模 3000 亿元人民币/650 亿新元。

4. 中国—新加坡投资政策环境

新加坡是中国在东盟国家中第五大贸易伙伴，也是第一个同中国签署自贸协定的亚洲国家。中国与新加坡在 1990 年 10 月 3 日签订了《中华人民共和国政府和新加坡共和国政府关于建立外交关系的联合公报》；2000 年 4 月签订了《中华人民共和国政府和新加坡共和国政府关于双边合作的联合声明》；2008 年 10 月签订了《中华人民共和国政府和新加坡共和国政府自由贸易协定》；2015 年 11 月签订了《中华人民共和国和新加坡共和国关于建立与时俱进的全方位合作伙伴关系的联合声明》；2017 年 5 月签订了《中华人民共和国国政府与新加坡共和国政府关于共同推进"一带一路"建设的谅解备忘录》；2018 年 11 月签订了《中华人民共和国政府和新加坡共和国政府联合声明》；2023 年 4 月签订了《中华人民共和国和新加坡共和国关于建立全方位高质量的前瞻性伙伴关系的联合声明》。①

中国与新加坡不断推进双方金融以及贸易领域的合作：

（1）新加坡金管局与中国证监会联手加强资本市场监管。2023 年，新加坡交易所与上海证券交易所将通过签署谅解备忘录，创建 SSE-SGX 挂牌基金产品互通，进一步加强新加坡和中国之间的联系。根据该项协议，新交所和上交所将通过主联结构基金（Master-Feeder Fund）模式，共同开发和推广两国的 ETF 市场。②

（2）中国—新加坡新自由贸易协定进一步升级协议书。2008 年，中国与新加坡签署自由贸易协定。2018 年，双方签署自贸区升级协定，提升贸易便利化、原产地规则、经济技术合作、电子商务等领域规则水平。2020 年 12 月，双方对协定再次升级，启动后续谈判，基于负面清单模式推动双方服务贸易和投资进一步自由化。

2023 年，为了双方投资者和服务提供者提供更为广阔的市场空间，并进一步拓展数字经济等新兴领域合作，在新升级议定书中以负面清单模式作出服务和投资开放承诺，该举措将在未来进一步推进两国的服务贸易和投资合作潜力，为双方的企业提供更加坚实的制度保障。双方将会加紧履行国内的法律程序来促使协议书尽早地生效。③

二、新加坡法律制度概述

（一）投资法律制度

1. 投资法律体系

新加坡在外商投资领域构筑了完备的法律体系，其中涵盖了《企业注册法》《公司法》《合伙企业法》《合同法》《国内货物买卖法》《进出口管理法》《竞争法》等。④

2. 投资管理部门

新加坡主管投资管理的政府部门是新加坡经济发展局（Economic Development Board：EDB，以下简称经发局），经发局成立于 1961 年，是隶属于新加坡贸易与工业部的政府机构，负责规划战略，旨在加强新加坡作为全球商业、创新和人才中心的地位。它专门负责吸引外资，具体制定和实施各种吸引外资的优惠政策并提供高效的行政服务。新加坡经发

---

① 中国同新加坡的关系［EB/OL］. https：//www.mfa.gov.cn/web/gjhdq_676201/gj_676203/yz_676205/1206_677076/sbgx_677080/, 2024.

② 新加坡金管局与中国证监会合作加强资本市场监管［EB/OL］. http：//sg.mofcom.gov.cn/article/dtxx/202305/20230503411586.shtml, 2023-05-23.

③ 中国与新加坡签署中新自由贸易协定 进一步升级议定书［EB/OL］. http：//sg.mofcom.gov.cn/article/dtxx/202312/20231203459461.shtml, 2023-12-08.

④ 参见商务部对外投资和经济合作司、商务部国际贸易经济合作研究院和中国驻新加坡大使馆经济商务处联合发布的《对外投资合作国别（地区）指南 新加坡（2023 年版）》第 36 页。

局负责的产业范围占据新加坡年度国内生产总值的 1/3。

此外，新加坡经发局还通过新加坡经发局投资处（EDB Investments，EDBI）进行对外投资，从 1991 年起，EDBI 便开始对公司进行投资，在全球范围内，EDBI 投资于高增长的科技板块，其中涵盖了通信科技、新兴科技、医疗以及其他战略性产业。[①]

3. 外商投资及企业设立

一般情况下，非新加坡国内实体在新加坡开展商业活动之前不需要成立或者注册成立新加坡企业。但是，根据新加坡《公司法》第 40 章的规定，若商业实体为外国公司（Company），其在新加坡设立营业地或从事商业活动前，则需要向有关机构完成注册。

在新加坡准许设立的企业结构有五种：独资企业、合伙企业、有限合伙企业、有限责任合伙企业和公司。外国投资者和新加坡国内投资者一样，可以自由地选择任意一种企业结构进行投资注册。新加坡的商业实体由新加坡会计与企业管制机构（Accounting and Corporate Regulatory Authority，ACRA）进行监管，申请人拟设立上述企业的，需要向 ACRA 申请注册。此外，外国投资者如果暂不愿意在新加坡设立商业实体的，还可以通过建立外国企业分支机构或外商企业代表处的方式在新加坡从事部分允许的商业活动。

（1）独资企业（Sole Proprietorship）。独资企业指由一个自然人或一个法人所有的企业。独资经营者在经营企业中有绝对决策权，但也需要对企业的债务和损失承担无限责任。

任何自然人或法人都可以作为独资经营者设立独资企业从事商业活动。外商投资者只需要向 ACRA 申请企业名称获得批准，并通过 ACRA 的电子备案和信息检索系统向 ACRA 完成企业的注册，就可以设立独资企业。

（2）合伙企业（Partnership）。合伙企业指由两名或两名以上（不超过 20 名）合伙人组成的企业，合伙企业不具有独立法人地位。每个合伙人需要对合伙企业的债务承担无限责任，并由个人亲自承担合伙企业的债务和其他合伙人所造成的损失。合伙人能够以合伙企业的名义进行起诉或被起诉，但不能以合伙企业的名义拥有财产。

大多数合伙企业允许的合伙人最多为 20 人，银行业合伙企业的合伙人最多为 10 人，但法律规定的某些特别合伙企业的情况存在例外。

（3）有限合伙企业（Limited Partnership）。有限合伙企业没有独立的法人身份，其至少由两名合伙人组成，其中至少包含一名普通合伙人和一名有限合伙人。普通合伙人负责有限合伙企业的日常管理和运营，他们将对有限合伙人的债务承担连带责任。有限合伙人不参与有限合伙企业的管理，也不能在任何安排中约束合伙企业，仅提供资金和资本。除非有限合伙人参与了企业的管理，否则，有限合伙人对超出其约定出资额的债务和义务不承担任何责任。

（4）有限责任合伙企业（Limited Liability Partnership，LLP）。外国投资者还可以选择注册有限责任合伙企业来开展业务活动。有限责任合伙企业是法人团体，具有独立于合伙人的法人地位。它赋予其所有者以合伙经营的灵活性，同时赋予他们有限责任，从而将合伙企业的好处与私人有限公司的好处结合起来。由于有限责任合伙企业具有独立于其合伙

[①]　参见新加坡经济发展局（https://www.edb.gov.sg/cn.html）。

人的法人身份，因此合伙人对该有限责任合伙企业产生的任何商业债务不承担个人责任。有限责任合伙企业的注册成本低于公司，需要办理的手续和程序也相对较少。然而，有限责任合伙企业仍然需要保留会计记录、损益表和资产负债表，确保能够清晰解释其交易和财务状况。当然，新加坡法律也对有限和合伙企业设置了一定的限制措施，以避免合伙人滥用有限合伙人的身份地位，保护有限责任合伙企业的债权人的权益。

每个有限责任合伙企业至少有两名合伙人。合伙人可以是个人、国内法人、外国法人或其他有限责任合伙企业等。此外，每个有限责任合伙企业必须至少有一名通常居住在新加坡的经理（新加坡常住居民），经理必须是完全成年、具有完全民事行为能力和任职资格的自然人（如根据有限责任合伙法案或公司法不会被取消资格）。

（5）有限责任公司（Limited Liability Company）。外国投资者可以根据新加坡《公司法》成立有限责任公司。有限责任公司是与其股东独立的独立法人。新加坡不要求在新加坡成立的有限责任公司必须有新加坡自然人或法人参股，因此，外国投资者可以在新加坡设立全资公司。此外，外国投资者也可以与新加坡实体共同建立有限责任公司形式的合资企业，事实上，大多数新加坡合资企业的通常企业结构就是有限责任公司。

第一，有限责任公司名称预注册。要设立有限责任公司，投资者首先需要向 ACRA 提交拟设立的公司名称并得到批准。有限责任公司必须在其名称后加上"Limited"或"Ltd."字样，而私人有限责任公司必须额外注明"Private"或"Pte."字样。之后，投资者可以向 ACRA 提交公司注册的申请。

第二，资本要求。根据新加坡《公司法》，有限责任公司不设置最低资本要求（至少有 1 元实缴资本，不限币种）。但是，对特定行业的有限责任公司存在例外规定。

第三，新加坡常驻董事。新加坡公司必须至少有一名董事居住在新加坡，包括持工作签证在新加坡居住的外籍人士。如果不满足这一要求，ACRA 和新加坡法院可以强制公司任命一名居住在新加坡的董事。如果公司继续经营六个月以上而没有常驻董事，公司人员会被要求对公司的债务承担连带责任。所有董事必须是自然人。公司只有一名董事的，不得兼任公司秘书。

第四，其他。所有公司都必须在公司文件（如商业信函、对账单、发票、官方通知、刊物）内注明其唯一的公司注册号码。

（6）外国公司的分支机构。作为在新加坡成立本地商业实体的另一种选择，希望在新加坡建立业务但暂时不愿意设立公司或企业的外国投资者（企业）可以在这里设立分支机构。分支机构是外国企业的一部分，而不是独立的法律实体，只能从事外国企业章程或其他文件授权的活动。

外国企业的分支结构是其总部在海外注册的延伸机构。因此，新加坡分公司的责任将延伸至其总部，由总公司承担最终责任。分支机构无法享受提供给新加坡当地实体的税收优惠或退税政策。当新加坡分支机构发生经济纠纷面临诉讼时，其总公司的资产会受到牵连。此外，每个分支机构必须任命一名新加坡当地居民作为授权代表，并且必须将其财务报表连同其总公司的财务报表一起提交给 ACRA 审核。

通常而言，只有当外国的税务机关有特定要求的时候，或当某些行业有极高要求且只有总公司才能满足的情况下，外国企业才会选择设立分支机构，如基建、工程类公司为了使用总公司的相关资质而选择注册新加坡分公司。

（7）外国公司代表处。外国公司代表处由新加坡国际企业局管理（International Enterprise Singapore，IE Singapore）。外国公司代表处的地位并未受到法律、法规的承认，而是受行政规定的支配。设立外国公司代表处的申请须向国际企业局提出，并且须符合以下标准：

- 外国公司的年度经营额必须超过 25 万美元；
- 外国公司必须成立 3 年以上；
- 代表处拟设人员不超过 5 人。

向国际企业局申请在新加坡成立外国公司代表处时，需要提交：

- 外国公司最新的经审计的账目副本；
- 外国公司注册证书/营业执照的副本（英文或英文翻译件）；
- （可选，建议提供）一本介绍公司活动和产品的说明册。

外国公司代表处的活动严格限于"市场调查和可行性研究"。它可以进行市场营销、广告和市场调查，但不得进行任何会产生利润的活动如参与合同谈判、订单接收、开账单、发票和收款或售后服务。外国公司办事处在上述活动范围内开展工作，不会被视为具有公司法管辖下的公司实体。此外，外国公司代表处只能代表其总部公司及其分支机构的利益，不能同时服务于集团公司内其他公司实体。

通常而言，新加坡将外国公司代表处视为外国公司拟进入新加坡市场前的一项临时措施，并希望外国公司尽快将代表处升级为公司或外国公司的分支机构。

成立代表处的主要优势在于该外国实体可在正式成立企业之前评估新加坡的商业环境。由于代表处无法产生收益或招揽业务，所以无须纳税。

4. 市场准入

一般来说，新加坡不对外国直接投资进入新加坡市场作出限制、控制或特别要求，绝大多数产业领域对外资的股权比例等无限制性措施。但是在银行和金融服务、保险、电信、广播、报纸、印刷、房地产[①]和邮政服务等特定行业，外国投资者收购和/或持有超过一定门槛的股权需要获得批准，此外，对于少部分产品的生产，需要向新加坡政府申请许可证：

（1）广播。广播领域受《广播法令》严格监管。任何未获得新加坡媒体发展管理局（以下简称"媒体局"）颁发的广播执照的个人或组织，不得在新加坡境内或向新加坡提供受许可的广播服务。对于广播执照的授予，存在特定的限制条件，如公司中任何外方持有或控制的股权或表决权不得达到一定比例，或对公司或其控股公司进行督导、控制或管理的人员多数不得由外方任命或习惯于按外方指示行事，除非获得媒体局的特别批准。

（2）印刷媒体。《报业和印刷法令》规定，仅有报业公司可在新加坡出版报刊。每个报业公司的董事均须为新加坡籍，且公司股份需分为管理股和普通股两类。管理股的发行或转让仅可向获得媒体局书面批准的新加坡公民或公司进行。

---

① 参见商务部对外投资和经济合作司、商务部国际贸易经济合作研究院和中国驻新加坡大使馆经济商务处联合发布的《对外投资合作国别（地区）指南　新加坡（2023 年版）》第 38 页。

（3）法律服务。外国律师事务所可在新加坡提供与外国法律相关的法律服务，但受到一定限制。它们不得雇佣有新加坡执业资格的律师或通过某些类别的注册律师提供与新加坡法律相关、超出国际商业仲裁范围或有关新加坡国际商业法庭的法律服务。获得合格法律执业执照的外国律师事务所则可在更广泛的法律领域提供服务，包括与新加坡法律相关的服务，但仅限于非当地诉讼和一般性执业服务。

（4）需要取得生产许可证的产品生产。根据《生产控制法》，新加坡对某些产品的生产实施许可证制度。这些受控产品包括某些拉制钢材产品、啤酒和黑啤酒、雪茄和口香糖产品等。对于未列于许可证名录上的产品，外商投资企业和新加坡企业均可自由生产加工。

5. 投资优惠政策

新加坡政府为不同类型的企业和业务活动，提供了一系列详细的税收优惠政策：

（1）离岸贸易中心税负优惠。根据新加坡政府于 2001 年推出的全球贸易计划（Global Trader Programme，GTP），获得批准的离岸贸易企业在符合条件的收入可享有优惠税率。此计划由新加坡企业发展局监管。

（2）国际、区域总部税负优惠。为推动外国公司在新加坡建立国际和区域总部，新加坡政府颁布了总部优惠—发展与扩张优惠计划（Development and Expansion Incentive，DEI）。获批后符合条件的，在新加坡设立国际和区域总部的企业对其收入可享有优惠税率。此计划由新加坡经济发展局监管。

（3）知识产权发展和研发活动税负优惠。为吸引知识产权发展和研发活动，新加坡还设立了知识产权发展优惠计划（IP Development Incentive，IDI）。合格的知识产权收入可享有优惠税率。

同时，新加坡政府还出台了外购知识产权的摊销政策，也可能为研发活动及相关培训提供补贴等。此计划由新加坡经济发展局监管。

（4）风险投资基金税负优惠。针对风险投资基金的税收方面，新加坡颁布了 Section 13H 计划（S13H），获批准的风投基金在符合条件的情况下，可以享受收入免税优惠，该优惠可以在基金的存续期限内享受，最长不超 15 年。该计划由新加坡企业发展局监管。

（5）基金管理公司或者家族办公室税负优惠。对于符合条件的基金管理公司或者家族办公室，常见的税收优惠方案是 Section 13O/13U 计划（S13O/13U）。该计划对符合条件的基金管理公司或者家族办公管理的基金取得的特定收入免税，但需满足基金规模，投资组合的本地占比本地员工聘请和/或年度商业开支的要求。此计划由新加坡金融管理局监管。

（6）航运业务税负优惠。为吸引航运业务的投资企业，新加坡政府出台了海运部奖励计划，对于从事海事业运营以及航运业务的客户取得的符合条件的收入，可享受免税或者优惠税率。此计划由新加坡海事及港务管理局监管。

（7）金融和资金管理活动税负优惠。为吸引金融和资金管理活动，新加坡政府设立了金融与财资中心优惠（Finance and Treasury Centre，FTC）。该政策允许符合条件的企业对收入享受 8% 的企业所得税优惠税率，并免因借款而产生的利息预提税。此计划由新加坡经济发展局监管。

6. 外商投资有限责任公司的合规义务

（1）年度财务报告义务。遵循新加坡的公司监管条例，有限责任公司的董事每年需向股东会呈报一份遵循新加坡财务报告准则的年度财务报表（除 ACRA 另有特定要求外）。此外，董事还需对公司最新结束的财政年度的财务绩效与状况作出真实、公正的评价。

（2）年度股东会义务。有限责任公司必须在每个财政年度结束后的六个月内举行年度股东会，除非获得豁免。

年度股东会处理的一般事务如下：

- 认可经审计的财务报表、审计报告和董事报表；
- 宣布最终股息；
- 任命董事代替退休董事；
- 批准董事费用；
- 任命和确定审计会计师的薪酬。

（3）实际控制人/实益拥有人登记义务。公司和有限责任合伙企业必须在可注册控制人登记册中保存一份实际控制人/实益拥有人名单。该登记册应当备存于载明的地点，如公司的注册地址。该登记册不会向公众提供，但必须根据要求向 ACRA 和执法机构提供。

7. 外商投资有限责任公司的退出和清算

新加坡公司可以通过清算和注销的方式退出并向股东分配资产。

在清算程序中，董事会需要作出偿付能力声明，并提交根据法定格式编写的财务状况说明书于股东会。股东会通过清算决议后，指定清算人对公司资产进行清算整理，偿付债权人的债权，将剩余资产（如有）退还给股东。

在注销程序中，如公司已经停止经营业务，并且没有资产和负债的情况下，董事可以启动注销程序。此外，公司需要确保没有对新加坡税务局、公积金局或其他任何政府机构负有高额未偿债务。

上述工作完成后，公司可以向公司注册处提出申请进行公司注册除名。公司注册处通过政府公报宣告该公司将被除名。60 日后，如无其他异议，注册处发布二次公告，宣告公司解散除名。

8. 投资合作咨询机构①

中国投资者拟前往新加坡进行投资的，可以寻求以下机构了解、咨询新加坡投资政策：

- 中国驻新加坡大使馆经商处；
- 新加坡中资企业协会；
- 新加坡驻中国使领馆；
- 中国商务部研究院对外投资合作研究促进中心；

---

① 参见商务部对外投资和经济合作司、商务部国际贸易经济合作研究院和中国驻新加坡大使馆经济商务处联合发布的《对外投资合作国别（地区）指南　新加坡（2023 年版）》第 86-89 页。

●新加坡投资促进机构：新加坡经济发展局、新加坡经济发展局北京代表处、新加坡经济发展局上海代表处、新加坡经济发展局广州代表处和新加坡经济发展局成都代表处。

（二）贸易法律制度

1. 贸易法律体系

新加坡与贸易相关的主要法律有《商品对外贸易法》《进出口管理办法》《商品服务税法》《竞争法》《海关法》《商务争端法》《自由贸易区法》《商船运输法》《禁止化学武器法》和《战略物资管制法》等。[①]

2. 贸易管理部门

新加坡主管贸易相关的政府部门为新加坡贸易与工业部，主要职责是从宏观角度促进经济发展，创造更多就业，指导国家经济发展方向。具体负责对外贸易领域的主管机构为新加坡企业发展局（Enterprise Singapore），企业发展局为贸易与工业部下属机构，下设贸易促进部，并分设商务合作伙伴策划署和出口促进署，主要职责是宣传新加坡作为国际企业都会的形象以及提升以新加坡为基地公司的出口能力。[②]

3. 进出口管理

（1）进出口申请和批准。历史上，新加坡一直是一个自由贸易港，很少对货物的进出口进行管制。现在，在新加坡进行货物进口或出口所需提供的文件也非常简单。

货物进口到新加坡前，进口商需通过贸易交换网向新加坡关税局提交准证申请。如符合有关规定，新加坡关税局将向进口商签发新加坡进口证书和交货确认书，以保证货物真正进口到新加坡，没有被转移或出口到被禁止的目的地。

非受管制货物通过海运或空运出口，必须在出口之后 3 天内，通过贸易交换网提交准证申请。受管制货物，或非受管制货物通过公路和铁路出口的，需要在出口之前通过贸易交换网提交准证申请。

根据《战略物资管制法》，与军需品、生物、化学产品和军民两用物品有关的货物、软件和技术的出口、转运、过境、转让以及中间人的取得或处置，需要得到新加坡政府的批准和登记。

所有从一个自由贸易区转运至另一个自由贸易区的货物，或在同一个自由贸易区内转运受主管部门管制的货物，必须事先通过贸易交换网取得有效的转运准证才能将货物装载到运输工具上。

（2）关税和消费税管理。新加坡对于绝大多数商品都采取进出口免海关税的政策，仅有部分明确列明的产品再进出口新加坡时需要缴纳关税，包括酒类、烟草、石油制品和机动车。应税货物和非应税货物进口到新加坡都要征收 7% 的消费税。

（3）进出口商品检验检疫。新加坡对进口商品检验检疫的标准和程序十分严格，针对不同类型的商品设立了对应的机构负责检验检疫。进口企业应当在进口前提前了解相关

[①] 参见商务部对外投资和经济合作司、商务部国际贸易经济合作研究院和中国驻新加坡大使馆经济商务处联合发布的《对外投资合作国别（地区）指南 新加坡（2023 年版）》第 33 页。

[②] 参见商务部对外投资和经济合作司、商务部国际贸易经济合作研究院和中国驻新加坡大使馆经济商务处联合发布的《对外投资合作国别（地区）指南 新加坡（2023 年版）》第 34 页。

产品应该如何进行检疫。

（三）　金融法律制度

1. 金融管理部门

新加坡金融管理局（MAS）是新加坡的综合金融监管机构，同时行使中央银行的功能。作为中央银行，金融管理局通过实施货币政策和密切的宏观经济监测和分析，促进可持续的、非通货膨胀的经济增长。它管理新加坡的汇率、官方外汇储备和银行部门的流动性。作为综合金融监管机构，新加坡金融管理局通过审慎监管新加坡所有金融机构——银行、保险公司、资本市场中介机构、金融顾问和证券交易所，促进健全的金融服务业。[①]

2. 金融法律及市场情况

新加坡的金融法律法规主要包括《新加坡金融管理局法》《证券与期货法》《银行法》《保险法》等。这些法规规定了金融机构的经营范围、风险控制要求、信息披露要求、监管机构的职责和权限等内容，为监管提供了法律依据。

《新加坡金融管理局法》授予 MAS 发布监管和监督金融机构的法律文件的权力。此外，MAS 还制定了适用于各类金融机构的框架和指南。例如，MAS 发布的《反洗钱与反恐融资指南》《支付服务法案》《金融科技监管沙盒》等，为金融机构提供了具体的操作指南和要求。

3. 外汇管理[②]

新加坡的外汇交易和资本流动一般没有限制，自 1978 年起，新加坡便废除了外汇管制制度，使得外来投资、股息及利润的汇款，以及资本的汇回等，均无须再经过外汇管制审批流程。然而，对于非居民外国金融机构而言，新加坡元贷款却受到一定的规制，这一举措旨在遏制新元货币市场上的投机行为。值得一提的是，这些限制措施并不适用于向个人及非金融机构的新加坡本土实体提供的贷款。

（四）　劳动制度

《劳动法》旨在为工作场所雇主和雇员之间的关系框架提供正式的结构。在包括新加坡在内的大多数国家，这些法律都假定雇主与雇员的关系本质上具有不对称的权力分配，雇主拥有更多的权力。因此，新加坡《劳动法》是为了保护员工的权利而制定的。《劳动法》包括与最低工作年龄、最低工资、工作时间、带薪病假、带薪假期、加班补偿等相关的条款。违反这些法律可能会给企业带来严重后果，包括政府罚款、吊销许可证和其他惩罚措施，因此遵循最佳实践以确保公司及其员工的福祉至关重要。

新加坡是该领域最发达的国家之一，且新加坡《劳动法》被认为是最有利于商业的监管制度之一。新加坡被《2019 年全球竞争力报告》评为保护劳资关系方面表现最佳的国家。新加坡人力资源管理涉及的法律如下：

---

① 参见商务部对外投资和经济合作司、商务部国际贸易经济合作研究院和中国驻新加坡大使馆经济商务处联合发布的《对外投资合作国别（地区）指南　新加坡（2023 年版）》第 28 页。
② 参见商务部对外投资和经济合作司、商务部国际贸易经济合作研究院和中国驻新加坡大使馆经济商务处联合发布的《对外投资合作国别（地区）指南　新加坡（2023 年版）》第 27 页。

- 《雇佣法案》（Employment Act 1968）；
- 《外国人力雇佣法》（Employment of Foreign Manpower Act 1990）；
- 《退休和再就业法》（Retirement and Re-employment Act 1993）；
- 《儿童发展共同储蓄法》（Child Development Co-savings Act 2001）；
- 《工作场所安全与健康法》（Workplace Safety and Health Act 2006）；
- 《工伤赔偿法》（Work Injury Compensation Act 2019）。

1. 《雇佣法案》核心内容

（1）雇佣合同。雇主必须在雇佣开始后14天内与雇员签署雇佣合同，雇佣合同的内容包括：

- 雇主和雇员的全名；
- 雇佣详情：职位名称、主要职责和责任、雇佣期限和开始日期；
- 工作安排：工作时间、工作日数、休息日；
- 工资：工资期限、基本工资或基本工资率、固定津贴和扣除、加班费、奖金、奖励等；
- 休假和医疗福利；
- 试用期、通知期。

（2）工作时间。员工工作时间每天不得超过8小时或每周44小时，这不包括休息时间和加班时间。如果员工每天工作超过8小时或每周超过44小时，则必须支付加班费作为补偿，加班费是每小时基本工资的1.5倍。除非出于国家安全等特殊情况，员工每天工作时间不得超过12小时（包括加班时间）。

受《劳动法》保护的员工每周有权享受一天无薪休息。如果员工在休息日工作，他们有权获得更多工资。

（3）薪资及工资。根据《劳动法》的规定，工资应当在工资期结束后7天内支付。例如，如果工资期在1月1日至31日，则需要在2月7日之前支付工资。如果员工有权获得加班费，则加班费应当在工资期后14天内支付。

（4）公共假期。受到《劳动法》保护的员工，每年有权享受11个带薪公共假期。如果雇员必须在公共假期工作，他们可以获得额外一天的工资或者一天的调休。

（5）病假。以下情况，雇员有权享受带薪病假：

- 雇员受《劳动法》保护；
- 雇员为雇主服务至少3个月；
- 该员工试图在缺勤后48小时内通知雇主。

具体带薪病假和带薪住院假的天数取决于员工在公司工作的时间。

（6）社会保险。中央公积金（CPF）是一项社会保障储蓄计划，由雇主和雇员缴款资助。这项强制性计划旨在满足人民的退休、住房和医疗保健需求。

（7）退休和再就业年龄。退休年龄和再就业年龄分别为63岁和68岁，到2030年将提高到65岁和70岁。企业可以提前提高退休和再就业年龄。

（8）终止雇佣关系。在新加坡，终止雇佣关系可以由雇员或雇主执行，双方必须遵守服务合同中规定的终止条款和条件。雇佣合同通常会规定终止条款，所以对于所有员工来说，重要的是要准确地确定他们的雇佣合同的内容，以便他们能够按照规定行事。如若雇佣合同中没有规定终止条款，则以《劳动法》规定为准。《劳动法》规定的基本要求如下：

- 雇员必须提前书面通知雇主，可以利用年假来抵消通知期；
- 如果雇员决定在没有通知的情况下终止合同，雇员将必须支付代通知金。

如果解雇是由于不当行为，雇主必须在采取任何纪律处分之前进行调查。如果员工认为自己被错误解雇，可以向三方争议管理联盟（TADM）提出错误解雇索赔。

2. 外国人在当地工作的规定

（1）外籍人士在新加坡工作。与中国对新加坡开展劳务输出业务最为相关的法律是《外国工人雇佣法案》。该法案列明了雇佣外国工人的条款和条件，规定了对雇主或工人违法行为的处罚，有利于维护新加坡特别针对外籍工人所建立的工作准证系统并保护外籍工人的福利。新加坡外国人工作准证分为就业准证（Employment Pass，EP）、S 准证（S Pass，SP）、劳务准证（Work Permit，WP）三类，申请 EP 的最低薪水要求为 4500 新元/月，申请 SP 为 2500 新元/月，申请 WP 无最低薪水要求。

外籍人士在新加坡必须持有工作准证才能工作，否则被视为非法务工。外国人赴新加坡工作总体环境较好，但劳务人员也要提前做好心理准备，考虑充分各种可能发生的情况，出国前要与新加坡劳务中介协商清楚，以免上当受骗。新加坡主管当局或雇主有权取消外籍工人的工作准证，从准证取消之日起 7 天内外籍工人必须离开新加坡，否则会受到新加坡《移民法令》的惩罚。为此，到新加坡务工人员必须增强防范风险意识，出国前与派出企业签约规定中介费用可以退还。

（2）新加坡公司聘请外籍员工。要雇佣外国雇员，雇主必须代表其雇员申请必要的工作准证，如就业准证（EP）或 S 准证。

根据公平考虑框架（FCF）和公平就业实践三方准则，新加坡制定了禁止公司预先选择外国候选人的规则，以确保为国内雇主提供公平的申请职位空缺的机会。

因此，希望提交 EP 申请以雇佣外籍雇员的雇主必须首先在 http：//www. MyCareers-Future. gov. sg/网站上公布该职位，并公平地考虑和评估所有申请人。但员工人数少于 10 人的公司以及同一企业集团的海外调动不在此限。

（五）知识产权法律制度

新加坡是世界上知识产权（IP）法律框架最健全的国家之一。新加坡知识产权办公室（IPOS）是新加坡法律部下属的法定委员会，负责监督该国的知识产权保护。新加坡将自己定位为服务快速增长的东南亚市场的知识产权中心。近年来，东盟成员国之间的知识产权合作不断发展，增强了该地区作为一体化经济集团的吸引力。

1. 商标

商标是企业用来将其商品或服务与其他企业的商品或服务区分开来的标志。符号可以是字母、数字、符号、单词、形状、颜色或这些的组合。

虽然使用商标并不强制要求注册，但选择注册确实具有一定的优势。这些优势包括能够防止第三方在未经所有者同意的情况下未经授权使用该商标，以及防止后期在新加坡注册类似商标。新加坡商标注册处负责处理该国境内的商标申请。

注册商标在新加坡的保护期为自申请之日起 10 年，到期后可以续订。

被认为违反公共政策和道德的商标不能注册。对于试图欺骗公众的商标也是如此，如歪曲商品或服务的来源。

商标的申请流程如下：

（1）事先检索。IPOS 提供了一个综合电子服务门户，用于在新加坡提交知识产权申请和交易。在申请商标之前，申请人应在商标注册处对现有商标进行检索。

（2）提交申请。申请人需要填写 TM4 表格，其中必须包含以下信息：

- 申请人的姓名和地址；
- 标记的清晰图形表示；
- 寻求注册的商品和服务清单；
- 使用商标的意图声明。

还有一项费用，需缴纳商品税和销售税。

（3）处理时间。如果申请没有遇到任何异议，商标注册的处理时间将需要大约 12 个月。如果申请面临异议，将需要更长的时间。

（4）初审。商标注册处收到申请后将进行形式审查。这需要检查申请是否满足最低申请要求。如果满足最低申请要求，则会为申请人分配申请日期。否则，会向申请人发送一封缺陷信，要求他们纠正申请中的缺陷。

（5）检索。初审后，商标注册处将进行检索检查，以确保申请与已注册的商标不相同。

（6）审核。然后将审查该申请，以确定该商标是否符合新加坡法律。如果审查员对商标有异议，申请人将被给予一定期限来回应异议。

（7）公告。如果申请没有异议，该商标将在《商标杂志》上公布两个月。在此期间，任何一方都可以反对其注册。

（8）反对。任何第三方都可以反对该商标的注册。根据新加坡《商标法》，反对应该是有正当理由的。然后将组织一次听证会，双方将为其案件提供证据。

（9）登记。如果没有异议，则该商标将被注册，并颁发证书。该商标的有效期为 10 年。

2. 专利

专利授予发明所有者，可以采取新产品或现有技术或流程的技术改进的形式。在新加坡申请专利有多种途径——通过 IPOS 的国内途径，或通过 PCT 国家阶段进入途径，这有助于通过一项申请在多个国家同时获得专利保护。一旦获得授权，专利的保护期为自申请之日起 20 年。

专利的申请流程如下：

（1）检查注册标准。在申请专利之前，申请人应检查其是否符合注册条件。

- 该发明可以申请专利吗？
- 该发明是否已向其他人公开过？
- 现有类似的发明吗？
- 申请人是否有权注册专利？

（2）申请周期。根据发明的复杂程度，授予专利可能需要 2~4 年的时间。但是，如果申请没有遇到异议并且遵守规定的时限，则可以在申请后 12 个月内授予专利。

（3）提交申请。申请人必须提出授予专利的请求，并缴纳规定的费用。申请人需要准备一份准确的发明技术描述，在技术和法律上的准确性至关重要，并且应包括发明的附图或摘要。

（4）初审。作为初步审查的一部分，专利审查员将检查以下文件：

- 填写专利表；
- 有效的新加坡送达地址；
- 申请人的姓名和地址；
- 已完成的图纸；
- 说明书和摘要不包含附图；
- 除其他外，文档已正确编号。

（5）公告。如果专利已被授予申请日期，则可以在《专利期刊》上公布 18 个月。

（6）检索和审查。公布后，申请必须经过检索和审查过程，以确定该发明是否可以在新加坡获得专利。检索过程涉及对与本发明主题相关的材料进行全球检索。

（7）实质审查。接下来，审查过程需要专利审查员进行调查，以确定发明是否符合新颖性标准、是否具有创造性以及是否能够在工业规模上实施。

如果对申请没有异议，IPOS 会发出授予资格通知。自通知发出之日起，申请人有两个月的时间支付授权费并办理授权手续。

（8）授予专利。申请人必须在发出授予资格通知后两个月内请求授予证书。如果申请人未能提出请求，则该申请将被视为放弃，并且注册官不会颁发授予证书。

新加坡知识产权局（IPOS）于 2020 年 5 月 4 日启动了新加坡专利快速通道计划，旨在将所有技术领域的专利申请到授权流程缩短至六个月。该计划最初为期两年，现已延长至 2024 年 4 月 30 日，它取代了金融科技快速通道和人工智能加速计划。

参与该计划无须额外付费，然而，目前每月只能按照先到先得的原则处理 5 份申请，IPOS 还规定每个实体每年最多只能处理 10 份申请，无论是公司还是个人。

该计划将使那些开发上市时间短或产品生命周期短的产品或解决方案的创新者受益。此外，IPOS 发布的积极审查结果可用于将其应用于国际专利审查，如东盟专利审查合作组织（ASPEC）。

申请人需要满足以下几个标准才能获得该计划的资格：

- 申请必须在新加坡提交，并且不得有优先权要求；
- 申请必须包含至少 20 项或更少的权利要求；
- 该请求的请求数量不超过每个实体每月 5 次和每年 10 次的上限。

每月上限会在新月的第一天重置，任何未使用的请求都会转入下个月，每月最多 10 个。

3. 版权

在新加坡，无须注册即可获得版权保护，因为一旦以有形形式表达其作品，该人就会自动获得版权保护。以下作品受新加坡《版权法》保护：

- 电影；
- 录音；
- 绘画、照片、工艺品和绘画等艺术作品；
- 书面形式的音乐作品；
- 书籍、期刊等文学作品；
- 表演；
- 电视和广播。

想要在新加坡获得版权保护，该作品必须与新加坡有"联系因素"，可以建立的联系如下：

- 所有权人的国籍：该人是新加坡公民；
- 该作品的出版：内容首次在新加坡出版；
- 所有权人的居住地：创建内容时该人是新加坡居民。

版权的确切有效期取决于内容的类型，具有明确作者身份的作品的版权在特定情况下持续到作者一生加上 70 年，艺术作品也是如此（版画和照片除外）。对于作者身份不明的原创作品，版权在内容首次向公众公开后 70 年后到期。

（六）税收法律制度

投资者转向新加坡开展业务有几个原因，设立和经营企业的便利性是一个主要动力，另一个核心决定因素是新加坡的税收制度——以其有吸引力的企业和个人税率、税收减免措施、不征收资本利得税、一级税收制度和广泛的双重征税协定而闻名。

在新加坡从事任何贸易、专业或业务的个人，包括公司、合伙企业、受托人和团体，应对在新加坡和某些外国产生或衍生的所有利润（不包括出售资本资产产生的利润）纳税。

1. 企业税率

（1）基本税率。在新加坡，企业缴纳的基本税率如表 7-5 所示。

表 7-5　企业缴纳的基本税率

所得税	税率
高达 300000 新元的企业利润税率	有效税率为 8.5%
超过 30 万新元的企业利润税率	17%
公司应计资本利得税率	0
股东股息分配税率	0
未带入新加坡的外国来源收入的税率	0
带入新加坡的外国收入税率	0~17%（视情况而定）

自 2003 年 1 月 1 日起，新加坡采用单层企业所得税制度，这意味着利益相关者不会被双重征税。公司就其应课税收入缴纳的税款是最终税款，公司向股东支付的所有股息均

免征进一步的税款。

（2）一般税收优惠。从 2020 课税年起，新成立公司连续前三个课税年的免税规定如下：

- 正常应课税收入的前 100000 新元可享受 75% 的免税；
- 新成立的公司如果满足以下条件，前三个纳税申报年度每年首个 10 万新元的应税收入可免征 75% 的企业所得税：
  - 在新加坡注册成立；
  - 新加坡税务居民；
  - 股东人数不超过 20 人，其中至少 1 人为持股 10% 以上的个人股东。
- 高达 100000 新元的应税收入可进一步享受 50% 的免税优惠；
- 新成立的公司还有资格获得进一步的部分免税，这实际上意味着每年不超过 100000 新元的应税收入可享受约 8.5% 的税率。应税收入超过 100000 新元将按 17% 的正常总体企业税率征收。

除了上面列出的一般免税/激励措施之外，新加坡所得税法还提供某些特定行业和特殊目的所得税激励措施和优惠税率。

（3）公司税务居住地。公司的注册地并不一定代表公司的税务居住地，如果一家公司的控制和管理是在新加坡进行的，则该公司被视为新加坡的税务居民。

"控制和管理"是对战略事务的决策，如公司政策和战略的决策。一般而言，公司董事会会议（决策的地点）是决定控制和管理实施地点的关键因素之一。如果公司在新加坡有一位在决策中发挥重要作用的执行董事或关键管理人员，这也是决定控制和管理地点的关键因素之一。

一般来说，如果一家公司的董事管理和控制该业务并在新加坡境外举行董事会会议，则该公司被视为新加坡非居民。即使日常运营是在新加坡进行也是如此。根据情况，公司的住所可能会从一个评估年度更改为下一个评估年度。外国公司的新加坡分公司通常不被视为新加坡税务居民，因为控制权和管理权属于海外母公司。

居民公司和非居民公司的征税基础通常相同，但居民公司可获得的某些福利除外。新加坡税务居民公司有资格享受适用于新成立公司的所得税免税计划：

根据《所得税法》第 13（8）条，在满足一定条件的情况下，新加坡税务居民公司可以享受外国股息、外国分支机构利润和外国服务收入的所得税豁免；

新加坡税务居民公司有权享受新加坡与条约国家签订的避免双重征税协定（DTA）赋予的福利。

2. 个人所得税

新加坡居民个人所得税税率如表 7-6 所示。

表 7-6 新加坡居民个人所得税税率

所得税	税率
前 20000 新元税率	0

所得税	税率
接下来 10000 新元的税率	2%
接下来 10000 新元的税率	3.5%
接下来 40000 新元的税率	7%
接下来 40000 新元的税率	11.5%
接下来 40000 新元的税率	15%
接下来 40000 新元的税率	18%
接下来 40000 新元的税率	19%
接下来 40000 新元的税率	19.5%
接下来 40000 新元的税率	20%
32 万新元以上税率	22%
资本利得税率	0
从新加坡公司收到的股息税率	0

新加坡的个人所得税采用累进结构。新加坡的个人所得税税率是世界上最低的国家之一。为了确定个人的新加坡所得税义务，需要首先确定税务居民身份和应纳税收入金额，然后对其应用累进居民税率。

新加坡个人所得税的要点包括：

• 新加坡实行累进居民税率，从 0 到 320000 新元以上的 22%；

• 没有资本利得税或遗产税；

• 个人仅对在新加坡赚取的收入征税，除少数特殊情况外，个人在海外工作期间获得的收入无须纳税。

如果是纳税年度内在新加坡居住或工作少于 183 天的外国人，将被视为非税务居民。非居民将被征税如下：

如果每年在新加坡短期工作 60 天或以下，就业收入可以免税。如果是公司董事、公共演艺人员或在新加坡从事职业，则此项豁免不适用。专业人士包括外国专家、外国演讲者、女王顾问、顾问、培训师、教练等。

如果一年中在新加坡停留 61~182 天，将就在新加坡赚取的所有收入纳税。可以申报费用和捐款以节省税款，但是没有资格申请个人减免。就业收入按 15% 或累进居民税率纳税，以产生较高税额的为准。

董事费和报酬、顾问费和所有其他收入的税率为 15%~22%。

非居民个人税率/预扣税率具体如表 7-7 所示。

表 7-7 非居民个人税率/预扣税率

收入类型	2017 课税年度起非居民个人税率/预扣税率
董事酬金	22%

续表

收入类型	2017 课税年度起非居民个人税率/预扣税率
来自非居民专业人士（顾问、培训师、教练等）活动的收入	总收入的 15% 或净收入的 22%
其他收入，如来自新加坡房产的租金收入	22%
利息、特许权使用费等	降低的最终预扣税率（视条件而定）如下： 利息：15% 版税：10% 如果不适用降低的最终预扣税率，则为 22%
养老金	22%

（七）争议解决法律制度

1. 纠纷解决途径

在新加坡，解决商务纠纷主要有行政救济、诉讼、仲裁、调解四种途径①：

（1）行政救济：新加坡的行政处罚制度多基于成文法且执法严明，因此出现纠纷的概率较小。外国投资者如果对新加坡政府部门做出的行政处罚不服，可向同一行政部门提出行政复议申请。若当事人因为违规而被要求去法庭解释，则可在法庭陈述环节中陈述理由进行辩解。

如果外国投资者对行政复议的结果不服，可向新加坡高等法院申请司法审查。高等法院有权审查法律、政府行政人员的职务行为，并且在必要时要求撤销或重做相应的行政行为。与英国法类似，新加坡行政法下，可适用的救济方式有：特许令，其中包括强制令、禁止令、撤销令以及扣留令；宣称，即衡平法上的救济。

（2）诉讼：新加坡民事诉讼法的主要渊源包括《最高法院司法制度法》（The Supreme Court of Judicature Act）、《国家法院法》（The State Courts Act）以及涉及民事诉讼程序制度的其他法律法规、法庭规则、诉讼指引、判例法和法庭的固有权力。

新加坡的法院实行三审终审制，上诉法院是新加坡的最高司法裁决庭。大体上，法院作出的终审判决可在英联邦国家内，以及政府公告的区域（目前有中国香港）的法院登记后予以执行。中国与新加坡于 1997 年签订《民事和商事司法协助条约》，在此框架下，新加坡法院的判决仍须通过在中国法院重新起诉方可执行。尽管新加坡法律体系的高效和完整性获得了广泛的国际好评，但总体来说，诉讼这种对抗式的争议解决方式，往往需要支付较高的费用，也会耗费较长时间。

（3）仲裁：仲裁是涉外投资和贸易过程中常用的争议解决方式之一。新加坡国际仲裁中心可提供中文仲裁以及涉及中国法律的仲裁员，且中国和新加坡同属《承认及执行外国仲裁裁决纽约公约》（The New York Convention on the Recognition and Enforcement of Foreign Arbitral Awards，以下简称"纽约公约"）的成员国，在成员国取得的仲裁裁决，可按照新加坡《国际仲裁法》的规定，向新加坡高等法院申请执行。

---

① 参见商务部对外投资和经济合作司、商务部国际贸易经济合作研究院和中国驻新加坡大使馆经济商务处联合发布的《对外投资合作国别（地区）指南　新加坡（2023 年版）》第 64 页。

（4）调解：调解是替代性争议解决机制，由调解人协助当事人找到涉案各方都同意且能照顾到其各自不同想法的解决方案。2018年12月，在联合国大会通过的《新加坡调解公约》，是联合国框架下首个以新加坡为名的公约。2019年，51个国家（包括中国、美国、以色列、印度等）代表签署《新加坡调解公约》。

与裁决式、对抗式争议解决机制（如诉讼和仲裁）相比，调解具有以下优势：和解协议由自愿达成，当事人没有因法官或仲裁员不支持其诉求而输官司的风险；作为一种非正式且具有灵活性的程序，调解速度快，节省时间和费用；调解克服或减少了沟通障碍，可以促进当事各方之间的关系；调解过程的保密性有助于保护当事人的良好商誉，并避免在法庭诉讼带来长期损害；由于和解是自愿达成的，很少出现当事人不兑现和解条款的情况。在任何情况下，和解协议均具有合同法上的约束力。

2. 适用法律

在诉讼或仲裁下，法院或仲裁庭能使用新加坡或外国法律解决争议。

（1）冲突法。新加坡冲突法决定解决纠纷适用法律的方式如下：

识别纠纷的定性（合同法或侵权法等）；

选择适用的冲突法和联系标准；

依据定性和联系标准选择适用法律。

（2）使用外国法律。当事人有对外国法律的内容进行举证的责任。

3. 国际仲裁与异地仲裁

新加坡政策重视和支持国际仲裁。新加坡国际仲裁中心（SIAC）是成立于1991年7月的非营利性非政府组织，其目的是满足国际商业团体在亚洲建立一个中立、有效和可靠的争议解决机构的要求。新加坡国际仲裁中心包括一个负责监督中心对其管理案件和仲裁任命职能行使情况的仲裁法院和一个负责监督中心对其组织发展和业务发展职能行使情况的董事会。此外，在新加坡政府的支持下，仲裁设施中心——麦克斯韦庭于2010年设立。新加坡有许多仲裁机构，如国际商会国际仲裁院（ICC）、国际争议解决中心（ICDR）[美国仲裁协会（AAA）的国际部门]、世界知识产权组织仲裁与调解中心（WI-PO Arbitration and Mediation Center）、新加坡海事仲裁院（SCMA）和新加坡仲裁员研究所。

新加坡法院十分重视执行纠纷双方之间的仲裁协议，尤其是国际仲裁协议。在《国际仲裁法》下，若一方违反国际仲裁协议而向法院诉讼，新加坡法院可搁置该项诉讼，让双方履行仲裁协议。管辖非国际仲裁的《仲裁法》则让法院酌情决定是否搁置诉讼。法院也能为协助新加坡或外国国际仲裁下令采取临时保护措施。

（八）数据保护法律制度

为推动新加坡全面数字化转型，新加坡资讯通信媒体发展局制定了一系列政策措施，主要分公司数字化转型、数字化人才培养和社区数字化三个层面，具体包括数字化启动计划（Start Digital）、数字服务实验室（Digital Services Lab）、"首席科技官"数字咨询服务（CTO-as-a-Service）、数字领袖培训计划（Digital Leaders Programme）、牛车水数字化计划、邻里企业数字化计划（HeartLands）、设立50个数字转型社区援助站等。

1998 年 7 月，新加坡首次颁布《电子交易法》（ETA），旨在为电子交易提供法律基础，并为以电子方式形成的合同提供可预测性和确定性。该法不强制使用电子签名或交易，并在各方选择以电子方式进行交易的情况下促进其使用。2021 年 3 月，新加坡对 ETA 进行了修订，以确保新加坡的法律和监管基础设施与国际贸易法和最新技术发展保持同步，从而使新加坡保持全球竞争力。

2012 年，新加坡政府为保护个人数据不被滥用出台了《个人数据保护法》（PDPA），该法详细规范了个人的数据保护权利以及企业对于个人数据收集、利用和披露的规范，并发布了一系列条例与指引以推动该法令的执行。为了加强新加坡的数据隐私制度，新加坡 2020 年 11 月 2 日通过了对《个人数据保护法》的重大修改。此次修改将使该法更接近当前的国际标准，允许本地企业在未经事先同意的情况下就出于某些目的（如业务改进和研究）使用消费者数据。同时，修正案还规定对数据泄露处以更严厉的罚款，最高罚款可以高于先前的 100 万新元。

（九）环境保护法律制度

1. 环保管理部门

新加坡永续发展和环境部（MSE）是新加坡的政府部门之一，负责保障新加坡维持干净、可持续发展环境，以及水和安全食物供应。该部门成立于 1972 年。下设三个法定管理部门：国家环境局（NEA）、公用事业局（PUB）和新加坡食品局（SFA）。国家环境局负责改善与维持新加坡清洁和绿色环境。国家环境局策划并牵头开展各种环保措施和计划。通过保护新加坡的环境免受污染，保持高水平的公共卫生，并及时提供气象信息，国家环境局努力确保当代和后代的可持续发展和优质的生活环境。公用事业局是新加坡的国家水务机关，负责综合管理新加坡的供水、集水和废水，并保护新加坡海岸线免受海平面上升影响。新加坡食品局负责保障新加坡的安全食品供应，它整合了由新加坡前农业食品和兽医局、国家环境局和卫生科学局等单位与食品相关的职能。

2. 主要环保法律法规

新加坡政府对环境问题的立法注重源头管理，要求所有建设工程、制造业和其他工程的开展需要依法取得许可，以确保其符合《环境法》。其目的在于从相关活动开展的那一刻起阻止任何新的活动的污染。因此，从 20 世纪 60 年代开始，新加坡政府以此为宗旨先后制定了一系列环境保护法律、法规和相关标准。

另外需要注意的是，新加坡《环境法》立法的重要目的在于确保环境得到长期保护。这些法律不断地根据经营活动方式和保护环境的方式和方法的演变而被审阅和修订。目前采取的方式是为了确保在建造规划的阶段，建造规划在起草时纳入具体的建筑工程和相关建筑服务（如固体废物、污水、地表排水系统和污染控制系统），以符合操作规范和相关法规规定的环境保护要求。这确保了环境问题的全面源头管理。

《环境法》被纳入主要立法、子法规和新加坡国家环境局以及负责建筑和建造业的其他政府部门发布的各项规范之中。新加坡环保法律包括但不限于：《环境保护和管理法》（Environmental Protection and Management Act）、《公共环境卫生法》（Environmental Public Health Act）、《危险废物（出口、进口和传播控制）法》[Hazardous Waste（Control of Export，Import and Transit）Act］、《辐射防护法》（Radiation Protection Act）、《能源节约法案 2012 年版》（Energy Conservation Act 2012）、《跨境烟霾污染法案 2014 年版》（Transboundary Haze Pollution Act 2014）、《环境保护和管理（工厂周围噪声限制）法令》［Environmental Protection and Management（Boundary Noise Limits for Factory Premises）Regulations］、《公共环境卫生（有毒工业废物）法令》［Environmental Public Health（Toxic Industrial Waste）Regulations］、《环境保护和管理（施工场地噪声限制）法令》［Environmental Protection and Management（Control of Noise at Construction Sites）Regulations］、《环境保护和管理（危险物质）法令》［Environmental Protection and Management（Hazardous Substances）Regulations］、《环境保护和管理（工商业污水）法令》［Environmental Protection and Management（Trade Effluent）Regulations］和《环境保护和管理（大气污染物）法令》［Environmental Protection and Management（Air Impurities）Regulations］。

3. 环境影响评估法规

根据新加坡政府的要求，企业在新加坡开展投资项目，业主须委托有资质的第三方咨询公司进行污染控制研究分析（Polution Control Studies，PCS），相当于国内的环评。PCS 主要是对工厂产生的"三废"、噪声、危险化学品等情况，识别可能存在的风险，以及采取的控制措施。开展 PCS 前期，业主需向咨询公司提供相关资料；咨询公司完成分析报告后，由业主提交新加坡国家环境局审批，审批周期约为 2~3 个月，审批过程中，国家环境局可能提出问题要求进行解释和澄清；评估费用通常为 2 万新元。

三、新加坡法律风险

（一）投资风险

1. 制度/政策限制

新加坡对外商投资企业的市场准入限制很少，但仍有少量领域存在股权比例等限制。投资企业需要关注新加坡限制或禁止投资的领域，避免投资相关领域或从事相关经营活动。

2. 中新投资法律比较

2019 年中国发布《中华人民共和国外商投资法》，对外商投资促进、投资保护、投资管理等进行规定。2019 年中国发布《中华人民共和国外商投资法实施条例》，系对《中华人民共和国外商投资法》的细化，对部分条款进行了充分释义。2022 年中国修订《外商投资电信企业管理规定》，吸引外商投资电信企业，适应电信业对外开放的需要，促进电信业的发展。

相比于中国，新加坡的外商投资法律起步更早，发展更完备，需要投资企业多加了解。

（二）贸易风险

新加坡对商品进出口建立有完备且严格的检验检疫规定，进出口企业应当严格按照新加坡政府的要求提交进出口申请，并完成对产品的检验检疫工作，避免违反相关规定。

（三）金融风险

新加坡金融市场是世界重要的国际金融市场之一，市场体量大、投资环境复杂，拟进入新加坡金融市场从事交易的投资者需要注意慎重投资，避免金融风险。

（四）劳动用工风险

新加坡当局根据法律保护雇员权利的机制之一是对雇主不当行为进行处罚。如果公司未能遵守《雇佣法案》的规定，则每次违规的管理人员可能会被处以 5000 新元的罚款或 6 个月的监禁，或两者并罚。对于后续的犯罪行为，罚款最高可达 10000 美元或监禁一年，或两者并罚。

（五）知识产权风险

对于未经作者授权使用内容即侵犯版权，侵权行为可能通过以下方式发生：

授权侵权：授权进行属于所有者权利范围内的行为；

初级侵权：实施属于所有者权利范围内的行为；

二次或其他类型的侵权——未经授权对受版权保护的内容进行商业交易。

侵犯版权可能导致刑事责任，包括禁令和损害赔偿（金钱赔偿）。每项版权的法定赔偿上限为 10000 新元（7454 美元），所有作品的法定赔偿上限为 200000 新元（149000 美元）。还有与侵犯版权有关的刑事犯罪，可判处 2~5 年监禁，并处以 40000 新元（29818 美元）至 200000 新元（149000 美元）罚款。

（六）税收风险

纳税人应在规定时间内提交所得申报表。新加坡税务局可对未提交或未能及时提交申报表的纳税人采取以下行动：

（1）处以延期申报的罚款。

（2）发出评税通知。

（3）传唤纳税人（如为企业，则传唤董事等公司实际运作人）出庭。

依据税法，新加坡的纳税人不提交纳税申报表属违法行为。若被定罪，则违法者将被处以不超过 1000 新元的滞纳金；不缴纳税款则可被处以 6 个月以内的有期徒刑。被定罪后，纳税人每延迟 1 日提交纳税申报表将被处以 50 新元的追加滞纳金。若个人在无正当理由的情形下不能或有意不提交纳税申报表达到或超过 2 个纳税年度，则在罪名成立的情况下，该个人将被处以相当于相关纳税年度税额 2 倍的滞纳金及最高不超过 1000 新元的罚款；不缴纳税款则可被处以 6 个月以内的有期徒刑。新加坡税务局可将上述多项罪名合并。

货物和劳务税：未按时提交货物和劳务税纳税申报表的纳税人要处以每个整月 200 新元的罚款，但罚款总额不超过 10000 新元。

（七）司法救济风险

1. 法律执行效率低

在两国法院判决的跨国执行问题上，并没有公约约束。1997 年 4 月 28 日，中新两国签署了《中华人民共和国和新加坡共和国关于民事和商事司法协助的条约》，该条约将司法协助的范围限定为以下内容：送达司法文书；调查取证；承认与执行仲裁裁决；相互提供缔约双方有关民事和商事法律及民事和商事诉讼方面司法实践的资料。换言之，双边司法协助条约的范围并不包括法院判决的承认与执行。

2023 年 4 月 1 日，中新两国的最高法院签订了《通过诉中调解框架管理"一带一路"倡议背景下国际商事争议的合作谅解备忘录》。这也是继双方 2017 年签订《中华人民共和国最高人民法院与新加坡共和国最高法院合作谅解备忘录》、2018 年签订《中华人民共和国最高人民法院和新加坡最高法院关于承认与执行商事案件金钱判决的指导备忘录》、2019 年签订《中华人民共和国最高人民法院与新加坡共和国最高法院关于推动法官继续教育的合作谅解备忘录》，以及 2021 年签订《中华人民共和国最高人民法院与新加坡共和国最高法院关于法律查明问题的合作谅解备忘录》后，两国最高法院签署的最新备忘录。但备忘录的效力有限，所以中新两国的裁判文书在异地执行起来，仍然非常困难。

2. 维权时间较长、成本较高

在新加坡成立的公司，通常在发生纠纷后的管辖权问题上，会选择在新加坡所在地进行诉讼或者仲裁。中国国际经济贸易仲裁委员会与北京市君泽君律师事务所共同发布的《2022 年度中国企业"走出去"仲裁调研报告》显示，在涉外仲裁中，审理期限过长、仲裁费用高昂、语言不通、不了解如何选择合适的仲裁员、仲裁地点交通不便，名列企业遇到困难的前五位。根据新加坡国际仲裁中心出具的实际案件成本和持续时间研究报告，该仲裁中心的案件平均仲裁时长约为 13.8 个月。随着国际商事仲裁的"仲裁诉讼化"趋势越来越明显，仲裁过程中文件的披露以及证据规则，更加趋向于诉讼程序，这也将造成维权时间成本的增加。[①]

英国伦敦玛丽女王大学发布的《2018 年国际仲裁调查报告》显示，高达 67% 的国际仲裁参与者认为国际仲裁花费过高。一般而言，国际商事仲裁费用主要由三部分构成：仲裁机构的管理费、仲裁庭（主要是仲裁员）费用和其他服务费（主要包括律师费、专家费、鉴定费、翻译费等）。

以新加坡国际仲裁中心为例，需要收取的费用包括 2000 新元（1 新元约等于 5.3 人民币）的案件归档费（针对海外当事人）；根据争议金额的不同收取 3800 新元至 95000 新元不等的仲裁机构管理费；根据争议金额的不同收取 6250 新元至 2000000 新元不等的仲裁员费。如果海外当事人出现需要采取紧急仲裁的情况，则需要另行支付 5000 新元的紧急仲裁申请管理费、25000 新元的紧急仲裁员费及 30000 新元的紧急仲裁员费用的押

---

① 跨境投融资 | 新加坡法律风险防范篇 ［EB/OL］. https：//mp. weixin. qq. com/s？src = 11×tamp = 1710739280& ver = 5145&signature = V512JQNZFyt2fpCUOLuvfMFEZm7ZwkIrRQeTmQnwWKHX2 * 2tI1WAXwOGQPGcSS43d8odkIZ4gzI Kh- mHcVAy98En5SuJZwHzavr31UkRPeBUKxbs0Xg-gte7 * fbowNpj4&new = 1.

金，该费用不可退还。而且，如果对仲裁员提出质疑，将对海外当事人收取 8000 新元的质疑仲裁员管理费。

除以上情况外，还有可能涉及 AMA（仲裁—调解—仲裁，即 Arb-Med-Arb），它是仲裁和调解程序相结合的一种混合争议解决机制，针对海外当事人收取的 AMA 费用为 3000 新元。此外，还有临时任命仲裁员费、评估费等。

《2022 年度中国企业"走出去"仲裁调研报告》显示，涉外仲裁支出方面，29% 的受访企业每件仲裁案件平均花费在人民币 100 万至 500 万元。当然，这其中最多的花费部分并不是仲裁机构和仲裁庭费用，而是在律师费方面。参考国际商事仲裁中心 2015 年的研究报告数据，当事人的支出（包括律师费）占总支出的 83%，另外 15% 是仲裁员收取的费用，2% 是仲裁机构收取的费用。需要特别注意的是，新加坡本地的仲裁机构大多都赋予了仲裁员对仲裁花费进行自由分配的权利，败诉方并不当然支付胜诉方所有的合理开支，这也是赴新加坡投资需要注意的问题。

（八）数据保护风险

新加坡数据合规法律风险主要涉及企业在处理个人数据时可能违反新加坡的数据保护法规，从而面临法律处罚、声誉损失以及业务运营受阻等风险。这些风险主要来源于以下几个方面：

首先，新加坡的数据保护法规对数据的收集、使用、披露和存储等方面都有明确的规定。企业在进行数据处理时必须遵守这些规定，确保个人数据的合法性和安全性。如果企业未能遵守这些规定，可能面临罚款、禁止处理数据等处罚。

其次，新加坡的数据保护法规还强调个人数据主体的权利，如知情权、访问权、更正权和删除权等。企业需要确保个人数据主体能够行使这些权利，并在数据主体提出请求时及时响应。如果企业未能尊重和保护数据主体的权利，可能面临法律诉讼和声誉损失。

最后，新加坡还注重跨境数据传输的合规性。对于涉及数据跨境的企业，需要确保数据的传输符合新加坡的法规要求，并避免将数据转移到未经授权的国家或地区。否则，企业可能面临数据泄露、非法访问等风险，以及相应的法律处罚。

（九）环境保护风险

新加坡作为一个高度发达的城市国家，对环境保护有着严格的法规和政策要求。因此，中国企业在新加坡运营时，面临着一定的环境保护合规风险。

首先，新加坡的环境保护法规非常详尽和严格，涵盖了空气质量、水资源管理、废物处理、噪声控制等多个方面。企业需要确保自身运营活动符合这些规定，否则可能面临罚款、停工整顿，甚至被吊销营业执照等风险。

其次，新加坡政府对于环境保护的监管力度也在不断加强。相关部门会定期对企业的环保情况进行检查和评估，对于违反环保法规的行为将给予严厉处罚。这要求企业不仅要有健全的环保管理制度，还要确保在日常运营中严格遵守相关规定。

最后，新加坡公众对环境保护的关注度很高，任何环保违规行为都可能引起社会舆论的广泛关注。因此，企业在环保问题上需要保持高度透明和负责任的态度，积极回应公众关切，避免因环保问题而损害企业形象和声誉。

四、法律风险防范对策

（一）投资风险防范

1. 适应市场和法律环境复杂性

新加坡作为一个高度市场化的国家，市场环境复杂，法律具体执行方式和条款与中国存在一定差异，投资者应加强合同管理，防范国际投资诈骗、交易对手方违约等法律风险。

2. 全面了解优惠政策

外商投资者要全面、准确地了解新加坡针对不同行业、不同区域等的优惠政策，以便有针对性地在新加坡投资，切实享受到优惠政策红利。

3. 尊重当地习俗文化

新加坡是一个移民国家，具有多元的民族构成。华族、马来族、印度族等各民族虽风俗习惯各异，但相互间友好相处、团结和睦。投资者应当注意尊重当地各民族的文化习俗。

（二）金融贸易风险防范

1. 了解贸易管理规定

外国投资者应充分了解新加坡进出口程序和管理规定，注意规避贸易管制清单，特别注意遵守检验检疫管理规定。

2. 规避汇率风险、信用风险

外商应注意防范信用证诈骗等法律风险，做好事前调查、分析、评估，防范信用证"软条款"之法律风险。

3. 关注商品质量和服务

与新加坡企业洽谈合同，注意甄别对方资信能力，同时注重合同细化管理，在遵循国际惯例的基础上，注意明确交货、付费、质量要求。加强产品和服务质量管理，避免出现产品瑕疵。

（三）劳动用工风险防范

对于新加坡雇主而言，人力资源的合规管理尤为重要：

1. 聘请人力资源经理

人力资源（HR）管理是一种有效管理公司人员以及遵守法律的战略方法。HR负责监督员工福利的设计；员工招聘、培训和发展；绩效考核和奖励管理；以及管理薪酬和福利系统。人力资源部门还将处理组织变革和劳资关系，或组织实践与法律要求之间的平衡。

2. 使用标准合同和模板

公司在雇佣关系中实现最佳实践模式的一个简单有效的方法是使用基本雇佣文件的高

质量草稿，如录取通知书、雇佣合同、雇佣记录和终止通知。正确创建的每一份文件都可以为雇主与雇员的关系提供最好的保护。

3. 使用外包公司

确保公司合规的另一个合理选择是聘请外包公司进行定期雇佣关系合规审核，准备公司所需的必要劳工文件，并防止公司遭受任何处罚。

（四）知识产权风险防范

在新加坡出现知识产权纠纷后，可以采用诉讼方式、非诉方式来处理：

1. 诉讼方式

新加坡的诉讼程序和中国类似，分为普通程序和简易程序。

满足以下条件之一的知识产权纠纷可以适用简易程序：①诉讼各方在案件中诉请获得的金钱救济不超过或者不可能超过 50 万新元；②所有的诉讼当事人均同意适用简易程序。诉讼各方通过简易程序寻求的常规救济包括：损害赔偿金或侵权方所得利益，金额不超过500000 新元（各方均同意适用简易程序的，则不受此限）；宣告无效及/或判令撤销；判令交出和/或处置侵权商品；最终禁制令；临时禁制令。

2. 非诉方式

（1）谈判。IPOS 定期为新加坡公民、永久居民和新加坡注册企业提供免费的知识产权咨询服务，通过该服务可以获得律师对知识产权侵权事件的初步建议。权利人可以通过免费的咨询，预估他人是否侵权。

（2）仲裁。1994 年《国际仲裁法》和 2001 年《仲裁法》确定了新加坡的知识产权纠纷是可仲裁、可执行的。新加坡是 1958 年《纽约公约》（关于外国仲裁裁决的认可和执行）的缔约国，仲裁裁决可在 170 多个国家执行。

世界知识产权组织仲裁与调解中心新加坡分中心能够协助当事双方解决其国内或国际知识产权争议。新加坡国际仲裁中心（SIAC）也设有专门的知识产权仲裁员小组，用来审理知识产权纠纷。

仲裁只有在双方都同意的情况下才能进行。当事人约定仲裁，既可以在起草的协议中包含仲裁条款，也可以在争端发生后签署仲裁协议。仲裁裁决为终局裁决，对仲裁双方都有约束力。

（3）调解。《新加坡调解公约》于 2020 年 9 月 12 日生效。新加坡是该公约的缔约国，并颁布了《2020 年新加坡调解公约法》，以履行其公约义务。一旦满足该法规定的条件和要求，新加坡法院可以执行由调解产生的国际商事和解协议，或允许援引此类协议。

知识产权纠纷调解方式包括：法院调解和通过其他调解中心调解。

新加坡司法界大力推动调解工作，几乎所有的案件都有机会接受调解。国家法院争端解决中心为在新加坡法院提起的案件提供法院调解服务。调解可以节省纠纷当事人的时间和费用成本，并且调解过程完全保密。当事人经过调解，会达成一份和解协议。当事人可以申请法庭将和解协议制作成法庭令，强化和解协议的强制执行力。

IPOS 根据《2030 年新加坡知识产权战略（SIPS 2030）》推出了强化调解促进计划（REMPS），REMPS 从 2022 年 4 月 1 日开始实施。REMPS 为新加坡和外国知识产权纠纷案的当事人提供最高 1.4 万新元（10262 美元）的资助。对于仅涉及新加坡知识产权的纠纷，提供最高 1 万新元（7330 美元）的资助。

Arb-Med-Arb 协议是新加坡特有的混合程序，当事人在仲裁程序开始后也可以尝试调解。如果各方通过调解解决争端，当事人的调解和解协议可以转换为同意仲裁裁决，并在世界范围内依据《纽约公约》执行。

（4）中立评估。新加坡自 2022 年 4 月 1 日引入中立评估。中立评估是由具有专业知识的中立第三方对案件进行早期评估。中立评估一般是由法院提供的，中立评估的成本低于诉讼但是高于调解，评估周期短于诉讼，但比调解所需要的时间长。中立评估可以帮助当事人澄清或缩小争议的范围，并估计诉讼成功的可能性。当事人可以根据中立评估的结果决定后续是谈判和解还是继续进行诉讼。

评估员可以是法官或资深律师。除非双方同意中立评估具有法律约束力，否则中立评估不具有法律约束力。争议的任何一方均可在诉讼的任何阶段要求中立评估。当事双方可以共同要求中立评估，法官也可建议将案件转为中立评估。

（5）专家裁决。专家裁决需要双方同意，需要专家裁决的专利纠纷往往涉及复杂的技术问题。专家裁决通常仅适用于涉及专家意见的最高法院案件。独立专家将提供意见，供各方根据该意见决定是否同意和解。除非双方另有约定，否则专家裁决具有约束力。当事人可以自由选择专家，如果双方意见不一，仲裁中心将在与当事人协商后指定一名该领域的专家。

一旦作出专家裁决，当事各方有 1 个月的时间向 IPOS 提交与 IPOS 程序相关的且与专家裁决有关的议定声明。议定声明包括裁决所依据的事实和结论，比如包括（申请人）撤回专利撤销申请、（专利权人）放弃专利或修改说明书。当然，任何一方当事人都可以援引专家裁决的内容作为证据，IPOS 将把专家裁决视为该方提交的证据。

（五）税收风险防范

1. 制定合理的税务策略

企业应根据自身情况制定合理的税务策略，包括优化财务结构、减少税务风险等。同时，企业还应按照新加坡法律法规要求，及时向相关部门报告财务信息，并保持良好的记录和账目。

2. 注重税务合规性

企业在进行业务活动时，应注重税务合规性，确保遵守相关税收法律法规。如果企业不遵守税收法规可能会面临罚款、利润下降等风险。

3. 选择合适的税务专家

企业可以选择专业的税务服务机构或税务专家，帮助他们了解新加坡的税务政策和法规，并为其提供相关的咨询和服务。这将有助于企业避免税务风险，降低税收成本。

4. 定期更新税务知识

企业应定期更新自己的税务知识，以充分了解新加坡税收政策和法规的变化，及时调整自己的财务策略，避免因为新法规变化而产生的风险。

企业在进入新加坡市场后，必须要重视税务合规性和风险管理问题。通过制定合理的税务策略、注重税务合规性、选择专业的税务服务机构和定期更新税务知识等措施，企业可以有效地避免新加坡税务风险，保护自身的合法权益。

（六）争议解决风险防范

尽管新加坡是一个具有强大法治和高效司法体系的国家，但仍然可能面临争议解决的法律风险。这些风险可能涉及合同纠纷、知识产权侵权、劳动力问题、税务问题等。为了有效地防范和管理这些风险，中国企业可以采取以下措施：

1. 充分了解和遵守新加坡法律

在开展业务前，中国企业应确保其了解新加坡的相关法律和法规，包括合同法、知识产权法、劳动法、税法等。确保所有业务活动符合新加坡的法律要求，避免违反法律规定。

2. 采取预防措施

在签订合同前，进行充分的市场调研和法律风险评估，确保合同条款合法、公平且具有可执行性。在合同中明确争议解决条款，包括选择合适的争议解决方式（如仲裁或诉讼）和指定适用的法律。

3. 选择合适的争议解决方式

新加坡提供多种争议解决方式，包括协商、调解、仲裁和诉讼。中国企业可以考虑在合同中约定仲裁作为争议解决的最终方式，因为仲裁在新加坡具有高效和保密的特点。

4. 利用新加坡的国际仲裁中心

新加坡拥有亚洲国际仲裁中心（AIAC）和其他知名的国际仲裁机构，为中国企业提供高效的仲裁服务。利用这些机构的专业资源和经验，有助于更好地解决国际商业争议。

5. 保持良好的沟通和记录

在业务往来中，保持清晰的沟通，确保所有协议和承诺都有明确的书面记录。良好的沟通和记录有助于在发生争议时提供证据，支持企业的立场。

6. 建立有效的内部合规机制

建立有效的内部合规机制，确保企业遵守新加坡的法律法规，特别是与劳动力、税收和商业行为相关的规定。定期对内部流程和政策进行审查和更新，以适应法律变化。

7. 及时寻求专业法律咨询

在遇到法律问题时，及时寻求专业律师的帮助，以确保企业的权益得到保护。专业律师可以提供法律意见，协助企业制定合适的策略来应对和解决争议。

（七）数据保护风险防范

新加坡数据合规法律风险防范涉及多个方面，企业需要采取一系列措施来确保数据处理活动的合法性和安全性。以下是一些关键的防范策略：

首先，企业应深入了解并持续跟踪新加坡的数据保护法规，包括《个人数据保护法》（PDPA）等相关法律文件。这有助于企业及时把握法规的最新动态，确保数据处理活动始终符合法律要求。

其次，建立健全的数据保护政策和流程至关重要。企业应制定详细的数据收集、存储、使用、共享和销毁等方面的管理规定，确保个人数据的合法性和安全性。同时，建立数据保护组织架构，明确各部门和人员的职责，形成有效的数据保护管理体系。

加强员工的数据保护意识培训也是必不可少的。企业应定期组织培训活动，提高员工对数据保护法规的认识和理解，增强他们的合规意识。通过培训，员工将能够更好地遵守数据保护规定，减少因人为因素导致的数据泄露和滥用风险。

在技术手段方面，企业应采取加密技术、访问控制、数据备份等措施来保护个人数据的安全和隐私。同时，建立数据泄露应急响应机制，以便在发生数据泄露事件时能够迅速响应并采取措施，防止损失扩大。

对于涉及跨境数据传输的企业，需要特别注意遵守新加坡的跨境数据传输规定。企业应与接收方签订严格的数据保护协议，确保数据在传输过程中得到充分的保护。此外，企业还应关注国际数据保护协议和合作机制，以便更好地应对跨境数据合规挑战。

最后，企业应定期进行数据合规自查和风险评估，及时发现和解决潜在的数据合规问题。通过自查和评估，企业可以不断完善数据保护管理体系，提高数据合规水平。

综上所述，新加坡数据合规法律风险防范需要企业从多个方面入手，包括了解法规、建立政策、加强培训、采取技术手段、关注跨境传输以及定期自查等。通过综合施策，企业可以有效降低数据合规法律风险，保障个人数据的安全和隐私。

（八）环境保护风险防范

为了降低环境保护合规风险，中国企业在新加坡运营时应采取以下措施：

（1）深入了解并遵守新加坡的环保法规和政策要求，确保企业的运营活动符合相关标准；

（2）加强内部环保管理，建立完善的环保制度和流程，确保环保工作得到有效执行；

（3）提高员工的环保意识，通过培训和教育等方式，使员工充分认识到环保工作的重要性；

（4）与当地环保部门保持良好的沟通和合作关系，及时了解法规变化和政策要求，确保企业的环保工作始终符合法规要求；

（5）采用先进的环保技术和设备，提高资源利用效率，减少环境污染，为可持续发展做出贡献。

五、投资新加坡相关案例评析

（一）房屋买卖合同违约①

1. 案例介绍

在中国，投资新加坡房地产的话题一直以来都备受关注。首先，新加坡政府一直致力于发展房地产市场，保持了较高的房地产投资回报率；其次，新加坡房地产市场规范，投

---

① https://www.elitigation.sg/gd/s/2023_SGHC_256.

资者享有明确的产权和法律保护；再次，新加坡的生活环境和教育医疗等公共服务设施完善，吸引了许多移民和留学生，带动了房地产市场的需求；最后，新加坡政府对外国投资者的开放政策，也使得投资者更容易在新加坡投资房地产。

当然，投资新加坡房地产也存在一定的风险和挑战，该案例涉及了在履行房屋买卖合同的过程中买方违约的情况。新加坡开发商 B 曾给予中国买方 A 选购权协议，同时双方签订了房屋买卖合同。截至买卖合同付款最终期限，A 未完全履行其付款义务，因此，B 解除了该买卖合同。尽管第一次的房屋买卖合同被解除，A 仍然有兴趣购买该房屋，并就该事项与开发商 B 进行了谈判，最终，开发商 B 再一次与 A 订立了新的选购权协议，并且在新协议中双方商定了与第一次房屋买卖合同中不同的购房价格。此时，买方 A 已支付 1195354.42 新元（房款总价为 1900000 新元）。截至第二次约定的付款时间届满，在开发商 B 多次催告下 A 仍未完全支付房屋的价款，因此，开发商 B 以 A 违约为由，根据双方在选购权协议中的约定，将 A 已支付的部分款项作为押金扣留，同时将选购权协议中的房屋出售。A 就 B 保留其支付的款项拒不退还为由，提起了诉讼，要求 B 返还所有款项并且支付相应的利息。

2. 风险分析

在本案中，新加坡法院提出，如果押金的金额远远超过了合理的数额，那么该部分的金额将被定性为部分付款。本案中，B 在一开始没收了全部 1195354.42 新元（房屋购买价格的约 63%），但最终经过协商后实际没收了 380000 新元，相当于新的选购权协议房屋购买价格的 20%。新加坡法院认为，没收全部的价款是不合理的，但是没收 380000 新元的行为是符合本案事实合理性的。因为，本案中是 A 违反了与 B 订立的第一次与第二次的选购权协议，没有完整履行自身付款的义务，B 在该过程中并无出现不当行为，A 无论如何都没有理由要求 B 全额退款。对于 A 提出的就已经支付的款项获得利息的请求，法院认为，A 无权获得 380000 新元部分款项的利息，对于剩下的部分，根据新加坡《民法》第 12 条，法院拥有广泛的酌处权来判给判决前利息，B 将根据合适的年利率向 A 支付利息。

3. 评论与提示

由于该案中存在第三人影响 A 付款的情形，为了便于分析主案情，省略了该部分的内容。

就本案来说，首先，在新加坡购买房产双方订立合同时，买方应当注意合同条款的内容，特别是有关违约责任方面如何承担赔偿以及赔偿数额的问题，应当确定合理的具体数额或比例。

其次，合同签订后，买方以及卖方都要严格注意各自的权利义务，买方需要注意按时履行合同条款，特别是付款义务。如果没有及时履行付款义务，卖方有权在买方违约的情况下解除合同，并根据合同约定的条款扣留部分作为押金。

最后，遇到感到侵犯个人权益的情况下，双方应当及时沟通，寻找解决方案。在沟通的过程中，建议注意收集对证明己方事实有利的证据。在无法达成一致的情况下，通过司法手段来解决问题。

（二）从事依法应当提前申请许可证的行业[①]

1. 案例介绍

新加坡作为一个市场经济发达的国家，各行各业的发展都非常迅速。但是，在进入新加坡市场进行经营的同时，投资者应当注意其希望从事的行业是否需要提前申请特殊许可证，否则将可能面临民事上和刑事上的双重惩罚。

本案中，黄女士在新加坡开设了水疗中心，且作为该运营主体的唯一股东及董事。该中心专门为顾客提供按摩服务。但是，黄女士在持续经营的同时并没有办理根据新加坡对于从事按摩行业所需的许可证。

2019 年 9 月，新加坡警察对水疗中心进行检查，发现该水疗中心并没有获得许可证，因此责令黄女士停止营业。黄女士对警察所指控的事实并未否认。直至 2019 年 12 月，警察再次对水疗中心进行检查，发现黄女士在没有办理许可证的情况下再次营业，因此，新加坡相关部门决定对黄女士的行为提起诉讼。

一审中，黄女士被地区法院判处了罚款以及刑罚，黄女士对于罚款部分并无异议，但对于刑罚部分向法院提起了上诉。

2. 风险分析

根据新加坡专门针对按摩机构经营者制定的《2017 年按摩机构法》（2020 年修订版）（MEA）第 5 条第 1 款规定：任何人不得在按摩场所从事提供按摩服务的业务，除非根据本法获得许可证授权该人在这些场所从事此类活动。

根据第 5 条第 4 款（b）规定：如果该人屡犯，处以不超过 20000 新元的罚款或不超过 5 年的监禁，或两者并罚。

同时，黄女士从事按摩机构经营的行为并不属于 MEA 第 32 条所规定的"部长可以通过在公报上发布的命令，使任何场所或一类场所免受本法所有或任何条款的约束，无论是一般性的还是在特定情况下，并受部长可能施加的任何条件的约束"的情况，鉴于黄女士是在第一次被警告后未对经营机构作出整改，持续经营的情况，新加坡法院认为对黄女士进行罚款加共计 24 周的监禁的处罚并未不妥。在黄女士进行上诉后，上诉法院从违法事实的严重性以及黄女士的认罪态度等方面进行了考虑，最终将监禁时间减为 18 周。

3. 评论与提示

首先，该案件向我们阐释了在新加坡市场从事商业活动做到合法以及合规的重要性。投资者必须提前具备合规意识。黄女士在未获得按摩机构经营许可证的情况下从事经营活动，导致其面临严重的法律后果。因此，投资者应在开设业务前详细了解当地法规要求，并确保合规性。同时，应当遵守相关法律法规，在黄女士被第一次警告后并未采取合适的措施进行整改，导致再次违规经营，如果其在第一次被警告后及时整改，将可以避免高额的罚金以及监禁，投资者应当对于违规行为可能带来的法律风险有所意识，并采取相应的预防和控制措施。

其次，在遇到类似情况时，也需要明确且清楚地认识到自己的权利，正如本案中黄女

---

① https：//www. elitigation. sg/gd/s/2023_SGHC_187.

士，在对第一次判决结果有异议时，正确行使了自己的上诉权。在涉及相关法律事务时，投资者应当寻求专业的法律咨询意见，确保能够及时采取适当的行动。

综上所述，投资者在新加坡市场经营时应加强合规意识，严格遵守当地法规要求，及时采取纠正措施以避免可能的法律后果。同时，在面对法律问题时，积极配合司法程序，并寻求专业的法律支持，有助于保护自身权益。

（三）版权侵权案[①]

1. 案例介绍

泰阁是一家在中国注册成立的公司，从事在世界各地发行和销售电影的业务。被告 Encore Films Pte Ltd（以下简称"Encore"），是一家在新加坡注册成立的公司，从事在新加坡以及东南亚其他国家发行电影。开心麻花是一家中国公司，与泰阁签订了独家许可协议，根据该协议，泰阁是电影《独行月球》的独家许可人，除了中国和韩国外，泰阁享有在全球区域的发行、复制和宣传等相关权利。

泰阁的负责人与 Encore 的负责人就《独行月球》在新加坡的发行协议展开了谈判，谈判的形式分别为微信以及电子邮件。为了使得 Encore 负责人能够更好地了解电影内容，泰阁负责人将电影通过电影数据包的形式通过网络发送给了 Encore 负责人。在经过多轮的谈判以及对协议草案的修改后，在未签订协议的情况下，Encore 负责人告知泰阁负责人他们即将在新加坡进行《独行月球》电影宣传及放映的事宜，泰阁负责人表示双方未就协议达成一致，并且警告 Encore 停止预演行为，但是，Encore 并没有停止宣传行为。最终，泰阁负责人向新加坡法院就 Encore 的行为提起了诉讼。

2. 风险分析

根据新加坡《2021 年版权法》第 146 条（1）规定，如果一个人在新加坡实施版权所包含的行为并没有被授权，也未获得所有者的许可，那么该行为会被认作是版权受到了侵犯。因此，新加坡法院认为，Encore 被指控的侵权行为是无可争议的。虽然双方通过微信以及电子邮件经过多次协商，并且就协议进行了多次的修订，但是始终没有达成一致的意见。虽然泰阁负责人将《独行月球》的影片发送给了 Encore，但是该行为只是希望 Encore 可以更加了解合作影片的内容。

根据新加坡法院的意见，双方并未就《独行月球》的许可行为通过微信、电子邮件协商建立法律关系。Encore 构成侵犯了版权的行为。

3. 评论与提示

泰阁和 Encore 的纠纷体现了电影版权在跨国合作中的复杂性。泰阁作为《独行月球》的独家许可人，在未达成许可协议的情况下，Encore 未经许可进行电影宣传，严重侵犯了泰阁的版权。

首先，泰阁将电影内容通过网络发送给 Encore 是为了合作的商业目的，而非授权行为，但是该做法在实践中风险过高，建议中国企业在未来遇到类似情况时，可以通过截取片段发送的方式或者放置水印的方式来减少风险。

---

① https：//www.elitigation.sg/gd/s/2024_SGHC_39.

其次，在对协议内容进行谈判的过程中，要时刻提示对方协议尚未达成一致，并且提示侵权风险，以避免双方在语言表达上的误解。

六、新加坡现行法律法规清单

新加坡现行法律法规清单如表 7-8 所示。

表 7-8　新加坡现行法律法规清单

贸易规定
《海关法》
《竞争法》
《进出口管理办法》
《商品对外贸易法》
《商品服务税法》
《商务争端法》
《自由贸易区法》
《商船运输法》
《禁止化学武器法》
《禁止化学物品法》
《战略物资管制法》
《药品法》
《有毒物质法》
《滥用药物法令》
《货物和服务税收条例》
投资规定
《公司法》
《税法》
《合同法》
《证券法》
《企业注册法》
《合伙企业法》
《国内货物买卖法》
《公司所得税法案》
《经济扩展法案》
《广播法令》
《报业和印刷法令》

续表

投资规定
《住宅房地产法令》
《收购守则》
劳动就业规定
《移民法案》
《雇佣法案》
《外国人力雇佣法案》
《职业安全与健康法案》
《工伤赔偿法案》
《雇佣代理法案》
土地规定
《土地征用法》
《住宅房地产法》
环境保护规定
《环境保护和管理法》
《公共环境卫生法》
《危险废物（出口、进口和传播控制）法》
《辐射防护法》
《能源节约法案2012年版》
《跨境烟霾污染法案2014年版》
《环境保护和管理（工厂周围噪声限制）法令》
《公共环境卫生（有毒工业废物）法令》
《环境保护和管理（施工场地噪声制）法令》
《环境保护和管理（危险物质）法令》
《环境保护和管理（工商业污水）法令》
《环境保护和管理（大气污染物）法令》
反对商业贿赂规定
《刑法》
《防止贪污法令》
保护知识产权规定
《专利法》
《商标法》
《版权法》
《知识产权办公室法》
争议解决规定
《最高法院司法制度法》
《国家法院法》

续表

数字经济规定
《电子交易法》
《个人数据保护法》
绿色经济规定
《资源可持续性法案》
《碳定价法》
《节能法案》
《公园和树木法案》
《建筑管控（环境可持续）条例》
《现有建筑环境可持续发展守则》

资料来源：中华人民共和国商务部。

第八章　印度尼西亚

一、中印尼经济法律关系概述

（一）印度尼西亚基本情况介绍

1. 地理位置

印度尼西亚，全称为印度尼西亚共和国（以下简称印尼），是世界上最大的岛国、最大的群岛国家，国土面积为191.4万平方千米，位于东南亚和大洋洲，地处印度洋和太平洋之间，由17000多个岛屿组成，包括苏门答腊岛、爪哇岛、苏拉威西岛以及婆罗洲和新几内亚的部分地区。它的地理位置非常重要，连接了东亚、南亚和大洋洲的主要海上通道及沿线。

2. 行政区域

印尼共有一级行政区（省级）38个，包括首都雅加达（Jakarta）、日惹、亚齐3个地方特区和35个省，二级行政区（县/市级）514个。首都雅加达是印尼的政治、经济和文化中心。除首都以外其他的主要经济城市包括泗水、万隆、棉兰、三宝垄和巨港等。

3. 人口数量

印尼是世界第四人口大国，截至2023年12月，印尼人口约为2.81亿，相当于世界总人口的3.45%。印尼的城市人口占总人口的59.1%（2023年约为1.64亿人）。印尼的中位年龄为29.9岁。①

4. 政治制度

总统是印度尼西亚行政权力的首脑，根据宪法，总统是国家元首、政府首脑和印度尼西亚武装部队总司令，负责地方行政事务。最高法院是最高司法机构，其法官由共和国总统任命。司法机构由不同的法院组成，根据管辖权进行区分。印度尼西亚众议院拥有制定法律的权力。每一项法案都由众议院和总统共同审议，并经联合批准。法案可能来自众议院、总统或地区代表委员会（DPD）。

1945年8月18日，印尼颁布并实施了《"四五"宪法》，规定了行政、立法和司法权力的有限分离。1998年5月，印尼发生暴乱，苏哈托总统辞职后，印尼通过修改《宪法》

---

① Worldometer. Indonesia Population ［EB/OL］. https：//www. worldometers. info/world－population/indonesia－popula-tion/.

启动了多项政治改革，并且对政府各部门进行了改革。

（1）人民协商会议。人民协商会议是印尼国家最高权力机关。它由人民代表会议（通称国会）和地方代表理事会共同组成。其主要职能包括制定、修改和颁布宪法；根据大选结果任命总统、副总统；依法对总统、副总统进行弹劾等。

国会是国家立法机构，行使除修宪之外的一般立法权以及预算审批权、法律监督权和修正权。并拥有法律实施中的质询、调查权。具体职能包括提出法律草案，制定法律；确定国家财政预算并监督其实施过程；审议国家财政审计署的报告；审议总统关于宣布紧急状态、对外宣战、与外国缔结和约或其他条约等。

国会与总统互相制约。国会不能解除总统职务，总统也不能解散国会。若总统被宪法法院判定违宪，国会有权建议人民协商会议召开特别会议追究总统责任。在立法过程中，任何法案的通过均需经国会与总统共同认可，未能达成共同认可的法律草案在国会同一会期内不得重复提出。

地方代表理事会系2004年10月新成立的立法机构，负责有关地方自治、中央与地方政府关系、地方省市划分以及国家资源管理等方面立法工作。主要职能包括向国会提交有关地方自治、合并和扩建新区以及自然资源开发等方面的法案并参与讨论；参与讨论并监督预算、税收、教育、宗教等法律的实施情况；向国会提出审计署人员人选的参考意见。

（2）国家人权委员会。国家人权委员会是印度尼西亚的国家人权机构（NHRI）。与其他国家人权机构一样，其主要职能是保护和促进人权。

（3）最高法院。印度尼西亚共和国最高法院（Mahkamah Agung Republik Indonesia）独立于立法和行政机构，是终审上诉法院，负责监督高等法院（Pengadilan Tinggi）和地区法院（Pengadilan Negeri）。最高法院的领导层由一名首席大法官、两名副首席大法官和若干名分庭庭长组成。领导任期为五年，由现任法官选举产生。

（4）执法工作。印尼的执法工作主要由印尼国家警察（POLRI）与总统下属的其他执法机构、部委或国有公司（BUMN）共同完成，这些执法机构接受印尼国家警察的监督和培训。印尼国家警察基本上是国家的民警部队，负责执行国家的法律和秩序。

5. 政府机构[①]

印尼的政府机构分为四大类：国家机关、部委、非工业国家机构、军队/国家警察。

印尼国家机关包括印尼总统、人民协商会议、地方代表理事会、宪法法院、最高法院、最高审计署、消除腐败委员会、司法委员会、普选委员会、商业竞争监督委员会、国家人权委员会、国家儿童保护委员会、监察员委员会。

印尼部委包括印尼国务秘书处、印尼内政部、印尼外交部、印尼国防部、司法与人权部、财政部、能源与矿产资源部、工业部、贸易部、农业部、环境和林业部、交通部、海洋事务与渔业部、人力资源部、公共工程和公共住房部、卫生部、社会事务部、宗教事务部，以及文化和中小印尼总统学教育部，研究、技术和高等教育部，农村、贫困地区和移民部，旅游部和通信与信息部等。

印尼非工业国家机构包括印尼国家档案馆、国家情报局、国家雇员事务局、国家人口

---

① DEWAN PERWAKILAN RAKYAT REPUBLIK INDONESIA ［EB/OL］. https：//www.dpr.go.id/，2024.

和计划生育委员会、印尼投资协调局、发展金融审计署、国家发展规划局、国家土地管理局、中央统计局等。

印尼军队/国家警察包括印尼陆军总部、印尼警察总部。

6. 语言文化

印尼语（Bahasa Indonesia）是印尼官方语言，它是由马来语演变而来，是一种南岛语系语言。印尼大多数人讲印尼语，印尼语词汇受到各种语言的影响，包括爪哇语、米南卡保语、布吉语、阿拉伯语、荷兰语和英语。许多外来的词汇经过改编后适应了印尼语的语音和语法规则。

7. 民族宗教习俗

印尼的民族包括爪哇族（Javanese）、巽他族（Sundanese）、马来族（Malay）、巴塔克族（Batac）、马都拉族（Madurese）、巴达维族（Betawi）等，其中爪哇族占据数量最多。

印尼将近87%的人信奉伊斯兰教。在印尼全国各地，特别是弗洛勒斯岛、帝汶岛、苏拉威西岛、加里曼丹岛内陆和摩鹿加群岛散布着一些基督徒。城市中的许多华人也信奉基督教，但也有一些华人信奉佛教或儒教，有时与基督教混合。印度教徒占印尼总人口的比例不到2%，但在巴厘岛印度教占主导地位，在龙目岛也有很多印度教信徒。

印尼的法定节假日包括新年（1月1日）、先知穆罕默德登宵日、农历新年、安宁日、耶稣受难日、复活节、伊斯兰教开斋节、国际劳动节、耶稣升天日、卫塞节、潘查西拉纪念日、宰牲节、伊斯兰教新年、印尼独立日（8月17日）、先知穆罕默德诞辰、圣诞节。

8. 气候条件

印尼位于赤道沿线，平均气温为25℃~27℃，湿度为70%~90%。印尼有两个季节，对于大部分地区而言，通常每年5月至10月为旱季，11月至次年4月为雨季，没有夏季或冬季的极端情况。印尼的气候大多炎热潮湿，降雨主要出现在低洼地区，山区气温较低。雅加达、乌央巴东、棉兰、巴东和巴厘巴板等城市的平均最低气温为22.8℃，平均最高气温为30.2℃。[①]

9. 重点/特色产业

（1）石油天然气。印尼油气资源丰富。印尼政府公布的石油储量为97亿桶，折合13.1亿吨，其中核实储量47.4亿桶，折合6.4亿吨。印尼政府公布的数据显示，2023年印尼石油和天然气产量均低于印尼2023年目标。印尼石油产量下降了1%，从612千桶/天降至约606千桶/天；天然气产量增长了0.7%。在印尼排名前十的石油天然气公司为印尼国家石油公司（Pertamina）、印尼雪佛龙公司（Chevron Pacific Indonesia）、埃克森美孚（ExxonMobil Indonesia）、康菲石油公司（Conoco Phillips Indonesia）、中海油（CNOOC SES Indonesia）、印尼Medco Energi、印尼AKR集团、印尼Petronas Carigali、埃尼公司（Eni Indonesia）、印尼BP。[②]

---

① Climate Change Knowledge Portal for Development Practitioners and Policy Markers. Indonesia［EB/OL］. https：//climateknowledgeportal. worldbank. org/country/indonesia/climate-data-historical，2024.

② Investinasia Team. 10 Top Oil and Gas Companies in Indonesia［EB/OL］. https：//investinasia. id/blog/top-oil-and-gas-companies-in-indonesia/，2023-08-09.

（2）农林渔业。印尼是世界上最大的农产品生产国和出口国之一，印尼向世界其他国家出口的经济作物包括棕榈油、天然橡胶、可可、咖啡、大米和香料等。印尼棕榈油产量居世界第一，天然橡胶产量居世界第二。

作为世界上最大的棕榈油和天然橡胶等农作物生产国，印尼的农作物生产对国民经济至关重要。然而，印尼的粮食和园艺作物产量相对较低。果蔬类园艺产品的进口量有所增加，这表明印尼人现在享有的食品供应比以前更加多样化。因此，印尼正通过种植利润更高的水果和蔬菜来扩大国内市场的潜力。

印尼对鱼类和肉类的需求也在逐年增加。印尼是亚太地区第二大禽类生产国，也是世界上最大的海产品生产国之一。然而，与陆地农业相比，印尼渔业部门的收入差距很大。尽管印尼77%的国土面积由海洋水域构成，但渔业部门对印尼GDP的贡献却不足3%。印尼政府意识到渔业部门尚有开发的潜力，正将国家投资开发的注意力集中在这一部门，并将其作为印尼打造全球海洋轴心目标的一部分。

印尼森林覆盖率为54.25%，达1亿公顷，是世界第三大热带森林国家。印尼也是世界上最大的热带木材产品出口国之一，产品包括胶合板、纸浆和纸张，用于生产家具和手工艺品。不过，随着印尼政府正在努力降低森林砍伐率，预计木材产品行业未来的增长速度将有所放缓。

（3）采矿业。印尼矿产资源丰富，分布广泛。印尼主要的矿产品锡、铝、镍、铜、金、煤等产量巨大，矿业是外商投资印尼的传统热点行业。据估计，印尼的矿产贸易量在全球的占比超过1/4。印尼拥有世界上最大的镍储量。镍和钴等关键矿物在电动汽车（EV）电池生产中发挥着重要作用。印尼于2023年6月开始实施铝土矿出口禁令，以支持其矿产资源的国内加工。

（4）工业制造业。印尼的工业化水平相对不高，工业在印尼国民经济的贡献中并不突出，但制造业在印尼社会和经济发展中发挥着至关重要的作用。政府一直将该行业作为优先发展领域，旨在最大限度地挖掘和发挥其对加速工业化的潜在贡献。目前，制造业已成为印尼最大的国内生产总值贡献者，并主导着印尼的出口格局。其中，食品和饮品（F&B）、煤炭和精炼石油、化工、运输以及金属和电子等是印尼制造业的主要GDP贡献者，这些行业还创造了大量就业机会。

印尼制造业的重要作用体现在其对GDP的贡献，制造业对国家GDP贡献最大，2023年第三季度达到16.83%，制造业增长达到5.02%，远超国民经济增速4.94%。2024年印尼制造业增长将达到5.8%的目标。[①]

（5）旅游业。旅游业是印尼经济的重要组成部分，占其国内生产总值的2%以上，巴厘岛是印尼最受欢迎的旅游目的地之一。2020年之前，在外国游客数量不断增加的刺激下，印尼旅游业稳步增长。然而，受到2019年底新冠疫情的影响，印尼的旅游业受到了冲击。2020年到访印尼的国际游客人数为402万人次，比2019年同期的1610万人次大幅下降了75.03%。

---

① 印尼2024年制造业增长将达5.8%［EB/OL］. http：//id. mofcom. gov. cn/article/jjxs/202401/20240103467959. shtml，2024-01-14.

据印尼旅游与创意经济部统计，2023 年，到访印尼的外国游客达 1100 万人次，超过 850 万人次的预定目标。2024 年目标是 1400 万人次，预计到 2025 年恢复至新冠疫情前水平。①

（二）印度尼西亚经济贸易概况

1. 发展规划及经贸状况

（1）《关于碳捕获、利用与封存技术及其实施 2024 年第 14 号总统令》。印尼发布了一项碳捕获与封存（CCS）的总统令，即《关于碳捕获、利用与封存技术及其实施 2024 年第 14 号总统令》于 2024 年 1 月 31 日生效。该总统令将允许 CCS 营运商预先保留 30% 的碳储存容量，用来封存进口的二氧化碳。目前印尼的碳储存潜力估计为 4000 亿吨，未来几年国家将推动 CCS 行业的所有利益相关者利用印尼巨大的存储能力，发展下游产业生产低碳产品。②

（2）印尼对电子烟产品征收特别消费税。作为世界上吸烟率最高的国家之一，印尼财政部为了加大对电子烟的管控力度，从 2024 年 1 月 1 日起在现有消费税的基础上开始对电子烟征收附加税，附加税定为消费税的 10%。印尼长期以来一直对传统卷烟征税，并于 2018 年对电子烟香精征收 57% 的消费税。2024 年，卷烟消费税将平均上涨 10%，电子烟消费税将平均上涨 15%。③

（3）印尼国家支出支持加速绿色经济转型。印尼财政部长表示 2024 年的国家预算中的国家支出将用于支持加快绿色经济发展，旨在完成优先基础设施建设，以加快绿色经济转型，并支持政府部门和国家机制改革。④

2. 基础设施状况

（1）铁路。截至 2023 年 8 月，印尼铁路总长度为 6879 千米。雅万高铁是印尼第一条高速铁路。印尼交通部铁路总局的目标是在 2024 年使印尼的铁轨总长度达到 7451 千米。印尼的铁路大部分位于爪哇岛，用于客运和货运。

印尼铁路主要由国有印尼铁路公司 KAI、其通勤铁路子公司 KAI Commuter 和机场铁路子公司 KAI Bandara 运营，印尼的基础设施均为国有。

（2）公路。2021 年印尼在运行的高速公路总里程 2489.2 千米。印尼政府计划到 2024 年将高速公路总里程扩展至 4761 千米。截至 2023 年 10 月，印尼已经建成 217.8 千米的收费公路。收费公路由国有公司 Jasa Marga 和多家私营公司运营。所有运营商都隶属于公共工程与人民住房部下属的收费公路管理机构。

（3）航空。印尼是世界上最大的群岛国家，由 5 个主岛和约 30 个小群岛组成，共有

① 印尼：预计今年外国游客数量达 1100 万 ［EB/OL］. http：//id. mofcom. gov. cn/article/jjxs/202312/20231203457667. shtml，2023-11-30.

② 印尼将正式推出碳捕获和储存业务相关法规 ［EB/OL］. http：//id. mofcom. gov. cn/article/sxtz/202402/20240203471919. shtml，2024-01-25.

③ 印尼正式对电子烟产品征收特别消费税 ［EB/OL］. http：//id. mofcom. gov. cn/article/jjxs/202401/20240103468750. shtml，2023-12-30.

④ 印尼国家支出支持加速绿色经济转型 ［EB/OL］. http：//id. mofcom. gov. cn/article/jjxs/202312/20231203457666. shtml，2023-12-01.

约 18110 个岛屿和小岛，其中约 6000 个有人居住。航空是连接印尼数千个岛屿之间的重要交通方式。

截至 2024 年 1 月，印尼共有 683 个机场，其中 35 个由国有企业印尼航空工业公司（PT Dirgantara Indonesia，PTDI）管理。

（4）水运。印尼有各类港口约 1241 个，其中主要港口 33 个。雅加达丹绒不碌港是印尼最大的国际港。

2023 年印尼的船舶总吞吐量达到 437332884 吨，相比 2022 年的 395234436 吨有所增加。印尼东部 22 个港口的总客流量达到 6709980 人次，2022 年为 5796957 人次，同比增长 15.75%。

为解决港口建设资金短缺问题，印尼政府正在逐步放宽对港口的控制，并计划允许私人机构通过 BOT 等方式建设和管理港口。

3. 贸易环境

印尼目前的贸易环境呈现活跃和多元化的趋势。印尼作为东南亚的经济重要角色之一，拥有丰富的自然资源和庞大的人口基数，为国际贸易提供了广阔的市场和机会。印尼政府致力于推动经济发展，通过采取改革措施、促进投资和加强基础设施建设，为企业创造了更加有利的营商环境。

新《综合性创造就业法》（以下简称《综合法》）的实施是印尼当局对商业进行改革的尝试。《综合法》授权贸易部（MoT）对进出口活动进行审批、核查、履行义务和颁发许可证。在新《综合法》颁布后，印尼贸易部有权给予进口商或出口商更大的自主权，使其更容易获得营业执照。目前，企业只需获得商业识别号码（NIB）即可开始进出口活动，而获取 NIB 只需通过在线提交 OSS 系统完成。在此之前，企业必须申请三种进口许可证中的一种：API-U（一般进口许可证）、API-P（生产商进口许可证）和 API-T（有限进口许可证）。而 NIB 兼有 API-U、API-P 和 API-T 的双重身份。

对于某些类型的货物，仍需要从贸易部获得额外的进口许可证，如进口商注册许可证；生产商进口商（进口用于生产其产品的材料的公司）进口批准许可证；一般进口批准许可证。进口许可证持有人仍需向印尼海关总署申报进口到印尼的所有货物。因此，在进口或出口商品之前，企业应查看印尼 HS 代码。HS 代码用于对各类产品进行分类，因为特定产品可能需要额外的许可证。同时，HS 编码也是决定税率和关税以及该产品特定进出口要求的因素之一。

在印尼，商品的进出口根据《限制和禁止商品清单》（又称"LARTAS"清单）进行监管。禁止进口商品包括但不限于手工工具成品、糖、消耗臭氧层物质、某些药品和食品以及危险和有毒材料等。禁止出口的商品类别包括但不限于废金属、文化遗产商品、补贴化肥、矿产品、林业和某些农产品。

4. 金融环境

印尼的银行业由国有银行、私营银行、外资银行、地区开发银行、政府所有的伊斯兰教银行、私人的伊斯兰教银行组成，每家银行都在国家的经济结构中发挥着独特的作用。

国有银行包括但不限于曼迪利银行（Bank Mandiri）、印尼国家银行（Bank Negara Indonesia，BNI）、印尼人民银行（Bank Rakyat Indonesia，BRI）、国家储蓄银行（Bank

Tabungan Negara，BTN）等。

私营银行包括但不限于 Bank ANZ Indonesia、Bank Artha Graha Internasional、Bank BNP Paribas Indonesia、Bank BTPN、Bank Bukopin、Bank Bumi Arta 等。

外资银行包括但不限于盘古银行（Bangkok Bank）、美国银行（Bank of America）、中国银行（Bank of China）、花旗银行（Citibank）、德意志银行（Deutsche Bank）等。

地区开发银行包括但不限于 Bank BPD Bali、Bank BPD DIY、Bank Banten 等。

政府所有的伊斯兰教银行包括但不限于 Bank BNI Syariah、Bank BRI Syariah、Bank Syariah Mandiri 等。

私人的伊斯兰教银行包括但不限于 Bank BCA Syariah、Bank Mega Syariah、Bank Muamalat Indonesia 等。[1]

（三）中国—印度尼西亚投资贸易概况

1. 双边贸易

根据中国海关总署的数据，2023 年中国与印尼之间的贸易额达 1394.2 亿美元，与 2022 年相比略有下降。其中，中国向印尼出口额为 652 亿美元，印尼产品对华出口额为 742.2 亿美元（见表 8-1）。

表 8-1　2019~2023 年中国—印尼双边货物贸易情况　　单位：亿美元

年份	进出口额	进口额	出口额
2019	797.6	341.1	456.5
2020	784.6	374.8	409.8
2021	1237.6	639.2	598.4
2022	1482.1	779.0	703.1
2023	1394.2	742.2	652.0

资料来源：中国海关总署。

2023 年 1 月至 12 月，中国向印尼出口金额最多的商品前五名分别是其他钢铁结构体；钢结构体用部件及加工钢材、手持式无线电话机用零件（天线除外）、其他重量不超过 10 千克的便携式自动数据处理设备、上部 360 度旋转的履带式挖掘机和未列名液晶平板显示模组。

印尼向中国出口金额最多的商品是镍铁，其他主要出口商品还包括褐煤、棕榈液油（熔点 19℃~24℃）等。

2. 投资情况

（1）中国对印尼的投资情况。根据商务部、国家统计局和国家外汇管理局相关的统计数据，2022 年，中国向印尼直接投资流量为 454960 万美元，直接投资存量为

① ASEAN Briefing. List of Banks in Indonesia 2023 [EB/OL]. https：//www.aseanbriefing.com/doing-business-guide/indonesia/tools/list-of-banks-in-indonesia-2023.

2472206 万美元（见表 8-2）。

表 8-2 2018~2022 年中国对印尼直接投资情况   单位：万美元

年份	2018	2019	2020	2021	2022
年度流量	186482	222308	219835	437251	454960
年末存量	1281128	1513255	1793883	2008048	2472206

资料来源：中国商务部，国家统计局，国家外汇管理局.2022 年度中国对外直接投资统计公报［M］.北京：中国商务出版社，2023：65.

（2）2023 年中国在印尼的工程建设情况。截至 2023 年 12 月底，中国已和印尼签订 43 份工程项目协议，包括采矿业、电力工程建设、工业建设、交通运输建设、石油化工、水利建设及一般建筑等（见表 8-3）。

表 8-3 2023 年中国在印尼的工程建设情况

编号	项目名称	类型
1	印尼里阿克瓦大坝项目施工合同	水利建设
2	印尼廖内省新及岛石英砂项目	采矿业
3	印尼青美邦镍资源项目（二期）生产基地设计项目、印尼羟基镍及前驱体生产基地设计项目	工业建设
4	印尼海上天然气开发项目商务合同	其他
5	印度尼西亚占碑省 SAS 运煤专用公路项目商务合同	电力工程建设
6	印尼国有化肥集团	石油化工
7	印尼巴淡岛 60MW 快速发电项目购电协议	电力工程建设
8	印尼青山园区办公大楼项目	一般建筑
9	印尼 APP 集团 OKI 二期新增项目	工业建设
10	印尼波马拉 IPIP 工业园配套 LNG 电站设计	工业建设
11	印尼—中国综合产业园（锦江园区）一期项目码头工程	交通运输建设
12	印尼霍霍巴朗金矿矿山建设项目	采矿业
13	浙江海亮股份有限公司在印尼投资建设年产 10 万吨高性能电解铜箔项目	电力工程建设
14	印尼苏拉威西岛矿业开采项目承包合同	采矿业
15	印尼苏拉维西 315 兆瓦水电站项目	电力工程建设
16	MMP 镍冶炼项目	工业建设
17	印尼李白金属有限公司 10 万吨码头工程项目	交通运输建设
18	印尼北加里曼丹项目电解铝厂区工程一标段和电解三标段	电力工程建设
19	印尼北加项目电解铝厂区电解车间工程（二标段）	电力工程建设
20	印尼杰那拉塔大坝建设项目	水利建设
21	印尼巨港垃圾焚烧处理项目 EPC 总承包合同	电力工程建设

续表

编号	项目名称	类型
22	保利高工厂项目	工业建设
23	印尼金鹰达来甘自备电厂安装项目商务合同	电力工程建设
24	印尼 PT TBP 特殊用途港口（中区）Persada 6B 泊位工程项目商务合同	交通运输建设
25	Tunjungan Boulevard 高端公寓项目	一般建筑
26	印尼苏家武眉 LNG 发电及接收站项目 EPC 框架协议	电力工程建设
27	印尼 12 兆瓦生物质电站项目	电力工程建设
28	BSM 红土镍矿项目	工业建设
29	印尼 OBI100 万吨年石灰生产线 EPC 总承包项目	工业建设
30	华翔年产 5 万吨（金属量）电池级硫酸镍项目施工总承包二标段	工业建设
31	印尼青美邦镍资源工程设计项目	工业建设
32	印尼青山工业园区焦化园区公辅煤焦输送组合式通廊项目	工业建设
33	印尼 Lumut Balai 2 期地热项目电站工程勘察设计合同	电力工程建设
34	印尼浮法玻璃制造基地项目	工业建设
35	印尼纬达贝工业园六期配套码头工程项目	工业建设
36	印尼 PT TBP 特殊用途港口（中区）6A 码头工程、疏浚工程	水利建设
37	印尼 40 万吨/年硫磺制酸 EPC 项目	工业建设
38	印尼坤甸大桥项目	交通运输建设
39	印尼谏义里国际机场项目	交通运输建设
40	中伟印尼莫罗瓦利基地 5 万吨电解镍项目	工业建设
41	印尼南苏电气一体化工程总包项目	电力工程建设
42	印度尼西亚纬达贝工业园六期配套码头工程项目	工业建设
43	金鹰达来甘自备电厂土建施工项目	电力工程建设

3. 货币互换协议

2022 年 1 月，中国人民银行与印度尼西亚银行续签了双边本币互换协议，该协议有效期为三年，互换规模为 2500 亿元人民币/550 万亿印尼盾。该协议进一步深化了中印尼两国货币金融合作，促进双边贸易和投资便利化，维护金融市场稳定。[①]

4. 中国与印度尼西亚的投资政策环境

中国与印尼为在不断加强双方合作方面进行了努力。2018 年 5 月，两国签署《中华人民共和国政府和印度尼西亚共和国政府联合声明》，该声明旨在确认双方的合作和共同承诺；2021 年 6 月，两国签订《中华人民共和国政府与印度尼西亚共和国政府关于建立

---

① 中国人民银行宏观审慎管理局．中印尼两国央行续签双边本币互换协议［EB/OL］. http：//www.pbc.gov.cn/huobizhengceersi/214481/214511/214541/4460564/index.html#：~：text = % E7% BB% 8F% E5% 9B% BD% E5% 8A% A1% E9% 99% A2% E6% 89% 9B% E5% 87% 86% EF% BC% 8C% E8% BF% 91，% E6% 96% B9% E5% 90% 8C% E6% 84% 8F% E5% 8F% AF% E4% BB% A5% E5% B1% 95% E6% 9C% 9F% E3% 80% 82，2022-01-27.

高级别对话合作机制的谅解备忘录》，为中国和印尼开展更富有成效的合作提供新的支撑；2022 年 7 月，两国签订了《中华人民共和国和印度尼西亚共和国两国元首会晤联合新闻声明》，为多方面合作奠定了基础；2022 年 11 月，两国签订了《中印尼加强全面战略伙伴关系行动计划（2022-2026）》及《中华人民共和国和印度尼西亚共和国联合声明》，致力于打造高水平合作的新格局；2023 年 10 月，两国签订了《中华人民共和国和印度尼西亚共和国关于深化全方位战略合作的联合声明》，就持续深化中印尼全面战略伙伴关系和命运共同体建设达成重要共识。[①]

5. 印度尼西亚的贸易环境

印尼作为世界贸易组织（WTO）的正式成员国之一，截至 2023 年，对外签订了多项自由贸易协定，包括但不限于《印尼—日本经济伙伴关系协定》（2008 年）、《印尼—澳大利亚全面经济伙伴关系协定》（2020 年）、《印尼—欧洲自由贸易联盟全面经济伙伴关系协定》（2021 年）、《印尼—韩国全面经济伙伴关系协定》（2023 年）等。

印尼在 2022 年加入《区域全面经济伙伴关系协定》（RCEP），受到《东盟货物贸易协定》（ATIGA）、《中国—东盟自由贸易区》（ACFTA）、《东盟—澳大利亚—新西兰自由贸易区》（AANZFTA）等协定的约束。[②]

同时，在电动汽车行业迅猛发展的情况下，印尼政府在《2011—2025 年印尼经济发展总体规划》《2020—2024 年国家中期发展计划》中提出将扩大电动汽车的生产以及对该行业的基础设施进行发展规划，印尼将有望成为具有全球竞争力的电动汽车区域生产中心。

二、印度尼西亚法律制度概述

（一）投资法律制度

1. 投资法律体系

外国投资者在印尼投资时，主要遵循《投资法》《创造就业综合法》等法律法规的指引和管理。印尼对于外国投资者的直接投资活动，并未设立特定的程序要求。外商投资活动可以按照印尼《公司法》《所得税法》《劳动法》《知识产权法》《海关法》《破产法》等进行。[③]

2. 投资管理部门

在印尼，对外国投资管理的职责分散在几个重要的政府机构与部门之间，这些机构与部门均担负着促进和保护投资活动的重任，这些部门包括但不限于投资部、财政部、能源

---

① 中华人民共和国外交部. 中国同印度尼西亚的关系［EB/OL］. https：//www.mfa.gov.cn/web/gjhdq_676201/gj_676203/yz_676205/1206_677244/sbgx_677248/，2024-04.

② 印度尼西亚的自由贸易协定概述［EB/OL］. https：//cn.rcepnews.com/2023/03/29/1953.html，2023-03-29.

③ 中国国际贸易促进委员会金华市委员会. 东盟重点国家外商投资之印度尼西亚［EB/OL］. http：//jhmch.jinhua.gov.cn/art/2023/11/29/art_1229096109_58896423.html，2023-11-29.

与矿产资源部。

其中，投资部（亦称为投资协调委员会，以下简称 BKPM）处于核心地位，它不仅负责执行和推行符合印尼法律的投资政策，还扮演着外商投资企业与印尼政府之间的沟通桥梁。投资部负责制定外贸政策与法规，划分和管理进出口产品，以及处理进出口许可证的申请等事务，为投资者提供全方位的服务与协调。[1]

此外，印尼财政部和能源与矿产资源部（以下简称能矿部）等部门也在各自的领域内对外商投资活动进行监管。财政部专注于金融服务领域的投资活动，包括银行和保险等部门的管理；而能矿部则负责审批能源项目，以及与矿业相关的项目。[2]

3. 外商投资及企业设立

通常而言，外国投资者拟以外商直接投资的方式（Foreign Direct Investment）进入印尼从事商业活动的，主要可以通过以下两种方式[3]：

（1）设立外商投资有限责任公司（PT PMA）。印尼法律下的有限责任公司（Perseroan Terbatas，PT），外商投资有限责任公司则会被称为"PT PMA"（PT Penanaman Modal Asing），以区别于"PT PMDN"（Penanaman Modal Dalam Negeri，即国内公司）。根据印尼《投资法》，外国投资者如果希望在印尼进行直接投资，并且切实进行商业和贸易经营活动（如提供服务、出售商品等），必须设立外商投资有限责任公司。

外国投资者在印尼设立外商投资有限责任公司，需要关注以下几个方面：

第一，提前确定拟设立公司所从事的行业领域。

在印尼，商业活动的划分有明确的分类标准，即印尼标准工业分类（Klasifikasi Baku Lapangan Usaha Indonesia or Indonesia Standard Industrial Classification，KBLI），任何一类经济活动都将根据其性质在 KBLI 中被赋予一个五位数的代码。外国投资者在设立公司前，必须明确自己所从事的业务领域，并查找相应的 KBLI 代码。这一代码不仅反映了商业活动的风险等级，还是外国投资有限责任公司取得营业执照的重要依据。此外，KBLI 代码还在多个方面发挥着关键作用，如确认公司是否具备享受印尼政府政策激励的资格。因此，准确理解和应用 KBLI 代码对于外国投资者在印尼的成功至关重要。

第二，投资资本要求。

为保护本国中小企业免受外国竞争者的大规模涌入冲击，印尼对外商投资有限责任公司设立了较高的投资额准入门槛，确保外国资本有序进入，并引导投资者专注于投资大型企业。

根据印尼《投资法》和投资部的规定，外商投资有限责任公司在特定地点、从事某一 KBLI 分类的商业活动，其最低投资额须达到 100 亿印尼盾。该投资额度可包括资本注入、固定资产或其他融资途径进行的投资，但不涵盖公司所持有的土地与建筑物价值。此外，股东首次实际缴纳的资本不得低于 25 亿印尼盾。

值得注意的是，这一门槛仅适用于在单一地点经营单一业务的外商投资有限责任公

---

①　参见印尼投资协调委员会官网（https：//www.bkpm.go.id/）。

②　东盟重点国家外商投资之印度尼西亚［EB/OL］. http：//jhmch.jinhua.gov.cn/art/2023/11/29/art_122909 6109_58896423.html，2023-11-29.

③　参见 Business-Indonesia（https：//business-indonesia.org/investment）。

司，若公司计划涉足两个及以上独立业务，其准入要求将根据业务数量的增加而相应提升。此外，印尼法律对某些特殊行业制定了更高的投资额和资本额标准。

第三，股权结构要求。

根据印尼《公司法》，有限责任公司的成立至少需要有两名股东，每名股东认缴的最低注册资本不得低于 10 亿印尼盾。股东可以为自然人或法人，而在某些特定的商业领域，股东身份则被限定为法人。此外，对于外国投资者的持股比例也设定了上限，如不得超过 49% 的比例要求。值得一提的是，股东有权在公司章程中，为某些股权赋予特定的优先权，为公司设置更灵活的治理安排。

第四，外商投资有限责任公司治理结构要求。

通常，印尼的有限责任公司施行双轨制治理结构，由董事会和监事会共同组成。

需要注意的是，印尼《劳工法》禁止外国董事处理与人力资源相关的工作。在某些特定的商业领域中，如直销或多层次营销，会特别要求由印尼公民担任公司董事和监事的职位。

值得一提的是，持有最低 10 亿印尼盾且同时担任公司董事或监事职位的股东，享有取得印尼投资者签证的权益，签证持有人根据投资者签证的类别可以在一年或两年有效期内多次进出印尼。

第五，外商投资者不得要求他人代持股权。

根据印尼《投资法》的相关规定，外国投资者与当地主体之间签订的代持协议，若涉及要求当地主体为外国投资者代持股权的，将被视为无效协议，不具有法律效力。

第六，外商投资有限责任公司的设立流程。

外国投资者设立外商投资有限责任公司一般应遵循如下流程：

首先，股东提交一份由印尼当地公证机构公证的公司设立协议，该协议应包含有印尼语书写的公司章程，还需经所有股东共同签字确认。

其次，公证机构将上述协议提交给印尼法律与人权部门进行审核。该部门审核通过设立协议后，将通过印发决定书或法令（SK Menteri Hukum dan HAM）的形式批准设立协议，此时公司即正式注册成为印尼法律意义上的合法实体。

最后，完成注册后，公司必须申请取得纳税人识别码（Nomor Pokok Wajib Pajak，NPWP）和商业识别码（Business Identification Number，NIB），两者均可以通过线上系统完成申请。完成上述流程后，外商投资有限责任公司便可依据其商业计划书，在印尼开展商业活动。

（2）设立外商代表处。外国投资者初次在印尼发展业务并不需要直接设立公司，开设一个海外代表处也是初次进入印尼市场开拓业务的可选方式。外商代表处作为外国企业在印尼的桥头堡，不仅维护着企业的核心利益，更在印尼市场上扮演着先行者的角色。具体而言，外商代表处是指一个外国企业在印尼开设的，用以代表和管理其利益或用以准备在印尼建立和发展业务的代表机构，它持有营业执照，但不能从事直接经营类市场活动。

外商代表处的活动被限定于监督、联络、协调和作为外国公司在印尼的商业利益的中介，如从事市场调研、担任外商企业与印尼合作伙伴在印尼的联系点等。这些功能通常都可用于外国投资者未来建立外商投资有限公司的准备工作。

根据印尼的法律，外商代表处有四种类型：

第一，外商代表处（KPPA）。

外国企业通常可以建立一个外商代表处，其活动限于在印尼进行市场调研，并监督、协调、组织和代表其母公司或其海外分支机构，为在印尼成立和发展外商投资公司做准备。但需注意的是，外商代表处角色定位明确，不得涉足印尼企业或分支机构的管理层，亦不得开展直接的营业活动，如签订买卖或服务合同。

第二，贸易公司外商代表处（KP3A）。

贸易公司外商代表处可以进一步具有购销及生产服务中介的功能，在印尼从事产品介绍、产品推广、促销、市场调研等活动，并代表外国企业与印尼国内企业完成产品交割。但是，贸易公司外商代表处仍不能直接从事营业活动，完成贸易工作的全部流程。

第三，建筑公司外商代表处（PBUJKA）。

建筑公司外商代表处有权在印尼与自然人、法人、政府机构等沟通联络，取得建筑服务市场的相关信息，参与建筑服务投标工作，并根据印尼法律法规任命和雇佣当地/外国的劳动力。

在取得营业执照后，建筑公司外商代表处可以与印尼的大型建筑公司设立联合经营体，在印尼境内从事建设工程，提供技术支持。

第四，石油气公司外商代表处（KPPA Migas）。

石油气公司外商代表处与外商代表处在权利上一致，但是，他们还需取得相关机构另行颁发的 KPPA Migas 的营业执照，方可正式运作。

（3）取得营业执照。根据印尼《综合性创造就业法》及其实施条例，有限责任公司取得纳税人识别码后，需要通过线上系统申领商业识别码（NIB），NIB 同时用作公司注册的证明、进口商识别码和关税人识别码，持有 NIB 的公司才可以在印尼开设公司账户、购买公司资产、雇佣雇员并为外国雇员申请临时签证、进口原材料或辅助材料，并将公司注册在印尼健康和社会安全系统中。

当 NIB 顺利取得后，有限责任公司便拥有了申请营业执照的资格。依据印尼于2021 年颁布的《关于实施基于风险的许可的 2021 年第 5 号政府条例 GR 5/2021》（Government Regulation No. 5 of 2021 on Implementation of Risk-Based Licensing，GR 5/2021），印尼境内的企业所从事的商业活动，依据其对健康、安全、环境及/或资源利用率的潜在影响，被划分为低风险、中低风险、中高风险及高风险四大类别①。针对这些不同的风险级别，有限责任公司需分别获取相应的营业执照。每一种营业执照的申请条件都各有差异，具体标准如表 8-4 所示。

表 8-4　申请营业执照需要具备的条件

序号	风险等级	公司需要具备的申请条件
1	低风险	商业识别码（NIB）

---

① 德恒律师事务所. 印度尼西亚外商直接投资（绿地 FDI）指南 [EB/OL]. https：//www.dehenglaw.com/CN/tansuocontent/0008/023874/7. aspx，2022-01-30.

序号	风险等级	公司需要具备的申请条件
2	中低风险	商业识别码（NIB）； 标准证明书（Standard Certificate，SS）（申请人保证履行某些承诺的独立声明）
3	中高风险	商业识别码（NIB）； 由当地政府、有关部门或机构核验过的标准证明书（SS）
4	高风险	商业识别码（NIB）； 由当地政府、有关部门或机构核验过的标准证明书（SS）； 由当地政府、有关部门或机构批准颁发的许可证

由于部分商业活动可能受到不同行业法律、法规的调整，公司可能需要向有关部门或机构申请营业执照。

此外，就部分行业而言，取得营业执照可能需要公司提前完成一定的承诺义务。例如，建筑服务商的营业执照（IUJK）的取得，要求有限责任公司的所有人首先在建筑服务发展机构（LPJK）申请法人实体证书（SBU）。

相比于有限责任公司，外商代表处的营业执照申请要求比较简单，只要拥有商业识别码（NIB）便可直接申请，无需考虑商业活动的风险性。然而，值得注意的是，对于贸易公司和建筑公司的外商代表处，还需额外申请相应的贸易及建筑行业营业执照。

4. 市场准入

印尼政府实施外商投资市场准入负面清单措施，以不禁止和限制外商投资有限责任公司进入各行业市场为原则，例外地，在特定的行业部门限制外商投资企业中外商股权占比，或禁止外商投资企业进入。

根据印尼市场准入负面清单，外商投资分为"禁止投资领域""附条件开放领域""完全开放领域""鼓励投资领域"①。

（1）禁止投资领域。印尼禁止投资领域又可细分为"完全禁止投资领域（该领域完全不向市场开放，本国和外国投资者均不可投资）""仅对中央政府开放领域""仅对印尼国内投资者开放领域""仅对合作社及本土中小微企业开放的领域"（见表8-5）。

表8-5 印尼禁止投资领域

完全禁止投资的领域 （该领域完全不向市场开放，本国和外国投资者均不可投资）	• 一级麻醉品（毒品）的种植和贸易 • 任何形式的赌博、赌场相关业务 • 《濒危野生动植物和国际贸易公约》附录一列明的鱼类捕捞业务 • 利用或采集珊瑚/珊瑚礁用于建设材料/石灰/钙、水族馆、纪念品/珠宝或从自然界获取近期死亡的珊瑚 • 化学武器制造 • 工业化学品和可能危害臭氧层的工业材料的生产

① 东盟投资实务丨中国企业投资东盟系列法律指南：印尼篇［EB/OL］. https：//www.sohu.com/a/710335189_610982，2023-08-09.

仅对中央政府开放领域	• 国防业务 • 证券业务
仅对印尼国内投资者开放领域	• 传统医药产品 • 木质建筑用品 • 酒精饮料 ……（共 19 个业务领域）
仅对合作社及本土中小微企业开放的领域	符合下述条件的 60 个业务领域： ▶ 不使用技术或仅使用简单技术的商业活动 ▶ 涉及特殊工艺流程、劳动密集型或文化遗产传承 ▶ 除土地和建筑物投资外，投资额不超过 100 亿印尼盾

（2）附条件开放领域。印尼对外国投资者附条件开放领域可细分为"外资持股限制领域（一般外商最高持股比例不得超过 49%）""特殊许可领域""必须与合作社及本土中小微企业合作的领域"（见表 8-6）。

表 8-6　印尼附条件开放领域

外资持股限制领域（一般外商最高持股比例不得超过 49%）	➤ 快递服务 ➤ 海运旅游 …（共 33 个业务领域）
特殊许可领域	➤ 设备制造业（需取得印尼国防部许可）
必须与合作社及本土中小微企业合作的领域	符合下述条件的 38 个业务领域： ➤ 本土中小微企业和合作社广泛开展业务的领域 ➤ 鼓励纳入大型企业供应链的领域

（3）完全开放领域。其他上述没有提及限制的市场领域，外商投资有限责任公司均可进入投资。

（4）鼓励投资领域。2021 年印尼《投资法》关于投资清单的实施条例和《第 49 号总统令》在单纯的市场准入负面清单基础上，增加鼓励投资清单，对列入鼓励投资清单的产业（优先商业领域），印尼政府将给予一定的财政和非财政性质的政策激励措施，如税收减免、投资津贴、进口关税豁免、商业许可流程简化、提供配套基础设施等。

根据上述规定，以下领域被印尼政府认定为优先商业领域：

• 属于国家战略规划/项目的一部分；

• 资本密集型产业；

• 劳动密集型产业；

- 采用先进技术的产业；

- 先驱产业；

- 出口导向型产业；

- 以工业为导向的研究、开发及创新活动。

以上领域中共计有 245 个具体业务领域被列入鼓励投资清单，其中共 183 个业务领域可享受税收津贴，18 个业务领域可享受免税优惠，44 个业务领域可以获得投资补贴。

5. 投资优惠政策

除了在鼓励投资清单中对优先商业领域的优惠政策外，印尼政府提供的投资优惠政策还包括[①]：

（1）专项资金支持：印尼设立了主权财富基金及其投资管理机构，来吸引全球资本共同投资于国家战略项目，如收费公路、机场、港口和数字基建等。

（2）免税期优惠：因满足特定条件的企业可享有免税期优惠，减税幅度最高可达 50% 或 100%，且优惠期限最长可达 20 年。这些条件如投资计划需超过 1000 亿印尼盾，并在获得税收优惠后的一年内完成投资承诺。

（3）经济特区优惠：根据印尼《2009 年第 39 号法律》《创造就业综合法》等法律规定，印尼在全国范围内设立了经济特区。在这些特区内设立的企业可以享受包括所得税、增值税、进口税、土地使用和许可证等多方面的优惠政策。

（4）投资新首都计划（IKN）：根据印尼政府的规划，2024 年 Kalimantan Timur（IKN）将成为印尼新首都。为此，印尼政府为在 IKN 进行商业活动的外国投资者提供了一系列优惠政策，包括税收减免、土地供应和取消持股比例限制等，以便利投资者在新首都的发展。

6. 外商投资有限责任公司的合规义务

外商投资有限责任公司在印尼开展经营后，需要根据当地管理部门的要求履行合规义务，提交合规报告，具体来说，公司需要完成的合规报告包括但不限于以下内容：①公司年度财务报告；②投资实现情况报告；③人力资源和员工福利报告；④外派人员使用情况报告；⑤公司贷款报告；⑥外汇和谨慎性原则报告。

此外，根据外商投资有限责任公司的业务活动和分类，相关监管机构可能需要额外的报告（如向工业部报告工业活动情况，向财务部报告金融服务活动情况等）。

7. 外商投资有限责任公司的退出和清算

外商投资有限责任公司在决定退出印尼市场时，可遵循公司自愿清算的既定流程。通常的清算程序如下：

（1）召开股东大会，批准公司清算事宜并提名清算人。股东有义务在批准清算的股东大会上指定清算人进行清算。若股东未能指定清算人，董事会将自动承担起这一职责。

（2）在报纸上公告公司的清算和资产分配方案，通知债权人以及法律和人权部。债权人有权在报纸公布清算公告之日起两年内提出债权。

---

① 东盟重点国家外商投资之印度尼西亚［EB/OL］. http：//jhmch. jinhua. gov. cn/art/2023/11/29/art_ 1229096109_58896423. html, 2023-11-29.

（3）申请撤销或取消所有公司执照（包括营业执照和纳税人识别号）。税务局在收到撤销纳税人识别号的申请后，将对公司进行税务审计。

（4）根据清算方案，向债权人偿还债务，并向股东分配清算利益（如有）。

（5）召开股东大会，宣布公司清算完毕，解除清算人职务。

（6）向法律和人权部通告公司清算结果，法律和人权部将在公司注册处撤销公司名称，撤销公司的法人资格。

（7）在报纸上公告公司清算结果。

一般来说，整个公司清算流程可能需要耗时两年左右。在此期间，每一步的推进都需要严格遵守相关法律法规，以确保清算过程的合法性和透明度。

8. 投资合作咨询机构

对于拟向印尼投资的中国企业，可以进一步通过以下机构了解和咨询印尼投资政策，寻求合作[①]：中国驻印尼大使馆经商处、中国贸促会驻印尼代表处、印尼中国商会总会、印尼驻中国大使馆、印尼驻广州总领馆、印尼工商会馆中国委员会、印尼投资协调委员会（印尼投资促进机构）。

（二）贸易法律制度

1. 贸易法律体系

印尼与贸易有关的法律主要包括《贸易法》《海关法》《建立世界贸易组织法》《产业法》等。此外，与贸易紧密相关的法律还包括《国库法》《禁止垄断行为法》《反不正当贸易竞争法》等。

2. 贸易管理部门

印尼的贸易事务由贸易部（the Ministry of Trade）及其下属的对外贸易总局（the Directorate General of Foreign Trade）主管，其职责不但包括制定外贸政策，还参与外贸法规的制定，对进出口产品进行分类管理，管理进口许可证的申请，指定进口商以及分配配额等重要事务[②]。

财政部（the Ministry of Finance）及下属的海关和消费税总局（the Directorate General of Customs and Excise）负责贸易活动中税务与海关的管理，其职能包括制定海关和税收政策，参与海关领域的规章制度、标准和程序，提供海关和消费税的评估和指导，执行和实施海关管理等。

3. 进出口管理

（1）向印尼进口商品的资质要求。向印尼进口的进口商（无论是自然人还是法人），根据进口的产品或进口的目的，一般需要申请进口许可证/进口商身份识别码（Importer Identification Number or Angka Pengenal Impor，API）。

根据贸易部第75/2018号法规定，API是进口商的必备身份证明。取得API的进口商

---

① 参见商务部对外投资和经济合作司、商务部国际贸易经济合作研究院和中国驻印度尼西亚大使馆经济商务处联合发布的《对外投资合作国别（地区）指南　印度尼西亚（2023年版）》第61—62页。

② 参见商务部对外投资和经济合作司、商务部国际贸易经济合作研究院和中国驻印度尼西亚大使馆经济商务处联合发布的《对外投资合作国别（地区）指南　印度尼西亚（2023年版）》第28页。

无论是否进行实际进口贸易，必须每三个月向贸易部提交一份关于已完成的进口情况的报告。

API 分为两种类型：API-U（一般进口商身份识别码：Angka Pengenal Impor Umum），主要授予那些仅为贸易目的而进口货物的公司；API-P（生产者进口商身份识别码：Angka Pengenal Impor Produsen），则专门授予那些进口自用货物（如生产所需的原材料或其他仅用于生产过程的货物）的公司。

若进口商计划在没有 API 的情况下进行进口，可提出一次性进口特别申请。然而，若公司计划进行第二次进口，则需获得贸易部的明确批准。值得注意的是，这类特别批准仅适用于因自用目的而进行的偶发性进口行为。

（2）进口管理。印尼政府要求进口商对货物的进口需提供各项支持文件，如发票、账单、原产地证书、提单、装箱单和保险证书等。此外，相关机构对某些特别的进口产品要求额外的证书文件，如食品、药品、种子或化学品等。

（3）标签管理。印度尼西亚对进出口贸易实施标识管理措施，要求所有进口消费品必须标明进口代理商信息。此前，印尼政府已对产品标签信息的清晰度与可读性提出严格要求，旨在确保消费者能够轻松识别和理解产品信息。2015 年 9 月，印尼贸易部发布了第 73/M-DAG/PER/9/2015 号法规，撤销了以前的标签法规，降低了部分进口商品的标签要求，印尼语标签现在既可印在产品表面，也可插于包装内部。

（4）禁止进口或限制进口的商品。印尼对部分类型的产品进行限制或禁止，并颁布了相应产品的限制和禁止清单（"LARTAS 清单"）。要查询具体的进口限制，进口商可以通过 INSW 的门户网站（http://eservice.insw.go.id/）进行查询。该清单规定了禁止进口的新货物类别，如成品手工工具、糖、会破坏臭氧层的物质、某些药物和食品以及有害和有毒物质等。

（5）出口限制。印尼对出口货物的监管可以分为四类：受管制的出口货物、受监视的出口货物、严禁出口的货物和免检出口货物。

受管制的出口货物包括咖啡、藤、林业产品、钻石等。

受监视的出口货物包括奶牛与水牛、鳄鱼皮（蓝湿皮）、野生动植物、拿破仑幼鱼、拿破仑鱼、棕榈仁、石油与天然气、纯金/银、钢/铁废料（特指源自巴淡岛的）等。

严禁出口的货物包括古董，含有砷、金属或其化合物以及主要含有白铅的残留物，宝石（除钻石），未加工符合质量标准的橡胶、原皮，受国家保护野生动植物等。

除了上述受管制、监视和严禁出口的货物外，其余货物均属于免检的出口货物范畴。

（6）进出口商品检验检疫①。印尼对进口食品实行严格的注册制度，进口商必须向印尼药品食品管理局申请注册号，以确保所有进口食品符合其安全标准。此外，进口食品还必须经过严格的检测，以确保其质量和安全性。

在检验检疫方面，进口产品不仅需要具备原产国权威机构签发的证书，如果运输过程中经第三国转运的，还需提供转运国的授权证书，以确保产品的完整性和合规性。

---

① 参见商务部对外投资和经济合作司、商务部国际贸易经济合作研究院和中国驻印度尼西亚大使馆经济商务处联合发布的《对外投资合作国别（地区）指南 印度尼西亚（2023 年版）》第 29 页。

（7）印尼国家标准[①]。自 2009 年起，印尼政府便开始在食品、饮料、渔业等多个领域强制实施国家标准（Standar Nasional Indonesia，SNI）。产品若符合印尼国家标准的技术规定，便有权获得 SNI 证书，并可在其包装上印刷 SNI 标签。

尽管 SNI 的实施并非强制性，进口商仍可自主选择是否申请 SNI 标签，但对于关乎安全、健康或社会环保的产品，印尼政府则明确要求必须取得 SNI 标签，且必须符合 SNI 的部分或全部技术规范。一旦产品被纳入强制性 SNI 范畴，生产商则严禁生产或销售任何不符合 SNI 标准的商品。

强制使用 SNI 标签的产品包括玩具、轮胎、水泥、单一无机肥料、瓶装饮用水、安全鞋、头盔、各类食品、安全玻璃、电池、自行车、汽车轮辋、三聚氰胺产品、LPG 钢管低压调节器、照明系统、微型断路器（MCB）、开关、风扇等。

申请 SNI 批准通常需要的文件有：①印尼当地业务代表/进口商；②印尼当局颁发的商标证书或商标注册证明；③产品目录或宣传册；④技术规范；⑤生产和质量保证/质量控制流程图；⑥质量手册和/或同等程序（印尼语翻译件）；⑦有效的 ISO 9001 证书或同等证书；⑧公司法定公证书及营业执照（印尼语翻译件）。在审核公司的申请后，将根据从工厂和/或市场上随机抽样的产品进行实验室测试。

（8）关税税率。根据《中国—东盟全面经济合作框架协议货物贸易协议》的规定，中国和印尼共同致力于逐步降低货物贸易的关税水平。随着 2010 年初中国—东盟自贸区的成功建立，两国之间 90% 以上的进出口产品已实现了零关税。

4. 清真认证

印尼 2.71 亿人口中近 90% 是穆斯林，是世界上穆斯林人口比例最多的国家。在此背景下，清真（Halal）——伊斯兰教中"允许的"一词无疑成为了企业在印尼投资时必须深入了解的关键标准。

印尼政府通过关于清真产品的第 33/2014 号法律制定了有关清真认证的具体规则。根据第 33/2014 号法律，清真产品保证实施委员会（Badan Penyelenggara Jaminan Product Halal，BPJPH）被授权实施清真产品认证工作。BPJPH 还与清真检查机构（Lembaga Pemeriksa Halal，LPH）和印尼乌拉玛理事会（Majelis Ulama Indonesia，MUI）合作，对清真产品的生产进行监督。

在印尼，企业申请清真认证是很常见的。在注册此类证书之前，企业必须聘请清真监督员进行所需的活动，以确保产品和生产过程的清真性。对清真监督员的要求是：①他/她是穆斯林；②对清真有广泛的见解和理解伊斯兰教法；③他/她由公司管理层任命并向 BPJPH 报告。

收到清真证书后，公司必须：①在获得清真证书的产品上注明清真标签；②维持获得清真证书的产品的清真性；③区分清真和非清真产品的位置、场所和屠宰、加工设备、储存、包装、分销、销售和展示；④在清真证书有效期结束时更新清真证书；⑤向 BPJPH 报告材料成分的每项变化。清真标签需要贴在产品包装和产品的某些和/或特定部分。它

[①]　参见商务部对外投资和经济合作司、商务部国际贸易经济合作研究院和中国驻印度尼西亚大使馆经济商务处联合发布的《对外投资合作国别（地区）指南　印度尼西亚（2023 年版）》第 29 页。

必须易于被查看和阅读，不易被擦除、移除和篡改。通常情况下，清真认证的有效期长达四年。

（三）金融法律制度

1. 金融管理部门

印尼的中央银行，即印尼银行（Bank Indonesia），是印尼的金融管理部门，其有权制定并执行货币政策，维护货币稳定；管理货币流通和利率，确保支付系统的顺利运行；通过监管手段健全银行和贷款体系。[①]

2. 金融法律及市场情况

1980 年印尼仅有 6 家上市公司。1996 年印尼颁布《资本市场法》，2002 年 10 月颁布《有价证券法》。2007 年 11 月 30 日，印尼雅加达股市和泗水股市合并为一个全国性的股票市场，名为印尼证券交易所（IDX）。截至 2022 年 1 月中旬，印尼证券交易所有 768 家上市公司。

3. 外汇管理

印尼实行相对自由的外汇管理制度，投资者可以自由地将外币资金转入或转出印尼，但是，向国外和从国外转移外币资金应遵守向印尼银行报告的义务。印尼货币实行自由浮动汇率政策，印尼银行采取一揽子货币汇率定价法，根据印尼主要贸易伙伴的货币汇率的特别提款权的汇率变化来确定印尼盾的对外比价，每日公布其汇率。

（四）劳动制度

印尼就业和劳动法的主要来源有以下法律：

- 《劳动法》（于 2003 年颁布，后于 2020 年修订，被 2022 年《创造就业综合法》所替代）；
- 2000 年第 21 号《工会法》；
- 2004 年第 2 号《劳资关系争议解决法》。

根据《劳动法》的规定，雇主必须为雇员履行以下权利：

- 获得最低工资，这取决于部门和省份；
- 享受社会保障，包括养老金、医疗保健、人寿保险、意外伤害保险和老年福利；
- 领取宗教节日津贴（1 个月工资——视工作期限而定）；
- 当雇员不休年假时领取法定缺勤或工资；
- 收取加班费。

（1）固定期限合同。政府承认三种类型的固定期限合同：

- 基于工作完成情况；
- 基于时间段；
- 与非永久性工作相关的合同。

---

① 参见商务部对外投资和经济合作司、商务部国际贸易经济合作研究院和中国驻印度尼西亚大使馆经济商务处联合发布的《对外投资合作国别（地区）指南 印度尼西亚（2023 年版）》第 24 页。

所有固定期限合同类型均适用于临时工作，可以在规定的时间内完成，因此任何合同延期都不能延长期限（总共最多五年）。不遵守这些规则将导致员工被视为签订了永久雇佣合同。

即使雇员提前终止固定期限合同，雇主也有义务向雇员支付赔偿。在以下情况中，雇主必须支付赔偿：

- 合同到期；
- 合同的每次延期；
- 合同提前终止合同（无论由谁终止合同）。

当合同到期并延期时，必须在合同到期时支付初始合同的补偿金。赔偿金将从 2020 年 11 月 2 日（《创造就业综合法》生效之日）开始计算。此外，外籍工人无权获得上述补偿。

（2）最低工资。每月最低工资的计算由省或区工资委员会进行。当地政府根据经济和就业条件确定最低工资标准。最低工资标准由以下方面组成：

- 购买力水平；
- 人力资源吸收水平；
- 工资中位数（同一职位员工最高工资的 50% 与最低工资的 50% 之间的差额）。

（3）工作时间。印尼正常工作时间为每周 40 小时，可分为每天 8 小时，连续 5 个工作日，或每天 7 小时，连续 6 个工作日。

如果公司具有以下特征，每周工作时间少于 40 小时的将被认可：

- 承担每周可在 35 小时以内完成的工作；
- 能实行弹性工作时间；
- 承担可以在特定地点之外完成的工作。

集体劳动协议、公司章程或雇佣协议应明确规定哪些岗位有权获得加班费。如果没有明确表示，那么员工将自动有权收到这笔付款。

如下员工被法定免除获取加班费资格：

- 担任一定职务、承担思考者、控制者、计划者、执行者等职责的员工；
- 工作时间不受限制的员工，如担任管理职务的员工；
- 拿高薪的员工。

（4）外包。用人单位在外包公司发生变更时，应当在合同中纳入权利保护转移的条款。外包公司必须是法人实体，并符合中央政府颁发的营业执照。

（5）终止雇佣关系。雇主必须在终止日期前至少 14 个工作日以书面形式通知雇员，说明终止的原因、终止付款和权利。

如果雇员对终止合同没有异议，则雇主可以将此通知人力部。但是，如果员工反对终止合同，则必须在收到终止通知后 7 个工作日内以书面形式提供理由。

（6）无固定限期劳动合同。无固定期限劳动合同规定试用期最长为 3 个月，试用期结束后，用人单位必须出具永久聘用函。

对于雇佣外国工人的本地公司，公司必须准备一份外国工人利用计划（Rencana Penggunaan Tenaga Kerja Asing，RPTKA）——一份详细说明外籍雇员将在印尼从事的具体工作、职位和工作期限的文件。

同时，对于外籍员工的保护，在法律中有很多与本地员工不同之处，需要外籍员工予以注意。

（五）知识产权法律制度

印尼加入了多项知识产权国际公约、条约或多边条约和协定，如《马德里议定书》《与贸易有关的知识产权协议》《伯尔尼公约》《保护工业产权巴黎公约》《世界知识产权组织版权条约》。印尼还是东盟专利审查合作组织的签署国，该合作组织可以让申请人更快、更高效地在其他东盟成员国内和之间获得专利。

在印尼，受到法律保护的知识产权类型如下：

1. 商标

印尼商标制度采用先申请原则，商标申请面临实质审查，并且必须满足其他标准才能获得成功。商标注册可能需要 3~6 个月的时间，有效期最长为 10 年，并且可以在到期日后 6 个月内续展。

（1）商标申请。根据印尼《商标法》，商标被定义为字母、数字、组合、符号、图形、颜色或上述组合形式的任何标志，用于区分公司或个人提供的商品和服务。声音、全息图和三维形式也可以受到法律保护。

如前所述，印尼实行先申请原则，即商标申请最早的单位或个人将独占权利。

此外，如果商标申请是恶意提交的（与已经注册的商标实质上相似）以及违反国家意识形态、宗教、现行法律法规和公共秩序，则商标申请可能会被驳回。商标申请在质量、类型、大小或预期用途方面也不应具有误导性。

（2）实质审查。一旦向知识产权总局（DGIP）提交申请，DGIP 将在两个月内发布申请之前进行形式检查。在此期间，任何感兴趣的团体都可以对申请提出质疑。

公布期结束后，DGIP 将任命法律和人权部的审查员进行实质审查。如果没有异议，此过程大约需要 30 天；如果提出异议，则需要 90 天。

需要注意的是，如果商标申请是恶意提交的（与已经注册的商标实质上相似）以及违反国家意识形态、宗教、现行法律法规和公共秩序，则商标申请可能会被驳回。

（3）认证。如果申请通过审查，DGIP 将颁发证书并在官方商标公报上公布该商标。该商标将于最初申请日期起 10 年后到期，且可以在到期日后 6 个月内续订。

2. 专利

印尼的专利受《专利法》监管，该法将专利定义为授予发明人的新颖发明的专有权。

印尼的技术发明专利有两种类型：

● 专利——应用于新颖的发明，涉及创造性，并且可以应用于工业。这种形式的保护适用于货物和流程。

● 简单专利——授予工业上适用但不涉及创造性的新发明。因此，这可以应用于改进现有产品的发明。

专利的授权期限为 20 年，简单专利的授权期限为 10 年。专利实施包括专利产品的进口、制造和许可。

（1）实质审查。DGIP 通过合格的专利审查员对所有专利申请进行实质审查。该申请还将在官方专利公报上公布，该公报向公众开放，公众可以对相关专利提出任何异议。此过程自收到申请之日起大约需要 18 个月。

（2）认证。DGIP 将在请求之日起 30 个月内批准或拒绝专利申请。简单专利通常在 10 个月内获得批准。

如果实质审查结果符合专利法，那么 DGIP 将颁发专利证书。

3. 版权

版权被定义为作者在科学、文学和艺术领域的专有权。受法律保护的作品类型包括：书籍、文学作品、小册子；演讲、公开演讲和其他类似作品；有或没有歌词的歌曲或音乐；地图；蜡染艺术；摄影作品；影视作品；肖像；建筑作品；绘画、素描、版画、书法等美术作品；翻译、改编；电脑程序；视频游戏。

（1）登记版权。由于印尼是《伯尔尼公约》的成员，因此自动提供版权保护。此外，外国人的作品在印尼也将自动受到保护。

虽然版权注册不是必需的，但向 DGIP 提交版权以验证作品的保护是有益的。

（2）版权保护期限。版权保护在作者一生中持续有效，并在作者去世后 70 年内继续受到保护。如果作品归法人实体所有，则版权保护在作者一生及其死后 50 年内受到保护。

如果作品由多人所有，则版权的有效期直至最长寿的作者为止。在最长寿的作家去世后，这一期限又延长了 70 年。

对于电脑游戏、摄影作品、数据库、电影作品，版权保护期为 70 年。

（六）税收法律制度

公司、投资者和个人需要遵守印尼的各种税收法律制度。印尼的税种包括企业所得税、个人所得税、预提税、增值税（VAT）、奢侈品销售税、关税和消费税等。

1. 企业所得税

如果公司的住所位于印尼，则该公司须遵守印尼政府规定的纳税义务。同样，在印尼设有（常设）机构并通过该当地实体开展业务活动的外国公司也属于印尼税收制度的管辖范围。如果外国公司在印尼没有常设机构，但通过在印尼的商业活动产生收入，则需要通过支付收入的印尼方代扣代缴税款来解决其纳税义务。

一般来说，印尼适用 25% 的企业所得税税率。此外，有如下豁免（见表 8-7）：

表 8-7 公司所得税税率

公司所得税	税率（%）
正常利率	25
其股份超过 40% 在 IDX 交易的上市公司	20
总营业额低于 500 亿印尼盾的公司	12.5
总营业额低于 48 亿印尼盾的公司	1

● 在印尼证券交易所（IDX）上市的公司，若向公众公开发行至少 40% 的总股本，可享受 5% 的减税（这些上市公司适用 20% 的税率）；

● 年营业额低于 500 亿印尼盾（约 380 万美元）的中小企业可获得 50% 的税收折扣（对总营业额不超过 48 亿印尼盾部分的应税收入按比例征收）；

● 2013 年，印尼财政部颁布了一项规定，对年营业额低于 48 亿印尼盾（约合 363636 美元）的个人和机构纳税人征收 1% 的所得税。

2. 个人所得税

如果个人满足以下任何条件，则该个人被视为印尼的税务居民（除非税收协定优先于这些规则）：

● 该个人居住在印尼；

● 该个人 12 个月内在印尼停留超过 183 天；

● 该个人在一个财政年度内在印尼并打算居住在印尼。

同时，非居民个人需对源自印尼的收入缴纳 20% 的预扣税。

印尼个人纳税人获得的几乎所有收入均需缴纳所得税。以下累进税率计入应税年收入（见表 8-8）：

表 8-8　个人所得税税率

个人所得税	税率（%）
高达 5000 万印尼盾	5
超过 5000 万印尼盾至 2.5 亿印尼盾	15
超过 2.5 亿印尼盾至 5 亿印尼盾	25
超过 5 亿印尼盾	30

个人所得税很大一部分是通过用人单位代扣代缴的方式征收的。雇主每月从支付给雇员的工资和其他报酬中预扣所得税。如果雇员是居民纳税人（居住在印尼），则适用税率如表 8-9 所示，如果个人是非居民纳税人，则预扣税为总额的 20%（如果存在税收协定，则金额可能会有所不同）（见表 8-10）。

表 8-9　预扣税税率（支付给居民的款项）

预扣税（支付给居民的款项）	税率（%）
利息、股息和特许权使用费	15
服务	2
土地和建筑物租金（最终税）	10

预扣税（支付给居民的款项）	税率（%）
• 这些预扣税被视为公司预缴税款 • 根据销售/收入计算的预扣税被视为最终税	

表 8-10　预扣税税率（支付给非居民的款项）

预扣税（支付给非居民的款项）	税率（%）
正常税率（可通过使用税收协定规定或符合营业利润的免税服务来降低）	20

2016 年年度非应税收入最初定为 3600 万印尼盾（约合 2727 美元）。然而，2016 年 4 月，财政部表示，政府计划将非应税收入提高 50%，达到 5400 万印尼盾（约合 4090 美元），旨在增强人们的购买力并鼓励家庭消费。

3. 增值税（VAT）

增值税涉及在印尼转让应税货物或提供应税服务。应税货物/服务有：

- 企业交付应税货物；
- 应税货物进口；
- 企业提供应税劳务；
- 使用或消费源自国外的应税无形商品/服务；
- 应税企业出口应税货物（有形和无形）或服务。

一般来说，印尼的增值税税率为 10%（见表 8-11）。不过，根据政府规定，具体税率可能会增加或减少至 15% 或 5%。应税有形和无形货物出口以及服务出口的增值税固定为 0。零税率增值税的某些限制适用于服务出口。

表 8-11　增值税税率

增值税	税率（%）
正常税率	10

4. 奢侈品销售税

除增值税外，印尼还征收所谓的奢侈品销售税（LGST），该税种于苏哈托时代引入，旨在创建一个更加公正的社会。该税意味着某些制成品的应税商品（如豪华汽车、公寓和房屋）的交付或进口需要缴纳额外税。目前，LGST 税率设定在 10%~125%（法律允许 LGST 税率最高为 200%）。

5. 关税与消费税

尽管印尼法律允许进口关税为进口商品完税价格的 0~150%，但目前设定的最高税率为 40%。由于经济全球化，印尼签署了多项自由贸易协定，有效地取消或大幅降低进口关税。然而，出于保护主义策略，政府仍然对特定商品征收高额关税，并对来自某些国家的某些产品征收反倾销进口关税。

（七）争议解决法律制度

印尼的法律体系以成文法、习惯法和伊斯兰法的结合为基础，总体上属于大陆法系，主要受到荷兰法律体系的影响。印尼法律的基本原则，包括行政、司法和立法机构之间的三权分立，已载入 1945 年《印度尼西亚共和国宪法》。

本部分将主要概述印尼的司法机构及其在争议解决方面的职权，包括印尼的争议解决机制，即普通法院诉讼、仲裁和替代性争议解决方式。[①]

1. 法院诉讼制度

印尼法院系统总体概况为：最高级别法院为印尼最高法院，宪法法院与之平行，最高法院下辖四个法院：普通法院、国家行政法院、宗教法院、军事法院。普通法院又分为地区法院及高等法院，普通法院内设特别法庭，即税务法庭、商事法庭（如破产和知识产权）、劳资关系法庭（劳资纠纷）、腐败问题法庭（处理腐败指控的特别法院）（见图 8-1）。

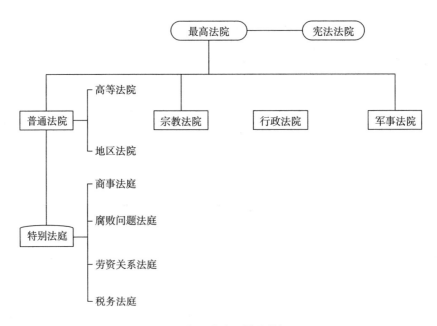

图 8-1 印尼法院系统总体概况

印尼实行三审终审的审判制度：涉外案件的一审由普通法院审理，对一审判决结果不服的，上诉到高等法院，如果当事人对高等法院的裁判结果不服，可以向最高法院继续上

---

① 参见 Marshall Situmorang 和 Audria Putri 的 Indonesia：An Overview of Indonesia's Dispute Settlement 一文。

诉。某些类型的案件可以直接向最高法院提出上诉，而无需通过上诉法院，如破产、知识产权、对消费者保护机构的决定的上诉、对商业竞争委员会的决定的上诉和劳资关系纠纷，以便这些案件可以更快速地解决。

此外，印尼尚未与任何国家签署相互承认和执行判决的条约和公约。外国法院的判决不能在印尼直接执行。当事人只能在印尼向当地的法院重新起诉。

2. 仲裁

在印尼，仲裁主要受 1999 年第 30 号《仲裁法和非诉讼纠纷解决程序》规制，2014 年根据宪法法院第 15/PUU-XII/2014 号裁决进行了部分修订，该裁决涉及对《仲裁法》第 70 条的阐释进行司法审查，即只能针对已在法院登记的仲裁裁决提出撤销申请。此外，印尼政府还批准了 1958 年《关于承认和执行外国仲裁裁决的纽约公约》，表明了其开放的态度。

《仲裁法》管辖印尼法律承认的所有国内外仲裁。在印尼，国际仲裁程序可由印尼国家仲裁委员会（Badan Arbitrase Nasional Indonesia，BANI）管辖，该委员会是一个独立的仲裁委员会，提供仲裁、调解和其他替代性争议解决方案。

一般来说，BANI 有自己的仲裁规则（《BANI 仲裁规则》）。《BANI 仲裁规则》包括 BANI 的仲裁程序，即仲裁申请、BANI 大会、仲裁调查和裁决程序。BANI 仲裁员的指定由 BANI 负责人或争议各方在不迟于 14 天内决定。值得注意的是，BANI 本应指定一名在 BANI 注册的仲裁员，但是，如果其他未在 BANI 注册的仲裁员符合《BANI 仲裁规则》规定的最低资格要求，争议各方也可以指定该仲裁员。争议各方应自费决定在 BANI 聘用一名或多名仲裁员。

关于仲裁裁决的承认与执行。《仲裁法》对国内仲裁机构做出的仲裁裁决和国外仲裁机构做出的仲裁裁决进行了区分。根据该法，如果相关裁决在雅加达中央地方法院登记，则在印尼境外作出的仲裁裁决被视为可执行。登记后，必须从雅加达中央地方法院的指定法官处获得执行令。如果国际仲裁裁决涉及的争议方之一是印尼，则只有通过雅加达中央地方法院指定的法官从印尼最高法院获得裁决后才能执行裁决。

中国和印尼均为《承认及执行外国仲裁裁决公约》（1958 年《纽约公约》）的成员国，因此印尼的仲裁裁决可以在包括中国在内的 168 个国家得到承认和执行。中国在加入《纽约公约》时作出了商事保留和互惠保留，即我国仅对在缔约国领土内做出的商事仲裁裁决适用《纽约公约》，印尼的商事仲裁裁决可以在我国得到承认与执行。

3. 非诉讼纠纷解决方式

非诉讼纠纷解决方式（ADR）是一种无需诉诸法庭的纠纷解决方式，是通过各方商定的程序解决争议或意见分歧的机构，即在法院之外通过以下方式解决争议：协商、谈判、调解、和解或专家评估。

《仲裁法》没有规定进行 ADR 的详细规则和程序，争议各方可自由选择 ADR 规则和程序。

在印尼，要使用 ADR 解决争议，当事人必须首先同意使用 ADR 解决争议。这可以通过在合同中加入 ADR 条款或在争议发生后双方同意使用 ADR 来实现。争议发生后，双方必须选择 ADR 提供者，如调停人或调解人（ADR 提供者），以促进 ADR 进程。ADR 提供者必须保持中立，并具备争议主题方面的必要专业知识。ADR 程序通常没有诉讼那么正式，允许各方以更灵活的方式提出论点和证据。

印尼调解中心（The Pusat Mediasi Nasional，PMN）是非营利机构，于 2003 年 8 月成立，致力于解决商事纠纷。印尼调解中心的调解在雅加达倡议工作组（JITF）建立的标准和指导下进行。1998 年印尼政府建立 JITF，协助进行亚洲金融危机期间的债务重组。JITF 从事的大量工作都涉及调解。印尼调解中心的永久在编人员大多出身于 JITF 项目，且都具有多年丰富的调解经验。

ADR 主要具有灵活性、节约成本和时间、保密性等优势。

在印尼，法院诉讼是通过正式法院系统解决争议的既定方法。近年来，仲裁和非诉讼纠纷解决方式（ADR）等替代性纠纷解决方式也越来越受欢迎。在决定解决争议的最佳方式之前，需权衡每种方法的利弊。

（八）数据保护法律制度

无论在哪里收集或存储个人数据，都存在数据保护问题。作为一般性指导，印尼在 1945 年《印度尼西亚共和国宪法》中规定了对公民数据的保护。1945 年《印度尼西亚共和国宪法》第 28G（1）条特别规定了，每个人都有权保护其个人、家庭、人格、尊严及个人财产①。

2022 年 10 月 17 日，印尼颁布了一项专门的个人数据保护法律，即 2022 年第 27 号《个人数据保护法》（PDPL）。与之前针对通过电子系统处理的个人数据的监管制度不同，《个人数据保护法》适用于通过电子和非电子系统处理的个人数据。

除上述规定外适用于印尼数据保护的规定可见于若干法规中。例如，《电子信息法》（2016 年第 19 号法律），规定了保护个人数据是隐私权的一部分；《关于电子系统中的个人数据保护》（2016 年第 20 号条例），规范了电子系统提供者对个人数据保护的要求，包括将同意作为保护数据的核心基础以及《关于电子系统与交易》（2019 年第 71 号条例）。除此之外，卫生医疗与银行领域也颁布了相关法律规定保护个人数据。

（九）环境保护法律制度

印尼政府主管环境保护的部门是环境国务部。其主要职责是依据《环境保护法》履行政府环境保护的义务，制定环境保护政策，惩罚违反环境保护的行为。

印尼基础环保法律法规是 1997 年的《环境保护法》。《环境保护法》主要规定了环境保护目标、公民权利与义务、环境保护机构、环境功能维持、环境管理、环境纠纷、调查及惩罚违反该法的行为。

1997 年的《环境保护法》是印尼环境保护的基本法，对其环境保护的重大问题作出原则规定，是制定和执行其他单项法律法规的依据，其他环境单项法律法规不得与本法相冲突和抵触。印尼森林、动植物等生物保护的法律制度以《生物保护法》《森林法》为基础。法律中明确规定了用语定义、限制行为及罚则等。

---

① 参见 Indonesia-Data Protection Overview_Guidance Note。

印尼《环境保护法》要求对投资或承包工程进行环境影响评估（AMDAL），规定企业必须获得由环境国务部颁发的环境许可证，并详细规定了对于那些造成环境破坏的行为的处罚。

三、印度尼西亚法律风险

（一）投资风险

1. 制度/政策限制

印尼实施外商投资市场准入负面清单制度，允许外商投资有限责任公司广泛涉足各行业市场，但特定行业部门例外，对外商投资企业的股权占比有限制，甚至禁止进入。因此，投资企业在考虑印尼投资时，务必细心研读印尼政府限制或禁止投资的领域，确保自身投资方向与印尼政策相契合，避免踏入禁区。

2. 印尼投资法律体系不完备，政策缺乏透明度

在全球经济衰退及缓慢复苏的大背景下，印尼投资贸易政策并不顺畅，政府自由裁量权较大，仍存在较高的贸易壁垒。部分政策缺乏透明度，实际开展商业活动时，印尼仍存在重复审批和部门权限重叠等现象。

此外，在投资环境方面，印尼存在地方政府腐败现象频出，国有企业在特殊行业的垄断，关键行业的监管具有不确定性，法律政策依然薄弱、较为不透明，知识产权执法不力，熟练劳动力短缺和政府决策过程缓慢等问题。

3. 中印尼投资法律比较

2019 年中国发布《中华人民共和国外商投资法》，对外商投资促进、投资保护、投资管理等进行规定。2019 年中国发布《中华人民共和国外商投资法实施条例》，系对《外商投资法》的细化，对部分条款进行了充分释义。2022 年中国修订《外商投资电信企业管理规定》，吸引外商投资电信企业，以适应电信业对外开放的需要，促进电信业的发展。

相比于中国，印尼的投资法律层级更加多样，法律、部门规章、监管要求的来源存在交叉，法律识别更加困难，需要企业细致了解。

（二）贸易风险

印尼海关系统存在频发的腐败问题是与印尼进行国际贸易中比较受关注的问题之一，腐败的高发生率影响阻碍了商品通过印尼海关的效率。由于进出口货物有关的程序存在不透明的问题，为印尼海关人员索取小费和贿赂提供了便利，勒索贿赂的一种常见方式是随意拖延清关审查时间。同样，据公开信息报道，有近一半的进口公司在申请取得进口许可证时会向相关人员赠送礼品，以求加速审批流程。此外，印尼产品进口的文件要求明显高于地区平均水平，所需花费的时间几乎是地区平均水平的两倍，这无疑增加了企业的运营成本和时间压力。

（三）金融风险

印尼的营商环境纷繁复杂，其银行体系透明度相对较低，容易受到国际经营环境波动的影响。这使得印尼盾的保值率变得难以预测和控制。因此，外商投资者在涉足印尼市场时，务必保持警惕，以应对潜在的多重金融风险。

（四）劳动用工风险

印尼的用工法规相对较为复杂，对于中国公司至印尼开展业务雇佣员工，存在如下劳动用工风险：

1. 印尼的雇佣合同

在印尼，雇佣合同是非常重要的文件。合同应该明确规定员工的职责、薪资、福利、工作时间、假期和终止雇佣的条件等。此外，合同还应包括保密协议和知识产权协议等条款。

2. 印尼的税务合规

在印尼，雇主需要遵守当地的税务法规。雇主需要申请税务登记证，并按时缴纳所得税、消费税和雇主部分社会保险等费用。此外，雇主还需要遵守当地的劳动力市场政策，如优先雇佣本地员工等。

3. 印尼的文化差异

在印尼，文化差异可能会对雇佣关系产生影响。例如，印尼人通常比较注重家庭和社交活动，这可能会影响员工的工作效率和时间管理。此外，印尼人也比较注重礼貌和尊重，因此雇主需要注意员工之间的沟通方式和行为举止。

（五）知识产权风险

1. 商标

如果发现第三方滥用该商标，注册商标所有人可以向商事法院提起诉讼。

根据印尼《刑法》，如果第三方被发现使用与注册商标相同的商标，他们可被判处最高4年的监禁或最高5亿盾（612800美元）的罚款。

如果第三方使用的商标在基本要素上与注册商标相似，那么侵权者将被处以最高20亿盾（134277美元）的罚款。

2. 专利

任何未经授权使用专利的行为都可能被处以最高10亿盾（67116美元）的罚款，侵犯简单专利的行为将被处以5亿盾（33554美元）的罚款。

3. 版权

版权所有者可以通过刑事法院提起诉讼，以阻止侵犯版权的行为继续发生。侵权者可被处以1亿盾（6717美元）至40亿盾（268290美元）的罚款或1~10年的监禁。

（六）税收风险

在国家"一带一路"走出去政策的指引下，越来越多的中国企业在印尼承接工程项目，但由于适用的法律法规不同，很容易出现税务风险。

居民纳税人和非居民纳税人在税负上差异较大，时常出现未能取得居民纳税人资格前就离开印尼导致按照非居民纳税人缴纳税费的情况。

印尼税局对外国公民的个人所得税关注度较高，外国人员离开印尼之前必须提前注销税号。注销税号时必须先要按照清税结果进行补、退税，如未能按照此流程进行个税注销，税务局将会对代扣代缴的公司进行高额罚款。

（七）司法救济风险

在印尼进行司法救济时，确实存在一些特定的法律风险。这些风险可能源于当地复杂的法律环境、司法制度以及文化差异等因素。以下是一些主要的法律风险：

1. 法律体系差异与复杂性

印尼的法律体系与许多其他国家存在显著差异，特别是在商业、合同和知识产权等领域。因此，外国公司和个人在解决争议时可能会面临对当地法律不熟悉和误解的风险。此外，印尼的法律条款往往较为复杂，解释和适用可能存在不确定性。

2. 司法程序的不确定性

印尼的司法程序可能受到多种因素的影响，包括政治干预、行政拖延以及腐败问题。这些因素可能导致司法程序的不透明和不公正，增加争议解决的风险和不确定性。

3. 判决执行难度

即使在法院获得有利判决，执行过程也可能面临困难。印尼的执法系统可能存在效率低下、资源不足等问题，导致判决难以得到有效执行。此外，当地政治和经济环境的不稳定性也可能对判决执行产生负面影响。

4. 跨境争议解决挑战

对于涉及外国当事人的跨境争议，印尼的法律和司法制度可能对外国判决和仲裁裁决的承认与执行设置障碍。这可能导致跨境争议解决过程更加复杂和耗时。

（八）数据保护风险

印尼数据保护的法律风险主要体现在以下几个方面：

首先，随着技术的发展和数字化进程的加速，印尼对于数据保护的需求日益增加。然而，当地数据保护法规可能存在不完善、不全面的问题。缺乏具体的数据保护标准、规则和指导原则，导致企业在数据处理和使用方面存在模糊地带，可能触及违法边界。

其次，印尼的个人数据保护法规定了严格的数据保护要求和罚则。例如，要求处理印尼居民个人数据的公共和私营机构确保数据得到充分保护，居民有权在数据泄露的情况下获得赔偿，并被赋予隐私权，如访问、删除和限制其个人数据的权利。对于未能提供足够的安全保障或滥用数据的行为，法律将进行严厉处罚。这些规定增加了企业在数据保护方面的合规难度和潜在的法律风险。

再次，印尼的数据保护法律还可能与其他国家和地区的法律存在差异和冲突。对于涉及跨境数据传输和处理的企业来说，可能需要在遵守印尼法律的同时，也要考虑其他国家和地区的法律要求，增加了合规的复杂性和不确定性。

最后，数据保护法律的实施和执行也是一个潜在的法律风险点。尽管法律有严格的规定和罚则，但实际执行中可能受到多种因素的影响，如执法力度、司法程序等。这些因素可能导致企业在面临数据保护法律纠纷时，难以获得公正和有效的法律救济。

（九）环境保护风险

印尼环境保护的法律风险主要来源于其环境法规的遵守与执行情况，以及可能面临的环保争议和诉讼。

首先，印尼政府制定了一系列环境保护法律，包括《环境保护法》《生物保护法》《森林法》等，这些法律为环境保护设定了严格的标准和要求。然而，由于可能存在执法不严、监管不力的情况，一些企业或个人可能违反这些法规，从而面临法律处罚的风险。

其次，随着环境问题的日益突出，印尼的环保法律法规可能会不断更新和完善。如果企业或个人未能及时了解和适应这些变化，就可能因违反新的法规而遭受法律制裁。

最后，环保争议和诉讼也是印尼环境保护领域的重要法律风险。由于环境问题往往涉及复杂的利益关系，包括政府、企业、社区和民众等各方，因此可能引发各种争议和冲突。如果企业或个人在环保问题上处理不当，就可能成为诉讼对象，面临赔偿损失、声誉受损等风险。

四、法律风险防范对策

（一）投资风险防范

1. 适应法律环境复杂性

印尼的法律体系仍有待完善。尤其是在投资方面，很多法律规定与实践操作存在矛盾之处。法律环境较为复杂，执法、司法环境有待改善。法律具体执行方式和条款之间也存在较大差异，法律环境存在较多不确定性，存在某些执法不严之情形。投资者应加强合同管理，防范违约法律风险。

2. 全面了解优惠政策

外商投资者要全面、准确地了解印尼针对不同行业、不同区域等的优惠政策，以便有针对性地在印尼投资，切实享受到优惠政策红利。印尼鼓励外商直接投资发展高新技术产业，尤其是鼓励到经济特区投资建厂。

3. 尊重当地习俗文化

印尼人热情好客，对于客人，印尼人喜欢拿出自家的好酒好菜热情招待。客人吃得越多，主人越欢喜。每当客人要离开时，主人多会准备特产赠送给客人。印尼约87%的人信奉伊斯兰教，是世界上穆斯林人口最多的国家，其中大多数是逊尼派。6.1%的人信奉基督教新教，3.6%的人信奉天主教，其余的人信奉印度教、佛教和原始拜物教等。禁食猪肉、禁酒；男士遇到女士一般不主动握手，若对方伸出手，可以轻握；认为左手不洁，不用左手接受礼物或递交物品；印尼人视陌生人触摸自己的头部为粗鲁无礼的行为。[①]

（二）金融贸易风险防范

1. 了解贸易管理规定

在印尼开展贸易或投资活动，必须熟知《贸易法》《投资法》《海关法》《公司法》等法律法规，外国投资者需深入了解印尼的进出口流程与管理规范，同时避免触及贸易管制清单，确保合规操作。

2. 规避汇率风险、信用风险

对于外商而言，防范汇率风险与信用风险同样重要。应当警惕信用证诈骗等法律风险，在合作之前进行详尽的调查、分析与评估，特别要防范信用证中的"软条款"陷阱。

3. 关注商品质量和服务

与印尼企业洽谈合同，甄别印尼合作伙伴，同时注重合同细化管理，在遵循国际惯例的基础上，注意明确交货、付费、质量要求。加强产品和服务质量管理，避免出现产品瑕疵。

4. 适应使用商务礼仪

印尼与其他国家一样，握手是其商务活动的一般礼仪。印尼文化较为注重资历，充分尊重资历高的企业长辈亦是一种商业文化。与西方国家不同，印尼商务文化中一般不会出现拥抱等形式，谦逊低调，保守着装在印尼商务文化中较为普遍。

（三）劳动用工风险防范

在印尼开展业务并聘用员工的中国公司首先应加强对当地用工法规的了解，并确保按时缴纳员工的社会保险费用。其次，该公司应向员工提供合适的培训和发展机会，并建立良好的员工关系。最后，该公司应尊重当地文化差异，并采取适当的沟通方式。

（四）知识产权风险防范

如若中国企业在开展海外业务过程中，商标在印尼遭受到恶意抢注，建议可采取如下措施：

1. 积极提起商标撤销诉讼，全面维护自身利益

印度尼西亚现已取代新加坡成为中国在东盟的最大贸易伙伴国，中国企业也更多地将印度尼西亚作为重要的商品出口贸易国。因此对于中国企业而言，也要重视对印度尼西亚知识产权制度的了解，以及对印度尼西亚知识产权申请、撤销、维权等规则与案件的研究。

2. 注重商标的海外使用与经营维护

如果中国企业已经进入印尼市场，并在未来有继续开拓印尼市场的计划，最好在印尼持续性进行品牌经营，否则可能给本土企业以"钻空子"的机会，将该品牌从海外品牌"蜕变"为本土品牌。

[①]　参见商务部对外投资和经济合作司、商务部国际贸易经济合作研究院和中国驻印度尼西亚大使馆经济商务处联合发布的《对外投资合作国别（地区）指南　印度尼西亚（2023 年版）》第 7 页。

3. 完善海外商标布局策略

在印尼市场对于中国企业越发重要的今天，国内企业也应当及时制定印尼的知识产权布局策略，尽早运用知识产权国际条约，就核心知识产权在印尼进行保护，以避免后续可能发生的知识产权纠纷。

4. 商标使用中的证据固定与保存

在出口、销售商品等过程中，尤其是首次向国外出口商品，国内企业应当注意保存商标使用的直接证据，如在销售合同上直接记载商品的商标，在往来邮件中附上商品及图册的照片作为附件等，以便后续万一提起诉讼时，可以作为商标使用的直接有效证据。

（五）税收风险防范

中国员工在赴印尼驻场开展业务或者至印尼寻找就业机会之前，应当先确认是否能够在离开印尼之前取得居民纳税资格，如果能保证可取得居民纳税资格，可正常报税；对于很有可能无法取得居民纳税资格的，应尽量采取适当措施降低税负和风险。

在印尼工作的中国公民应尽量提供其结婚证、子女出生证明等资料；在进行注册个人税号时到税务局备案，可以取得更多的税前扣除优惠，从而降低个税所得税税负。

如遇到比较难处理的事情，应多咨询当地税务代理，并加强与税务局的事先沟通。

（六）争议解决风险防范

在印尼进行争议解决时，防范法律风险至关重要。以下是一些关键的防范措施：

1. 深入了解当地法律环境

在印尼开展业务或解决争议前，应深入了解当地的法律体系和司法制度，包括主要的法律法规、司法实践以及最近的法律变革。寻求当地专业法律顾问的帮助，确保对当地法律有准确的理解和应用。

2. 合同条款的明确与严谨

在签订合同时，应明确争议解决的方式和程序，如选择仲裁还是诉讼，并确定适用的法律。合同条款应尽可能具体和明确，避免模糊和歧义，以减少未来争议的可能性。

3. 合规经营

严格遵守印尼的法律法规，包括环境保护、劳动法规、商业许可等方面的规定。定期进行合规审查，确保公司的业务活动符合当地法律的要求。

4. 加强沟通与协商

在出现争议时，首先尝试通过友好协商和谈判解决分歧。建立有效的沟通机制，及时了解对方的关切和需求，寻求双方都能接受的解决方案。

5. 选择适当的争议解决方式

根据争议的性质和金额，选择适当的争议解决方式，如调解、仲裁或诉讼。对于涉及复杂法律问题或大量金额的争议，可以考虑选择国际仲裁机构进行仲裁。

6. 保护关键证据

在争议解决过程中，注意收集和保存关键证据，确保证据的真实性和完整性。遵守证据保全的相关规定，避免证据被篡改或销毁。

7. 关注司法实践和政策变化

密切关注印尼的司法实践和政策变化，及时调整争议解决策略。对于可能影响争议解决结果的政策变化或司法判例，及时咨询法律顾问并采取相应的应对措施。

（七）数据保护风险防范

印尼在 2022 年 9 月 20 日通过了《个人数据保护法》（PDPL），并在同年 10 月 17 日获得总统批准正式生效。这项法律为印尼的数据保护领域带来了重大变革，对组织（数据控制者或数据处理者）提供了两年的过渡期，以便根据新法律调整其数据处理和方法。以下是一些关键点，企业和组织可以采取以防范法律风险：

1. 了解 PDPL 的要求

组织需要全面了解 PDPL 的具体要求，包括数据收集、处理、存储和传输的规定，另外还包括了解数据主体的权利，如知情权、访问权、更正权、删除权等。

2. 建立数据保护政策

组织应制定和实施数据保护政策，确保所有员工都了解并遵守数据保护法规。这应包括对员工进行定期培训，以提高他们对数据保护重要性的认识。

3. 数据保护影响评估

在进行新的数据处理活动或引入新的技术解决方案之前，组织应进行数据保护影响评估（DPIA），以识别和减轻潜在的风险。

4. 指定数据保护官

组织应考虑指定一名数据保护官（DPO），负责监督组织的数据保护合规性，并作为与监管机构沟通的桥梁。

5. 数据安全措施

组织实施适当的技术和措施来保护个人数据免受未经授权的访问、泄露、更改或销毁。这可能包括加密、访问控制和定期的安全审计。

6. 跨境数据传输

PDPL 对数据跨境传输有特定要求。组织需要确保在将数据传输到印尼境外时，接收国家或地区提供足够的数据保护水平，或者采取其他适当的保护措施。

7. 应对数据泄露

制订数据泄露响应计划，以便在发生数据泄露时迅速采取行动，减少损害，并按照 PDPL 的要求通知相关方。

8. 合规性审查和更新

定期审查和更新数据保护政策和程序，以确保它们与 PDPL 的最新要求保持一致，并适应技术发展和业务变化。

9. 与监管机构合作

在必要时，与印尼的监管机构合作，寻求指导和建议，确保合规性。

（八）环境保护风险防范

印尼的环境保护法律体系为投资者和企业提供了一系列的规定和要求，以确保环境的可持续性和生态平衡。为了防范法律风险，企业和投资者在印尼进行商业活动时，应采取以下措施：

1. 了解环境法规

熟悉印尼的环境法律和政策，特别是 2009 年关于环境管理和保护的第 32 号法律，以及相关的政府条例和规章。了解适用于特定行业的环境标准和要求。

2. 环境影响评估（EIA）

在进行可能对环境产生重大影响的项目前，应进行环境影响评估。这有助于识别潜在的环境风险，并制定相应的缓解措施。

3. 合规管理

建立和维护一个有效的环境合规管理体系，确保企业运营符合印尼的环境法规和标准。

4. 污染控制

采取适当的技术和管理措施，减少废物产生，控制污染物排放，遵守有关废水、废气和固体废物处理的规定。

5. 资源管理

合理利用自然资源，如水资源、矿产等，遵守相关的开采和使用规定，确保资源的可持续利用。

6. 环境恢复

对于已经造成环境损害的项目，应制定并实施环境恢复计划，以修复受影响的生态系统。

7. 风险评估和应急预案

定期进行环境风险评估，制定应急预案，以应对可能发生的环境事故。

培训和意识提升：对员工进行环境保护法律和政策的培训，提高他们的环境保护意识和责任感。

8. 合作与沟通

与当地社区、政府机构和非政府组织建立良好的合作关系，及时沟通环境管理和保护的相关信息。

9. 保险覆盖

考虑购买环境污染责任保险，以减轻因环境事故可能带来的财务负担。

五、中国投资印度尼西亚相关案例评析

（一）恶意注册商标被撤销[①]

1. 案例介绍

自 1985 年成立以来，CRC Industries 一直是一家专注于船舶、电气、工业、汽车和航

---

① Case Study 57-The cancellation of trade marks in Indonesia on the basis of a bad-faith registration ［EB/OL］. https：//intellectual-property-helpdesk. ec. europa. eu/case-study-57-cancellation-trade-marks-indonesia-basis-bad-faith-registration_ en，2024-04.

空设备维护与修理的工业化学品生产商和分销商。公司以拥有"CRC"商标及其各种变体的权利，并在包括印尼在内的多个国家注册了 1 类、2 类、3 类和 4 类产品的商标。"CRC"商标于 1990 年首次在印尼注册。

然而，一家印尼公司在与 CRC Industries 产品相似的领域注册了两个 1 类商标，即"C&C Logo"。面对这一挑战，CRC Industries 决定采取法律行动，并向商事法院提起诉讼，以保护其在该地区的商标权益。

这场诉讼将涉及对两家公司注册商标的相似性进行深入审查，探讨产品的特征、设计和商标的整体观感等因素。CRC Industries 将寻求法庭的支持，确认其在印尼注册和使用的商标在法律上享有保护，阻止其他公司在相同或相似领域使用相近的商标。

这个案例对于商标保护和维护公司品牌声誉在国际市场上的关键性至关重要。CRC Industries 将借助法庭的裁决，巩固其在印尼市场的商标地位，并确保公司的知识产权得到充分的保护。

2. 风险分析

最终，经过商事法院的审理，CRC Industries 被宣布在印尼拥有针对所有 1 类商品使用"CRC"商标及其变体的专有权。法院进一步正式承认该商标为驰名商标，加强了 CRC Industries 在该地区的商标保护地位。与此同时，侵权商标因其与 CRC Industries 的驰名商标相似而被撤销，为 CRC Industries 打击侵权行为提供了有力支持。

随后，该案件被提交至最高法院进行复审。最高法院维持了商事法院的裁决，再次确认 CRC Industries 对商标的合法权利。作为对侵权行为的惩罚，最高法院对这家印尼公司处以 500 万印尼盾的罚款，以维护 CRC Industries 的商标权益并维护市场秩序。

这一胜诉为 CRC Industries 在国际市场上的商标保护奠定了坚实的基础，为其在印尼市场的经营提供了法律上的保障。该案例也向其他企业发出了警示，提醒它们尊重他人的知识产权，遵守商标法规，以避免类似的侵权纠纷，并维护市场的公平竞争环境。

3. 评论与提示

恶意商标注册是指第三方（如商标抢注者或本地公司）故意注册与其他商标相同或令人困惑的相似商标，以谋取不正当利益的行为。这种行为可能会对品牌所有者造成严重的损害，特别是当涉及知名商标或类似商标时，恶意注册的第三方可以利用对消费者造成的混淆和误导而获得不公平的竞争优势。

在东南亚国家，恶意商标注册的现象相对较为普遍，这可能是因为该地区商标管理和保护制度的不完善，以及对知识产权的意识不足。恶意注册的第三方可能会利用这一漏洞，通过注册与知名品牌相似的商标来迷惑消费者，损害品牌所有者的权益。

为了应对这种情况，企业应采取积极的措施来保护其商标权益。首先，定期监控商标数据库、互联网以及任何其他相关来源，以及时发现潜在的侵权行为。其次，建立一个有效的知识产权保护策略，包括注册商标、监督商标使用情况，并在发现侵权行为时迅速采取法律行动。最后，加强对员工和合作伙伴的培训，提高对知识产权保护的认识，从而有效防止恶意商标注册的发生。

通过这些措施，企业可以更好地保护其知名商标，维护市场秩序，确保公平竞争环境，并保障消费者的权益。

（二）缺乏新颖性而取消设计注册[①]

1. 案例介绍

公司 A 系一家从事内衣生产和贸易的法人实体。其注册了两项工业设计：2008 年的"多彩花朵"包装设计和 2003 年的"黄绿色"包装设计。这些设计曾在海外展示如 2009 年在阿联酋迪拜的展览。

尽管这两个设计早已被公司 A 注册，并列入了印尼工业设计注册表中，2013 年 8 月 26 日，公司 B 仍向印尼工业设计注册机构申请注册"多彩花朵"和"黄绿色"作为工业设计。

公司 A 在印尼商事法院对公司 B 提起诉讼，主张公司 B 对"多彩花朵"和"黄绿色"的注册行为构成设计仿冒，并不符合工业设计在提交申请时必须具有新颖性（即在此前未向公众披露）的要求。

公司 B 辩称，他们自 2000 年或至少 2005 年以来一直在使用"多彩花朵"和"黄绿色"包装。

2. 风险分析

印尼最高法院判决认定，"多彩花朵"和"黄绿色"设计由 B 公司已使用长达 8~13 年，不再具有新颖性。根据《工业设计法》规定，A 公司和 B 公司均未遵守新颖性要求，因为所涉及的设计在申请提交日期前已被使用。因此，"多彩花朵"和"黄绿色"的注册被取消，并且这些设计被确定为属于公共领域可使用的范围（公众可以使用它们，而且不能被注册）。

3. 评论与提示

根据工业设计法律，要获得设计保护，设计必须在提交申请时具有新颖性。任何在提交申请前的使用或披露可能导致注册被取消。

即使已经颁发了设计注册证书，如果在提交申请时缺乏新颖性，注册仍可能被撤销。因此，在提交设计申请之前，公司应进行全面的搜索，以确认该设计是否已存在。这样的搜索可以为企业节省大量的时间和资源，因为如果尝试注册已经注册或先前使用过的设计，则可能会遭到拒绝。

（三）新专利法下的潜在专利无效[②]

1. 案例介绍

一家化工制造商不确定印尼新《专利法》中关于潜在专利无效的规定，该法规定了一个新的潜在专利无效理由，并于 2016 年 8 月生效。根据新《专利法》，如果专利持有人未在印尼生产产品或使用工艺，则任何专利都可能面临无效。由于该法颁布时间较短，

① Case Study 56-Design registrations cancelled in Indonesia due to lack of novelty ［EB/OL］. https：//intellectual-property-helpdesk. ec. europa. eu/case-study-56-design-registrations-cancelled-indonesia-due-lack-novelty_en，2024-04.

② Case Study 40-Potential patent invalidation under the new Patent Law in Indonesia ［EB/OL］. https：//intellectual-property-helpdesk. ec. europa. eu/regional-helpdesks/south-east-asia-ip-sme-helpdesk/case-studies/case-study-40-potential-patent-invalidation-under-new-patent-law-indonesia_en，2024-04.

尚不确定法院将如何解释该条款。

该制造商向当地专利律师咨询了他们的担忧。随后，他们被告知印尼新专利法中的这一特定规定可能与《巴黎公约》的第四条相冲突，而印尼也是该公约的成员国。这是制造商可以在该规定的合法性上寻求反击的一个潜在选项，目前印尼的知识产权总局或法院尚未对此进行详细阐述或挑战。

2. 风险分析

当地专利律师提供的建议为制造商提供了在潜在情景下的法律选择，使该公司能够根据该国的立法发展增强其业务运营的法律战略。

3. 评论与提示

及时获取印尼法律变化的更新信息将是在印尼有效保护知识产权的关键。比较本地法规和国际法规，这可能是在印尼法规快速变化的背景下保护知识产权的一个潜在论据。与具有当地专业知识的法律服务提供商进行咨询，将能够在法律和运营考虑方面提前做出反应。

六、印度尼西亚现行法律法规清单

印度尼西亚现行法律法规清单如表8-12所示。

表 8-12　印度尼西亚现行法律法规清单

印度尼西亚现行法律法规清单
《综合性创造就业法》
《贸易法》
《海关法》
《建立世界贸易组织法》
《国库法》
《禁止垄断行为法》
《反不正当贸易竞争法》
《投资法》
《2007年关于有条件的封闭式和开放式投资行业的标准与条件的第76号总统决定》
《2007年关于有条件的封闭式和开放式行业名单的第77号总统决定》
《税法总则》
《税收法规协调法》
《所得税法》
《增值税法》
《劳工法》
《土地征用法案》

印度尼西亚现行法律法规清单
《环境保护法》
《生物保护法》
《森林法》
《根除贪污犯罪法》
《根除洗钱法》
《关于建立根除腐败委员会法》
《专利法》
《商标法》
《著作权法》
《商业秘密法》
《工业设计法》
《集成电路布图设计法》
《植物品种保护法》
《保护工业产权巴黎公约》
《专利合作条约》
《商标法条约》
《伯尔尼公约》
《WIPO 版权条约》
《WIPO 表演和录音制品条约》
《与贸易有关的知识产权协议》
《电子信息与交易法》
《印尼—日本经济伙伴关系协定》
《印尼—韩国全面经济伙伴关系协定》
《印尼—澳大利亚全面经济伙伴关系协定》
《印尼—欧洲自由贸易联盟全面经济伙伴关系协定》
《印尼—智利全面经济伙伴关系协定》
《印尼—巴基斯坦优惠贸易协定》
《印度尼西亚—莫桑比克优惠贸易协定》
《区域全面经济伙伴关系贸易协定》
《东盟货物贸易协定》

资料来源：中华人民共和国商务部。

第九章 马来西亚

一、中马经济法律关系概述

（一）马来西亚基本情况介绍

1. 地理位置

马来西亚全称马来西亚联邦，首都为吉隆坡。马来西亚被中国南海隔开，分为马来西亚半岛和东马来西亚。马来西亚半岛占据马来半岛南段的大部分地区。北部与泰国接壤，陆地边界长约300英里（480千米）。马来西亚通过堤道和一座单独的桥梁与新加坡相连。东马来西亚由该国最大的两个州砂拉越州和沙巴州组成。这两个州大约占据婆罗洲北部的1/4，并与该岛南部的印度尼西亚部分共享陆地边界。砂拉越周围是一个小型沿海飞地，其中包括文莱苏丹国。该国总面积包括约265平方英里（690平方千米）的内陆水域，马来西亚半岛约占40%，东马来西亚约占60%。

2. 行政区划

马来西亚由13个州和3个联邦直辖区组成。其中，11个州以及2个联邦直辖区位于马来西亚半岛，另外2个州和1个联邦直辖区位于婆罗洲岛。

13个州包括柔佛、吉打、吉兰丹、马六甲、森美兰、彭亨、槟城、霹雳、玻璃市、雪兰莪、登嘉楼以及沙巴、砂拉越。

3个联邦直辖区包括首都吉隆坡（Kuala Lumpur）、联邦政府行政中心——布特拉加亚（Putrajaya）和东马的纳闽（Labuan）。

3. 人口数量

截至2024年3月31日，马来西亚的人口数量约为34579871人，相当于世界总人口的0.43%，人口密度为每平方千米104人。78.3%的人口居住在城市（2023年为26866688人）。马来西亚的平均年龄为30.8岁。① 马来西亚是个多民族国家，2020年时马来人占总人口的69.4%、华人占比23.2%、印度人占比6.7%、其他族裔占比0.7%。

4. 政治制度

马来西亚是君主立宪议会民主制的联邦国家，其政治体制沿袭自英国的西敏寺制度，

---

① Worldometers. Malaysia Population［EB/OL］. https：//www. worldometers. info/world－population/malaysia－population/，2023－07－16.

属于议会君主制，最高元首是国家元首，由马来西亚统治者议会遴选产生，任期五年。马来西亚总理是政府首脑。行政权由联邦政府和 13 个州政府行使。立法权属于联邦议会和 13 个州议会。司法机构独立于行政机构和立法机构，但行政机构在任命法院法官方面保持一定程度的影响力。

5. 政府机构

马来西亚部分政府机构包括：总理府（Prime Minister Office），柔佛州政府（Johor State Government），吉打州政府（Kedah State Government），农业和农基工业部（Ministry of Agriculture and Agro-Based Industry），通信及多媒体部（Ministry of Communication and Multimedia Malaysia），国防部（Ministry of Defence），国内贸易及消费人事务部（Ministry of Domestic Trade and Consumer Affairs），教育部（Ministry of Education），能源、科学、技术、环境和气候变化部（Ministry of Energy，Science，Technology，Environment & Climate Change），企业家发展部（Ministry of Entrepreneur Development），联邦直辖区部（Ministry of Federal Territories）、财政部（Ministry of Finance Malaysia），外交部（Ministry of Foreign Affairs），卫生部（Ministry of Health），内政部（Ministry of Home Affairs），住房和地方政府部（Ministry of Housing and Local Government），人力资源部（Ministry of Human Resources），通商产业省（Ministry of International Trade and Industry），第一产业部（Ministry of Primary Industries），乡村发展部（Ministry of Rural Development），旅游、艺术和文化部（Ministry of Tourism，Arts and Culture Malaysia），交通运输部（Ministry of Transport），水利、国土和自然资源部（Ministry of Water，Land and Natural Resources），妇女、家庭和社区发展部（Ministry of Women，Family & Community Development），工程部（Ministry of Works），青年及体育部（Ministry of Youth and Sports）。[①]

6. 语言文化

马来西亚的官方语言是马来语（Bahasa Malaysia），超过 80% 的人口使用该语言。马来西亚的第二官方语言是英语，也是最常用的语言之一。华语也是马来西亚常见的语言之一。

与马来语一样，英语也是马来西亚最常用的语言之一。它是教育、通信和政府机构沟通的媒介。在马来西亚举行的考试几乎全部以英式英语作为考试语言。它还有助于在不同文化群体之间建立有益的关系并有助于实现当地社会和谐。

普通话也是马来西亚常用的语言之一，并且为该国相当多的人口所使用。大约 93% 的吉隆坡华人家庭不仅会讲普通话，而且还能流利地讲一些经过改编的方言。值得一提的是，除了标准普通话外，福州话是该国最流行的方言之一，其他普遍使用的方言有粤语、闽南语、客家话、潮州话、海南话等。

另外，居住在马来西亚的大量印度人以泰米尔语为母语。马来西亚有超过 500 所泰米尔语中学。马来西亚的其他南亚语言有孟加拉语、印地语、旁遮普语、马拉雅拉姆语和泰卢固语。[②]

---

① HRDNet Directory. Government Agency［EB/OL］. https：//www. hrdnet. com. my/，2024-04.

② 参见 Holidify Travels Pvt Ltd. Languages in Malaysia-What Languages Are Spoken in Malaysia？.

7. 民族宗教习俗

伊斯兰教是马来西亚的国教。马来西亚是一个以伊斯兰教为主的国家，但马来西亚的宗教信仰具有多样性，除了伊斯兰教，还有印度教、佛教、道教、基督教、锡克教等，各个宗教信徒在马来西亚和平共处。马来西亚拥有独特的寺庙、清真寺、佛教圣地、华人寺庙和教堂，是多个礼拜场所的发源地。值得注意的是，该国对马来族人强制推行伊斯兰教，而其他群体则被允许信奉自己选择的宗教。

8. 自然资源

马来西亚是一个自然资源丰富的国家，在国家整体经济中发挥着重要作用。该国拥有多种自然资源，包括矿产、森林、野生动物和海洋资源，对国家社会和经济发展至关重要。

马来西亚矿产资源丰富，包括锡、铝土矿、铁矿石、铜、金等。马来西亚曾经是世界上最大的锡生产国，并且仍然拥有大量的金属储量。同时也是铝土矿的领先生产国和加工国，铝土矿可用于制造铝以及随后的中下游产品。该国的铁矿石储量估计约为 19 亿吨，而铜储量约为 210 万吨。

马来西亚拥有世界上最广阔的热带雨林，覆盖该国约 67% 的土地面积。

9. 重点/特色产业

马来西亚货币为马币，也称林吉特或令吉（Ringgit Malaysia）。

（1）制造业。根据马来西亚统计局（DoSM）统计，2023 年马来西亚制造业的整体销售额达到 1.8 万亿马币，比 2022 年微幅增长 0.2%。2023 年 12 月制造业销售额同比下降 4.2%，创下 2020 年 5 月（-20.4%）以来的最大跌幅，石油、化工、橡胶和塑料制品子行业的跌幅较大。此外，2023 年 12 月电气和电子产品子行业下降了 4.6%（2023 年 11 月：-5.3%），而食品、饮料和烟草子行业则下滑了 2.6%（2023 年 11 月：2%）。出口导向型产业销售额继 2023 年 11 月萎缩 6.9% 后，2023 年 12 月进一步下降 8.4%。

2023 年 12 月，制造业雇佣了 237 万人，比 2022 年 12 月登记的 234 万人增加了 1.7%。[①]

（2）采矿业。马来西亚政府实施了多项政策来确保矿产资源的可持续发展。水利、国土和自然资源部负责全国矿产资源的开发和管理。政府的主要目标是促进对环境负责的采矿实践，鼓励对该行业的投资，并确保当地社区从采矿活动中受益。

近年来，马来西亚政府致力于提高采矿业的透明度、推广问责制，要求采矿公司获得必要的许可证和执照并遵守严格的环境标准的实施法规。

马来西亚的采矿业由几家大公司主导，其中最著名的是马来西亚冶炼公司（MSC）、Monument Mining 和马来西亚齐力铝业集团（Press Metal Aluminium Holdings）。

马来西亚冶炼公司（MSC）是马来西亚领先的锡生产商，也是世界上较大的锡生产商之一。该公司在马来西亚经营锡冶炼和采矿设施。

---

① The Star. Malaysia's manufacturing sales value hits RM1. 8T in 2023 - DoSM［EB/OL］. https：//www. thestar. com. my/business/business-news/2024/02/07/malaysia039s - manufacturing - sales - value - hits - rm18t - in - 2023 - - - dosm, 2024-02-07.

Monument Mining 是一家总部位于加拿大的金矿开采公司，在马来西亚开展业务。该公司的主要资产是位于彭亨州的 Selinsing 金矿，该金矿自 2010 年以来一直在生产。

马来西亚齐力铝业集团（Press Metal Aluminium Holdings）是马来西亚最大的铝生产商，也是东南亚最大的铝生产商之一。该公司在砂拉越经营冶炼设施，并在全球铝市场占有重要地位。①

（3）农业、林业和渔业。农业、林业和渔业曾经是马来西亚经济的基础，但是目前它们对 GDP 的贡献在逐年下降。

马来西亚的主要粮食作物水稻是在小农场种植的，但是由于产量较小，需要依靠进口来满足国内的需求。橡胶和棕榈油是马来西亚的主要经济作物。尽管自 20 世纪中叶以来，橡胶对马来西亚 GDP 的贡献大幅下降，但橡胶生产仍然很重要，并且与国内制造业密切相关。自 20 世纪 70 年代以来，棕榈油种植园激增，到 21 世纪初，马来西亚已成为世界最大的棕榈油生产国之一。其他常见的经济作物包括可可、胡椒、咖啡、茶叶、各种水果和椰子。

马来西亚半岛和东马来西亚的广阔森林遭到严重开采，当地人对东马来西亚农业转移和密集伐木作业造成的森林砍伐表示担忧。马来西亚已经尝试限制该地区的原木出口并替代胶合板和家具制造等木质工业。2005 年，当地政府启动了一项森林种植计划，这是面向私营部门的可持续发展倡议的一部分，主要鼓励人们在种植橡胶木时，同时也种植金合欢树、柚木和易于加工的硬木。

过去，马来西亚的大部分鱼类捕捞都来自其沿海的浅海，生产力普遍较低。20 世纪70 年代，该国的渔业得到改善和扩大，特别是拖网渔船和机械化渔船的增加，使近海鱼类资源得到开发，渔获量急剧增加。马来西亚渔业产量在 1980 年前后达到顶峰，而且大部分渔业的活动范围仍局限于过度开发的浅水陆上水域，目前马来西亚已成为主要渔业国家。马来西亚政府积极推动远洋捕捞和水产养殖生产。尽管后者发展相当缓慢，但到21 世纪初，马来西亚超过 1/10 的鱼类产量来自水产养殖。②

（4）服务业。马来西亚的服务业活动包括零售、银行、酒店、房地产、教育、卫生、社会工作、信息技术、娱乐、电信和媒体、电力、天然气、货运、物流和供水等。

根据相关数据显示，2022 年，马来西亚服务业就业人数约为 972 万人。近年来，马来西亚服务业就业人数在稳步增长。③

2023 年，马来西亚接待游客近 2900 万人次，其中普通外国游客 20141846 人次，短期外国游客（当天离开马来西亚）8822462 人次，总数为 28964308 人次。

大多数游客来自新加坡（8308230 人）、印度尼西亚（3108165 人）、泰国（1551282人）、中国（1474114 人）、文莱（811833 人）和印度（671846 人）。剩下多来自韩国

① The International Trade Council. Mineral Resources in Malaysia ［EB/OL］. https：//tradecouncil. org/mineral－resources-in-malaysia/，2022－12－22.

② Bee O J, Lockard C A. Agriculture, forestry, and fishing ［EB/OL］. https：//www. britannica. com/place/Malaysia/Agriculture-forestry-and-fishing，2024－07－01.

③ Statista. Number of people employed in the services industry in Malaysia from 2015 to 2023 ［EB/OL］. https：//www. statista. com/statistics/809690/annual-employment-in-the-services-industry-malaysia/，2024－04.

（400853 人）、越南（344361 人）、澳大利亚（343438 人）和菲律宾（339282 人）。①

马来西亚 2024 年财政预算案中提到，马来西亚的目标是普通游客人数在 2025 年达到 3000 万人次，2026 年达到 3600 万人次，2027 年达到 4200 万人次。

（二）马来西亚经济贸易概况

1. 发展规划及经贸状况

（1）马来西亚 2023 年贸易规模继续保持在 2 万亿马币以上。根据马来西亚贸工部公布的 2023 年马来西亚全年贸易统计数据，马来西亚 2023 全年贸易规模为 2.64 万亿马币，虽然同比下降 7.3%，但近三年贸易规模仍保持在 2 万亿马币以上。2023 年，马来西亚出口额为 1.43 万亿马币，下降 8%；进口额为 1.21 万亿马币，下降 6.4%；贸易顺差为 2141 亿马币。贸易额下降的主要原因包括：一是部分国际大宗商品价格下降（棕榈油和天然气等）；二是地缘政治冲突带来的不确定性；三是高企的通胀率抑制了消费；四是全球半导体领域处在下行周期；五是马来西亚 2022 年基数较高。

马来西亚的主要贸易伙伴为东盟国家、中国、美国、欧盟和日本，上述国家与马来西亚的贸易额占马来西亚对外总贸易额的 67.7%。中国连续 15 年成为马来西亚最大贸易伙伴。2023 年中马双边贸易额 4508.4 亿马币，下降 7.3%，占马来西亚贸易总额的 17.1%。其中马来西亚对华出口 1922 亿马币，下降 8.7%；马自中国进口 2586.3 亿马币，下降 6.2%，中国是马来西亚最大的进口来源地，占马进口总额的 21.3%。②

（2）马总理称赞华为 RuralStar 促进偏远地区联通水平。2022 年 7 月，华为开发的 RuralStar 解决方案在马来西亚的偏远社区得到了成功的实施，帮助该地区人民提高生活水平，培养数字技能，提升劳动力竞争力。③

（3）马总理表示欢迎在国际交易中更广泛使用人民币。2022 年 7 月，在马中建交 48 周年活动中，马来西亚当局表示欢迎增加以人民币和其他主要货币为基础的贸易和投资。④ 中国与马来西亚在教育、技术、卫生、清真产业及执法等各领域合作都增进了双方共同利益。

（4）马来西亚取消四种食品的入口准证。马来西亚政府取消对包菜、老椰子、鸡肉（包括鸡肉块和全鸡）及液态牛奶的入口准证的要求，进口商须从指定国家进口上述 4 种食品，而其他进口食品则仍需申请入口准证，如大米。

尽管取消了上述四种食品的入口准证，但进口商仍须取得进口许可证（Import Per-

---

①　YS Chan. Malaysia recorded 29 million visitor arrivals in 2023 [EB/OL]. https：//focusmalaysia. my/malaysia-recorded-29-million-visitor-arrivals-in-2023/，2024-04.

②　中华人民共和国商务部. 马来西亚 2023 年贸易规模继续保持在 2 万亿令吉以上 [EB/OL]. http：//my. mofcom. gov. cn/article/sqfb/202401/20240103467858. shtml，2024-01-22.

③　中华人民共和国商务部. 马总理称赞华为 RuralStar 促进偏远地区联通水平 [EB/OL]. http：//my. mofcom. gov. cn/article/sqfb/202207/20220703336298. shtml，2022-07-27.

④　中华人民共和国商务部. 马总理表示欢迎在国际交易中更广泛使用人民币 [EB/OL]. http：//my. mofcom. gov. cn/article/sqfb/202207/20220703336295. shtml，2022-07-27.

mit，IP）。因此，当局依然会检测进口食品的相关文件，并进行食品实物检测，以确保进口食品符合生物安全，不受疾病及虫害影响。同时，进口食品也须获得政府认可的清真认证。[①]

2. 基础设施状况

马来西亚的基础设施建设相对比较完善，政府重视高速公路、铁路、港口、机场等基础设施的投资和建设。

（1）公路。马来西亚高速公路建设健全，截至2012年总长度约为18.3万千米。高速公路分政府建设和民营开发两部分，但设计、建造、管理统一由国家大道局负责。[②]

（2）铁路。马来西亚的铁路运输包括重轨（包括通勤铁路）、轻轨（LRT）、大众捷运（MRT）、单轨铁路、机场铁路和缆索铁路线。重轨主要用于城际服务和货运以及一些城市公共交通，而其他快速铁路则用于首都吉隆坡和周边巴生谷地区的市内城市公共交通。马来西亚最长的单轨铁路线也用于吉隆坡的公共交通，而唯一的缆索铁路线则位于槟城。

铁路网覆盖马来西亚半岛11个州属的大部分地区。在东马来西亚，只有沙巴州有铁路。

（3）空运。马来西亚拥有国内和国际机场网络，现代化且设备齐全，可以满足本地和国外乘客的需求。马来西亚拥有8个国际机场、16个国内机场和18个小型机场。国际机场包括吉隆坡国际机场、兰卡威国际机场、古晋国际机场、槟城国际机场、亚庇国际机场、士乃国际机场、马六甲国际机场、瓜拉登嘉楼苏丹马穆德机场。[③]

（4）水运。目前，马来西亚共有7个主要联邦港口，即槟城港（Penang Port）、巴生港（Port Klang）、关丹港（Kuantan Port）、甘马挽港（Kemaman Port）、柔佛港（Johor Port）、丹绒帕拉巴斯港（Port of Tanjung Pelepas）和民都鲁港（Bintulu Port）。[④] 同时，沙巴和砂拉越的所有港口（民都鲁港和纳闽港除外）分别由沙巴和砂拉越州政府管辖。

3. 贸易环境

（1）马来西亚禁止/限制进口的货物。在进行进口活动之前，进口商或其代理人必须参照2023年海关（禁止进口）令检查拟进口的货物是否属于禁止或限制进口的货物类别（见表9-1）。[⑤]

---

① 中华人民共和国商务部. 马来西亚取消4种食品的入口准证［EB/OL］. http：//my. mofcom. gov. cn/article/sqfb/202206/20220603315486. shtml，202-05-20.

② 中华人民共和国商务部. 基础设施［EB/OL］. http：//my. mofcom. gov. cn/article/ddgk/201407/20140700648588. shtml，2014-07-02.

③ Ministry of Transport Malaysia. Airport Services［EB/OL］. https：//www. mot. gov. my/en/aviation/infrastructure，2024-04.

④ Ministry of Transport Malaysia. water transport［EB/OL］. https：//www. mot. gov. my/en/maritime/infrastructure/development-administration-of-ports，2024-04.

⑤ Royal Malaysian Customs Department. Import/Export［EB/OL］. https：//www. customs. gov. my/en/tp/Pages/tp_ ie. aspx，2024-04.

表 9-1　马来西亚禁止和限制进口的货物

类别	序号	商品名称
绝对禁止进口产品	1	目前在任何国家发行的任何纸币、银行纸币或硬币的复制品
	2	不雅印刷品、绘画、照片、书籍、卡片、平版印刷、雕刻、电影、录像带、激光光盘、彩色幻灯片、计算机光盘和任何其他媒体
	3	任何意图损害马来西亚利益或不利于和平的装置
	4	食人鱼的所有属
	5	海龟蛋
	6	来自菲律宾和印度尼西亚的可可豆、红毛丹、普拉桑、龙眼和南南水果
	7	每升铅或铜化合物含量超过 3.46 毫克的致醉酒
	8	匕首和弹簧刀
	9	能够接收 68～87 兆赫和 108～174 兆赫范围内无线电通信的广播接收器
	10	砷酸钠
	11	带有《古兰经》任何经文印记或副本的布料
	12	钢笔、铅笔和其他类似注射器的物品
	13	有毒化学品
	14	含有放射性物质的避雷器
限制进口商品	1	在壳里的鸡蛋
	2	任何肉、骨头、兽皮、皮、蹄、角、内脏或动物和家禽的任何部分
	3	活体动物——灵长类动物，包括猿、猴、狐猴、夜猴、树猴熊等
	4	炸药和烟花
	5	仿真武器、玩具枪/手枪
	6	仿制手榴弹
	7	旅客进口的除个人武器弹药以外的武器和弹药
	8	防弹背心、钢盔和其他防攻击服装
	9	土壤和害虫，包括活昆虫、老鼠、蜗牛和引起植物病害的生物体培养物
	10	安全头盔（摩托车手或摩托车后座骑手佩戴的除外）
	11	视频机，不包括游戏手表和与电视接收器一起使用的视频游戏
	12	机动车
	13	蜡染纱笼
	14	大米和稻米，包括米制品
	15	连接到公共电信网络的设备
	16	无线电通信用于频率低于 3000 吉赫的电信
	17	糖精及其盐
	18	室外使用的抛物面天线
	19	能够危害植物的害虫和生物
	20	活鱼

续表

类别	序号	商品名称
限制进口商品	21	动物油和脂肪
	22	工厂包括零件和工厂产品
	23	家用和农业农药
	24	使用50伏或120伏直流电或以上的家用电气设备
	25	有毒和/或危险废物
	26	珊瑚，无论是活的还是死的
	27	家庭酿造啤酒的器具/设备
	28	医药产品

（2）马来西亚禁止/限制出口的货物。在进行出口活动之前，出口商或其代理人必须参照表9-2来判断商品是否属于禁止或限制出口的货物类别。

表9-2　马来西亚禁止和限制出口的货物

类别	序号	商品名称
绝对禁止出口产品	1	海龟蛋
	2	来自马来西亚半岛的藤条
限制出口商品	1	任何动物或鸟类，但家畜或家禽除外，无论是活的还是死的或其任何部分
	2	来自牛种的活体动物
	3	家禽
	4	牛类动物的肉
	5	鸟蛤
	6	植物包括兰花
	7	每托运货物超过3千克的新鲜、冷藏或冷冻蔬菜
	8	棕榈仁和棕榈种子
	9	军用服装和装备
	10	武器和弹药
	11	马来西亚任何成文法中定义或规定的古物
	12	糖和米
	13	珊瑚，无论是活的还是死的
	14	活虾/虾/鱼
	15	涉及金钱利益的动物、植物、矿物、解剖、历史、考古或民族类收藏品

3. 金融环境

进出马来西亚的游客或旅客必须申报其持有的所有应税货物、违禁物品、现金金额和可流通货币票据（NMI），无论这些物品是否携带或包含在他们的行李或车辆中，未申报或作出虚假申报均属违法行为。

根据马来西亚最新规定，旅客需随身携带最低 4000 人民币或等价值的现金，但最多不可超过 1 万美元，超出该限额需提前向海关申报，若携带现金过少，马来西亚边检会认为游客不符合当地的消费水平，从而遭到盘问，甚至是拉黑并遣送回国。

（三）中国—马来西亚投资贸易概况

1. 双边贸易

根据中国海关总署的数据，2023 年中国与马来西亚贸易额达约 1902.75 亿美元，其中，中国向马来西亚出口额约为 873.70 亿美元，进口额约为 1029.05 亿美元（见表 9-3）。

表 9-3　中国—马来西亚双边货物贸易情况　　　　　　单位：亿美元

年份	进出口额	进口额	出口额
2019	1240.51	719.10	521.41
2020	1314.76	751.74	563.02
2021	1743.87	979.83	764.04
2022	2006.28	1097.21	909.07
2023	1902.75	1029.05	873.70

资料来源：中国海关总署。

2023 年 1 月至 12 月，中国向马来西亚出口前几位的商品名称为：其他用作存储器的集成电路，其他用作处理器及控制器的集成电路，低值简易通关商品，品目 8471 所列其他机器的零件、附件，智能手机。中国从马来西亚进口的前几位的产品名称为：石油原油及从沥青矿物提取的原油、其他用作处理器及控制器的集成电路、以天然沥青等为基本成分的沥青混合物、其他集成电路、液化天然气。

2. 投资情况

2022 年，中国对东盟的直接投资流量为 186.5 亿美元，中国对马来西亚的直接投资流量为 160639 万美元，中国对东盟的年末存量为 1546.6 亿美元，中国对马来西亚的直接投资存量为 1205046 亿美元（见表 9-4）。

表 9-4　2018~2022 年中国对马来西亚直接投资情况　　　　　单位：万美元

年份	2018	2019	2020	2021	2022
年度流量	166270	110954	137441	133625	160639
年末存量	838724	792369	1021184	1035515	1205046

资料来源：中国商务部、国家统计局和国家外汇管理局《2022 年度中国对外直接投资统计公报》。

截至 2023 年 12 月底，中国已和马来西亚签订 18 份工程项目协议，涉及电力工程建设、通信工程建设、工业建设、水利建设、交通运输建设、一般建筑、采矿业（见表 9-5）。

表 9-5　中国和马来西亚签订协议的工程项目

编号	项目名称	类型
1	马来西亚霹雳州 24.5MW 水电项目	电力工程建设
2	马来西亚霹雳州漂浮光伏发电制绿氢及储氢一体化项目 EPC 总承包合同	电力工程建设
3	马来西亚沙巴州和纳闽联邦直辖区通讯塔项目 EPC 合同协议	通信工程建设
4	"马来西亚大金水冷冷水机组测试装置"项目	工业建设
5	马来西亚 Batang Ai 50WMac 漂浮光伏项目	电力工程建设
6	马来西亚沙巴苏特拉湾围堰及填海 EPC 工程项目	水利建设
7	马来西亚沙巴州诗碧丹码头项目	交通运输建设
8	马东沿海铁路信号系统集成项目	交通运输建设
9	马来西亚沙巴海上近岸液化天然气工厂（ZLNG）码头延伸段项目	工业建设
10	Infinaxis 数据中心项目，马来西亚数字产业和新能源行业双重突破	通信工程建设
11	马来西亚雪兰莪州再生能源电站项目一期、二期 EPC 总承包	电力工程建设
12	吉隆坡 KLCC 城市塔地下车库重建项目	一般建筑
13	马来西亚硅基新材料一体化总承包项目合作协议	工业建设
14	马来西亚铝矾土矿工程项目 EPC 总承包合同	采矿业
15	马六甲海砂采运现汇项目	交通运输建设
16	马来西亚槟城 STP2 填海项目	一般建筑
17	马来西亚沙巴旗滨散货码头项目	交通运输建设
18	马来西亚沙巴里卡斯景观公寓项目	一般建筑

3. 货币互换协议

2009 年 2 月，中国人民银行与马来西亚国家银行签署了双边货币互换协议。2012 年、2015 年、2018 年、2021 年四次续签。

2014 年 11 月，中国与马来西亚央行就在吉隆坡建立人民币清算安排签署合作谅解备忘录。2015 年 4 月，中国银行吉隆坡人民币清算行正式启动；11 月，中国向马来西亚提供 500 亿元人民币合格境外机构投资者投资额度。2016 年 11 月，马来西亚国家银行向中国建设银行马来西亚子行颁发营业执照。2017 年 1 月，建行马来西亚子行正式营业。[①]

4. 中马投资政策环境

中国和马来西亚自建交以来为双方经济作出了巨大贡献，双方为了完善两国投资贸易环境，签订了多个双边协定，包括《中华人民共和国政府和马来西亚政府关于两国建立外交关系的联合公报》（1974 年 5 月）、《中华人民共和国政府和马来西亚政府关于未来双边合作框架的联合声明》（1999 年 5 月）、《中华人民共和国和马来西亚联合公报》（2005 年 12 月）、《中华人民共和国政府与马来西亚政府关于中马战略性合作共同行动计划》（2009 年 6 月）、《中华人民共和国和马来西亚联合新闻稿》（2013 年 10 月）、《中华

---

① 中华人民共和国外交部. 中国同马来西亚的关系［EB/OL］. https：//www.mfa.gov.cn/web/gjhdq_676201/gj_676203/yz_676205/1206_676716/sbgx_676720/，2024-04-30.

人民共和国和马来西亚建立外交关系 40 周年联合公报》（2014 年 5 月）、《中华人民共和国和马来西亚联合声明》（2015 年 11 月）、《中华人民共和国和马来西亚联合新闻声明》（2016 年 11 月）、《关于通过中方"丝绸之路经济带"和"21 世纪海上丝绸之路"倡议推动双方经济发展的谅解备忘录》（2017 年 5 月）、《中华人民共和国政府和马来西亚政府联合声明》（2018 年 8 月）、《中华人民共和国国务委员兼外长王毅同马来西亚外交部长希沙慕丁发表的联合新闻声明》（2020 年 10 月）。

二、马来西亚法律制度概述

（一）投资法律制度

1. 投资法律体系

外国投资者在马来西亚投资时，主要遵循马来西亚《合同法》《公司法》《工业协调法》《投资促进法》《劳资关系法》等法律法规的指引和管理。其中，《投资促进法》是马来西亚引进外商投资方面最重要的法律，规定了各项直接和间接的投资优惠措施。[①]

2. 投资管理部门

马来西亚主管外商投资领域的政府部门和机构是国际贸易和工业部，主要负责机构是其下属机构投资发展局，它不仅负责工业发展计划的制定、促进制造业和相关服务业领域的国内外投资，审批制造业执照、外籍员工职位以及企业税收优惠，还可以协助企业落实和执行投资项目。[②]

此外，马来西亚总理府经济计划署及国内贸易、合作与消费者事务部等有关政府部门负责其他行业投资，经济计划署负责审批涉及外资与土著合伙人（Bumiputra）持股比例变化的投资申请，而其他相关政府部门则负责业务有关事宜的审批。

3. 外商投资及企业设立

马来西亚的主要企业投资形式包括：①个人独资企业；②两名以上不超过二十名合伙人组成的合伙企业；③有限责任合伙企业；④根据《公司法》规定在马来西亚或外国注册的公司；⑤外国公司分公司；⑥外商代表处。根据 1956 年商业注册法案，马来西亚的各类型企业必须在马来西亚公司委员会（SSM）注册。

（1）个人独资企业。个人独资企业是由一名股东成立的企业，股东以自己的资产对企业债务承担无限连带责任。

（2）合伙企业。普通合伙企业是由两个以上二十个以下的合伙人出资成立的企业。对一般合伙企业而言，如果合伙企业的资产不足以清偿对外负担的债务，合伙人要以自己的资产对合伙企业的债务承担连带责任。合伙企业可以制定正式的合伙章程，规范和协调

---

① 参见商务部国际贸易经济合作研究院、中国驻马来西亚大使馆经济商务处和商务部对外投资和经济合作司联合发布的《对外投资合作国别（地区）指南 马来西亚（2022 年版）》第 40-41 页。
② 参见商务部国际贸易经济合作研究院、中国驻马来西亚大使馆经济商务处和商务部对外投资和经济合作司联合发布的《对外投资合作国别（地区）指南 马来西亚（2022 年版）》第 40 页。

每个合伙人的权利和义务，但这不是强制性的。

（3）有限责任合伙企业。有限责任合伙企业由两个以上的自然人或法人合伙人成立，合伙人数没有上限。合伙人以出资额为限对合伙企业的债务承担有限责任。有限责任合伙企业需要委派一名马来西亚公民或马来西亚永久居留居民担任企业合规官。

（4）公司。根据马来西亚《公司法》，所有公司必须在马来西亚公司委员会进行注册，方能从事商业活动。马来西亚的公司有三种组织类型：

1）股份有限公司。股份有限公司的股东以出资额为限对公司承担有限责任。如果其股东/成员对公司的债务负有法律责任，债务仅限于他们在公司中未支付的任何股份金额。股份有限公司可以是私人公司，也可以是公众公司。

在马来语中，私人有限责任公司被称为"Sendirian Berhad"，缩写为"Sdn Bhd"。私人有限责任公司是外国投资者可以在马来西亚注册的唯一的公司类型。

此类公司的股份是私下发行给自然人和法人的，私人有限公司的最低股东人数为1人，最多为50人。私人有限公司所需的最低董事人数为1名，通常为在马来西亚居住和在马来西亚拥有主要居住地的董事。私人有限公司无需公开报告公司的财务状况和召开年度股东大会。[①]

在马来语中，公众有限公司被称作"Berhad"，缩写为"Bhd"。公众有限公司可对公众发行股票或债券，其股东人数没有上限。公众有限公司并不必然在马来西亚证券交易所上市。上市的公众有限公司受马来西亚证券委员会和马来西亚证券交易所的监管。[②]

2）担保有限公司。担保有限公司没有股东，不设有注册资本，仅能用于非营利性目的。参与成立担保有限公司的自然人或法人被称为"成员"（Member）。马来西亚法律规定担保有限公司成立时必须拟定公司章程，并在其中声明该公司的宗旨、权利与特权，且只能在公司章程所规定的范围内使用公司的资金，同时不得向成员分红，清盘时其财产只能向同类公司转移。除非另行获得批准，否则不得拥有土地。

担保有限公司成员的责任以在公司清盘时承诺对公司资产的出资额为限。

3）无限责任公司。无限责任公司的股东以自己拥有的全部资产对公司的债务承担无限连带责任。无限责任公司既可以是私人公司，也可以是公众公司。

（5）外国公司分公司。根据马来西亚法律规定，外国公司可以在马来西亚登记成立外国公司的本地子公司或分公司。其中，分公司是外国总公司在马来西亚的海外延伸，不具有独立的法人人格。外国公司分公司在马来西亚的商业活动限于总公司经营范围内的业务，部分领域的商业活动受到限制。

（6）外商代表处。外商代表处系外商投资者在马来西亚设立的派出机构。根据马来西亚法律，外商代表处不可以从事实质性的商业交易活动，不得签订商业合同、销售产品。其活动范围限于收集市场或投资信息，与马来西亚合作方进行双边贸易联系，为日后

---

① 兰迪出海. 马来西亚设立公司重点法律事项［EB/OL］. https：//news. sohu. com/a/752727863_120081461，2024-01-18.

② 兰迪出海. 马来西亚投资主体类型简介［EB/OL］. https：//baijiahao. baidu. com/s？id=175153260970471564l&wfr=spider&for=pc，2022-12-07.

在马来西亚成立企业或进行进出口贸易做前期准备，或承担研发工作。

4. 外商投资准入

（1）外商投资准入。马来西亚实行开放的市场经济，大部分经济领域对外国资本全面开放，外国投资者可以持有 100% 股权。但某些行业领域严格禁止外资进入，此外还有部分行业通过"股权结构"的方式对外资参与设置限制。另外，也有规定要求马来西亚某些土著民族拥有最低限度的所有权，称为 bumiputera 所有权。这些股权所有权限制可能被作为在相关部门获得许可证的条件。

马来西亚限制外国投资进入的行业领域包括金融、银行和保险业务、法律服务、教育机构电信、货运代理和物流服务、电力和电力生产、建筑和工程服务、直销及分销、私营就业机构和保安服务等。一般外资持股比例不能超过 50% 或 30%。^① 例如，在石油和天然气行业，所有经营业务都需要获得马来西亚国家石油公司的许可证，根据经营业务的具体类型，外商投资者在相应公司可持有的股权限制在 30% ~ 100%。

（2）外商贸易限制。根据马来西亚法规政策，马来西亚对以色列实行全面的贸易禁运。全面禁止在马来西亚的任何居民或非居民与以色列、其居民以及以色列或其居民直接或间接拥有或控制的任何实体进行任何交易或从事任何涉及或使用以色列货币的交易。

此外，根据 2010 年《战略贸易法》，对与用于设计、开发、生产和交付大规模毁灭性武器（WMD）的武器和材料有关的战略和技术物品实行出口管制。目前，这一类别的禁止或限制使用国（有不同程度的限制）名单包括朝鲜民主主义人民共和国、伊朗伊斯兰共和国（包括伊朗革命卫队）、刚果民主共和国、科特迪瓦、黎巴嫩、苏丹、利比亚、阿富汗、伊拉克、利比里亚、卢旺达、索马里、厄立特里亚。

（3）外商投资保护。马来西亚致力于创造安全的投资环境，吸引了来自 40 多个国家的 8000 多家国际企业将马来西亚作为海外基地。

马来西亚准备缔结投资保证协议（IGAs），证明政府希望增加外国投资者对马来西亚的信心。投资保证协议规定保护外商投资者免受国有化和征用；在发生国有化或征用的情况下，确保外商投资者取得及时和充分的补偿；提供利润、资本和其他费用的免费转移；确保外商投资者和东道国可以根据《解决国家与他国国民之间投资争端公约》解决投资争端等。

5. 投资优惠政策及鼓励措施

马来西亚有五大经济走廊（经济特区的一种）。这些经济走廊提供了独特的投资路线图，其发展由各自的管理机构监督。这些走廊包括东海岸经济区（ECER）、北部经济走廊（NCER）、伊斯干达开发区（IM）、沙巴发展走廊（SDC）和砂拉越可再生能源走廊。

马来西亚的经济走廊采取了一系列财政激励措施，主要是税收减免，另外一些措施是为每个具体走廊量身定制的。此外，这些经济走廊还针对特定经济部门制定了不同的激励措施，如制造业、旅游业和能源领域的激励措施。这些激励措施，加上完善的基础设施，

---

① 博尔通海外咨询. 一文了解马来西亚的外商准入政策 [EB/OL]. https：//baijiahao. baidu. com/s？ id = 1773286744663549203&wfr=spider&for=pc，2023-08-04.

使这些经济走廊成为马来西亚经济增长和发展的关键枢纽。

2006~2024 年，三条主要经济走廊伊斯干达开发区、东海岸经济区和北部经济走廊共吸引了总计约 1620 亿美元的投资。

以东海岸经济区（ECER）为例，其采取的投资激励措施包括：

企业从制造业、石油、天然气、旅游业、农业经营业务中获得收益起，在 10~15 年内免除 70%~100% 的所得税；豁免为从事受批准的经营业务而取得土地或建筑物的印花税；给予相当于 5 年总支出 100% 的投资税免税额。

如果投资者设立大学、信息通信技术（ICT）相关企业、研修院、学院、服务中心等，则从企业取得收入之日起，在 10~15 年内免除 70%~100% 的所得税；豁免为从事受批准的经营业务而取得土地或建筑物的印花税；给予相当于 5 年总支出 100% 的投资税免税额。

6. 投资合作咨询机构

能够给中国企业提供投资合作咨询的机构①包括中国驻马来西亚大使馆经商处；马来西亚中资企业总商会；马来西亚驻中国大使馆；马来西亚投资促进机构。

（二）贸易法律制度

1. 贸易法律体系

马来西亚主要对外贸易法律有《海关法》《海关进口管制条例》《海关出口管制条例》《海关估价规定》《植物检疫法》《保护植物新品种法》《反补贴和反倾销法》《反补贴和反倾销实施条例》《2006 年保障措施法》《外汇管理法令》等。

2. 贸易管理部门

马来西亚主管对外贸易的政府部门和机构是国际贸易和工业部，主要负责机构是下属的投资发展局，它不仅负责工业发展计划的制定和实施、促进制造业和相关服务业领域的国内外投资，审批制造业执照、外籍员工职位以及企业税务优惠，还可以协助企业落实和执行投资项目。

马来西亚皇家海关是管理商品的进出口、边境控制以及贸易便利化的政府部门。

3. 贸易壁垒

为保护国内市场和本土企业在特定市场的竞争力，马来西亚设置有不同的机制的贸易壁垒。

（1）清真认证。根据马来西亚法律规定，如进口肉类和家禽需要申请清真认证，通过许可证和卫生控制进行监管。所有进口的牛肉、羊肉和家禽产品必须来自经批准的清真或穆斯林可以消费的设施。只有马来西亚兽医服务部门（DVS）签发许可，猪肉和猪肉产品才能进口到马来西亚。每批猪肉和猪肉产品必须有马来西亚检疫和检验局（MAQIS）签发的有效进口许可证。许可证是逐案发放的，DVS 有权不予解释地拒绝发放。

---

① 参见商务部国际贸易经济合作研究院、中国驻马来西亚大使馆经济商务处和商务部对外投资和经济合作司联合发布的《对外投资合作国别（地区）指南　马来西亚（2022 年版）》第 72 页。

马来西亚标准部实施了 MS2424：2012 清真药品通用指南，这是一个自愿认证系统。该指南使医药产品制造商能够申请清真认证，并建立了制造和处理的基本要求。

（2）政府采购。马来西亚不是世界贸易组织（WTO）《政府采购协议》（GPA）的缔约国。因此，外国公司没有像马来西亚一些当地公司那样公平竞争政府采购合同的机会，在大多数情况下，外商投资者对政府采购项目投标之前，必须与当地的合作伙伴进行竞争。在国内招标中，马来人或马来西亚本土的供应商优先于其他国内供应商。采购往往通过中间商进行，而不是由政府直接进行。采购也可以通过谈判而不是招标的方式进行。一般只有在无法获得国内商品和服务的情况下，才会邀请国际投标。

（3）进出口许可制度。马来西亚设立有出口许可证制度。在某些领域，马来西亚有为出口产品提供补贴的税收计划，其目标是鼓励特定商品的出口。对于纺织品等产品，出口许可证制度可确保其遵守双边出口限制协议。其他产品，如橡胶、木材、棕榈油和锡，出口则需要获得政府机构的特别许可。马来西亚政府希望通过对出口征税，以鼓励国内加工。

4. 重要贸易制度介绍

（1）关税。马来西亚的关税通常以增值为基础征收，工业产品的简单平均适用关税为 6.1%。对于某些商品，如酒精、葡萄酒、家禽和猪肉，马来西亚实际征收的特定关税税率要比 6.1% 高得多。马来西亚财政部（MoF）于 2018 年 7 月 16 日宣布，对在马来西亚制造应税商品征收销售和服务税（SST）。SST 也适用于进口到马来西亚的应税货物，税率为 5% 或 10%，或根据产品类别设定特定税率。

（2）进口要求和进口文件。出口到马来西亚的产品需要提供发票、装箱单、发货信；目录或其他相关单据、保险凭证、提货单/航路单、信用证；许可证、执照和证书、航费支付证明；申报表（海关 1 号），列明货物的数目、包装/板条箱的描述、价值、重量、数量和种类，以及原产国。填妥的报关单应当向货物进出口地海关提交；对进口货物征收的所有关税/关税都需要在产品放行前提前缴纳。需要缴纳的税费包括进口税和销售税。

（3）标签/标志要求。马来西亚主要的认证、检验和测试机构是 SIRIM 有限公司的子公司 SIRIM QAS。SIRIM 有限公司，前身为马来西亚标准与工业研究所。SIRIM QAS 是一家为政府提供机构和技术基础设施的国际有限公司。它还为各种认证提供标志认证服务。

（4）禁止和限制进口。除了出于保护当地产业发展安全的原因，对有限范围的产品实施数量进口限制外，马来西亚很少实施数量进口限制。马来西亚 17% 的关税要求主要集中在建筑设备、农业、矿产和汽车部门，这些部门还受到非自动进口许可证的限制以保护进口敏感或战略行业。

（5）海关条例。马来西亚对货物分类采用统一关税制度。所有进出口货物进入该国必须根据马来西亚海关税则分类。

（6）马来西亚标准化制度。标准部是马来西亚国家标准和认证机构，提供和维护标准化和认证服务。标准部成立于 1996 年，受 1996 年马来西亚标准法案（第 549 号法案）管制。马来西亚标准认证体系按照国际标准 ISO/IEC 17011 制定，符合马来西亚国家标准的产品可以申请取得标准化认证。

（三）金融法律制度

1. 金融法律体系

马来西亚的主要金融法律包括《马来西亚中央银行法》《金融服务法》及监管部门发布的各级监管规定。

2. 金融管理部门

马来西亚的金融监管部门主要是马来西亚中央银行（Bank Negara Malaysia），其成立于 1959 年 1 月。依据《马来西亚中央银行法》，马来西亚中央银行的职责包括：①发行货币，维护货币价值；②作为政府的银行和金融顾问；③促进货币稳定和良好的金融结构；④促进可信、高效和便利的全国支付结算体系，保证支付结算政策符合马来西亚的利益；⑤影响信贷而有利于国家利益。[①]

马来西亚中央银行设有货币评估与战略部、经济研究部、国际部、投资操作与金融市场部、外汇管理部、货币管理与操作部、金融集团监管部、银行监管部、金融产业发展部、金融监测部、伊斯兰银行和保险部、支付体系政策部、法律部、信息技术服务部、财务部、人力资源部、战略管理部、风险管理部等部门。

3. 外汇管理法律法规

1997 年亚洲金融危机使马来西亚金融体系遭到重创，1998 年 9 月 2 日，马来西亚政府实施固定汇率制，对外汇流出实施严格管制。随着经济状况的好转，2005 年 7 月 21 日，马来西亚政府实施管理下的浮动汇率制，外汇管制措施大幅度放宽。[②]

外汇管理按马来西亚 1987 年通过的《外汇管理条例》进行，经常项目中，马来西亚货币可通过授权的国内银行及非银行金融机构用于居民与非居民间的国际贸易结算，但此类交易与付款仅限马来西亚境内。拥有出口收入的出口商可用外币结算国内货物和服务贸易，然而，居民在国内进行的商品与服务交易则须以马币结算，且居民出口商不得使用外币支付境内交易。自出口之日起六个月内，出口收入必须全额汇回马来西亚，出口商可保留不超过 25% 的外币结算收益，余额则需通过授权的国内银行兑换为马币。鉴于马来西亚与以色列的特定关系，对以色列的贸易或以其货币结算的交易须获马来西亚国家银行批准。[③]

资本与金融项目方面，资本及货币市场工具、衍生品和其他金融工具，以及信贷工具的本币交易结算，均可通过授权的国内银行及其指定的外国办事处进行，但交易仅限于马来西亚境内。对居民在马来西亚主要证券市场首次公开发行收益上限和一年总计 5000 万马币的审慎性限制，适用于通过马币兑换、外币交易账户转移、对外直接投资之外目的的获得授权银行的外汇贷款，以及以金融资产互换方式获得的海外投资资金。居民可向非居民

---

① 中国人民银行国际司 . 马来西亚的货币制度与货币政策［EB/OL］. http：//www. pbc. gov. cn/goujisi/144449/144490/144525/144818/2891229/index. html，2008-07-11.

② 参见商务部国际贸易经济合作研究院、中国驻马来西亚大使馆经济商务处和商务部对外投资和经济合作司联合发布的《对外投资合作国别（地区）指南 马来西亚（2022 年版）》第 31 页。

③ 张冰律师 . 马来西亚投资指南 | 马来西亚外汇管制政策［EB/OL］. https：//news. sohu. com/a/588128509_121478547，2022-09-26.

金融机构以外的其他非居民借入外币，但累计借款总额不得超过 1 亿马币。居民向非居民提供的出口信贷自出口之日起不得超过六个月，且向非居民提供的信贷总额不得超过 1 亿马币。马来西亚对外商直接投资的股权施加控制，非居民购买马来西亚金融机构股权通常不得超过 5%。

个人外汇管理方面，居民向非居民借用外币的总额上限为 1000 万马币，而在马来西亚使用的向非居民金融机构以外的非居民借入的马来西亚货币总额不得超过 100 万马币。居民和非居民进出境时，最多可携带等值于 1 万美元的马币现金，超出此金额需获得批准。

金融机构外汇业务管理方面，经许可的保险公司可在境外投资，但投资额不得超过个人保险基金或股东基金总资产的 10%。

（四）劳动法律制度

马来西亚雇主在雇佣、管理和解雇雇员时必须遵守雇佣和劳动法。在马来西亚工作超过一个月的雇员必须签订书面雇佣合同。合同应涵盖就业的关键方面，如工作性质、工资、福利、工作时间和安全措施。雇主应在合同到期后保留合同副本七年。

1. 劳动法的核心内容

（1）雇佣合同。在马来西亚，每一项持续超过一个月的雇佣关系都需要通过书面合同正式确定。

合同应概述雇佣关系的主要特征，如雇佣地点、工作性质、工资率、假期、福利以及保护员工健康和安全的任何规定。

马来西亚的雇佣合同受其《1955 年雇佣法》管辖，雇主必须在合同到期后将其保存至少七年。

（2）工作时间和加班时间。自 2023 年 1 月起，马来西亚的正常工作时间为每天 8 小时，每周 45 小时。如果员工在正常工作日需要加班，则必须支付平时工资 1.5 倍的工资。

（3）终止雇佣关系。根据《1955 年雇佣法》第 12 条，雇主或雇员必须在一定期限内发出终止雇佣关系的通知（见表 9-6）。

表 9-6 终止雇佣关系的通知期限

通知期限	服务年限
四周	受雇时间少于两年
六周	受雇时间为两至五年
八周	受雇时间超过五年

雇主可以在合理、善意和公平的情况下终止雇员的合同。如果解雇被认为是不公平的，法院可能会介入，为了避免不公平解雇索赔，终止必须有正当理由和借口。

正当理由和借口是指雇主有正当理由解雇雇员，包括：

1）重大不当行为，如盗窃、性骚扰和不遵守安全协议；

2）疏忽履行职责；

3）表现不佳；

4）裁员和关闭业务；

5）退休；

6）员工死亡；

7）违反合同；

8）试用期结束时终止；

9）定期合同到期；

10）精神错乱；

11）破产；

12）刑事犯罪；

13）无事假和/或合理借口连续旷工超过两天。

解雇员工，受雇两年以下的员工每完成一个服务年度，有权获得 10 天的工资作为遣散费。受雇两至五年的雇员，每完成一年，可领取 15 天的工资作为遣散费；五年以上的雇员，每完成一年，可领取 20 天的工资作为遣散费。因不当行为被解雇、自愿终止合同或退休的员工无权获得遣散费。

2. 聘请外籍员工

打算雇佣外国人的马来西亚公司必须获得内政部的外国配额批准。只有某些职位可雇佣外国人，雇主必须向移民局提交文件并获得就业批准函。

外国雇员可以在从事农业、建筑、制造、种植和服务业的马来西亚公司工作。

雇主应该知道，只有部分职位适合外国人，而且通常是当地人无法填补的高技能或技术职位。该部分职位包括马来西亚外国公司的高层管理职位，专业或中级管理职位，需要经验的高技能、技术职位。

一旦满足要求，雇主必须向移民局提交所有文件。配额获得批准后，雇主必须向移民局提交就业准证申请以及解释为什么外国人必须填补该职位的信函。一旦获得批准，将发出就业批准函。

（五）知识产权法律制度

马来西亚知识产权涉及商标、专利和版权等方面，是品牌标识和创新的基石，对于马来西亚充满活力的电子商务行业的运营公司来说，保护知识产权至关重要，可确保专有技术、品牌资产和创意作品不受侵害。

1. 知识产权法概览

马来西亚拥有与国际标准相当的健全的知识产权（IP）法律框架。主要涵盖商标、专利、版权、工业设计和商业秘密。马来西亚负责管理和监管知识产权的主要管理机构是马来西亚知识产权局（MyIPO）。

商标：马来西亚遵守《2019 年商标法》，为用于识别商品和服务的独特标志、徽标和符号提供保护。

专利：马来西亚依据 1983 年的《专利法》为新颖、创造性和实用性的发明提供保护。

版权：1987 年的《版权法》保护文学、艺术和音乐作品，确保创作者的权利。

工业设计：设计权受《工业设计法》保护，涵盖产品的美学方面。

商业秘密：马来西亚认识到商业秘密的重要性，通过各种法律手段提供保护，包括合同协议和普通法。

2. 商标

在马来西亚商业环境中，商标是公司的视觉签名，可提升消费者对品牌的认知度和信任度。除了品牌之外，商标对于维护公司的身份和声誉也至关重要。

（1）马来西亚注册商标的流程。马来西亚注册商标的流程如下：

1）搜索可用性：通过在 MyIPO 网站上运行搜索来验证商标的唯一性，以避免冲突。

2）选择分类：确定商品/服务的相关类别和补充信息。

3）向 MyIPO 提交申请：向马来西亚知识产权局启动注册程序。

4）MyIPO 审查申请：MyIPO 会对申请进行实质审查。电子商务企业主还可以选择通过书面请求加快审批流程。

5）公布：获得批准后，商标将在政府公报上公布。

6）异议期：2 个月。

7）注册证书：顺利通过所有流程后，将收到注册证书。

8）续展：商标必须每 10 年续展一次，此外，要维护商标还必须支付一定的费用并更新联系信息。

（2）马来西亚商标保护优势。马来西亚商标保护优势如下：

1）专有权：商标注册授予专有权，允许电子商务企业在马来西亚独家使用和保护该商标。

2）品牌认知度：注册商标可以提高品牌认知度，在竞争激烈的马来西亚市场中培养信任和客户忠诚度。

3）法律追索权：有了注册商标，可以依据法律对侵权者采取行动，维护品牌的完整性。

4）资产价值：商标具有巨大的商业价值，在合作、特许经营、合并或许可协议方面可以成为宝贵的资产。

（3）马来西亚商标保护的限制。马来西亚商标保护的限制如下：

1）有限的地理范围：商标保护仅限于马来西亚，如果希望在他国受到保护，需要在他国另行注册。

2）过期：商标需要定期续展，增加了管理工作量和成本。如果申请人错过续展截止日期，则会产生滞纳金。

3）保护范围狭窄：商标仅限于其注册的特定商品或服务类别，而其他领域则容易受到影响，可以在 MyIPO 网站上核实符合商标注册资格的商品类别。

4）成本：与商标注册和维护相关的费用（包括续展费）可能会很高。

3. 专利

专利授予发明人专有权，激励创新并确保突破性发明得到认可和保护。

专利具有如下优势：①保护创新：专利提供法律保护，防止他人未经许可使用、制造或销售专利技术或设计。②投资激励：专利吸引投资，因为专利权向投资者保证创新项目的排他性和潜在回报。③市场优势：专利发明可以通过提供独特的产品或工艺为申请人的企业带来竞争优势。

在马来西亚，专利权的保护期为自申请之日起 20 年，为申请人提供充足的时间来利用创新技术。为了确保有效执法，企业必须保持警惕，及时发现和解决专利侵权行为。马来西亚设置了针对侵权寻求法律补救措施的机制，强调了专利保护在促进创新和经济增长方面的重要性。

4. 版权

创意内容在电子商务数字时代占据主导地位，使版权保护比以往任何时候都更加重要。版权保护创作者和内容所有者的权利。

此外，马来西亚版权法承认"合理使用"的概念，但有特定的限制。例外情况包括教育用途、研究、批评和新闻报道。

版权登记的优势如下：

（1）法律保护：版权登记建立了所有权和版权权利的法律推定，为侵权纠纷提供了强有力的辩护。

（2）法庭证据：注册登记版权可在法庭上提供具体证据，简化证明所有权和保护权利人的内容的过程。

（3）可强制执行的权利：有了版权，权利人就拥有可强制执行的权利，使权利人能够对侵权者采取法律行动。

（4）版税和许可收入的潜力：版权登记通过允许其他人有偿使用权利人的作品，开辟了产生版税和许可收入的途径。

（5）全球认可：注册登记版权享有全球认可，加强了马来西亚境外的保护。

5. 商业秘密和机密信息

商业秘密和机密信息是许多企业的命脉，保护这些宝贵的资产对于保持竞争优势和保护商业利益至关重要。

商业秘密可以提供显著的竞争优势，企业可能拥有许多需要保护的商业秘密，如客户名单、定价策略、营销计划、专有软件、业务流程和产品配方。保护机密信息还可以鼓励创新和研发投资。

马来西亚认识到商业秘密和机密信息保护的重要性，主要基于普通法和合同法，如保密协议，来帮助企业维护机密，防止未经授权的披露。

然而，在侵犯商业秘密的情况下，企业可以采取法律补救措施，包括：

（1）禁令：法院可以发布禁令以防止进一步披露或使用商业秘密。

（2）损害赔偿：企业可以就因侵犯商业秘密而遭受的损失寻求金钱赔偿。

（3）利润核算：法院可以命令不法行为者对由滥用商业秘密所赚取的任何利润进行核算。

（4）刑事诉讼：在极端情况下，盗窃商业秘密可能导致刑事起诉。

（六）税收法律制度

马来西亚实行属地税收制度，对居民和非居民企业的马来西亚来源收入征税。马来西亚的外国投资者须缴纳的税项包括企业所得税、增值税、预扣税、个人所得税和数字服务税。

1. 企业所得税

对于居民和非居民企业，企业所得税（CIT）是针对它们在马来西亚产生的收入征收的，税率如表9-7所示。

表9-7　企业所得税征收标准

企业类型	应课税收入	税率（%）
居民企业		24
实收资本为250万马币（572000美元）且总收入低于5000万马币（1140万美元）的居民企业	首600000马币（137000美元）	17
非居民企业		24

2. 增值税

马来西亚于2018年以销售和服务税（SST）制度取代了商品和服务税（GST）。销售税率为10%，服务税率为6%。

销售税是针对在12个月内应税商品销售额超过50万马币（114000美元）的公司征收的。餐馆的门槛是150万马币（343000美元）。需缴纳服务税的企业包括酒店、广告、电力、会计服务和职业介绍所。

3. 预扣税

预扣税仅适用于从马来西亚获得收入的非居民企业或个人。其征收标准如表9-8所示。

表9-8　预扣税征收标准

收入性质	税率（%）
股息	0
利息	15
版税	10
陆上服务/动产使用费	10

4. 个人所得税

马来西亚征收的个人所得税（PIT）采用累进税率和统一税率，具体取决于个人在该国的工作时间和类型。其征收标准如表9-9所示。

表 9-9　个人所得税征收标准

应课税收入	2023 年税率（%）
5000 马币	1
20000 马币	3
35000 马币	8
50000 马币	11
70000 马币	19
100000 马币	24
250000 马币	25
400000 马币	25
600000 马币	26
1000000 马币	28
2000000 马币	30

对在公司中担任关键职位的非公民实行特别所得税税率，在希望搬迁到马来西亚的公司中担任最高级别职位的非公民个人可以获得 15% 的统一所得税税率。要获得这一资格，个人必须月薪不少于 25000 马币、连续五年担任最高管理层职位，并在统一税率待遇的每个课税年度成为马来西亚税务居民。

（七）争议解决法律制度

在马来西亚，当事人可采用多种争议解决方法，主要分为诉讼和替代性争议解决方法[①]。

1. 诉讼

马来西亚的争议解决法律框架完善而有序，拥有分级法院系统和各种规约不同争议解决方法的法规。马来西亚的诉讼程序受复杂的法律法规体系管辖，其中包括实体规则和程序规则。马来西亚诉讼的主要法律来源是《联邦宪法》、1956 年的《民法法案》和 1964 年的《法院法案》。

2. 非诉讼纠纷解决方式

马来西亚的诉讼程序冗长而复杂，分为多个阶段，并存在上诉和复审的机会。有些争议可以通过仲裁或调解等非诉讼争议解决方式（ADR）来解决，这可能比传统诉讼更快，成本更低。在商业环境中，这些方法通常是首选，以维护双方的关系。

---

① Governing Law and Dispute Resolution Considerations in Malaysia ［EB/OL］. https：//conventuslaw.com/，2024-04-15.

3. 仲裁

马来西亚的仲裁受《2005 年仲裁法》管辖。《2005 年仲裁法》的部分条款是根据《联合国国际贸易法委员会国际商事仲裁示范法》起草的,《2005 年仲裁法》同时适用于国内和国际仲裁。

马来西亚有几家仲裁机构,包括亚洲国际仲裁中心(AIAC)[前身为吉隆坡区域仲裁中心(KLRCA)]和马来西亚仲裁研究所(MIArb),它们为仲裁提供行政支持和设施。

各方当事人应受到平等、公正的对待。仲裁裁决是终局的,对各方均有约束力。裁决可在马来西亚法院以与法院判决相同的方式执行。马来西亚法院有权执行仲裁协议并审理与仲裁程序有关的申请。在某些情况下,法院还有权撤销仲裁裁决。

4. 调解

调解是一个自愿的过程,调解员通过促进沟通和谈判来解决双方之间的争议。在马来西亚,《2012 年调解法》对调解作出了规定。

一般来说,当事人可自由选择或要求马来西亚国际调解中心(MIMC)为其指定调解员。在调解过程中,当事人可以控制调解结果。调解广泛应用于涉及家庭、就业和民事纠纷的情况。

5. 在线争议解决(ODR)

在线争议解决是一种新出现的争议解决方式,它利用网络技术在线解决争议,无需当事人亲自到场。2022 年,首相拿督斯里伊斯梅尔·萨布里·雅各布(Ismail Sabri Yaakob)表示,政府将建立一个新的在线争议解决机制,以解决中小型企业之间的小争议,并促进跨境电子商务活动。

马来西亚的私营部门也提供网上争议解决服务,如 AIAC。AIAC 提供多种在线争议解决服务,如在线调解、仲裁和裁决。

(八) 数据保护法律制度

马来西亚的数据保护主要受《2010 年个人数据保护法》和附属立法管辖。《2010 年个人数据保护法》旨在通过要求数据用户遵守某些义务并赋予数据主体与其个人数据相关的某些权利来保护个人数据。

1. 主要法例

2010 年之前,个人资料的规管主要依据特定行业的法例进行。银行业和金融业、医疗保健业以及电信业等都有关于数据保护的特定行业立法。2010 年 5 月,马来西亚国会通过了《2010 年个人数据保护法》,并于 2010 年 6 月获得皇室批准。《2010 年个人数据保护法》于 2013 年 11 月 15 日生效,三个月的宽限期于 2014 年 2 月 14 日结束。

2. 附属立法

除《2010 年个人数据保护法》外,附属立法也于 2013 年 11 月 15 日生效。这些法规涉及的问题包括个人数据保护专员的任命、数据使用者的登记以及根据《2010 年个人数据保护法》可能征收的费用。这些附属法例同时获得通过,以促进《2010 年个人数据保护法》的执行。

随着时间的推迟,附属法规不断增多,主要有以下几个:《2013 年个人数据保护条例》《2013 年个人数据保障（资料使用者类别）令》《2013 年个人数据保护（数据用户注册）条例》《2013 年个人数据保护（费用）规例》《2016 年个人数据保护（重处罪行）规例》《2016 年个人数据保障（资料使用者类别）（修订）令》《2021 年个人数据保护（上诉法庭）条例》。

（九）环境保护法律制度

1. 环保管理部门

马来西亚政府环保主管部门是自然资源和环境部下属的环境局，主要负责环境政策的制定及环境保护措施的监督和执行。环境局下设负责处理空气、河流、水利以及工业废物的部门。一些其他中央政府机构负责管理特定环境保护领域，包括但不限于基础产业部的森林局（森林保护）、MOSTE 野生动物和国家公园部（野生动物保护）、土地和矿产部（联邦）、生物安全部以及交通部的海洋局（海洋污染）。[①]

2. 主要环保法律法规名称

马来西亚基础环保法律法规包括《1974 年环境质量法》和《1987 年环境质量法令》（指定活动的环境影响评估）。涉及投资环境影响评估的法规包括《1990 年马来西亚环境影响评估程序》和《1994 年环境影响评估准则》（海边酒店、石化工业、地产发展、高尔夫球项目发展）。

3. 环保法律法规基市要点

根据《1974 年环境质量法》，投资者必须在提交投资方案时考虑到环境因素，进行投资项目的环境影响评估，在生产过程中控制污染，尽量减少废物的排放，把预防污染作为生产的一部分。根据《1987 年环境质量法令》，必须进行环评的项目包括将占地面积 500 公顷以上的森林地改为农业生产地、水面面积 200 公顷以上的水库/人工湖的建造、50 公顷以上住宅地开发、石化与钢铁项目以及电站项目等。根据《1974 年环境质量法》，马来西亚污染事故处理或赔偿的标准主要根据污染事故的性质、影响以及造成的后果来加以判定。

4. 环保评估的相关规定

马来西亚环境影响评估程序分两种：

（1）初步环境影响评估。要求进行初步环境影响评估的项目主要包括农业；机场；水库及灌溉；土地开垦；渔业；林业；住宅开发；石化、钢铁、纸浆，基础设施；港口；矿产；油气行业；电站；铁路；交通；垃圾废物处理；供水等。初步环境影响评估由州环境局牵头审核，审批时间为 5 周。

（2）详细环境影响评估。要求进行详细环境影响评估的项目主要包括钢铁厂；纸浆厂；水泥厂；煤电站；水坝；土地开垦；垃圾废物处理；伐木；化工产业；炼油；辐射危害行业等。详细环境影响评估由国家环境局总部牵头审核，审批时间为 12 周。

---

① 参见商务部国际贸易经济合作研究院、中国驻马来西亚大使馆经济商务处和商务部对外投资和经济合作司联合发布的《对外投资合作国别（地区）指南 马来西亚（2022 年版）》第 62 页。

三、马来西亚法律风险

（一）投资风险

1. 制度/政策限制

马来西亚政府实施外商投资市场准入负面清单措施，以不禁止和限制外商投资有限责任公司进入各行业市场为原则，但在特定的行业部门限制外商投资企业中外商股权占比，或禁止外商投资企业进入。投资企业需要关注马来西亚政府限制或禁止投资的领域，避免投资相关领域或从事相关经营活动。

2. 马来西亚投资法律体系不完备，政策缺乏透明度

对于外商投资和对外贸易，马来西亚政府的自由裁量权占据主导地位，导致贸易壁垒较高。部分政策缺乏必要的透明度，阻碍了商业活动的开展，重复审批、部门权限交叉重叠等现象屡见不鲜。

在投资环境方面，马来西亚地方政府腐败现象层出不穷，国有企业在特定行业形成垄断，关键行业的监管机制模糊，法律政策体系尚待完善，透明度有待提升。此外，知识产权执法力度不足、熟练劳动力供不应求，以及政府决策过程缓慢等问题，均影响了马来西亚的投资环境。

3. 中马投资法律比较

2019 年《中华人民共和国外商投资法》发布，对外商投资促进、投资保护、投资管理等进行规定。同年，《中华人民共和国外商投资法实施条例》发布，系对《中华人民共和国外商投资法》的细化，对部分条款进行了充分释义。2023 年中国修订《外商投资电信企业管理规定》，吸引外商投资电信企业，适应电信业对外开放的需要，促进电信业的发展。

相比于中国，马来西亚的投资法律层级更多，法律、部门规章、监管要求存在交叉，法律识别更加困难，企业需要详细了解相关内容。

（二）贸易风险

贸易清关、检验检疫可能是进出口企业向马来西亚进出口商品面临的主要问题，外商投资企业需要特别注意马来西亚相关法律法规，提前准备好清关、检验检疫文件，了解当地办事机构的工作效率，避免因延误而产生的违约风险。

（三）金融风险

马来西亚营商环境复杂，银行体系透明度较低，易受国际经营环境影响，马来西亚货币的保值率不可控，外商投资者应警惕马来西亚多重金融风险。

（四）劳动用工风险

马来西亚的用工法律法规相对复杂，而且经常发生变化。作为雇主，如果不熟悉马来

西亚的用工法律法规，很容易因为不慎违反规定而面临法律诉讼，承担巨大的经济风险。

雇主在招聘员工时，如果不仔细筛选、核实员工的背景和能力，可能会招聘到不适合的员工。这些员工可能会对公司的生产、安全造成影响，从而给公司带来重大风险。

同时，马来西亚的员工对福利的要求比较高，特别是在医疗保险、休假和退休金等方面。如果公司无法给予员工满意的福利待遇，就可能会导致员工不满意，甚至离职，给公司带来损失。

另外，马来西亚政府在用工方面的审查和监管比较严格，如果公司没有遵守相关规定，就可能会受到政府的处罚。这些处罚可能包括罚款、关闭公司、撤销营业执照等，给公司带来严重的经济损失。

（五）知识产权风险

知识产权纠纷通常通过高等法院或知识产权法院解决，前述法院拥有处理知识产权相关事务的专业法官，可进行公正的裁决。知识产权侵权行为会带来严重的后果，包括：

（1）经济责任：侵权者可能面临巨额罚款和赔偿。

（2）声誉受损：侵权可能会损害公司的声誉和品牌。

（3）法律义务：法院下达禁令要求侵权者停止知识产权侵权行为。

（4）刑事指控：在极端情况下，侵权者将受到刑事起诉，处以罚款和监禁。

（六）税收风险

就在马来西亚雇佣员工的公司而言，需要注意如下事项，公司需要承担缴税义务，否则将会面临高额的罚款。

1. 缴纳薪资所得税

公司需要按照员工的薪资水平和个人所得税规定，计算并代扣员工的个人所得税，并在每个月或每个季度向国家税务局缴纳。此外，公司还需要在每年 3 月 31 日前向国家税务部门提交员工个人所得税申报表。

2. 缴纳社会保险费

马来西亚实行社会保险制度，包括雇员公积金（Employee Provident Fund）和雇员社会保险（Social Security Organization）。公司需要按照规定代扣员工公积金和社会保险费，并在每个月或每个季度向相关机构缴纳。

（七）司法救济风险

马来西亚司法救济的风险涉及多个方面，这些风险主要来源于其法律体系的复杂性、多元的文化背景以及司法实践中可能出现的各种不确定性。以下是一些主要的法律风险：

1. 法律体系差异风险

马来西亚的法律体系基于普通法建立，但与英国或其他普通法国家的法律体系存在差异。这种差异可能导致外国投资者或当事人在理解和应用法律时出现偏差，从而增加了法律救济的不确定性。

2. 多元文化背景风险

马来西亚是一个多元文化国家，不同族群间的法律观念和实践可能存在差异。这可能导致在司法救济过程中，不同族群对法律的理解不同，增加了法律风险。

3. 司法实践不确定性风险

马来西亚的司法实践可能受到多种因素的影响，包括法官的个人观点、先例的适用以及社会舆论等。这些因素可能导致类似案件在不同时期或不同法院得到不同的处理结果，增加了法律救济的不确定性。

4. 仲裁和调解的局限性风险

虽然仲裁和调解在马来西亚得到了广泛应用，但这些方式并非适用于所有类型的争议。在某些情况下，仲裁裁决或调解协议可能无法得到有效执行，或者可能面临被撤销或修改的风险。

5. 司法腐败风险

尽管马来西亚在打击司法腐败方面取得了一定成效，但司法腐败问题仍然存在。腐败可能导致司法不公，影响法律救济的公正性和有效性。

（八）数据保护风险

马来西亚的数据保护风险主要包括以下几个方面：

1. 未经同意的数据处理风险

马来西亚数据保护法律规定，任何数据使用者在处理个人数据前，必须获得数据主体的明确同意。未经数据主体同意，不得将个人数据披露给任何第三方。这一规定要求企业在收集、使用或披露个人数据时，必须有充分的法律依据和明确的用户授权。

2. 数据完整性和准确性风险

马来西亚数据保护法律强调资料完整性原则，要求资料用户必须采取合理步骤，确保所处理的个人资料准确、完整、不具误导性。如果企业未能遵守这一原则，可能会导致数据不准确或具有误导性，进而引发法律风险。

3. 数据保留期限风险

根据马来西亚数据保护法律的规定，资料用户保留个人资料的时间不得超过规定的时间。如果企业未按照规定的时间保留数据，或者保留了过期的数据，都可能面临法律风险。

4. 数据跨境传输风险

在全球化背景下，企业可能需要将数据传输到其他国家进行处理。然而，马来西亚的数据保护法律对跨境数据传输有所限制。如果企业未经许可将数据传输到其他国家，可能违反马来西亚的数据保护法律。

（九）环境保护风险

马来西亚的环境保护风险主要源于其严格的环境保护法规及政策，以及日益增强的公众环保意识。以下是一些主要的环境保护法律风险：

1. 违反环境法规的风险

马来西亚制定了一系列环境保护法律法规，如《1974年环境质量法》及其附属法规，对工业活动、污染控制和监测等方面进行了详细规定。企业如果未能遵守这些法规，如未经许可进行工业活动、未采取必要的污染控制措施等，可能会面临罚款、监禁甚至关停企业等风险。

2. 环境影响评估不足的风险

根据马来西亚的环境法规，特定工业活动在实施前必须进行环境影响评估。如果企业未能充分评估其活动对环境的影响，或者评估结果不准确，可能会面临法律纠纷和处罚。

3. 公众环保意识增强的风险

随着公众环保意识的提高，马来西亚社会对环境保护的关注度也在不断提升。企业如果忽视环保问题，可能会面临来自公众、媒体和环保组织的压力，甚至可能引发社会抗议和抵制，从而对企业的声誉和业务发展造成负面影响。

4. 环境责任不明确的风险

在某些情况下，环境责任可能涉及多个主体，如企业、政府、社区等。如果各方在环境责任问题上存在分歧或争议，可能会引发法律纠纷，增加企业的法律风险。

四、法律风险防范对策

（一）投资风险防范

1. 适应法律环境复杂性

马来西亚的法律体系仍有待完善，尤其是在投资方面，很多法律规定与实践操作存在矛盾之处。马来西亚的法律环境较为复杂，执法、司法环境有待改善，存在较多不确定性，执法不严等情形也时常存在。投资者应加强合同管理，防范违约法律风险。

2. 全面了解优惠政策

外商投资者要全面、详细地了解马来西亚针对不同行业、不同区域的优惠政策，以便有针对性地投资，切实享受优惠政策红利。马来西亚鼓励外商直接投资发展高新技术产业，尤其是鼓励到经济特区（经济走廊）投资建厂。

3. 尊重当地习俗文化

马来人的习俗与中国相异处甚多，所以必须加以留意，以免无意中犯了禁忌，造成失礼或引起误会与无谓的纷争。主要有：马来人普遍喜好辣食，忌食猪肉；马来男士一般不主动与女士握手，除非女士主动握手；左手被马来人认为是肮脏的，因此在接、递物品时应用右手；忌用食指指人或指路，不跷二郎腿，不得用手抚摸小孩的头；马来人禁酒，也忌讳在物品上印有动物或人像的图案。清真寺是穆斯林举行宗教仪式的地方，对外开放时，女士需穿长袍及戴头巾，否则将被拒之门外。[①]

（二）金融贸易风险防范

1. 了解贸易管理规定

外商到马来西亚投资或与马来西亚企业交易应遵守马来西亚的贸易法律法规，外国投资者要充分了解马来西亚进出口程序和管理规定，注意规避贸易管制清单。

2. 规避汇率风险、信用风险

外商应注意防范信用证诈骗等法律风险，做好事前调查、分析、评估，防范信用证"软条款"之法律风险。

3. 关注商品质量和服务

与马来西亚企业洽谈，甄别马来西亚合作伙伴，同时注重合同细化管理，在遵循国际惯例的基础上，注意明确交货、付费、产品质量要求。加强产品和服务质量管理，避免产品有瑕疵。

（三）劳动用工风险防范

作为在马来西亚经营的公司，熟悉马来西亚的劳动法律和法规至关重要，以确保为员工提供公平合法的待遇。遵守马来西亚的法律规定可以创造积极的工作环境，减少法律纠纷的风险，并在商界保持良好的声誉。

同时，建立健全的劳资关系，是避免劳资纠纷的重要手段。公司应该与员工保持良好的沟通，及时解决问题和纠纷，避免纠纷升级。

另外，与政府和社会保持良好关系，可以使公司更好地应对政策和市场变化。公司应该遵守相关规定，维护自身声誉，与政府和社会保持良好的互动和沟通，提升公司在当地的认知度和影响力。

对于公司而言，定期进行内部审计和风险评估可以发现和解决存在的问题，降低用工风险。公司应该制定完善的内部审计和风险评估机制，及时发现和纠正问题，减少风险隐患。

总之，在马来西亚用工，需要对可能面临的风险有所认识，并采取相应的措施降低风险发生的可能性。同时，也需要加强与员工、政府和社会的沟通和合作，增强公司的影响力和抗风险能力。

（四）知识产权风险防范

应当通过注册知识产权保护相关权利，如果遇到侵权侵害，应当积极通过以下方式保护权利。

（1）民事救济：知识产权所有人可以通过马来西亚法院系统寻求民事救济，这包括获得针对侵权者的禁令、损害赔偿和利润补偿令。

（2）刑事起诉：知识产权侵权可能导致刑事指控，违法者可能被处以罚款和监禁，

---

① 参见商务部国际贸易经济合作研究院、中国驻马来西亚大使馆经济商务处和商务部对外投资和经济合作司联合发布的《对外投资合作国别（地区）指南　马来西亚（2022 年版）》第 10 页。

具有强大的威慑作用。

（3）海关备案：马来西亚海关部门与知识产权所有者合作，在边境查获假冒商品。

（五）税收风险防范

如果公司没有按照规定缴纳员工的个人所得税、公积金、社会保险费等，将面临罚款和其他法律责任。因此，在雇佣员工前，建议公司了解当地的税收政策并寻求专业会计师或律师的意见。

此外，为了避免罚款和不必要的麻烦，建议公司尽可能自动化和规范化财务流程，使用专业财务软件进行薪资计算并生成报表，保留好相关文件和记录以备查验。

（六）争议解决风险防范

马来西亚争议解决风险防范涉及多个层面，以下是一些具体的防范措施和建议。

1. 深入了解马来西亚法律体系

对马来西亚的法律体系进行全面、深入的了解是至关重要的。了解宪法、民商事法律、仲裁法律的基本框架和原则，有助于预测和解决可能出现的争议。

2. 选择合适的争议解决方式

在马来西亚，争议解决方式多种多样，包括诉讼、仲裁、调解等，它们有各自的优缺点和适用场景。因此，在选择争议解决方式时，应综合考虑争议的性质、当事人之间的关系以及文化背景等因素。

3. 谨慎签订合同并明确争议解决条款

在签订合同时，应仔细审查并明确争议解决条款，包括选择适当的仲裁机构、仲裁地点、仲裁语言以及仲裁规则等。同时，在合同中还应约定临时保全措施和紧急仲裁程序等，以应对可能出现的紧急情况。

4. 遵守当地法律法规，避免违法行为

企业应严格遵守马来西亚的法律法规，特别要关注环保、税务、劳动用工、知识产权等领域的法律法规。违法行为不仅可能导致法律纠纷和处罚，还可能损害企业的声誉和形象。

5. 建立风险预警和应对机制

企业应建立风险预警和应对机制，及时识别和评估潜在的法律风险。当发生争议时，应迅速启动应对程序，包括收集证据、寻求专业法律意见、与对方协商等。

6. 加强法律培训和意识提升

企业应定期对员工进行法律培训，提高员工的法律意识和风险防范能力。同时，企业还应加强与当地律师和法律服务机构的合作，以便在需要时能够及时获得专业的法律支持和帮助。

（七）数据保护风险防范

数据保护风险防范对于任何在马来西亚运营的企业或与其进行数据交互的企业都至关重要。以下是一些关键措施，可以帮助企业在马来西亚防范数据保护风险。

1. 深入了解法律框架

深入了解马来西亚的数据保护法律规定以及其他相关的法规，确保企业的数据处理活动符合法律要求。

关注法律的更新和变化，及时调整数据处理策略。

2. 建立合规的数据处理流程

制定详细的数据收集、存储、使用、共享和销毁政策，并确保所有员工都了解和遵守这些政策。

在收集个人数据前，明确告知数据主体数据收集的目的、方式和存储期限，并获得其明确同意。

3. 加强数据安全管理

采用适当的技术和管理措施，确保个人数据的安全性，防止数据泄露、丢失或被篡改。

定期进行数据安全审计和风险评估，及时发现和纠正潜在的安全隐患。

4. 设定数据保留期限

根据法律要求，合理设定个人数据的保留期限，并在期限届满后及时销毁不再需要的数据。

5. 进行员工培训

对员工进行数据保护培训，确保他们了解数据保护的重要性，并知道如何在日常工作中遵守相关规定。

6. 建立数据泄露应急响应机制

制定数据泄露应急预案，包括数据泄露的发现、报告、调查、处理和通知等流程。

一旦发生数据泄露事件，立即启动应急响应机制，最大限度地降低损害。

7. 与第三方合作时谨慎处理数据

在与第三方合作或共享数据时，确保第三方也遵守马来西亚的数据保护法律，并签订数据处理协议。

8. 寻求专业法律建议

对于复杂的数据保护问题，建议寻求专业律师或数据保护顾问的建议，以确保企业的合规性。

（八）环境保护风险防范

在马来西亚，环境保护风险防范是企业和社会责任的重要组成部分。以下是一些关键步骤和策略，可以帮助企业和个人在马来西亚有效地进行环境保护风险防范。

1. 深入了解环保法规

仔细研究马来西亚的环保法规，包括《1974 年环境质量法》，确保对法规内容有全面、准确的理解。

关注法规的更新和变化，及时调整企业的环保策略和措施。

2. 建立合规的环保管理体系

制定详细的环保政策和程序，确保企业活动符合马来西亚的环保要求。

设立专门的环保部门或指定专人负责环保工作，确保环保措施得到有效执行。

3. 加强环保培训和教育

对员工进行环保法规培训，提高他们的环保意识和法律素养。

通过内部宣传、活动等方式，普及环保知识，营造企业内部的环保氛围。

4. 实施环保措施和技术

采用环保的生产工艺和技术，减少污染物排放。

配备先进的环保设施，确保污染物得到有效处理。

5. 加强环境监测和报告

建立完善的环境监测体系，定期对企业的环境影响进行评估。

按照法规要求，及时报告环保数据和情况，确保信息的透明度和准确性。

6. 与政府部门和利益相关者保持良好沟通

与马来西亚的环保部门保持密切联系，及时了解法规动态和政策导向。

与利益相关者（如客户、投资者、公众等）沟通企业的环保措施和成果，增强信任和支持。

7. 建立应急响应机制

制定环保事故应急预案，确保在发生环保事故时能够迅速、有效地应对。

定期进行应急演练，提高员工的应急处理能力。

8. 寻求专业法律支持

对于复杂的环保问题，建议寻求专业律师或环保顾问的支持，确保企业的合规性。

通过采取这些措施，企业和个人可以在马来西亚有效地防范环境保护风险，同时企业还能提升自身的社会形象和竞争力。此外，这也符合马来西亚政府加强环境保护、推动可持续发展的战略目标。

五、投资马来西亚相关案例评析

（一）马来西亚商标侵权/"假冒"

1. 案例介绍

随着时间的推移，英国的"ChipsMore"品牌在马来西亚市场树立了良好的声誉和知名度。然而，两年前，一家名为 ChipsPlus 的马来西亚公司进入了该领域，开始生产和销售与"ChipsMore"品牌类似的产品。这引起了消费者对于两个品牌之间关系的困惑，新品牌的名称容易与"ChipsMore"品牌混淆，甚至可能侵犯了"ChipsMore"制造商的商标权。这种情况下，ChipsMore 需要采取行动，寻求法律保护，以确保其品牌权益不受侵犯，并维护其在马来西亚市场上的地位和声誉。

2. 风险分析

在马来西亚，如果商标未在当地注册，"假冒"行为就可能存在于马来西亚，因为马来西亚是普通法国家。为了证明"假冒"行为，英国公司必须证明马来西亚公司歪曲其商品与英国公司有联系、自己的品牌已经在市场上获得了商誉和声誉，以及它会因此而蒙受损失。

对于商标侵权行为，英国公司必须证明马来西亚公司的品牌与其品牌非常相似，以至于可能在贸易过程中与其产品相混淆。

最终，马来西亚法院认为"ChipsPlus"侵犯了"ChipsMore"，因为它们属于相同商品的相似商标，可能具有欺骗性或造成混淆。特别是，两个品牌的"Chips"部分在语音上相同，后缀"More"和"Plus"具有相似的含义，并且单词的格式也相似。

此外，英国公司对于马来西亚公司的"假冒"行为也索赔成功。这家英国制造商已在马来西亚销售饼干超过20年，因此毫不费力地展示了该品牌的巨大商誉和声誉。"ChipsPlus"产品的外观被认为与"ChipsMore"产品极为相似，包括相似的颜色、字体和成分等方面。法院裁定，如果允许马来西亚公司继续经营，英国制造商将遭受损害（业务损失）。

3. 评论与提示

通过该案可以学到的是，当中国公司在马来西亚开展品牌宣传业务时，一定要在马来西亚将品牌注册为商标。

同时，如果发生了商标相似的事件，需要切记，品牌不一定要完全相同才构成商标侵权，要勇敢维护自身的合法权益。

最后，虽然一些国家提供了可以"假冒"的普通法权利，但举证责任更大。[①]

（二）马来西亚高等法院对专利权的判决

1. 案例介绍

一家外国制药公司拥有一项马来西亚专利，覆盖了阿仑膦酸或药学上可接受的盐（阿仑膦酸盐）的药品，用于抑制人类骨吸收。另一家马来西亚公司已经获得了马来西亚国家药品监督管理局的批准，可以销售含有阿仑膦酸钠的70毫克片剂。

外国公司声称，马来西亚公司进口、制造、销售、储存阿仑膦酸钠的70毫克片剂侵犯了它的专利权。马来西亚公司则提出反诉，要求宣布外国公司的专利基于某些理由无效。

2. 风险分析

该案件被提交至高等法院后，法院宣判该专利因缺乏创造性而无效。需要特别注意的是，专利的所有从属权利要求因独立权利要求被判无效而自动失效，并且不得修改。这表明了马来西亚法院对创新性的要求程度，以及在专利权保护方面的监管力度。

3. 评论与提示

对于中国公司来说，了解马来西亚专利的创新性要求以最大限度地降低无效风险非常重要。

---

① European Commission. Case Study 15-Trade mark infringement/' passing off' case in Malaysia［EB/OL］. https：// intellectual-property-helpdesk. ec. europa. eu/regional-helpdesks/south-east-asia-ip-sme-helpdesk/case-studies/case-study-15-trade-mark-infringement-passing-case-malaysia_ en，2024-04.

中国公司可以聘请具有当地专业知识的律师协助进行专利申请及合同起草，分析当地法律的影响。提前了解当地法院的判决也非常重要，如先例、法院的方向和定位（如果可能）。千万不要忘记提前收集有关当地实践的信息，以便将其整合到商业计划和战略中。

最后，应定期进行知识产权尽职调查，以评估专利组合的实力，保持相对于同一领域竞争对手的优势。[①]

（三）解雇员工的合理理由

1. 案例介绍

Saw 是马来西亚公民，曾是 Avago Technologies（马来西亚）有限公司（Avago Malaysia）的前雇员，Avago Malaysia 是 Avago 的子公司。Avago 是一家设计、开发和供应各类半导体器件的跨国公司。

Saw 于 2005 年 12 月 1 日开始在 Avago Malaysia 工作，并与 Avago 签订了股东协议，可以购买母公司的普通股和行使股票期权。股东协议的第 6 条第（a）和（i）款规定，如果在购买股份的五年之内，购买者与公司的雇佣关系因任何原因而自愿或非自愿终止，公司有权购买其持有的全部或部分股票。股东协议的第 24 条规定，不论根据法律冲突原则和可能适用的法律如何，新加坡法律都将管辖对本协议条款的解释、有效性和履行。同时，该条款指定圣马特奥县的高级法院解决因协议而产生的任何争议。

2006 年 5 月，Saw 购买了 Avago 普通股 160000 股，还购买了 137500 份 Avago 股票期权，价格为每股 5 美元。2009 年 5 月 8 日，Avago Malaysia 向 Saw 发出解雇通知，称他的职位因裁员而被取消。Saw 在抗议下签署了这份通知。他于 2009 年 6 月 1 日停止为 Avago Malaysia 工作。那时，Saw 已获得 82500 份股票期权。

2009 年 6 月 26 日，Avago 发出了回购 Saw 持有的 160000 普通股和兑现他持有的 82500 份已行权期权的通知。Saw 表示抗议。根据股东协议，他的股票以每股 6.76 美元的公允市场价清算。

2012 年 7 月，Saw 在马来西亚劳工法院就非法解雇事项对 Avago Malaysia 提起诉讼。2015 年 5 月，劳工法院驳回了他的索赔，认定公司的重组没有恶意，他的解雇有充分理由。2016 年 5 月，马来西亚高等法院推翻了劳工法院的裁决，并将案件发回劳工法院，以确定损害赔偿，包括对重新雇佣的补偿评估。

2. 风险分析

由于股东协议中概述的条款，Saw 与 Avago Malaysia 之间雇佣关系的终止会增加潜在诉讼的风险。根据股东协议第 6 条第（a）和（i）款的规定，如果在购买股份后五年内因任何原因终止雇佣关系，公司有权回购部分或全部股份。如果 Avago 选择行使这项权利，该条款会给 Saw 带来财务风险。

---

① European Commission. Case Study 36-High court decision on patented rights in Malaysia [EB/OL]. https://intellectual-property-helpdesk. ec. europa. eu/regional-helpdesks/south-east-asia-ip-sme-helpdesk/case-studies/case-study-36-high-court-decision-patented-rights-malaysia_en, 2024-04.

股东协议受新加坡法律管辖。在新加坡和马来西亚就业法之间存在差异的情况下，这可能会导致争议的解决具有法律复杂性和不确定性。

另外，虽然 Saw 的解雇通知是在抗议下签署的，但仍然具有法律约束力，这可能会影响他未来就终止合同提出的任何法律索赔。

3. 评论与提示

对于在马来西亚设立公司的中国企业家来说，可以就司法管辖权对股东协议条款进行特别约定。同时，对于公司有权购回员工持有的股票的条款，需要对约定内容进行明确，因为可能影响到公司的股权结构和公司控制权。

在解雇员工方面，本案中员工因裁员而被解雇，后续发生法律纠纷。中国公司在马来西亚应遵守当地劳动法规，以避免产生类似争议，并确保解雇合法合规。从本案中可以看出，虽然马来西亚劳工法院认定公司以重组的理由进行裁员没有恶意，但是马来西亚高等法院推翻了劳工法院的裁决，因此，中国公司应当着重考虑解雇的必要性理由。[①]

六、马来西亚现行法律法规清单

马来西亚现行法律法规清单如表 9-10 所示。

表 9-10 马来西亚现行法律法规清单

贸易相关法律法规
《海关法》
《海关进口管制条例》
《海关出口管制条例》
《海关估价规定》
《植物检疫法》
《保护植物新品种法》
《反补贴和反倾销法》
《反补贴和反倾销实施条例》
《2006 年保障措施法》
《外汇管理法令》

---

① Smarter Legal Research. Cabinets To Go，LLC v. Qingdao Haiyan Real Estate Grp. Co. Ltd. ［EB/OL］. https：//case-text. com/case/cabinets-to-go-llc-v-qingdao-haiyan-real-estate-grp-co-ltd? q = malaysia&sort = relevance&p = 1&type = case&startDate = 1577836800000&endDate = 1735689599999&tab = keyword&jxs = .

续表

外国投资相关法律法规
《合同法》
《工业协调法》
《劳资关系法》
《投资促进法》
《1967 年所得税法》
《1967 年关税法》
《1972 年销售税法》
《1976 年国内税法》
《1990 年自由区法》
《促进行动及产品列表》
《2010 年马来西亚竞争法》（MCA）
《2015 年马来西亚航空委员会法》
《1998 年通信和多媒体法》
数字经济相关法律法规
《马来西亚通信与多媒体委员会法》
《通信与多媒体法》
《战略贸易法》
《2006 年电子商务法》
《1997 年数字签名法》
《2012 年消费者保护（电子贸易交易）法规》
《2010 年个人数据保护法》
绿色经济相关法律法规
《1974 年环境质量法》
《国家环境政策》
《国家绿色科技政策》
《可再生能源法案》
《可持续能源发展管理局法案》
《能源效率和节约法案（EECA）》
税收相关法律法规
《1976 年国内税法》
《2019 年服务税（修正）法案》
特殊经济区相关法律法规
《投资奖励法案》
《自由贸易区法案》
《伊斯干达开发区管理机构法》（2007）
《北部经济走廊执行机构法》（2008）

续表

劳动就业法律法规
《1955 年雇佣法》
《1967 年劳资关系法》
《1991 年雇员公积金法》
《1969 年雇员社会保险法》
《劳工赔偿法》（1953）
土地相关法律法规
《1965 年国家土地法典》
《1976 年地方政府法》（171 号法令）
《1960 年土地购置法》
《1976 年城镇与乡村规划法》
《马来人保留地法》
《产业购置准则》
证券交易相关法律法规
《资本市场及服务法》（2007 年）（CSMA）
《证监会法案》（1993 年）（SCA）
《证券业（中央存管）法》（1991 年）（SICDA）
环境保护相关法律法规
《1974 年环境质量法》
《1987 年环境质量法令》
《1990 年马来西亚环境影响评估程序》
《1994 年环境影响评估准则》
反商业贿赂相关法律法规
《刑法典》
《1997 年反腐败法》
《2009 年马来西亚反腐败委员会法》
《2016 年马来西亚公司法》
知识产权保护相关法律法规
《专利法》
《2019 年商标法》
《工业设计法》
《版权法》
《集成电路设计布局法》

资料来源：中华人民共和国商务部。

第十章　泰国

一、中泰经济法律关系概述

（一）泰国基本情况介绍

1. 地理位置

泰国位于东南亚的中部，北部与西部与缅甸相邻，东北部与老挝相邻，东南部与柬埔寨相邻，南连马来西亚。泰国总面积为 513000 平方千米。从北到南的距离为 1620 千米，从东到西的宽度为 775 千米。

泰国为热带季风气候，在赤道以北 15 度。根据季节的不同，其温度在 10℃～38℃。热带季风气候雨季主要在 5～7 月，11 月和 12 月天气较为凉爽和干燥。

2. 行政区划

泰国全国分为中部、南部、东部、北部和东北部五个地区，共有 77 个府，府下设县、区、村。各府府尹为公务员，由内政部任命。

曼谷是唯一的府级直辖市，位于湄南河畔，面积 1569 平方千米。同时，曼谷也是泰国最大的城市，东南亚第二大城市，是泰国政治、经济、文化、交通中心。① 曼谷市长由直选产生。

3. 人口数量

2023 年，泰国人口总量约为 7018 万，在东南亚排名第三，在全球排名第二十。该国的人口主要集中在东北部地区，其次是中部、北部和南部地区。2023 年，泰国曼谷都会区的居民数量预计约为 1107 万人。

截至 2023 年 7 月，在泰国，年龄不超过 15 岁的人口约为 1170 万，这是与其他年龄组相比最高的。尽管该国有大量青少年，但近年来泰国正面临着不断增长的老龄化人口的问题。② 由于新冠疫情的影响，泰国人口出生率持续降低，出生人口数已由原来的每年 60 万～80 万人降低到每年 60 万人。同时，死亡率的升高，加快了泰国社会人口结构的变化，泰国在 2022 年已经完全进入人口老龄化社会。③

---

① 资料来源：国家税务总局。

② 资料来源：Statista。

③ 中华人民共和国商务部 . 泰国进入人口老龄化社会老年人近 1300 万〔EB/OL〕. http：//th. mofcom. gov. cn/article/jmxw/202301/20230103380428. shtml，2023-01-20.

4. 政治制度

泰国为君主立宪制国家，在保留君主制的前提下，通过立宪，树立人民主权、限制君主权力、实现事务上的共和主义理想但不采用共和政体。2019 年 5 月 4 日，玛哈·哇集拉隆功·博丁达德巴亚瓦兰恭在曼谷大皇宫进行加冕仪式，为现任泰国国王（拉玛十世）。

5. 政府机构

泰国的政府体制由总理领导。总理通常由众议院联合政府（多数党领袖）提名，并经国王指定。泰国的政府机构组成包括总理府、19 个政府部委、6 个不隶属总理府或部委的政府部门和 7 个依照宪法成立的独立机构。

泰国国会包括两个议院：众议院（500 席位）和参议院（250 席）。众议院中 350 个由普选产生，另外 150 个按比例代表制从各党中选出，任期 4 年。参议院的席位由军方指定，任期六年。

总理府是泰国政府的核心机构，负责协助中央政府首脑和内阁总理施政。2023 年 8 月 22 日，为泰党候选人赛塔·他威信当选泰国第 30 任总理。

19 个政府部委包括国防部、财政部、外交部、社会发展与人类安全部、教育部、旅游与体育部、农业与合作社部、交通部、自然资源与环境部、能源部、商业部、内政部、劳工部、司法部、科学技术部、公共卫生部、工业部、数字经济和社会部、文化部。

6 个不隶属总理府或部委的政府部门为：皇室事务局、皇室秘书处、皇室计划特别委员会、反洗钱办公室、国家学术研究委员会办公室、国家佛教办公室。

7 个依照宪法成立的独立机构为：选举委员会、国家人权委员会、国家通信事务委员会、国家反腐败委员会、国家经济社会顾问院、土地资金检察办公室、政府官员舞弊调查办公室。

6. 语言文化

泰国的官方语言为泰语，使用最广泛的是标准泰语，其次是东北泰语、北部泰语、南部泰语。泰国有超过 70 种少数民族语言，分为 5 种语支系：泰语支系（Tai）、南亚语支系（Austroa siatic）、汉藏语支系（Sino-Tibetan）、南岛语支系（Austronesian）和苗瑶语支系（Hmong-Mien）。

泰国的同化政策对少数民族发展带来了消极影响，许多少数民族的儿童被迫转用泰语，甚至否认自己的民族身份。自 21 世纪以来，泰国政府开始认识到少数民族语言在国家语言生态保护中的重要性。在一些少数民族地区，政府推行了双语教学，在一定程度上提高了少数民族语言的地位。然而，尽管如此，少数民族语言的使用领域仍在不断缩小，主要局限在族群内部及家庭成员之间。

与此同时，英语、汉语、日语和韩语等外语在泰国各级学校中变得日益重要。学生可以同时选择学习几门外语，其中英语被政府视为国际经济、政治、学术和文化交流的最重要工具，因此英语教学得到了加强。随着中国国际地位的提高和中泰合作的增强，越来越多的泰国人开始学习汉语，汉语成为泰国学校中备受欢迎的外语之一，其在泰国的传播也呈现迅速增长的趋势。

7. 民族宗教习俗

泰国是个多民族国家，有至少 24 个泰族民族，主要是中部、南部、东北部和北部泰族；22 个奥斯特罗西亚族民族，其中北部高棉族和库伊族人口众多；11 个讲汉藏语系的民族（山地部落），人口最多的是克伦族；3 个南岛民族，即马来族（最南部三个府的主要民族）、莫肯族和乌拉克劳伊族（海上吉普赛人）；以及两个苗族民族、马来人（最南端三个省的主要民族）、莫肯人（Moken）和乌拉克劳伊人（Urak Lawoi）（海上吉普赛人）。其他族群包括长期移民社区，如华人、印度人和葡萄牙人。

泰国是一个佛教国家。泰国人的生活被佛教所影响，并以无数微妙的方式影响着他们的行为。超过 95% 的泰国人信奉南传佛教。泰国长期以来一直对其他宗教持开放态度，与马来西亚接壤的 4 个府有 100 万穆斯林、25 万基督徒、小部分印度教徒、锡克教徒等。国王是所有宗教的保护者，这充分体现了泰国宗教信仰的完全自由。[①]

8. 自然资源

泰国的自然资源包括锡、橡胶、天然气、钨、钽、木材、铅、鱼、石膏、褐煤和萤石。

9. 重点/特色产业

（1）农业。农业属于泰国的传统行业。近年来，农业的增加值在国内生产总值中的占比有所增长，但增长速度相对缓慢。2022 年，泰国出口农产品共计 524.78 亿美元。[②]

泰国有一半以上的土地适合农业生产。水稻种植一直在泰国农业生产中扮演着重要角色。除水稻种植外，泰国所种植的农作物还包括橡胶、甘蔗、木薯、大葱、土豆、大蒜和洋葱等。

与农作物种植相比，泰国畜牧业的规模相对较小。过去，牛和水牛主要用于协助水稻种植，1985 年后随着粮食产量的增加，牛和水牛的养殖量也在不断增加。泰国的家禽生产多年来蓬勃发展，产量逐年增加。除农作物种植和畜牧业外，渔业和水产养殖业也是泰国农业的重要组成部分，对泰国的国内生产总值贡献较大。

（2）林业。林业也对泰国经济作出了重大贡献。泰国是东南亚土地最肥沃的国家之一，森林面积约占国土总面积的 1/3。凭借丰富的环境资源，泰国将自然优势转化为利润，并从中受益。例如，橡胶木和柚木是泰国产量数一数二的木材产品。

（3）工业。由于原材料丰富、劳动力成本低廉和技术创新，泰国制造业具有很强的竞争力。制造业是泰国经济的主要驱动力之一。虽然制造业对泰国国内生产总值（GDP）的贡献在过去十年有所波动，但在 2021 年仍贡献了约 4.4 万亿泰铢。与其他重要经济部门相比，制造业对泰国经济的影响更大。制造业占泰国出口总额的大部分，并创造了大量就业机会，2021 年的就业人数接近 630 万人。截至 2023 年第一季度，制造业对泰国经济的贡献率为 34%，高于服务业和贸易等其他主要行业。

截至 2023 年 4 月，电子产品和汽车成为泰国出口的主要产品，其次是农产品、食品和机械设备。此外，机械设备的制造业生产指数（MPI）最高。

---

① Woensdregt M，Kanjanda C. Religious History of Thailand ［EB/OL］. https：//www. ywamthai. org/office/religion.

② 资料来源：WTO。

（4）旅游业。从 2023 年 1 月 1 日至 2023 年 11 月 12 日，共有 2324 万名外国游客抵达泰国。他们在泰国期间为泰国创造了 9816.9 亿泰铢的收入。

根据泰国旅游和体育部的数据，2023 年到访泰国的外国游客排名前五的分别是：马来西亚 3824445 人次；中国 2902462 人次；韩国 1375958 人次；印度 1354712 人次；俄罗斯 1170203 人次。

2024 年 3 月 1 日，中国和泰国永久互免对方公民签证的政策正式生效。届时，中方持公务普通护照、普通护照人员和泰方持普通护照人员，可免签入境对方国家单次停留不超过 30 日，每 180 日累计停留不超过 90 日。

（二）泰国经济贸易概况

1. 发展规划及经贸状况

（1）五年投资促进战略计划（2023—2027 年）。2022 年泰国投资促进委员会（BOI）发布了新的五年投资促进战略计划（2023—2027 年），该战略计划取代了 BOI 的八年计划（2015~2022 年），在 2023 年 1 月正式生效。

根据新计划，BOI 把重点转向对国家未来经济至关重要的三个核心概念：第一，技术、创新和创造力；第二，竞争力和适应能力；第三，包容性（特别是在环境和社会可持续性方面）。为加强供应链、促进产业智能和可持续转型、加强泰国中小企业与全球的联系等方面提供了政策指导。

（2）泰 EV3.5 车补方案。为提升泰国新能源汽车产业竞争力，泰 EV3.5 车补方案在 2024 年 1 月 2 日生效。该方案的亮点在于，购车补贴除了覆盖电动乘用车外，还包括电动皮卡和电动摩托车。在进口 EV 汽车关税优惠方面，规定在 2024~2025 年进口价格低于 200 万铢的电动车可享受至多 40% 的关税优惠，同时售价超过 700 万铢的进口电动汽车消费税也将从 8% 降至 2%。[①]

（3）绿色电力。泰国总理承诺，泰国电力发展规划（PDP）要将可再生能源占比从 28% 在未来 5 年内提高到 50% 以上，承诺推动使用绿色电力来吸引外商投资。能源管理委员会（ERC）还将通过启用绿色关税（UGT）机制来推动工业领域使用绿色能源。这一机制的主要部分是可再生能源生产证书（REC），能够追踪能源生产过程[②]

（4）泰国财政部将出台新措施。泰国财政部准备推出一个与解决系统外外债平行的系统内债务优化计划，旨在为受到新冠疫情影响的小额借款人提供融资贷款支持，以此来刺激经济的发展，缓解社会压力。[③]

（5）泰国总理提出促进资本市场发展的三项措施。2023 年 12 月，泰国总理在证券交易委员会战略发布会开幕式上表明泰国对于发展资本市场的期许，以及资本市场对于发展

---

① 中华人民共和国商务部. 泰 EV3.5 车补方案明年 1 月 2 日生效［EB/OL］. http：//th. mofcom. gov. cn/article/jmxw/202312/20231203462503. shtml，2023-12-21.

② 中华人民共和国商务部. 泰国政府承诺推动使用绿色电力以吸引外资［EB/OL］. http：//th. mofcom. gov. cn/article/jmxw/202312/20231203462495. shtml，2023-12-21.

③ 中华人民共和国商务部. 泰国财政部将出台系统内债务新纾困措施［EB/OL］. http：//th. mofcom. gov. cn/article/jmxw/202312/20231203460995. shtml，2023-12-14.

数字经济的重要性。为了发展资本市场，他提出以下三条措施：

1）吸引外国投资，使泰国成为区域内投资目的地；

2）将重点转向可持续发展，全力实施 SDGs 和 2050 碳中和、2065 净零排放战略；

3）支持企业筹资，尤其是数字经济和中小企业、创业企业。①

（6）泰国商业部加速修法。泰国商业部为企业营商提供便利，加速修法。泰国商业部部长设立了研究小组，拟修订 28 项条例和部级法规。第一阶段计划修订《版权法》《地理标志法》《泰国船运委员会法》《1979 年泰王国对外贸易和进口法》，同时推动部级法规修订，共计 31 项。第二阶段计划修订《对策略投资和支持措施法》《外国企业经营法》等。②

（7）泰国 EEC 地区投资三大府。为促进泰国长期经济发展，对接"一带一路"倡议，泰国政府推出"东部经济走廊计划"（EEC），在泰国东部沿海的北柳、春武里和罗勇三府设立经济区。EEC 区域位于大湄公河经济走廊和 21 世纪海上丝绸之路之间，陆上与柬埔寨、老挝、越南连接，海上则位于印度洋与西太平洋的海上航线中点位置，是通往亚洲的门户。

2023 年前 9 个月，EEC 地区有 552 个投资项目（见表 10-1）申请 BOI 促进投资，与 2022 年同期相比增长 54%，投资额为 2316.6 亿铢，下降 4%，大部分投资项目为电器和电子、石化和化学、汽车和零部件工业。③

表 10-1　2023 年前 9 个月泰国 EEC 地区的投资情况

地区	项目数量	投资额（亿铢）
春武里	293	1480.18
罗勇	193	644.22
北柳府	66	192.2

资料来源：中华人民共和国商务部。

（8）2024 年 1 月起可申请 10 年期 EEC 签证。泰国东部经济走廊（EEC）2023—2027 年发展总体规划被批准的情况下，允许目标产业经营者在 EEC 地区进行投资，并且批准特殊情况临时居民签证（ECC 签证）。该签证引进的外国人员包括具有知识和专长的专家型人员：EEC 签证「S」；管理人员类：EEC 签证「E」；专业型专家：EEC 签证「P」；配偶和家属，其他类别：EEC 签证「O」。获得 EEC 签证的人员将自动获得 EEC 工作许可证，按 17% 的固定税率缴纳个人所得税，签证有效期最长达 10 年，根据合约规定具体的有效期。该类签证持有人可通过在线系统定期报告，可使用泰国各地国际机场的特

① 中华人民共和国商务部．泰总理赛塔提出促进资本市场发展三项措施［EB/OL］．http：//th. mofcom. gov. cn/article/jmxw/202312/20231203460990. shtml，2023-12-14.

② 中华人民共和国商务部．商业部加速修法为企业营商提供便利［EB/OL］．http：//th. mofcom. gov. cn/article/jmxw/202312/20231203459247. shtml，2023-12-07.

③ 中华人民共和国商务部．EEC 地区投资 3 大府，春武里居首［EB/OL］．http：//th. mofcom. gov. cn/article/jmxw/202312/20231203459256. shtml，2023-12-07.

殊通道。EEC 签证可从 2024 年 1 月 1 日起开始申请。[①]

2. 基础设施状况

（1）铁路。铁路运输在连接泰国各个地区方面发挥着至关重要的作用，铁路运输包括城际和通勤铁路、大众快速交通、单轨铁路和机场铁路。泰国国家铁路（SRT）运营着全长 4845.1 千米的城际铁路网络，覆盖全国 47 府。SRT 致力于通过其子公司 SRT Asset（SRTA）开发铁路用地，该公司专注于公交导向型开发（TOD）计划。曼谷 Krung Thep Aphiwat 中央车站是泰国铁路运输的主要交通枢纽，连接全国各地各类铁路运输。它占地 274192 平方米，是东南亚最大的火车站。

2023 年 12 月，泰国交通部副部长素拉蓬主持召开中—泰铁路合作项目发展执行委员会会议，旨在推进中泰铁路一期及二期进度。中泰铁路一期全长 253 千米，土建工程共计 14 份合同，其中 2 份已完成、10 份在建、2 份招标中，预计 2024 年所有合同可完成签约并开工；截至 2023 年 12 月总体进度 28.61%，预计 2028 年竣工通车；中泰铁路二期全长 356 千米，截至 2023 年 12 月土建设计已完成，此次会议敦促泰国国家铁路局将环境影响评估报告提交至泰国自然资源和环境部政策与规划办公室，并进一步提交至董事会审批，最后按照程序提交内阁。[②]

2023 年 12 月 10 日，首趟使用完整铁路系统将泰国农产品送往中国—俄罗斯—欧洲的列车开通运营，该项目旨在通过中国"一带一路"倡议下的泰老中铁路运输系统运送农产品，从而提升国家经济实力和贸易往来。[③]

（2）航空。泰国有共计 39 个商业服务机场，其中 10 个是国际机场。机场部（DOA）管理 29 个机场，泰国机场公司（AOT）管理 6 个，曼谷航空（BA）管理 3 个，泰国皇家海军（RTNV）管理 1 个。AOT 管理的六大国际机场是国际旅客前往泰国的主要目的地，较小的商业机场由 DOA 或个别航空公司运营。泰国还拥有军用和私人机场，具有支持军事行动、私人飞机运营和通用航空等多种用途。

（3）水运。泰国海岸线长 3219 千米，水道总长 4000 千米，共有 47 个港口。所有的港口由泰国港务局（PAT）进行开发和管理。

3. 贸易环境

（1）泰国本地进口限制。作为世界贸易组织（WTO）的成员以及世界银行和国际货币基金组织融资的受益者，泰国在实施进口禁令方面着重于保护健康、人类和动植物生命、知识产权、国家安全和公共道德等各个方面。

1979 年《进出口管制法》授权商业部对进口实施临时管制，以保护当地工业。通常情况下，泰国进口与本国产品有直接竞争关系的商品需要获得许可证。

在从事与食品相关的贸易时，泰国公司必须披露有关制造过程和成分的详细且通常是

---

① 中华人民共和国商务部. 元月起可申请 10 年期 EEC 签证［EB/OL］. http：//th. mofcom. gov. cn/article/jmxw/202312/20231203457723. shtml，2023-11-30.

② 中华人民共和国商务部. 泰国交通部加速推动中—泰铁路项目进展［EB/OL］. http：//th. mofcom. gov. cn/article/jmxw/202312/20231203462490. shtml，2023-12-21.

③ 中华人民共和国商务部. 首班"泰—中俄欧"货运列车正式开通运营［EB/OL］. http：//th. mofcom. gov. cn/article/jmxw/202312/20231203460999. shtml，2023-12-14.

机密的信息。这适用于国内和国外制造的食品。进口商在获得进口许可证之前还可能需要购买一定数量的本地生产的产品。

不同的货物受到不同法律法规的进口管制。例如，药品进口需要事先获得食品和药物管理局的许可，而武器和爆炸物则需要获得内政部的许可。化妆品的进口受 1992 年《化妆品法》管辖。

（2）泰国出口货物限制。泰国对出口实行最低限度的限制，但涉及国家安全、环境保护、文化利益或遵守贸易协定的情况除外。根据泰国 1979 年《进出口管制法》，泰国商业部有权对某些产品实施出口管制。

泰国是全球领先的大米和糖出口国，泰国 1979 年《出口标准法》强制要求这些商品只有在获得出口许可证情况下才可以被出口。在泰国，佛像和被视为国家遗产的具有重要文化意义的文物禁止出口。农产品出口商可能会被强制加入行业协会，这些协会可以执行其具体的会员规定。作为国际协议的一部分，出口配额还适用于木薯、咖啡、糖和锡等各种物品。泰国对燃料、纸张、原木、锡矿石和锡渣等也实施了具体限制，旨在培育下游产业并避免国内短缺。

4. 金融环境

（1）货币的入境出境。根据泰国中央银行（BOT）的相关规定，外币或泰铢可以无限制地转移或带入泰国。凡从境外收到等值 100 万美元及以上外币的，应自收到之日或交易之日起 360 天内将其汇回并出售给授权银行或汇入授权银行的外币账户中。但在泰国的暂住时间不超过 3 个月的外国人，享有外交特权和豁免权的外国使馆、国际组织及其工作人员，以及在国外永久居留或在国外工作的泰国移民不受该规定限制。

（2）直接投资和境外贷款。允许泰国公司投资其持股不低于 10% 的海外商业实体、投资海外附属商业实体或无限制地向海外商业实体提供贷款。

泰国个人可以投资于其持股不少于 10% 的海外商业实体，或无限制地对其海外附属商业实体进行投资或贷款。

此类投资或贷款的资金转移必须以外币进行，但出于在泰国或可以使用泰铢的国家进行贸易或投资的目的向泰国或越南接壤国家的商业实体进行投资或贷款的情况除外。

非居民可以自由转移资金用于泰国的直接投资和证券投资，非居民也可自由汇回此类投资或偿还居民从国外获得的贷款。如果来自国外的贷款尚未转移到泰国，则此类贷款必须用于支付被允许的国外债务，这些债务不需要事先获得泰国银行的批准。

（3）家庭负债。泰国家庭债务结构性较高，影响债务人的生活质量和金融体系的稳定性。为了可以帮助泰国家庭更好地解决该问题，泰国中央银行于 2023 年 2 月发布了《可持续解决泰国结构性债务过剩问题》的指导性文件。2020 年以来，泰国中央银行不断帮助受到新冠疫情影响的债务人。随着情况逐渐好转，泰国中央银行不断调整其战略，以应对与债务偿还相关的更长期挑战。

（4）绿色融资。泰国的金融服务业正在将 ESG 原则纳入其商业模式。更多的金融机构正在设定目标，使其贷款标准与 ESG 原则保持一致。这意味着企业在做出任何投资决策时，需要了解从寻求融资到管理供应链的整个业务生命周期的 ESG 合规性转变。

（5）支付系统。BOT 推出了一项三年战略计划（2022～2024 年），使数字支付成为所有人获得银行服务的主要方式，在向无现金社会过渡的同时增强泰国的竞争优势。该战略计划的重点在于利用共享的支付基础设施和数据来提高效率并促进竞争；鼓励为所有人提供方便且易于理解的支付服务；实施灵活的监督以有效管理数字时代的风险。该计划的目标是将数字支付的使用频率提高2.5倍，即相当于每人每年需要进行800笔交易。

（三）中国—泰国投资贸易概况

1. 双边贸易

根据中国海关总署的数据，2022年中泰贸易额达1330亿美元（见表10-2），其中，中国向泰国出口额为764.2亿美元。泰国农产品对华出口126亿美元，同比增长6%。

表10-2　2019~2013年11月中泰双边货物贸易情况　　单位：亿美元

年份	进出口额	进口额	出口额
2019	917.5	461.6	455.9
2020	986.5	481.4	505.1
2021	1299.5	617.2	682.3
2022	1329.7	565.6	764.2
2023	1262.8	505.5	757.3

资料来源：中国海关总署。

2023年1~11月，中国对泰国出口的前几位的商品名称为：仅装有驱动电动机的主要用于载人的机动车、智能手机、低值简易通关商品、直径>15.24厘米的单晶硅切片、品目8517所列设备用其他零件。

2. 投资情况

据商务部统计，2022年，中国向泰国直接投资流量为12.7亿美元，直接投资存量为105.7亿美元（见表10-3）。

表10-3　2018~2022年中国对泰国直接投资情况　　单位：万美元

年份	2018	2019	2020	2021	2022
年度流量	73729	137191	188288	148601	127181
年末存量	594670	43716	882555	991721	1056778

资料来源：中国商务部、国家统计局和国家外汇管理局联合发布的各年《中国对外直接投资统计公报》。

泰国投资促进委员会（BOI）的数据显示，2023年1~6月，中国在泰国提交的外商直接投资项目为132个，达615.3亿泰铢，占外国投资总额的20%。中国投资者对于轮胎及橡胶品生产，机动车及配件制造，钢铁制造，买卖投资者自有的，不作为住宅的房地产，发电和配电行业的投资力度大。

同时，中国也对泰国的航空维修领域进行了投资，中航工业已与清莱投资者合作成立清莱航空控股公司，该公司将租赁清莱机场附近的空间，预计于2024年7月左右开始运营，该合资企业的投资预计约为7.22亿泰铢。①

截至2023年11月底，中国已和泰国签订9份工程项目协议，涉及工业建设、电力工程建设、交通运输建设以及水利建设（见表10-4）。

表10-4 中国和泰国签订协议的工程项目

编号	项目名称	类型
1	艾博阳光泰国铜锭厂房项目施工总承包合同	工业建设
2	万和泰国新工厂建筑规划设计项目	工业建设
3	泰国乌汶呐（Ubolratana）水面光伏、储能及综合智慧能源总承包项目	电力工程建设
4	中泰铁路3-1标段	交通运输建设
5	长安汽车泰国制造建设EPC总承包工程	工业建设
6	泰国兆阳电力有限公司泰国新建3GW电池项目	电力工程建设
7	泰国Thachang垃圾发电项目	电力工程建设
8	泰国诗丽吉水库加固工程	水利建设
9	泰国呵叻府3x90MW陆上风电EPC总承包项目	电力工程建设

3. 货币互换协议

泰国的货币单位为铢（Baht）。2021年，中国人民银行与泰国银行（中央银行）续签双边本币互换协议，新协议有效期为五年，互换规模为700亿元人民币/3700亿泰铢，在美元汇率不断波动的情况下，该协议有利于加强中泰双方的金融和贸易合作。

4. 中泰投资政策环境

2022年1月1日，《区域全面经济伙伴关系协定》（RCEP）正式生效，该协定是各国经过不断努力而取得的成果，有利于促进中泰之间的贸易往来，促进区域经济一体化，扩大双向投资。

2022年11月，为共同推动区域合作高质量发展，中泰两国领导人共同见证签署了《中泰战略性合作共同行动计划（2022-2026）》《中泰共同推进"一带一路"建设的合作规划》以及经贸投资、电子商务、科技创新领域的合作文件，发表了《中华人民共和国和泰王国关于构建更为稳定、更加繁荣、更可持续命运共同体的联合声明》。

同时，泰国作为世界贸易组织（WTO）的正式成员国，对外签订了多项自由贸易协定。

2023年2月7日，泰国《民商法典第23号修正案（2022年）》的生效，也提高了泰国营商的便利度，更加有利于吸引外资在泰国设立企业。

---

① 中国国际贸易促进委员会. 泰国投资促进委员会：上半年中国为泰国外资最大来源国［EB/OL］. https：//www.ccpit.org/thailand/a/20230804/20230804zw7j.html，2023-08-04.

二、泰国法律制度概述

（一）投资法律制度

1. 投资法律体系

泰国一向非常注重和鼓励外商投资，1977 年泰国颁布《投资促进法》。泰国《投资促进法》是其经济增长总体计划的重要组成部分，1991 年进行了第二次修正，2001 年进行了第三次修正，2017 年进行了第四次修正，以适应经济发展，吸引外资。赋予外籍投资者投资促进优惠权益，为指定的促进商业项目的投资者提供税收和非税收优惠。

除此之外，泰国投资促进委员会采用的优惠措施还包括向外国技术人员及专家发放特殊签证等特殊优惠。《外籍人工作法》是泰国政府管理外籍人员在泰国工作的重要法律。1999 年泰国颁布了《外商经营法》，管理涉及外国人和实体的商业活动的引入方式。根据该法，某些特定项目为泰国国民保留，但外国实体可以通过从企业发展部门获得外籍人士经商许可证进而合法开展相关项目。

另外，泰国《民商法典》中还有关于有限责任公司的设立和组织机构；股份有限公司的设立和组织机构；股份有限公司的股份发行和转让；公司董事、监事、高级管理人员的资格和义务；公司合并、分立、增资、减资、破产、重组等的法律规定。

2. 投资管理部门

泰国的投资管理部门是泰国投资促进委员会。根据 1966 年《工业促进法》的相关规定成立泰国投资促进委员会（BOI）。BOI 通过提供基于税收和非基于税收的激励措施来促进投资，为国外投资者提供强有力的支持，促进泰国经济可持续增长。投资促进委员会办公厅是政府机构，其核心角色和使命是促进有价值的泰国国外投资者进行投资，从而构建泰国创新、有竞争力、具有包容性的新经济环境。

投资促进委员会架构主要为办公厅（政策委员会）、秘书处、外商投资促进处、竞争力促进处、投资服务中心、战略规划处、国际投资合作处、信息技术中心、泰国企业发展处、投资管理办公室四个分部、投资项目跟踪与评估办公室、区域经济投资中心、海外办事处等。

3. 外商投资及企业设立

外商投资通常遇到的第一个问题是在泰国设立公司，泰国《外商经营法》（以下简称"FBA"）对外国人从事特定经济活动进行了相关的规定和限制，因此，这部法案是投资者需要最先关注的。

（1）FBA 相关规定。

1）"外国人"（Foreigner）的定义。《外商经营法》B. E. 2542 第 4 条规定，"外国人"是指下列几种情况：

一是没有泰国国籍的自然人（1965 年《国籍法》）。

二是非根据泰国法律成立的法人。

三是根据泰国法律成立的法人，但其半数或半数以上的资本由外国人所有或投资（而无论其中合伙人、股东或成员的数量有多少）；同时，一家有限责任公司的不记名股票应被视为外国人的股票。

四是有限合伙企业、注册的普通合伙企业和未注册的普通合伙企业的管理合伙人或经理是外国人。

如果根据以上规定企业或者个人被视为"外国人"，那么该主体计划在泰国开展业务就必须遵守 FBA 的规定，FBA 旨在保护本地企业，削弱贸易逆差，维持国家经济。

2）FBA 三个限制清单。FBA 将商业活动分为三个清单，分别对外国人经商进行不同的限制：

清单 1 所列业务禁止外国人经营，如经营广播电台或电视台、出版报纸和买卖土地财产等。

清单 2 所列业务禁止外国人经营，除非获得商业部部长的同意（依据内阁决议），如制造枪支和弹药、泰国古董或艺术品交易以及采矿。另外，外国人的公司在经营清单 2 所列业务时，需有一个泰国少数股东持股 40%或以上（若通过内阁批准和商业部部长许可，可降至 25%），并且有不少于 2/5 的董事为泰籍。

清单 3 中所列的业务禁止外国人从事，除非通过商业发展厅总干事的许可和外国商业委员会（FBC）的批准，如建筑、旅游或广告业务。

未列入上述清单中的业务依旧对外国人开放，如生产和销售（所生产的商品）或出口贸易。但请注意，某些未列入清单的活动仍需要其他种类的许可。

3）例外情况。FBA 虽然对外国人经营做出了限制，但仍有一些例外情况：

美国公民可以根据泰国和美国的《友好和经济关系条约》享受优惠待遇；

澳大利亚公民在某些类型的业务中根据《澳大利亚泰国自由贸易协定》享受优惠待遇；

日本公民在某些类型的业务中根据《日本—泰国经济合作伙伴关系协定》（JTEPA）享受优惠待遇；

东盟公民在某些类型的业务中根据《东盟服务业框架协议》（AFAS）享受优惠待遇，并在服务业务上根据《东盟全面投资协议》（ACIA）享受优惠待遇。

4）最低投资额。从普遍意义上讲，外国人设立公司有最低限度的资本额。这一数额将在部级法规中确定，但不会低于 200 万泰铢。如果是清单 2 或清单 3 中的一项业务需要获得许可，资本额不得低于 300 万泰铢（FBA 第 14 条）。

5）与 FBA 监管业务有关的一般投资要求。如果外国人希望从事 FBA 限制经营的业务，可以通过以下方式进行：

获得泰国政府的许可；

从事零售、批发或代理业务，投资至少 1 亿泰铢（当注册的单项业务和全额支付的注册资本为 1 亿泰铢，可从事该项活动）；

依据外国人的母国和泰国之间的条约；

获得投资促进法律法规或投资促进委员会（BOI）的优惠许可；

在泰国工业园区经营业务；

其他受特别法律约束的商业活动/需要从不同当局获得许可的商业活动。

（2）在泰国设立公司的几种模式。

1）代表处。外国企业可以在泰国设立代表处（Representative Office），从事有限的非营利活动，其活动仅限于以下几种：

为总部采购或寻找货物、服务；

检查和控制总部购买或将要购买的货物的质量和数量，或由泰国的承包商制造的货物；

就总部向批发商或消费者分销的货物提供某些方面的建议；

推广总部的新产品或服务；

向总部汇报泰国的业务情况。

代表处仅限于为总部开展活动，且不能因泰国境内活动而产生收入。在泰国设立代表处时，必须向其商业部的商业发展厅进行申报，且必须向商业发展厅提交下列文件：

由授权代表签署的正式申请表；

显示公司名称、注册资本、经营范围、办公地点、董事和总部代表人的公司宣誓书（副本经过公证或认证）；

指定泰国业务代表人的授权书（经过公证或认证）；

泰国业务代表人的护照复印件，如果该代表在泰国境外签署文件，需加办非移民 B 类签证。同时，其签署的文件需要经过公证或认证。如果该代表在泰国签署文件，需要提供签证入境章页和入境卡的复印件；

授权委托书，委托代理人在泰国提交文件（请使用商业发展厅官网公布的表格）。

请注意：以上资料需要准备泰语版本。

另外，根据法律规定，代表处的会计文件应保留在其营业场所或日常工作场所，除非得到会计检查员的其他许可，通常需要提供场所使用同意书或租赁协议文件。

代表处的外国总公司必须向代表处的泰国账户汇入不少于 200 万泰铢的资本，代表处经理有责任编制资产负债表和利润表，并在财政年度结束后 5 个月内提交给泰国商业部。

在雇佣员工方面，代表处的外国雇员必须申请获得工作许可，办理工作签证所要求的最低资本已从 200 万泰铢提升为 300 万泰铢。

由于代表处不产生收入，所以其无需在泰国交税，但是外国雇员需要在泰国缴纳个人所得税。

2）区域办事处。跨国公司（指根据外国法律建立的法律实体，并在其他国家开展业务）可以在泰国设立区域办事处（Regional Office），该区域办事处无需根据外国法律注册为法人。

通常情况下，一个区域办事处只能从事以下业务活动：沟通、协调和指导位于该地区的分支机构和附属机构的运作；提供咨询和管理方面的服务；人力培训和发展；财务管理；营销控制和推广规划；产品开发和提供研究和开发方面的服务。

区域办事处一般有如下特点：在亚洲地区至少已有一个分支机构或附属机构；区域办事处不从事任何盈利活动；区域办事处不允许从事采购、销售或一般性贸易活动；区域办事处的所有支出必须由总部承担。

根据税收法，区域办事处不需要缴纳企业所得税，但总部汇出资金的利息仍需要纳税。

设立区域办事处需要在泰国商业部商业发展厅申请注册，申请程序与代表处的程序相同。区域办事处经理有责任编制资产负债表和收益表，并在财政年度结束后 5 个月内提交部。

同样地，区域办事处的外国雇员也需要申请获得工作许可。

由于区域办事处不产生盈收，所以其在泰国不需要缴纳企业所得税，但外国雇员需要缴纳个人所得税。

3）合资企业。合资企业（Joint Ventures，JV）在泰国法律中没有专门的定义，但是在《税法典》（Revenue Code）中，为专门的征税主体。通常来讲，JV 指两个或更多的当事方或企业在共同经营目标下进行的合作。一般来说，JV 采取泰国有限公司的形式，并通常根据合同形式的股东协议来控制各合作方之间的关系和持股比例。一般 JV 各方都需要提供资本，一方提供技术或技术援助，另一方提供基本生产设施和当地的营销专业知识。

从性质上看，JV 可以是公司制的，也可以是非公司制的。非公司制 JV 的成立以合同形式确定合作关系和开展业务，同时允许各方在合资企业中保持身份独立。根据泰国法律，合同型 JV 不被视为一个独立的法律实体。在实践中，JV 是完成建筑项目常用的方式，为有限的风险联合体，中泰高铁等相关项目都在采用此类方式。

一份合资企业协议可被认为是一种私人合同，不需要向政府登记。然而，各方必须根据商业活动的性质和合资企业所采用的特定结构或形式而进行某些注册和许可申请。申请许可和登记时可能需要综合考虑外商经营企业登记、增值税登记、商业登记等方面的问题。

4）分支机构。在其他国家注册的公司可以在泰国建立分支机构（Branch Office）并在泰国开展业务，该分支机构与其总公司被视为同一法律实体，代表总公司在泰国进行相关活动。

泰国没有有关设立分支机构的具体法律，但是在设立分支机构时，外国公司须向泰国商业部提交系列文件，并任命一名有权代表总公司行事的分支机构经理。

由于总公司对泰国分支机构的所有行为负责，因此总公司可以限制分支机构经理的授权范围。但泰国商业部要求该授权范围要足够广泛以使该经理能够处理涉及分支机构管理的所有事情。分支机构预期的商业活动决定了其必须遵守哪些法律，但基本上与泰国有限公司或合伙企业一样需要进行商业注册获得相关执照。

外国公司申办分支机构的外商营业执照（Foreign Business Licence），必须满足以下条件：

该公司必须向泰国汇入至少 300 万泰铢的经营费用；

至少有一个负责经营业务的人；

分支机构经理在泰国有住所；

企业贷款不得超过其股票金额或资产的 7 倍。

由于分支机构受《外商经营法》的限制，申办相关执照是相对复杂和耗时的。但若分支机构的设立是为了遵循与政府机关或公共事业单位所签订的合同并从事服务，则该分支机构不需要外商营业执照。在这种情况下，只需向商业部商业发展厅发出一份通知即可成立分支机构。在泰国设立的分支机构的税务责任如下：

企业所得税的税率为在泰国开展的活动所产生的或与之相关的净收入的20%。

利润转移出泰国时，按《税法典》中的规定预扣税款（10%）；增值税和/或特定商业税也可能成为应缴税款，具体取决于分支机构所从事的商业活动类型。

5）合伙。当两个或两个以上的主体达成合意，为一个共同的目的联合并计划利润共享时，可成立合伙企业。每一方都必须向合伙企业提供资本、劳动或其他财产。其中，合伙人可以是自然人，也可以是法人实体（但公共有限公司除外），在泰国有三种类型的合伙企业，具体如下：

一是非注册的普通合伙。该合伙形式下，所有合伙人对合伙企业的所有义务承担连带责任，没有上限。新入伙的合伙人也对既存和将来的合伙企业的义务承担责任。该合伙形式并不构成法律实体，按照个人纳税。

二是注册的普通合伙。该合伙形式下，不仅所有合伙人对合伙企业的所有义务承担连带责任，而且每个合伙人都单独承担全部责任，没有上限。该合伙形式构成法人实体，须交纳公司所得税。

上述两种合伙形式的本质区别在于，在注册的普通合伙形式下，即使合伙人名字未在交易中出现，但也可代表合伙企业向第三方索赔或争取合伙企业应获得的权利；合伙人的责任在其离开合伙企业两年后停止，而非注册合伙企业的合伙人的责任则是无限期的；债权人必须在用尽合伙企业资产的前提下才能向合伙人直接索赔；除非合伙企业已经解散，否则与合伙人私人身份相关联的债权人只能从该合伙人利润或其作为合伙人应得款项中要求其债权，而不能向合伙企业的财产求偿。

三是有限合伙。有限合伙的合伙人分成两个小类：①无限责任合伙人，对合伙企业所有义务承担无限责任；②有限责任合伙人，其责任仅限于其投资于合伙企业的金额。

有限合伙企业必须进行注册，因此被归类为法人实体。有限合伙企业须遵守以下要求：合伙企业的名称可能不包括有限责任合伙人的名字，如果有的话，则该合伙人对第三方的责任将等同于无限责任的合伙人；有限责任合伙人可以向合伙企业投资金钱或财产，但投资的不能是服务；承担有限责任的合伙人不得管理合伙企业，如果其参与管理，将承担无限责任；有限责任合伙人可以不经其他合伙人同意，出售或转让其在合伙企业中的权益，并可以开展其他业务（即使这些业务与合伙企业的业务相似）。只要合伙企业没有解散，合伙企业的债权人就不得起诉有限责任合伙人。

当至少有两个人同意在上述任一类型的法定合伙关系下共同开展一项业务时，须由全体合伙人指定的管理合伙人（如果是有限合伙企业，管理合伙人必须是承担无限责任的合伙人）向合伙企业总部所在省份的商业发展办公室的主管部门申请注册合伙企业。

此外，根据公司和合伙企业注册中央办公室第102/2549号法令，在注册合伙企业和有限公司时，当外国人合伙人或股东所投资或拥有的股份占注册资本的40%以上但少于50%时，或者虽然外国人投资或所拥有的股份少于注册资本的40%但由外国人担任授权董事时，所有泰国合伙人或股东应提交下列文件，以说明每个合伙人或股东用于投资或持有股份的资金来源：过去 6 个月的存款存折或银行对账单的复印件；银行出具的证明合伙人或股东财务状况的文件；显示投资或持股资金来源的其他证据副本。

有限合伙和注册的普通合伙企业需要履行下列职责和义务：必须在财政年度结束后 5 个月内向商业发展厅的中央会计部门提交资产负债表以及损益表；解散合伙企业时，全体合伙人必须达成协议，指定一名清算人和一名审计师，并确定审计师的报酬，解散合伙企业协议必须在 14 天内提交；登记解散合伙企业后，清算人必须对合伙企业进行清算，并向注册官提交清算的季度报告，清算结束后必须向合伙人提交报告以供其批准，并在注册处登记。

所有注册合伙企业适用企业所得税，税率为净利润的 20%。根据该企业具体从事的商业类别，可能还需要交纳增值税（VAT）或特别商业税（Specific Business Tax）。

6）有限公司。有限公司可分为私人有限公司和公共有限公司（上市公司）具体情况如下：

第一，私人有限公司。依据泰国法律，私人有限公司基本上类似于通常意义上的"有限责任公司"。它由公司组织大纲和公司章程组成。设立此类公司必须在商务部注册。

A. 公司设立流程。

设立私人有限公司须遵循下列步骤：

一是预先申请公司名称。公司设立第一步是在商业部申请公司名称，一经批准即可保留该名称 30 天，在此期间其他人不能申请相同名称。如果 30 天届满，没有提交注册文件，可以在到期前申请延期。

二是发起。在泰国注册公司需要有至少三位自然人作为发起人，注册公司的组织大纲。公司组织大纲必须包含：公司名称；公司设立的省份；业务范围；注册资本（至少有 3 股，面值至少为每股 5 泰铢）；发起人的姓名、地址、职业和签名，以及每个人将认购的股份数量；有关股东和董事的有限责任的声明。公司的组织大纲的政府注册费为 500 泰铢（约合人民币 100 元）。

三是认购股票。每个发起人也必须认购至少一份股份（但在公司成立后，只要公司还有至少三个股东就可以将其股份转让给其余股东或任何其他人员）。所有股份被认购后，发起人需要召集法定会议。

四是召开法定会议。在法定会议上，应批准发起人的费用或薪酬，确定股份类型（普通股与优先股），通过公司章程，并任命公司的董事（可为多名）和审计师（可为多名）。

五是股本支付。在法定会议之后，发起人应将企业移交给董事，董事应要求未来的股东（包括发起人）支付各自的股份。每一股至少 25% 须以现金支付。

六是公司成立。在法定会议后的三个月内，董事应在商业部注册公司的成立，并确认股本（至少 25%）已经缴纳。一旦注册资本超过 500 万泰铢（约合人民币 100 万元），董事必须证明资金在其私人银行账户中。

通常在上述所有步骤（不包括预定公司名称）的相关资料都已经准备齐全的情况下，向注册机构递交材料，公司注册可能在同一天内完成。

B. 外资持股。

如上文所述，如果外国人持有一家公司 50% 或更多的股份，该公司被视为《外商经营法》中的"外国人",并受到该法关于商业活动类型的限制。

但是 FBA 的限制存在一些例外和投资优惠,具体如下:

一是如果公司经营仅限于生产未被 FBA 禁止的产品,则外国人可持有最高达 100% 的公司股份,该公司也可以在泰国本地市场上销售其产品。

二是如果公司经营仅限于出口贸易,则外国人亦可持有最高达 100% 的公司股份。

三是如果公司经营仅限于投资其他实体的股份,则外国人亦可持有最高达 100% 的公司股份。

此外,根据公司与合伙企业中央注册办公室第 102/2549 号法令,如果合伙企业和有限公司的外国合伙人或外国股东所投资或持有的股份达到注册资本的 40% 或以上(但低于 50%),或有外国人担任授权董事,所有泰国合伙人或股东必须提交文件,以确定每个合伙人或股东用于投资或持有股份的资金来源:过去 6 个月的存款存折或银行对账单的复印件;银行出具的证明合伙人或股东财务状况的文件;显示投资或持股资金来源的其他证据副本。

C. 董事和董事会。

根据泰国《民商法典》,公司应当由得到法律和公司章程授权的董事会管理,董事由通过股东大会决议任命(可为多名),可以是外国人。被任命进行日常运作的常务董事(Managing Director)也可以是外国人,如果董事会成员有多名,董事会可以为每次会议或在规定的任期内选举一个主席。主席(Chairman)也经常被称为"主席"(President),特别是在他持有大量股份的情况下。与所有其他董事会成员一样,主席在董事会中只有一票(但他可以投决定票)。

公司章程和宣誓书可以规定董事签字权的授权,即一名董事拥有独立的签字权,或必须由几名董事共同签署。

D. 注册资本。

一般来说,泰国对公司的注册资本没有最低要求,但至少要有 3 股股份,且每股价值至少为 5 泰铢。然而,实践中劳工部就业司的政策要求,如果公司要雇佣外国人,其注册资本至少要达到 200 万泰铢,而且要全额实缴才能为一名外籍雇员申请工作许可。另外,为了获得为期 1 年的外国人商务签证,每雇佣一个外国员工必须至少雇佣 4 名泰国人。

E. 公司印章。

目前泰国普遍的做法是授权签字人签字并加盖公司印章,以便在所有法律事务和重大交易中对公司起到约束效力。

F. 税务方面。

在泰国,有限责任公司的税务义务如下:

一是公司所得税的税率为公司在泰国开展的活动或与之相关的净收入的 20%(但中小型企业适用较低税率)。

二是利润转移出泰国的,按《税法典》中规定的税率预扣税款(10%)。

三是如果公司的年收入高于 1800000 泰铢,公司必须在增值税系统注册。

第二,公共有限公司。公共有限公司的设立程序与私人有限公司相似,《公共有限公司法》B. E. 2535 允许私人有限公司转换为公共有限公司。

在泰国注册的公共有限公司可以向公众发行股票，可以申请在泰国证券交易所（SET）上市。公众有限公司可以向公众出售其股份，并在亏损时买回其股份。然而，其对公司监管和治理的要求是非常严格和复杂的。此外，一家公众有限公司必须拥有至少五名董事，其中至少一半必须居住在泰国。

（3）其他值得关注的公司相关法律规定。根据泰国《民事和商事法典》（以下简称"CCC"）注册的公司有以下责任和义务。

1）普通股东大会必须按以下方式进行：有限公司必须在注册后 6 个月内召开第一次普通股东大会，随后每 12 个月召开一次普通股东大会；在财政年度结束后 4 个月内，普通股东大会必须批准财务报表。

2）召开年度普通股东大会后，必须准备以下文件并提交给商业注册办公室，出席股东名单必须在会议日期后 14 天内出示；资产负债表和损益表必须在财务报表被批准之日起 1 个月内提交；新董事必须在会议通过任命决议后的 14 天内进行登记。

3）下列事项需要特别决议：公司成立后对公司章程和组织大纲的变更（CCC 第1145 条）；增资（CCC 第 1220 条）；特别允许以货币以外的方式支付新股（CCC 第1221 条），通过降低股份价值或减少股份数量来减资（CCC 第 1224 条），但是必须保留至少 25% 的原始注册资本（CCC 第 1225 条），所有的减资都必须通过报纸通知公众，并通过信件通知债权人，若有反对意见，在减资前，反对者的索赔必须得到满足或担保（CCC第 1266 条）；公司的兼并（合并）（CCC 第 1238 条）；公司的解散（CCC 第 1236（4）条）。特别决议必须在会议预定日期至少 14 天前在当地报纸上刊登通知，并通过挂号信寄给所有股东。后续会议只能在前次会议日期至少 14 天后召开。

4）下列事项需要股东大会的决议：任命董事，变更董事权力（除非董事会会议是被公司章程授权的），变更和任命审计师或清算人，确定审计师的报酬，批准支付股息，批准清算人的报告。这些事项也必须在会议召集通知中说明。

5）持有不少于公司 1/5 股份的股东有权向公司提交书面请求，要求召开股东特别大会。该请求必须包括特别会议的召开目的。如果公司董事在提出请求后 30 天内没有召集会议，提出请求的股东或持有 1/5 股份的其他股东可以自行召集会议。公司解散时，除了特别决议的要求外，解散和清算的步骤与合伙企业相似。

6）资产负债表的编制至少每 12 个月进行一次。它必须由审计员审查并提交给股东大会通过。在提交资产负债表时，董事必须向股东大会提交一份报告，汇报本次审查年度内公司业务的运行情况。在股东大会批准后的一个月之内，董事有责任将每份资产负债表的副本提交给注册处。

7）审计师应在每年股东普通会议上选出，并确定其报酬条件。如果审计员出现空缺，董事应立即召开特别会议以填补这一空缺。

8）董事必须确保真实账簿的保存。董事必须确保股东和董事会议的所有程序和决议妥善地记录在册，并保存在公司内的注册办公室中。

9）根据《税法典》，对于所有已注册的纳税人和已注册增值税的企业，须在下个月的第 15 天之前按月进行增值税电报并汇出应缴税款。

4. 投资优惠政策及鼓励措施

泰国的投资优惠项目主要是对于其经济和社会稳定发展以及国家安全重要且有益的投资活动项目，涉及出口生产活动；具有较高投资价值的活动；能够较高效率地使用劳工或服务，或是使用农产品以及取自天然资源之原料，并且泰国投资促进委员会认为目前泰国没有或缺乏或生产方式不先进的项目。

泰国投资促进委员会可能推进的投资项目需在经济和技术上具有合理性。考虑因素主要为：①与需求估量相比，泰国现有的生产商数量和生产能力以及在推进作用下将创造的生产能力；②此类项目将扩大在泰国生产或组装的产品或商品的市场并鼓励泰国生产或组装产品或商品；③包括首都在内的泰国可利用资源的数量和比例，使用原材料或必需材料以及劳动力或其他服务；④可为泰国储蓄或赚取的外币数量；⑤生产或组装工艺的适宜性；⑥委员会认为必要的、适当的其他需求。

为了促进泰国国家潜力和提高泰国国家竞争力，泰国投资促进委员会规定，在涉及使用高科技先进技术和进行创新研究或开发的产业活动中，对此类活动中取得投资促进优惠资格者应给予豁免，从事投资优惠项目时，以获得收入之日为第一天起算不超过13年内，对从所促进的产业活动中获得的净利润免除征收企业所得税。以上所述之免税优惠可规定为资本的投资比例，即不包含土地成本及营运资金成本。计算营运项目之净利润所依据的收入，应包括泰国投资促进委员会认为适当的销售副产品和半制成品的销售收入。

免征企业所得税期间发生营业亏损者，泰国投资促进委员会准许取得投资促进优惠资格的项目，在取得免征企业所得税时效届满后，将该年度的亏损从净利润中扣除。时效期限为取得免征企业所得税时效届满后的五年内。取得投资促进优惠资格者可以选择从任何一年或几年的净利润中将亏损扣除。投资资本的计算，应按照泰国投资促进委员会公告规定的规则和程序进行。

如果取得投资促进优惠资格者未获得企业所得税豁免或减免，泰国投资促进委员会准许取得投资促进优惠资格者从净利润中扣除用于激励活动运营的资本，其总计应不超过此类活动投资资本的70%。在这种情况下，取得投资促进优惠资格者除了扣除折旧费用以外，还可以选择从任何一年或几年的净利润中扣除此类损失，时效为核准投资优惠项目产生收入起10年内，但须符合泰国投资促进委员会规定和通知的条件和程序。

如果泰国投资促进委员会认为，在向任何活动或申请人授予投资促进优惠资格时，根据规定给予企业所得税豁免是不合适的，则投资促进委员会可对该活动或申请投资优惠的项目给予完全无免征企业所得税的优惠，或给予从投资获得的净利润中减免企业所得税代替全免企业所得税的优惠，该减免比率一般不超过50%，且依投资促进委员会规定不能超过10年。享受企业所得税优惠之取得投资促进优惠资格者，其优惠权益净利润及亏损净额之计算，应依税法之规定办理。

取得投资促进优惠资格者根据泰国投资促进委员会批准的合同取得的商誉、版权或其他权利的费用，应按照投资促进委员会规定的程序，自该取得投资促进优惠资格者的投资优惠项目产生收入起的五年内免计算应纳税所得额。

根据规定，获得企业所得税豁免的投资优惠项目所产生的股息，在该投资促进优惠资格者享受企业所得税豁免期间，应免于计算应纳税所得额。免征企业所得税之股息，自企业免税期间届满日起六个月内支付者，依规定免予计算。

为了促进出口，投资促进委员会可以授予取得投资促进优惠资格者一项或多项出口的特殊权利和福利（奖励）：①对用于生产、混合或组装产品或商品所进口的原材料和必需品免征进口关税；②对取得投资促进优惠资格的转口货物免征进口关税；③取得投资优惠项目所生产或组装的产品免出口关税。关税法不适用于已获得投资促进优惠资格者，除非投资促进委员会另有决定。

5. 投资企业退出经营

出现下列情况，泰国的有限公司解散，法人资格终止：如有规定，从其规定；如有期限约定，则在该期限届满之时；通过特别决议解散；公司破产等。另外，法院也可以根据以下理由解散终止有限公司：未提交法定报告或召开法定会议；公司自注册之日起一年内未开业或停业整年；公司只能亏本经营，没有挽回的希望；股东人数减少到三人以下。

6. 投资合作咨询机构

能够给中资企业提供投资合作咨询的机构包括中国泰国商会、泰华进出口商会、中国驻泰国大使馆经济商务处、泰国中华总商会、泰国商会、泰国工业院、泰国华人青年商会、泰国大米出口商协会、泰国工商总会、中华全国工商业联合会、泰中罗勇工业园开发有限公司市场部（中国）、泰中罗勇工业园开发有限公司招商部（泰国）。

（二）贸易法律制度

1. 贸易法律体系

泰国尚未有统一的对外贸易法，尚有许多不确定因素。泰国主要的贸易法律有：1960年《出口标准法》、1973年泰国《部分商品出口管理条例》、1979年泰国《出口和进口商品法》（2015年修订）、1999年泰国《反倾销和反补贴法》（2019年修订）、2000年泰国《海关法》、2007年泰国《进口激增保障措施法》等。

2. 贸易管理部门

泰国贸易管理部门是泰国商业部，商业部是泰国政府的一个内阁部门。商业部长是泰国内阁成员。该部在世界贸易组织中代表泰国。商业部对内的职责包括检测和控制农产品价格和农民的收入、保护消费者的权利、促进和发展商品和服务业务、保护知识产权。商业部对外的职责包括：开展国际贸易谈判，包括世贸组织、自贸区、次区域、区域等框架下的谈判；组织和管理进口、出口，如国家粮食贸易、木薯贸易等；解决问题并维护商业利益，如普惠制控制和反倾销税；促进和加速出口。

3. 贸易壁垒

除关税壁垒外，泰国贸易壁垒还有技术壁垒，泰国对产品的技术规格、认证和检验等有特定要求。除了新闻传媒、历史文物、土地买卖等特殊行业外，一般合法行业均可进行注册。

泰国对外贸易司（DFT）是负责管理泰国国内出口商有关对外贸易壁垒投诉的中央政

府机构。DFT下属的机构根据其负责的贸易壁垒类型进行投诉。关税壁垒主责机构为商品贸易管理局，非关税壁垒主责机构包括两类：定量措施（配额）主责机构为商品贸易管理局；定性措施（技术性贸易壁垒（TBT）、卫生和植物检疫（SPS）、环境和劳工措施）主责机构为贸易措施局、国家进出口和产品标准局。

4. 重要贸易制度介绍

（1）进出口管理制度。泰国可以实施以下出口管制措施：绝对禁止、需要主管当局书面许可的限制、标准要求、特殊关税或文件要求（原产地证书、商品质量证书）。根据《出口标准法》B.E.2503或其他法律，出口管制措施还可能包括配额和出口许可证。

泰国设有相关出口促进委员会，由委员会主席和总理任命的不超过9名其他成员以及办公室秘书长组成。海关司司长、经济司司长、农业司司长、水稻司司长、畜牧业发展司司长、农业与合作社部部长、皇家林业局局长、矿产资源部部长、对外贸易部部长、国内贸易部部长、工业促进部部长以及不超过七人的其他人员由总理任命为委员会顾问。主要负责开展出口促进活动；检查、控制货物出口；就影响出口促进或涉及商品标准的任何措施的使用提出建议。

泰国设有进口相关委员会，称为"保障措施委员会"，由商业部部长担任主席，商业部常务秘书长、财政部代表、外交部代表、农业与合作社部代表、工业部代表、劳工部代表、消费者保护委员会办公室的代表和消费者保护委员会任命的七名专家内阁部长担任委员会成员。对外贸易司司长为委员会委员并兼任委员会秘书。

按照商业部规定的生产标准生产同类产品的生产者或者在其他同类产品生产者的支持下生产同类产品且其总产量达到商业部规定的标准的生产者，享有相关权利：如果发现进口量增加以及对国内产业造成损害，向进口相关委员会请求确定保障措施的适用情况。请愿书应向对外贸易司提交，并附有有关产品进口增加和对国内产业造成损害的证据和信息。提出申请的，应当按照商业部规定的标准、程序和条件办理。对外贸易主管部门认为申请材料和证据完整、正确的，应当将其提交进口相关委员会作出决定。如果进口相关委员会已做出最终决定，不存在进口增加或损害的情况，终止保障措施的认定。对外贸易部门应当通知申请人，并公布最终决定。暂定关税已征收的，应当及时退还。暂定关税退还的标准和程序按照海关有关法律、法规的规定执行。如果因保障措施实施或保障措施延长三年以上而需要达成补偿协议，进口相关委员会根据其维持实质上同等减让水平的权利和其他义务来确定补偿。

（2）反倾销制度。倾销、补贴、损害、复核检验等，主要由泰国倾销和补贴委员会负责，泰国财政部负责反倾销和反补贴事项，尤其是海关部门的相关事项，同时商业部也有一部分职责。泰国反倾销和反补贴措施主要基于泰国国内工商业、消费者、公众利益的考量，由海关部门提供进出口相关信息。申请人、进口商或者外国出口商可以通过商业部规定的方式请求对初步措施、关税评估复核决定等信息进行披露。对泰国国内工业引起损害的任何倾销行为都是违法的，泰国允许采取报复措施。

对泰国国内工业造成的损害指实质损害、实质损害威胁和实质阻碍。实质损害的裁决应当依据确实的证据，即倾销的商品的数量和其对泰国国内市场相似产品价格的影响，以及进口商品对泰国国内工业的后续冲击。根据世贸组织反倾销协定第7.3条的规定，倾销的产品和对国内工业的实质损害之间的因果关系应当依据对所有相关的证据（包括除倾销产品之外已知的同时会对国内工业造成损害的因素）的考察确定。类似于其他国家的反倾销法，相应的因素包括没有以倾销价格出口的进口商品的价格和数量、在消费模式方面的变化、需求减少以及外国生产商和国内生产商之间竞争的贸易限制做法等。实践中，出口商的律师通常应当递交一份正式的有关损害问题的资料以证明存在影响国内工业运行的非倾销因素。关于损害裁决的特殊情况，泰国反倾销法认可"较低税原则"，将来征收的反倾销税的数额应为足以消除损害和在任何情况下不能超过倾销幅度。这与美国反倾销法规不同，美国反倾销法规规定，反倾销税必须与商务部确定的倾销幅度相等。但类似于欧盟反倾销法，适用"较低税原则"，以损害幅度的裁决为先决条件，否则不可能计算所给出的税的幅度能否足以消除损害。尽管如此，实践中，泰国内贸部并不计算损害幅度，而是根据在损害问卷中取得的粗略资料进行损害分析得出结论①。

5. 工业园区和经济走廊

常见的中泰友好工业园区主要有泰中罗勇工业园、泰国 WHA 伟华工业园、泰国正大—广西建工产业园、安美德（南京）智慧城、金池工业园、洛加纳工业园、304 工业园、宋卡府工业园、橡胶城工业园、春武里 Pinthong 工业园等。

（1）泰中罗勇工业园。泰中罗勇工业园开发有限公司是由中国华立集团与泰国安美德集团在泰国合作开发的面向中国投资者的现代化工业区。园区位于泰国东部海岸、靠近泰国首都曼谷和廉差邦深水港，总体规划面积 20 平方千米，包括一般工业区、保税区、物流仓储区和商业生活区，主要吸引汽配、机械、家电等中国企业入园设厂。

泰中罗勇工业园被中国政府认定为"境外经济贸易合作区"——中国传统优势产业在泰国的产业集群中心与制造出口基地，最终形成集制造、仓储、物流和商业生活区于一体的现代化综合园区。作为东盟创始成员国的泰国位于东南亚的中心，长期以来一直以其完善的基础设施、宽松的投资环境、较好的市场辐射能力、稳定的社会和政治以及友好丰富的文化吸引着来自世界各国的投资者。而泰中罗勇工业园凭借优越的区位与交通优势、一流的基础设施、优惠的政策和优质的一站式服务，将成为中国企业赴泰国投资兴业的乐园②。

中泰产能合作硕果累累，两国企业合作建设的泰中罗勇工业园是中国首批境外经济贸易合作区之一，重点发展汽配、机械、新能源等产业。泰国是全球最大的天然橡胶生产国，也是中国橡胶产业重要海外投资地，中化集团、玲珑轮胎、中策轮胎等企业在泰投资设厂，橡胶年产量不断增加。中国光伏产业在泰发展迅猛，中利腾晖、天合光能、英利等重量级光伏企业落地泰国市场，500 兆瓦光伏电池和 500 兆瓦光伏组件项目顺利投产，"立足泰国、面向东盟"的光伏市场格局逐步形成。中泰务实合作中的高、新、尖元素日益突出。华为公司在曼谷设立科技和创新实验室，顺应泰国政府创新经济发展方向，为中

① 泰国反倾销法和实务简介［EB/OL］．http：//dcj. mofcom. cn/aarticle/zcfb/cq/200504/200504000 69570. html，2000-04-28.

② 参见泰中罗勇工业园官网。

小型和初创企业提供服务；阿里巴巴集团参与东部经济走廊发展规划，建立以泰国为基地、辐射中南半岛的电商中心，同泰国商业部开展政企合作；中国科学院将在泰国启动东盟（曼谷）创新中心，为两国科技合作搭建新平台。在轨道交通装备合作方面，截至2022年中车长春轨道客车股份有限公司累计向泰国出口地铁车辆164辆，铁路客车115辆，实现销售收入超3亿美元[①]。

（2）泰国 WHA 伟华工业园。泰国伟华实业发展大众有限公司 WHA 伟华集团，开发运营十一大工业园区，总规模7824公顷（48900莱或1933英亩，1莱＝1600平方米＝3.954英亩），同时，新的工业区也在泰国和越南开发建设中。目前工业区内企业有837家，其中包括276家汽车产业类客户，1274份土地及工厂合约，企业总投资额超过339亿美元。

WHA 工业区中有十个位于泰国东部经济走廊（EEC）区域内，具体位于罗勇府和春武里府内。工业园区拥有完备的基础设施、便利的交通和高效的物流网络，在东部经济走廊（EEC）区域内针对12个新的目标产业打造符合不同产业类型的工业区，为投资者提供具有吸引力的一揽子优惠政策。

（3）泰国正大—广西建工产业园。泰国正大—广西建工产业园是泰国工业区管理局与泰中产业投资有限公司（泰国正大地产＋广西建工集团）联合开发运营的工业地产项目。泰国正大—广西建工产业园位于罗勇府帕塔纳尼空县和班凯县，在泰国东部经济走廊EEC 特区内。产业园支持对先进技术和高创新产业的投资。泰国正大—广西建工产业园（CPGC）总面积为3068－1－15莱（1212.76英亩），分为四类：工业区2205－3－00莱（871.84英亩）、商业区112－2－00莱（44.47英亩）、绿化和缓冲区307－0－00莱（121.34英亩）及公共事业区443-15莱（175.11英亩）[②]。泰国正大—广西建工产业园目标行业主要有新一代汽车、数字化产业、智能电子、食品加工、综合医疗、农业与生物技术、航空与物流、自动化与机器人、生物燃料与生物化学、高端医疗旅游、国防工业、人力资源发展与教育等。

园区提供以下服务：①泰国工业区管理局（IEAT）"一站式服务"中心：为入驻园区企业申请相关许可证提供便利服务；②企业注册服务：向客户提供在泰企业注册登记的相关咨询以及协助办理具体手续；③厂房建设和生产证件办理服务：协助施工招标、协助申请厂房建筑许可证、协助生产证件办理等服务；④劳动力资源服务：向企业提供人员招聘、培训、工作证及签证等服务；⑤BOI 证书申请：协助客户向泰国投资促进委员会（BOI）和泰国东部经济走廊（EEC）进行投资政策咨询以及申请投资办厂的优惠政策；⑥中文团队服务：向园区投资者提供中文服务；⑦租赁服务：向企业提供标准厂房、公寓、写字楼、仓库等租赁服务；⑧生活设施配套：商场、公寓、便利店、银行、律所、餐厅等生活配套设施。税收优惠包括以下方面：①免/减机器进口税；②减免所需原料或者物料进口税；③免征用于研发的进口物品进口税；④免征企业所得税和红利税；⑤享受企

①　参见商务部国际贸易经济合作研究院、中国驻泰国大使馆经济商务处和商务部对外投资和经济合作司联合发布的《对外投资合作国别（地区）指南　泰国（2022年版）》第30-31页。
②　泰国工业区管理局．工业区介绍｜具备环境友好和社会可持续性特征的泰国 CPGC 产业园［EB/OL］. https：//baijiahao．baidu．com/s？id＝1770461399985933319&wfr＝spider&for＝pc，2023-07-04.

业所得税减半；⑥双倍扣除运输费、电费和自来水费；⑦增加扣除用于便利设施安装和建设费用的 25%；⑧免征生产出口产品所需原料或者物料进口税非税收优惠包括以下方面：①允许外籍人员入境了解投资环境和政策；②允许引进外籍高管、专家、技术人员及其家属；③允许拥有土地所有权；④允许外币汇出；⑤简化工作证、签证办理过程①。

（4）四大经济走廊。泰国经济走廊建设随着泰国《国家 20 年发展战略规划（2018—2037 年）》《第十三个国家经济和社会发展规划（2023—2027 年）》应运而生。20 年战略是指泰国 2018—2037 年提高竞争力的国家战略。第十三个国民经济和社会发展规划致力于将泰国建成智慧城市以及可持续增长的安全和宜居地区。经济走廊致力于对地区繁荣做出贡献；为经济活动和社会发展创造机会；提高生活质量；连接每个地区和其他周边经济区域的经济活动。2022 年泰国新设立四个经济走廊特区，为北部经济走廊（NEC）、东北部经济走廊（NeEC）、中西部经济走廊（CWEC）、南部经济走廊（SEC）。

NEC 重点发展农业、食品加工业、创意产业、数字产业、康养旅游业，包括清莱、清迈、南奔和南邦。

NeEC 重点发展农业、食品加工业、生物经济产业，包括呵叻、孔敬、乌隆他尼和廊开。

CWEC 重点发展农业、食品加工业、旅游和高科技电子产业，包括大城、佛统、素攀和北碧。

SEC 重点发展农业、食品加工业、生物科技产业、健康保健养生旅游业，包括春蓬、拉廊、素叻他尼和洛坤。

如下四类业务不设限额免征 3~8 年企业所得税：一是以知识为基础的项目活动，重点是研发和设计，以提高泰国国家的竞争力。二是泰国目前没有或极少投资的为泰国国家发展而开展的基础设施项目活动，利用先进技术创造附加值的项目活动。三是泰国已经存在的现有较少投资的对泰国国家发展具有重要意义的高科技项目活动。四是技术水平低于前三类的项目活动，但其可以增加泰国国内资源的价值并加强供应链。这四类项目有权从正常税率中扣除 50%企业所得税，可额外获得 3 年的企业所得税豁免权。

针对核心技术的创新开发业务不设限额免征 10~13 年企业所得税，如生物技术、纳米发展技术、先进材料技术和数字技术，该类业务还可额外获得 2 年免征企业所得税权。

（三）金融法律制度

1. 金融法律体系

泰国金融体系自 1940 年建立之后，经历了 20 世纪六七十年代政府严格保护时期和 80 年代末 90 年代初的金融自由化时期。1997 年亚洲金融危机之后，泰国以处理银行不良资产、增强金融机构实力为中心重组了泰国金融体系。目前，泰国金融体系由金融机构和

---

① 全国工商联一带一路信息服务平台［泰国］正大广西建工科技产业园［EB/OL］. https：//ydylmgr. acf-ic. org. cn/eportal/ui? pageId = 0a21a77f2ad04073a7261cfbfddc8ea3&articleKey = 19bda4654d28437e8cbef6fd911f0a4d&columnId = 9a04dd02cd0b428ba1e367620bed91c1，2020-11-04.

金融市场两大部分组成。存款性金融机构主要包括商业银行、特别金融机构、储蓄与信用合作社以及货币市场共同基金等。非存款性金融机构包括由泰国银行监管的财务公司、房地产信贷公司，由保险业监管委员会和财政部监管的人寿保险公司以及由农业与合作社部监管的农村信用合作社，以及消费信贷公司、金融租赁公司等。泰国金融体系的另一个重要组成部分是金融市场。金融市场作为借贷和投资交易的中心对泰国央行实施货币政策和泰国经济发展发挥着重要作用，主要由货币市场、资本市场、外汇市场和衍生产品市场组成①。

泰国的金融法律体系主要有《银行法》《货币法》《外汇管制法》《支付系统法》《金融机构商业法》《金融机构法》《证券交易法》《存款保险法》《关于资产管理公司的紧急法令》等。

2. 金融管理部门

泰国金融业由财政部和泰国银行控制和管理。泰国银行（BOT）是泰国的中央银行。泰国财政部授权泰国中央银行，对外汇事宜开展监管。泰国证券交易委员会（SEC）负责监管泰国资本市场并确保公平和透明。泰国银行监管商业银行、财务公司、信贷银行、特殊金融机构、代表处、资产管理公司（AMC）、信用卡和个人贷款公司（包括纳米金融）、电子支付服务提供商和外汇服务提供商。由财政部指定的泰国银行审核：国家信用局（NCB）。

泰国反洗钱办公室（AMLO）负责执行 1999 年《反洗钱法》。2021 年，泰国反洗钱办公室宣布加密货币交易所的新身份验证要求。加密货币交易所必须使用浸芯片机对新客户进行亲自身份验证。浸芯片机将扫描泰国身份证中嵌入的芯片，从而阻止投资者按照之前允许的方式在线提交文件。此举旨在打击文件伪造和利用加密货币的匿名性进行非法活动的行为，并可能阻止非泰国人访问交易所。

3. 外汇管理法律法规

泰国外汇法律体系主要有《外汇管制法》《银行法》《反洗钱法》《反恐怖主义融资法》等。

泰国外汇管制的主要法律依据为《外汇管制法》（B. E. 2485）和根据《外汇管制法》颁布的财政部第 13 号部长条例（B. E. 2497）。这些法律规定了控制、限制或禁止所有涉及外币兑换的业务的原则。泰国银行监管外汇交易和与外国支付相关的业务，以维持汇率稳定，促进私营部门运营，并发展泰国的整体金融市场和经济。泰国央行表示，非过境居民可以无限制携带外币和流通票据进入泰国。非居民也可以无限制地自由携带其携带的所有外币出境，在结清所有适用税款后，可以自由汇回投资资金、股息和利润以及偿还贷款和利息。同样，本票和汇票可以不受限制地发送到国外。

泰国《支付系统法》旨在监督支付系统和支付服务的运营，以保证整个支付系统的稳定性、安全性和效率，并符合国际标准，与支付相关的创新将得到全面支持。该法案规定的支付系统有三类，即高度重要的支付系统、指定支付系统和指定支付服务。

---

① 开泰研究中心. 泰国金融体系包括哪些？［EB/OL］. https：//www.ccpit.org/thailand/a/20211228/20211228v6mp.html，2021-12-28.

任何人希望运营指定支付系统或指定支付服务，应获得财政部长的许可或在泰国央行注册。

泰国《金融机构商业法》致力于加强金融机构的风险管理，确保审慎性，并保护金融机构，降低风险可能造成的损失。它还旨在通过为金融机构董事、经理、高级管理人员或拥有管理权的人员提供良好的治理规则来维护经济稳定。

泰国《银行法》按照国际中央银行标准规定了泰国银行的目标、工作范围和组织结构，以维护金融体系、金融机构体系和支付系统的稳定性和效率。

根据泰国《货币法》，泰国中央银行有责任管理国际储备，并按照相关法律维持货币储备，以确保货币的稳定。此外，泰国银行还有责任设计、印制、发行、管理和监督纸币，以确保有足够的纸币流通，满足经济发展的需求。

4. 资本市场

泰国的资本市场从根本上受到财政部的监管和监督，通过泰国证券交易委员会执行，该委员会是根据1992年的《证券交易法》B.E. 2535成立的。泰国证券交易委员会作为独立机构，通过制定政策和法规推动泰国资本市场发展，使其标准化，以确保证券的发行和交易有序、公平、透明和高效。根据1992年《证券交易法》的定义，泰国证券交易所的职责主要包括：①作为上市证券交易的中心，提供证券交易所需的系统；②开展与证券交易有关的任何业务；③承担泰国证券交易委员会批准的任何其他业务。

5. 与进出口关税相关的法律法规

泰国与进出口关税相关的法律法规主要有《海关法》和《关税法》。关税根据《海关法》和《关税法》征收，对进口商品和有限数量的出口商品征收。进口商品分类是基于《商品名称及编码协调制度》（所谓的《协调制度》）进行的。

邮寄到达泰国的货物分为三类：第一类是免税货物，即通过邮寄进口的货物，海关价值（包括运费和保险费）不超过1500泰铢或没有商业价值，仅用于展览，是不受禁止或限制的商品。此类货物由泰国邮政有限公司分发给收件人。第二类是应税货物，即通过国际邮政进口的货物。此类货物从发件人/发货人发送至收件人/收货人，其离岸价不超过40000泰铢，对于此类货物，海关官员在将其交给泰国邮政有限公司之前计算其完税价格以及关税税款，泰国邮政有限公司负责将货物分发给收件人并代表国家征收关税税款。在这种情况下，收件人将收到通知，指示如何以及在何处提取货物并支付此类关税税款。第三类是未被列为第一类和第二类的其他货物。此类货物将根据具体情况移交泰国邮政有限公司或海关部门存放。此类货物的海关手续可分为两种情况：离岸价值超过40000泰铢的货物，收货人必须向泰国海关电子系统提交电子进口申报单。从发件人发送至收件人的货物，无论其包裹总数多少，只要离岸总价值超过40000泰铢，都需要提交进口报关单，离岸价值低于40000泰铢的货物，收货人无需以电子方式提交进口报关单。海关将计算其完税价格以及关税税款。

（四）劳动与社会保障法律制度

1. 劳动与社会保障法律制度

泰国劳动与社会保障的法律法规主要有1975年《劳动关系法》、1979年《关于设立劳动法庭和劳动法庭程序的法案》、1987 年《公积金法》、1990 年《社会保障法》、2008 年修订的《外籍人工作法》。与在泰国工作的外籍人士相关的法律规定主要有《外籍人工作法》《外籍人工作从业限制工种规定》《外籍人工作申请批准规定》等。

泰国设立了安全、职业卫生、工作环境委员会，职权包括：就职业安全与健康以及雇员工作环境发展的政策、计划或措施向部长提出建议；就部级条例、通知或执行《泰国职业安全、健康和环境法》的程序问题向部长提出建议；就促进员工职业安全、健康和环境向政府机构提出建议；执行任何法律规定的安全、职业卫生、工作环境委员会的职责或部长指派的其他工作。如果劳工监察员发现雇主违反或未能遵守行政法规，则其有权向雇主发出书面命令，要求其改善工作环境或场所，或在规定的时间内改善员工在履行职责时使用的或与履行职责相关的机器或设备。如果劳工监察员命令雇主停止使用机器或设备，停工期间雇主应按照工作日工资的标准向其雇员支付费用。

泰国设立了劳工福利委员会，由劳工和社会福利部副部长任董事长；四名政府代表、雇主和雇员代表各五名作为成员，以及由国务院任命的一名劳动保护和福利部官员作为秘书。劳工福利委员会的职权：就劳工福利政策、指导方针和措施向国务院提出建议；就有关各行业劳工福利的部级法规、通知或规则问题向部长提出建议；就不同类型企业的劳动福利提供建议；监督并向国务院报告措施实施结果；执行《劳工法》或任何其他法律规定的属于劳工福利委员会职责的或国务院指派的任何其他工作。营业场所福利委员会的职权：与雇主共同协商为雇员提供福利；就为雇员提供福利向雇主提出意见和建议；检查、控制和监督为员工提供的福利安排；就雇员福利安排向劳工福利委员会提出意见并指明方向。雇主应至少每三个月与营业场所福利委员会举行一次会议，或应福利委员会或工会总 1/2 以上人数的要求举行上述会议。雇主应根据部级法规或根据与雇员的协议，在雇员工作场所显著位置张贴有关提供福利的公告。

2. 外国人就业及签证

外国人就业及签证方面，主要有《外籍人工作法》《移民法》等法律规定。外国人在泰国就业，需持有有效签证、工作许可证并且从事不违反《外籍人工作法》规定的职业。《外籍人工作法》对工作的描述非常广泛，即通过运用体力或运用知识进行工作，无论是否为了工资或其他福利，法律并未将工作定义为通过做某事来换取经济或任何其他报酬。在没有有效工作许可证的情况下工作可能会被罚款、监禁和驱逐出泰国。

泰国签证主要有泰国精英签证、旅游签证、非移民签证、一年非移民签证、结婚签证、退休签证、商务签证、永久居民签证等。泰国精英签证是一种长期签证，属于特权入境签证，允许在泰国居住并享受 5~20 年的福利，具体取决于所选择的套餐。精英签证是一种 5 年期可续签多次入境签证，每次入境可延长 1 年居留期限。持有泰国非移民签证至少连续三年的外国人可以申请在泰国永久居留，申请必须在每年 10 月初至 12 月底提交。在泰国授予永久居留权的年度配额为每个国家最多 100 人［中国内地（大陆）、中国香港、中国澳门、中国台湾共享这 100 个名额］。申请人必须符合以下要求：

（1）持有由其当前国籍国签发的有效护照，以及至少连续三年在泰国合法逗留的泰国非移民签证。

（2）如果申请人年满 14 岁，必须提供无犯罪记录证明。

（3）体检合格证。

（4）提交有关财务、家庭、社会地位、就业和教育背景的材料。

（5）必须能够理解和说泰语。

另外，必须能够满足以下条件之一：

（1）投资类别。申请人必须汇入至少 1000 万泰铢等值货币入境（必须提供此类投资资金进入泰国的证明）。

（2）工作/业务类别。必须在注册资本至少 1000 万泰铢的泰国公司担任高级管理职位，并且必须有至少 50000 泰铢的月收入，或申请人必须为过去两年年收入缴纳每年 10 万泰铢的个人所得税，抑或必须在两年内每月赚取至少 80000 泰铢的纳税收入。

（3）人道主义原因类别。申请人必须与泰国公民或已经持有 PR 的外国人有关系：合法的丈夫或妻子、合法的父亲或母亲、在申请提交日期之前未满 20 岁的单身子女。

（五）知识产权法律制度

1. 知识产权法律体系

知识产权是指专利发明、产品设计、商标、服务标志、认证标志和版权的合法权利。

在泰国，以下类别可以注册为知识产权：

（1）商标。商标、服务商标、证明商标、集体商标。

（2）专利。发明、产品设计、小专利。

（3）版权。文学作品、艺术作品、戏剧作品、音乐作品、音像作品、电影作品、音像广播作品、计算机软件。

2. 专利保护

专利是授予产品、机器、材料或工艺的发明人的权利，以排除他人制造、使用、销售、许诺销售或进口其发明。专利提供了做某事的新方法、已知产品的新用途，或者为现有问题提供了技术解决方案。

在专利申请中，发明人必须通过提供详细、准确的发明书面描述来向公众公开其发明。专利具有地域性，这意味着它只有在获得专利权的地域内获得保护。机械、工具、仪器、方法、系统、工艺、化合物、配方都可以申请专利。

泰国的专利提供了在一定时间内的专有使用权，不受其他贸易商的竞争，从而形成了所有者的垄断。专利带来商业利益和利润，表现为所有者许可他人使用专利而获得特许权使用费。它还可以增加企业的商标或名称的价值，从而为企业赢得商誉和声誉。当某种产品获得专利时，它就与优质的商品和服务相关联。

3. 商标权

商标用于保护文字、名称、符号、声音或颜色，以区分商标所有者的商品和服务与其他人销售的商品和服务。由于商标具有地域性，因此必须在泰国注册商标，才能够得到泰国法律的保护。只要商标在商业中得到积极应用，就可以永久更新。

根据泰国《商标法》，为了获得注册资格，商标必须满足以下标准：

（1）它必须是一个标记，包括品牌、名称、文字、图形、字母、数字、颜色组合、声音等要素。

（2）该商标必须与商标所有者生产的商品或服务结合使用。

（3）标记必须是唯一的，不得与他人的注册商标相同或相似。

（4）商标必须具有显著性，显著性是指商标具有使公众能够将使用该商标的商品与其他商品相区别的特征。

要注册商标，商标所有人或其代表必须根据授权书向知识产权部提出申请并附上商标样本，文件必须使用泰语，且商标所有人必须在泰国有固定的营业地点和联系地址。

4. 版权

泰国的《版权法》通过在有限且相当长的时间内赋予创作者对其作品的专有权来保护创作者的作品。这样，创造性作品的作者将能够通过多种方式控制其作品的经济用途，以便获得报酬。

版权保护创作者的"原创作品"，如文学作品、戏剧作品、音乐作品、录音制品、哑剧和舞蹈作品、建筑作品、视觉艺术作品（如绘画、图形和雕塑作品）、电影和其他视听作品等，禁止复制。版权所有者拥有授权或禁止对其作品进行某些使用的专有权。

（六）税收法律制度

1. 税制概述

泰国的税制比较完善和透明，在泰国投资运营的企业和个人都须依法申报和缴纳税款，漏报、错报或偷逃税款会受到严厉的处罚。

泰国的税收可以分为直接税和间接税两大类。直接税包括个人所得税、企业所得税；间接税包括增值税、特别营业税、预提税、关税、消费税、印花税及财产税。泰国主要税种和税率如表 10-5 所示。

表 10-5　泰国主要税种和税率

企业所得税（CIT）税率	
总体企业所得税税率（%）	20
企业所得税（CIT）到期日	
企业所得税申报表到期日	自会计期间结束之日起 150 天内
企业所得税最终付款到期日	自会计期间结束之日起 150 天内
企业所得税预计付款到期日	会计期间前六个月结束后两个月内
个人所得税（PIT）税率	
总体企业所得税税率（%）	0~35
个人所得税（PIT）到期日	
PIT 申报截止日期	3 月 31 日
PIT 最终付款到期日	3 月 31 日
PIT 预计付款到期日	不适用（某些业务收入除外）

续表

增值税（VAT）税率	
增值税标准税率（%）	从标准的 10 降低至 2023 年 9 月 30 日的 7
预扣税（WHT）税率（%）	居民：10/1/3 非居民：10/15/15
资本利得税（CGT）税率	
总体企业资本利得税税率（%）	资本利得需缴纳正常企业所得税税率
总体个人资本利税税率（%）	资本利得需缴纳正常的个人所得税税率
遗产税和赠与税税率	
总体遗产税率（%）	10
总体赠与税率（%）	5

2. 企业所得税

在泰国注册成立的公司需就全球收入纳税，在国外注册成立的公司需就其在泰国开展业务所产生的利润纳税，企业所得税税率为 20%。

不在泰国开展业务的外国公司需就在泰国某些类型的应税收入（如利息、股息、特许权使用费、租金和服务费）缴纳最终预提税。税率一般为 15%，股息税率为 10%，但根据避免双重征税协定（DTT）的规定，可能适用其他税率。

公司居住地由注册地决定，因此根据泰国法律注册成立的公司是居民公司。在国外注册成立的公司如果被认为在泰国开展业务，则需在泰国缴纳企业所得税。其中"在泰国开展业务"定义广泛，根据避免双重征税协定的规定，包括存在雇员、代表或中间人，导致外国公司在泰国获得收入或收益。

3. 增值税

标准增值税税率为 10%，但截至 2023 年 9 月 30 日，税率已降至 7%，增值税是对销售商品和提供服务征收的。出口实行零税率，而许多商品和服务则免税（如基本杂货、教育、医疗保健、利息、不动产租赁、房地产销售）。

非居民电子服务提供商和电子平台运营商，每年向泰国非增值税注册客户提供电子服务收入超过 180 万泰铢的，必须登记增值税、提交增值税申报表并缴纳增值税（不扣除增值税）或进项税。这些纳税人不需要开具税务发票或准备进项税报告。

4. 其他应纳税款

（1）分支机构收入。外国公司的分支机构仅就其在当地赚取的利润缴纳企业所得税，汇至外国总公司的分公司利润需按 10% 的税率缴纳附加税。然而，这是对海外利润征税，不仅限于汇款。

（2）资本收益。泰国没有管理资本利得的具体立法，泰国公司赚取的所有资本收益均被视为税收目的的普通收入。但是，未在泰国开展业务的外国公司出售源自泰国或在泰国境内的投资所获得的资本收益须缴纳 15% 的税，由买方在交易时扣缴，除非根据避免双重征税协定另有豁免。

不在泰国开展业务的外国公司获得的以下收益也需缴纳 15% 的预扣税：政府、国有企业和特定机构发行的债券的赎回价与初始发行价之间的差额；政府、国有企业和特定机构发行的债券转让收益。

泰国公司和在泰国开展业务的外国公司通过出售固定收益共同基金获得的资本收益免税，前提是投资成本与与免税收入相关的费用不得作为税收减免申请。

（3）股息收入。在泰国证券交易所上市的公司从另一家泰国公司收到的股息可以免税，前提是该公司在收到股息之前和之后持有股票至少三个月。

非上市公司从另一家泰国公司收到的股息也可免税，前提是接收股息的公司持有投票权股份总数的 25% 以上，没有任何直接或间接交叉持股，并且在收到股息之前和之后至少三个月持有这些股份。但是，如果持有股份超过 25% 且不符合交叉持股条件，则只有一半的股息可以免税。

如果接收股息的泰国公司在股息发放日前不少于六个月内持有支付股息的公司至少 25% 有投票权的股份，则从外国投资收到的股息可免税，若所收到的股息是从外国净利润中取得的，则税率不低于 15%。

如果外国的"特别法律"规定了净利润的减税或免税，则收到股息的有限公司仍然有资格获得免税。

泰国公司或在泰国开展业务的外国公司从在泰国开展业务的非法人合资企业获得的利润份额免税。

（4）海外收入。在泰国注册成立的公司需就全球收入纳税。在泰国注册成立的公司收到的外国收入应按权责发生制纳税。通过泰国应缴税款的抵免，可以免除双重征税。

（七）争议解决法律制度

1. 泰国司法体系

泰国是大陆法系国家，大多数法律都已编成法典，不受先前判决的约束。遵循先例或遵守最高法院以往的判决并不是强制性的，但在实践中，最高法院的判决在纠纷的裁决中一般具有说服力。

泰国案件根据当事人提交的证据作出裁决，没有陪审团制度。泰国鼓励采用替代性争议解决方式，法院尊重双方达成的和解。法院的管辖权由法律决定，但经双方同意，可以协商另行选择管辖法院。

泰国的律师可以代表外国人提起诉讼，外国诉讼当事人在法庭要求下，可能需要亲自到庭参加诉讼。

申诉方有责任请求法院对被诉人发出传票，但是必须提交一份单独的请愿书，要求法院向被告送达传票。如果被告在泰国没有住所，则必须通过外交渠道送达传票。

2. 法庭费用

原告在提交案件时必须缴纳法庭立案费，诉讼费用通常是索赔金额的 2%。对于索赔金额不超过 5000 万泰铢的案件，诉讼费用不会超过 20 万泰铢；对于索赔金额超过 5000 万泰铢的案件，将额外收取 0.1% 的诉讼费用。如果诉讼成功，其中一部分预付费用通常予以退回。此外，非居民原告需要向法院额外存入保证金。

3. 上诉

民事案件必须在宣读判决后一个月内提出上诉。如果有请求且有合理理由，法院可酌情准予延期。

上诉方必须缴纳判决金额2%的额外法庭费用，索赔金额不超过5000万泰铢的，最多缴纳20万泰铢；索赔金额超过5000万泰铢的，需额外缴纳0.1%的费用。上诉方可能还需要提供额外的保证，以确保在上诉不成功的情况下其有能力履行判决。

上诉法院和最高法院不是初审法院，下级法院审判结束后一般不得提出新的证据。

4. 诉讼时长

除非达成和解，民事诉讼通常持续12~18个月，从提起诉讼到一审法院作出判决。上诉法院审理案件通常需要18~24个月的时间。

5. 仲裁和替代性争议解决

是否提起诉讼或寻求替代性争议解决通常是合同双方在争议存在之前做出的事先约定。当事人可以根据自己的需要专门选择调解或仲裁，或者将争议解决问题留给负责的法院。

泰国设有三个仲裁机构：泰国司法部仲裁院、泰国贸易委员会商事仲裁院和司法部下属的泰国仲裁中心。选择仲裁而不是法院诉讼的关键原因是仲裁具有灵活性，可以选择仲裁机构、地点和仲裁员人数。

6. 外国仲裁裁决的执行

相较于外国判决无法在泰国得到承认和执行，外国仲裁可以在泰国得到承认和执行。

一般来说，如果外国仲裁裁决属于泰国所加入的条约、公约和国际协议的承认范围，那么外国仲裁裁决就会在泰国得到承认，而且仅限于泰国承诺受这些条约、公约和国际协议的约束。泰国是1958年《承认及执行外国仲裁裁决公约》（又称《纽约公约》）和1927年《关于执行外国仲裁裁决的公约》的缔约国。泰国及《纽约公约》缔约国作出的外国仲裁裁决均可通过泰国法院执行。需要执行仲裁裁决的当事人必须在裁决可执行后三年内向有管辖权的法院（以下简称"初审法院"）提交执行申请。根据法律规定，申请时，申请人须将仲裁裁决和仲裁协议的原件或经核证的副本以及其全部内容的泰语翻译件与申请书一并提交。法院受理申请后，官员将申请书及相关文件的副本寄给对方当事人，对方当事人有权向法院提交执行异议书并附上支持文件。之后，初审法院将执行证人询问程序，并作出是否执行该仲裁裁决的判决。

如果仲裁裁决当事人提出符合《仲裁法》中法院可拒绝执行的法律理由的证明，如仲裁协议的一方当事人根据适用法律被认为丧失行为能力；根据当事人同意适用的法律（如未指明，默认适用泰国法律），仲裁协议不具有约束力；提出申请的一方未在仲裁程序中获得关于仲裁员的认命或仲裁程序的提前通知，或无法在仲裁程序中对其案件进行争论等情况的，法院可以拒绝执行。

（八）数据保护法律制度

泰国《个人数据保护法》（PDPA）于2019年5月27日在泰国皇家政府公报上发布，PDPA是泰国第一部规范数据保护的综合法律。

（1）在概念界定方面，PDPA 首先界定了个人数据的概念，涵盖与个人相关联的、可以直接或间接用于识别个人的所有数据，具体包括姓名、身份证号码、地址、电话号码、电子邮箱、财务明细、种族及宗教信息、性行为及性取向信息、犯罪记录、健康证明等。PDPA 并未明确界定敏感数据的内涵，但是要求数据处理者和控制者必须在数据主体的明确同意下收集、使用或者披露种族、性别、宗族、政党和生物识别信息等敏感个人数据。值得注意的是，PDPA 对个人数据的定义中没有提及 IP 地址和 Cookie 标识符，也未涉及匿名数据和假名数据等。

（2）在适用范围方面，PDPA 规定的数据保护义务适用于在泰国本地或者为泰国居民收集、使用和披露个人数据的所有数据控制者与处理者。据此，PDPA 既适用于在泰国的数据控制者和处理者，也适用于地处泰国境外但向泰国境内主体提供商品、服务的数据控制者和处理者，在一定程度上明确了 PDPA 的域外适用效力。PDPA 扩大数据保护义务的适用范围旨在尽量涵盖与泰国主体相关的所有数据处理活动，切实加强个人数据保护要求。此外，PDPA 明确排除了对国家公共安全机构、司法机构等的适用，目前关于政府机构处理个人数据的法律规范尚未出台，后续应该会提上立法进程。

（3）在数据主体权利保护方面，PDPA 与欧盟《通用数据保护条例》（GDPR）类似，明确规定了数据主体享有一系列权利，包括知情权、访问权、纠正权、删除权、更新权以及获得匿名化数据的权利等。PDPA 要求数据控制者和处理者以有效的法律依据为前提处理个人数据，包括同意、履行合同、履行法律义务、基于公共利益、基于合法和重大利益、避免对数据主体造成生命危险等情形。PDPA 还规定了数据主体具有请求匿名化个人数据的权利，但是匿名化数据的保护边界尚不明晰，可能造成法律适用难题以及数据主体与数据控制者和处理者之间的利益失衡。

（4）在数据控制者和处理者责任方面，PDPA 和 GDPR 对于数据控制者和处理者在保障数据主体权利、任命数据保护官、数据泄露通知、保存记录、安全措施等方面的责任要求相似。对于数据保护官（DPO），GDPR 明确规定了 DPO 的独立性，PDPA 对此并未加以明确。为了防范数据泄漏，PDPA 引入了 GDPR 要求数据控制者和处理者实施适当的安全措施的规定，要求在发生个人数据泄露后的 72 小时内强制性履行泄露通知义务，及时通报监管当局和数据主体。

（5）在数据跨境传输方面，数据控制者和处理者在未征得数据主体同意的情况下，不得将个人数据转移至泰国境外，除非满足相关法律要求或者属于合同履行所必须。数据接收国应当采取与 PDPA 相匹配的数据保护标准，否则无法将个人数据转移到泰国境外，除非满足相关法律要求。与 GDPR 不同的是，PDPA 没有提及遵守法院判决、国际司法合作协定的数据跨境传输问题。与此同时，PDPA 支持多项自由贸易协定（FTA）关于数据隐私和安全保障的要求，这将为泰国在欧盟、东盟自由贸易中的可持续发展提供机遇。

（6）在处罚措施方面，PDPA 和 GDPR 均赋予数据主体就数据控制者和处理者因违反《个人数据保护法》而造成任何损害的赔偿请求权，并且允许数据主体向有关监管机构或专家委员会投诉。PDPA 对于滥用个人数据的行为引入了严格的处罚措施，涵盖民事赔偿、行政处罚与刑事处罚，包括从 50 万泰铢到 500 万泰铢的罚款以及惩罚性赔偿，某些涉及敏感个人数据和非法披露数据的违规行为可能会受到高达一年的监禁。PDPA 和 GD-PR 在罚款力度上存在差异，PDPA 明确规定赔偿额度限于数据主体为防止可能发生的损害而产生的费用或者已经造成的损失。

PDPA 生效后，为了确保数据保护措施充分实施，泰国数字经济与社会部进一步制定了八项指南预案，涉及中小企业豁免、安全保障措施、投诉管理机制、执法处罚机制、专家委员会任命机制等。延长法律规范的生效时间、规定过渡时期保障措施、完善系列配套指南等做法符合发展中国家进行数据保护的现实国情，也体现出泰国通过落实配套措施，明确 PDPA 的执行进路，强化监管力度以保障数据安全的决心。因此，特别提示企业在泰国的经营中要关注 PDPA 的合规要求，降低企业经营的合规风险。

（九）外汇管制法律制度

泰国采用有管理的浮动汇率制度。所有外汇交易必须通过商业银行和授权的非银行机构进行，即货币兑换商、汇款代理以及财政部授予外汇许可证的公司。泰国银行禁止向在泰国没有基础贸易或投资活动的非居民提供泰铢计价的贷款。

泰国中央银行表示，非过境居民可以无限制携带外币和流通票据进入泰国。非居民也可以无限制地自由携带其携带的所有外币出境。然而，过境个人每人不得携带超过 50000 泰铢的泰币，但前往与泰国接壤的国家（缅甸、老挝、柬埔寨、马来西亚和越南）和我国（仅限云南省）旅行除外，允许携带的泰币金额最高为 2000000 泰铢。

虽然可携带入境的泰币金额没有限制，然而，任何携带泰铢货币、外币纸币或可流通货币票据进出泰国且总金额超过 15000 美元或等值金额的人必须在海关检查站申报该金额。

对于投资者而言，投资基金、离岸贷款等外汇进口不受限制。但是，此类外币必须在收到或进入该国之日起 360 天内出售或兑换成泰铢，抑或存入授权银行的外币账户。在结清所有适用税款后，可以自由汇回投资资金、股息和利润以及偿还贷款和利息。同样，本票和汇票可以不受限制地发送到国外。

三、泰国法律风险

（一）投资风险

1. 制度/政策限制

泰国《外商经营法》严格规定了禁止和限制外国人投资的业务，建立了外籍人士经商的负面清单。严格意义上，因特殊原因不允许外国人从事的商业活动包括：①报刊、广播电台或广播电视台业务；②水稻种植、种植园或农作物种植；③畜牧业；④林业和天然林木材加工；⑤渔业，仅限于泰国水域和泰国特定经济区的水生动物捕捞；⑥泰国药材提取；⑦泰国古董或具有国家历史价值的物品的交易和拍卖；⑧制作或铸造佛像及僧钵；⑨土地交易。

除获得商业部长许可及部长会议的批准，任何外国人不得经营与泰国国家安全或安保有关的商业，对艺术、文化、传统、习俗和民俗手工艺品有影响的商业，或对自然资源或环境有影响的商业。

与泰国国家安全或安保有关的商业：①生产、分销和维护枪支、弹药、火药和爆炸物；火器、弹药和爆炸物的部件元件；军用武器、船舶、飞机或车辆；各类战争设备或部件元件。②泰国国内陆路、水路或航空运输交通，包括泰国国内航空。

对艺术、文化、传统、习俗和民俗手工艺品有影响的商业：①泰国古董、艺术品和手工艺品的交易；②木雕制作产品；③养蚕、泰丝纱生产、泰丝织造或泰丝印花图案产品；④泰国乐器生产；⑤金器、银器、黑金镶嵌器物、青铜器、漆器的生产产品；⑥代表泰国艺术和文化的陶器或瓷器的生产。

对自然资源或环境有影响的商业：①甘蔗制糖；②盐业，包括非海盐业；③岩盐生产；④采矿，包括岩石爆破或岩石破碎；⑤用于生产家具和器皿用具的木材的加工生产。

除获得有关行业部门批准外，任何外国人不得经营泰国国民未准备好与外国人竞争的相关商业业务：①碾米及用大米和经济植物生产面粉。②仅限于水生动物孵化和饲养的渔业。③育林业。④胶合板、单板、刨花板或硬质纤维板的生产。⑤石灰的生产。⑥提供会计服务。⑦提供法律服务。⑧提供建筑服务。⑨提供工程服务。⑩建筑业，但以下情况除外：一是需要使用特殊设备、机器、技术或专业知识，外国人资本投入在五亿泰铢以上，为公共事业或交通领域提供公共服务而进行的公共设施、交通设施建设；二是行政规章规定的其他类型的建筑。⑪经纪或代理业务，但以下情况除外：一是担任证券买卖或与农产品、证券的期货交易相关的服务的经纪人或代理人；二是担任企业生产或服务需要的销售、购买的经纪人或代理人；三是为外国人投资资本在一亿泰铢以上的，为分销国内制造或进口的具有国际贸易运作性质的商品的企业提供销售或购买、采购、分销或收购服务；四是行政规章规定的经纪人或其他类型的代理人。⑫拍卖，但以下情况除外：一是通过拍卖销售除古董、古物或艺术作品以外的物品；二是行政规章规定的其他类型的拍卖销售。⑬与传统农产品或法律尚未禁止的产品有关的内部贸易。⑭最低资本总额低于一亿泰铢或每家商店最低资本低于 2000 万泰铢的各类商品的零售。⑮每店最低资本额在一亿泰铢以下的各类批发。⑯广告业务。⑰酒店业务，但酒店管理服务除外。⑱导游服务。⑲食品和饮料的销售。⑳植物品种的培育、繁殖或开发。㉑其他服务业，但行政规章规定的服务业除外。

申请外商经营许可证需要向商业部提供以下信息：

一是申请外商营业执照公司的注册证明书复印件，其内容至少要包括公司的名称，资本和实收资本；股东名单，商业对象，营业地址，董事及授权签字人名单等。

二是护照，外国人身份证明文件或代理人的身份证明文件的复印件。

三是法人代表的资质证明，该公司的法人代表满足下列条件：年龄超过 20 岁，被允许因商业目的进入泰国；受到与开展业务相关的足够的教育；经济稳定；在过去 5 年里没有受法律惩罚；在过去 5 年内从没有因为欺诈行为，债务人作弊、贪污、贸易罪行、向公众贷款欺诈的罪行或违反移民法的罪行被监禁。

四是表明在过去 5 年中没有被拒绝过外国申请营业执照申请的声明。

五是标记泰国公司大概位置的地图。

六是业务类型的细节声明。

七是某些行业可能需要的业务经营许可证复印件。

除了以上文件，商业部还需要企业对以下问题进行详细说明：

一是业务类型，包括产品说明、内部流程说明和操作阶段说明。

二是未来 3 年聘用员工的计划，包括职位名称、数量、国籍和薪酬。

三是从外国到泰国工作的员工的技术转让计划。

四是泰国员工的培训计划。

五是未来 3 年的业务计划。

文件的完整性由商业部的在职官员进行评估。因此，审核外商经营执照申请的官员不同，要求的信息细致程度会有明显差异。此外，官员审查资料需要的时间也有明显差异，有的长达几个月，实操中通常为 4~6 个月。

商业部官员一旦批准申请，涉外商业委员会在法律约束下，必须在 60 天内审查外商经营执照的申请。如果涉外商业委员会批准申请，则需在申请批准之后的 15 天内向申请人发出外商经营执照。

涉外商业委员会审查申请时，将会从以下方面进行评估：

一是多数泰国国有公司可能无法开展的业务类型。

二是业务类型不破坏国家的安全和稳定，良好的道德或公共秩序。

三是该业务有利于泰国经济发展，包括自然资源保护，消费者权益保护，以及就业规模扩大。

四是该业务在技术转让、研究和发展方面是有益的。

2. 中泰投资法律制度比较

1977 年泰国颁布《投资促进法》，2017 年进行了第四次修正，以适应经济发展，吸引外资。1978 年泰国颁布了《外籍人工作法》，是泰国政府管理外籍人员在泰国工作的重要法律。1999 年泰国颁布了《外商经营法》，管理涉及外国人和实体的商业活动的引入方式。另外，泰国投资相关法律制度还包括泰国《民商法典》中关于公司、破产等的法律规定。

2019 年《中华人民共和国外商投资法》颁布，对外商投资促进、投资保护、投资管理等进行规定。同年，《中华人民共和国外商投资法实施条例》发布，系对《中华人民共和国外商投资法》的细化，对部分条款进行了充分释义。2022 年中国修订《外商投资电信企业管理规定》，吸引外商投资电信企业，适应电信业对外开放的需要，促进电信业的发展。

2023 年中国国务院发布《关于进一步优化外商投资环境加大吸引外商投资力度的意见》，指出加大重点领域引进外资力度；发挥服务业扩大开放综合试点示范引领带动作用；拓宽吸引外资渠道；支持外商投资企业梯度转移；完善外资项目建设推进机制，健全重大和重点外资项目工作专班机制；保障外商投资企业依法参与政府采购活动；支持外商投资企业依法平等参与标准制定工作；确保外商投资企业平等享受支持政策；健全外商投资权益保护机制。强化知识产权行政保护；加大知识产权行政执法力度；规范涉外经贸政策法规制定；优化外商投资企业外籍员工停居留政策；探索便利化的数据跨境流动安全管理机制；统筹优化涉外商投资企业执法检查；完善外商投资企业服务保障；强化外商投资促进资金保障；鼓励外商投资企业境内再投资；落实外商投资企业相关税收优惠政策；支持外商投资企业投资国家鼓励发展领域；健全引资工作机制；便利境外投资促进工作；拓展外商投资促进渠道；优化外商投资促进评价。

（二）金融风险

1. 金融风险

泰铢的波动比东南亚其他邻国的货币波动要大，泰国的汇率波动风险较大，这可能导致跨国转账的高额手续费。2023 年 11 月下旬，泰国中央银行表示：新兴经济体的利率水平落后于美国等发达经济体，这正在加剧货币波动，并对汇率和资本流动构成挑战，泰国金融体系未来可能面临更高风险，泰国企业债券市场面临更高的违约风险。

2. 银行、外汇法律风险

泰国采用有管理的浮动汇率制度。所有外汇交易必须通过商业银行和授权的非银行机构进行，即货币兑换商、汇款代理以及财政部授予外汇许可证的公司。泰国银行禁止向在泰国没有基础贸易或投资活动的非居民提供泰铢计价的贷款。泰国过境个人每人不得携带超过 5 万泰铢的泰币，但前往与泰国接壤的国家（缅甸、老挝、柬埔寨、马来西亚和越南）和中华人民共和国（仅限云南省）旅行除外，允许携带的货币金额最高为 200 万泰铢。可携带入境的泰币金额没有限制。然而，任何携带泰铢货币、外币纸币或可流通货币票据进出泰国且总金额超过 1.5 万美元或等值金额的人必须在海关检查站申报该金额。

对于投资者而言，投资基金、离岸贷款等外汇进口不受限制。然而，此类外币必须在收到或进入该国之日起 360 天内出售或兑换成泰铢，抑或存入授权银行的外币账户。涉及金额超过 5000 美元或等值的外币的销售、兑换或存款的每笔交易，必须向授权银行提交申请表。

泰国财政部长有权颁布部长条例，控制、限制或禁止以任何形式执行涉及外币的所有兑换或其他业务：①外币、黄金的买卖、借贷；②货币、纸币、汇票、证券、外币或黄金的出口；③将证券转移出泰国；④汇票或本票的开具或议付、证券的转让或任何债务的确认，以便获得接收权在泰国的付款作为对价创建或转移：用于接收付款或在泰国境外收购财产，有权在泰国境外收取付款或获取财产，包括以任何付款作为此类对价；⑤汇率的确定，在这种特殊情况下，如果部长认为合适，可以通过通知确定汇率；⑥授权任何银行或任何其他人进行兑换业务；⑦要求出口商品以外币销售或者进口商品以外币支付并注明该外币；⑧要求向指定的人员出售出口外汇收入或购买外汇以支付进口费用，并确定上述出售或购买的期限、方式和条件；⑨扣留、限制或者禁止未出售外汇收入的货物的出口，或者未按规定的期限、方式或者条件进口未购汇的货物；⑩规定接收或者使用境外汇款的方式和条件；⑪要求出口商或进口商申报进出口货物收付款项的详细情况。

（三）劳动用工风险

泰国吸引了大量跨国企业来到泰国设立工厂和办事处，尽管泰国的劳动力成本相对较低，在进行跨国投资和雇佣泰国员工时，仍然存在一些用工风险。例如，泰国的劳动法规定，雇主必须支付员工工资和社会保险金，但往往没有规定最低工资标准，这使雇主可以灵活地与员工谈判工资。

此外，泰国的法律程序通常较为烦琐，因此，如果雇主遇到纠纷，可能需要花费更长的时间和更多的金钱来解决问题。泰国加班工资较高，工人权利意识较强，用人单位要求劳动者在工作日加班的，应当按照不低于工作日小时工资 1.5 倍的标准向劳动者支付加班费。如果雇员领取计件工资，则工资不少于已完成工作的工作日工资的 1.5 倍。用人单位要求劳动者在节假日加班的，用人单位应当按照不少于工作日小时工资 3 倍的标准向劳动者支付节假日加班费。如果雇员领取计件工资工资，则工资不应少于工作日工资的 3 倍。如外国公司不能按时支付劳动报酬或加班费，很容易引起工人罢工或诉讼。

泰国制定了雇主向被终止雇佣关系的雇员支付遣散费的规定，雇主应当向被解雇的雇员支付遣散费，具体如下：如果雇员连续工作 120 天但少于 1 年，雇员有权收到不少于雇员最后 30 天工资的工资，领取计件工资的雇员为不少于最后 30 天的工资；如果雇员连续工作 1 年但少于 3 年，雇员有权收到不少于其最后 90 天的工资，领取计件工资的雇员为不少于最后 90 天的工资；如果雇员连续工作 3 年但少于 6 年，雇员有权收到不少于最后 180 天工资的工资，领取计件工资的雇员为不少于最后 180 天的工资；如果雇员连续工作 6 年但少于 10 年，雇员有权收到不少于最近 240 天工资的工资，领取计件工资的雇员为不少于最后 240 天的工资；如果雇员连续工作 10 年或以上，雇员有权收到不少于最后 300 天工资的工资，领取计件工资的雇员为最后 300 天的工资。

另外，用人单位搬迁营业场所，严重影响劳动者及其家属正常生活的，应当在搬迁前 30 天内通知劳动者。为此，如果雇员拒绝在新地点工作，雇员有权终止雇佣合同，并获得不低于根据规定应得的遣散费率 50% 的特别遣散费。

雇主因引进机器或改变机器技术而对企业生产线、销售或服务系统进行重组导致减少雇工数量考虑终止雇佣关系的，应在拟终止合同前 60 天内通知劳动监察员和雇员，告知拟终止合同的日期、终止合同的原因和雇员名单。雇主未提前通知拟解除劳动关系之雇员，或通知雇员时间少于规定者，除依照规定支付遣散费外，还应支付特别遣散费。外国公司在员工解雇方面应特别注意泰国对遣散费和特别遣散费的规定，避免出现违反泰国劳动领域法律法规的情形。

另外，根据泰国法律规定，如果公司变更办公地址，必须在办公地址变更前 30 日内通知雇员。如果雇主在规定的时间内没有通知员工且员工决定不再继续工作，则应支付不少于 30 天的工资作为赔偿金，同时雇主必须支付不少于正常补偿 50% 的费用作为特别补偿。

（四）知识产权风险

进入泰国市场之前，除了要考虑文化、政治、商业方面的因素，还需要考虑泰国知识产权（IP）。IP 包括专利、商标、版权和商业秘密，投资的商业计划应该要考虑到在目标国家的知识产权保护，该国家可能包括但不限于企业将来要指定为生产地点、经营市场的国家。然而，语言的隔阂以及缺乏对泰国知识产权法律的了解给外国投资者带来很大的挑战。

泰国是世界知识产权组织（WIPO）有关知识产权保护的国际条约的成员国家。在申请 IP 保护时，可以向泰国知识产权局（DIP）直接申请注册，也可以选择通过 WIPO 的国际商标体系和国际专利体系指定泰国。根据实操经验，建议在申请商标、发明专利、应用新型外观设计之前，申请人先在泰国知识产权网站的数据库上做出初步搜索，分析知识产权的可用性。

泰国审查知识产权采用的是"申请在先"的原则。如果 IP 所有者与另一方当事人对同一个商标或者专利产生争议，无论该商标或专利所有权的来源如何或谁是真正的持有人，都会假定在先申请方优先。所以在进入泰国市场之前，尽早提交相关知识产权申请会对知识产权持有人非常有利。此外，提交申请只是一个开始，申请人应该积极关注官方 IP 数据库和市场，以防止任何未经过授权而使用申请人的 IP 的行为。

外国经营者要考虑以下因素：

一是文件准备充分，每种知识产权的申请所需要提交的文件不同。大部分文件需要翻译成泰文或者办理公证/认证。如果对这些惯例缺乏了解，该过程就可能会浪费很多时间。

二是泰国知识产权申请可能需要很长时间，如商标的申请可能需要 12~15 个月，该时间还未包括 60 日的公告期以及颁发证书的时间。审查程序也是增加申请过程复杂性的另一个因素。如发现知识产权申请不符合法律条件，官方可以初步驳回。大多数情况下，由于不了解如何答复或者不知道答复截止日，很多外籍申请人无法及时处理或者答复。不答复就被视为申请人已放弃知识产权的申请，虽然有时被驳回申请是可以补救的。

因此，在进入泰国市场之前，需要关注其知识产权的保护政策，提前做好计划。除了知识产权保护，在泰国开展业务还需要了解许多与业务相关的法律，如申请保护无形资产等，应该在商业计划执行的早期阶段开展。

（五）税收风险

在泰国经营的企业或者个人应当严格按照泰国的税法进行交税，否则将面临严厉的惩罚。

1. 企业所得税及个人所得税

纳税义务人若已依规定申报所得税，但存在虚假申报的情况，处以所漏税款 100% 的罚金；未按照规定期限办理所得税申报，处以所漏税款 200% 的罚款。在所得税查核期间，若纳税义务人提出书面申请，经税务机关认定纳税义务人未蓄意逃税且在审查过程中尽力配合，前述罚款可减轻 50%。

纳税义务人未在规定期限内缴纳应纳税款，每月按滞纳金额加征 1.5% 滞纳金，未满一个月的以一个月计算，但滞纳金最高不超过其应缴纳而未缴纳税款的金额。

2. 增值税

对未按照规定申请增值税登记但已经开展经营活动，或经营者在注销登记后仍继续进行经营活动的纳税义务人，将按其每月应纳税额，处200%罚款，其每月的应纳税额不得少于1000泰铢。

另外，对增值税纳税义务人发生的以下行为处以相应处罚：

（1）未按照规定期限申报及缴纳增值税的纳税义务人，将按其当月应纳税额，处200%罚款。

（2）申报及缴纳的增值税金额不正确，将按其应缴少缴的税额，处100%罚款。

（3）少计销项税额或虚报进项税额的，将按其少计销项税额的金额或虚报进项税额的金额，处100%罚款。

（4）纳税义务人未按照规定开具税务发票的，将按其每月应纳税额，处200%罚款。

（5）纳税义务人未按照规定留存资料备查的情况，将按其每月应纳税额，处200%罚款。

对上述应交未交税款，每月按应交未交税款加征1.5%滞纳金，滞纳金最高不超过其应纳税款。

3. 特别营业税

纳税义务人未按照规定申请进行特别营业税登记的，将按其每月应纳税额，处200%罚款。另外，对特别营业税纳税义务人发生的以下行为处以相应处罚：

（1）纳税义务人未按照规定期限申报及缴纳特别营业税，将按其每月应纳税额，处200%罚款。

（2）纳税义务人申报及缴纳之特别营业税金额不正确，将按其应缴少缴的税额，处100%罚款。

对于上述应交未交税款，每月按滞纳金额加征1.5%滞纳金，滞纳金最高不超过其应纳税款的金额。

4. 关税

违反《海关法》的法律程序会受到基于应缴未缴税款处以罚金的处罚。违反《海关法》的行为包括未遵循海关稽征程序、未执行进出口申报、走私及逃漏关税等，相关罚则请参阅泰国《海关法》。纳税义务人若经海关调查或查核，且与海关调查人员达成协议在进行诉讼程序之前结案，则相关罚款将根据经海关主管指示的协议条件办理。一般而言，关税将处所漏税款2倍的罚金，增值税则处1倍罚金。进口商品核准及走私的违规，则以进口货物价值的倍数计算罚金。

（六）外汇风险

泰国现行浮动汇率管理体制。在特殊情况下，泰国中央银行可以根据《外汇管制法》干预外汇市场。目前受美元影响，泰铢的汇率存在一定程度的波动，在泰国投资或者经营使用泰铢需要关注以下内容。

（1）货币政策：泰国中央银行的货币政策可以直接影响泰铢的汇率。如果中央银行采取放松货币政策，如降低利率，以刺激经济增长，这可能导致泰铢贬值。

（2）经济原因：经济状况、通货膨胀率、国内生产总值（GDP）增长率等经济因素会影响投资者对泰国经济的信心。如果这些数据出现不利变化，投资者可能会减少对泰铢的需求，导致其贬值。

（3）国际贸易：泰国的国际贸易状况对泰铢的价值有重要影响。如果出口下降，进口上升，或者贸易逆差扩大，这可能对泰铢产生下行压力。在《2023年10月经济预测》中，世界银行将泰国2023年的经济增长预测由此前的3.9%下调至3.4%。

（4）国际投资流动：外国直接投资、外国资本流入或外汇市场的交易活动也会对泰铢的汇率产生影响。

（5）全球经济影响：国际经济和金融市场的政策变化也会影响泰铢。

（6）外汇干预：泰国政府和中央银行有时会干预外汇市场，购买或出售泰铢以维护其汇率水平。

（七）司法救济风险

1. 外国判决不能在泰国法院执行

泰国没有加入任何关于承认和执行外国判决的条约或公约。因此，债权人必须向相关泰国法院提起新的诉讼才能获得清偿。这意味着外国判决债权人必须在泰国对泰国债务人提起诉讼，并提交外国法院的判决作为证据。最高法院裁定，要接受外国判决作为证据，它必须是最终的、决定性的命令。

2. 提起诉讼程序复杂

《最高人民法院关于民事诉讼证据的若干规定》（2019年10月14日修正）第十六条规定："当事人提供的公文书证系在中华人民共和国领域外形成的，该证据应当经所在国公证机关证明，或者履行中华人民共和国与该所在国订立的有关条约中规定的证明手续。"

《最高人民法院关于适用〈中华人民共和国民事诉讼法〉的解释》（2022年3月22日修正）第五百二十一条规定："外国企业或者组织参加诉讼，向人民法院提交的身份证明文件，应当经所在国公证机关公证，并经中华人民共和国驻该国使领馆认证，或者履行中华人民共和国与该所在国订立的有关条约中规定的证明手续。"

实践中，中国法院往往要求原告提供外国被告方的主体资格证明作为证据，并且依据上述规定，要求这类主体资格证明经所在国的公证机关公证和中国驻该国使馆的认证。

在泰国，企业的主体资格证明是商业部下属的商业发展厅出具的注册证明。根据中国驻泰国大使馆的认证须知，提交大使馆认证的文书必须是经泰国外交部认证的泰国有关部门出具的文书并翻译成英文。而泰国外交部认证中心规定，对于公司文书的认证，必须由该公司的授权董事签署申请书、加盖公章并提供董事本人的身份证明；如果由他人代为办理认证，则必须由该公司的授权董事签署授权委托书。

可见，泰国公司主体资格证明的认证需要泰国公司的配合。而作为被告的泰国公司是不会配合原告中国公司办理这种认证的。如果中国公司不能提供经过认证的泰国公司主体资格证明，案件很可能会被中国法院驳回，不予受理。

另外，提交给泰国法院的所有文件都必须使用泰语。外国文件必须是原件或经过认证的副本，某些文件还需要经过公证，然后由泰国领事官员认证。

3. 提出保全申请困难

为了确保判决得到有效执行，诉讼中的原告一般会申请对被告的资产进行保全。但是，中国法院作出的保全裁定并不能在泰国直接执行，而中泰两国并没有签订关于诉讼保全的司法协助协定。因此，中国企业要保全泰国被告的资产，只能在泰国法院重新起诉再申请保全。如此一来，中国企业将在中国和泰国同时开展针对同一被告、同一标的的诉讼，花费双倍的时间和费用成本。

四、法律风险防范对策

（一）投资风险防范

1. 适应投资环境及了解相关政策

泰国投资环境、执法和司法环境有待改善。投资者应适应泰国投资环境，充分了解当地办事规程，进行产业融入。可以充分利用泰国本地或国际机构进行尽职调查，同时投资者应加强合同管理，把泰国法律法规中的强制性要求写入合同，尽量化解明显对投资方不利的条款，防范违约法律风险。

2. 尊重当地文化习俗

在泰国访问宜穿西装，重要会议需提前预约时间。泰国人与客户见面时，通常施合十礼。泰国重视当地教规，泰国人大多信奉佛教，佛教是泰国的国教，切不可对泰国的寺庙、佛像等做出轻视的行为。在泰国切忌触摸任何人的头部，被认为"不敬"。另外，在泰国要尊重王室，在公众场合不随意讨论王室，其《刑法》第112条禁止一切对泰国君主和王室的冒犯、诽谤、歪曲、批评，被起诉者将面临极重的处罚。

（二）金融贸易风险防范

泰国出台了加密货币新规，泰国税务局正式根据《税务法》发出所得税缴纳令，要求从2024年1月1日起，每年在泰国居住超过180天的外籍人士，当其海外收入被转移到泰国时，需要在泰国上缴个人所得税，值得注意的是，海外加密货币交易收入也被纳入其中。2024年泰国的货币泰铢的汇率大幅波动，引起了市场的广泛关注。投资者应时刻关注泰国汇率浮动变化，根据自身状况，优化资产配置，避免出现高额损失。同时，外商应注意防范信用证诈骗等法律风险，做好事前调查、分析、评估，防范信用证的法律风险。

（三）劳动用工风险防范

劳动方面，要注意劳动用工中的解雇问题，以及劳动用工加班方面的风险防范。

根据《劳工保护法》第119条，以下任何一种情况的解雇，雇主都不必支付补偿金于雇员：

（1）故意不诚实地为雇主工作或犯刑事罪的。

（2）故意给雇主造成损失的。

（3）因粗心大意给雇主带来严重损失。

（4）违反合法且公正合理的工作章程、纪律或雇主命令，并且雇主已发过书面警告的。若是重大过失，雇主可不必事先警告。书面警告有效期为自雇工犯错之日起不超过一年。

（5）没有适当理由而连续三个工作日旷职，不论中间是否有假日相隔。

（6）法庭最终判决需监禁的。

在解雇雇员而不必支付补偿金的情况下，若雇主不在解雇通知书里注明终止雇佣合约的原因或在终止雇佣时没通知雇员被解雇的原因，以后雇主不得重提该原因。

节假日期间如存在加班情况，应及时按照法律规定支付劳动者加班工资。根据法律规定，雇主应以泰币支付工资、加班费、假日工资、假日加班费和其他与雇佣有关的金钱福利，除非征得雇员同意以账单或外币支付。自与雇员终止雇佣关系之日起计算，雇主应当将支付工资、加班费、假日工资、假日加班费的有关文件保存不少于两年。在解雇雇员方面，应特别注意遣散费和特别遣散费的支付事宜，避免出现违反泰国劳动法律法规、政策、社会风俗等方面的情况。

除此之外，文化差异和员工流动性较高也是需要企业关注的重要事项。例如，泰国人通常注重人际关系和面子，这可能导致在处理问题时存在一些难度。此外，泰国存在一种"不正面回答"的文化，这意味着当员工面对问题时，他们可能不会直接回答问题，而是用一些模糊的语言来回应。在泰国，劳动力流动性相对较高，员工可能会频繁更换工作，或者在一家公司工作几个月后就突然离职，这可能会增加企业管理的难度。

（四）知识产权风险防范

保护企业或者个人的知识产权是非常重要的，在泰国，侵犯知识产权属于刑事犯罪。如果知识产权被侵犯，那么将会面临巨大的损失，所以需要采用积极的措施事先保护知识产权。

1. 向知识产权局注册知识产权

只有注册的知识产权才能够得到泰国法律的保护，所以，为了防止知识产权被侵犯，个人或企业在赴泰国开展业务之前，应当先在泰国知识产权局注册相应的知识产权。

2. 了解知识产权相关权利

泰国保护知识产权的相关规定与中国有所区别，个人或企业应当了解泰国对于知识产权的相关规定以便对自身所拥有的权益予以明确，更好地保护自己的权利防止他人侵犯。

3. 采取法律行动

若在泰国遭遇知识产权侵权，建议寻求法律的帮助，如开展诉讼保护自身的权益。

（五）税收风险防范

1. 了解税法，规避税务风险

了解泰国的税法，熟悉各种税款的征收标准和流程，以便在后续的经营中规避税务风险。

2. 合理规划，降低税负

（1）选择合适的公司类型。根据自身的业务需求和规模，可以选择个人独资、合伙企业或有限责任公司等不同的公司类型，不同类型的企业在税务方面面临不同的规定。

（2）明确款项，降低税负。在泰国，增值税和所得税是两个重要的税种，企业在纳税时划增值税和所得税，需要对各项支出进行分类，明确哪些支出可以作为进项抵扣，哪些支出不能作为进项抵扣。同时，还需要根据自身业务特点，合理选择企业所得税的缴纳方式。

（3）利用税收优惠政策。泰国政府为了鼓励创业，制定了一系列的税收优惠政策，企业应了解哪些优惠措施适用于自身，并在符合条件的情况下积极申请。

（六）外汇风险防范

2023年8月25日，印度尼西亚、马来西亚和泰国签署了关于本币交易的谅解备忘录，共同宣布减少对美元的依赖。虽然这三国早已签署了本币交易协议，但这次的协议特别强调不再需要使用美元作为中介。为了避免外汇风险，在泰国进行投资和交易时，建议使用本币即人民币进行结算。

（七）司法救济风险防范

在目前的法律和制度环境下，中国企业在中国法院起诉泰国企业将面临巨大的障碍。因此，在中国起诉泰国企业并不是中国原告的最佳选择。相反，中国企业应优先考虑以下方案：

第一，在泰国法院起诉。需要注意的是，在泰国，不存在"豁免要约"这一情形。因此，在咨询法律顾问之前不应做出妥协、和解以及提出妥协或和解。同样，审判中或即将提起诉讼的当事人在与对方当事人的所有沟通中都应谨慎。在提起诉讼之前，原告应调查被告在泰国和国外的资产的性质和范围。如果被告几乎没有或根本没有可收回资产，金钱判决的价值就有限。因此，原告应在案件审理前或在合理的情况下对自身掌握的关于对方当事人的任何信息进行评估。

第二，依据事先签订的仲裁协议提起国际仲裁。泰国是《承认及执行外国仲裁裁决公约》的缔约方，其他缔约方（如中国、中国香港、新加坡）作出的仲裁裁决可以根据泰国仲裁法被泰国法院承认和执行。

五、投资泰国相关案例评析[①]

（一）雇员重大过错导致公司受损，辞退未支付补偿金被雇员起诉

1. 案例介绍

某泰国科技公司（以下简称公司）是一家成立于2017年总部设在泰国曼谷的100%

---

① 案例由北京市道可特律师事务所特别顾问柳婷提供。

外商投资公司，主要开展电子商务相关业务。该公司合规部门的一名高级经理主要负责公司对外签署的合同审核和检查归档，合规部门在一次对合同的抽查中发现，在公司为了开展业务租赁地点放置营销物料而对外签署的租赁合同中，有近40%的合同存在租赁单位使用错误的问题，如租赁的面积应当为1~2平方米（m²），但是合同中却表述为10~20平方厘米（cm²），该错误使公司需要投入大量的时间和人力对所有出错的合同进行处理，最后对公司造成的损失包括但不限于，与甲方重新签订合同、与甲方签订补充协议修正错误，被甲方中止合同。

在该事件发生后，公司认为该员工作为合规部门的高级经理在工作中出现这样的问题属于重大过错，并对公司造成重大损失，但是在和该员工进行商谈后，该员工拒绝承认自己在工作中的失职，并推脱责任给业务部门，并认为本次事件只是小小失误，不是多大的问题。公司管理层综合考虑后作出辞退决定，由人力资源部门和合规部门主管负责处理。

该员工要求公司按照泰国法律支付辞退补偿金，但公司认为该员工属于有重大过错的情况，无需支付补偿金，且公司的员工手册已经明确规定，严重违纪行为包含"由于粗心大意给公司造成重大损失"。双方最终没有达成一致，该员工在离职前也没有签署任何离职协议。公司在次月收到员工在泰国劳工法庭起诉公司不公平解雇的诉状。

案件经过一年多的审理，劳工法庭一审判决认定该员工的行为不属于因疏忽而导致雇主遭受严重损耗的情况，因此解雇为不公平解雇，雇主应当向该员工支付补偿金、代通知金、不当解雇赔偿金以及违约期间的利息。

公司收到判决后对一审判决不服，继续上诉，在二审维持原判后，与当事人进行和解，双方达成和解协议后结案。

2. 风险分析

根据泰国《劳工保护法》，解雇员工分为两种情况，一种为"因员工过错解雇"，另一种为"不公平解雇"。根据泰国《劳动保护法》119条，只有在6种情形下，雇主可以不用支付补偿金（前文已介绍）。

如果公司解雇雇员时，不符合这6种情形，则需要按照《劳动保护法》118条的规定，按照以下方式支付补偿金：

工作满120日不满1年的，享受不少于30个工作日工资的补偿金；

工作满1年不满3年的，享受不少于90个工作日工资的补偿金；

工作满3年不满6年的，享受不少于180个工作日工资的补偿金；

工作满6年不满10年的，享受不少于240个工作日工资的补偿金；

工作满10年以上的，享受不少于300个工作日工资的补偿金。

同时，公司应当提前一个月通知解雇雇员，否则需要支付相当于最后30个工作日的工资作为特别补偿金。

3. 评论与提示

由于中泰文化存在差异，对很多问题的认知是不同的，比如疏忽大意，在我们看来无法接受的行为，但在泰国可能会被认为是可以接受的小错误。随着中国企业越来越多地在泰国投资发展，劳动纠纷的发生率也在递增，通常情况下，法院都会作出有利于劳动者的结果，在实际案件中，劳动检查员也希望雇主考虑雇员的难处。因此，劳动用工一定要合规，按照劳动法规明确员工手册的条款，并得到全体员工认可。

另外，公司要注意《劳工保护法》第九条的利息计算问题，提供该案例的律所曾亲身经历一个案件，案件历时三年时间，最后泰国最高法院认定公司构成不公平解雇，原本的补偿金加上三年的利息达上千万泰铢，得不偿失。

《劳工保护法》第九条规定，凡雇主未能遵照第十条第二款的规定退还担保金，或未在第七十条规定的时间内发放加班费、工资、假日上班费及假日加班费，抑或是未发放第一一八条规定的补偿费，第一二〇条、一二一条和一二二条规定的特别补偿费，必须向雇员支付违约期间的利息，以每年15%的利息率计算。凡雇主无正当理由故意不退还或不支付本条上述规定的费用，则在规定发放或退还工资日期的七天后，必须以每七天增加支付15%的拒付金额给雇工。

（二）违规代持，公司遭受巨大损失

1. 案情介绍

受泰国《外商经营法》的限制，很多行业属于外商限制性行业，某浙江建筑公司为了规避《外商经营法》的限制，决定让泰籍人士帮忙代持51%股权。恰好该公司外派到泰国的代表（中国国籍）的配偶是泰国国籍，因此公司49%的股份由中国公司持有，其余51%全部由该外派代表的配偶代持，公司对外签字授权人为该公司外派代表。

泰国公司运营两年后，该外派代表夫妻通过伪造公章、偷窃存折等方式，完全"合法"地从公司账户取走近百万资金。该建筑公司知晓此事后，立刻派调查小组前往泰国，但由于股东结构和文件的形式符合银行要求，且其找泰籍人士代持公司股份的行为根据泰国《外商经营法》属于违法行为，因此该公司既无法要求银行追索资金或冻结账户，又不能以该股东的行为违法为由在泰国起诉，最后只能通过其他方式解决，该案件至今没有结果。

2. 风险分析

泰国《外商经营法》第三十六条规定，任何泰国公民或非属本法有关外国人规定的法人，对外国人经营的属于本法附录规定禁止外国人投资经营且未申请获准经营的业务给以帮助、支持或参加经营的，或者参加表面为自己独资经营但实际上为外国人经营的企业，抑或在合伙企业、有限公司或任何法人企业中代替外国人持有股份，以使外国人规避或违反本法规定从事其经营活动的，包括允许泰国公民或非属本法外国人规定的法人施行上述行为的外国人，应处以三年以下有期徒刑或十万泰铢至一百万泰铢的罚金，或两者兼有，并由法院根据情况责令其终止所提供的帮助、支持行为，或者令其终止参加该经营企业，抑或责令终止其代持股份、参与合伙的行为，拒不执行的，违令期间按日处以一万泰铢至五万泰铢的罚金。

《外商经营法》第三十七条规定，任何外国人违反本法第六条、第七条或第八条规定，从事非法经营活动的，处以三年以下有期徒刑或十万泰铢至一百万泰铢的罚金，或两者兼有，并由法院根据情况责令其终止经营活动，解散其经营企业，或终止其代持股份、参与合伙的行为，拒不执行的，违令期间按日处以一万泰铢至五万泰铢的罚金。

因此，找泰国公民代持股份的行为为《外商经营法》明令禁止的违法行为。另外，泰国《民商法典》规定，泰国公司的董事数量由股东大会规定。在泰国，对外代表公司行使权利的并不叫做法定代表人，而是签字授权董事，因此一个公司可能有不止一位董事可以对外代表公司。

3. 评论与提示

上述案例其实反映了在泰企业常见的问题，作为一家中国企业，在泰国投资最需要关注的一部法案就是《外商经营法》，该法案中的三个限制清单，导致很多行业在泰国需要先按照该法案申请外商经营许可证（FBL），之后才可以开始经营。如果企业的投资行业、事项属于泰国 BOI 税务优惠政策的可申请范围，也可以在申请获得 BOI 的税务优惠政策后，再策享受非税务类优惠，获得等同于 FBL 的 FBC 证书，之后便可以开始合规经营。但通常，无论是 FBL 还是 BOI 的申请从企业开始准备资料到最后拿到证书都至少需要 3~6 个月的时间，且也存在申请不通过的可能，很多企业在了解完政策后，急于开展业务，加之市场上有大量的中介机构也在提供所谓的"合理代持"方案，会选择先代持股份，把业务开展起来，后续再说。有些行业原本就是禁止外商投资的领域，无 FBL 和 BOI 的申请可能，有些公司会铤而走险，但一旦被泰国当局查到，将会按照相关法律处置。

另外，在泰国设立公司，企业还经常遇到一个问题便是关于签字授权人的问题，因为其设置并非与中国一致。在泰国的公司可以自由设置签字授权人，以及对外签字授权的方式。比如，一个公司可以有多名签字授权人，可以一个人签字对外生效，也可以多个人一起签字对外生效，甚至可以设定，签字授权董事 A 拥有全部权限可以对外签署所有文件，B 拥有部分权限仅可以签署劳动人事类、社保类、移民局签证类文件，C 只能对外签署金额不超过 100 万泰铢的商务合同和文件，并且在此基础上，公章也不是必选项，公司可以登记有公章，也可以登记没有公章，如果有公章，也可以在以上记录的规则中增加加盖公章对外生效的多种组合。以上对外生效的方式在公司注册时需要在泰国商业发展厅进行登记，登记后，会在其公司的证书中有所显示。因此在实操中，公司可以根据自己的情况对签字授权方式进行设定，同时在与泰国其他企业的合作和商务活动中，需要确认该公司登记的授权对外生效方式，以确保所有的文件签署合法有效。笔者建议，企业可以通过中介机构调取对方公司的 DBD 登记文件，以了解该公司的签字授权方式及公司基本情况。

（三）泰国 BOI 企业常见实操问题

1. 案情介绍

某中国公司在泰国投资建厂，通过申请获得了相应的 BOI 优惠政策，外资持股 100%，并持有了该公司所申请的 BOI 项下项目的对应土地。后公司在生产经营中发现，原本的三期计划受疫情和经济发展影响，开发工作一直推迟，因此为了缓解现金流压力，公司提出将第三期的土地出租给其他公司使用，或以该土地为资产和其他公司成立新的合资公司。同时，为了提高员工福利，计划建一个杂货店，为员工销售食品饮料等生活用品。

在中国公司与某 B 公司就第三期土地的问题进行沟通时，某 B 公司在商业谈判和尽职调查中发现，该中国公司所有的土地实际上属于该中国公司在申请之前的税务优惠政策中，根据申请时的项目情况、规模、商业计划、投资计划所获批的 BOI 优惠政策中的其中一项对外资可以持有土地的非税务类优惠政策，实际上必须对应在其获批的 BOI 项目中，不可以单独进行该项目之外的经营活动。如果该公司想要使用第三期土地与 B 公司合资，则需要先向 BOI 申请变更土地计划，再考虑与 B 公司成立合资公司的业务是否可以申请新的 BOI 项目，在新的申请获批后，才可以处置该土地。最后 B 公司考虑到时间和多方的成本问题，未就此达成合意。

另外，该公司原本筹备的杂货店计划，也在准备过程中被其公司委托的第三方专业机构叫停，因为该公司本身为外籍公司，受到泰国《外商经营法》的约束和限制，但是因为其申请获得了 BOI 政策优惠，因此在 BOI 项下该项目获得了外商经营许可证，其 BOI 项目可以进行经营，但是杂货店不属于原本的 BOI 项目。如果今后计划让员工在该店进行消费，并将收入作为该公司收入的一部分，属于超出外商经营许可范围的经营行为，将会违反《外商经营法》。因此，该公司在与第三方专业咨询机构确认后，根据泰国相关法律的规定，将该杂货铺作为员工福利，以不产生收入、非经营的性质开始运营。

2. 风险分析

泰国投资促进委员会主要负责促进国内外投资，特别关注对经济发展和技术进步有重要贡献的领域，是泰国政府推动经济发展和吸引外资的关键机构，通过实施一系列的优惠政策和支持措施，促进泰国经济的多元化和现代化。

BOI 的目标是通过提供各种激励措施吸引和促进外国直接投资，以及支持国内企业的成长。如果企业符合 BOI 公布的行业名录，可以通过申请 BOI 获得相应的优惠和激励政策：

（1）税收优惠：BOI 提供一系列税收优惠措施，包括减免公司税、关税优惠以及对于特定项目的其他税收激励。

（2）非税收优惠：外国投资者在泰国拥有土地所有权、外国员工的特别待遇等。

（3）投资项目的审批和便利化：BOI 为投资者提供项目审批、投资咨询和其他行政便利化服务。

（4）支持特定产业和区域发展：BOI 鼓励发展那些能带动国家经济增长、提升技术水平和创造就业机会的产业和项目。

（5）提供培训和人力资源开发支持：BOI 还为企业的人力资源开发和培训提供支持，以提高泰国劳动力水平。

BOI 是在不影响本地行业发展、不对本地行业竞争产生影响的背景下，为了吸引外资而对外资企业提供优惠政策，具有一定的约束性，外资企业需要按照规定执行政策，否则将会有被撤销优惠措施的风险。

3. 评论与提示

BOI 关注企业发展计划和承诺，通常给 3 年的时间落实投资计划，因此一般会在 3 年后就企业的计划落实情况进行检查。很多中国公司在获得了 BOI 优惠后，并未研究清楚 BOI 颁发的项目证书的全部内容，以及缺乏专业的政策指导，在后续的生产经营中通常出现不符合或者违反投资促进委员会要求的事项，给企业造成一定的影响和损失。因此，笔者再次建议：

（1）在公司申请 BOI 优惠政策时，要按照实际投资计划进行申请，承诺的技术转让、设备进口等细节都需要按照计划逐一落实。

（2）如果公司有条件，在申请时要咨询第三方专业机构的意见，确保申请的准确性，曾有公司对生产产品类别判断错误，递交材料后经历半年的审批，最后被 BOI 驳回。

（3）公司在获得 BOI 优惠政策后，建议招聘 BOI 专员，专门负责 BOI 相关事项，确保企业按照要求填报相关报告，并在规定的时间内提交。

（4）通常一个公司可以根据不同的生产工艺或者经营内容申请多个 BOI 优惠政策，但是每项申请对应相应的注册资本金，因此公司在确认投资前，应根据可能要开展的业务做好财务预算。

（四）泰国中资工厂被美国海关长臂管辖

1. 案情介绍

2010 年 11 月 18 日，美国商务部宣布对进口自中国的复合木地板进行反倾销和反补贴立案调查。某浙江企业的木地板产品一直远销美国，是美国地板行业大型进口商的主要供货商，因此在美国开始对木地板行业发起双反调查后，该公司管理层做出决定，在泰国投资设立新公司新工厂，转移生产线。工厂在泰国一直运营正常，直至 2022 年，该公司的美国进口商再次收到美国商务部的调查通知，要求其说明其进口的木地板是否符合进口国原产地要求，并派出美国官员前往生产地进行实地调查。该进口商的产品 90% 来自东南亚的工厂，该工厂为泰国最大的供应商。

该公司在收到其进口商的通知后，很快也收到了泰国海关调查部门的信函，通知其准备资料，配合美国海关的走访调查。该公司在咨询了当地专业咨询服务机构后，最后选定笔者曾任职的国际咨询公司的海关团队为其代理本次调查案件。在专业团队的帮助下，该公司对该工厂的原材料清单、来自中国的原材料进口清单和样本、出口到美国的产品介绍、泰国公司的材料成本等方面进行审核，同时与该工厂美国进口商的律师团队沟通，帮助工厂准备相关资料，并对工厂车间、生产线、库房进行实地考察，确认细节。在随后到来的调查日，美国海关官员在泰国海关部门的陪同下，到该工厂进行走访，了解企业情况，并对工厂生产环节进行了细致的查看。最后，无论是该工厂提供的资料还是工厂的实际生产情况都符合泰国原产地的要求，最终避免了被采取下一步措施的结果。

2. 风险分析

近年来，受中美贸易摩擦的影响，很多中国工厂选择了将产能转移到海外，东南亚因为其地理和人力成本的优势，成为很多工厂的首选之地。但是在海外设立新工厂不代表就可以完全避免美国双反措施的影响，如果设立的工厂不能符合当地的原产地要求，依旧可能面临被美国反规避调查及当地海关处罚的双重风险。

泰国的原产地证书有两大类：①普通原产地证书（Ordinary of Origin），仅用于证明产品原产国，不能用于享受目的地国优惠税率，即 C/O。②特别原产地证书（Preferential Certificate of Origin），用于享受目的地国优惠税率的原产地证书。重点是特别原产地证书，是企业最为关注的一个类型。

原产地证书获得标准：

（1）完全获得标准（Wholly Obtained Standard）。

1）WO/WP（Wholly Obtained or Produced）：完全取得或生产。

2）PE（Produced Exclusively）：完全使用原材料生产。

（2）实际性改变，即使用非原产材料生产，但符合产品特定原产地规则规定的税则归类改变（CTC）、区域价值成分（RVC）、制造加工工序或者其他要求。

区域价值成分计算公式：①间接/扣减公式：$RVC = (FOB - VNM)/FOB \times 100\%$；②直接/累加公式：$RVC = (VOM + 直接人工成本 + 直接经营费用成本 + 利润 + 其他成本)/FOB \times 100\%$。其中，FOB 为产品离岸价格；VOM 为区域内原产材料价值；VNM 为非原产原材料价值。

在泰国，原产地证书签发机构有三个，分别是商业部对外贸易司；泰国商会；泰国工业联合会。泰国的原产地要求涉及一系列的法律和规定，这些法律旨在确保产品的原产地准确无误地标注，以便于贸易和保护消费者权益。原产地要求通常要求标示产品生产、加工、改造等方面的详细信息，确保可以准确地追溯产品原产国。

泰国原产地要求涉及的法规包括：①《关税法》，其对产品原产地标签的规定，可确定产品是否符合某些关税优惠。②贸易协议和国际规范：泰国作为世界贸易组织（WTO）的成员，需要遵守与原产地标识有关的多边贸易协议。此外，泰国参与的区域贸易协议也可能有关于原产地要求的特定规定。③《消费者保护法》，旨在保护消费者权益，确保消费者能够获取关于产品原产地的准确信息。④食品安全和标签法规：特别是在食品和饮料行业，原产地标识对于确保产品符合食品安全标准、消费者获知产品来源至关重要。

3. 评论与提示

如果中国企业在泰国设立工厂，生产的产品主要出口美国，那么其需要考虑两个关键问题：一是在泰国生产的产品能否满足美国海关关于泰国原产地的认定标准，即原产地规则问题；二是从泰国出口美国是否构成对美国贸易管制措施的规避，即反规避风险问题。

例如，2011 年美国对中国光伏产品启动反倾销、反补贴"双反"调查，作为应对，一些中国光伏企业在东南亚国家如越南、马来西亚等建立了生产基地，利用中国产的上游材料在这些国家组装成产品后出口至美国，从而规避"双反"关税。美国对中国光伏企业在东南亚国家的工厂进行了反规避调查，主要针对这些企业为规避美国对中国光伏产品征收反倾销和反补贴税而在东南亚建立生产基地的行为。美国商务部的调查结果表明，如果认定商品存在反倾销反补贴规避情况，则该商品将同等适用相关的反倾销/反补贴措施，包括缴纳反倾销/反补贴税保证金。此外，美国海关及边境保护局也有权进行反规避调查，确认进口商品是否规避了美国反倾销/反补贴措施。

提供该案例的律所在上述案件中，亲身经历美国官员在泰国的走访过场，可以负责任地说这种调查不是走走过场，而是真的细致入微，因此特别提示有意在泰投资的生产制造型企业，一定要关注当地法律规定，按照泰国原产地要求行事，不要因小失大，最后可能的结果或许不是一家泰国工厂受到处罚，影响的可能是所有在海外设厂的中国企业的集体形象，以及中国企业在当地国的投资信誉。

六、泰国现行投资法律法规清单

泰国现行投资法律法规清单如表 10-6 所示。

表 10-6　泰国现行投资法律法规清单

泰国现行投资法律法规清单
《外商经营法》 （Foreign Business Act）
《投资促进法》 （Investment Promotion Act）
《民商法典第 23 号修正案（2022 年）》 （The Civil and Commercial Code Amendment Act（No. 23）B. E. 2565）
《进出口管制法》 （Import and Export Control Act）
《对策略投资和支持措施法》 （Strategic Investment and Support Measures Act）
《版权法》 （Copyright Act）
《化妆品法》 （Cosmetic Act）
《出口和进口商品法》 （Import and Export of Goods Act）
《出口标准法》 （Export Standards Act）
《泰国托运人理事会法》 （TNSC Act）
《地理标志法》 （Geographical Indications Act）
《外籍人工作法》 （Alien Working Act）
《工业促进法》 （Industrial Promotion Act）
《部分商品出口管理条例》 （Regulations on the Export Administration of Certain Commodities）
《反倾销和反补贴法》 （Anti-Dumping and Countervailing Act）
《海关法》 （Customs Act）

续表

泰国现行投资法律法规清单
《进口激增保障措施法》 （Import Surge Safeguards Act）
《银行法》 （Banking Act）
《货币法》 （Currency Act）
《外汇管制法》 （Foreign Exchange Control Act）
《支付系统法》 （The Payment System Act）
《金融机构商业法》 （Financial Institutions Business Act）
《金融机构法》 （Financial Institutions Act）
《证券交易法》 （Securities Exchange Act）
《存款保险法》 （Deposit Protection Act）
《数字资产商业紧急法令》 （Decree on Business with Digital Assets）
《反洗钱法》 （Anti-Money Laundering Act）
《反恐怖主义融资法》 （Anti-Terrorist Financing Act）
《关税法》 （Customs Tariff Act）
《劳工保护法》 （Labour Protection Act）
《设立劳动法庭和劳动法庭程序法》 （Establishment of Labor Courts and Labor Court Procedures Act）
《公积金法》 （Provident Fund Act）
《社会保障法》 （Social Security Act）
《补偿法》 （Compensation Act）
《外国人就业管理法》 （Employment of Foreigners Regulation Act）
《外籍人工作申请批准规定》 （Regulations on the authorization of applications for work by foreigners）

泰国现行投资法律法规清单
《移民法》 （Immigration Act）
《个人数据保护法》 （Personal Data Protection Act）
《东盟—中国自由贸易协定》 （ACFTA）
《新西兰—泰国自由贸易协定》 （New Zealand-Thailand Free Trade Agreement）
《澳大利亚—泰国自由贸易协定》 （Australia-Thailand Free Trade Agreement）
《印度—泰国自由贸易协定》 （India-Thailand Free Trade Agreement）
《巴林—泰国自由贸易协定》 （Bahrain-Thailand Free Trade Agreement）
《泰国和美国关于对所得避免双重征税和防止偷漏税的协定》 （Agreement between Thailand and the United States for the Avoidance of Double Taxation and the Prevention of Fiscal Evasion with respect to Taxes on Income）
《孟印缅斯泰—欧盟自由贸易区框架协定》 （Framework Agreement on the BIMSTEC-EC Free Trade Area）

资料来源：Thailand Law Forum（http：//www.thailawforum.com/）。

第十一章　菲律宾

一、中菲经济法律关系概述

（一）菲律宾基本情况介绍

1. 地理位置

菲律宾全称菲律宾共和国，位于亚洲东南部，北隔巴士海峡与中国台湾遥遥相对，南和西南隔苏拉威西海、巴拉巴克海峡与印度尼西亚、马来西亚相望，西濒南海，东临太平洋。菲律宾是一个群岛国家，由 7000 多个大小岛屿组成，陆地总面积 29.97 万平方千米，是世界第五大岛国。其中最大的岛屿是吕宋岛，面积约为 10.99 万平方千米。

2. 气候条件

菲律宾属于热带海洋性气候，全年阳光充足。一年分干、湿两季：湿季为 5 月至 10 月，高温多雨；干季为 11 月至次年 4 月，炎热干燥。气温通常在 21℃~32℃，最凉爽的月份是 1 月，最炎热的月份是 5 月。

3. 行政区划

菲律宾是群岛国家，整体由吕宋岛、维萨亚岛、棉兰老岛三大部分组成，共计 18 个地区，下设 81 个省和 117 个市。①

4. 人口数量

截至 2024 年 6 月，菲律宾现有人口约 1.19 亿人，在世界排名第 13 位，其中，根据 2023 年数据，47.1%的人口为城市人口。近年来，菲律宾的年龄中位数为 25 岁。②

菲律宾的首都是大马尼拉市（Metro Manila），人口约 1846 万人。

5. 政治制度

菲律宾实行总统制。总统是国家元首、政府首脑兼武装部队总司令。菲律宾现行宪法于 1987 年 2 月 2 日由全民投票通过。宪法规定国家实行行政、立法、司法三权分立政体。

菲律宾总统由选民直接选举产生，任期 6 年，不得连选连任。总统拥有行政权，但无

---

① 中华人民共和国驻菲律宾共和国大使馆.菲律宾国家概况［EB/OL］. http://ph.china-embassy.gov.cn/chn/flbgk/jbqk/202306/t20230602_11088363.htm，2023-06-02.

② Philippines Population［EB/OL］. https://www.worldometers.info/world-population/philippines-population/，2024-06-12.

权实施戒严法，无权解散国会，不得任意拘捕反对派；禁止军人干预政治；保障人权，取缔个人独裁统治；进行土地改革。

菲律宾国会履行立法职能，为两院制，由参议院和众议院组成。参议院由 24 名议员组成，由全国直接选举产生，任期 6 年，每 3 年改选 1/2，可连任 2 届。众议院议员任期 3 年，可连任 3 届。

菲律宾最高法院及各级法院履行其司法职能，并对其他政府和行政机构做出的判决拥有广泛的复审管辖权。最高法院由 1 名首席法官和 14 名陪审法官组成，均由总统任命，拥有最高司法权；下设上诉法院、地方法院和市镇法院

6. 政府机构

菲律宾的主要政府部门包括外交部、农业部、财政部、内政部、教育部、司法部、国防部、公造部、信息和通信技术部、交通部、社会福利与发展部、劳工与就业部、预算与管理部、土地改革部、旅游部、贸工部、国家经济发展署等。

菲律宾主要监管机构包括菲律宾贸易和工业部（DTI）、菲律宾证券交易委员会（SEC）、菲律宾国际通信委员会（NTC）、菲律宾社会保险制度局（SSS）、菲律宾健康保险公司（PHIC）、菲律宾劳动与就业部（DOLE）、菲律宾国家技术教育和技能发展局（TESDA）等。[①] 贸工部是菲律宾外贸政策制定和管理部门；菲律宾证券交易委员会是菲律宾政府负责监管菲律宾证券业的机构，也是菲律宾财政部的下属机构；菲律宾国际通讯委员会是菲律宾管制无线电信法规的官方机构，全球所有无线电信类产品在进入菲律宾市场前必须取得 NTC 认证；菲律宾劳工与就业部是负责执行该国就业法的主要政府机构；菲律宾国家技术教育和技能发展局是专司职业技术教育的国家机构。菲律宾教育系统由三个政府部门管理：基础教育方面，教育部（DepEd）制定总体标准；高等教育方面，高等教育委员会（CHED）监督管理学院和大学；技术教育和技能发展方面，由国家技术教育和技能发展局管理。

7. 语言文化

在 1987 年颁布的《宪法》中，菲律宾将菲律宾语确定为国家语言，并将英语确定为官方语言。

8. 民族宗教习惯

基督教是菲律宾的主要宗教，天主教是其最大的教派。当地同时存在信奉伊斯兰教、印度教和菲律宾本土民间宗教的少数民族。根据菲律宾统计署数据，菲律宾约 85% 的人信奉天主教，4.9% 的人信奉伊斯兰教，少数人信奉独立教和基督教新教。

9. 自然资源

菲律宾拥有多种尚未开发的矿产资源，包括铜、金、镍、锌和银。

10. 特色产业

（1）农业。由于菲律宾的地形和热带气候条件，种植业和渔业一直是菲律宾最大的农业部门。从种植业方面来看，主要的农产品有椰子油、椰子、甘蔗、大米、香蕉、菠

---

① DAYANAN. Philippines Government Agencies［EB/OL］. https：//www.dayananconsulting.com/philippines-government-agencies/，2020-05-25.

萝、天然橡胶等。

（2）制造业。菲律宾的制造业以消费品为主，主要集中在食品和饮品、服装、鞋类和烟草。在其他方面，对石油产品和发电用煤以及药品和个人护理产品的需求同时也存在。[1]

（3）旅游业。据统计，2023 年共计 545 万人入境菲律宾，旅游收入超过 4800 亿比索。韩国为菲律宾最大国际游客来源国，入境人数达 142 万人次，占比 26.4%；其次分别为美国（90.3 万人次，占比 16.6%）、日本（占比 5.6%）、澳大利亚（占比 4.9%）、中国（4.8%）。2023 年，菲律宾国际旅游收入预计达 4825.4 亿比索，较 2022 年的 2145.8 亿比索大幅增长 124.87%。2024 年，菲律宾计划接待 770 万名入境游客。[2]

（二）菲律宾经济贸易概况

1. 发展规划及经济贸易情况

（1）菲律宾农业部公布三年发展计划。2024 年 1 月 16 日，菲律宾农业部公布了农业三年发展计划，其目的在于提高农业生产力、降低粮食成本、确保粮食安全、促进农渔业投资。具体措施包括扩大农渔业生产面积、推动生产机械化和现代化、改进收获系统和基础设施、建设高效物流系统、扩大农产品市场准入、推进农业数字化转型、统筹农业部发展和监管职能、强化与农渔民和私营部门的伙伴关系。[3]

菲律宾农业部表示，为了提高水稻产量，减少农产品浪费，确保粮食安全，在未来三年农业的基础设施建设至少要投资 1.3 万亿比索（约 1650 亿元人民币）。

（2）2024 年菲律宾和通信技术部将加强 E-Gov 建设。随着人工智能（AI）的发展，菲律宾信息和通信技术部（DICT）将建立一个网络安全专家团队来帮助监控网络活动，加强网络安全监管能力和人才培养，并与国际组织和其他国家合作，增强公众的网络安全意识。这将为菲律宾当地带来新的就业机会。[4]

（3）菲律宾经济区管理局（PEZA）支持在菲建立医药经济区。根据 2023 年底的数据，菲律宾经济区管理局总共拥有 26 家从事药品和医疗设备或器械制造的运营公司，吸引了价值约 255 亿比索的投资，并创造了超过 1.9 万个直接就业岗位。菲律宾经济管理局对于在菲律宾建立医药经济区，加强菲律宾企业与全球药品制造公司之间的合作的建议表示赞同以及欢迎。[5]

（4）菲律宾削减石膏进口关税。为了支持住房和基建项目，2023 年 11 月 3 日菲律宾

① Philippine Consulate General. Major Industries [EB/OL]. https：//www.philcongen-toronto. com/general/general_industry. php, 2024.

② 2023 年菲律宾接待 545 万人次国际游客，中国游客占比 4.8% [EB/OL]. https：//www. 163. com/dy/article/INK6J1EI0534A4SC. html, 2024-01-04.

③ 驻菲律宾共和国大使馆经济商务处. 菲农业部公布三年发展计划 [EB/OL]. http：//ph. mofcom. gov. cn/article/jmxw/202401/20240103467604. shtml, 2024-01-19.

④ 驻菲律宾共和国大使馆经济商务处. 菲信息和通信技术部：2024 年将加强 E-Gov 建设 [EB/OL]. http：//ph. mofcom. gov. cn/article/jmxw/202401/20240103464535. shtml, 2024-01-04.

⑤ 驻菲律宾共和国大使馆经济商务处. 菲律宾经济区管理局（Peza）支持在菲建立医药经济区的建议 [EB/OL]. http：//ph. mofcom. gov. cn/article/jmxw/202402/20240203474085. shtml, 2024-02-23.

签署《第 46 号行政令》将天然石膏和无水石膏的进口关税暂时削减至零，该优惠关税税率有效期为 5 年。[①]

2. 基础设施状况

（1）铁路。截至 2023 年 11 月，菲律宾的铁路主要集中在吕宋岛，目前正在运营的铁路网长度约为 76.9 千米。

（2）公路。菲律宾公路总长约 21.6 万千米。客运量占全国运输总量的 90%，货运量占全国运输货运量的 65%。

（3）航空。菲律宾国内机场分为四类：国际机场、一类机场、二类机场和社区机场。这些类别由菲律宾民航局（CAAP）确立：国际机场用于接待外国旅客，因此需要有边境管制设施来监控和处理旅客在菲律宾的进出。一类机场是能够起降 100 名或以上乘客的喷气式飞机的机场。二类机场是指能够容纳小于一类最小尺寸的飞机，但仍能运载 19 名或以上乘客的机场。社区机场是小型机场，主要用于服务通用航空交通，而非商业航班。[②]

（4）水运。菲律宾是一个拥有众多港口的群岛国家，各港口帮助各区域进行贸易往来。港口总数为 429 个，其中包括通往太平洋贸易路线的国际港口和岛间港口。马尼拉港、宿务港、八打雁国际港、苏比克港、卡加延德奥罗港是最主要的 5 个港口。

马尼拉港是菲律宾最大的港口，也是国际航运和贸易的门户。马尼拉港拥有 22 个可用泊位和 12 个码头，年货物吞吐量约 7500 万吨，集装箱吞吐量 450 万标准箱。

马尼拉港由 3 个主要部分组成：马尼拉北港、马尼拉南港和马尼拉国际集装箱码头。大部分国内货物在马尼拉北港处理，而马尼拉南港则处理国际货物。国际集装箱码头使港口能够处理进出口的集装箱运输。菲律宾还扩建了马尼拉北港客运码头，以容纳更多乘客，从而促进大马尼拉的旅游业。

宿务港是菲律宾主要客运港口，具有商业意义，负责处理宿务大都会及其周边地区的货运。它是菲律宾最大的国内港口，为维萨亚岛和棉兰老岛的人口的流动提供服务，同时也为国际游轮及其乘客提供服务。

八打雁国际港占地 150 公顷，在处理大量货物和集装箱方面是马尼拉港的替代选择。

苏比克港能够满足吕宋岛中部和北部的海上贸易需求，它的港口两个新泊位的年吞吐能力为 30 万标准箱，并且还有可能进一步增加吞吐量。苏比克港不仅是菲律宾最重要的经济港口外，还具有战略重要性。

卡加延德奥罗港是菲律宾最大的港口客运码头，拥有完备的基础设施建设，设有绿地、祈祷室、儿童游乐区和紧急医疗室等。

3. 贸易环境

一般来说，在菲律宾，如果进口商品在本地有生产环节，那么该商品将会面临比纯进口商品更高的关税。

根据《东盟自由贸易协定》（AFTA），菲律宾取消了东盟贸易伙伴约 99% 的所有商品

---

① 驻菲律宾共和国大使馆经济商务处. 菲将削减石膏进口关税［EB/OL］. http：//ph. mofcom. gov. cn/article/ddfg/waimao/202311/20231103453844. shtml，2023-11-14.

② AUP. Airports in the Philippines ［EB/OL］. https：//www. aviationupdatesph. com/p/airports-in-philippines. html，2022-02-04.

的关税。根据《区域全面经济伙伴关系协定》（RCEP），菲律宾对来自中国、日本、韩国、新西兰、澳大利亚和东盟贸易伙伴的 98.1% 的所有商品保留零关税或现有最惠国税率。①

菲律宾的进出口行为受相关政府监管机构的监管，如菲律宾食品和药品管理局（FDA）、菲律宾标准局（BPS）、菲律宾植物工业局（BPI）、菲律宾动物产业局（BAI）等。

对于某些商品来说，只有在进口或出口之前获得必要的许可证或任何其他要求后，才能进口或出口这些受管制的货物。

受监管的进出口商品包括但不限于以下内容：食品（加工或未加工）、植物产品、动物产品、水产品、药品和化工产品、二手机动车、电器、电信设备、烟草制品、矿产品等。

限制进出口是指只有在法律或法规授权的情况下才可以进口或出口的货物，同时包括了其过境限制。《菲律宾海关现代化和关税法》对限制进出口商品进行了详细规定。

禁止进出口是指就其性质而言非法进口或出口的货物。这些货物也被称为"违禁品"。《菲律宾海关现代化和关税法》对禁止进出口商品也进行了详细规定②。

4. 金融环境

携带货币进出菲律宾的规则：

（1）菲律宾比索。菲律宾中央银行（BSP）在《外汇交易监管手册》（FX Manual）中对旅客可以携带进出菲律宾的货币数量做出了规定。

未经曼谷银行事先授权，任何人可通过实物或电子转账方式将金额不超过 5 万菲律宾比索带入或带出菲律宾。货币形式包括菲律宾法定货币纸币和硬币、支票、汇票等。若超过 5 万比索，且未获菲律宾中央银行事先授权，超出部分金额将被菲律宾海关没收。

（2）外币。个人最多可携带 1 万美元（或等值的任何其他外币）的现金或其他货币工具出入菲律宾国境。其他货币类型包括旅行支票、其他支票、汇票、债券、存款凭证、证券、商业票据、信托凭证、保管收据、押金替代工具、交易票据等。

如果需要携带超过等值 1 万美元的物品，必须填写菲律宾央行的外币申报表——"外币和其他以外汇计价的不记名货币工具申报表"，进行书面申报，该申报表可从菲律宾中央银行网站下载，也可以从菲律宾出入境海关获得。③

（3）外商直接投资。除了在菲律宾《外国投资法》中规定的负面清单中的领域除外，外商在菲律宾直接投资的比例都可达到 100%。

在菲律宾，拥有 60% 菲律宾股权的企业被视为菲律宾公司，而拥有超过 40% 外国股权的企业则被视为外资国内公司。

---

① The International Trade Administration, U. S. Department of Commerce. Philippines - Country Commercial Guide [EB/OL]. https://www.trade.gov/country-commercial-guides/philippines-import-tariff, 2024-01-24.

② Republic of the Philippines Department of Finance Bureau of Customs. What are Regulated Importations/Exportations? [EB/OL]. https://customs.gov.ph/prohibited-restricted-importations/, 2024.

③ Bangko Sentral NG Pilipinas. Foreign Exchange Regulations - Guide to FX Transactions [EB/OL]. https://www.bsp.gov.ph/SitePages/Regulations/GuideToFx.aspx? TabId=3, 2024.

（三）中国—菲律宾投资贸易概况

1. 双边贸易

根据中国海关总署的数据，2023 年中菲贸易额达 719.1 亿美元。其中，中国向菲律宾出口额为 524.1 亿美元，菲律宾对华出口总额 195 亿美元（见表 11-1）。

表 11-1 中国—菲律宾双边货物贸易情况 单位：亿美元

年份	进出口额	进口额	出口额
2019	609.6	202.0	407.6
2020	612.2	193.4	418.8
2021	806.6	247.5	559.1
2022	856.2	230.1	626.1
2023	719.1	195.0	524.1

资料来源：中国海关总署。

2023 年 1~12 月，中国对菲律宾出口前几位商品为柴油（不含生物柴油）、低值简易通关商品、未列名塑料制鞋面的鞋靴、智能手机、其他镀或涂锌的宽<600mm 普通钢铁板材。

菲律宾出口中国前几名的商品为其他集成电路、其他用作处理器及控制器的集成电路、镍矿砂及其精矿、品目 8471 所列其他机器的零附件、其他多元件集成电路。

根据《菲律宾贸易指南（2023 年）》，中国对菲律宾出口具有潜力的商品为消费品、服装饰品、中间品铁或钢、资本品轮船、航空器。从菲律宾进口的最有潜力的商品为榴莲、镍矿、椰子油以及加工食品。

2. 投资情况

中国对菲律宾的直接投资情况如表 11-2 所示。

表 11-2 2018~2022 年中国对菲律宾直接投资情况 单位：万美元

年份	2018	2019	2020	2021	2022
年度流量	5882	-429	13043	15286	27089
年末存量	83002	66409	76713	88390	111283

资料来源：商务部，国家统计局，国家外汇管理局.2022 年度中国对外直接投资统计公报［R］.北京：中国商务出版社，2023.

2022 年，菲律宾对中国投资 0.1 亿美元。[1]

在工程建设方面，2022 年，中国企业在菲律宾新签工程承包合同额 105.1 亿美元，

---

[1] 中华人民共和国商务部.2022 年中国—菲律宾经贸合作简况［EB/OL］.http://yzs.mofcom.gov.cn/article/t/202312/20231203463473.shtml，2023-12-28.

完成营业额 33.1 亿美元。^①

截至 2023 年 12 月底，中国已和菲律宾签订 26 份工程项目协议，包括的类型有交通运输建设、电力工程建设、水利建设、一般建筑和工业建设（见表 11-3）。

表 11-3　中国和菲律宾签订协议的工程项目

编号	项目名称	类型
1	中国援菲律宾达沃河大桥（布卡纳大桥）本土化项目	交通运输建设
2	菲律宾拉布拉多和博洛 304MW 光伏项目	电力工程建设
3	菲律宾三描礼士省 75.2MW 光伏总承包项目 EPC 合同	电力工程建设
4	菲律宾巴科洛德 50MW 光伏项目	电力工程建设
5	菲律宾拉古纳湖 1GW 漂浮式光伏项目 EPC 合同协议	电力工程建设
6	达沃滨海大道布卡纳大桥项目	交通运输建设
7	菲律宾萨马岛风电项目辅助工程设施及运输吊装合同、运行维护合同	电力工程建设
8	甲美地市政管网项目（第八标段）	水利建设
9	菲律宾瓦瓦 50 万千瓦抽水蓄能现汇项目	电力工程建设
10	菲律宾 137MWac 卡拉特拉瓦光伏项目 EPC 合同	电力工程建设
11	菲律宾奥隆阿坡 172MW 光伏项目 EPC 总承包合同	电力工程建设
12	菲律宾皇家漂流商住综合体项目	一般建筑
13	菲律宾瓦瓦 500 兆瓦抽水蓄能电站项目 EPC	电力工程建设
14	塔利姆 212.5 兆瓦陆上风电场以及塞布兰诺 93.75 兆瓦陆上风电场的风机塔筒制作项目	电力工程建设
15	凯萨卡供水隧洞设计建造项目	水利建设
16	PANAM 熟料线改造升级项目合同	工业建设
17	菲律宾水泥纤维板绿地工厂项目合同	工业建设
18	Talugtug 125MW 光伏项目	电力工程建设
19	卡兰巴市垃圾发电项目	电力工程建设
20	Bicol 1049MW 光伏项目	电力工程建设
21	Mactan 240MW 联合循环电站项目	电力工程建设
22	菲律宾卡兰巴市中磊电子厂项目	电力工程建设
23	菲律宾达沃绕城公路 2 标段（北段）II-2 项目	交通运输建设
24	菲律宾三描礼士省 75.2MW 光伏总承包项目 EPC	电力工程建设
25	菲律宾马尼拉安泰天铸超高住宅一标段项目	一般建筑
26	菲律宾 C5 连接线二标段二期项目的商务合同	交通运输建设

3. 货币政策

2024 年 2 月，菲律宾央行表示，在通货膨胀率持续下降趋势明显之前，货币政策必须保持足够紧缩。菲律宾 2023 年 12 月通胀率为 3.9%，2024 年 1 月通胀率为 2.8%。

---

① 中华人民共和国商务部．2022 年中国—菲律宾经贸合作简况［EB/OL］．http：//yzs.mofcom.gov.cn/article/t/202312/20231203463473.shtml，2023-12-28.

截至 2024 年 2 月，菲律宾与中国之间还没有有效的货币互换政策。

4. 中菲投资政策环境

1975 年 6 月，周恩来总理和菲律宾总统费迪南德·埃·马科斯（老马科斯）在北京签署《中华人民共和国政府和菲律宾共和国政府建交联合公报》。2000 年 5 月，菲律宾总统埃斯特拉达对华进行国事访问，与江泽民主席在北京共同签署《中华人民共和国政府和菲律宾共和国政府关于 21 世纪双边合作框架的联合声明》。2004 年 9 月，菲律宾总统阿罗约对华进行国事访问，双方发表《中华人民共和国与菲律宾共和国联合新闻公报》。2005 年 4 月，胡锦涛主席对菲律宾进行国事访问，双方发表《中华人民共和国与菲律宾共和国联合声明》。2007 年 1 月，温家宝总理对菲律宾进行正式访问，双方发表《中华人民共和国与菲律宾共和国联合声明》。2009 年 10 月，杨洁篪外长对菲律宾进行正式访问，双方共同签署了《中华人民共和国政府和菲律宾共和国政府关于战略性合作共同行动计划》。2011 年 9 月，菲律宾总统阿基诺对华进行国事访问，双方发表《中华人民共和国与菲律宾共和国联合声明》。2016 年 10 月，菲律宾总统杜特尔特对华进行国事访问，双方发表《中华人民共和国与菲律宾共和国联合声明》。2017 年 11 月，李克强总理对菲律宾进行正式访问，双方发表《中华人民共和国政府与菲律宾共和国政府联合声明》。2018 年 11 月，习近平主席对菲律宾进行国事访问，双方发表《中华人民共和国与菲律宾共和国联合声明》。2023 年 1 月，菲律宾总统马科斯对华进行国事访问，双方发表《中华人民共和国和菲律宾共和国联合声明》。[①]

2018 年，中国与菲律宾签署了《关于共同推进"一带一路"建设的谅解备忘录》和《基础设施合作规划》，将在基础设施、电信、农业等领域加强合作。2023 年 6 月 2 日，《区域全面经济伙伴关系协定》（RCEP）对菲律宾正式生效，即日起我国将与菲律宾相互实施 RCEP 关税减让。

二、菲律宾法律制度概述

（一）投资法律制度

1. 投资法律体系

除宪法中相关规定外，菲律宾与外商投资相关的法律主要包括《综合投资法典》《企业复苏和税收激励法案》《外国投资法》《公共服务法》《零售贸易自由化法》《经济特区法》《基地转型及发展法案》《地区总部、地区运营总部和地区仓储中心相关法案》《投资者租赁法案》《出口发展法》《建设经营转让法》（BOT 法）等。[②]

---

① 中华人民共和国外交部. 中国同菲律宾的关系［EB/OL］. https：//www. mfa. gov. cn/gjhdq_676201/gj_676203/yz_676205/1206_676452/sbgx_676456/，2024-04-01.

② 商务部对外投资和经济合作司，商务部国际贸易经济合作研究院，中国驻菲律宾大使馆经济商务处. 对外投资合作国别（地区）指南　菲律宾（2023 年版）［R］. 北京，2023.

2. 投资管理部门

贸工部是菲律宾主管投资的职能部门，负责投资政策实施和协调、促进投资便利化。贸工部下设的投资署（BOI）、经济区管理局（PEZA）负责投资政策包括外资政策的实施和管理。[①]

3. 市场准入

（1）外商投资一般规则。菲律宾《外商投资法》规定，菲律宾允许外国投资者在菲律宾从事投资活动，外国投资者在菲律宾享有投资汇回、收益汇回的权利和投资财产免受政府征用的自由（因公共用途、国家利益、国防利益使用或支付了公平赔偿的情况除外）。

外国投资者可以设立并取得菲律宾公司、合伙企业、其他商业实体的股权，除非菲律宾法律规定这些公司、合伙企业或其他商业实体从事的经营活动仅限于菲律宾公民从事。外国投资者在上述企业及商业实体中可取得股权的最大份额取决于该商业实体所从事的经营活动的类型。

根据菲律宾《外商投资法》，菲律宾对外商投资企业主要采用外国（FINL）投资负面清单规则，对于清单上的行业领域，外国投资者仅能持有不超过一定比例的股权份额或者不允许外国投资者进入。负面清单由两个组成部分：A类清单和B类清单。A类清单中的领域为根据菲律宾宪法或特别法律规定，限制外国投资者进入的投资领域；B类清单中的投资领域为出于安全、国防、人身健康、道德风险或保护当地中小企业生存等原因，限制外国投资者进入的投资领域。对于B类清单中的限制性领域，菲律宾总统有权每2年修订一次。

满足以下条件时，外国投资者可以在菲律宾独资（持股100%）设立菲律宾生产或出口企业：

1）投资不涉及负面清单领域的内销企业或出口企业。内销企业是指企业生产的产品或者提供的服务完全面向菲律宾国内市场，或者部分产品出口但不会持续出口60%以上产品或服务的企业。出口企业是指从事生产、加工、服务（包括旅游）企业，其产品60%以上用于出口，或者在国内采购产品，但60%以上用于出口的贸易商。

2）外国投资者的母国也对等允许菲律宾自然人或法人在该国开展经营活动。

3）内销企业的实缴资本额应至少达到等值于20万美元的菲律宾比索；如果该企业从事的经营活动涉及菲律宾科技部（DOST）所认定的先进科技；或其雇员至少包括15名菲律宾籍人员，且经过菲律宾劳动与就业部（DOLE）的认定，则可以豁免为等值于10万美元的实缴菲律宾比索。出口企业则不受最低实缴资本规定的约束。

（2）特定领域的外商投资准入限制。根据菲律宾最新外商投资负面清单，外国投资者投资在以下领域存在限制，具体如表11-4所示。

[①] 商务部对外投资和经济合作司，商务部国际贸易经济合作研究院，中国驻菲律宾大使馆经济商务处. 对外投资合作国别（地区）指南 菲律宾（2023年版）[R]. 北京，2023.

表 11-4　外国投资者投资领域的限制

1. 禁止外国投资者投资的领域

（1）大众传媒，录音和互联网业务除外

（2）下列职业的执业，包括：（A）放射和 X 射线技术；（B）犯罪学；（C）法律；以及（C）海事甲板人员和海事轮机人员，根据负面清单所附的职业附录并构成负面清单的组成部分，其中：（i）在互惠条件下允许外国人在菲律宾执业；（ii）在允许集体执业的情况下。此外，根据负面清单，外国人可以在高等教育水平上授课，前提是所教授的科目不属于专业科目（包括在政府委员会或律师考试中）

（3）注册资本低于 250 万美元的商业零售

（4）合作社

（5）私人侦探、看守人或安保代理机构的组织和运作

（6）小规模采矿

（7）利用群岛水域、领海和专属经济区的海洋资源，以及小规模利用河流、湖泊、海湾和泻湖的自然资源

（8）持有、运营和管理飞机驾驶舱

（9）制造、修理、储存和/或分销核武器

（10）制造、修理、储存和/或分销生物、化学和放射性武器和杀伤地雷

（11）制造鞭炮和其他烟火器材

2. 外国投资者最多持有 25% 股权的领域

（1）私人招聘，包括本地就业和海外就业

（2）与国防相关的建筑合同

3. 外国投资者最多持有 30% 股权的领域

广告业

4. 外国投资者最多持有 40% 股权的领域

（1）根据适用的监管框架，由本地提供资金支持的公共工程建设和维修合同，菲律宾第 7718 号法案涵盖的基础设施/开发项目，以及外资投资或援助的需要进行国际招标的项目除外

（2）自然资源的勘探、开发和利用；通过与总统签订的财政或技术援助协议，可允许外国资本完全参与

（3）私人土地的所有权

（4）公用事业的运营

（5）教育机构；由宗教团体和传教委员会为外国外交人员及其家属和其他外国临时居民设立的教育机构，或其他为了短期高级技能培养而设立且不构成正式教育系统组成部分的教育机构除外

（6）大米和玉米的种植、生产、碾磨、加工、贸易（零售除外），以及通过货物交换、购买或其他方式获取大米和玉米及其副产品

（7）专人无线电通信网络

（8）持有公寓单元

（9）深海商业渔船的运营

（10）实收资本少于 20 万美元或等值的国内市场企业（不出口 60% 或以上产出的实体）

（11）涉及先进技术或至少雇佣 50 名直接员工且实收股本少于 10 万美元或等值的国内市场企业

（12）制造、修理、储存和/或分销需要菲律宾国家警察局（PNP）许可的产品和/或成分，如下：（a）枪支及其零部件、弹药，及用于或打算用于制造枪支的工具或器具；（b）火药；（c）炸药；（d）爆破用品；（e）用于制造炸药的成分；（f）望远镜、狙击瞄准器和其他类似设备

（13）制造、修理、储存和/或分销需要菲律宾国防部（DND）批准的产品，如下：（a）用于战争的枪支和弹药；（b）军用机械及其部件（如鱼雷、深水炸弹、炸弹、手榴弹、导弹）；（c）炮兵、轰炸和火控系统及组件；（d）导弹/导弹系统及组件；（e）战术飞机（固定翼和旋转翼），其部件和组件；（f）航天器和组件系统；（g）战斗舰艇（空中、陆地和海军）和辅助设备；（h）武器维修和维护设备；（i）军事通信设备；（j）夜视设备；（k）受激相干辐射设备、部件和配件；（l）武器训练设备；（m）其他可能由国防部确定的物品

（14）危险药物的制造和分销

（15）桑拿浴室和蒸汽浴室、按摩诊所和其他因对公共健康和道德构成风险而受法律监督的类似活动

（16）所有形式的赌博，菲律宾娱乐和游戏公司（PAGCOR）投资协议涵盖的范围除外

（3）对外国投资者的股权比例限制包括股权上的财产权益和投票权。根据菲律宾最高法院作出的 Wilson P. Gamboa vs. Finance Secretary（"Gamboa 案"）判决，菲律宾最高法院判定，根据菲律宾宪法，从事公用事业领域的企业的股权必须至少由菲律宾方持有60%，持股对应的"资本"指的是有投票权的股票或公司的控股权。因此，仅掌握60%股权所对应的资产权益，并不符合菲律宾人持有60%股权的法定要求，而是必须同时确保拥有超过60%的投票权。

因此，菲律宾《外商投资法》对外国投资者持有股权比例的限制包括股权的财产权益和投票权益，即公司不能通过赋予不同股权不同投票权益的方式，使外国投资者在仅允许持有40%股权比例的行业领域中实际对公司形成控股权益。

（4）《反挂名法》。根据菲律宾法律规定，对于仅允许菲律宾国民从事或要求菲律宾国民持股超过60%的行业领域，如果外国投资者利用菲律宾国民挂名担任公司股东，持有公司股权的，将受到菲律宾《反挂名法》（Anti-Dummy Law，ADL）的处罚。

《反挂名法》规定对以下主体处以最高15年的监禁，并处以最高相当于该特许经营权价值的罚款，没收特许经营权，以及可能停业：

1）任何行使专为菲律宾公民、公司保留的权利或特许经营权但未满足菲律宾本地持股要求的实体。

2）任何允许他人使用其姓名或公民身份来规避上述本地持股要求的主体。

3）任何通过伪造表现其已满足菲律宾最低本地持股要求的主体。

如有个人、公司或合伙企业允许外国主体介入企业的管理、控制或行政以实施上述违法行为，或有意对此类行为提供帮助、资助、策划、教唆他人完成此类行为的，《反挂名法》也将对其施以监禁和/或罚款。

4. 外商投资企业设立

（1）企业形式。在菲律宾有三种一般的商业组织形式：独资企业、合伙企业和国内/国外公司。

1）独资企业。独资企业是指由单个自然人拥有和经营的企业。个人独资经营者对独资企业的债务承担无限责任，独资企业的人格与企业所有者的人格不存在明显分离。

2）合伙企业。合伙企业是指两个或两个以上的合伙人，为了共同的目的，通过签订合伙合同的方式设立的企业。合伙人根据合伙合同的约定进行出资（提供资金、非金钱财产等），并按合同约定进行利润分配。合伙企业具有独立于每个合伙人的法人人格，合伙企业的资产独立于合伙人的个人资产。但是，通常情况下，合伙企业的资产用尽后，各合伙人需要根据合伙合同的约定对合伙企业的对外债务按比例承担无限责任。

3）国内/国外公司。如前所述，除对于特定投资领域的公司具有股东国籍要求外，菲律宾法律允许外国投资者根据菲律宾法律设立公司。此外，外国投资者也可以在菲律宾为外国企业注册分支机构或外商代表处。

外国投资者在菲律宾成立的公司可以为一人独资公司、与当地合作伙伴共同持股的合资公司或外国企业的全资子公司。根据菲律宾法律规定，外国公司的分支机构和外商代表处不被视为独立于总公司的独立法人实体，其仅为总公司的派出机构，与总公司共享一个法人人格。

考虑到企业治理和承担责任范围的原因，公司通常是外国投资者首选的在菲律宾进行投资的企业组织形式。对于投资负面清单以外领域的外国投资者而言，他们通常选择在菲律宾设立全资子公司或者外国公司分支机构来从事经营活动。

（2）设立独立公司和分公司区别。如果拟投资的商业领域不在菲律宾外国投资负面清单内，那么菲律宾法律不会限制外国投资者对投资公司的持股比例，此时，外国投资者可以在菲律宾设立一家依据菲律宾法律成立的国内公司或注册一家外国公司的分支机构来从事相关业务。这两种类型的企业组织形式各有其优缺点，具体可能涉及母公司或总公司所承担的责任范围、税负和行政管理成本。

如果拟投资的商业领域在菲律宾外国投资负面清单内，对外国投资者持有的股权具有份额限制，那么外国投资者将需要与菲律宾籍合作伙伴共同设立一家合资公司来从事相关业务。

（3）外商代表处。外国投资者可以在菲律宾注册成立一个外商代表处，外商代表处可以代表总部公司与总部在菲律宾的客户进行沟通，并承担公司产品的信息发布和推广工作。但是，外商代表处不得在菲律宾从事可以取得营业收入的经营活动，其所有资金来源应当来自于总部公司的拨付和补贴。根据菲律宾法律要求，外国投资者必须为外商代表处注入至少 3 万美元的初始资金。

（4）地区（区域）总部。从事国际贸易的跨国公司可以在菲律宾设立地区（区域）总部，作为该跨国公司的行政分支机构，为其在亚太地区和其他国外市场的子公司、分支机构或关联公司提供监督、沟通和协调功能。

地区（区域）总部不得在菲律宾取得经营收入，不得以任何方式直接参与管理其在菲律宾可能拥有的任何子公司或分支机构，也不得代表其总公司或其分支机构、关联公司、子公司或任何其他公司招揽或销售商品或服务。

地区（区域）总部的维持成本必须来自总公司或母公司提供的资金，为了资助其在菲律宾的运营，其总公司或母公司最初必须提供至少 5 万美元的启动资金，并确保每年持续提供至少 5 万美元的运营资金。

（5）地区运营总部。此外，跨国公司还可以在菲律宾设立地区运营总部，为其在菲律宾或亚太地区及其他国外市场的子公司、关联公司或分支机构提供服务。

地区运营总部可以通过以下向其关联公司、子公司、分支机构提供的业务在菲律宾取得经营收入：一般行政和规划；业务规划和协调；原材料和部件的采购；公司财务咨询服务；营销控制和促销；培训和人事管理；后勤事务；研究与开发服务和产品开发；技术支持和维护；数据处理和通信；业务发展。

菲律宾法律禁止地区运营总部向其注册在菲律宾证券交易委员会以外的关联企业、子公司或分支机构提供上述服务，也不允许地区运营总部直接或间接地为其总公司、母公司、关联公司、子公司或其他任何公司招揽生意、销售商品或服务。

（6）地区仓库。在菲律宾以外的地区注册和成立的跨国企业，从事国际贸易并向其在亚太地区和其他地区的分销商或市场供应备件、零部件、半成品和原材料，并已在菲律宾设立或将同时设立地区（区域）总部和/或地区运营总部的，在获得菲律宾经济区管理局（Philippine Economic Zone Authority，PEZA）的许可后，可以在菲律宾的经济特区

（Special Economic Zone，SEZ）建立一个或多个地区仓库。

地区仓库的业务范围限于以下内容：

1）作为储存、存放和保管其备件、组件、半成品和原材料的供应仓库，包括包装、覆盖、张贴、标记、标签和切割或根据客户的规格进行修改，安装和/或包装成工具包或可销售的批量，并记录其总部或母公司的交易和销售情况。

2）作为跨国公司总部在当地购买供出口到国外的货物的储存或仓库。

除上述业务活动外，地区仓库不得在菲律宾境内直接从事贸易、直接招揽业务、协助和促成任何销售或签订任何销售或处置货物的合同。

（7）其他监管部门批准和注册。外国投资者应当注意在菲律宾设立公司或在菲律宾证监会（SEC）注册外国公司时，需要满足不同政府机构的某些基本注册和许可要求，包括公司办事处所在地的当地政府部门颁发的当地营业许可证，某些与税务有关的注册，以及需要从员工福利机构获得和申请的注册。

此外，在高度管制的行业中，一些企业可能需要向对这些行业有管辖权的政府机构申请特殊的许可或注册要求。

5. 投资优惠政策及鼓励措施

符合条件的企业可根据《综合投资法典》（OIC）向菲律宾经济区管理局（PEZA）或菲律宾投资署（BOI）提出申请投资优惠政策和激励措施，目前菲律宾给予投资活动主要的优惠和鼓励措施如下：

（1）《投资优先计划》（IPP）。OIC 利用税收优惠等优惠政策，鼓励投资者在优先经济领域进行投资。

要符合 OIC 的注册资格并取得投资优惠政策奖励，投资者和企业必须符合以下条件：

1）申请人如果是自然人，必须是菲律宾公民；如果申请人是根据菲律宾法律设立的合伙企业或任何其他协会机构，必须至少有 60% 的资本由菲律宾公民拥有和控制；如果申请人是根据菲律宾法律组织的公司，必须至少有 60% 的已发行和有投票权的股权由菲律宾国民拥有和持有，并且至少有 60% 的董事会成员由菲律宾公民担任。如果申请人不具备上述对菲律宾国民所占比例的要求，则必须满足以下要求：

①申请人从事先进生产行业，考虑到对资金要求的程度、流程、技术技能和所涉及的相关商业风险，菲律宾投资署认为，这些行业是菲律宾国民无法迅速和充分地进行市场扩张的领域；或者申请人出口的产品至少占其总产量的 70%。

②考虑到项目的出口潜力，申请人有义务在注册之日起 30 年内或在菲律宾投资署可能要求的更长时间内获得菲律宾公民的地位；但如果申请人的全部产品都用于出口贸易，则不需要遵守这一要求。

③申请人将从事的先进生产行业不属于菲律宾宪法或其他法律规定仅保留给菲律宾公民或菲律宾公民控制的公司的行业。

2）申请人拟在菲律宾投资署规定的合理时间内从事当前 IPP 中列出或授权的优先项目，或如果未列出，其总产量至少 50% 用于出口，或其是现有生产商，将在菲律宾投资署可能确定的条件和/或有限激励下出口部分产品；或企业正在拟从事从一个或多个出口生产商购买的出口产品的海外销售；或企业正在或拟从事提供技术、专业或其他服务；或直接或通过注册贸易商出口在菲律宾制作或生产的电视和电影以及音乐录音。

3）申请人有能力在健全和有效的基础上经营，特别是为优先领域的发展和国民经济的发展作出贡献。

（2）税收优惠。根据菲律宾《企业复苏和税收激励法案》（CREATE），菲律宾在税收方面将给予满足条件的企业在所得税、税负扣除额上一定的优惠，包括适用较低的企业所得税税率和给予更高的税负扣除额。

（3）经济特区。为了分散工业企业，在非城市地域创造就业机会，菲律宾政府建立了经济特区，符合条件的投资企业可以在经济特区内开展业务，并享受相应的基础设施、资源。

（二）贸易法律制度

1. 贸易管理法律制度

菲律宾管理进出口贸易的相关法律主要包括《海关法》《出口发展法》《反倾销法》《反补贴法》《保障措施法》等。①

2. 贸易管理部门

贸工部（DTI）是菲律宾外贸政策制定和管理部门。其下设的产品标准化局和进口服务署分别负责产品技术标准和法规的管理和实施，以及特定产品进口法规的实施，发起和指导反倾销、反补贴及保障措施的初步调查。②

3. 贸易管理规定

（1）边境管制和海关条例。在菲律宾，产品进口除了需要支付12%的增值税以及可能适用的消费税外，还必须缴纳关税。关税的具体税率会根据进口货物或产品的关税分类而有所不同。有关菲律宾海关事务的法律是《菲律宾海关现代化和关税法》（CMTA），该法于2016年生效，取代了之前的《菲律宾关税和海关法》（TCC）。CMTA还规定了在特定情形下征收反倾销税、反补贴税、标志税、保障税和歧视性关税。

菲律宾对禁止和受监管物品的进出口有控制、监管和许可要求。贸工部提供了此类禁止和受监管的进出口物品清单（http：//dti. gov. ph），而这些要求由不同的政府机构实施。如果货物属于受监管范畴，进口商/出口商需从相应的政府机构获取必要许可。

此外，菲律宾边境控制措施的规则还致力于防止侵权商品进入国内，并确保涉嫌违反《菲律宾知识产权法典》的货物能够得到迅速处理和处置。

同时，《战略贸易和管理法》为战略物资的进口、出口、再出口、再分配、过境和转运以及相关服务提供了贸易控制机制。战略物资是指列入菲律宾国家安全委员会旗下战略贸易管理委员会发布的《国家战略物资清单》中的货物。这些产品由于安全原因或国际协议，被认为具有军事重要性，其出口要么完全禁止，要么需要特定条件。这些货物通常适合用于军事目的或大规模杀伤性武器的生产。任何欲进口、出口或转运《国家战略货物清单》所列的战略物品的个人或组织，都必须获得战略物品贸易管理处的授权。

---

①②　商务部对外投资和经济合作司，商务部国际贸易经济合作研究院，中国驻菲律宾大使馆经济商务处. 对外投资合作国别（地区）指南　菲律宾（2023年版）［R］. 北京，2023.

（2）海关和贸易协定。菲律宾是东南亚国家联盟（东盟，ASEAN）的成员，也是《东盟货物贸易协定》（前身为共同有效优惠关税协定）的签署国，东盟旨在消除成员国之间的所有进口关税。

此外，作为东盟的一部分，菲律宾与中国（东盟—中国）、韩国（东盟—韩国）、日本（东盟—日本全面经济伙伴关系）、澳大利亚和新西兰（东盟—澳大利亚和新西兰）以及印度（东盟—印度）签订了自由贸易协定。

2016 年 4 月 28 日，菲律宾与欧洲自由贸易联盟（EFTA）成员国冰岛、列支敦士登、挪威和瑞士签署了一项自由贸易协定。

2020 年 11 月 15 日，东盟十国以及中国、澳大利亚、日本、新西兰和韩国共同签署了《区域全面经济伙伴关系协定》（RCEP）。

RCEP 是当前亚洲地区规模最大的区域自由贸易协定。其成员国的国内生产总值约占世界的 30%（23 万亿美元），人口约占世界的 30%（23 亿）。实施 RCEP 的密钥发展包括进一步实现贸易自由化，消除非关税贸易壁垒，提高贸易便利化程度，消除服务业壁垒，以及通过制定知识产权保护、政府采购做法、电子商务等方面的法规，全面改善商业环境。

（3）知识产权边境保护。知识产权持有人可以向菲律宾海关局的知识产权注册中心注册其受专利、商标、版权和其他类似保护的知识产权的产品。注册申请相当于知识产权所有者同意菲律宾海关局对涉嫌侵权的进口货物进行实物检查。该登记将成为菲律宾海关局主动监控可疑进口商品并确定其是否可被查封和没收的基础。

同时，菲律宾海关局还可主动对涉嫌侵犯知识产权的商品进行随机检查。

（三）金融法律制度

1. 金融管理部门

菲律宾中央银行（BSP）负责制定和实施国家外汇管理政策。BSP 直属菲律宾中央政府，监管范围不仅包括菲律宾境内所有银行，还包括部分非银行金融机构（NBFIs），如准银行机构（NBQBs）、典当行、货币服务商（MSB）、非股份制储蓄和贷款社（NSS-LAs）、国际金融业务分行（OBU）信托公司（TCs）等及其分支机构与关联企业。[①]

2. 证券交易

菲律宾证券管理机构规定，任何证券在菲律宾境内进行销售、分销或提供出售之行为，必须先在证券管理机构完成合法注册，或满足管理机构所设定的豁免类别要求。任何未遵守此规定的证券，均不得在菲律宾境内进行销售、分销或提供出售。

3. 外汇管理法律法规

（1）基于外国直接投资而发生的外汇往来。遵循菲律宾中央银行（BSP）的规定，外商投资企业通过菲律宾银行系统购入外汇，以实现资本回收并汇出由此产生的利润、股息及收益的，须先在菲律宾中央银行进行登记注册。这一过程中，外国投资者需按照菲律

---

① 商务部对外投资和经济合作司. 商务部国际贸易经济合作研究院，中国驻菲律宾大使馆经济商务处. 对外投资合作国别（地区）指南 菲律宾（2023 年版）[R]. 北京，2023.

宾央行的指引，递交注册申请并附上相应的支持文件。这些文件的种类取决于外商投资的具体形式，包括现金、实物以及其他非金钱形式的投资。

对于现金投资的，菲律宾中央银行要求相应的外汇资金必须首先汇入菲律宾。通常，外国直接投资的注册申请必须在外汇资金汇入菲律宾之日起一年内（如果外国直接投资是现金投资）或在实际将资产转移到菲律宾之日起一年内（如果外国直接投资是实物投资）。如果外国直接投资涉及把在菲律宾中央银行注册的投资转让给另一外国投资者，并在海外以外汇支付，则注册申请必须在涉及转让的出售/转让契约签署之日起一年内向菲律宾中央银行提交。

（2）基于对外投资发生的外汇往来。菲律宾中央银行规定，菲律宾居民有权在无须央行审批的情况下，投资那些需要以外汇结算的工具。这一投资资金可来源于两个方面：①居民所持有的外币存款账户；②从菲律宾银行系统外部渠道获取的外汇。同时，投资者还可在菲律宾银行系统内购买外汇，每位投资者或每只基金每年的购买额度上限为6000万美元或等值的其他外币。若投资者计划购买的金额超出这一限额，需在确认外汇需求总额超过该限额后的至少15个银行工作日内，向菲律宾中央银行提交相应通知，并向外汇销售机构提交菲律宾中央银行收到或确认的通知副本。

（3）基于外国贷款（包括股东预付款）发生的外汇往来。在菲律宾，对于需向境外借款人偿还本金及利息的外汇支付行为，若借款人计划通过菲律宾银行系统购入外汇来完成支付，一般需事先获得菲律宾中央银行的批准。

（4）基于贸易交易发生的外汇往来。菲律宾中央银行规定，对于因进出口贸易而引发的外汇交易，菲律宾居民通常无须事先获得批准，即可从菲律宾银行系统购买外汇，用以支付进口款项。这些进口款项的支付方式多样，包括信用证、付款交单、承兑交单、直接汇款、预付款以及开立账户等，甚至包括非银行关联方之间的公司间净额结算安排。同样地，对于出口贸易交易，在特定的付款安排如信用证、凭单付款或现金凭单付款、凭单承兑付款和开立账户安排下，也无须事先获得菲律宾央行的批准。

（四）劳动法律制度

菲律宾《劳动法》是管理与就业有关的所有事项的法律。该法由费迪南德·马科斯总统于1974年以第442号总统令的形式制定。该法有利于劳动者，规定了有关该国就业的规则，其中包括雇佣做法、工作条件、福利、工作时间和终止合同。

1. 菲律宾《劳动法》的核心内容

菲律宾《劳动法》规定了雇主和雇员在就业期间应遵守的最低要求。以下为菲律宾劳动法中规定的核心内容：

（1）最低工资。菲律宾的最低工资在农业、零售业和服务业三大工业部门中各不相同。此外，在不同地区，最低工资也不尽相同。菲律宾的最低工资范围可能为每天315菲律宾比索至570菲律宾比索。

（2）工作时间。菲律宾每天的正常工作时间是8小时，在这期间会插入1小时的用餐/休息时间。然而，在某些情况下，由于工作性质或紧急任务，员工休息时间可能会缩短至20分钟。

（3）夜班。菲律宾《劳动法》规定了夜班员工的额外报酬。夜班差额津贴是为晚上10点到次日早上6点轮班的员工所提供，他们有权按夜班每小时工作时间获得10%的额外报酬。

（4）假期。菲律宾有12个常规假期、6个特殊非工作假期和52个休息日。此外，每个地区都有被大多数企业承认及遵守的省级假期。在此期间工作的员工有权按照加班工资标准获得补偿。

（5）第13个月薪资。所有菲律宾员工都有权在每年年底获得1/12的额外工资，作为第13个月的工资，企业可以选择在6月和12月分拆支付并发放。菲律宾大多数企业都采取这种做法，以便在入学季节为有孩子的员工提供充足的预算。此外，对于辞职、退休、新聘员工或休产假的员工，仍有权按比例领取第13个月的工资。

（6）退休。年满60岁（65岁以下）的菲律宾雇员将会退休，政府雇员以及零售、服务和农业部门的工作人员不受这一规定的约束。菲律宾退休人员每工作一年将获得0.5个月的工资。

（7）解除劳动关系。菲律宾《劳动法》在很大程度上是有利于雇员的。员工享有"任期保障权"，并且只能因菲律宾劳动法中定义的"正当"或"授权"原因而被解雇。同时，无论哪种情况，雇主在正式解雇员工之前都必须遵循正当程序。对于因法律规定的"正当理由"解雇雇员的，需要提前通知雇员，并让雇员有机会以书面形式回应通知，并举行听证会，对解雇提出质疑。对于因法律规定的"授权"原因解雇雇员的，雇主需要遵守30天的提前书面通知期限。

2. 就业类型

菲律宾《劳动法》由劳动与就业部（DOLE）管理，并规定了如下6种就业类型：

（1）常规就业：在无限期的时间内从事对企业很重要的必要的全职劳动的工人。

（2）试用期就业：是指雇员被录用后的试用期，雇主可以在这段时间内判断是否合适，试用期一般为六个月左右。

（3）固定期限或期限制就业：工人根据合同同意在有限的时间内完成任务。

（4）季节性就业：适用于农业工人和其他在淡季暂时失业，但在下一个周期再次需要其服务时可以恢复的人员。

（5）项目制就业：从事一次性任务的工人，一旦特定项目完成，他们的合同就终止。

（6）临时就业：员工从事一项被认为对企业主要宗旨不重要的任务，临时工工作满1年后，即可转为正式员工。

3. 外国人在当地工作的规定

外国人在菲律宾工作需获得外国人就业许可和移民局的工作签证，并办理身份证（I-CARD）。在菲律宾的中国公民需遵守菲律宾移民法律法规，注意及时办理签证延期等手续，切勿从事与签证种类不符的活动。

如发生劳务纠纷，可通过法律手段进行维权，或通过菲律宾工作环境局、有特殊关切工人局以及员工补偿委员会等机构寻求救济。

（五）知识产权法律制度

菲律宾《知识产权法》（也称《第 8293 号共和国法案》）为所有者提供了保护其知识产权的补救措施。近 10 年来，平均每年立案商标纠纷案件 632 件，专利纠纷案件 7 件，知识产权保护案件较为活跃。

菲律宾《知识产权法》承认 7 类知识产权，包括：

1. 版权

菲律宾对文学、科学和艺术作品以及计算机程序在创作之时提供版权保护，无论它们是否已出版。虽然版权所有者不需要进行版权登记即可获得保护权，但可以将作品提交给国家图书馆以获得证书（与菲律宾法律相关的版权作品请交给最高法院图书馆）。

版权一般在作者去世后连续 50 年属于作者。视听产品、摄影作品和录音制品的作者是作品最初创作后 50 年内的合法知识产权所有者。

2. 专利

菲律宾知识产权局（IPOPHL）管理创造新产品或新工艺的发明人的专有权。专利申请可在线获取，如果获得专利局授予，权利有效期为自申请提交之日起 20 年，前提是所有者每年支付维护费。

根据知识产权法，可授予专利的发明可以是针对相关行业的新的、创新的和有用的问题的任何解决方案。

如果第三方认为知识产权没有足够的创造性或不符合公共利益，可以通过称为取消的程序对专利提出质疑。

3. 商标和服务商标

企业可以寻求对区分商品和服务的标志的保护，可以向菲律宾知识产权局提交商标申请，大约需要 3 个月的处理时间。如果接受，商标保护将持续 10 年，之后可以续展。商标申请费用从 3600 比索（小型实体）到 5800 比索（大型实体）不等。以商标形式欺骗性营销商品或服务的企业很容易受到菲律宾法院的不公平竞争处罚。

同时，需要注意的是商标保护不适用于进口仿制药。

4. 地理标志

地理标志是符合资格的企业可以在产品上贴上以推销其原产地的标签。此类知识产权可用于农产品、食物、酒精、纺织品、手工艺品。这些保护措施将永远有效，除非被撤销。

5. 工业设计

可以通过专利局注册工业设计权。根据《知识产权法》，这些设计是构成商业产品图案的组合。为了成功申请这些权利，设计不能过于衍生任何现有技术。如果被接受，保护期限自申请提交之日起持续 5 年，并且最多可连续续展 2 个周期。

6. 集成电路布局设计

这是指用于制造的三维电子产品，这些知识产权也通过菲律宾知识产权局处理，保护有效期为 10 年。

7. 商业秘密和保密协议

商业秘密是为了获得业务优势而向竞争对手隐瞒的内部公司流程或做法。在菲律宾，它们通常根据保密协议予以保护，该协议在法律上禁止一方或多方披露受保护的信息。

在菲律宾，法院历来都支持保密协议具有可执行性。为确保保密协议经得起法律审查，它应包括同意方的全名、不能披露的信息的彻底定义、保密协议无效的情况以及员工离职后保密的规定。

菲律宾《刑法》对商业秘密提供了一些法律保护。例如，根据菲律宾《网络犯罪预防法》，雇主可以对未经适当同意访问他人计算机上的信息的员工采取刑事行动。与菲律宾其他形式的知识产权不同，商业秘密和类似的专有信息来源无法注册。

（六）税收法律制度

菲律宾实行属地税收制度，这意味着只有来自菲律宾的收入才需缴纳菲律宾税。

1. 企业所得税

（1）一般税率。

菲律宾对所有来源的净收入征收25%的企业所得税，非居民公司仅对其源自菲律宾的收入征税，国内公司对其全球收入征税。

从2020年7月到2022年，外国公司将有资格享受25%的企业所得税税率，低于30%的正常税率，同时，外国企业的企业所得税税率每年进一步降低1%，最终在2027年达到20%。

国内微型、小型和中型企业（应税收入不超过500万比索且不超过1亿比索的企业）将直接受益于20%的优惠税率。

（2）预提所得税。

1）股息。居民企业分配的股息需缴纳25%的预扣税；分发给非居民企业的款项按15%征税，前提是非居民接收者所在国允许15%的税收抵免。同时，根据适用的税收协定，预扣税可能会减少。

2）利息。除非税收协定另有规定，支付给非居民的利息需缴纳20%的预提所得税。

3）版税。向国内或居民企业支付的特许权使用费需缴纳20%的预提所得税；向非居民企业支付的特许权使用费需缴纳25%的预提所得税。

4）附加福利税。授予监督和管理员工的附加福利需按附加福利总货币价值缴纳35%的税。根据新的所得税法规，附加福利是指除基本薪酬外，雇主以现金或实物形式向雇员个人提供的任何商品、服务或其他福利。

福利包括但不限于住房、费用账户、车辆、家庭人员、低于市场利率的贷款利息、俱乐部会员费、出国旅行费用、假期和休假费用、教育援助以及人寿或健康保险和其他非人寿保险保费。

然而，当附加福利被认为对业务性质是必要的时，则不征收附加福利税。

（3）分公司利润汇出税。外国公司在菲律宾的分支机构，除在菲律宾经济区管理局注册的分支机构外，均按其在菲律宾境内取得的收入的30%的税率缴纳所得税。分支机构向总部汇出的税后利润需缴纳15%的分支机构利润汇出税。

2. 个人所得税

菲律宾实行高达 35% 的累进个人所得税税率。从 2023 年 1 月 1 日起，所有收入等级低于 80 万比索的纳税人的个人所得税税率将降低 2%~5%，具体税率如表 11-5 所示。

表 11-5　菲律宾个人应纳税所得额的税率（2023 年 1 月 1 日起施行）

收入（比索）	税率（%）
0~2.5 万	0
2.5 万~4 万	15
4 万~8 万	20
8 万~20 万	25
20 万~80 万	30
80 万以上	35

3. 增值税

大多数实际销售总额超过 300 万比索的商品和服务均征收 12% 的增值税。

为注册出口商在当地购买商品和服务免除增值税，增值税优惠涵盖设备、用品、包装材料和货物等的销售，最长期限为 17 年。

增值税登记人提供的可免征增值税的服务如下：

（1）向注册企业销售原材料、包装材料、供应品、库存和货物并用于其注册活动。

（2）向注册企业出售服务，包括提供基本基础设施、维护、公用事业和设备维修。

（3）向从事航空运输业务或国际航运的人员提供的服务，包括财产租赁，前提是这些服务专门用于航空运输业务或国际航运。

（4）通过国内空运或海运船舶从菲律宾到外国的旅客和货物运输。

（5）向根据菲律宾签署的特别国际协定免征直接税和间接税的个人或实体进行销售。

（6）为在菲律宾境外开展业务的个人或实体制造、加工或重新包装货物，并且随后将所述货物出口并以外币支付。

（7）电力销售是通过可再生资源产生的，如地热和蒸汽、水力发电、生物质能、太阳能和风能等。

（七）争议解决法律制度

由于历史原因，菲律宾的法律制度是大陆法系和普通法系的混合体。现行有效的法律规范包括成文法、判例法、习惯法、伊斯兰法、法令集、判令集、国际条约（如《保护工业产权巴黎公约》《与贸易有关的知识产权协定》）等①。

---

① 伍少波，郭蕾．菲律宾司法环境｜中企在菲遇到纠纷如何解决？［EB/OL］．https：//mp. weixin. qq. com/s? src=11×tamp=1710737404&ver=5145&signature=e2bBgvVXceSMCOsMY＊fsTfe6abpY-T5RcUJf6yxFHpdOl2gsTz0 OhtERhx-hfHc9gwKqziEnTgf-＊zeXwiy2N7lSOQKrdCxW＊W1xByfQL32h2WiLpplhex4FofJ938EuD&new=1，2024-03-18．

1. 法院诉讼

根据菲律宾 1987 年《宪法》和 1980 年《司法机构重组法》，菲律宾法院体系共分 4 级：最高法院是全国最高司法机构，其下依次为上诉法院、地区审判法院、大都市和市级（巡回）审判法院。在南部穆斯林地区，设有伊斯兰教巡回法院、地区法院和上诉法院。另外，菲律宾还设有专门的税务上诉法院。菲律宾在审级制度上与我国类似，实行两审终审，如果二审后发现重大错误或出现新的证据，可以要求再审。

菲律宾宪法对诉讼审理期限作出了规定：最高法院为 24 个月；上诉法院、反腐败法院、税务上诉法院为 12 个月；其他法院为 3 个月。但是在实践中上述期限并未得到严格执行。简单案件的审理经常会持续几个月，复杂案件则至少持续 2 年，诉讼效率较低。

2. 仲裁

依据《菲律宾仲裁法》（共和国法案 876 号），发生争议的双方可以通过事先合同约定或事后双方同意的方式，提起仲裁。仲裁双方应首先签署书面的仲裁协议，并由起诉方或其合法代理人签署。当事人可自由选择仲裁员，如无指定仲裁员，一级法院可根据争议指定 1~3 名仲裁员。如果当事双方认为仲裁员的任命有失公允，可对该任命提出异议。仲裁裁决通常在听证会结束 30 天内作出，裁决必须由独任仲裁员或多名仲裁员书写、签署和确认，并向各方提供一份裁决副本。

菲律宾争议解决中心（Philippine Dispute Resolution Centre，PDRCI）成立于 1996 年，是菲律宾最主要的仲裁机构。该机构已与国际多家仲裁中心达成了合作协议，如韩国商事仲裁委员会、印度仲裁委员会、印度尼西亚国家仲裁委员会、新加坡国际仲裁中心、中国香港国际仲裁中心、新加坡国际调解中心等。双方可自行协商增加仲裁员数量、仲裁地址、仲裁语言等内容。

3. 中国国际贸易促进委员会纠纷解决服务

随着"一带一路"建设的逐渐深入，为响应国际社会呼声，在中国国际贸易促进委员会的推动下，中国国际商会联合"一带一路"建设参与国相关工商会、法律服务机构等按照共商、共建、共享原则共同发起国际商事争端预防与解决组织。作为第二届"一带一路"国际合作高峰论坛重要成果，2020 年 10 月 15 日，该国际组织正式成立。该国际组织为非政府间、非营利性国际社会团体，将为境内外企业提供包括宣传培训、对话磋商、合规建设、预警防范、标准合同制定、调解、仲裁等国际商事争端预防和解决多元化、"一站式"服务，依法保护企业合法权益，营造高效便捷、公平公正的营商环境。其服务范围包括商事仲裁（一般商事仲裁、海事仲裁）、知识产权保护、"两反一保"（反倾销、反补贴、保障措施）服务、商事认证服务、商事调解服务、合规建设服务等。

（八）数据保护法律制度[①]

在全球数据监管日益严苛的背景下，出海企业除需关注税收、外汇等，还需特别关注数据合规。根据菲律宾国家隐私委员会（National Privacy Commission，NPC）发布的决定，企业可能因违反处理个人信息的义务、未经授权的访问、恶意披露、为未经授权的目

---

① 菲律宾数据合规重点解读［EB/OL］. https：//www.freebuf.com/artides/others-articles/339414.html，2022-07-18.

的进行处理等被处罚。由此可见，菲律宾关于数据合规的执法行为严格且全面，且较之他国菲律宾的数据保护法律体系更为庞杂。

菲律宾的数据保护法律体系以 2012 年的《数据隐私法案》（Data Privacy Act，DPA）以及 2016 年的《数据隐私法实施细则和条例》（Implementing Rules and Regulations of the Data Privacy Act，IRR）为主，DPA 以及 IRR 是规范个人数据处理的综合性立法。

除 DPA 以及 IRR 外，NPC 针对个人数据处理的各方面发布了大量通函、咨询、咨询意见、咨询采纳，以及针对企业违法处理个人数据行为出具了决定、决议以及命令，公布了行政处罚案例。

总体而言，菲律宾的数据保护法律体系较为完善。

（九）环境保护法律制度

菲律宾坚持保护和促进人民享有平衡、健康生态权利的政策。健康的生态环境的权利。菲律宾的环境法由一系列立法、行政法令和行政条例组成，每项法律都涉及与环境有关的具体领域。因此，适用于特定企业的环境法在很大程度上取决于该企业的活动。菲律宾环境与自然资源部（DENR）是环境保护和管理的领导机构。菲律宾环境管理局（EMB）、地方政府部门及其他政府机构和部门协助环境与自然资源部制定和实施环境政策。①

1. 一般项目要求

菲律宾第 1586 号总统令（"PD 1586"）建立了菲律宾环境影响报告系统制度（EIS）。环境影响评估（EIA）是项目规划的一部分，其目的是确定和评估重要的环境后果，包括项目实施时可能出现的社会因素。消除或尽量减少这些影响的措施被纳入项目设计和运营中纳入消除或尽量减少这些影响的措施。

菲律宾第 1586 号总统令要求环境危急项目（ECP）和环境危急地区（ECA）内项目的提案人必须在项目开始前获得环境合规证书（ECC）。

ECC 是一份证明文件，证明根据提议者的陈述，拟议的项目或工程不会对环境造成重大负面影响。ECA 是指被划定为环境敏感区域的区域，ECP 则是极有可能对环境造成重大负面影响的项目或计划。如果某些类型的拟议项目会对环境造成重大影响，则该区域应被划定为环境敏感区。如果在该区域选址、开发或实施某些类型的拟议项目或计划，预计会对环境造成重大影响。这类环境影响的项目或计划就是 ECP。

菲律宾环境与自然资源部的环境管理局与环境影响评估审查委员会是执行环境影响评估制度的政府机构。

2. 具体监管领域

菲律宾总统令第 984 号，又称《国家污染控制法》（1976 年），是菲律宾政府正在执行的有关污染预防和控制的一般立法。

菲律宾总统令第 1067 号，又称《菲律宾水法》（1976 年），规定了水用户和水所有者的权利和义务范围，包括对这些权利的保护和管理。根据《菲律宾水法》的规定，任何

---

① Torres. Doing Business in the Philippines [R]. Ibb De, 2015.

个人或公司在将水用于工业用途之前，都必须先从国家水务局获得水权，用水许可证即是水权的证明。

菲律宾总统令第 705 号（修订总统令第 389 号），又称《菲律宾林业改革法》是界定菲律宾林业改革的法律。菲律宾环境与自然资源部执行《菲律宾林业改革法》的规定，并据此管理林地和资源的使用。

菲律宾第 7586 号共和国法，又称《国家综合保护系统法》（NIPAS 法）（1992 年）对影响地区和具有重要生物意义的公共土地的活动进行管理。

菲律宾第 9003 号共和国法，即《2000 年固体废物生态管理法》，要求将一项国家计划制度化，该计划将管理国内固体废物的控制、转移、运输、处理和处置。

菲律宾第 6969 号共和国法（RA 6969），即《有毒物质、危险废物和核废料控制法》，为控制、转移、运输、处理和处置有毒物质、危险废物和核废料提供了法律框架。

菲律宾第 8749 号共和国法，即《1999 年清洁空气法》规定了预防、管理、控制和扭转空气污染的框架，菲律宾环境管理局有权颁发预防和减少空气污染所需的许可证。

菲律宾第 9275 号共和国法（RA 9275），即《2004 年清洁水法》要求菲律宾环境与自然资源部实施一项全面的水质管理计划，以保证水的有效利用与保护。

菲律宾第 10587 号共和国法，即《2013 年环境规划法》为规范环境规划的专业和实践提供了法律框架。

菲律宾第 8048 号共和国法，即《1995 年椰子保护法》规定了菲律宾椰子树砍伐管理框架。

菲律宾第 9367 号共和国法，即《2006 年生物燃料法》规定了管理生物燃料的法律框架。

菲律宾第 10915 号共和国法，即《2016 年农业与生物系统工程法》，为农业和生物系统工程行业提供了监管框架。

菲律宾第 11038 号共和国法，即《2018 年国家综合保护区系统（NIPAS）扩展法》，修订了 1992 年的《国家综合保护区系统法》，该法建立了综合保护区系统，用于保护环境。

三、菲律宾法律风险

（一）投资风险

1. 制度/政策限制

菲律宾政府实施外国投资负面清单规则，以不禁止和限制外商投资有限责任公司进入各行业市场为原则，例外地在特定的行业部门限制外商投资企业中外商股权占比，或禁止外商投资企业进入。投资企业需要关注菲律宾政府限制或禁止投资的领域，避免投资相关领域或从事相关经营活动。

2. 菲律宾投资法律体系不完备，政策缺乏透明度

在当前全球经济衰退与逐步复苏的大环境下，菲律宾的投资贸易政策呈现出一种复杂且曲折的态势。政府的自由裁量权占据主导地位，导致贸易壁垒较高。部分政策缺乏必要的透明度，使得商业活动在实际操作中饱受困扰，重复审批、部门权限交叉重叠等现象屡见不鲜。

此外，在投资环境方面，菲律宾地方政府腐败现象层出不穷，国有企业在特定行业形成垄断，关键行业的监管机制尚显模糊，法律政策体系尚待完善，透明度有待提升。此外，菲律宾知识产权执法力度不足，熟练劳动力供不应求，以及政府决策过程缓慢等问题，均对菲律宾的投资环境构成不小的制约。

3. 中菲投资法律比较

2019 年，中国发布《外商投资法》，对外商投资促进、投资保护、投资管理等进行规定。同年，中国发布《外商投资法实施条例》，系对《外商投资法》的细化，对部分条款进行了充分释义。2022 年，中国修订《外商投资电信企业管理规定》，吸引外商投资电信企业，适应电信业对外开放的需要，促进电信业的发展。

相比于中国，菲律宾的投资法律层级更加多样，法律、部门规章、监管要求的来源存在交叉，法律识别更加困难，需要企业细致了解。

（二）贸易风险

贸易清关、检验检疫可能构成进出口企业向菲律宾进出口商品时遇到的主要困境，外商投资企业需要特别注意关注菲律宾相关法律法规，提前准备好清关、检验检疫文件，了解当地办事机构的工作效率，避免因延误而产生的违约风险。

（三）金融风险

菲律宾营商环境复杂，银行体系透明度较低，易受国际经营环境影响，菲律宾比索的保值率不可控。外商投资者应警惕菲律宾多重金融风险。

（四）劳动用工风险

如若未能按照菲律宾劳动法以及相关的法律法规满足劳工要求，企业将面临相应的处罚。对于拖欠工资、福利报销（含利息）等行为，企业可能面临最高 50 万比索的损害赔偿，以及未向菲律宾做出必要贡献的公司可能面临监禁。对劳动法所规定的违法行为的投诉必须在违法行为发生后 3 年内提出。对于不公平的劳工行为，必须在 1 年内提出投诉。

对于非法劳工行为将被处以 1000 比索至 1 万比索的罚款或不超过 3 年的监禁，或两者并罚。

同时，雇主有责任制定工作场所的健康和安全标准。菲律宾劳工部制定了强制性职业安全和健康标准，保护菲律宾员工在工作中免受伤害、疾病和其他安全隐患。它赋予员工了解工作场所危险、拒绝不安全工作、报告事故和穿戴防护装备的权利。雇主必须向劳工部登记其业务，并提供必要的培训以应对紧急情况和其他危险情况。违反任何政府标准的处罚范围为每次违规 2 万~5 万比索。

（五）知识产权风险

对于委托承揽合同中涉及的知识产权问题，在菲律宾，除非合同另有约定，受托方拥有他们为委托方开发的知识产权。因此，如若委托人想要取得相关知识产权，需要在合同中明确约定，由委托人拥有受托方在业务过程中创建的任何相关知识产权。

（六）税收风险

在进口时，如果商品的价值高于免税额，则需要缴纳相关税款。菲律宾规定，2000比索以下的货物可免税，但货物必须是个人自用并且数量不超过品项达到 3 个时才可以享受免税待遇。如果商品的价值超过了免税额度，则需要缴纳相关的进口税和增值税。

在出口时，如果出口商品的价值超过了 2000 比索，则可能需要缴纳相关的出口税。出口计划必须要向海关申报并获得批准，否则可能被认定为非法活动。

（七）司法救济风险

在菲律宾进行司法救济可能面临的风险主要包括以下几个方面：

1. **法律环境的不确定性**

菲律宾的法律体系和司法实践可能与中国存在差异，这可能导致在菲律宾进行的司法救济程序对中国公民或企业不利。例如，菲律宾的司法系统可能对外国当事人不够透明，或者存在偏见。

2. **政治因素的干扰**

菲律宾的政治环境可能影响司法救济的公正性。如果菲律宾政府出于政治考虑对中国公民或企业采取不利的司法行动，可能会使中国在菲律宾的当事人难以获得公正的审判。

3. **执法的不稳定性**

菲律宾部分地区可能存在执法不严或腐败现象，这可能导致中国在菲律宾的当事人难以依靠法律手段保护自己的权益。例如，如果菲律宾的执法机构不严格履行职责，可能会使中国在菲律宾的当事人遭受非法扣押或人身安全受到威胁。

4. **与中国关系的紧张**

中菲两国在南海领土争端等问题上存在分歧，这可能导致在菲律宾的中国公民或企业在申请司法救济时受到不公正对待。例如，如果中菲关系紧张，可能会使菲律宾法院在处理涉及中国的案件时受到政治压力，影响审判公正性。

5. **法律追索的风险**

即使中国在菲律宾的当事人获得司法救济，也可能面临追索困难。例如，如果菲律宾的赌场或相关企业拒绝履行法院判决，中国在菲律宾的当事人可能难以通过法律手段追回债务。

（八）数据保护风险

中国企业在菲律宾面临的数据保护风险主要包括以下几个方面：

1. 法律风险

由于菲律宾目前尚未实施全面的数据保护法律，企业在处理个人数据时可能缺乏明确的法律依据和指导。然而，菲律宾政府已经提出了一项名为《个人数据保护法》（Personal Data Protection Act，PDPA）的立法，中国企业需要密切关注该立法的进展，并做好相应的合规准备。

2. 跨境数据传输风险

在没有全面的数据保护法律框架的情况下，企业在将数据从菲律宾传输到其他国家时可能会遇到障碍。此外，如果菲律宾未来实施数据本地化要求，中国企业可能需要将数据存储在菲律宾境内，这可能会影响数据管理和运营效率。

3. 数据隐私和安全风险

菲律宾的宪法和现有法律保护个人隐私权。中国企业必须确保其收集、使用和存储的个人数据符合菲律宾的数据保护规定，并采取适当的技术和管理措施来保护数据免遭未经授权的访问、修改、破坏或泄露。

4. 合规义务风险

中国企业需要履行通知、透明度和责任等合规义务，确保数据处理活动符合法律规定，尤其是在收集和使用个人数据时。不合规可能会导致罚款、声誉损害和诉讼等后果。

5. 监管风险

菲律宾的监管机构，如菲律宾信息和通信技术部（DICT）和未来可能成立的数据保护委员会，可能会对不合规的行为进行调查和处罚。企业需要密切关注监管动态，及时调整数据处理活动。

（九）环境保护风险

中国企业在菲律宾进行投资和建设项目时，需要关注环境保护的法律风险，这些风险主要包括：

1. 环境法规遵从性

菲律宾拥有严格的环境保护法律和政策，中国企业必须遵守《菲律宾环境编码》（Philippine Environment Code）以及其他相关法律，如《清洁空气法》《清洁水法》《固体废物生态管理法》等。不遵守这些规定可能会导致罚款、项目暂停或撤销许可。

2. 环境影响评估

在开始项目之前，中国企业可能需要进行环境影响评估（EIA）和初步环境评估（PEIA），以确保项目对环境的潜在影响得到评估和管理。这可能涉及公众参与、生态保护措施和缓解/减缓措施（mitigation）计划的制定。

3. 生物多样性保护

菲律宾拥有丰富的生物多样性，中国企业需要在项目设计和运营中考虑生态保护，避免对野生动植物栖息地的破坏。例如，如果项目影响到了指定的生物保护区，企业可能需要采取额外措施，如改变项目路线或采取生物多样性保护措施。

4. 社区和原住民权利

中国企业还需要考虑社区和原住民的权利，尤其是在项目可能影响他们的生计和文化的地区。菲律宾法律要求尊重原住民的权益，包括他们的土地权和资源权。

5. 合规审计和监督

菲律宾环境和自然资源部（DENR）及其地方机构会对企业进行合规审计和监督。中国企业应确保其操作符合所有适用的环境法规，并准备接受监管机构的检查。

6. 责任和赔偿

如果企业的活动导致环境损害，它可能需要承担相应的责任和赔偿。这可能包括修复受损环境、赔偿损失以及承担其他法律责任。

四、法律风险防范对策

（一）投资风险防范

1. 适应法律环境复杂性

菲律宾的法律体系仍有待完善，尤其是在投资方面，很多法律规定与实践操作存在矛盾之处。菲律宾的法律环境较为复杂，执法、司法环境有待改善；法律具体执行方式和条款之间也存在较大差异，法律环境存在较多不确定性，存在某些执法不严的情形。投资者应加强合同管理，防范违约法律风险。

2. 全面了解优惠政策

外商投资者要全面、准确地了解菲律宾针对不同行业、不同区域等的优惠政策，以便有针对性地在菲投资，切实享受到优惠政策红利。菲律宾鼓励外商直接投资发展高新技术产业，尤其是鼓励到经济特区投资建厂。

3. 尊重当地习俗文化

菲律宾人忌讳数字13和星期五，华人忌讳数字4；忌进门时脚踏门槛；忌红色；忌左手传递东西或抓取食物。

（二）金融贸易风险防范

1. 了解贸易管理规定

外商投资菲律宾或与菲律宾企业交易应遵守贸易法律法规，外国投资者要充分了解菲律宾进出口程序和管理规定，注意规避贸易管制清单。

2. 规避汇率风险、信用风险

外商应注意防范信用证诈骗等法律风险，做好事前调查、分析、评估，防范信用证"软条款"的法律风险。

3. 关注商品质量和服务

与菲律宾企业洽谈合同，要注意甄别菲律宾合作伙伴，同时注重合同细化管理，在遵循国际惯例的基础上，注意明确交货、付费、质量要求。加强产品和服务质量管理，避免出现产品瑕疵。

4. 适应使用商务礼仪

菲律宾人性格开朗、热情友善、讲究礼仪。日常见面，无论男女都握手，男人之间有时也拍肩膀。拜访商界或政府人士，宜穿西装，需事先预约时间，由秘书安排，拜访应准时赴约。

（三）劳动用工风险防范

在菲律宾，以下策略可以帮助雇主遵守该国的劳动法：

1. 简化工资表

菲律宾《劳动法》规定，工资和报酬应当及时公布。此外，员工可以向菲律宾劳动与就业部报告任何未得到满足的补偿。

提供工资单作为每次工资发放的支持文件是在员工中建立信誉的好方法。此外，雇主可以为无纸化交易提供数字副本。

2. 关注法律法规变化

在合同之外分发员工手册是传达员工权利的更好方式。雇主必须留意菲律宾《劳动法》的监管变化，员工手册必须更新以准确反映这些变化。

（四）知识产权风险防范

1. 专利：侵权救济

无论专利涉及产品还是方法，专利所有者都享有多项专有权。他们有权限制、禁止和阻止任何未经授权的个人或实体制造、使用、许诺销售、销售或进口其产品，这些产品要么受专利保护，要么直接或间接从受专利保护的过程中获得。

任何侵犯此类权利的行为均构成专利侵权，专利权人可以通过民事诉讼向侵权人追偿因侵权而遭受的损失以及律师费和其他费用。专利权人同样可以申请禁令以保护其权利。法院同样有权下令将主要用于侵权的侵权货物、材料和工具移至商业渠道之外，或无偿销毁。如果侵权者重复侵权，将承担刑事责任，处以 6 个月至 3 年的监禁，并处以 10 万 ~ 30 万比索的罚款。

2. 发明人的补救措施

菲律宾知识产权为真正的发明人或未经其同意或通过欺诈被剥夺专利的发明人提供了补救措施。如果最终法院命令或决定宣布真正或实际发明人为该发明人，则法院应命令将他/她替换为专利持有人，或者，如果真正发明人愿意，则可以取消专利但需支付相应的损害赔偿金。

3. 专利的撤销

任何利害关系人均可请求取消专利、任何权利要求或部分，理由如下：一是涉及非新颖或不可专利的发明；二是没有以足够清晰和完整的方式公开发明；三是违反公共秩序和道德。

如果发现有足够的理由取消专利或权利要求，由法律事务总监组成的委员会可以下令取消该专利或任何相关权利要求。然而，专利所有人也可以在诉讼过程中修改专利。如果发现修改后的专利符合法律要求，则委员会可以决定维持不变。

4. 商标异议、取消

任何人认为自己会因商标注册而遭受损失的，可以书面形式正式反对该商标的申请。任何人认为自己会因商标注册而受到损害的，可以在商标注册之日起 5 年内提出撤销该注册的请求。

但是，如果注册商标或其一部分成为商品或服务的通用名称，或者已被放弃，也可以随时提出取消申请。如果注册是通过欺诈或违反法律的方式获得的，或者注册商标被注册人使用或经注册人许可歪曲商品或服务的来源，也可以随时提出申请书。

如果商标的注册所有人无正当理由在 3 年或更长时间内未能在菲律宾使用该商标，也可以随时提出取消注册的申请。

5. 商标侵权

如果未经所有者同意，一个人在商业中使用注册商标或相同容器或其显著特征的复制品、伪造品、复制品或彩色模仿品，则可能会被追究商标侵权责任，包括以可能引起混淆或错误的方式将注册商标应用于标签、标志、印刷品、包装、包装物、容器或广告。

6. 不公平竞争

一个人在公众心目中识别出他/她生产或经营的商品或其业务或服务来自他人，则对该商品的商誉拥有财产权，并且与其他财产权一样受到保护。这与是否涉及注册商标无关。

因此，任何人采用欺骗或任何其他违反诚信的手段，为已建立此类商誉的人假冒此类商品或服务，或实施任何旨在产生上述结果的行为，均被视为犯不正当竞争罪。特别是，在销售商品时，使商品具有其他制造商、经销商商品的外观，使购买者误认为该商品是其他制造商、经销商的商品的，应当认定为负有不正当竞争罪。

如果一个人采用任何精心设计的手段，使人们错误地相信他/她正在提供另一个人的服务，而另一个人已经在公众心目中识别出此类服务，那么他/她也可能被认定为不正当竞争罪。

那些在贸易过程中作出虚假陈述，或以违反诚信的方式行事或蓄意诋毁他人的商品、业务或服务的人，也可能被视为负有不正当竞争的责任。

7. 版权

任何侵犯版权的人都可能受到限制此类侵权行为的禁令的约束。此外，法院还可以责令侵权人向版权所有人或其受让人或继承人支付实际损失，包括法律费用和其他费用，以及侵权人因侵权而可能获得的利润。

同样，法院可以命令侵权人在诉讼待决期间扣押销售发票和其他证明销售的文件，以及涉嫌侵犯版权的所有物品及其包装以及制造这些物品的工具。他/她可能会被命令交出所有侵权复制品或装置，以及用于制作此类侵权复制品的所有板、模具或其他工具，以将其销毁。他/她可能会被责令支付损害赔偿金。

8. 始终在雇佣协议中明确知识产权所有权和保护

应在每份雇佣协议中纳入一项条款，概述新员工的知识产权保护。这可以包括：员工创建的知识产权归谁所有；知识产权商业化规则；转让或者获取知识产权所有权的条件；商业秘密和其他专有信息的保密协议；不竞争协议；授权书条款等。

根据菲律宾法律，只要它与基础业务和员工规定的职责相关，雇主拥有员工在工作中创造的知识产权。为了使该规则的任何例外情况具有法律约束力，必须将其写入雇佣协议中。

（五） 争议解决风险防范

在菲律宾进行司法救济时，中国公民或企业可能面临的风险确实包括法律环境的不确定性、政治因素的干扰、执法的不稳定性、与中国关系的紧张以及法律追索的风险。以下是对这些风险的进一步分析和建议：

1. 法律环境的不确定性

在进入菲律宾市场前，应进行详细的法律环境尽职调查。可以聘请当地法律顾问，了解菲律宾的法律体系、司法程序和可能的法律风险。在合同中明确争议解决条款，包括适用法律、争议解决方式和地点。

2. 政治因素的干扰

密切关注中菲两国的政治关系和政策动向。在涉及敏感领域时，考虑采取额外的风险缓解措施，如通过国际仲裁而非当地法院解决争议。

3. 执法的不稳定性

建立强有力的内部合规体系，确保企业运营符合当地法律法规。在遇到执法问题时，及时寻求专业法律援助，并记录所有与执法机构的互动。

4. 与中国关系的紧张

在涉及领土争端等敏感问题时，避免公开表态或采取可能激化矛盾的行动。在必要时，寻求外交途径解决问题。

5. 法律追索的风险

在合同中包含强有力的保障条款，如履约保证金或第三方担保。在执行法院判决时，如果遇到障碍，可以考虑通过国际渠道寻求帮助，如请求中国大使馆的协助或利用国际仲裁裁决的执行机制。

总的来说，中国公民或企业在菲律宾进行司法救济时，应充分评估潜在风险，并采取相应的预防措施。同时，应保持灵活性，以便在法律环境或政治局势发生变化时迅速调整策略。

（六） 数据保护风险防范

1. 关注数据跨境规则

中国投资者应当持续关注菲律宾的立法动态及监管趋势。目前，对于跨境数据传输活动的治理规则尚未形成统一的国际标准。尽管关于跨境数据流动的立法基本遵循相似的规则，但在实施细则方面仍存在一定差异。

出海企业可以通过组建研究团队、成立专门研究机构等方式及时评估和研判对自身投资活动的影响，并相应调整企业合规框架，从而减少因未建立事前合规机制而引发的经营损失。

在跨境投资的境内合规方面，我国出海企业应当严格遵守我国法律对于数据出境的合规要求，依据《数据安全法》《数据出境安全评估办法》《信息安全技术—个人信息安全影响评估指南》（GB/T39335-2020）等文件的规定，对数据出境进行全链路管理。在数据出境前，应当根据出境数据的类型和数量等因素进行数据出境风险自评估或安全评估，有效识别和保护核心数据和重要数据，并对于上下游重点行业企业的数据进行特殊保护。在数据跨境过程中，应当管控传输数据的访问权限并如实记录数据跨境传输的全过程，同时也应当防范数据泄露风险并制定应急处理预案。在数据出境目的完成后，要及时删除或销毁数据并开展数据跨境合规审计。如果数据跨境活动超出了最初的目的，应当重新评估。

2. 完善企业数据分类与分级管理

不同类型数据的风险等级存在差异。数据分类分级管理通过"定性+定量"的方式确定数据保护的方式与先后顺序，并根据分类分级结果在具体的应用场景中对数据采取不同的安全保障措施。出海企业可以对数据进行分类、分级梳理并制作数据清单（Data Inventory，DI），以强化对数据资源的管理和利用。

3. 细化数据跨境传输标准合同

投资者可以根据市场机制和数据跨境活动的类型等要素有针对性地拟定合同条款。第一，在重要数据的保护方面，保障数据安全的关键在于明确各个数据处理业务环节的责任主体。数据跨境合同的内容应当涵盖从数据开始出境到数据出境完成的整个过程的传输路径、接收方、存储地点、存储期限、数据访问和复制记录等。第二，在个人信息保护方面，数据跨境合同可以采取一般个人信息、敏感个人信息和匿名化个人信息的分类方式，并详细设置相应的义务履行标准。由于金融、医疗、教育等行业的一般个人信息面临的安全风险趋于同质化，因此无需根据行业属性作出特别约定。第三，其他数据的保护。此类数据不涉及个人信息权利以及国家安全，因此，预防由数据积聚引发的性质变化，即通过信息技术从本不属于个人信息或重要数据的集合中获取有关特定自然人和国家安全的相关信息内容，是实现跨境数据传输合规的关键。在这种情况下，合同条款中应当区分数据传输业务的规模，并在大规模数据传输业务中约定更为严格的数据安全保障义务。

4. 强化数据合规尽职调查

经过数据合规尽职调查，目标公司可能会暴露出某些数据合规问题。交易双方可通过针对具体情况采取调整交易价格、要求目标公司作出陈述与保证、将部分合规整改事项作为交割先决条件或交割后义务、设置赔偿条款等方式，尽量减小数据合规问题带来的风险，促进交易的顺利完成。投资并购交易完成后，买方应当继续采取整改措施，通过调查和评估进一步发现目标公司内部数据合规问题并及时补救。同时，也应当适时整合目标公司相关数据系统和平台，注重从目标公司到并购后主体的数据迁移的高效性和合规性，尽快实现目标公司与买方公司管理的一体化。此外，应当建立和完善企业内部运营与发展的数据合规管理制度，强化全生命周期的数据安全防护。

（七）环境保护风险防范

为了降低环境保护法律风险，中国企业可以采取以下措施：

（1）认真研究和遵守菲律宾的环境保护法律法规，确保企业的生产经营活动符合法律要求。

（2）建立健全的环境管理体系，加强环境风险评估和管理，制定并落实环境保护措施。

（3）积极开展环境保护宣传教育，提高员工的环保意识，促进企业的可持续发展。

（4）加强与当地环保部门、社区和其他利益相关者的沟通与合作，及时解决可能出现的环境问题。

（5）关注菲律宾环境保护政策的变化，及时调整企业的环保策略，确保适应新的法律要求。

五、投资菲律宾相关案例评析

（一）商标注册案[①]

1. 案例介绍

1994 年，德国公司 Birkenstock Orthopaedie Gmbh & Co.（以下简称"Birkenstock 公司"）在菲律宾提交了多项商标申请，其中包括其知名品牌"BIRKENSTOCK"及其变体。然而，令 Birkenstock 公司感到惊讶的是，该商标已被一家名为菲律宾鞋业博览会营销公司（Shoe Expo）的菲律宾公司注册。

Birkenstock 公司迅速对该注册商标提起了撤销诉讼。然而，在取消案件悬而未决期间，Shoe Expo 未能提交所需的第 10 年实际使用声明（DAU）。未能提交 DAU 意味着商标注册将被视为撤回。然而，Shoe Expo 并未因其注册被取消而放弃，反而对 Birkenstock 公司的商标申请提出了异议，声称其在菲律宾使用"BIRKENSTOCK"商标已超过 16 年，并重新申请了该商标，并于 1991 年获得了"BIRKENSTOCK"一词的版权注册。

菲律宾知识产权局（IPOPHL）裁决局法律事务局（BLA）负责这一异议行动，并于 2008 年 5 月 28 日发布决定，维持了 Shoe Expo 的异议，并驳回了 Birkenstock 公司的申请。其理由如下：

（1）Shoe Expo 是菲律宾"BIRKENSTOCK"商标的先前使用者和采用者。

（2）Birkenstock 公司未能提供在菲律宾实际使用该商标的证据。

（3）"BIRKENSTOCK"商标在国际上并不知名。

（4）Birkenstock 公司仅提交了其他国家的注册证书复印件，这些复印件被认为不能作为证据。

Birkenstock 公司就 BLA 的决定向 IPOPHL 总干事（DG）提出上诉，后者推翻了 BLA 的决定，并认为随着 Shoe Expo 的注册被取消，以先前注册为由拒绝 Birkenstock 公司申请

---

① European Commission. Case Study 10 - The Importance of Registering your Trade Mark in the Philippines [EB/OL]. https://intellectual-property-helpdesk.ec.europa.eu/regional-helpdesks/south-east-asia-ip-sme-helpdesk/case-studies/case-study-10-importance-registering-your-trade-mark-philippines_en，2024.

的理由已不复存在，并且所提供的证据表明 Birkenstock 公司是"BIRKENSTOCK"商标的真实合法所有者和先前使用者。然而，由于版权和商标是不同形式的知识产权，且不能互换，DG 忽略了 Shoe Expo 对"Birkenstock"一词的版权注册。

Shoe Expo 对 DG 的决定向上诉法院（CA）提出上诉，上诉法院恢复了 BLA 的决定。Birkenstock 公司随后将 CA 的决定上诉至菲律宾最高法院。

2. 最终结果

菲律宾最高法院在 2013 年 11 月 20 日发布的裁决（G. R. 194307）中推翻了 CA 的裁决并作出如下裁决：

（1）Birkenstock 公司提交的复印件文件可以作为证据，因为 IPOPHL 不受严格的证据规则约束，而且 IPOPHL 在之前的撤销案件中已经拥有原始文件。

（2）Shoe Expo 未提交 DAU 即等于放弃，因此其已丧失对该商标的任何权利或利益。

（3）Birkenstock 公司以明确、令人信服的证据证明其是该商标的真正所有者，并引用了该商标的起源和历史相关证据，并证明 Shoe Expo 以恶意注册其名义注册了相同的商标。

菲律宾最高法院强调，商标注册本身并不是获得所有权的方式，因为申请人如果不是商标所有人，则无权申请注册；商标的所有权赋予其注册权。最高法院还援引 IPOPHL 总干事的话说，"BIRKENSTOCK 显然源自德国，是一个高度独特且任意的商标"，并补充说，"两个人可以铸造相同或相同的商标来使用，这是非常遥远和令人难以置信的，在同一行业中，Shoe Expo 没有任何合理的解释"。

3. 评论与提示

该案经历了从 BLA 到最高法院的四个诉讼阶段，预计本次诉讼的总费用不会低于1.1 万欧元。可以获得的启示为，对于计划进入国外市场销售其产品或服务的中小企业来说，获得商标保护非常重要。在外国申请和获得商标注册的成本远低于中小企业为保护其商标并在该国开展业务而可能需要承担的诉讼成本。

（二）盗用商标案[①]

1. 案例介绍

法国蓝带厨艺学院（以下简称法国学校），以其创立于 1895 年的标志性商标"LE CORDON BLEU"为特色，其希望在菲律宾注册该商标。然而，该学校面临着一位拥有本地公司（以下简称该公司）的毕业生的反对。值得注意的是，在法国学校尝试注册之前，该毕业生已经在菲律宾开始使用相同的商标。这引发了一场商标所有权的争议，该公司声称他们是菲律宾首家使用该商标的公司，因此有权在法国学校之前注册。

对法国学校的商标申请最初被菲律宾知识产权局法律事务局拒绝，原因是缺乏足够的证据证明他们在菲律宾先使用了该商标。此外，法律事务局强调商标的采用和使用必须在

---

① European Commission. Case Study 12－Unjust Appropriation of Famous Trade Mark by Local Firm in the Philippines [EB/OL]. https：//intellectual－property－helpdesk. ec. europa. eu/regional－helpdesks/south－east－asia－ip－sme－helpdesk/case-studies/case-study-12-unjust-appropriation-famous-trade-mark-local-firm-philippines_en，2024.

菲律宾国内商业中进行，而不能在国外。

然而，这一决定被菲律宾知识产权局局长推翻。他认为，旧商标法并未要求商标必须在菲律宾实际使用才能获得所有权。综合考虑了商标在菲律宾境外的早期使用情况后，他指出该公司未能解释其如何提出该商标，最终得出结论认为法国学校才是合法的商标所有者。这一决定经过菲律宾上诉法院和最高法院的确认，为法国学校赢得了在菲律宾注册"LE CORDON BLEU"商标的权利。

2. 最终结果

在菲律宾最高法院驳回反对意见时，解释了商标所有权的重要原则。该法院明确指出，只有商标的实际所有者才有权注册该商标，而在菲律宾使用并不意味着用户就拥有该商标的所有权。商业中，商标的在先使用者只有在该商标未被他人有效占用时，才能证明其所有权。

在本案中，菲律宾最高法院强调了法国学校早在该公司开始在菲律宾使用"LE COR-DON BLEU"商标之前，已在法国使用了该商标。菲律宾最高法院还指出，菲律宾和法国都是《保护工业产权巴黎公约》的签署国，因此法国学校的商标即使未在菲律宾注册，也受到保护，免受侵权和/或不正当竞争。菲律宾最高法院认为，法国学校在法国的先前使用实际上阻止了另一方在菲律宾的注册。

3. 评论与提示

这一决定强调了商标在国际上的保护，并强调了在先使用者的权利。对于法国学校而言，这是一次成功的案例，彰显了他们对"LE CORDON BLEU"商标的合法所有权。

综上所述，在跨国业务中，注册是保护商标的关键，但是在一定情况下，无论先使用者是否在当地注册，均可享有商标的所有权。本案的意义在于阐明了在先使用并不保证商标注册的原则，对于国际商标所有者具有启示作用。

（三）撤销恶意商标注册[①]

1. 案例介绍

2006 年 7 月 25 日，一位来自印度尼西亚的从事背负式喷雾器的制造、生产和销售的公民，向菲律宾知识产权局（IPOPHL）提交了商标申请"TUNG HO"，申请号为 4 - 2006-008112，所涉及的商品和服务属于《国际（尼斯）商品和服务分类》的第 8 类喷雾器。经过审查后，该商标于 2007 年 6 月 25 日获得了注册。

天鸿公司（以下简称 TH 公司）在当地报纸上注意到该注册商标后，于 2010 年 5 月 11 日向菲律宾知识产权局提交了撤销商标注册的申请。在申请中，TH 公司提出了多项理由。首先，TH 公司声称其是该商标的真实合法所有者，因为其自 1977 年起一直在使用该商标，并提供了相应的证据。其次，TH 公司指出商标注册是由一个无权注册该商标的个体通过欺诈手段获得的。再次，TH 公司还提出自身拥有多个保护"TH"和"TUNG HO"的商

---

① European Commission. Case Study 58 - Cancellation of a bad - faith trade mark registration in the Philippines [EB/OL]. https：//intellectual-property-helpdesk. ec. europa. eu/case-study-58-cancellation-bad-faith-trade-mark-registration-philippines_en，2024.

标，并在 2010 年 4 月 27 日提交了一项涵盖第 8 类农用喷雾器的商标申请。最后，TH 公司补充说，该商标注册损害了其在印尼的业务和声誉，并提供了一系列证据支持这一主张。

2010 年 9 月 28 日，商标申请人对撤销申请作出了答复，声称 TH 公司并非"TUNG HO"商标的真实和实际所有者。商标申请人声称，他是该商标的真实、实际和绝对使用者，并且是第一个在菲律宾提出商标申请的人，因此他是该商标的真正合法所有者。商标申请人还试图驳回 TH 公司提出的每一项指控，并提供了一系列证据支持自己的主张。

2. 最终结果

在审查了相关记录并评估了双方的论点和证据后，法律事务局作出了有利于 TH 公司的裁决，并下令撤销第 4-2006-008112 号商标注册。法律事务局指出，该注册商标与 TH 公司拥有的商标具有令人混淆的相似性，申请人无权将"TUNG HO"注册为商标。

根据菲律宾《知识产权法典》第 138 条规定，商标注册证书应是注册有效性、注册人对商标的所有权以及注册人在商品或服务及其相关商品或服务上使用该商标的专有权的初步证据。

菲律宾《知识产权法典》第 151 条第 1 款规定，任何人如果认为自己正在或将因本法规定的商标注册而受到损害，可以向法律事务局提出取消本法规定的商标注册的申请，具体如下：

（1）自根据本法注册商标之日起 5 年内。

（2）在以下情况下，注册商标可以被取消：如果该商标变成了其注册的商品或服务的通用名称，或者被放弃，或者注册是通过欺诈手段或违反本法规定取得的，或者注册商标正在由注册人或其许可人使用，而这种使用歪曲了商标所标示的商品或服务的来源。如果注册商标成为其注册的部分商品或服务的通用名称，则可以提交仅针对这些商品或服务取消注册的请求。注册商标不得仅仅因为该商标也用作独特产品或服务的名称或识别独特产品或服务而被视为商品或服务的通用名称。注册商标对相关公众的主要意义而非购买者的动机，应作为判断注册商标是否已成为其所使用的商品或服务的通用名称的标准。

（3）在任何时候，如果商标的注册所有者无正当理由未能在菲律宾境内使用该商标，或未能凭借许可证在 3 年或更长时间的不间断期间在菲律宾使用该商标。

尽管 TH 公司只是菲律宾该商标商品的进口商、销售商和分销商，但其具有必要的法律地位，可以提出申诉。最终，第 4-2006-008112 号商标注册被 2 次确认撤销。

3. 评论与提示

恶意商标注册是在未经官方所有者事先授权或同意的情况下，故意注册与现有商标相同或相似的商标，以从其声誉和品牌中获益。建议中小企业定期监控商标数据库和互联网，及早发现可疑活动并及时采取适当的行动。

任何人（即使只是商品的进口商、销售商或分销商）如果认为商标注册正在损害（或将损害）其利益，都可以在菲律宾提出撤销注册商标的请愿书。

（四）重整案件

1. 案例介绍

2013 年，位于菲律宾的东南亚最大的磷肥制造商之一（以下简称客户）遭受了台风

"海燕"摧毁，其工厂、建筑和机械后陷入财务困境，迫使客户需要根据第 10142 号共和国法《重组或清算财务困难企业和个人法案》或 2015 年《财务重整和破产法》（FRIA）申请自愿财务重整。客户在其重整申请中包含了一份重整计划，该计划由重整管理人进一步修订。然而，修订后的重整计划（RRP）被有担保的债权人拒绝。随后，重整管理人提出了新修订的重整计划（NRRP），该计划已提交给重整法庭并得到重整法庭的确认。批准的 NRRP 规定了客户对债权人的义务，包括还款计划和所有本金债务金额的 50%折扣。NRRP 还规定了客户和重整管理人为客户成功重整而应采取的行动。

然而，NRRP 的批准遭到了债权人的质疑。在向菲律宾上诉法院提交的个人调查申请中，客户的债权人指出了 NRRP 的若干实质性和程序性缺陷，特别是：①NRRP 没有维护有担保债权人的担保权益，违反了 FRIA 第 60 条和第 62 条；②客户的股东、所有者或合伙人不会因违反 FRIA 第 64 条的重整计划而失去控制权；③NRRP 不包含支持重整计划的重大财务承诺；④NRRP 没有明确或准确地计算付款的净现值，以便债权人能够正确评估重整计划是否可能向债权人提供补偿，如果客户因违反 FRIA 第 64 条而被清算，他们收到的补偿的净现值应大于他们原本应获得的补偿；⑤客户的重整是基于向债权人施加繁重的条件。因此，债权人的反对并非没有道理。关于程序问题，债权人声称，NRRP 在得到重整法院确认之前并未经过债权人的批准程序。

2. 最终结果

菲律宾上诉法院确认了重整法院关于各种问题的裁决以及重整管理人在确定客户重整的最佳方式时所采取行动的有效性，从而维护了重整管理人提出的 NRRP 的以下特征：①免除所有主要债务的 50%；②将所有以外币计价的债务转换为菲律宾货币；③自 2013 年 11 月 8 日起，如果并非由于客户的过失而未能支付利息罚金，则取消债务利息罚金；④批准一项对已预先倾斜的资产留置权的收费协议，该协议允许他人向客户注入额外的运营资本；⑤菲律宾上诉法院认识到，FRIA 和财务重整规则没有明确规定，在先前的重整计划被债权人拒绝后，新的重整计划是否可以由重整法院确认。菲律宾上诉法院将该案发回重整法院进行进一步审理，并指示重整管理人和重整法院尽快进行处理，以期达成解决方案或客户及其注册债权人可接受的条款。菲律宾上诉法院还指示重整法院和重整管理人重新审查和重新评估先前批准的 RRP 和 NRRP，并考虑到上诉法院裁决中讨论的所有考虑因素，如果重整管理人认为有必要做出新的重整计划，指示重整法院和重整管理人忠实地遵循和遵守 FRIA 和 FR 规则的规定，以保护债权人的权益，并将客户的经济生存能力作为首要考虑因素。

3. 评论与提示

该重整案件标的额估计价值为 2.36 亿美元，并涉及代表不同债权人的 30 多个律师事务所。它还要求以创新的方式追查试图避免向客户支付保险收益的客户保险公司。

菲律宾上诉法院的裁决显示，重整管理人可以提出新的重整计划，但该计划必须遵循 FRIA 等相关规定的反对和/或确认程序，即债权人必须对原计划的变更应予以通知，如有意见或反对，必须听取他们的意见。此外，菲律宾上诉法院裁定，重整管理人不排除将任何新的和实质性的发展纳入债务人的业务，这可能允许纳入额外的财务承诺或第三方或现有股东的承诺，减少拟议的债务金额。债务减免、缩短先前要求的宽限期以及其他类似的特征可能会增强该计划对债权人的吸引力并提高债务人重整的可行性。

此外，根据菲律宾上诉法院的裁决，重整法院根据 FRIA 享有广泛的自由裁量权，可以决定是否批准债务人的重整计划，即使债权人、所有者、合伙人或股东反对，只要上述计划符合 FRIA 的要求，当具有恢复破产债务人的财务状况和生存能力的必要性时就可以实施。

（五）限制令的申请

1. 案例介绍

菲律宾东南亚运动会组织委员会（PHISGOC）基金会是一个非股份、非营利性组织，其成立的目的是监督和执行菲律宾举办 2019 年第 30 届东南亚运动会的准备工作和执行过程。菲律宾政府通过东南亚运动会信息系统（SEAGIS）项目，创立了一套完全集成的信息系统，为举办第 30 届东南亚运动会开创了新局面。

Atos 菲律宾公司（以下简称 Atos）是一家信息技术公司，针对菲律宾预算部（DBM）和采购部（DBM-PS）、菲律宾体育委员会（PSC）、菲律宾奥林匹克委员会（POC）和 PHISGOC 提出了临时限制令（TRO）申请，以阻止它们继续或实施 SEAGIS 项目的公开招标，并禁止将 SEAGIS 项目或任何涵盖相同或基本相同工作范围的项目授予中标商或 2019 年招标的任何投标人，也禁止 WSL ABL 公司接受任何此类奖项；禁止与 2019 年中标商签订或执行任何合同；禁止通过 2019 年中标商实施 SEAGIS 项目的任何方面；禁止访问或以任何方式使用 Atos 的系统和数据；禁止承认可能授予中标商或 2019 年其他投标人的任何奖项。Atos 声称 SEAGIS 项目已经被授予给 Atos 作为中标商，因此它质疑了 2019 年 8 月举行的 SEAGIS 项目技术服务的公开招标的有效性。

PHISGOC 辩称，TRO 申请应当被直接否决，因为审判法院无权对 PHISGOC、DBM-PS、PSC、POC 和 WSL 发布临时限制令或保全性令，以禁止 SEAGIS 项目的招标、授予、执行和实施，根据菲律宾第 8975 号共和国法（以下简称 8975 号法案），为"确保政府基础设施项目的迅速实施和完成，禁止下级法院发布临时限制令、预审限制令或预审强制性限制令，规定违反者的处罚以及其他事项"。

PHISGOC 表示，8975 号法案涵盖了三种类型的国家政府项目：①目前和未来的国家政府基础设施项目、工程作品和服务合同，包括政府拥有和控制的企业承担的项目；②所有受到菲律宾第 6975 号共和国法，根据菲律宾第 7718 号共和国法修正案，即建造—经营—移交（BOT）法的规范的项目；③其他相关和必要的活动，如场地收购、设备和/或材料的供应和/或安装、实施、建设、完成、运营、维护、改进、修理和修复，无论资金来源如何。SEAGIS 项目属于国家政府项目的第三类。PHISGOC 主张，SEAGIS 项目只是国家政府基础设施项目的一个组成部分。根据 PHISGOC 的说法，SEAGIS 项目的信息系统及相应的信息技术设备不仅仅是为了举办和组织 SEA Games 而必要的，还为了数据远程通信网络中心（Data Telecommunications Networks Center）和新克拉克市体育中心（New Clark City Sports Hub）的使用和运作。基本上，8975 号法案涵盖了被视为国家政府基础设施项目的组成部分的项目，而不仅仅是基础设施项目本身。因此，限制 SEAGIS 项目实际上将限制国家政府基础设施项目的运作，而只有菲律宾最高法院根据 8975 号法案第

3 条的规定才有权这样做。

作为替代性论点，PHISGOC 声称 TRO 申请应当被否决，因为未能满足 1997 年《民事诉讼法规》第 58 条的规定，这是该案件提交时适用的法律。

2. 最终结果

菲律宾初审法院以 Atos 未能满足 1997 年《民事诉讼规则》第 58 条规定的理由为由，驳回了 TRO 的申请。菲律宾初审法院裁定：①Atos 没有明确无误的受保护权利；②不存在对任何权利的实质性侵犯；③并不迫切需要令状来防止申请人遭受不可挽回的伤害；④不存在本法庭应当阻止的不可挽回的伤害。

3. 评论与提示

该案对于菲律宾具有超凡的重要性，因为它涉及 2019 年东南亚最大的体育赛事——第 30 届东南亚运会的举办。这不仅是一场体育赛事，更是一场民族自豪感的庆典。第 30 届东南亚运动会举办了超过 500 项体育赛事，有 11 个国家参加，约 13000 名代表，预计将成为整个菲律宾作为主办国的核心项目。

这是菲律宾首次通过 SEAGIS 项目下的完全集成信息系统主办东南亚运动会，目的是应对举办国际奥运会的全球标准。因此，如果 TRO 申请获得批准，这种限制将对菲律宾政府造成巨大且无法弥补的损害，并可能影响与其他东南亚国家的投资者关系。

（六）项目前尽职调查的重要性

1. 案例介绍

菲律宾能源部（DOE）授予一家菲律宾公司一项位于菲律宾的 50 兆瓦陆上风电场项目（以下简称项目）。客户是一家新加坡公司，通过完全由该新加坡公司拥有的特殊目的实体（以下简称 SPV），打算从菲律宾公司收购该项目（以下简称交易）。

菲律宾律所被要求就从菲律宾公司收购交易时应考虑的事项提供法律意见，主要包括以下几个方面：①可能对 SPV 参与菲律宾可再生能源的勘探、开发和利用（EDU）产生重大影响的国际限制；②并购规定；③对土地所有权的外国所有权限制；④菲律宾公司对菲律宾法律和报告要求的合规性。

2. 最终结果

最终，菲律宾律所相关调查结果和风险分析如下：菲律宾能源部最近修订了《可再生能源法》的实施规则和法规，其中规定"国家可以直接开展可再生能源资源的勘探、开发、生产和利用，或者与菲律宾和/或外国公民或菲律宾和/或外国拥有的公司或协会签订可再生能源服务或经营合同"。这样的法律框架发展与 1987 年菲律宾宪法第 XII 条第 2 款相一致，该款规定自然资源的勘探、开发和利用应由国家全面控制和监督。国家可以直接开展这些活动，或者与至少 60% 股权由菲律宾公民拥有的菲律宾公民或公司或协会签订合作、合资或分成协议。

在审查菲律宾公司的公司和交易文件时，律所将发现分类为三种风险等级：低、中和高。有两个问题被标记为高风险，一是由于项目自颁发的环境合规证书（ECC）之日起五年内尚未启动，因此可能撤销由菲律宾自然资源和环境部（DENR）颁发的项目的 ECC；二是菲律宾公司未能为项目收购获取菲律宾土地改革部（DAR）的转换命令或豁免，尤其是根据菲律宾共和国第 6657 号法，即《综合土地改革法》（CARL），这些土地似乎未被归类为工业土地和/或豁免于综合土地改革计划（CARP）。

3. 评论与提示

该事项显示了在实施交易之前进行尽职调查的重要性，特别是如果交易各方来自不同的司法管辖区，可能不熟悉现行法律、规则和规定。此事项对于新加坡公司来说，重要的是考虑团队标记为高风险的风险，并要求菲律宾公司在交易结束前解决这些风险，因为如果这些风险被证明违反引用的法律，可能会对项目产生重大影响，并有相应的处罚。

特别地，菲律宾环境管理局（EMB）主任或环境管理局地区主任有权根据菲律宾环境影响系统（EIS）体系为任何违反行为发布停工和停止命令，以防止对环境造成严重或无法挽回的损害。未遵守 EIS 体系或 ECC 的任何条件或限制，将受到每次违反罚款不超过 5 万比索和/或取消或暂停证书的处罚。根据菲律宾环境和自然资源部环境管理局备忘录 005 号（2014 年系列），结合修订的环境和自然资源部行政命令 2003-30 号，风能项目/风电场是否需要 ECC 取决于其承载能力。

同样地，未经 DAR 土地使用转换命令或豁免命令使用农业土地也违反了 CARL。根据 CARL 的规定，任何故意或蓄意违反 CARL 规定的人将受到监禁不少于 1 个月至不超过 3 年或罚款不少于 1000 比索至不超过 1.5 万比索的处罚，或两者兼施。如果违法行为人是公司或协会，则负责该违法行为的官员应承担刑事责任。

然而，如果交易进行并且项目被转让给 SPV，则新加坡公司在通过该项目从事可再生能源的勘探、开发和利用方面不存在重大风险，因为菲律宾可再生能源法律明确规定，国家可以直接从事可再生能源资源的勘探、开发和利用，或者与菲律宾和/或外国公司签订可再生能源服务或经营合同。

六、菲律宾现行投资法律法规清单

菲律宾现行投资法律法规清单如表 11-6 所示。

表 11-6　菲律宾现行投资法律法规清单

基础法规
《宪法》
《公司法》
《劳动法》
《菲律宾创新法》
《营商便利化和政府服务高效化法》
贸易法规
《海关法》
《出口发展法》

续表

贸易法规
《反倾销法》
《反补贴法》
《保障措施法》
《菲律宾海关现代化和关税法》
《食品和药品监管法》
《食品、药品和化妆品法》
《家肉类检验法》
《农业和渔业现代化法》
投资法规
《综合投资法典》
《企业复苏和税收激励法案》
《外国投资法》
《公共服务法》
《零售贸易自由化法》
《经济特区法》
《基地转型及发展法案》
《地区总部、地区运营总部和地区仓储中心相关法案》
《投资者租赁法案》
《综合土地改革法》
《地方政府法》
《出口发展法》
《建设经营转让法》（BOT法）
《菲律宾矿业法》
《竞争法》
税收
《国家内部税务法》
1997年《税收改革法》
《企业复苏和税收激励法》
环境保护
1976年《污染控制法》
1978年《关于建立环境影响报告书制度的总统令》
1988年《环境法典》
1990年《有毒物质、有害物质和核废料控制法》
1999年《洁净空气法》
2000年《生态固体废物管理办法》

续表

环境保护
2000 年《洁净水法》
《可再生能源法》
《气候变化法》
《绿色就业法》
《能源效率及节约法》
《低碳经济法》
反商业贿赂规定
《1989 年监察专员法》
《反贪污和腐败行为法》
《公职人员操守及道德准则守则》
《刑法典修正案》
《反掠夺法》
建筑行业规定
《关于成立菲律宾建筑业协会（CIAP）的法令》
《承包商执照法》
《政府采购法》
《建筑行业仲裁法》
《建筑业职业安全与卫生指导方针》
保护知识产权的规定
《菲律宾知识产权法典》（RA8293）
《保护文学和艺术作品伯尔尼公约（1948 年布鲁塞尔版本）》
《保护工业产权巴黎公约（里斯本修正案）》
《保护表演者、录音制品制作者和广播组织罗马公约》
数字经济投资
《关于落实中国—东盟数字经济合作伙伴关系的行动计划（2021—2025）》
对外协定
《区域全面经济伙伴关系协定》（RCEP）
《中国—东盟自由贸易协定》
《东盟货物贸易协定》（ATIGA）
《菲律宾—日本经济伙伴协定》
《菲律宾—欧洲自由贸易联盟自由贸易协定》

资料来源：商务部对外投资和经济合作司，商务部国际贸易经济合作研究院，中国驻菲律宾大使馆经济商务处．对外投资合作国别（地区）指南　菲律宾（2023 年版）[R]．北京，2023.

第十二章　柬埔寨

一、中柬经济法律关系概述

（一）柬埔寨基本情况介绍

1. 地理位置

柬埔寨，全称柬埔寨王国，位于中南半岛南部，与泰国、老挝、越南接壤，南临泰国湾，总面积约为181035平方千米。

柬埔寨中部平原地势低平，包括洞里萨湖盆地、湄公河下游平原和巴萨河平原，北部、东部、西南部和南部被山脉环绕，其中部低地向东南延伸至越南。柬埔寨南部和西南部是泰国湾长达443千米的海岸线，有大片红树林沼泽、半岛、沙滩、岬角和海湾。柬埔寨领海内有50多个岛屿。

柬埔寨陆地被湄公河一分为二。该国境内湄公河全长486千米，是柬埔寨最长的河流，全年都可通航。湄公河的支流分散到柬埔寨中部的湿地，对洞里萨湖的季节性影响很大。

柬埔寨的气候与东南亚大陆其他大部分地区一样，属于热带季风气候。

2. 行政区划

柬埔寨的行政区划分为直辖市、省及区。柬埔寨共有1个直辖市及24个省，24个省下包括162个区。首都为金边市。

3. 人口数量

截至2023年12月，柬埔寨人口约为1703.1万人，相当于世界总人口的0.21%。湄公河每年泛滥时沉积的丰富泥沙使低地的农田非常肥沃，柬埔寨2/3的人口居住在低洼地区。

柬埔寨人口集中的前三个地点为金边市（约157.3万人）、茶胶省（约84.4万人）、西哈努克市（约15.7万人）。[①]

4. 政治制度

柬埔寨为君主立宪制国家，国王是国家最高元首，实行多党制和自由市场经济，目前执政为柬埔寨人民党（CPP）。行政、司法和立法机关三权分立。

（1）行政权。行政权由政府代表国王并经国王同意行使。

---

① 参见 Worldometer（www. Worldometers. info）。

（2）立法权。国会是柬埔寨国家最高权力机构和立法机构，每届任期5年。国会下设10个专门委员会。立法权属于两院制立法机构，由国民议会和参议院组成，国会有权对法律草案进行投票，参议院则有权审查。两院通过立法后，法律草案将提交给国王签署和颁布。

本届国会成立于2023年8月，由125名议员组成，柬埔寨人民党获120个席位，奉辛比克党获5个席位。昆索达莉任国会主席，钱业任第一副主席，旺肃任第二副主席。

本届参议院成立于2024年4月，由62名参议员组成，其中人民党58人，2人由国王直接任命，2人由国会委任。洪森任参议院主席，布拉索昆和吴波烈分别任第一和第二副主席。

（3）司法权。司法机关的任务是保护公民的权利和自由，柬埔寨共分为三级法院，包括初级法院、上诉法院和最高法院。最高法院受理下级法院就法律问题提出的上诉。成立了一个名为宪法委员会的独立机构，负责解释宪法和法律，并解决与立法机关成员选举有关的争议。

5. 政府机构

当前柬埔寨现政府为第七届政府，成立于2023年8月，洪玛奈任首相。共10位副首相、21位国务大臣，28个部和2个国务秘书处。其中28个部包括财经部，教育青年体育部，土地管理、城市规划和建设部，内政部，国防部，司法部，外交与国际合作部，农林渔业部，农村发展部，商业部，工业和科技创新部，矿产能源部，计划部，社会福利部，退伍军人和青年改造部，环境部，水资源与气象部，新闻部，监察部，邮电通信部，卫生部，公共工程与运输部，文化艺术部，旅游部，宗教事务部，妇女事务部，劳动和职业培训部，公务员事务部。2个国务秘书处包括民航国务秘书处和边境国务秘书处。[①]

6. 语言文化

柬埔寨官方语言为柬埔寨语（又称高棉语）。在柬埔寨，近90%的人口使用高棉语。除高棉语外，柬埔寨当地还会使用占婆语（越南语）、中文等进行交流。

7. 民族习俗

（1）民族。高棉族是柬埔寨的主体民族，约占总人口的80%，还有老族、占族、普族、泰族等少数民族，华人华侨约110万人。

（2）宗教。柬埔寨85%以上的人口信奉小乘佛教，1%的人口信奉基督教，其余大部分人口信奉伊斯兰教。

（3）节日习俗。柬埔寨人注重节日的庆祝，表12-1列示了柬埔寨几个重要的节日[②]。

表 12-1　柬埔寨重要节日

时间	节日
2月上旬（佛历3月15日）	麦加宝蕉节（又称僧宝节）
4月14~16日	柬埔寨新年

---

① 资料来源：中华人民共和国外交部（https://www.mfa.gov.cn/）。
② 资料来源：Envoy Hostel&Tours（https://www.envoytours.com/）。

续表

时间	节日
5 月（佛历 6 月 15 日）	比萨宝蕉节
5 月 14 日	国王诞辰日
9 月 24 日	宪法日
11 月 9 日	柬埔寨国庆日

8. 自然资源

柬埔寨 1993 年实施的《关于保护自然区域的皇家法令》承认了 23 个保护区，这些保护区当时占全国土地总面积的 18% 以上。

（1）矿产资源。柬埔寨主要的矿产资源包括石油、天然气、铁矿石、金矿、铝土矿、锑、铬、锰等。

（2）森林。柬埔寨是本地区森林覆盖率最高的国家之一，因为柬埔寨的地理和水文相互依存，使其拥有丰富的自然资源和生物多样性，是东南亚生物资源最丰富的国家之一。据柬埔寨王国政府估计，柬埔寨的森林覆盖面积约为 850 万公顷，约占柬埔寨陆地面积的 46.86%（2022 年）。大多数消息来源一致认为，近年来，柬埔寨的森林砍伐、季节性湿地的丧失和栖息地的破坏等无数次要因素都与缺乏严格的行政管理和执法不严有关，不仅在柬埔寨如此，在整个地区也是如此。

（3）湿地。湿地占柬埔寨国土面积的 30% 以上。除了分布在湄公河平原和洞里萨湖湿地外，还有上森河以及戈公省和凯普省的沿海上戈保河口和上凯普河口。柬埔寨的淡水湿地是世界上最多样化的生态系统之一。该地区广阔的湿地栖息地是湄公河年最高水位、同时出现的雨季和多条小河流的排水路径的产物。众多且种类繁多的湿地是柬埔寨的中心和传统居住区，也是水稻种植、淡水渔业、其他形式的农业和水产养殖业以及不断发展的旅游业的生产环境。考虑到该生态区域的重要性，当地制定了各种湿地管理巩固计划。

（4）动物。柬埔寨是各种野生动物的家园。这里有 212 种哺乳动物、536 种鸟类、240 种爬行动物（包括 89 个亚种）、850 种淡水鱼类和 435 种海洋鱼类。由于森林砍伐和栖息地破坏、偷猎、非法野生动物贸易、耕作、捕鱼和未经授权的林业特许权，该国的许多物种被世界自然保护联盟（IUCN）认定为濒危或极危物种。密集的偷猎活动可能已经使柬埔寨的国兽柬埔寨野牛（Kouprey）濒临灭绝，野生老虎、埃尔德鹿、野生水牛和猪鹿的数量急剧减少。

9. 重点/特色产业

（1）工业——制衣业。制衣业是柬埔寨制造业的最大组成部分，在柬埔寨经济中发挥着至关重要的作用。该行业直接雇佣了超过 60 万名员工，如果算上间接员工，则远远超过 100 万人。此外，同时，服装业还是柬埔寨最大的外汇来源，近年来服装出口占该国出口总额的一半之多。

柬埔寨作为最不发达国家（LDC）的地位使服装业受益匪浅，因为这为其提供了进入全球主要市场的免税和免配额准入机会。同时，服装业还受益于该国丰富的廉价劳动力供应，并且柬埔寨政府实施了旨在吸引大量外国直接投资（FDI）的政策①。

2023 年 3 月 17 日，柬埔寨推出了一项新的路线图，即《2023—2027 年纺织服装行业产业转型图》，以改革其纺织和服装行业，因为该行业占该国国内生产总值的 1/3 以上，是主要经济支柱，旨在改造和转移更多国家技能型技术资源，打造具有全球竞争力和可持续发展的行业。该路线图将吸引更多投资，以帮助实施《2022—2027 年柬埔寨服装、鞋类和旅行用品（GFT）行业发展战略》，该战略旨在使该行业环境可持续、具有弹性和高价值，以推动柬埔寨的经济多元化和竞争力②。

（2）工业——建筑业。建筑业是柬埔寨的工业支柱之一。2015 年，柬埔寨政府发布了《2015—2025 工业发展计划》，目的是促进柬埔寨工业类型的转变，提高工业 GDP。

柬埔寨的建筑业发展主要是为了满足当地人民的物质和社会需求，包括建设基础设施、住宅以及商业楼宇等。对于外国投资者来说，基础设施建设是会被优先关注的领域。

自 2009 年起，柬埔寨政府允许外国人拥有公寓。这有助于吸引来自泰国、马来西亚、新加坡和其他国家的房地产投资者。

（3）农业。农业是柬埔寨经济的传统支柱。就占国内生产总值（GDP）的份额而言，农业是柬埔寨经济中最重要的行业之一，2022 年，柬埔寨农业生产总值达 67.3 亿美元，其中，种植业占 57.1%，水产养殖业占 24.7%，畜牧业占 11.3%，林业占 6.9%。该行业雇佣了绝大多数劳动力。大米是柬埔寨的主要农作物和主要粮食，也是其最重要的出口商品。2022 年，柬埔寨出口到中国、欧盟、东盟等国家和地区共计约 63.7 万吨大米。

柬埔寨其他主要的农作物有玉米、木薯、红薯、花生、大豆、芝麻、干豆、橡胶等。主要经济作物是橡胶。

（4）旅游业。旅游业是柬埔寨当地长期以来闻名的一个行业。2023 年 1 月至 11 月，柬埔寨迎来 490 万国际游客，主要来自于泰国、越南、中国等。预计 2024 年接待外国游客 620 万人次。③

柬埔寨主要的旅游城市包括金边市、西哈努克市以及暹粒省。主要的景点有塔山（Wat Phnom）、独立纪念碑（Independence Monument）、国家博物馆（National Museum）、王宫（The Royal Palace）、吴哥窟（Angkor Wat，又称小吴歌）、吴哥城（Angkor Thom，又称大吴歌）、巴戎寺（Bayon）、周萨神殿（Chau Say Tevoda）、达波龙寺（Ta Prohm）、女王宫（Banteay Srei）等。④

近年来，体验式旅游正在兴起。体验式旅游指的是与一个国家的文化和自然的情感联系。如今，旅行者在旅游当中会寻求与当地人交往，而不是花钱购买物质纪念品。柬埔寨针对这一方向积极开发新的旅游产品，制定未来旅游行业新计划。

---

① Wood L. Cambodia Textile and Clothing Industry Report 2023 ［R］. Dublin：Research and Markets，2023.

② BGA Cambodia Team. Cambodia Transforms Textile and Apparel Industry With New Road Map ［EB/OL］. https：// bowergroupasia. com/cambodia-transforms-textile-and-apparel-industry-with-new-road-map/，2023-05-03.

③ 驻柬埔寨王国大使馆经济商务处. 2023 年柬埔寨旅游业逐步复苏 ［EB/OL］. http：// cb. mofcom. gov. cn/article/jmxw/202312/20231203462806. shtml，2023-12-25.

④ 中华人民共和国驻柬埔寨王国大使馆. 柬埔寨主要旅游城市和名胜古迹 ［EB/OL］. http：//kh. china-embassy. gov. cn/ljjpz/jpzly/，2017-03-17.

（二）柬埔寨经济贸易概况

1. 经济发展历程

柬埔寨自 2003 年起成为世界贸易组织（WTO）成员，贸易一体化进程不断加快，同时，其东盟成员国身份为其带来区域贸易优势。对外，柬埔寨享有和大多数发达经济体之间的免税或优惠出口准入政策。对内，其拥有良好的投资环境，是亚洲劳动力成本最低的国家之一。

根据柬埔寨官方数据，2022 年柬埔寨国内生产总值（GDP）约合 295.97 亿美元，同比增长 5.4%，人均 GDP 为 1785 美元。其中，工业增长 9%、服务业增长 4.3%、农业增长 0.7%。年均通货膨胀率为 5%。[①] 2018~2022 年柬埔寨 GDP 如表 12-2、图 12-1 所示。

表 12-2　2018~2022 年柬埔寨 GDP　　　　　单位：十亿美元

年份	2018	2019	2020	2021	2022
GDP	24.57	27.09	25.87	26.96	29.5

资料来源：世界银行。

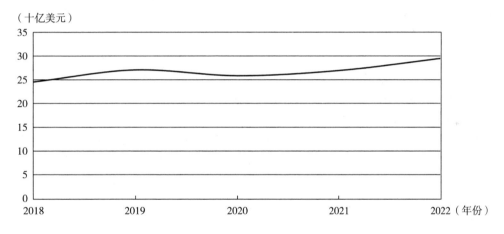

图 12-1　2018~2022 年柬埔寨 GDP

资料来源：世界银行。

根据柬埔寨财经部公布的《2024 年财政管理法》草案中的预测，随着全球经济的复苏，柬埔寨农业、工业、制造业、旅游业等将持续增长，柬埔寨 2024 年的国内生产总值（GDP）将达到 351.7 亿美元，增长率达 6.6%，同时，预测 2024 年人均 GDP 也将从 2023 年的 1917 美元增至 2071 美元。[②]

---

① 驻柬埔寨王国大使馆经济商务处.2022 年柬埔寨宏观经济形势及 2023 年预测 ［EB/OL］. http：//www.mofcom. gov. cn/article/zwjg/zwxw/zwxwyz/202305/20230503409191. shtml，2023-05-11.

② 驻柬埔寨王国大使馆经济商务处. 柬埔寨政府预计 2024 年柬经济增长率将达到 6.6%　人均 GDP 将达 2071 美元 ［EB/OL］. http：//cb. mofcom. gov. cn/article/ddgk/zwfengsu/202310/20231003449852. shtml，2023-10-30.

2. 外商引进

柬埔寨仍然拥有许多有利于商业和投资的因素，包括强有力的劳动保护制度、有利的签证条件、年轻而热情的劳动力、围绕投资的坚实法律法规（包括对关键行业投资的税收优惠），以及对外国人才和投资持欢迎态度。

在柬埔寨投资时，可以关注以下帮扶政策：

（1）特别税收折旧：生产或加工中使用的新的或使用过的有形资产的价值，可以加速折旧40%的特殊折旧政策。

（2）免税：外国投资者有资格享受3年的免税期。当他们收到注册证书时，该免税期开始。投资人还需要在柬埔寨发展委员会注册。此外还包括所得税豁免3～9年，持续时间取决于项目类型和投资资本。

（3）经济特区（SEZ）：这些区域建在全国各地。经济特区对引进外国直接投资的行业享有特殊优惠。这些区域享有基础设施和公共工程额外预算等特权。还有驻扎的政府官员，可以在需要时立即提供帮助。

3. 柬埔寨经济特区（含工业园区）

截至2023年，柬埔寨共有24个经济特区投入运营，投资总额超过80亿美元，累计出口总额达257亿美元。与其他国家的经济特区相比，柬埔寨的各个园区都具有自己专注的特色主导产业。同时，各个园区的配套服务全面，配备有大型银行、生活配套设施等。另外，各个园区教育资源丰富，为园区培养了大量未来人才。对于工业园区内的企业，柬埔寨出台了一系列的优惠政策，包括企业所得税减免以及园区内用于基础设施建设的设备和建筑材料免征进口关税。除税收优惠外，柬埔寨还提供一系列非税优惠措施。

为了进一步吸引外商投资，柬埔寨当局正在起草《经济特区法》（Law on Special Economic Zone），以此来进一步推进柬埔寨经济和出口的多元化。

（1）曼哈顿经济特区。曼哈顿经济特区位于柬埔寨首都金边东南边160千米处，创立于2005年，是柬埔寨成立最早、规模最大的经济特区。该特区占地400公顷，已有30家国际企业进驻，共计拥有3.6万名劳工，每月出口超过3000个货柜。该经济特区主要服务项目为土地开发及管理，包括但不限于基础设施管理、土地租售开发以及提供标准厂房和物流仓储空间。该特区是唯一有金融服务单位进驻的经济特区（国泰世华银行）。

目前进驻的企业有全球最大防寒衣制造商薛长兴集团、青岛即发集团、全球第一窗帘厂商San Feng、中国台湾自行车制造商速比特（Speed Tech）、中国领先的自行车制造商富士达等。

当前，该经济特区已开发的工业区占300公顷；商业广场区占15公顷；合宜住宅区占25公顷；医疗院所、教育设施区占5公顷；多功能开发区占15～20公顷；高科技医疗产业园区占20公顷；标准工业厂房区占10公顷。

该经济特区计划在未来升级转型为柬埔寨第一座低碳排产业园区，通过绿色技术和洁净能源的整合，吸引更多拥有ESG理念的投资者进驻，组成永续型企业群体。[①]

（2）西哈努克港经济特区。西哈努克港经济特区位于西哈努克省波雷诺县，由柬埔

---

① 资料来源：曼哈顿经济特区官网（https：//www.manhattansez.com/）。

寨和中国两国企业共同开发建设，面向全球，致力于为世界各国企业打造跨国投资平台。总体规划面积 11.13 平方千米。一期产业将以纺织服装、箱包皮具、木制品等为主要发展产业；二期产业将利用口岸优势，重点引进五金机械、建材家居、汽车零部件及轮胎、光伏新材料、精细化工等。全部建成后，西哈努克港经济特区将形成配套功能齐全的生态示范园区，可容纳 300 家企业入驻，吸纳 8 万~10 万名产业工人。[①]

4. 基础设施状况

（1）机场。柬埔寨共计有三个国际机场，包括位于首都金边市的金边国际机场，位于西哈努克市的西哈努克国际机场，以及位于旅游胜地吴哥窟所在地暹粒市的暹粒吴哥国际机场。其中，暹粒吴哥国际机场是中资企业在海外以投资、建设、运营（BOT）模式实施的第一座国际机场，是共建"一带一路"的标志性工程。

柬埔寨民航国务秘书处官员表示，柬埔寨在目前正在建设新金边国际机场以及国公省七星海国际机场，计划除了这两个在建机场外再增加建设两个机场，以此来提升柬埔寨旅游行业的通航能力。新金边国际机场位于柬埔寨首都金边市以南约 20 千米，项目于 2020 年正式开工。2022 年 1 月，该机场航站楼主体结构全面封顶，2023 年 1 月，整个项目进入机电全面施工阶段。据承建单位中建三局表示，目前项目一期预计于 2024 年竣工，按计划将于 2025 年投用。

（2）高速公路。金港高速是柬埔寨的第一条高速公路，全长 187.05 千米，连接着柬埔寨首都和西港，金边、干丹、磅士卑、戈公、西哈努克 5 个人口稠密的省市。该高速公路项目是中柬共建"一带一路"重点项目，由中国路桥工程有限责任公司投资、建设、运营。

目前，柬埔寨第二条金边—巴域高速公路正在建设当中，这条高速公路连接了首都金边到巴域，预计于 2027 年竣工。

另外，第三条金边—暹粒—波贝高速公路的建设研究在 2023 年完成，最晚于 2024 年底开工建设。

第四条金边—蒙多基里高速公路以及第五条金边—桔井高速公路的建设研究时间和开工时间尚未从柬埔寨公共工程与运输部得知。

（3）桥梁。首都金边共有 7 座跨河大桥，2 座待建中，包括白豹大桥（待建）、莫尼旺大桥、金银岛双龙大桥、柬韩友谊大桥（待建）、柬日友谊大桥（水净华）、金边跨洞里萨河斜拉桥、仙市桥（李永法大桥）。

5. 贸易环境

柬埔寨的进出口审批程序由其商业部负责，在大多数情况下，进口货物无须许可证。进口的货物在进入柬埔寨时应当根据不同的情况来缴纳不同比例的进口税。在《中国—东盟自由贸易协定》以及《区域全面经济伙伴关系协定》（RECP）的共同有效关税体制下，从中国、东盟或者其他成员国进口的满足一定条件的产品可以享受较低的关税税率。

对于柬埔寨出口产品来说，部分产品需要获得相关政府部门的特别授权或许可后才可以出口。柬埔寨禁止或者严格限制出口的产品包括文物、麻醉药和有毒物质、原木、贵金

---

① 资料来源：西哈努克港经济特区官网（http://www.ssez.com/en/fengmao1.asp）。

属和宝石、武器、红木等。对于半成品、成品木材制品、橡胶、生皮或熟皮、鱼类（生鲜、冷冻或切片）及动物活体，需要缴纳10%的出口税。[①]

总体来说，根据近年的数据显示，柬埔寨出口最多的前十位国家（地区）为美国、中国、日本、加南大、德国、英国、比利时、越南、荷兰、泰国。进口最多的前十位国家（地区）为中国、新加坡、泰国、越南、瑞士、中国香港、日本、印度尼西亚、韩国、马来西亚。

柬埔寨出口较多的货物种类包括：针织类及非针织类服装、皮革制品、鞋、电机、家具、机动车辆及零件、动物毛皮、谷物、橡胶。进口较多的货物种类包括宝石和金属、针织面料、石油和矿物燃料、机动车辆及零件、工业机械、电机、塑料、化学短纤维、药品、纸。[②]

6. 金融环境

（1）货币。柬埔寨官方货币为瑞尔（KHR），本地人会使用瑞尔进行结算。但是，在柬埔寨的城市以及旅游区域，美元的使用也被广泛接受，通常来说，1美元可以兑付4000柬埔寨瑞尔（见表12-3、图12-2）。同时，在泰国边境附近的小部分区域，也可以使用泰铢进行结算。

表 12-3 2019~2023 年美元对柬埔寨瑞尔的汇率

年份	2019	2020	2021	2022	2023
汇率	4052.84	4083.38	4070.07	4089.2	4110.77

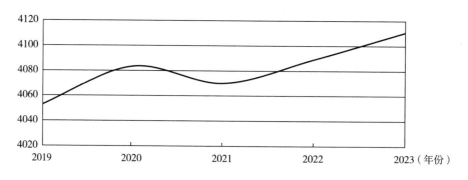

图 12-2 2019~2023 年美元对柬埔寨瑞尔的汇率

2023年11月，柬埔寨央行行长呼吁全社会共同努力促进柬埔寨瑞尔的使用，他表示，柬埔寨大量使用美元导致货币政策的有效性降低。

（2）外汇管理。柬埔寨1997年《外汇法》规定，居民可以自由持有外币。如果通过授权银行进行的外汇业务的转账单笔金额等于或者超过1万美元的，应向柬埔寨国家银行报告。

根据柬埔寨《投资法》的相关规定，合格投资项目（QIP）可以将通过授权银行购买

---

① 资料来源：柬埔寨商务部外贸发展事务局（https://www.tdb.org.cn/）。
② 资料来源：世界银行（https://data.worldbank.org.cn/）。

的外币自由汇出境外，以履行与其投资相关的财务义务。

（三）中国—柬埔寨投资贸易概况

1. 中柬双边进出口贸易

2019 年至 2023 年 11 月，中国与柬埔寨之间的双边贸易总体呈上涨趋势，2023 年，中柬双边贸易额为 148.2 亿美元，其中，中国对柬埔寨进口 20.7 亿美元，出口 127.5 亿美元。

中国对柬埔寨出口的较有潜力的商品包括棉花、纺织品、机械、钢筋、建筑材料、电器、电子产品等。柬埔寨向中国出口的较有潜力的商品为毛皮、水果、谷物、铜及制品、电器及部件、服装鞋帽等。

表 12-4　2019 年至 2023 年 11 月中国—柬埔寨双边货物贸易情况　单位：亿美元

年份	进出口额	进口额	出口额
2019	94.3	14.4	79.8
2020	95.5	15.0	80.5
2021	134.2	21.0	113.2
2022	156.5	18.4	138.1
2023	148.2	20.7	127.5

资料来源：中国海关总署。

2. 投资情况

（1）中国对柬埔寨的投资。根据商务部相关的统计数据，2022 年，中国向柬埔寨直接投资流量为 6.3 亿美元，直接投资存量为 74.4 亿美元（见表 12-5）。

表 12-5　2018~2022 年中国对柬埔寨直接投资情况　单位：万美元

年份	2018	2019	2020	2021	2022
年度流量	77834	74625	95642	46675	63218
年末存量	597368	646370	703852	696559	744411

资料来源：商务部，国家统计局，国家外汇管理局.2022 年度中国对外直接投资统计公报［R］.北京：中国商务出版社，2023.

（2）柬埔寨对中国的投资。根据商务部相关统计数据，2022 年，柬埔寨对中国投资 0.5 亿美元。

（3）工程承包。2022 年，中国企业在柬埔寨新签工程承包合同额 36.7 亿美元，完成营业额 22.5 亿美元。[①]

2023 年，中国与柬埔寨订立了共计 15 个工程类项目，类型包括电力工程建设、一般

---

① 资料来源：商务部对外投资和经济合作司（http：//hzs.mofcom.gov.cn/）。

建筑、交通运输建设、水利建设（见表 12-6）。

表 12-6　中国和柬埔寨签订协议的工程项目

编号	项目名称	类型
1	柬埔寨金边紫晶壹号工程装饰及机电安装工程	电力工程建设
2	柬埔寨环海铂莱国际酒店项目	一般建筑
3	柬埔寨四号国道桥梁工程项目	交通运输建设
4	柬埔寨省道 377&377A 道路改善提升工程项	交通运输建设
5	柬埔寨金边诺罗敦商务中心施工总承包项目	一般建筑
6	柬埔寨贡布多功能港口启动期项目	交通运输建设
7	金边—巴域高速公路项目	交通运输建设
8	金边—暹粒—波比高速公路框架协议	交通运输建设
9	柬埔寨西哈努克经济特区智慧园建设项目	一般建筑
10	柬埔寨金边至巴域高速公路项目-5 标段	交通运输建设
11	柬埔寨奥多棉芷省光火储多能互补电厂设备总承包合同	电力工程建设
12	柬埔寨斯登眉登梯级水电站项目	电力工程建设
13	柬埔寨波罗勉 100 兆瓦地面光伏项目	电力工程建设
14	柬埔寨德崇富南运河项目投资框架协议	水利建设
15	柬埔寨亚行 230kV 变电站 EPC 项目	电力工程建设

3. 中国—柬埔寨经贸合作协定

2023 年 9 月，中柬两国签署《中华人民共和国政府和柬埔寨王国政府关于构建新时代中柬命运共同体行动计划（2024—2028）》，该计划中包括了双方对于在"工业发展走廊"、"鱼米走廊"、基础设施、数字经济、绿色发展、检验检疫、林业和野生动植物等领域合作发展的展望，标志着两国的战略合作将更为紧密，各领域将深度融合发展。

根据《中国人民银行与柬埔寨国家银行合作备忘录》，决定授权中国银行金边分行担任柬埔寨人民币清算行。这一举措将进一步便利人民币在柬埔寨的使用和跨境交易，有力推动中国与柬埔寨之间的贸易、投资和经济合作的发展。①

2022 年 1 月 1 日，《中华人民共和国政府和柬埔寨王国政府自由贸易协定》正式生效，该协定是柬埔寨历史上首个双边自贸协定。根据该协定，中方给予柬方货物贸易零关税税目比例达 97.53%，柬方给予中方 90% 税目零关税。

《中华人民共和国政府和柬埔寨王国政府关于促进和保护投资协定》于 1996 年 7 月 19 日签订，2000 年 2 月 1 日生效。该协定代表了两国一致同意在平等互利原则的基础上，加强双方的经济合作，为双方的投资者在双方领土内投资创造有利条件，促进和保护投资者投资的积极性，增进两国的繁荣。

---

① 驻柬埔寨王国大使馆经济商务处. 央行：中国银行金边分行获准担任柬埔寨人民币清算行 [EB/OL]. http://cb. mofcom. gov. cn/article/jmxw/202312/20231203460137. shtml，2023-12-12.

二、柬埔寨法律制度概述

（一）投资法律制度

1. 投资法律体系

柬埔寨目前尚未有专门的外商投资法。2021 年 10 月 15 日，柬埔寨政府通过了新《投资法》，取代了 2003 年修订的 1993 年《投资法》。新《投资法》旨在建立一个开放、透明、可预测和有利的法律框架，通过法律规定的方式吸引和促进柬埔寨国民或外国人进行优质、有效和高效的投资，以促进柬埔寨王国的社会经济发展。新《投资法》有利于提高柬埔寨的竞争力，使其经济结构多元化并具有抵御区域和全球危机的能力；新《投资法》通过促进资本流入以及技术、知识和专门知识的转让，实现当地工业现代化并提高其生产力，并加强与区域和全球供应链的互联互通；新《投资法》建立了透明、可预测、非歧视和竞争性的投资激励制度，支持社会经济政策；新《投资法》保护了柬埔寨王国投资者的权利和合法利益通过建立符合柬埔寨国家利益的全面、公平的法律框架。

柬埔寨还制定和修订了《商业企业法》《商业合同法》《商业法规和商业注册法》等投资相关的法律法规。商业注册事宜由商务部长主责执行，主要规制购买、出售、拍卖、交换；出租或者分期付款；担任经纪人、佣金代理人；运输；手工业或工业；受聘工作；贷款、质押、抵押；仓储；兑换、买卖外币、买入或出售票据、银行业务、信贷银行或货币传输；保险等相关商业行为。

2. 投资管理部门

根据《关于柬埔寨发展理事会组织与运作法令》，柬埔寨发展理事会（CDC）作为柬埔寨王国政府的参谋和一站式服务的执行机构，负责监督和管理发展合作、私人投资、和经济特区等投资管理事宜。CDC 由总理兼任主席，并根据需要包括一名或多名副主席和成员。为确保有效执行任务，首相可自行决定将其权力委托给柬埔寨王国政府成员或 CDC 管理层，以在一定范围内或在柬埔寨王国政府的任何活动中承担其职责。这种授权包括根据现行法律法规管理和使用预算和人力资源。CDC 成员的任命、组织、运作应由皇家法令决定。CDC 的组织结构有柬埔寨发展理事会总秘书处、柬埔寨合作发展委员会（CCDB）、柬埔寨投资委员会（CIB）。两个委员会均设有各自的秘书处、秘书长及相关办事机构，以负责日常事务。CDC 亦可通过法令建立其他组织机构。CDC 在柬埔寨国家预算下有其独立的预算体系。柬埔寨一站式服务机制是在柬埔寨发展理事会的协调下，根据有关部委、机构负责人的指派和授权，派驻柬埔寨发展理事会的有关部委和机构的代表对投资项目申请进行审查和决定。

为提高对投资者服务的有效性，将民间投资的审批和投资项目争议由投资者解决。柬埔寨市、省政府根据柬埔寨王国政府的决定成立市、省投资分委会，作为市、省政府的"主管部门"。柬埔寨市、省投资分委会的权利、权限、投资规模、组织和运作由单独的机构确定。

3. 外商投资及企业设立

所有在柬埔寨开展业务活动的公司，无论公司的形式和期限如何，均应注册其业务。此类注册应由公司发起人或董事在公司成立当月以及开始运营之日前15天内进行。注册新增了要求注册电话号码和电子邮件地址；业务目标应符合柬埔寨王国政府颁布的柬埔寨经济部门标准的分类；注册企业徽标的要求（如有）；公司成立和终止的日期（如相关）等相关要求。

私人有限公司需满足以下条件：公司可以有2~30名股东，但一个人可以成立一人有限公司；公司一般不得向公众发行其股票或其他证券；公司对其每一类别股份的转让可能有一项或多项限制；自在商业部门注册之日起被视为私人有限公司的公司。股份有限公司是向公众发行证券的经授权发行股份的有限公司设立形式。普通合伙企业是两个或两个以上的人之间签订的合同，将他们的财产、知识或活动结合起来共同开展业务以获取利润的企业设立形式。

4. 投资优惠政策及鼓励措施

柬埔寨发展理事会（CDC）收到投资项目申请后，通过一站式服务机制对申请进行审查并作出决定。

如果该申请的投资项目不在法令另外规定的负面清单上，CDC应在不超过20个工作日内向申请人出具注册证书。

投资者在以下投资领域和活动有权享受投资优惠：涉及创新或研发的高新技术产业；具有创新性或竞争性强的高附加值新产业或制造业；供应区域和全球生产链的产业；支持农业、旅游业、制造业、区域和全球生产链和供应链的产业；电气、电子行业；备件、装配、安装行业；机械、机械工业；服务于柬埔寨国内市场或出口的农业、农产品加工业和食品加工业；重点行业中小企业和中小企业集群发展、工业园区、科技创新园区；旅游及旅游相关活动；经济特区；数字产业；教育、职业培训和生产力提升产业；健康；有形基础设施；物流；环境管理与保护、生物多样性保护经济；绿色能源、有助于适应和减缓气候变化的技术；柬埔寨政府认为具有社会经济发展潜力的其他投资活动。

在柬埔寨注册为合格投资项目（QIP）的投资活动有权选择以下两项基本激励措施：第一，从赚取第一笔收入之时起，根据行业和投资活动，享受3~9年的所得税豁免。所得税免税期满后，合格投资项目有权按照应缴税款总额的比例累进税率缴纳所得税，具体如下：前两年为25%；第二个两年为50%；最后两年为75%。所得税免税期内预缴免税；最低免税额前提是已出具独立审计报告；出口免税。第二，根据柬埔寨现行税法规定，通过特别折旧扣除资本支出；有资格扣除最多9年内发生的特定费用的200%。预缴税款在特定期限内的免税。最低免税额前提是已出具独立审计报告；出口免税。另外，出口合格投资项目和配套产业合格投资项目进口建筑材料、建筑设备、生产设备和生产投入可免征关税、特别税和增值税；以柬埔寨国内市场为导向的合格投资项目进口建筑材料、建筑设备和生产设备可免征关税、特别税和增值税。

合格投资项目获得的额外奖励如下：一是为实施合格投资项目而购买本地制造的生产投入品可免征增值税。二是对于以下任何活动，从税基中扣除150%：研究、开发和创新；通过向柬埔寨工人/雇员提供职业培训和技能进行人力资源开发；为工人/雇员建造住宿、出售价格合理食品的美食广场或食堂、托儿所和其他设施；升级机械设备以服务于生产线；为柬埔寨工人/雇员提供福利，如从家到工厂的舒适交通方式、住宿、以合理价格出售食品的美食广场或食堂、托儿所和其他设施。三是合格投资项目扩展的所得税豁免权利将在法令中确定。

投资者享有如下权利：一是在无法找到合格的柬埔寨雇员来管理或运营投资项目的情况下，有权在不超过现行法律法规规定的配额内雇佣外国雇员来管理或运营投资项目，但雇佣外籍员工的许可是基于当前情况的，而不是永久性的；二是本人、配偶及未成年子女在投资项目运营期间有权获得临时长期居留许可；三是在劳动合同有效期内，外籍员工及其配偶、未成年子女有权申请临时长期居留许可；四是为自己和外籍雇员获得工作许可证和就业簿的权利。

CDC 或柬埔寨市、省投资分委会应投资者的要求，向投资项目相关人员出具投资状况证明函，用于申请临时长期居留许可、工作许可、就业簿和其他必要目的按照现行程序办理。

柬埔寨规定，除柬埔寨王国宪法和任何其他现行法规规定的土地所有权外，外国投资者不得受到任何基于外国国籍的歧视。如果投资者的投资因武装冲突、内乱或紧急状态而遭受损失，柬埔寨政府出台了关于恢复原状、赔偿、其他经济补救等法律及政策，投资者将受到无差别待遇及合理补偿。

5. 投资项目终止经营

有下列情形之一的，投资项目可以取消：一是无法继续实施合格投资项目（QIP）；二是实施合格投资项目的法人实体解散；三是不履行现行法律、法规规定的义务；四是应有关部委/机构的要求，或应投资者的要求，投资项目对环境、国家安全、公共利益、人民福祉造成不利影响的。

如果投资项目无效，投资者可以将剩余资产转移到国外或在柬埔寨使用。如果投资项目使用免关税、特别税和增值税的进口建筑材料、建筑设备、生产设备或生产投入少于5 年，则投资者有义务缴纳建筑材料、建筑设备、生产设备和其他生产投入的相关税费。

未发行任何股份的公司可以随时经全体董事决议解散。没有财产和负债的公司可以通过股东特别决议解散。公司应当将解散章程送交柬埔寨商务部负责公司管理的机构，商务部收到解散章程后，颁发解散证明。另外，董事或者有权在股东年会上投票的股东可以提议公司自愿清算和解散，拟进行自愿清算和解散的任何股东会议的通知应载明清算和解散的条款。拥有财产和/或负债的公司可以通过各类股东的特别决议解散。若股东以特别决议或决议授权董事分配公司财产及解除公司债务或公司在向公司董事发送解散章程之前已分配了任何财产并解除了任何债务，即便发行了多于一种类别的股票，亦可通过每种类别的股东特别决议解散，但解散和清算的规定不适用于已向法院申请破产的公司。

6. 投资合作咨询机构

投资合作咨询机构主要包括柬埔寨中国商会、中国驻柬埔寨大使馆经济商务处、柬埔寨发展理事会柬埔寨投资委员会、商务部外商投资促进中心、柬埔寨经济特区委员会。

（二）贸易法律制度

1. 贸易法律体系

2006 年，柬埔寨颁布了《进出口商品关税管理法》。2007 年，柬埔寨颁布了《海关法》。同年，通过了《柬埔寨标准法》，以提高产品、服务和管理的质量；提高生产效率并使其合理化；确保公平和简化的贸易；合理化产品使用；加强消费者保护和公益事业。2017 年，柬埔寨出台了《贸易救济法》，确立了反倾销制度的监管框架。

为了正确确定《中华人民共和国政府和柬埔寨王国政府自由贸易协定》（以下简称《中柬自贸协定》）项下进出口货物原产地，促进中国与柬埔寨的经贸往来，根据《中华人民共和国海关法》《中华人民共和国进出口货物原产地条例》《中柬自贸协定》的规定，中国制定了《中华人民共和国海关〈中华人民共和国政府和柬埔寨王国政府自由贸易协定〉项下进出口货物原产地管理办法》，自 2022 年 1 月 1 日起施行。

2023 年，柬埔寨颁布了《货物原产地规则法》，以确立确定柬埔寨进出口货物原产地的基本原则和规则。该法规定了进出口货物原产地的原则和规则，以促进和受益于贸易优惠和非优惠做法的贸易，并防止货物原产地欺诈。该法律帮助该国成为东盟地区更重要的贸易、制造和加工中心。该法律规定了如何管理和应用原产地规则，并为原产地规则本身提供了指导。此外，该法律还指定了管理和执行机构，并规定了对伪造产品原产地和其他违法行为的处罚措施。

2. 贸易管理部门

柬埔寨商务部为柬埔寨贸易主管部门，是负责规范和促进柬埔寨商业和贸易的政府部门，在国内和国际上以及东盟的背景下发挥作用，为生产商和出口商创造机会和良好的工作环境。柬埔寨商务部的使命是促进创造就业、经济增长、可持续发展并提高所有柬埔寨人的生活水平。柬埔寨商务部参与所有柬埔寨人的日常生活，承担多项职责，包括贸易、经济发展、技术、创业、业务发展以及统计研究和分析的提供者。柬埔寨商务部通过加强柬埔寨在国际经济市场中的地位以及通过为柬埔寨商品和服务开辟新市场来促进全球贸易，积极提高柬埔寨在全球市场上的竞争力。

3. 贸易壁垒

目前，柬埔寨现有自由贸易协定的关税壁垒近乎消除，因此非关税壁垒对该国出口尤为重要。在 RCEP 框架下，成员国受到引导，非关税贸易壁垒得以降低。这些引导实际上是对柬埔寨农产品出口商的直接回应，他们也将从中获益。RCEP 还为发展中国家提供技术合作、能力建设和执行灵活性方面的特殊待遇。柬埔寨和老挝、缅甸一样，在其他成员国要求取消高达 65% 的关税的情况下，柬埔寨仅要求取消 30% 的关税。在其他成员国有 10 年时间取消 80% 的关税的时候，柬埔寨有 15 年的时间来准备。值得一提的是，各机构间在效率以及监管一致性上的欠缺，也是柬埔寨扩大农产品出口和实现多样化的阻碍。占柬埔寨对华出口 12% 的半精米和全精米出口就因标准不达标，面临着 106 项非关税措施。

4. 重要贸易制度介绍

（1）进出口管理制度。在柬埔寨，所有进口和出口货物必须在柬埔寨海关办公室或海关总署确定的其他地点进行报告。

为加强柬埔寨进出口管理，柬埔寨成立机构间协调小组，通过应用风险管理来加强进出口程序的有效管理。机构间协调小组的任务主要有：确保涉及进出口业务管理的各部委和机构之间基于有效风险管理的监管干预和贸易便利化之间的平衡；确定机构角色和职责，确保高水平合作，不重复活动；协调与进出口业务管理相关的战略计划和活动，包括就共同目标达成一致；审查清关程序和检查国际贸易货物，并在必要时结合电子清关手段的引入制定更有效和高效的实施程序；制定进出口货物检验通关管理办法并对其实施进行监督；公布机构角色和责任声明，使国际贸易界清楚了解与进出口业务相关的流程；通过风险管理监控清关程序的有效性和效率，检查国际贸易货物，并在需要时采取纠正措施。

（2）反倾销制度。2017 年 10 月，柬埔寨政府制定了《贸易救济法》，以保护在柬埔寨经营的当地生产商、企业、企业和外国企业免受进口产品以低于其成本基础的价格出售的影响。根据《关税及贸易总协定》（GATT），对柬埔寨境内的所有贸易活动进行反倾销、反补贴措施和保障措施。

该法律规定了倾销产品的定义、正常价值、出口价格以及征收程序等。进口产品在接受调查时被视为倾销，并以低于原产国正常价格的价格出售。如果同类产品在原产国销售，则正常价值是通过比较同类产品在正常情况下的价格来确定的。如果同类产品在原产国销售，则应通过比较原产国消费者正常贸易过程中同类产品的价格确定正常价值。如果在原产国没有销售同类产品，或者在原产国有销售，但由于销量低或市场不适当而无法使用价格进行比较，则根据法律，委员会可以根据以下方法确定正常值：同类产品在第三国的销售价格；生产成本，加上销售、一般和管理费用以及利润。

5. 经济特区产业园区

截至 2020 年底，在柬埔寨发展理事会（CDC）注册的经济特区 58 个，正式批准 40 个，正在运营 24 个，主要分布在国公、西哈努克、柴桢、班迭、棉芷、茶胶、干拉、贡布、磅湛和金边市等省市。其中，西哈努克省经济特区数量最多，包括中国江苏红豆集团与柬埔寨国际投资开发集团合资建立的西哈努克港经济特区。在柬埔寨经济特区投资，可享受税收、设备和原材料进口、产品出口等方面的优惠政策。近年来，柬埔寨经济特区吸引外资呈增长趋势。在柬埔寨经济特区投资的外商主要来自日本、中国大陆、中国台湾、马来西亚和新加坡，行业涉及服装、制鞋、电子、农产品加工等。[①]

2005 年 12 月，柬埔寨颁布了《关于经济特区设立和管理的第 148 号法令》，旨在建立和管理经济特区，改善有利于提高生产力、竞争力、柬埔寨国民经济增长、促进出口、创造就业机会的投资环境，以减少贫困。明确了与柬埔寨经济特区的区域开发商和区域投资者的建立、管理、协调所有投资活动以及促进投资有关的程序和规定。柬埔寨政府通过实施与政府制定的现有政策框架一致的原则和条件来支持经济特区，确保投资者的透明度、效率、问责制和信息可及性。柬埔寨经济特区委员会审查柬埔寨王国所有经济特区并提供激励措施：园区开发商进口园区建设所需的材料、设备和建筑材料的免税建议应提交柬埔寨经济特区委员会审查决定。园区投资者进口生产设备、建筑材料和生产投入品免

---

① 商务部国际贸易经济合作研究院，中国驻柬埔寨大使馆经济商务处，商务部对外投资和经济合作司. 对外投资合作国别（地区）指南　柬埔寨（2022 年版）[R]. 北京，2022.

税，按提案依法批准。园区投资者应编制进口生产设备、建筑材料和生产投入清单，报经济特区管理局批准。

经济特区园区开发商的投资活动将获得以下奖励：①利润税：利润税免税期最长可达9年。②进口关税及其他赋税：允许进口用于区内基础设施建设的设备、建筑材料，免征进口关税及其他税费。区内投资企业与其他合格投资项目享受关税和税收优惠。

金边经济特区拥有来自15个国家的80多家国际公司。金边经济特区距金边国际机场和市中心距离较近，交通便捷。此外，金边经济特区是柬埔寨最大的经济特区之一，土地面积超过350公顷。重点行业为汽车零部件、电子零部件、纺织服装、食品加工。

戈公省经济特区位于柬埔寨西海岸，距泰国林查班港330千米，距越南河仙港285千米，距柬埔寨主要海港西哈努克港233千米，为泰国和越南的沿海贸易提供了便利。该经济特区地理位置优越，交通便利，投资者可以寻求在具有成本效益的物流和供应链中运营，进出口货物较为便捷。重点行业为汽车、运动服饰、运动器材、电子产品等。

西哈努克港经济特区由柬埔寨和中国两国企业共同开发建设，面向全球，致力于为全球企业打造跨国投资平台。一期重点以纺织服装、箱包及皮具、木制品等为主要发展产业；二期产业利用港口优势，重点引进五金机械、建材、家居、汽车零部件轮胎、光伏新材料、精细化工等。园区将形成配套功能齐全的生态样板园区，为300家企业入驻，就业8万~10万名产业工人。

桔井省经济特区位于柬埔寨东北部最大的国际陆路口岸桔井省斯努县，距离柬越国际陆路口岸4千米，距离柬埔寨首都金边240千米。经济特区内可以容纳纺织印染、皮革造纸、五金电镀、木业制品、建材家居、汽配轮胎、光伏组件、轻工家电、精细化工等行业上下游供应链企业入驻[①]。

（三）金融法律制度

1. 金融法律体系

1996年底，柬埔寨出台《国家银行组织和行为法》，后陆续出台了《银行和金融机构法》和《外汇法》。1999年12月，柬埔寨国家银行颁布了重组柬埔寨对外贸易银行及其附属机构功能的规定。柬埔寨金融法律法规的法规还有《保险法》《审计法》《对财经部组织和功能的条例》等。[②] 2007年，柬埔寨出台《政府证券法》《非政府证券发行与交易法》。2020年，柬埔寨颁布了《反洗钱和打击资助恐怖主义法》（"新反洗钱法"）。2023年，柬埔寨颁布了新《税收法》。

2022年，柬埔寨通过《金融管理法》允许管理机构征收国家预算收入、税收、捐款和收入，以及根据预算实现投资补贴和借款。同年，颁布《政府财政管理法》旨在制定管理整个金融体系的基本原则，并制定《财政法》，特别是预算编制、通过和执行的每个步骤，审查预算绩效、确定作用和责任以及预算执行的后果。部委、机构、类似公共实

---

① 浙江省支持浙商创业创新服务中心（浙江省"一带一路"综合服务中心）．浙江省"一带一路"国别（地区）投资指引（柬埔寨2022年版）［R］．杭州，2022：39．

② 韦龙艳，谭家才．柬埔寨投资法律制度概况［EB/OL］．https：//www.sohu.com/a/439606195_120849593，2020-12-21．

体、公共机构和国家以下各级行政部门公共财务管理中的不当行为。《政府财政管理法》的目标是通过遵守以下原则来管理公共金融体系：完整性、权威性、统一性、关联性、普遍性、一致性、问责制、透明度、稳定性、综合性、成果性。公共财政管理覆盖全国公共财政，包括国家和国际公共财政之间的关系和相互作用，国家和国际私人融资确保遵守预算原则、财务原则、问责制、预算与政策之间的联系以及对成就的问责制。

2. 金融管理部门

柬埔寨国家银行（NBC）是柬埔寨中央银行，是柬埔寨金融监管机构，成立于1954年。NBC的使命是确定和指导旨在维持价格稳定的货币政策，以促进柬埔寨经济和金融政策框架内的经济发展，在与柬埔寨政府协商并考虑柬埔寨经济和金融政策框架的情况下进行此项工作。作为货币当局，NBC是国家货币柬埔寨瑞尔的唯一发行者。作为监管机构，NBC有权对柬埔寨的银行和金融机构进行许可、吊销执照、监管和监督。NBC还定期进行经济和货币分析，出版各种出版物，监督国家支付系统，建立国际收支平衡，并参与外债债权的管理。

3. 外汇管理法律法规

1997年，柬埔寨《外汇法》实施，柬埔寨任何外汇业务，以及居民与非居民之间进行的任何业务，当涉及商业交易、转移或资本流动（包括投资）的支付时，均须遵守现行《外汇法》。下列各项应视为外汇：以外币计价的支付工具或证券；未加工的黄金、未加工的贵金属、未切割的宝石。居民在境外投资金额等于或超过10万美元需事先申报柬埔寨国家银行。2020年，柬埔寨颁布了《反洗钱和打击资助恐怖主义法》，规定的刑事犯罪包括洗钱、拒绝提供信息、疏忽提供交易报告、违反信息披露和举报、违反职业保密义务和资助恐怖主义。

4. 资本市场

2007年，柬埔寨出台《政府证券法》《非政府证券发行与交易法》，柬埔寨证券交易所（CSX）被柬埔寨证券与交易委员会（SECC）批准为：证券市场的运营商，清算和结算的运营商；证券存管的运营商。《非政府证券发行与交易法》旨在规范证券交易、清算和结算。该法适用于证券市场的交易机构、证券存管机构和其他经营者提供金融服务的经营者，包括发行证券的公众有限公司或注册法人实体。法律通过资本促进社会经济发展动员公众或证券投资者以满足融资需求用于投资。

5. 与进出口关税相关的法律法规

2023年5月，柬埔寨颁布了新《税收法》，同时废除了1997年颁布的旧税法及2003年颁布的税法修正案。新《税收法》涵盖了柬埔寨现行法律下的15种税种，并增设了章节，涉及特别税、公共照明税、住宿税、专利税、广告牌税、不动产租赁和不动产税、印花税、资本利得税、未使用土地税和运输税。

柬埔寨《海关法》于2007年7月25日颁布，规定对进出口货物的关税、税金和费用的管理、控制和征收的权利；规定货物的流动、储存和过境的控制和监管；国际贸易政策；应用有关海关管制和贸易便利化的国际标准和最佳实践。进口关税在柬埔寨入境时对所有进口货物征收进口关税，除非进口货物根据修订后的投资法、国际协定或其他特殊规定享受免税待遇。柬埔寨进口关税一般实行从价税，主要有0、7%、15%、35%四种税率，部分进口货物采取从价税或从量税的选择方式。

除符合法律规定可豁免关税的物品外，所有进口物品在海关放行前都需缴纳关税。海关放行进口物品前，进口商需缴纳以下三种税：一是从价税；二是对特定的物品征收特税；三是增值税。关税税率结构已于 2001 年作出调整，税率级别从 12 个下降到 4 个，最高税率从 120% 下降到 35%。以下是现有税率级别：出口免税物品，如医疗用品、教育用品征收零关税（覆盖关税细目的 5%）；出口初级产品和原材料征收 7% 的关税；出口资本货物、机械设备及本地可用的原材料征收 15% 的关税；出口成品、酒精、汽油产品、汽车、贵重金属和宝石征收 35% 的关税。统一征收 10% 的增值税，进口所有物品都要缴纳增值税。

柬埔寨出口以下四种物品需要缴纳关税：一是天然橡胶；二是未经切割（未经加工）的宝石；三是经加工的木材；四是鱼类及甲壳类动物、软体动物和其他水产。出口产品需按以下三种税率缴纳关税：出口天然橡胶需缴纳 2%、5% 或 10% 的关税（暂时对该物品采用梯级税率）；出口经加工的木材需缴纳 5% 或 10% 的关税（视木材的等级和加工程度而定）；出口鱼类和其他水产产品、未经加工的宝石需缴纳 10% 的关税[①]。

（四）劳动与社会保障制度

1. 劳动法与社会保障法律制度

柬埔寨雇员和雇主的权利受到柬埔寨法律的保护。1997 年颁布的《劳动法》规定了劳动合同条件、合同关系、雇员和雇主的结社（工会）和集会（罢工和停工）权利、机构（劳动和职业培训部、劳动咨询委员会、仲裁委员会和法院）以及冲突解决程序。该法适用于在柬埔寨境内签订的雇佣合同所产生的雇主与工人之间的关系，无论合同是在何处签订的，无论合同当事人的国籍和居住地如何；无论是公共的、半公共的还是私人的，非宗教的还是宗教的；无论他们是否受过专业教育或慈善性质，以及自由职业，任何性质的协会或团体。2011～2015 年柬埔寨劳动方面国家计划旨在通过三个优先领域为政府的矩形增长战略做出贡献：改善工作权利、促进可持续增长的环境以及改善社会保护。柬埔寨政府正努力在柬埔寨设立劳工法庭。

2. 外国人就业及签证

2015 年初，柬埔寨劳动和职业培训部（MLVT）开始实施外籍工人工作许可证要求。外国人必须持有工作许可证和就业卡才能工作，必须满足以下条件：雇主必须事先拥有在柬埔寨工作的合法工作许可证；外国人必须合法进入柬埔寨；外国人必须持有有效护照；外国人必须持有有效的居留许可；外国人必须适合其工作并且没有传染病。工作许可证有效期为一年，可以延期，但延期有效期不超过本人居留许可规定的期限。各类企业及需要招聘员工的律师、法警、公证员等专业人士，从事其职业必须首先吸引柬埔寨人。

（五）知识产权法律制度

柬埔寨政府于 1995 年草拟了包括商标法、专利和设计保护法、版权及其他权利保护

---

① 柬埔寨进出口关税［EB/OL］. http：//kh. china - embassy. gov. cn/jpzzx/201505/t20150510_ 1372689. htm，2015-05-06.

等在内的有关知识产权的法律。其中，关于保护专利、实用新型和工业设计的法律于2001年10月通过，关于商标、商号和不公平竞争行为的法律于2001年12月通过。柬埔寨2004年加入世界贸易组织（WTO），促使柬埔寨通过了多项规范知识产权的法律。尽管柬埔寨还需要数年时间才能完全遵守世贸组织规定，但投资者可以利用这一不断发展的监管框架，为其发明、商标、工业设计和其他创意产品寻求保护。尽管法律仍处于制定的早期阶段，但重要知识产权的注册和执行相对有效的程序已经到位。

1. 商标

根据柬埔寨的法律规定，允许商标所有者阻止其他人在其商品和服务上使用相同或容易混淆的相似标记。每个企业都以商号运营，大多数企业还拥有受单独保护的商标。

商标及相关知识产权受柬埔寨2002年颁布的《商标、商号和反不正当竞争行为法》的保护。该法规定了商标注册的程序和保护范围。已在《保护工业产权巴黎公约》其他成员国注册商标的申请人将优先在柬埔寨注册该商标。申请流程从提交申请表、15份商标样本开始，如果由代理人提交，还需提交经过公证的授权书原件。除非申请被拒绝并需要上诉，否则从提交申请到最终获得证书通常需要4个月左右的时间。注册有效期为10年，且可续展10年。柬埔寨商标注册后第5~6年提交宣誓或未使用声明，需要提供在柬埔寨使用证据及商标注册证原件。该法还规定了反对、宣告无效和取消第三方商标的程序。商标所有人有权阻止他人侵犯其商标以及可能发生侵权的行为。三种主要的执法选择如下：一是向民事法庭提起诉讼，要求赔偿金钱损失和/或具体救济；二是要求海关当局暂停进口侵权货物的清关；三是寻求刑事起诉和/或罚款。

在知识产权保护的所有领域中，商标法在柬埔寨最为发达。尽管执法工作还有待改进，但登记程序已十分完善并已得到常规实施。

2. 专利及实用新型

就专利和实用新型保护发明的技术方面，要获得专利或实用新型，该发明必须是新颖的且具有工业适用性。

根据柬埔寨2003年颁布的《专利、实用新型和工业品外观设计法》，可保护的发明可以是任何能够在实践中解决技术领域特定问题的想法。该法明确排除了如科学理论和数学公式、对社会无"用处"的发明、非法麻醉品等。专利自申请之日起有效期为20年，实用新型的有效期只有7年。由于实用新型的创造性不如专利发明，因此实用新型的独占权期限较短。任何一个专利的所有者都必须支付年度维护费，该费用随着时间的推移而增加，以保持注册有效。

专利申请需向柬埔寨工业、矿业和能源部工业产权司提交。同时，《专利、实用新型和工业品外观设计法》规定了在柬埔寨注册外国申请的程序。事实上，大多数申请都是源自柬埔寨国外。

专利权人有权禁止他人制造、进口、销售、储存、许诺销售和使用侵权产品。被许可人和专利所有人都有权提起民事诉讼，寻求金钱赔偿和禁令救济。然而，该法并未规定暂停侵权货物通关的程序。

3. 外观设计

工业品外观设计可以保护产品的特殊外观，所有者有权阻止其他人利用该设计，如通过制造或出售该设计。

该设计可以是线条或颜色的组合、三维形状或新颖的材料。工业品外观设计需在柬埔寨工业、矿业和能源部工业产权司注册。同时，注册程序与专利申请非常相似。工业品外观设计注册的有效期为自申请之日起5年，可再续展2个连续的5年期限，最长15年。

4. 版权

根据柬埔寨2003年颁布的《版权与相关权利法》，为作者的原创作品提供保护，书籍、雕塑、建筑、计算机程序、绘画、照片、音乐作品和许多其他类型的作品均受该法管辖。

作者对其作品享有经济权利和精神权利。经济权利涉及作品的商业利用，并允许作者阻止他人制作复制品或衍生作品，经济权利在其去世50年后到期。精神权利是永久且不可转让的，它们允许作者防止其作品遭到破坏或修改，坚持作为作者公开署名，并决定作品出版的方式和时间。

在柬埔寨，版权无需注册，作品自创作之日起即受到自动保护。

5. 与我国的合作

2022年6月9日，柬埔寨国务大臣兼工业、科技和创新部部长占蒲拉西签署并发布《柬埔寨王国关于在与中国国家知识产权局开展的外观设计合作框架下加快外观设计认可登记的规定和流程的公告》，正式启动柬埔寨对中国相关外观设计认可项目。根据该公告的内容，向柬埔寨工业、科技和创新部提交外观设计申请的申请人可根据柬方公告规定，使用中国国家知识产权局作出的审查结果，就在柬埔寨提交的外观设计申请提出加快认可登记请求。

（六）税收法律制度

柬埔寨的基本税务法规是国会于1997年1月通过的税务法，随后于2003年3月签署2003年税法修订条文作出修正成为实施的税务法。2023年5月，柬埔寨颁布新《税收法》，废除了1997年的旧税法及2003年的税法修正案。此外，柬埔寨经济与财政部也会不定时颁布相关部长令以厘清税务法中特定税务条款。

1. 公司税务

柬埔寨的企业纳税人可分为居民纳税人和非居民纳税人。居民纳税人是指在柬埔寨境内设有管理场所并经营业务的企业，非居民纳税人是指内有部分所得来自柬埔寨但在柬埔寨境内并无管理场所的企业。若非居民纳税人在柬埔寨境内设有常设机构，则在征税条件方面被视为柬埔寨居民予以征税。居民纳税人应针对柬埔寨境内及境外收入缴纳所得税或企业所得税，而非居民纳税人则仅需针对柬埔寨境内所得缴纳所得税或企业所得税（见表12-7）。

表12-7　企业所得税和年度所得税税率

款项	税率
法人已实现利润	20%

续表

款项	税率
因石油或天然气生产共享契约或从自然资源勘探（含木材、矿砂、黄金和宝石等）实现的利润	30%，也适用于超额利润税
保险或财产风险再保险的应税收入	5%
在免税期间内，合格投资项目（QIP）的应税收入	0

2. 个人税务

柬埔寨尚未实施个人所得税制度，并且不需要向柬埔寨税务总局提交个人所得税申报。针对个人收入征收的所得税由雇主代扣并以薪资税和福利税的形式作月度申报并缴纳给柬埔寨税务总局。薪资税以 5%～20% 的累进税率计，附加福利根据公允市场价值收取20% 的固定税率。

柬埔寨个人居民应针对柬埔寨境内和境外自身收入缴纳所得税；对于个人非居民，只针对柬埔寨境内收入缴纳所得税，对于境外已纳税额可在申报柬埔寨所得税时经核实后予以扣除。

3. 增值税

柬埔寨境内供应的大部分商品、服务和商品进口均适用增值税（见表12-8）。应税供应项目可分为10%标准税率和零税率。其中，零税率适用于商品服务出口和有关人员、商品的特定国际运送费用及针对行业协同的合格投资项目的投资人与厂商，其向特定出口商提供的商品和服务。

表 12-8　柬埔寨增值税税率

款项	税率
除某些特定的进口商品外，进口商品根据商品价值收取增值税	10%
非居民自然人直接将股东资本利润汇往柬埔寨境外或者获得股息分配收取增值税	适用于14%代扣税
将非居民拥有的股份出售或转让给他人股利分配预付税	企业应付的股利分配预付税应等同于以适用的所得税税率，将股利净额还原为股利总额后，再乘以该税率所得出的结果

4. 资本利得税

现行柬埔寨税法规定，对居民自然人和非居民（法人和自然人）获得的资本收益规定征收 20% 的资本利得税。

（七）争议解决法律制度

柬埔寨现行法律制度包括了 20 世纪 60 年代民盟时期、金边政权时期以及 1993 年王国政府成立以来三个不同历史时期制定的法律法规，在执行的过程中并没有明确的界限。同时，整个法律体系缺乏系统性，没有具体的法律分工，缺乏必要的部门法，关于经济、商业、贸易等方面的法律法规尤其欠缺。柬埔寨至今尚无《公司法》，而商业活动中较常适用的是 1988 年金边政权时期制定的《合同法》。

1. 司法体系

柬埔寨的司法体系分为三级，分别是各省市的初级法院、设在首都金边的一个中级人民法院和一个高级法院。柬埔寨法院中，经济纠纷、民事、刑事等都由同一法庭受理。

2. 国际纠纷解决机制

柬埔寨目前还没有有关国际仲裁和商业纠纷处理机制的法律。柬埔寨司法部和商务部在借鉴国际仲裁法律以及周边国家的实际经验的基础上正在联合制定一部商业仲裁法律。

（八）外汇法律制度

所有外汇交易管理事项均由柬埔寨国家银行负责，虽然柬埔寨瑞尔为柬埔寨官方货币，但美元流通广泛，多数交易以美元计价。

根据 1997 年《外汇法》的规定，目前柬埔寨对利润或资本回流并无限制，且法律保障外籍投资人具有基于下列理由汇出外币的权利：进口价款、偿还外国贷款本金和利息支付；特许权使用费和管理费用支付；利润汇出；投资计划中止时汇出的投资资本。

外币可在金融体系内自由买卖，且没有任何外币操作限制，但需要通过授权机构操作。因此，要将资本和收益汇回国内，外国投资者须在柬埔寨国家银行许可的银行开立账户，只要在柬埔寨商业主管部门注册的企业均可开立外汇账户。如果投资或清算金额大于或等于 10 万美元，银行将向监管机构报告此笔交易。

（九）数据合规

柬埔寨于 2021 年发布了《数字经济和数字社会政策框架（2021—2035）》，包含 139 项具体措施，并提出了五大发展目标：发展数字基础设施、建立数字信任和信心、培养数字公民、建设数字政府以及促进数字商业。近年来，柬埔寨非常重视数字经济发展，颁布了《电子商务法》，并将外国电商企业纳入简化增值税登记机制。

1. 数据保护法律体系概况

柬埔寨暂未出台数据保护专门性立法，但关于个人信息保护的内容可见于其他法律规定之中。比如，《网络犯罪法草案》规定了打击网络犯罪和利用计算机系统实施的各种犯罪行为，包含具体的网络犯罪处罚条款；《电子商务法》规定了预防和打击危害数据与信息系统的行为以及对在线交易服务提供者提出了基本的数据保护要求；《宪法》规定了公民享有居住隐私权以及通过邮件、电报、传真、电传和电话进行通信的保密权；《民法典》规定了个人享有包括隐私权在内的人身权利，有权要求禁止侵害行为；《刑法》规定了与信息技术有关的犯罪的处罚，包括未经授权访问自动数据处理系统以及妨碍自动数据处理系统的运作等。

柬埔寨暂未设立单独个人数据保护机构以监管数据处理活动，但商务部、邮电部以及内政部有权处理个人信息保护相关事项。

2. 处理合法性基础

根据柬埔寨《电子商务法》的规定，在获取和处理数据之时，应当取得数据主体的同意，"以可以确定身份的电子签名方式显示取得同意；根据与数据主体之间的合同，为履行法定职责或者法定义务所必需，为应对突发公共卫生事件或者紧急情况下为保护自然人的生命健康和财产安全所必需；为公共利益实施新闻报道、舆论监督等行为，在合理的范围内处理个人信息；依照本法规定在合理的范围内处理个人自行公开或者其他已经合法公开的个人信息；法律、行政法规规定的其他情形"。

3. 跨境传输

根据柬埔寨法律，暂未规定数据接收方或国际组织所在国家/地区高于或等于当地数据保护要求，也没有要求必须签署完备的数据跨境传输协议等常见数据跨境传输法律要求，但需要特别提示的是，根据柬埔寨《网络犯罪法草案》，未经授权的数据传输会受到刑事处罚。

三、柬埔寨法律风险

（一）投资风险

1. 制度/政策限制

根据柬埔寨现行法律法规，投资者为实施投资项目而拥有的土地所有权仅授予柬埔寨籍人士。

投资者有权根据现行法律法规，通过经济土地特许权或永久租赁或固定期限租赁的方式使用土地。根据投资法规定，外籍人士不得拥有柬埔寨境内的土地，但是可以获取长达50年的租赁期，并准许另外延长50年。除此之外，特定类型的公寓可以取得永久所有权（Freehold Ownership）①。

柬埔寨禁止和限制货物是指进口或出口受管制的货物，主要基于以下特定因素进行规制：保护国家安全；保护公共秩序以及礼仪和道德标准；保护人类、动物或植物的生命或健康；保护国家艺术、历史或考古瑰宝价值；保护自然资源等。2020年，柬埔寨发布新版《禁止和限制货物清单》，包括57类禁止货物，1458类货物需要进出口许可证，369类货物需要出口国证书，179类禁止国际转运或国际转运需要许可证的货物。禁止货物主要有：硬锌冶炼；含铅汽油污泥和含铅抗爆化合物污泥；主要含铜；主要含铝；含砷、汞、铊或其混合物，用于提取砷或这些金属或用于其化合物的制造；含锑、铍、镉、铬或其混合物；锡渣；城市垃圾焚烧产生的灰烬和残渣；治疗癌症、艾滋病毒/艾滋病或其他疑难疾病的药物；玩具使用微型烟火弹药；城市垃圾；污水污泥；注射器、针头、插管及类似品；卤化；金属酸洗液、液压液、制动液和防冻液的废物；非刚性蜂窝制品；碎玻璃及其他玻璃废碎料；镍废碎料；铅废料及碎料；锡废碎料；废物及碎料；未锻造的铋；金属陶瓷及其制品，包括废碎料；不超过23厘米的6伏和12伏蓄电池；主要含铁的废碎料；主要含铜的废碎料；原电池及原电池组；飞机用蓄电池等。

---

① KPMG. 柬埔寨投资手册　洞察先机放眼新世界（2022展望未来）[R]. 2022：5.

2. 中柬投资法律制度比较

2021 年 10 月 15 日，柬埔寨政府通过了新的《投资法》，取代了 2003 年修订的 1993 年《投资法》。新《投资法》旨在建立一个开放、透明、可预测和有利的法律框架，通过法律规定的方式吸引和促进柬埔寨国民或外国人进行优质、有效和高效的投资，以促进柬埔寨王国的社会经济发展。柬埔寨还颁布了《商业企业法》《商业合同法》《商业注册法》等投资相关法律规定。

2019 年中国颁布《中华人民共和国外商投资法》，对外商投资促进、投资保护、投资管理等进行规定。同年，中国发布《中华人民共和国外商投资法实施条例》，系对《中华人民共和国外商投资法》的细化，对部分条款进行了充分释义。2022 年，中国修订《外商投资电信企业管理规定》，吸引外商投资电信企业，适应电信业对外开放的需要，促进电信业的发展。

2023 年，中国发布《国务院关于进一步优化外商投资环境加大吸引外商投资力度的意见》，提出：加大重点领域引进外资力度；发挥服务业扩大开放综合试点示范引领带动作用；拓宽吸引外资渠道；支持外商投资企业梯度转移；完善外资项目建设推进机制；保障外商投资企业依法参与政府采购活动；支持外商投资企业依法平等参与标准制定工作；确保外商投资企业平等享受支持政策；健全外商投资权益保护机制；强化知识产权行政保护；加大知识产权行政执法力度；规范涉外经贸政策法规制定；优化外商投资企业外籍员工停居留政策；探索便利化的数据跨境流动安全管理机制；统筹优化涉外商投资企业执法检查；完善外商投资企业服务保障；强化外商投资促进资金保障；鼓励外商投资企业境内再投资；落实外商投资企业相关税收优惠政策；支持外商投资企业投资国家鼓励发展领域；健全引资工作机制；便利境外投资促进工作；拓展外商投资促进渠道；优化外商投资促进评价。

（二）金融风险

2023 年，柬埔寨国家银行恢复稳健谨慎的金融政策，以确保柬埔寨银行体系保持稳健。

柬埔寨房地产领域存在"影子银行"（Shadow Bank）现象，房地产领域较为疲软萧条，金融领域承受巨大压力，应警惕柬埔寨可能出现的"影子银行"金融危机。

东盟与中日韩宏观经济研究办公室（AMRO）发布 2023 年柬埔寨国家年度咨询报告。报告指出，部分开发商利用银行贷款，"转贷"给购买其产业的购屋者，自己充当"影子银行"。然而，开发商的"发贷条件"往往比银行宽松，一旦许多房屋者无力偿还贷款，将导致开发商承受财政压力，甚至牵连为他们提供贷款的银行。房地产领域不良贷款率达到 5.4%，成为"高风险"领域之一。柬埔寨继续维持外国人不能拥有土地政策，拒绝开放让外国人购买有地房产（别墅和排屋）。若爆发"影子银行"危机，除了导致开发商陷入财政困境和面对现金流问题外，也将导致无法准时偿还房贷的购屋者房子被充公，进而减少消费。报告称，柬埔寨信贷增长率已从 2022 年 12 月的 18.2% 放缓至 2023 年 7 月的

9.1%，主要是因为房地产领域贷款增长放缓。①

（三）劳动用工风险

在柬企业应注意工作时长和加班问题，注意符合柬埔寨相关规定。按照柬埔寨《劳动法》第 137 条规定，无论男女工人，每天工作的小时数不能超过 8 小时，每周工作的小时数不能超过 48 小时。有超过标准工作周的工作都作为加班费支付，并由雇佣合同/集体协议规定。当员工被要求加班或在节假日加班时，每天最多工作 2 小时。每周加班 40 小时以上，加班费按 150%支付；周日或公共假日加班，加班费按 200%支付；晚上 10 点至凌晨 5 点，加班费按 130%支付。柬埔寨劳工部发布通告，宣布 2023 年柬埔寨纺织、服装、鞋类和箱包行业的工人最低薪资为 200 美元。②

柬埔寨结社自由，满足 10 名雇员即可成立一个地方工会。柬埔寨《劳动法》规定，在所有解决争端的方法（谈判、和解和仲裁）都失败后，允许工人进行和平罢工。柬埔寨禁止惩罚罢工工人，并禁止雇佣替代罢工的工人。投资者应注重柬埔寨存在的工人罢工风险。

（四）知识产权风险

由于柬埔寨是传统农业国，经济较为落后，整个国家的知识产权保护意识薄弱，知识产权法律保护整体落后。柬埔寨于 2020 年加入《保护文学和艺术作品伯尔尼公约》。该国知识产权部的多数行政调解案件通过律师函解决，刑事案件和民事诉讼较少。

根据柬埔寨的法律规定，出于促进公共利益的需求（如国防、营养、健康和发展），政府可以撤销或者削减专利。

此外，延迟利用其发明的持有人可能会面临政府未经其许可而授予他人许可证的风险。

（五）税收风险

柬埔寨税收制度形成的时间相对来说比较短，其特点是税种比较多，且法律法规经常发生变化，这些法律法规通常不清晰，相互矛盾，需经解释。通常，税务机关的不同分支机构会给出不同的解释。税收要经过多个税务机关不同的分支机构的审核和调查。因此，企业在面临税务检查时，可能会因不同的解释而产生税务风险。

就按照现行的柬埔寨税法的规定，若企业未按期申报缴纳所得税，将被处以罚金以及按每月 1.5%的利息征收滞纳金。

（六）争议解决风险

在实际司法过程中，由于法律法规的欠缺，不同历史时期的法律混用，造成了司法标准不统一，以至于法官的执法空间很大，对于各类案件裁决有较强的随意性，一些国际性条约和法规、双边协定在司法过程中也没有得到充分适用。

---

① 若爆发"影子银行"危机将牵连柬埔寨金融体系［EB/OL］. https：//mp. weixin. qq. com/s/DFUt_I6VVHQUMv3JvBR-Sg, 2023-12-23.

② 海外用工指南—柬埔寨［EB/OL］. https：//mp. weixin. qq. com/s/YHeb03vRH4OyaXj1jtqiyg, 2023-11-11.

（七）外汇风险

基于柬埔寨宽松的外汇制度，于柬埔寨的投资者可能会因外汇的大量使用而触发《反洗钱和打击资助恐怖主义法》的相关规定和要求，如现金交易金额大于或等于约1万美元，银行必须向柬埔寨金融情报局提交报告，包括进行多笔现金交易，且单笔交易的总额在一天内超过1万美元；如果银行怀疑或有合理理由怀疑这些资金是犯罪所得或与资助恐怖主义有关，其也必须向柬埔寨金融情报局报告；如果外国投资者打算将大于或等于1万美元的本币或外币实物带入/带出柬埔寨，其必须在抵达或离开柬埔寨时向边境口岸的海关当局申报。

须注意的是，若发生外汇交易危机，柬埔寨国家银行有权依法实施交易管制。目前，人民币在柬埔寨不能自由流通，中资企业不能使用人民币在柬埔寨开展跨境贸易和投资合作。

（八）签证风险

柬埔寨的签证可以通过在柬埔寨驻华使馆申办获得、申请电子签证获得以及到达当地后通过申请落地签证获得。柬埔寨签证的类型如表12-9所示。

表12-9　柬埔寨签证类型

序号	类型	签证有效期	单次最长停留时间
1	单次商务签证（E）	3个月	30天
2	一年商务签证（E1）	1年	30天
3	两年商务签证（E2）	2年	30天
4	三年商务签证（E3）	3年	30天
5	单次旅游签证（T）	3个月	30天
6	一年旅游签证（T1）	1年	30天

持旅游签证（T签证）的游客入境后只能延长1次30天的停留期，需在入境后15天内向柬移民总局申请，且不能更改签证种类。因此，如果想要转变签证种类，只能通过出境再入境的方式解决。

持商务签证（E签证）入境后可自行或通过当地旅行社向柬移民总署申办3个月、半年、1年多次入境商务签证。该签证停留期与签证有效期相同。如要在柬埔寨长期工作，在办理商务签证的同时，需要尽早办理劳工证，否则可能会面临罚款和遣返的处罚。

四、法律风险防范对策

（一）投资风险防范

1. 适应投资环境及了解相关政策

投资者应充分了解柬埔寨当地的投资环境，做好尽职调查，柬埔寨的重点投资领域主要有大米、木薯、天然橡胶、畜牧业、水产养殖、石油及炼化、矿产及冶炼。在柬埔寨，所有享受出口最惠国和普惠制货物的出口商都必须填写原产地证书表格，并有义务在货物出口后 30 天内缴纳出口管理费。柬埔寨商务部对部分出口产品征收出口管理费。注意特定物品被柬埔寨禁止出口或受到严格限制，如古董、麻醉品和有毒材料、原木、贵金属和宝石以及武器。投资者要熟悉柬埔寨《投资法》等投资相关法律法规，了解柬埔寨进出口手续及监管细则，避免出现违反柬埔寨相关规定的情形。

同时，投资者注意减资的风险防范，根据《商事企业法》规定，企业在满足以下条件时可缩减公司股本：一是股本缩减金额不得超过原始注册资本的 50%。在随后进行股本增资时，50% 的限制条件将不适用。二是公司资产的可实现价值不得少于其累计负债且有合理的理由相信债务到期时公司拥有偿还能力。三是企业需自取得商务部批复之日起 90 日内留存股本缩减批复文件，以防债权人纠纷。企业需就股本缩减事宜向商务部登记并获得批复。[①]

2. 尊重当地文化习俗

柬埔寨人姓在前，名在后。贵族与平民的姓名有所不同，贵族一般承继父姓，平民一般以父名为姓。柬埔寨人通常不称呼姓，只称呼名，并在名字前加一个冠词，以示性别、长幼、尊卑之别。[②]

柬埔寨信仰佛教，当地人大多是佛教徒，柬埔寨注重礼节礼仪，见面时一般合十礼。商务礼仪要举止大方稳重，自然诚恳，切忌打听对方的工资收入等私人信息。

（二）金融风险防范

投资者应充分了解柬埔寨金融贸易方面法律法规和具体细则制度，注意合同管理和风险规避，提高出口商品质量。密切关注柬埔寨汇率行情，避免出现大额资金损失风险。注意防范信用证诈骗等法律风险，做好事前调查、分析、评估，做好相关可行性分析，防范信用证的法律风险。同时注意防范"影子银行"等房地产金融领域的相关风险。

（三）劳动用工风险防范

防范罢工风险，注意劳资纠纷，注意严格遵循柬埔寨较为严格的劳动用工制度，注意加班工资、加班时限等特殊要求，加强安全意识，尽量避免工伤等情况的发生。注意签订好劳动合同具体细则条款，保留好相关劳动方面的文件并做好劳动合同。柬埔寨禁止雇主因参加罢工而对一个工人采取任何制裁。注意识别柬埔寨劳动者的合法罢工和非法罢工，如果该罢工被宣布是非法的，罢工者必须在给出此宣布后的 48 个小时内返回工作。如遇劳资纠纷，尽量通过调解等方式化解纠纷。

---

① 国家税务总局国际税务司国别（地区）投资税收指南课题组. 中国居民赴柬埔寨投资税收指南（2022）[R]. 北京：国家税务总局，2023：90-91.

② 中国贸促会贸易投资促进部. 企业对外投资国别（地区）营商环境指南：柬埔寨（2020）[R]. 北京，2020：16.

（四）知识产权风险防范

第一，需要了解柬埔寨当地法律法规。柬埔寨的知识产权法律法规，包括《商标、商号与不正当竞争行为法》（2002 年）、《专利、实用新型专利证书与工业设计法》（2003 年）、《版权及其相关权利法》（2003 年）、《种子管理域育种权利法》（2008 年）、《地理标志法》（2014 年）和《公共卫生强制许可法》（2018 年）。

第二，在了解了相关法律法规后，需要及时注册商标、专利、版权等知识产权，确保在柬埔寨境内享有合法权益，防止他人侵权或抄袭。

第三，公司内部要建立健全的知识产权管理制度，包括文件记录、保密协议、内部培训等，加强对知识产权的保护和管理。

第四，需要加强监测和监管，密切关注市场动态，及时发现侵权行为，采取有效措施应对。定期进行知识产权风险评估，及时发现潜在的风险并加以预防，包括合同谈判、合作协议等环节的风险评估。

第五，定期进行法律咨询与员工培训。接受法律顾问或专业机构的培训与咨询，有利于提高企业员工的知识产权意识，加强法律风险防范意识。

（五）税收风险防范

中国居民或企业在柬埔寨进行投资或者经济活动之前，应当全面了解柬埔寨的税收法律法规，并及时掌握发生变化的法律法规。鉴于柬埔寨税制变化多、较为复杂，建议中国居民或者企业向当地业务能力比较强的税务中介机构寻求帮助，以规避当地的税收风险。

（六）争议解决风险防范

1. 诉讼和仲裁

中国企业在柬埔寨开展投资和经贸合作时，如果发生纠纷，一般应依据合同各方约定的纠纷解决方式解决争议，比如先进行友好协商，协商不成的，根据约定提起诉讼或进行仲裁。

在约定适用纠纷解决的方法之时，建议将纠纷提交国际仲裁机构进行裁决。国际仲裁基于双方的协商，易于解决问题，且具有更大的灵活性、透明度、独立性和自主性。

2. 法律适用

对不属于柬埔寨法律专属管辖的事务，鉴于柬埔寨的法律制度不是非常健全，建议适用与争议相关的第三国法律，以最大限度保护各方的权益。

3. 国际仲裁

就纠纷解决的方法，如果争议方一致同意，或者在发生争议时达成协议，可以将纠纷提交国际仲裁机构进行裁决。国际仲裁基于双方的协商，易于解决问题，且具有更大的灵活性、透明度、独立性和自主性。

（七）外汇风险防范

在柬埔寨的战乱和政治动荡期间，瑞尔一度面临严重的通货膨胀和贬值问题，柬埔寨政府在 20 世纪 90 年代末决定采用美元作为官方货币之一。美元的使用使柬埔寨的经济环境稳定，吸引了外资和旅游业的发展。柬埔寨国家银行和政府极力促进瑞尔的使用，但是在柬埔寨的交易中，美元的使用占比仍然大过于瑞尔。

基于人民币在柬埔寨不能自由流通的情况，相较于柬埔寨币外汇兑付不稳定的情况，建议中资企业在柬埔寨开展跨境贸易和投资合作之时使用美元进行交易。采用美元可以降低货币兑换的成本和风险简化商业交易和金融操作。此外，美元具有较为稳定的汇率，便于在交易中预测预算。但仍然要提醒中国投资者注意使用外币结算的风险。

（八）签证风险防范

首先，要确保护照的有效期至少还有 6 个月。其次，在出行前，需要注意出行的目的，来决定办理签证的类型。根据选择的签证类型，提前准备所有必要的申请材料，包括护照、照片、邀请函（如果有）、填写完整的申请表等。

另外，2023 年 3 月 2 日，柬埔寨劳工部发布通告，提醒在柬埔寨的外籍劳工尽快办理劳工证，因此如果是通过旅行社办理商务签，应当及时同一时间办理劳工证。

五、投资柬埔寨相关案例评析[①]

（一）商业特许经营权

1. 案例介绍

特许经营权在我国通常被分为两种：第一种是政府授权的特许经营权，允许特定企业利用公共资源或者从事特定的业务；第二种是商业特许经营权，如一家企业将自己的商标或者专利等转让或者授权给另一家企业，在一定的期限和范围内，统一的经营模式下开展生产经营活动。本案中所提及的特许经营权为商业特许经营权。

在商业领域，跨境转卖特许经营权是一项复杂而富有挑战性的交易，通常牵涉多个国家之间的法律、法规和经济因素。此案例涉及一家拥有特许经营权的公司有意将这一权利转让给跨境买家，使其能够在目标国家范围内开展特许经营业务。2023 年，一家拥有新加坡某特许经营权的公司（以下简称 A 公司）计划将自己在新加坡的某特许经营权转卖给位于柬埔寨的当地居民（以下简称 B）。B 希望在购买 A 公司的特许经营权后，在柬埔寨境内进行相关的经营活动。

为了达到该目的，A 公司就该转让事宜的可行性进行了咨询。

2. 风险分析

跨境特许经营交易及经营事宜，涉及多个国家的法律法规。

首先，应该了解新加坡和柬埔寨当地的相关法律，同时查找其他相关法规、守则、惯例、判决甚至仲裁裁决。

---

① 相关案例原始素材由柬埔寨当地律师事务所 ILAWASIA 提供。

其次，必须就特许经营的性质、特许经营权的转让费用、特许经营权的管理规定以及新加坡当局希望如何监督在其他国家的特许经营运作等问题与 A 公司进行协商以及进行相关信息的检索。

值得一提的是，在新加坡目前没有关于特许经营的法规，也没有任何对特许经营的注册要求。新加坡特许经营协会（FLA）是管理新加坡特许经营权的非政府组织，该组织属于会员制，有一套《道德守则》来约束其所有的会员。在不违反《道德准则》的前提下，对于某些商业活动也需要遵守新加坡的《竞争法》《不公平合同条款法》《商标法》《专利法》与多层次营销和金字塔销售（禁酒令）行径。房地产和保险业等也要遵守其行业的特殊规定。

在柬埔寨当地，针对特许经营权转让事项，需要注意不能违反 2001 年颁布的《商业合同法》、2002 年颁布的《商标、商业名称和不正当竞争行为法》、2003 年颁布的《版权与相关权利法》、2003 年颁布的《专利、实用新型专利与工业设计法》以及《柬埔寨王国民法典》等。

对于违反两国相关法律规定的情况，可能会出现法律风险，比如，公司可能需要就不同的违法形式支付罚金、可能导致合同的解除从而产生违约金、可能导致特许经营权无效、政府今后可能采取相关的行政措施，从而对企业运营产生影响。

3. 评论与提示

商业特许经营已被证明是一种成功的商业模式，适用于那些希望在较短时间内扩大业务规模的业主。这是一种通过该方式，特许经营者被授予在一项由特许经营者规定的市场营销计划或体系下从事业务提供和销售产品或服务的权利，并在实质上与特许经营者的商标、名称、标志和广告相关联的经营方法，而作为交换，希望获得特许经营权的一方须支付一定费用。

如果作为一位初次寻求购买特许经营权的新手投资者，建议考虑聘请一位特许经营顾问，以作出明智的决策并选择正确的特许经营权。特许经营顾问具有特许经营运营的经验和专业知识，可以根据个人情况来作出特许经营权是否适合投资者的专业判断。

本案中，在经过柬埔寨当地律所的检索及尽职调查后，A 公司与 B 最终正式签订了特许经营协议，全面地涵盖了该特许经营权的性质、使用条件、转让费用、经营管理规定、使用期限、生效及失效日期、保密义务、监管规定及争议解决等。B 成功获得该特许经营权并且在柬埔寨内成功就该特许经营权相关事宜开展经营活动。

（二）商业并购

1. 案例 1

跨境商业并购是企业扩展市场份额、节约成本、在全球范围内提高企业竞争力的方式之一。在进入新的区域后，可以获得更多当地的资源。但是在跨境并购的过程中，涉及不同国家的文化、法律和商业问题，企业将会面临许多挑战。2018 年，来自国外的 A 银行计划对柬埔寨的 B 小额信贷机构进行全资收购，并在收购后在柬埔寨当地进行相关的经营活动。

为了达到该目的，A 银行聘请了柬埔寨当地律师事务所、税务及会计咨询公司进行合作。

（1）风险分析。对于跨境收购的事宜，需要注意审查是否违法柬埔寨1999年颁布的《银行和金融机构法》、1996年颁布的《柬埔寨国家银行组织和行为法》及《柬埔寨国家银行组织和职能法第14条和第57条修正案》、1997年颁布的《外汇法》、2005年颁布的《流通票据和支付交易法》及《商业企业法》、2007年颁布的《反洗钱和打击资助恐怖主义法》、2016年颁布的《适用于银行和金融机构的法律和条例》。

上述案例涉及外国银行是否能够直接在柬埔寨收购小额贷款机构的问题，根据柬埔寨相关法律规定，外国银行要在柬埔寨境内进行收购行为，必须获得其国家主管部门的批准，同时获得柬埔寨国家银行对收购行为的批准后，才可以开展相关收购工作。如果没有提前申请并获得批准，将有可能造成人力、物力、财力的浪费，最终导致收购失败。

（2）评论与提示。跨境收购小额信贷机构可以为公司提供更广阔的市场和业务机会，在国际层面增强业务能力。同时，可以降低公司对于特定市场的依赖性，提升其国际认知度，吸引更多的客户及投资者。在跨境收购的过程中会涉及两方面的问题：一方面，跨境收购需要遵守收购方本国的法律法规，注意收购后所从事的业务领域是否为本国所允许的可对外投资的领域，否则，可能会导致面临罚款或者在获得收益后无法汇入本国境内的情况。另一方面，跨境收购也需要严格遵守被收购方所在地的法律法规。各个国家所制定的法律法规会因其政治、历史、文化的差异而有不同的侧重点，提前了解当地在执行收购交易时需要遵循的法律法规，建议与当地律师团队与税务团队合作，做好尽职调查，有利于确保交易的合规性，维护交易的稳定性。

本案中，在当地律师事务所、税务及会计咨询公司的共同努力下，A银行成功实现在对柬埔寨B小额信贷机构的全资收购。完成收购后，A银行成功在柬埔寨以小额信贷机构的形式从事金融服务。

2. 案例2

跨境收购有利于通过资源的整合以最经济的方式进入新的市场，但是也需要注意不同国家各自的法律与监管规定，否则可能面临法律纠纷和合规问题。同时，对于目标公司的财务状况也需要进行充分的尽职调查，以避免潜在的财务风险和估值偏差。

本案中，外国A公司计划收购柬埔寨B公司，因此聘请外国C律所进行对于柬埔寨实体B公司的尽职调查，并出具一份调查报告。外国C律所委托柬埔寨当地D律所来进行该调查，以此来确保柬埔寨B公司在柬埔寨当地的经营符合法律法规，并且不存在税务问题。

（1）风险分析。对于为计划跨境收购的企业出具法律尽职调查报告的事宜，需要主要针对柬埔寨当地的《投资法》《竞争法》《商业企业法》《商业法规和商业注册法》《非政府证券发行和交易法》《关于柬埔寨竞争委员会的组织和运作》等进行审查。

从收购程序来看，柬埔寨主要由《商业企业法》来规范公司的并购程序，同时需要遵循《竞争法》中关于阻止、限制或扭曲市场竞争的反竞争性并购条款。另外，如果企业中涉及有上市公司的，需要遵守柬埔寨证券交易监管机构（Securities and Exchange Regulator of Cambodia，SERC）或柬埔寨证券交易所（Cambodia Securities Exchange，CSX）的法律法规，其中包括《非政府证券发行和交易法》及相关上市规则。如果没有及时确定收购公司及被收购公司的性质，造成的程序问题可能会导致收购行为无效。

不同行业的并购需要相应政府机构的批准，在柬埔寨，如果当地公司拥有土地或者旅游业等特定的股权，其股权的出让将会受到限制。例如，电信公司的合并必须取得柬埔寨电信监管机构（Telecommunications Regulator of Cambodia，TRC）的批准，保险业的合并受柬埔寨经济和财政部（Ministry of Economy and Finance，MEF）及柬埔寨保险监管机构的监管。除此之外，外国投资者与国内投资者享有相同的待遇，不需要针对外国买方进行外商投资审查。

从被收购公司本身来看，首先，要调查公司注册及经营的合规性，包括确认公司是否为依法注册，公司管理结构的合法性以及公司的股权结构。其次，注意被收购公司现有的正在履行的重大合同，包括与客户、供应商等相关的合同，需要审查合同条款，确保公司不会因违约而面临法律责任。同时，考虑这些合同的可转让性，以确保在收购完成后，公司能够继续有效的履行业务合同。此外，需要考虑税务的合规性，需要仔细审查公司的财务记录，确保公司是否遵守了当地的纳税义务，如果未纳税，在收购完成后公司可能会面临被有关机关罚款的情况。最后，需要考虑环境、社会和公司治理（ESG）的因素。2023年11月7日，中国路桥金港高速公司在金边收费站举办金港高速开通运营一周年庆典，并发布《柬埔寨金港高速公路有限公司环境、社会及治理（ESG）报告（2022—2023）》，这是柬埔寨历史上第一次由企业发布的ESG报告。由此可见，ESG理念逐渐成为衡量企业发展的重要指标，如果没有提前规划发展道路，将会面临被市场淘汰的风险。

（2）评论与提示。综上所述，跨境收购作为企业实现全球化战略、进入新市场的重要手段，在面临法律、财务和合规风险时依然需要考虑各种因素，因此，在开始收购行动前，尽职调查显得尤为重要。同时，跨境并购涉及多个国家的法律体系和业务环境，强调了国际合作和专业服务的重要性，凸显了全球化时代企业合作的紧密性。

在跨境收购中，不同国家的法律体系和监管规定的不同可能成为一项巨大的挑战。因此，建议可以寻求被收购当地的律师事务所以及会计师事务所进行尽职调查的工作，主要涉及法律、税务、合规和环境、社会及治理等多个方面，不同的行业并购可能需要由特定的政府机构批准，需要收购方在早期就清楚了解目标公司所处行业的法律法规以及审批流程。

本案中，柬埔寨当地律所为收购方出具了涵盖了关于外国公司收购许可、被收购公司成立和经营的合规性以及收购中可能遇到的风险的问题的尽职调查报告。最终，收购公司在经过多方面考量后，成功收购了该柬埔寨公司。

（三）经济特区许可证

1. 案例介绍

建立经济特区的目的在于吸引国内外企业在该区域进行投资和经营。经济特区的建立通常伴随着税收的优惠，包括但不限于企业所得税、关税、增值税等方面的减免或优惠政策，以降低企业的财务负担；同时，还包括良好的基础设施建设，确保企业在入驻特区以后可以顺利运营；另外，经济特区通常建立在劳动成本较低的地区，可以借此降低企业的运营成本；最后，经济特区在法规和政策上往往会得到政府的明确支持，政策相对稳定，减少了企业发展的不确定性。

在柬埔寨，经济特区可以由国家或者私人，或国家与私人合营策划创办。2016 年，企业集团 A 为建立农业经济特区在西哈努市购买了大约 50 公顷的土地，希望获得柬埔寨发展委员会（CDC）颁布的经济特区许可证，进行相关的商业经营。

2. 风险分析

在柬埔寨建立经济特区的具体要求需要遵照《柬埔寨王国政府关于经济特区的建立与管理法令》第二章第三条中第一款"建立经济特区的条件"来进行自查：

（1）经济特区可以设立在柬埔寨王国境内按柬埔寨政府根据理事会的单一窗口的决议所决定的合适及具战略性地点。

（2）经济特区可以由国家或私人，或国家与私人合营，策划创办。

（3）设立经济特区必须遵照如下条件：

1）须拥有 50 公顷以上的土地，有明确的地理界线位置。

2）地区周边有围墙（出口加工工业区，自由贸易区和在每个区域内，各投资商专属的位置）。

3）有工作办公室，地区行政办公室，有宽敞的大小交通网络、自来水及电力系统，有邮政和通信网络，以及防护偶然发生火警的消防系统。根据可行性及实际情况，特区内可以有备用土地，以便作为工人，职员和雇主的住宅区，有休闲公园、医疗所、专业培训学校、加油站、餐厅、车场、商店或市场等。

4）有排污水系统，液体废料净化处理系统，有存放与正当处理固体废料的地点，有按照实际情况需要的环保设备和其他基础设施。

5）服务于建筑的技术条件、法规及各种基本规范，为上述经济特区开发的环保工作及其他专业，必须由有关专业部门、机构规定，并依据每个特区的地理及实际面积，按照法律和国家与国际标准编辑规范。

在符合全部条件的同时，也需要注意申请是否违反《柬埔寨王国投资法》《经济特区二级法令》《建筑法》《税法修正法》等，同时，就所有相关程序和将土地合并为一个硬产权的问题与有关当局进行协商，包括地方当局、疾病防治中心官员和柬埔寨土地部。如果因没有提前就建立条件进行审查，造成了经济特区设立失败的后果，将会造成大量的人力、物力及财力的浪费。

3. 评论与提示

有意在柬埔寨设立经济特区的开发者，除了要符合上述条件外，还需要先向柬埔寨经济特区委员会申请及办理注册合格投资项目（QIP）。柬埔寨经济特区委员会有责任对项目进行评估，然后向理事会单一窗口机制理事会会议提呈讨论，以便对特区的设立作出批准或拒绝的决定。在提交申请书时，地区开发者必须向柬埔寨经济特区委员会缴纳 700 万瑞尔的申请登记费。柬埔寨经济特区委员会最迟应在 28 个工作日内，向地区开发者作出原则上批准或拒绝的答复。

获得柬埔寨经济特区委员会原则上批准特区开发的地区开发者，应在 180 个工作日内制订详细的经济可行性考验计划，若有明确原因，可以将该计划的制定延期。计划应当包括特区内的基础设施总规划图、从特区通往外面的道路、水电供应系统、环保系统、特区内各种服务费、工地与厂房租金和投资者提供工人、职员住宿和培训中心的水、电、电话费、保安费及区内公共场所使用费和柬埔寨经济特区委员会按各有关部门、机构要求的各相关资料与其他文件，这些要求必须在附有条件注册证书中规定。从特区开发者将投资计划呈交柬埔寨经济特区委员会之日起 100 个工作日内，柬埔寨经济特区委员会在向地区开发者出具最终注册证书的同时，其有义务向政府提供有关部门和机构对开发者的认可、批准、许可以及其他文件。

值得注意的是，并不是在获取最终的经济特区许可证后便可以一劳永逸，特区开发者如果没有在获得许可证后一年内实施投资资金的 30% 的计划，柬埔寨经济特区委员会有权吊销该许可证并且收回经济特区的全部优惠。

本案中，企业集团 A 由于缺少当局要求的某些文件，最终没有成功从柬埔寨发展理事会获得经济特区许可证，也没有达到该企业集团 A 所购买的 50 公顷土地的目的。首先，通过该案例，可以知道在申请设立经济特区委员会前，与柬埔寨发展理事会以及相关部门提前沟通是最为关键的一步，通过与相关部门的沟通，可以更加明确地了解到在申请过程中可能遇到的难点，提前做出准备。其次，建议在申请的全过程聘请专业的法律顾问，从前期开始就申请所需的文件的种类、格式、递交流程等对企业进行梳理，详细从法律层面了解申请的要求以及难度，作出最符合实际情况的判断。

六、柬埔寨现行法律法规清单

柬埔寨现行法律法规清单如表 12-10 所示。

表 12-10　柬埔寨现行法律法规清单

宪法
《宪法》
农业和渔业
《经济土地特许权法令》
商业
《商业法规和商业注册法》
《关于实行市场经济的第 63 号通告》
《关于合同和其他责任的第 38 号法令》
《商业法规和商业注册法》
《商事仲裁法》

续表

商业
《商业企业法》
《药品管理法（药品管制）》
《破产法》
《公证法》
《担保交易法》
《商会法》
《产品和服务质量与安全管理法》
《关于建立金边商会的第 61 号次法令》
《商业合同法》
法规和辅助法律
《民法典》
《民事诉讼法》
《关于有限利率的法令》
建筑施工
《关于施工许可证的第 86 号次法令》
海关
关于实施《初始清关审计手册》的第 583CE 号指示
《海关法》
《关于免征关税货物管理的第 105 MEF. BRK 号公告》
《关于出口货物的报告、移动、储存和运输的第 107 号 MEF. BK 命令》
《关于退还关税和税款的第 108 号通告》
《关于海关申报规定和程序的第 1447 号 MEF. BK 号法令》
《关于进口货物海关估价的第 387 号 MEF. BK 号法令》
《关于清关后审计的第 388 号 MEF. CE 号法令》
《关于特别指定货物管理程序的第 735 MEF. CE 号法令》
《关于临时入境程序下的临时进口的第 928 MEF. CE 号法令》
《关于执行禁止和限制进口货物清单的第 209 ANK. BK 号次法令》
发展
《关于社会土地特许权的第 19 号次法令》
教育
《教育法》
环境
《环境部关于发展项目环境影响评估分类的公告》
《空气污染和噪音控制次级法令》
《环境保护和自然资源管理法》

续表

环境
《环境影响评估程序分法令》
《控制水污染分法令》
《城市固体废物管理次级法令》
《关于控制空气污染和噪音干扰的第 42 号次法令》

金融
《关于投资等级的第 67.10.001 号通知》
《保险法》
《银行和金融机构法》
《金融租赁法》
《外汇法》
《政府证券法》
《反洗钱和打击资助恐怖主义法》
《流通票据和支付交易法》
《非政府证券发行与交易法》
《柬埔寨国家银行组织和行为法》
《关于公开发行股票的第 001 号法令》
《关于上市公司公司治理的第 002 号法令》
《关于实施〈证券存管业务规则〉的第 002.11 号法令》
《关于实施〈会员国条例〉的第 003.11 号通告》
《关于实施〈上市规则〉的第 004.11 号法令》
《关于对提供专业服务的专业会计师事务所进行认证的第 005 号实务公告》
《关于实施〈证券清算与结算操作规则〉的第 005.11 号法令》
《关于实施〈证券市场操作规则〉的第 006.11 号法令》
《关于证券公司和证券代表行为守则的第 008.11 号法令》
《关于证券公司和证券代表许可的第 009 号法令》
《关于批准证券市场经营者的第 011 号法令》
《关于对在证券行业提供服务的评估公司进行认证的第 012.10 号法令》
《关于上市公众企业公司治理的第 013.10 号法令》
《关于融资租赁的第 B7-08-088 号法令》
《关于证券市场运行规则首要原则的法令》
《关于实施〈非政府证券出版和交易法〉的第 54 号次法令（王国政府）》
《关于证券行业税收激励措施的第 70 号次法令》
《第 71 号次法令：关于公共企业的第 41 号次法令的补充》
《关于柬埔寨证券交易委员会的行为和组织的第 97 号次法令》
《关于证券登记处证券过户代理的第 100630 号公告》

续表

林业
《森林法》
《木材和非木材森林产品进出口申请程序》
《关于授予在国有林地内种植树木使用权规则的第 26 号次法令》
《关于社区林业管理的第 79 号次法令》
《关于允许进出口森林和非木材林产品的第 131 号次法令》
政府
《公共企业总章程法令》
《最高司法行政官委员会组织和职能法》
《关于建立和引进特别行动机构联合原则的皇家法令》
《关于实施绩效奖励的第 29 号次法令》
《关于商业部组织和运作的第 54 号次法令（王国政府）》
工业
《工厂和手工业管理法》
《柬埔寨标准法》
《关于工厂许可证申请程序的第 607 号法令》
基础设施
《批准和发行网格代码 069-09-EAC 号决定》
《关于 T&D Grid 扩展的监管处理的决定》
《电力法》
《水资源管理法》
《关于建立一般电力技术标准的一般要求 470 号法令》
《关于建立电力技术标准的特定要求 701 号法令》
《发放特殊用途传输许可证的原则和条件》
《数据监视、应用、审查和确定电力关税的程序》
《有关电力供应的一般条件的规定》
《有关调节电力关税的一般原则的规定》
《有关电力供应商总体绩效标准的规定》
《构建运行转移（BOT）合同的次法令 NO.11》
知识产权
《商标、商业名称和不正当竞争行为法》
《版权与相关权利法》
《专利、实用新型专利和工业设计法》
《关于知识产权局程序的第 368 号公告》
投资
《特许经营权法》
《关于 AEC 组织和运作的第 486 号次级法令（2013）》

投资
《关于疾病预防控制中心组织和运作的第 60 号次法令（05/04/2016）》
《东盟全面投资协定》
《柬埔寨与白俄罗斯投资促进与保护协定（23/04/2014）》
《柬埔寨与匈牙利投资促进与保护协定（14/01/2016）》
《柬埔寨与日本投资促进和保护协定（14/06/2007）》
《柬埔寨与俄罗斯投资促进和保护协定（03/03/2015）》
《柬埔寨与美国投资促进和保护协定》
《投资法》
《关于执行投资法修正案的第 111 号次法令（ANK/BK）》
《关于成立省-市投资小组委员会的第 17 号次法令（ANK/BK）》
劳动与就业
《社会保障法》
《增进和促进残疾人权利法》
《劳动法》
土地
《土地法》
《征地法》
《关于经济用地特许管理的第 01 号命令》
《关于经济用地特许的第 19ANKR 号次法令》
《关于国有财产申报的次法令》
《关于成立柬埔寨王国金边、城镇和省份周边地区土地规划和城市化全国委员会的第 34 号决定》
《自然保护区法》
《土地利用规划、城市化和建设法》
《外国不动产产权法》
《关于征收出租不动产税（建筑物和空置土地）的第 021 号通告》
《关于长期租赁及经济用地特许权的抵押及转让权次法令》
矿产
《矿产资源管理和开发法》
社会管理
《国籍法》
《反腐败法》
《关于 2011 年公务员、雇员和工人公共假日的第 110 号次法令（王国政府）》
经济特区
《关于对经济特区投资者免征增值税的第 3841 号法令》
《关于经济特区的建立和管理法令》

续表

税务与会计
《关于延长服装和制鞋业企业暂停预缴利得税期限的第 1818 号公告》
《关于自我评估制度中纳税人分类的第 1819 号法令》
《关于专利税征收管理程序的第 1821 号通告》
《关于企业账户认证的第 635 号通告》
《会计和审计法》
《税法》
《关于征收出租不动产税（建筑物和空置土地）的第 021 号公告》
《关于确定应缴纳利润税和所得税的企业的第 18 号法令》
《关于实施修正案和综合财务报告准则的第 221 号法令》
电信
《禁止使用网络语音宣言》
旅游业
《旅游法》
贸易
《关于实施〈初始清关后审计手册〉的第 583CE 号指示》
《关于成立进出口程序和条例制定与组织部际委员会第 112 号决定》
《有关商业公司从事贸易活动法令》
《关于颁发服装原产地证明、商业发票和出口许可证的法令》
《关于实施货物装运前检查工作的管理条例》
《第 3413 号/MOC 修改和补充关于签发出口服装原产地证明、商业发票和出口许可证的通告》
《关于根据临时准入程序暂时进口的第 928MEF. CE 号法令》
《关于海关保税仓库的第 116 号通告》
《关于风险管理和单一窗口的第 90 号 SCD 总理令》
运输与物流
《关于水上运输工具管理的第 003 号通告》
《民用航空法》

资料来源：柬埔寨发展委员会（http：//cdc. gov. kh/）。

第十三章　缅甸

一、中缅经济法律关系概述

（一）缅甸基本情况介绍

1. 地理位置

缅甸位于亚洲中南半岛西北部，面积约为 676578 平方千米，从北到南绵延 2090 多千米。

缅甸位于印度板块和欧亚板块交界处，西临孟加拉湾，南临安达曼海。该国坐落在几座山脉之间，西边是若开山脉，东边是掸邦高原，中央山谷沿伊洛瓦底江而行。

缅甸的邻国有中国、印度、孟加拉国、泰国和老挝。

2. 行政区划

缅甸分为 7 个省、7 个邦和联邦区。省是缅族主要聚居区，邦多为各少数民族聚居地，联邦区的首都是内比都。

缅甸的 7 个省分别为仰光、曼德勒、勃固、马圭、实皆、伊洛瓦底、德林达依；7 个邦分别为掸邦、克钦邦、克耶邦、孟邦、克伦邦、钦邦、若开邦。①

3. 人口数量②

缅甸人口数量约 54857611 人，相当于世界总人口的 0.68%，2023 年，缅甸的平均年龄为 29.6 岁。相关数据显示，2023 年大约 30% 的人口居住在城市，70% 的人口生活在农村地区。尽管缅甸正在向中等收入国家迈进，但农村和城市地区之间以及该国不同地区之间的住房和生活条件仍存在巨大差异。

4. 政治制度③

缅甸是一个总统制的联邦制国家，实行多党民主制度。总统既是国家元首，也是政府首脑。缅甸联邦议会实行两院制，由人民院和民族院组成，每届议会任期五年。议会选举制度是当前缅甸政治的基本特征。

---

① 中华人民共和国外交部. 缅甸国家概况［EB/OL］. https：//www. fmprc. gov. cn/web/gjhdq_676201/gj_676203/yz_676205/1206_676788/1206x0_676790/，2024－04－30.

② Worldometers. Myanmar Population［EB/OL］. https：//www. worldometers. info/world－population/myanmar－population/，2024.

③ MYANMAR NATIONAL PORTAL. Amyotha Hluttaw［EB/OL］. https：//myanmar. gov. mm/amyothahluttaw，2024.

（1）人民议会。人民议会最多由 440 名代表组成：以乡镇为单位根据人口和当选的人民议会代表不能超过 330 名；武装部队总司令依法提名的人民议会代表不得超过 110 名。

人民会议代表人选需年满 25 岁，父母均为缅甸公民，在当选为人民议会代表的同时在缅甸定居至少 10 年，如果是经国家许可出国公务旅行的期限也计入在该国居住的期限，同时该人选应当符合选举法规定的资格。

人民议会代表人负责监督人民议会会议。如果总统通知其希望出席人民议会会议并发言，由其邀请总统；在特定条件下，可邀请代表根据宪法设立的工会级别组织的成员或个人出席人民议会会议，讨论人民议会会议的议题；履行宪法或法律规定的其他职责和权力。

人民议会会议的职责在于：记录总统的讲话；阅读并记录总统发出的信息和总统授权的其他信息；提出法案，进行讨论和决定；根据宪法的规定，讨论并决定议会处理的问题；讨论提交议会的报告；提问和回答问题；处理主席批准的事项。

（2）国民议会。国民议会由 224 名国家议会代表组成，168 名国民议会代表平等选举产生，每个地区或州 12 名代表；武装部队国民议会成员 56 名，由武装部队总司令依法提名，每个地区或州有 4 名代表。

国民议会会长负责监督国民议会会议，如果总统通知其希望出席国民议会会议并发表讲话，由其负责邀请总统；在特定条件下，可邀请代表根据宪法成立的工会级别组织的成员或个人出席国民议会并发言；履行宪法或任何法律规定的其他职责和权力。

国民议会代表人必须年满 30 岁；父母均为缅甸公民；当选为国民议会代表时已在缅甸定居至少 10 年，经国家许可合法出国公务旅行的期限也计入在该国居住的期限；同时，符合选举法规定的资格。

5. 政府机构①

缅甸主要的政府部门包括交通运输部（Ministry of Transport and Communications）、国防部（Ministry of Defense）、内务部（Ministry of Affairs）、财政计划部（Ministry of Planning and Finance）、外交部（Ministry of Foreign Affairs）、联邦政府办公室（Ministry of Union Government Office）、边境事务部（Ministry of Border Affairs）、投资和对外经济关系部（Ministry of Investment and Foreign Economic Relations）、司法部（Ministry of Legal Affairs）、信息部（Ministry of Information）、宗教文化事务部（Ministry of Religious Affairs & Culture）、农牧业和水利部（Ministry of Agriculture, Livestock and Irrigation）、合作社和农村发展部（Ministry of Cooperatives and Rural Development）、自然资源保护部（Ministry of Nature Resources & Enviromental Conservation）、电力部（Ministry of Electric Power）、能源部（Ministry of Energy）、工业部（Ministry of Industry）、移民人口部（Ministry of Immigration & Population）、劳工部（Ministry of Labour）、商务部（Ministry of Commerce）、教育部（Ministry of Education）、科技部（Ministry of Sciene and Technology）、卫生和体育部（Ministry of Health & Sport）、体育和青年事务部（Ministry of Sports and Youth Affairs）、建设部

---

① MYANMAR NATIONAL PORTAL. ministries［EB/OL］. https：//myanmar. gov. mm/ministries，2024.

（Ministry of Construction）、社会福利救济安置部（Ministry of Social Welfare，Relief & Resettlement）、酒店旅游部（Ministry of Hotel & Tourism）、民族事务部（Ministry of Ethnic Affairs）。

6. 语言文化

缅语是缅族的母语，也是缅甸的官方语言。在缅语发展的历程中，吸收了不少来自巴利语、英语、孟语、梵语和汉语的词汇。主要民族语言包括缅、克钦、克耶、克伦、钦、孟、若开、掸等民族的语言，英语是常用的外语。

7. 民族宗教习俗

缅甸拥有100多个民族，除了缅族，还有掸族（Shan）、克伦族（Karen）、若开族（Rakhine）、孟族（Mon）、克钦族（Kachin）、钦族（Chin）、克耶族（Karenni）等。

缅甸是个信仰自由的国家，不同宗教享有平等发展的权利，有许多各种宗教的仪式、节日。信仰佛教人数最多，缅甸佛教是上座部佛教（俗称小乘教），与中国的佛教（大众部，俗称大乘教）属同一宗教，教派不同。在缅甸旅行时，必须尊重当地的风俗习惯。缅甸为佛教国家，视佛塔、寺庙为圣地，上至国家元首、外国贵宾，下至平民百姓，进入佛寺一律要赤脚，否则就被视为对佛教不敬。

8. 自然资源

缅甸资源丰富，主要自然资源有矿产资源、天然气资源、林业资源、水利资源、渔业和海洋资源。

（1）矿产资源。缅甸拥有铜、金、铅、锌、银、锡、镍等矿产资源。2023年，缅甸稀土产量估计达到38000吨稀土氧化物当量。这一产量使缅甸成为世界第四大稀土生产国。[①]

虽然当地矿产资源丰富，但是由于缅甸缺乏地质勘查能力，因此对矿藏储量及分布尚无精确统计数据，可能还有其他未知矿藏。

（2）天然气资源。根据缅甸相关部门的统计数据，2022~2023年，缅甸天然气出口收入为39.929亿美元。据中国海关总署的相关数据显示，2023年前8个月，缅甸向中国出口了近10亿美元的天然气。

（3）林业资源。缅甸作为东南亚资源最丰富的国家之一，其森林覆盖率已从1990年的57%以上下降到2020年的42%左右。2022年，缅甸在全国种植树苗2357万株。

由于缅甸地域广阔，其森林种类繁多。森林类型主要包括：落叶混交林（占森林总面积的38%）；山地常绿林（占森林总面积的25%）；常绿森林（占森林总面积的16%）；干燥森林（占森林总面积的10%）；落叶龙脑香林（占森林总面积的5%）。缅甸以其天然柚木（Tectona grandis）森林而闻名，属于混交落叶林。根据2011年的相关数据，世界上1900万公顷的天然柚木林中，超过1600万公顷位于缅甸。

在缅甸，100%的森林面积归国家所有，但可以将某些管理权授予社区或私营公司。然而，也有一些森林面积不属于"国家所有"，而是归入当地人民拥有的社区森林，并获得政府授予的长期租赁许可。

---

① Statista. Mine production of rare earths in Myanmar from 2018 to 2023［EB/OL］. https：//www.statista.com/statistics/1294383/rare-earths-mine-production-in-myanmar/，2024.

（4）水利资源。① 缅甸水资源丰富，有八个主要河流流域，覆盖全国90%的国土面积，还有规模较大的湖泊。它包含了整个亚洲淡水资源的12%和东盟国家淡水资源的16%。尽管如此，人口增长、城市化和工业导致的用水需求不断增长，也为水资源带来了挑战。

缅甸是一个水资源状况良好的国家。跨境河流很少，这意味着几乎所有水资源都在国界内。其水资源丰富，开发空间广阔。主要河流流域覆盖缅甸大片地区，为许多生计部门提供自然资源。

但缅甸的水资源具有明显的季节和区域差异。年平均降雨量约为2100毫米，地区差异较大，从若开邦和德林达依邦沿海地区的高达5000毫米到中部干旱地区的不足1000毫米。年可再生水资源总量约为1100立方米。人均可再生水资源（每个居民可利用的可持续水资源总量）约为每年19000立方米。人均年水资源占有量低于1700立方米的国家被认为处于缺水状态。根据2016年的相关数据，缅甸的水资源禀赋约为中国可用水量的9倍、印度的16倍、越南的5倍和孟加拉国的16倍。然而，尽管缅甸水资源丰富，但目前仅使用了5%。

（5）渔业和海洋资源。② 缅甸渔业部门为320万人提供了就业机会，内陆和海洋渔业占缅甸鱼类产量的近78%。水产养殖在过去十年中显著增长，目前占年度鱼类产量的22%。与邻国泰国（80%）和孟加拉国（55%）相比，水产养殖的贡献仍然较低，这表明了捕捞渔业的相对重要性以及该行业未来增长的潜力。

9. 重点/特色产业

（1）旅游业。2023年，大多数旅游签证可以通过缅甸政府官方网站以在线申请的方式获得。仰光、曼德勒、蒲甘、茵莱湖等城市和地区相对来说可能拥有更好的基础设施和安全保障。

（2）零售业。③ 缅甸的零售业约占该国GDP的15%。缅甸领先的现代零售连锁店包括City Mart Holdings Limited 的 City Mart Supermarket、Market Place、OCEAN Supercenter，Capital Diamond Star Group 的 Capital Hypermarket，以及 Creation Group 的 AEONorange Supermarket。大多数商店位于仰光，少数位于曼德勒和内比都。Capital Diamond Star Group 旗下的 Grab & Go（290 家门店）、MCS Co.，Ltd 旗下的 City Express（60 家门店）以及 1 Stop Mart Holding 旗下的 1 Stop Mart 都是一些领先的小型超市。

与2020年相比，2021年全国新零售门店开张速度大幅放缓，一些门店因无法应对利润下降和租金等费用上涨而完全关闭。2022年，零售店业务大幅下滑，由于运营费用增加，2022年几乎没有开设新店。

（3）加工制造业。缅甸的制造业是支撑国家经济增长的主要来源，长期来看潜力巨大。该行业发展的主要原因是当地的劳动力成本低、战略位置优越以及《缅甸经济特区法》和《缅甸投资法》规定了有吸引力的激励措施。

---

① The Open University. Chapter 1 Water resources in Myanmar［EB/OL］. https：//www. open. edu/openlearncreate/mod/oucontent/view. php？id=156220&printable=1，2024.

② Worldfish. MYANMAR［EB/OL］. https：//worldfishcenter. org/where-we-work/asia/myanmar，2024.

③ The International Trade Administration，U. S. Department of Commerce. BURMA（MYANMAR）RETAIL［EB/OL］. https：//www. trade. gov/market-intelligence/burma-myanmar-retail，2024.

缅甸的制造业主要集中于在裁剪、制造和包装基础上生产的服装和纺织品。缅甸服装制造商协会旗下有 541 家商业活动活跃的工厂。其中大多数来自中国，其次是缅甸和韩国。[①]

（4）农林渔牧业。畜牧业是缅甸经济的重要组成部分。2019~2020 年，畜牧业和渔业占缅甸国内生产总值（GDP）的 8%，占出口总收入的 2%。2019~2020 年，农林牧渔业占国内生产总值（537.02 亿美元）的 21%，占出口总收入（178.61 亿美元）的 11%。据东南亚渔业发展中心公布的数据显示，2019 年缅甸捕捞产量排第 12 位，水产养殖产量排第 9 位。

根据世界银行的预估，缅甸约 68% 的人口居住在农村地区，主要从事农牧业生产和农业相关工作。根据缅甸相关部门公布的数据，不同牲畜的养殖区域分布如下：干旱地区以牛养殖为主；三角洲地区和山区以养鸡和养猪为主，鸭养殖业也集中在三角洲地区；水牛养殖业主要分布在山区。在饲养的家禽中，鸡是最常见的，占 33%，其次是牛，占 26%。此外，猪占 24%，鸭占 5%，水牛占 4%，山羊占 2%，其余 6% 是绵羊、火鸡。[②]

缅甸丰富的水生资源使渔业部门成为缅甸国民经济和粮食安全的重要组成部分。2023 年 4 月 1 日至 3 月 31 日，缅甸水产品出口收入为 7.65945 亿美元。根据商务部的数据，缅甸通过航运（4642.3 万美元）和边境贸易（23002 美元）的海洋产品出口收入为 6942.5 万美元（2023~2024 财年的 4 月到 5 月），鱼类出口收入超过（1100 万美元）、虾（168 万美元）和其他产品（1624 万美元）。产品主要出口到泰国、中国、孟加拉国、老挝、日本和欧洲国家。

2020 年，缅甸国内森林覆盖面积为全国总面积的 42.19%，为全国陆地面积的 43.17%。在世界森林资源损失消失的国家名单中，缅甸从 2015 年的第三位降至第七位，缅甸政府正在不断通过建立新的政策来保护当地的森林资源。

（二）缅甸经济贸易概况

1. 发展规划及经贸状况

（1）澜沧江—湄公河合作五年行动计划（2023—2027）。[③] 该行动计划将与中国提出的"一带一路"倡议、全球发展倡议、全球安全倡议、全球文明倡议互补互促，并与《东盟共同体愿景 2025》《东盟互联互通总体规划 2025》（MPAC）《东盟一体化倡议（IAI）工作计划 2021—2025》《东盟全面复苏框架》（ACRF）以及其他湄公河次区域合作机制战略、愿景等相辅相成，旨在从政治安全、可持续发展、社会人文、互联互通、产能、跨境经济、水资源、农业和减贫方面加强双方的合作。

（2）《缅甸商标版权法》自 2023 年 4 月 1 日起生效。[④] 缅甸于 2019 年 1 月 30 日颁布

---

① Myanmar Digital News. Myanmar manufacturing sector attracts MYM3.7 mln in April [EB/OL]. https：//www.mdn.gov.mm/en/myanmar-manufacturing-sector-attracts-37-mln-april，2024.

② Flanders Investment&Trade Myanmar. LIVESTOCK IN MYANMAR [EB/OL]. https：//www.flandersinvestmentandtrade.com/export/sites/trade/files/market_studies/Livestock%20in%20Myanmar_publ.pdf%EF%BC%89，2024.

③ 中华人民共和国商务部．澜沧江—湄公河合作五年行动计划（2023—2027）[EB/OL]. http：//mm.mofcom.gov.cn/article/ddfg/202312/20231203463235.shtml，2023-12-26.

④ 中华人民共和国商务部．《缅甸商标版权法》自 2023 年 4 月 1 日起生效 [EB/OL]. http：//mm.mofcom.gov.cn/article/ddfg/202303/20230303396117.shtml，2023-03-16.

的《商标版权法》将自 2023 年 4 月 1 日起生效，根据该版权法规定，商标图案不明显的、注册前已在使用的、与已注册商标相似的、未经许可使用一国国旗、纪念标识、符号的，均不得申请注册商标。对制造、使用假冒商标的、持有制造假冒商标物资及工具的，将依法判处 3 年监禁或 500 万缅币罚款，或两者并罚。

《商标版权法》的颁布标志着缅甸将会更加注重知识产权的保护，进而为投资者提供更好的法律保障。

（3）缅甸与中国等三国签署出口 90 万吨玉米协议。① 缅甸共种植玉米 200 多万英亩，年产玉米 320 万吨，国内消费约 100 万吨，其余 200 多万吨出口。

2023 年 12 月 12 日，缅甸玉米协会（MCIA）分别与中国、泰国和越南的 7 家企业签署出口玉米谅解备忘录，计划在 2024 年 4 月之前出口 90 万吨玉米，将创汇 6 亿多美元。中国、泰国和越南是缅甸玉米主要出口市场，本次协议签署有利于稳定市场并扩大缅甸贸易额。

（4）缅甸航空开通仰光—昆明货运航班。② 2023 年 11 月 3 日，仰光—昆明货运航班，机型为波音 737-400 货机开通，该货运航班可运载 18 吨货物以及普通航班无法运载的危险物资。缅甸相关部门计划在未来开通仰光至中国境内各城市货运航线。

（5）跨境人民币支付系统（CIPS）直参行启动仪式在仰光举行。③ 中国工商银行仰光分行跨境人民币支付系统（CIPS）直接参与行启动仪式在仰光举行。CIPS 在缅落地启用是继 2021 年中缅建立人民币边贸结算机制后，中缅推动人民币合作取得的又一重要进展，标志着人民币在缅国际化更进一步，有利于深化两国金融合作、促进中缅贸易投资。该系统的启用意味着在缅甸的金融机构可以在本国直接便捷高效参加 CIPS 全球结算网络。

（6）缅甸投资委新批准 6 个投资项目。④ 2023 年 10 月 2 日，缅甸投资委召开 2023 年第 3 次会议，会议共审批 6 个投资项目，包括对在建项目追加投资、新建可再生能源发电项目、工业、饭店与旅游业项目等，投资总额为 7298 万美元及 3147 亿缅币，将创造 2600 多个就业岗位。

截至 2023 年 8 月底，共有 52 个国家和地区对缅投资，排名前三位的是新加坡、中国、泰国，涉及 12 个领域。投资额最多的是电力领域，占投资总额的 28.45%；其次是石油天然气领域，占 24.46%；工业领域占 14.38%。

（7）缅甸仰光省投资委新批准 12 个投资项目。⑤ 在仰光省投资委召开的第 2023/8 次会议上，新批准投资项目 12 个，其中境内投资项目 1 个，投资额 20.54 亿缅币（按官方汇率约 100 万美元）。境外投资项目 11 个，投资总额 1477.5 万美元。12 个项目均为来料

① 中华人民共和国商务部. 缅甸与中国等三国签署出口 90 万吨玉米协议［EB/OL］. http：//mm. mofcom. gov. cn/article/jmxw/202312/20231203461617. shtml，2023-12-19.

② 中华人民共和国商务部. 缅甸航空将开通仰光—昆明货运航班［EB/OL］. http：//mm. mofcom. gov. cn/article/jmxw/202311/20231103450761. shtml，2023-11-02.

③ 中华人民共和国商务部. 跨境人民币支付系统（CIPS）直参行启动仪式在仰光举行［EB/OL］. http://mm. mofcom. gov. cn/article/jmxw/202311/20231103451297. shtml，2023-11-01.

④ 中华人民共和国商务部. 缅甸投资委新批准 6 个投资项目［EB/OL］. http：//mandalay. mofcom. gov. cn/article/jmxw/202404/20240403488596. shtml，2024-04-04.

⑤ 中华人民共和国商务部. 缅甸仰光省投资委新批准 12 个投资项目［EB/OL］. http：//mm. mofcom. gov. cn/article/jmxw/202309/20230903438278. shtml，2023-09-06.

加工（CMP）项目，包括服装、鞋类等。将提供9276个就业岗位。

（8）缅铁就仰光环城铁路新建部分车站项目进行招标。[①] 2023年，缅甸《十一》7月20日报道，据缅甸铁路局的相关消息，正在进行升级改造的仰光环城铁路项目将新建昂山、格玛佑、欧井、破敢、德迈、达莫韦等几座车站，目前正在进行公开招标，工程支付币种为缅币。

同期招标的还有仰光—曼德勒铁路升级改造项目中的密额桥梁建设项目。

目前缅铁正在运行的线路有客运18趟、邮件运输12趟、客货混运8趟、仰光环城及郊区30趟，共68趟。特快线路有仰光—曼德勒、仰光—卑、仰光—毛淡棉、仰光—蒲甘。

2. 基础设施状况

（1）机场。[②] 缅甸共有三个国际机场：仰光国际机场、曼德勒国际机场和内比都国际机场。①仰光国际机场（Yangon Airport）是缅甸的主要机场，服务于整个缅甸地区。机场位置距仰光市中心约15千米。仰光机场有限公司负责仰光机场的运营和管理。②曼德勒国际机场（Mandalay International Airport）曾经是缅甸最现代化的机场。该机场于1999年竣工，目前提供国内和国际航班。该机场的建设成功分担了仰光机场的国际航班量。③内比都国际机场（Nay Pyi Taw International Airport）是缅甸国际机场名单中最新增加的一个。它于2011年启用，可容纳350万名旅客。除了国际航班外，内比都国际机场还拥有许多国内航班。

（2）公路。根据缅甸相关部门的统计数据，截至2019财年末，缅甸公路总里程为13.23万千米，其中沥青路2.98万千米，碎石路1.31万千米，土路5.45万千米，混凝土路0.49万千米。

腾密公路为连接中国和缅甸的最重要的公路。

（3）水运。缅甸拥有广泛的河流网络，能够很好地服务于该国的主要运输走廊，包括仰光和曼德勒之间的连接。但由于旱季水浅、航道易变、码头设施缺乏等原因，主要河流通航困难，制约了运输效率。

缅甸的主要港口分布在实兑、山多威、皎漂、勃生、仰光、毛淡棉等9个城市。除仰光外，所有河港均未开发，缺乏泊位、码头和重要装卸设备。仰光港仍然是缅甸的主要港口，处理大部分进出口活动。

内河运输公司（IWT）成立于1865年，隶属于缅甸交通运输部，是一家负责水路旅客和货物运输的国有企业。2015年4月至2016年3月，该公司共运输旅客1123.9万人次，货物运输量137.5万吨，是缅甸水路最大的运输公司。[③]

（4）铁路。缅甸火车运行不准时，并且很少用于货运。缅甸铁路公司（MR）对运输途中的货物损坏不承担责任，导致许多有运输需求者聘请第三方货运代理或运输商通过铁路运输货物。在大多数情况下，只有在公路运输因灾害或不稳定局势而暂时无法通行/中

---

① 中华人民共和国商务部. 缅铁就仰光环城铁路新建部分车站项目进行招标［EB/OL］. http：//mm. mofcom. gov. cn/article/jmxw/202307/20230703423194. shtml，2023-07-21.

② IndiGo. Airports in Myanmar［EB/OL］. https：//www. goindigo. in/airport-directory/myanmar. html，2024.

③ WFP. 2.5 Myanmar Waterways Assessment［EB/OL］. https：//dlca. logcluster. org/25-myanmar-waterways-assessment#id-2.5MyanmarWaterwaysAssessment-Overview，2024.

断时，才应考虑将铁路运输作为最后的手段。

3. 贸易环境

（1）缅甸实施进口管制的商品。① 缅甸政府实行自动许可制度和非自动许可制度两种进口许可制度。各类商品进口到缅甸都需要进口许可证。

当商品进入缅甸关税区后，根据其性质是商业性质还是非商业性质，适用不同的规则。旅行者随身携带的物品，例如实际使用的个人衣物以及少量烟草和酒精通常被认为是非商业性的、免税的。

有些商品需要申请进口许可证，并附有有关部门的推荐或证明。商品清单及根据该商品类别出具相关推荐或证书的有关部门如表 13-1 所示。

表 13-1　需特殊申请的商品的申请部门

序号	商品名称	申请部门
1	种子、植物和植物产品、农药、肥料	农业、畜牧业和灌溉部（农业部）
2	动物、动物饲料、兽药和农场设备、手术和实验室设备	畜牧兽医部
3	虾粒、虾维生素、鱼饲料、活鱼、动物产品	渔业部
4	锯材和林产品、可破坏臭氧层的化学品、矿产品、氰化钠	自然资源和环境保护部（MONREC）
5	牙膏、水银、原材料、药品、医疗器械（一次性注射器、输液器、输血器、手术手套、检测试剂盒）、食品、棕榈油（棕榈油精，浊点最高 8℃，碘值 58 分钟）	卫生部、食品药品监管司
6	用于生产麻醉药品和精神药物的化学前体	内政部、中央药物滥用管制委员会
7	液化石油气	能源部
8	外国电影	信息部
9	电信设备	交通运输部
10	车辆（船舶/飞机）	交通运输部
11	化学品及相关物质	工业部
12	放射性物质	科学技术部

进口许可证的申请已实现自动化，贸易商可以通过 TradeNet2.0 在线系统向缅甸商务部申请进出口许可证。

（2）缅甸实施出口管制的商品。② 根据缅甸商务部贸易司发布的第（6/2023）号文，所有通过海运和边贸口岸出口的商品均需在缅甸贸易网 2.0 系统（Myanmar Tradenet 2.0）上申请出口许可。此前不用申请出口许可的商品也需通过该系统申请。自 2023 年 4 月 1 日起，出口许可证将通过自动系统（Automatic Licensing）发放。

缅甸的商品出口会根据商品为商业性质还是非商业性质适用不同的规则。缅甸禁止出

---

① Ministry of Commerce. Guide to Importing Goods into Myanmar［EB/OL］. https：//myanmartradeportal. gov. mm/en/ guide-to-import，2024.

② 中华人民共和国商务部. 缅甸所有出口商品均需通过缅甸贸易网 2.0 系统申请出口许可［EB/OL］. http：// mm. mofcom. gov. cn/article/ddfg/202303/20230303399339. shtml，2023-03-27.

口的商品包括世贸组织《关贸总协定》第二十条和第二十一条规定的世贸组织成员禁止出口的某些危害公共道德以及威胁人类、植物或动物生命的物品，例如武器和弹药以及类似物品。缅甸商务部贸易司已根据《关贸总协定》的相关条款，于2020年8月17日发布第59/2020号通知，禁止从缅甸出口以下物品：钻石（经第28/2023号公告修订为"未镶嵌成珠宝的裸钻"）；原油；象牙；大象、马和珍稀动物；武器弹药；古董；"现行法律禁止和限制的商品"。

缅甸政府放宽了获得出口许可证的要求。然而，某些关税细目仍然需要出口许可证。出口许可证由商务部贸易司根据相关部门的推荐颁发，清单同上述进口清单。①

4. 金融环境

（1）出境入境携带货币规定。缅甸采取双通道海关管制制度，旅客入境时可以选择绿色"无申报"通道和红色"有申报"通道。外国游客的个人物品免税。外国人携带外币超过1万美元须申报；缅甸公民必须申报所有外币。免税和免税限额适用于最多2升酒精饮料、最多150毫升香水、最多400支香烟以及某些其他物品。②

（2）金融投资环境。目前该市场由传统银行主导，2024年缅甸银行业市场净利息收入预计将达到96.5亿美元。净利息收入预计将以2.23%的年增长率（2024~2028年复合年增长率）增长，到2028年市场规模预计将达到105.4亿美元。③

在缅甸国内外银行之间的竞争日益激烈。这种竞争导致人们更加关注客户服务和产品供应，银行不断推出新的定制金融产品来吸引和留住客户。此外，政府为外资银行提供了更多在缅甸开展业务的机会，从而进一步加剧了竞争。

在过去的几年中，缅甸客户寻求便捷高效的银行服务，他们更加偏向于选择数字银行，移动银行和在线交易方式也越来越受欢迎，也推动了银行业对创新数字解决方案的需求。④

（三）中—缅投资贸易概况

中—缅投资贸易概况如表13-2所示。

表13-2 中—缅双边货物贸易情况 单位：亿美元

年份	进出口额	进口额	出口额
2019	186.99	63.88	123.11
2020	188.94	63.47	125.48
2021	183.92	81.00	102.92
2022	246.11	114.95	131.46
2023	209.54	95.53	114.01

资料来源：中国海关总署。

---

① Ministry of Commerce. Guide to Exporting Goods from Myanmar [EB/OL]. https：//myanmartradeportal. gov. mm/en/guide-to-export，2024.

② Ministry of Commerce. Special Customs Procedures [EB/OL]. https：//myanmartradeportal. gov. mm/en/special-customs-procedures，2024.

③ 参见 https：//www. statista. com/outlook/fmo/banking/myanmar。

④ Statista. Banking-Myanmar [EB/OL]. https：//www. statista. com/outlook/fmo/banking/myanmar，2024.

1. 双边贸易

根据中国海关总署的数据，2023 年中国与缅甸贸易额约为 209.54 亿美元。其中，中国向缅甸出口额约为 114.01 亿美元，进口额约为 95.53 亿美元。

2023 年 1 月至 12 月，中国对缅甸出口的前几位商品的名称为低值简易通关商品、硫酸铵、智能手机、合成纤维制其他染色针织或钩编织物、柴油（不含生物柴油）。

中国从缅甸进口的前几位产品的名称为天然气、未列名氧化稀土、宝石或半宝石（天然、合成或再造）制品、锡矿砂及其精矿、经其他加工的翡翠。

2. 投资情况

根据缅甸投资与公司管理局（DICA）公布的数据，截至 2023 年 9 月底，缅甸共批准中国投资 218.73 亿美元，占外资总额的 23.5%。其中，2023~2024 财年上半年（4~9月），包括增资项目在内，共批准中国对缅投资 1.35 亿美元。[①]

3. 货币互换协议

目前缅甸与中国尚未签订任何货币互换协议。

缅甸中央银行于 2021 年 12 月发布通告，表示：缅甸境内持外币结算牌照的银行、持外币兑换牌照的银行和非银行货币兑换机构即日起可兑换人民币。相关银行和非银行货币兑换机构即日起还可兑换日元。以促进国际支付与结算以及边境贸易的发展。

此前，缅甸已批准美元、欧元、新加坡元、泰铢和马来西亚林吉特在该国境内合法兑换。

4. 中缅投资政策环境

2001 年 12 月 12 日，中缅双方签署了《中华人民共和国政府和缅甸联邦政府关于鼓励促进和保护投资协定》；2004 年，中缅双方签署了《中华人民共和国教育部与缅甸联邦政府教育部教育合作谅解备忘录》；2010 年 11 月，中缅双方续签了《中华人民共和国国家体育总局与缅甸联邦共和国体育部体育合作协议》。

二、缅甸法律制度概述

（一）投资法律制度

1. 投资法律体系[②]

缅甸关于外商投资的法律主要有《缅甸投资法》《缅甸投资法实施细则》《缅甸经济特区法》《缅甸经济特区法实施细则》等。

---

① 中华人民共和国商务部．截至 2023 年 9 月缅甸共批准中国对缅投资 218.73 亿美元 ［EB/OL］. http：//mm. mofcom. gov. cn/article/jmxw/202310/20231003446075. shtml，2023-10-16.

② 参见商务部国际贸易经济合作研究院、中国驻缅甸大使馆经济商务处和商务部对外投资和经济合作司联合发布的《对外投资合作国别（地区）指南 缅甸（2022 年版）》第 63 页。

2. 投资管理部门①

缅甸主管外商投资的政府部门是投资与对外经济关系部，下设投资与公司管理局，负责公司设立及变更登记、投资咨询建议及报批、对投资项目的监督等日常事务。

另外，缅甸相关经济部门还共同成立了缅甸投资委员会，据《缅甸投资法》规定，缅甸投资委员会对申报项目的资信情况、项目核算、工业技术等进行审批、核准并颁发投资许可证，在项目实施过程中提供必要帮助、监督和指导，同时也受理投资许可时限延长、缩短或变更等申请。

3. 外商投资及企业设立

根据《缅甸投资法》，外国投资者可通过以下任何一种方式进行投资：

设立从事缅甸投资委员会（MIC）允许的业务的外商独资公司；

设立外国投资者与当地合作伙伴（缅甸公民或政府部门和组织）的合资企业；

根据外国投资者和当地各方在合同中规定的制度进行的投资（如各种形式的合作，包括 BOT 和 BTO 方案）。

外国投资者设立外商投资企业应遵守缅甸现行公司法和公司管理局公布的投资指导方针。

（1）有限责任公司。有限责任公司可以由外国投资者全资拥有，但缅甸规定某些行业只能由政府经营。政府可以根据具体情况，允许任何个人或经济组织开展这些活动，无论是否与政府建立合资企业，目前并无明确规定政府特许某些个人或经济组织从事相关活动的规则。

缅甸法律规定了两种类型的公司：私营公司和上市公司。无论是上市公司还是私营公司，都有三类：股份有限公司、担保有限公司和无限售条件的公司。私人公司必须有一个股东，最多 50 个股东。在上市公司中，必须至少有三名董事，股东人数没有限制，其中至少有一名股东必须是缅甸公民，或缅甸的普通居民。如果一个人持有缅甸永久居留权或在每个历年在缅甸居住至少 183 天，他或她将被视为普通居民。

外国公司是指在缅甸注册成立的公司，外国个人或实体拥有或控制超过 35% 的所有权权益。这意味着，如果一家公司 35% 以上的股份由外国股东直接或间接拥有，该公司将被归类为外国公司。根据《缅甸公司法》，公司没有最低资本要求。然而，相关政府部门可能会根据实体的业务运营设定最低资本要求。

每个公司必须在注册之日起 28 天内在缅甸开设注册办事处。所有公司必须在成立后 2 个月内，每年最少一次向注册官提交周年申报表。

（2）缅甸境外注册公司的分公司。外国公司也可以在缅甸设立分公司。根据公司法设立的外国分公司不需要获得缅甸投资委员会下发的许可证，只需要申请营业许可证和登记证。外国分公司可以作为制造或服务公司（如石油公司大多以分支机构的形式成立）。

相比之下，根据《缅甸投资法》成立的外国分支机构除了必须获得贸易许可证和登记证外，还必须获得缅甸投资委员会的许可证。

---

① 商务部国际贸易经济合作研究院、中国驻缅甸大使馆经济商务处、商务部对外投资和经济合作司联合发布的《对外投资合作国别（地区）指南 缅甸（2022 年版）》第 62 页。

（3）缅甸境外注册公司的代表处。在缅甸有业务关系或投资项目的外国公司可以申请在缅甸开设代表处（这是银行的惯例）。与分公司不同，在缅甸境外注册的公司的代表处不得在缅甸从事直接的商业或创收活动，可以用以进行市场调研、收集市场数据。

（4）合资企业。外国投资者可以与任何缅甸合作伙伴（个人、私人公司、合作社或国有企业）以合资企业或有限公司的形式开展业务。如果成立合资企业，外国和当地资本的比例可以由进入合资企业的外国和当地各方协商确定。缅甸投资委员会应当依据外商投资企业拟从事的行业和企业性质设定最低投资限额。

如果合资企业从事具有禁止和限制性要求的业务，外资比例由《缅甸投资法》规定。根据《缅甸投资法》，在具有禁止和限制性要求的行业中，合资企业的外商投资资本比例最高不得超过总投资额的80%。缅甸投资委员会发布了一份关于允许与缅甸伙伴合资形式的外国投资类型的广泛清单，其中针对特定行业对外国投资者设定的限制为持股比例不超过20%，具体持股比例的限制根据行业不同而有所差别。

（5）海外公司。在缅甸经营的海外公司可以注册该实体以在缅甸开展业务。如果海外公司的名称与已在缅甸注册的现有法人团体的名称相同或非常相似，则不得注册。海外公司应指定一名常驻授权官员，该官员应被授权代表海外公司在缅甸接受文件送达。海外公司通知公司注册处有关公司的任何变化。

4. 市场准入

缅甸目前为外国投资提供了广泛的机会。然而，根据实体的业务范围，可能会有一些限制。缅甸投资委员会于2017年4月10日发布了第15/2017号通知，其中列出了一些限制，如表13-3所示。

表13-3　限制投资活动类型

限制的类型	业务类别
禁止的投资活动	武器和武器制造、森林管理、电网系统管理、空中交通服务、露天运输服务等
为缅甸公民保留的投资区	林产品制造、动物检疫站设立、宝石（含玉石）勘探生产、宠物护理服务、旅游服务、淡水渔业服务等
拟由合营企业开展的各项业务	塑料制品、易燃固体和液体、氧化剂、腐蚀性化学品、糖果、烈酒、食品、饮用水、肥皂和化妆品的制造/分销；房地产开发项目；Tourism服务
需要特定政府部门或其他政府机构批准的业务线	媒体及广播服务，与渔业有关的投资、进出口服务，电信服务，矿泉水、啤酒、化妆品的生产/分销；等等

此外，某些大型或环境敏感型的投资项目需要有环境影响评估报告。禁止外国人投资对公众健康有不利影响、会产生危险或有毒废物、对环境造成重大危害的项目。

5. 投资优惠政策

（1）《缅甸投资法》规定的投资优惠政策。根据《缅甸投资法》，在《缅甸投资法》下注册并获得缅甸投资委员会许可证的公司可以享有下列特别优惠及税收优惠。该等福利及奖励由缅甸投资委员会酌情授出：

1）对从事商品或劳务生产的企业，连续五年以内免征所得税。根据企业将企业利润存入准备金并在准备金缴存后一年内再投资的免征或减免所得税的情况，缅甸投资委员可将免征或减免所得税的期限再延长一段时间。

2）对业务中使用的机器、设备、建筑物或其他资本资产，有权按财政部规定的税率计提折旧。

3）对任何制造企业生产的出口货物的应计利润的50%免征所得税。

4）有权按适用于居住在该国的公民的税率，就外国雇员的收入缴纳所得税。

5）有权从应纳税的收入中扣除费用，例如在该国境内进行的与业务有关的研究和开发费用。

6）从亏损发生之年起（在免税期后两年内）连续三年结转和抵销亏损的权利。

7）对经营中使用的机械设备、仪器、机械部件、备件和材料，以及在经营建设期间需要使用的进口项目免征或减免关税或其他内部税项。

8）在建造完成后的商业生产的前三年，对进口原材料免征或减免关税或其他内部税项。

9）投资者在批准的期限内增加投资规模、扩大经营的，可对为扩大经营而进口的机器、设备、仪器仪表、机械部件、备件和材料免征或减免关税或其他内部税收。

在缅甸投资委员会发布的第51/2014号通知中，缅甸投资委员列出了几类将不再根据缅甸投资法获得关税和商业税豁免和减免的企业。包括酒类和香烟的制造，汽油、柴油、机油和天然气的销售，车辆的修理，车辆和机械的租赁，自然资源的勘探和生产等。值得注意的是，石油和天然气的勘探、钻探和生产业务被明确排除在清单之外。此外，与牛奶和奶制品相关的食品生产企业将不再获得商业税免征和减免，但这类企业可以继续享受关税免征和减免。

除了这些特定的业务外，还有一个宽泛的类别，指的是"不需要高技术、投资资本较少的公民可以开展的行业（不包括需要密集劳动的活动）"。

（2）经济特区。除了根据《缅甸投资法》进行外国投资外，外国投资者还可以根据2014年1月23日实施的《缅甸经济特区法》进行投资。

《缅甸经济特区法》是缅甸境内设立任何经济特区的基本法律。根据《缅甸经济特区法》，外国投资的主要监管机构是缅甸经济特区的中央机构。

《缅甸经济特区法》规定的激励措施包括：

1）在免税区经营的投资企业，自商业经营之日起七年内免征所得税。

2）在商业推广区内经营的投资企业或推广区内的其他企业，自商业推广区内经营的投资企业开始营业之日起，前五年免征所得税；第二个五年免征50%的所得税；在第三个五年期间，如果企业的利润用于再投资，并在准备金提取后一年内再投资，则所得税减免50%。

3）对免税区内投资者进口的原材料、机械设备和某些种类货物免征关税及其他税项，自商业经营之日起，为建设而进口的机械设备，前五年免征关税及其他税项，后五年免征50%关税及其他税项，开发商亏损之年度起结转五年。

4）土地的初始租赁期可达50年，可续期25年。经有关管理委员会批准，发展商/投资者可在批准的期限内，将土地及楼宇出租、抵押或出售予他人作投资用途。

6. 投资合作咨询机构①

投资合作咨询机构包括中国驻缅甸大使馆经济商务处、缅甸中国企业商会、缅甸驻中国大使馆、缅甸投资委员会秘书处、缅甸投资委员会仰光一站式服务大厅、缅甸投资与公司管理局（Directorate of Investment and Company Administration）。

（二）贸易法律制度

1. 贸易法律体系②

缅甸现行与贸易管理相关的法律和规定有《缅甸联邦进出口贸易法》（2012 年）、《缅甸联邦贸易部关于进出口商必须遵守和了解的有关规定》（1989 年）、《缅甸联邦关于边境贸易的规定》（1991 年）、《缅甸联邦进出口贸易实施细则》（1992 年）、《缅甸联邦进出口贸易修正法》（1992 年）、《重要商品服务法》（2012 年）、《竞争法》（2015 年）、《竞争法》实施细则（2017 年）、《消费者保护法》（2019 年）、《进口保护法》（2020年）、《破产法》（2020 年）。

2. 贸易管理部门③

缅甸贸易主管部门为缅甸商务部，负责办理批准颁发进出口营业执照、签发进出口许可证、管理举办国内外展览会、办理边境贸易许可、研究缅甸对外经济贸易问题、制订和颁布各种法令法规等。下设部长办、贸易司、消费者事务司、贸易促进局和专利司。缅甸私营企业从事对外贸易须向进出口贸易注册办公室申领进出口许可证，在国家政策许可范围内自由从事对外贸易活动。

3. 进出口管理

缅甸商务部有权不时就所有出口/进口事宜发出必要的命令、通知、指示和签发许可证。具体签发进出口许可证的权力下放给商务部下属的贸易署和边境贸易署。贸易署获授权签发出口/进口许可证及海外出口/进口许可证。边境贸易署获授权签发跨境贸易出口/进口许可证。所有本地及外国私营企业、合作社、合资企业，如欲经营进出口业务，均须向贸易署申请登记为出口商/进口商。

4. 进出口的费用和税收

出口任何商品（包括农作物），均无须缴付出口证费。所有进口商品均须缴付许可证费、关税及商业税。

关税与商业税一起在进口货物的进口口岸和通关时征收。从 0 到 40% 进口关税有 22 个级别。原材料和其他重要进口商品的税率较低，奢侈品的税率最高。商业税是根据 1991 年《商业税法》所附的附表征收的，税率因商品和服务的类型而异。

根据《海关法》第 23 条，在国家元首要求的情况下，可允许免缴全部或部分关税。但豁免的权力属于代表国家元首的财政和税收部。对于根据缅甸投资方案设立的合资企业和公司，缅甸投资委员会在行使《缅甸投资法》赋予的权力时，可授权免征关税。

---

① 商务部国际贸易经济合作研究院、中国驻缅甸大使馆经济商务处和商务部对外投资和经济合作司联合发布的《对外投资合作国别（地区）指南　缅甸（2022 年版）》第 93 页。

②③ 商务部国际贸易经济合作研究院、中国驻缅甸大使馆经济商务处和商务部对外投资和经济合作司联合发布的《对外投资合作国别（地区）指南　缅甸（2022 年版）》第 57 页。

此外，对于为进境加工而暂时进口的商品，如工业原料、包装材料等，在两年内免征关税，需限期转口。

（三）金融法律制度

1. 金融管理部门

缅甸的主要金融管理部门为缅甸中央银行，主要负责发行缅元并实施适宜的货币政策，以维持缅元价值。还负责担任政府的经济事务顾问，负责监管金融机构，保管外汇储备，并以政府的名义参与国际金融事务，同国际组织进行业务往来。①

2. 外汇管理

根据《缅甸投资法》第 56 条规定，外国投资者可以将下列与投资有关的资金汇出境外：

（1）符合缅甸中央银行关于资本账户规范的资本金。

（2）收益、财产获益、股息、特许权使用费、专利费、授权使用费、技术协助和管理费及其他与本法任何投资有关的利益分享和经常性收入。

（3）整体或部分出售投资或其财产，或清算投资所得的资金。

（4）依合同，包括借款合同，所获的款项支付。

（5）因投资纠纷解决所获的款项支付。

（6）因投资或征收所获的补偿。

（7）在境内依法雇佣的外籍人士所得的报酬。

根据缅甸《外汇管理法》第 26 条，央行将审核外资项目的投资资金来源，以作为后续外资企业的资本、利润、利息等资金顺利汇至国外的审核依据，而外资企业要向央行提交资金来源证明与金额，如证据不充分，央行可以拒绝办理相关业务。

此外，《缅甸投资法》规定，在发生严重收支失衡和外部金融困境时，依据《外汇管理法》和其他国际规范，政府可以采取或维持与投资有关的对境外付款和划转的限制。

3. 强制结汇

缅甸于 2022 年 4 月开始实行强制结汇政策，要求居住在缅甸境内的人士均需按照缅甸央行发布的 12/2022 号令进行结汇。新规要求：

（1）企业出口获得的外汇收入需在当日兑换成缅元并将其转入企业缅元账户。

（2）因服务或其他业务所取得的外汇收入需转至当事人账户或企业账户并兑换成缅元。

（3）用于投资项目的外汇（除外汇管理委员会特批可保留的外汇外）须在收款当日兑换成缅元并转至相关企业账户。

（4）用于投资项目的外汇贷款（除外汇管理委员会特批可保留的外汇外）需先确认是否已获得缅甸央行的批准，确定后需于当日将其兑换成缅元并转入相关企业账户。

（5）汇入外币需先确认是否获得了央行批准，确认后需于当日将其兑换成缅元并转

---

① 商务部国际贸易经济合作研究院、中国驻缅甸大使馆经济商务处和商务部对外投资和经济合作司联合发布的《对外投资合作国别（地区）指南　缅甸（2022 年版）》第 22 页。

入相关企业账户。获得央行外汇管理委员会批准的外汇由持 AD 牌照的银行按照央行汇率结汇，服务费为 3 缅币/美元。

2022 年 4 月 20 日，缅甸对以下项目/人员进行强制结汇豁免，包括在缅甸投资委员会（MIC）批准下经营的外籍投资项目；在经济特区经营的投资项目；使馆外交官与其家属和与外交官同等级的外籍工作人员；驻缅联合国机构及为其下属机构工作的联合国工作人员，以及持有联合国工作人员通行证的缅甸公民；在缅援助机构外籍工作人员；国际机构（国际红十字会、国际劳工组织等）、国际非政府组织（INGO）、发展署（Development Agencies）（TICA、JICA）等机构的与外交官同等级的外籍工作人员。

4. 离岸贷款

从 2014 年开始，缅甸中央银行规定，在缅企业举借离岸贷款（包括股东借款）时需经缅甸央行批准，中央银行的审核条件如下：如果是缅甸投资委员会批准的企业，股本不少于 50 万美元且已到位至少 80%，负债股权比率不高于 4∶1；如果是 DICA 注册公司，股本不少于 5 万美元，负债股权比率不高于 3∶1；企业在缅甸的经营收入应能够偿还贷款；企业需要有与贷款币种相应的外汇收入，如果没有则需要有规避汇率风险的安排。根据《缅甸投资法》第 57 条规定，划转或接受贷款，应取得缅甸中央银行批准并依其规定进行。2022 年 7 月 13 日，缅甸中央银行发布通告，所有缅甸境内居住者目前须暂停支付包括境外贷款和租赁在内的本金和利息。为此，持 AD 牌照的银行须通知贷方（外国公司和组织）并协调做好还款安排。

（四）劳动法律制度

1. 劳动法的核心内容

缅甸经济的发展对外国投资具有吸引力。该国庞大的劳动力和在东南亚的战略位置使其成为寻求建立区域业务的公司的有利选择。近年来，缅甸政府实施了多项经济和劳工法规，以支持企业发展并鼓励外国投资。

根据缅甸劳动法，雇佣合同可以有两种类型：第一种是涵盖劳工组织或工会雇员的集体协议，第二种是与单一雇员签订的雇佣合同。

根据《就业和技能发展法》（2013 年），雇主必须在雇佣后 30 天内与雇员签订劳动合同。雇佣合同必须包含法律和标准雇佣合同模板中概述的具体雇佣条款和条件。因而，在制定雇佣合同时，可以使用标准模板来填写必要的条款和条件。

该法案的主要条款规定如下：

（1）最低工资。根据缅甸劳动法，按每天工作 8 小时计算，最低工资为每小时 600 缅元或每天 4800 缅元。该工资不包括加班费、奖金、奖励或其他津贴。兼职员工应根据其工作时间获得报酬。

（2）工资支付。缅甸劳动法规定，雇员必须每月至少领取一次工资，可以通过现金、支票或银行转账的方式支付。

如果工作场所雇员人数少于 100 人，用人单位必须在上一个工资周期的一天内支付工资。但是，如果雇员超过 100 人，根据缅甸劳动法规定，雇主必须在上一个工资周期的五天内支付他们的工资。

（3）工作时间。缅甸的工作时间法确保员工每天工作 8 小时，每周工作 44 小时。缅甸每年约有 16 个公共假期，必须在公共假期工作的员工必须获得正常工资双倍的工资。

雇主必须在要求公共假期工作前至少 24 小时获得雇员的书面同意并在工作场所张贴相关通知。

2. 聘请外籍员工

外国公司可以在缅甸设立法人实体并雇佣人员，以利用该国提供的各种激励措施。公司在招聘时必须遵守适用的规则和法规，特别是劳动法规则和缅甸劳动法。

缅甸劳动法适用于在该国工作的所有雇员，包括外国人拥有的公司的雇员。这些法律还适用于根据外国雇佣合同短期调派或借调到缅甸的雇员。

（五）知识产权法律制度

知识产权本质上具有地域性，尽管缅甸自 1995 年以来一直是世贸组织成员，但它被归类为最不发达国家，因此至少在 2021 年 7 月之前不需要适用世贸组织关于贸易相关知识产权方面的协定（TRIPS）条款。缅甸没有专门的知识产权局，缅甸管理知识产权的部门隶属于缅甸教育部。缅甸知识产权法律框架不符合国际标准，因此对外国投资者的保护不足。

在此背景下，缅甸教育、科学和技术部与联邦总检察长办公室和其他政府部门合作，起草了四项知识产权法案草案——商标法、工业品外观设计法、专利法和版权法。这些法律已于 2017 年底前提交议会。预计新的知识产权法将创建一个简单且具有成本效益的知识产权注册系统。此外，缅甸还将设立缅甸知识产权局（MIPO）来监督新知识产权法下的运作。

1. 专利和外观设计

目前尚无关于专利和工业品外观设计的现行法律，专利和外观设计法草案正在等待议会批准。这意味着无需权利人的明确许可即可进行生产、商业使用和货物贸易，其中一些权利人可能在缅甸境外拥有专利或设计权。

虽然缅甸目前没有专门涵盖工业品外观设计的注册的法律，但仍可以按照与商标相同的程序进行注册。为了寻求保护，建议通过商标来保护品牌声誉和商誉。

外观设计的注册框架将是采用的先申请原则，可注册性将根据新颖性和独特性进行评估。如果一项设计在提交申请之前尚未使用、出版或展示，则该设计被视为新颖。

2. 商标

缅甸目前没有正式颁布关于商标注册的法律（除了 1914 年《缅甸版权法》）。虽然 1860 年《缅甸刑法》将商标定义为"用于表示商品是特定人制造的商品的标记"，但它几乎没有提供任何指导或保护。《刑事诉讼法》《私营工业企业法》《商标法》等法律中也提到了商标。

尽管缅甸缺乏有关商标注册的立法，但已经形成了一种惯例，即商标所有人可以根据 1908 年《缅甸注册法》向仰光或曼德勒的契约注册办公室做出所有权声明。一旦声明被注册，按照惯例，建议在当地报纸上发布警告通知，告知公众不要侵犯该商标。如果发生侵权，外国或国内商标所有者可以向当局提交声明以维护其权利。还建议联系缅甸的律师协助商标注册和相关流程。

3. 版权

书面作品、电影、音乐或软件的版权受《缅甸版权法》（1914）的保护并在作者或创作者的一生中以及死后 50 年内受到保护。

缅甸没有强制注册，版权保护在创作得到认可的作品后自动提供。虽然缅甸目前不承认外国版权，但未来的版权法可能会承认外国版权，并保护由缅甸签署的与版权有关的条约、协议或公约的成员国国民创作的作品。

如果作者或权利人希望在新版权法颁布后登记其版权，可以在缅甸知识产权局成立后向缅甸知识产权局提出申请。如果发生版权侵权，可以提起行政、民事和/或刑事诉讼。

（六）税收法律制度

1. 企业所得税

根据《缅甸所得税法》，如果一家公司根据缅甸《公司法》（2017 年）或缅甸任何其他适用法律成立，并且该公司的控制、管理和决策位于且完全在缅甸行使，则该公司被视为居民企业。同时，根据《缅甸投资法》和《经济特区法》注册的公司也被视为居民企业。

未根据上述任何法律成立的公司被视为非居民企业，缅甸的海外公司（以前被视为分公司或代表处）也被视为非居民企业。

居民企业对其全球收入征税，而非居民企业仅对其在缅甸境内产生的收入征税。居民企业和非居民企业均需按扣除减免前净利润总额的 25% 缴纳企业所得税。对于根据《缅甸投资法》和《经济特区法》注册的居民企业，则可以根据其投资适用的所得税减免来减免纳税。

缅甸实行一级企业税收制度。公司的纳税期与其财政年度（收入年度）相同，即 10 月 1 日至 9 月 30 日。财政年度内赚取的收入在评估年（财政年度的下一年）进行评估。所得税申报表必须在收入年度结束后三个月内提交。资本收益的纳税申报表必须在处置资本资产之日起一个月内提交。

2. 个人所得税

缅甸公民和在缅甸居住至少 183 天的外国人被视为税收居民，须遵守现行税法。居民根据所有缅甸收入来源纳税，在国外工作的非居民公民的工资收入除外。非居民外国人仅对其在缅甸境内获得的收入征税。居民和非居民外国人扣除免税和减免后的个人所得税税率如表 13-4 所示。

表 13-4　个人所得税税率

应税收入（缅元）	税率（%）
0~2000000	0
2000001~5000000	5
5000001~10000000	10

续表

应税收入（缅元）	税率（%）
10000001～20000000	15
20000001～30000000	20
超过 30000000	25

3. 资本利得税

在缅甸，资本收益被确定为收入，属于所得税法的范围。居民和非居民纳税人的资本利得税率为 10%。资本资产包括土地、建筑物、车辆、股票、债券、证券等。

石油和天然气公司股份转让的资本利得税税率会增加转让所赚取的净利润。相关费率如表 13-5 所示。

表 13-5　资本利得税税率

应税金额	税率（%）
净利润低于 1 亿美元	40
净利润在 1 亿美元至 1.5 亿美元	45
净利润超过 1.5 亿美元	50

4. 消费税

除《联邦税法》规定的免税的商品和服务清单外，缅甸生产的商品、进口商品、贸易和服务均需缴纳消费税。

消费税率一般为商品、服务和贸易的 5%。销售已建成建筑物与销售黄金和珠宝分别征收 3% 和 2% 的商业税。但是，对于合作企业和私营企业，如果一年的销售额达到 5000 万缅元，则不会对商品、服务和贸易征收消费税。尽管不对生产商、服务提供商和进口商征收消费税，但他们有责任从其客户和消费者的付款中扣除。

5. 特定商品税

特定商品税适用于在缅甸进口、出口或制造的特定商品，如香烟、酒类和啤酒、葡萄酒、汽车、木材、工业用油和天然气。对于特定应税商品，进口商、制造商或出口商在进口、制造或出口时有义务纳税。如果一个人拥有未征税的特定商品，则他有责任缴纳特定商品税。

除《联邦税法》规定免税的特定商品外，进口商必须在提取特定货物之前支付特定商品税。对于制造商和出口商而言，他们必须在特定商品销售或制造和出口当月结束后的 10 天内缴纳特定商品税。如果拥有未纳税的特定货物，货主必须在发现该货物后 7 天内缴纳特定商品税。

6. 双重征税协议

在国际税收协定方面，《缅甸所得税法》规定，政府可以与任何外国或国际组织签订包含所得税事项的协定。无论《缅甸所得税法》的任何其他条款中有什么规定，都必须遵守该协议的条款和条件。目前，缅甸已与印度、马来西亚、新加坡、韩国、泰国、英国、越南和老挝签订了税收协定。此外，还与印度尼西亚和孟加拉国签订了双重征税协定。

税收减免不能自动获得，纳税人需要通过相关税务部门向国税局申请税收减免，并提交居住证明、合同和其他必要文件。

（七）争议解决法律制度[①]

1. 解决机构

1992年，缅甸工商联合总会组建了经济纠纷调解委员会，自2017年开始筹备成立缅甸仲裁中心，并于2019年8月3日正式成立，该仲裁中心主要处理国内外投资者之间的经济纠纷。

2. 解决途径

缅甸与投资相关的法律制度不健全，某些领域法律规定过时或缺失，可执行性不强，法律体系有待完善。在缅诉讼程序耗时长，费用成本较高，发生投资纠纷的外国投资者多通过协商方式寻求解决方案。《缅甸投资法实施细则》第174条规定，允许投资者根据协议约定及法律规定将纠纷提交诉讼或仲裁。根据《联邦司法法》，缅甸的普通法院系统分为四级，即联邦最高法院，省邦高级法院，自治区域、自治地方和区域法院，镇区和其他法院。所有法院均具有一审案件的管辖权（根据案件性质、标的、区域等决定），但最基层的镇区和其他法院没有上诉案件的管辖权。根据世界银行旗下Doing Business发布的《Doing Business 2020》，在缅甸通过法院诉讼的方式执行合同需要耗费1160天，费用成本为诉讼标的51.5%（含诉讼费、律师费等）。

3. 适用法律

《缅甸仲裁法》第32条规定了仲裁适用的实体法。对于国际商事仲裁而言（即使仲裁地是在缅甸），由仲裁庭根据争议双方选择的法律进行裁决，在争议双方没有约定时则由仲裁庭自主决定适用的法律。

4. 国际仲裁

缅甸法律允许就商事纠纷进行国际仲裁。缅甸于2013年加入《纽约公约》，2016年通过的《缅甸仲裁法》以UNCITRAL Model Law 2012为蓝本，商事仲裁法律与国际接轨程度较深。《缅甸仲裁法》将仲裁地定义为仲裁在法律上进行的地点，仲裁地可以由当事人、当事人授权的其他人、仲裁庭或仲裁机构确定。

5. 政府争议

对于外国投资者与缅甸政府签订商事合同而产生的商事纠纷，投资者可以直接根据合同的争议解决条款进行争议解决（如协商、仲裁等）。对于投资者与缅甸政府之间的投资纠纷，《缅甸投资法》第83条规定，在投资者与联邦政府或投资者之间将投资纠纷提交法院或仲裁庭前，争议各方应尽力以友好方式解决纠纷。《缅甸投资法实施细则》第

---

① 商务部国际贸易经济合作研究院、中国驻缅甸大使馆经济商务处和商务部对外投资和经济合作司联合发布的《对外投资合作国别（地区）指南　缅甸（2022年版）》。

173 条要求投资者在诉诸法院或在仲裁程序开始之前，应当首先完成《缅甸投资法实施细则》所要求的友好解决程序（包括完成《缅甸投资法实施细则》第 170 条所规定的向投资者支持委员会提交申诉或争议解决申请的要求）。缅甸法律并未就穷尽当地救济原则进行规定，主要取决于投资者来源国与缅甸政府之间的投资协定的有关规定。

（八）数据保护法律制度

1. 数据保护法律法规体系

目前，缅甸并无关于数据保护的专门立法，关于个人信息保护的规定可见于其他法律之中，比如 2004 年《电子交易法》，2013 年《电子通信法》，2014 年、2021 年《电子交易法修正案》，2017 年《电子通信法修正案》，2017 年《保护公民隐私和安全法》，以及2020 年、2021 年《保护公民隐私和安全法修正案》。

2. 数据保护法律法规概况

（1）数据处理的合法性基础。与老挝相似，缅甸法律也将数据主体的同意设定为数据处理的唯一合法性基础。与大多数国家相比，缅甸法律对于数据处理合法性基础的设置较为单一。

（2）数据主体的权利与权利保护。缅甸暂未出台有关数据保护的单独立法。与其他具有系统的个人信息保护法律的国家或地区相比，缅甸有关法律并未详细规定数据主体的知情权、查阅权等权利，但缅甸《宪法》第八章《公民的基本权利与义务》部分规定了公民享有通信安全的基本权利。《宪法》保障公民作为数据主体的基本权利，但在国内政治形势发生变化时，公民的某些数据权利可能会受到一定的限制。

（九）环境保护法律制度①

1. 环保管理部门

缅甸环境保护部门为资源与环境保护部。根据职能分工，涉及环境保护的相关政府部门还有农业、畜牧与灌溉部，野生动物保护委员会，农业服务局等。

2. 主要环保法律法规名称

缅甸关于环境保护的法律主要有《缅甸动物健康和发展法》《缅甸植物检验检疫法》《缅甸肥料法》《缅甸森林法》《缅甸野生动植物和自然区域保护法》《环境保护法》。

《缅甸环境保护法》由联邦议会通过并于 2012 年 3 月 30 日正式颁布，依据该法制定的《环境保护条例》于 2014 年颁布。

3. 环保评估的相关规定

2015 年 12 月，缅甸自然资源与环境保护部发布了《环境影响评估程序》。该文件规定，经缅甸自然资源与环境保护部认定，对环境有潜在负面影响的投资项目，须事先提交环境评估报告（EIA）；规模较小、对环境潜在影响较小的项目，只需提交初步检验报告（IEE）。共有包括能源、农业、制造业、垃圾处理、供水、基础设施、交通、矿业等领域

① 商务部国际贸易经济合作研究院、中国驻缅甸大使馆经济商务处和商务部对外投资和经济合作司联合发布的《对外投资合作国别（地区）指南 缅甸（2022 年版）》。

在内的 141 类投资项目须提交 EIA 或 IEE。EIA 必须委托有相关资质的第三方机构开展，负责审议 EIA 报告的责任方由自然资源与环境保护部组建。对于环评费用、时间没有明确规定，但总体上环评周期较长，需要半年或更长时间。企业需与环保部门加强联系，根据环保部门要求提供相关材料，完成具体审批手续。

三、缅甸法律风险

（一）投资风险

1. 制度/政策限制

缅甸政府以不禁止和限制外商投资有限责任公司进入各行业市场为原则，在特定的行业部门限制外商投资企业中外商股权占比，或禁止外商投资企业进入。投资企业需要关注缅甸政府限制或禁止投资的领域，避免投资相关领域或从事相关经营活动。

2. 缅甸投资法律体系不完备，政策缺乏透明度

缅甸对外商投资和对外贸易政府的自由裁量权占据主导地位，导致贸易壁垒较高。部分政策缺乏必要的透明度，使得商业活动在实际操作中饱受困扰，诸如重复审批、部门权限交叉重叠等现象屡见不鲜。

此外，在投资环境方面，缅甸地方政府存在腐败现象，国有企业在特定行业形成垄断，关键行业的监管机制尚显模糊，法律政策体系尚待完善，透明度有待提升。另外，知识产权执法力度不足，熟练劳动力供不应求，以及政府决策过程缓慢等问题，均对缅甸的投资环境构成不小的制约。

3. 中缅投资法律比较

2019 年中国发布《中华人民共和国外商投资法》，对外商投资促进、投资保护、投资管理等进行规定。2019 年中国发布《中华人民共和国外商投资法实施条例》，系对《中华人民共和国外商投资法》的细化，对部分条款进行了充分释义。2022 年中国修订《外商投资电信企业管理规定》，以吸引外商投资电信企业，适应电信业对外开放的需要，促进电信业的发展。

相较于中国，缅甸的投资法律层级更加多样，法律、部门规章、监管要求的来源存在交叉，法律识别更加困难，需要企业细致了解。

（二）贸易风险

贸易清关、检验检疫可能构成进出口企业向缅甸进出口商品时遇到的主要困境，外商投资企业需要特别注意关注缅甸的相关法律法规，提前准备好清关、检验检疫文件，了解当地办事机构的工作效率，避免因延误而产生的违约风险。

（三）金融风险

缅甸营商环境复杂，银行体系透明度较低，易受国际经营环境影响，缅甸元的保值率

不可控，外商投资者应警惕多重金融风险。

（四）劳动用工风险

如果雇主不遵守政府制定的缅甸劳动法，他们可能会面临严厉的处罚。例如，每个雇主都必须遵守 2013 年《最低工资法》。如果不遵守法律规定的最低工资，雇主可能会被判处最高一年的监禁，最高 50 万缅元的罚款，或两者兼而有之。

雇主必须根据 2013 年《就业和技能发展法》起草和准备一份雇佣合同。如果不遵守，雇主可能需要支付罚款或被判处最高七年的监禁。

（五）知识产权风险

缅甸在 2021 年 7 月之前不需要适用世贸组织关于贸易相关知识产权方面的协定（TRIPS）条款。同时，缅甸没有专门的知识产权局，缅甸管理知识产权的部门隶属于缅甸教育部。缅甸知识产权法律框架不符合国际标准，因此对外国投资者的保护不足。

（六）司法救济风险

缅甸的争议解决法律风险主要涉及该国在解决商务、民事或其他类型争议时的法律程序和规定。以下是关于缅甸争议解决法律风险的一些关键方面：

1. 法律体系和司法机构的不确定性

缅甸的法律体系在一定程度上受到了英国普通法的影响，但同时又具有自身的独特性。司法机构的结构和运作方式也可能存在不确定性，这可能导致争议解决过程变得复杂和难以预测。

2. 仲裁与法院诉讼的局限性

虽然缅甸近年来在仲裁领域有所发展，但仲裁在缅甸的接受度和普及程度可能仍然有限。此外，法院诉讼也可能受到司法资源不足、程序繁琐或法律解释不一致等因素的影响，导致争议解决效率低下或结果不确定。

3. 法律解释和执行的不确定性

缅甸的法律解释和执行可能受到多种因素的影响，包括法官的专业素养、法律解释的灵活性以及政治因素的干预等。这些因素可能导致法律判决的不一致性和不确定性，增加了争议解决的法律风险。

4. 涉外争议解决的复杂性

对于涉及外国投资者或跨国公司的争议，缅甸的争议解决机制可能面临更加复杂的挑战。例如，外国投资者可能面临语言障碍、文化差异以及对外国法律不熟悉等问题，这些都可能增加争议解决的难度和不确定性。

（七）数据保护风险[①]

缅甸在数据保护方面的法律风险主要源于其尚未颁布专门的数据保护立法。尽管缅甸

---

① 商务部国际贸易经济合作研究院、中国驻缅甸大使馆经济商务处和商务部对外投资和经济合作司联合发布的《对外投资合作国别（地区）指南 缅甸（2022 年版）》。

发布的《电子通信法》及其修正案对电子记录和电子信息公告的真实性和可靠性、信息传输活动、网络安全以及个人信息保护作出了一定规定，但相较于全球数据保护的趋势和最佳实践，这些规定可能显得不够全面和具体。

此外，缅甸的《宪法》和《公民人身自由和人身安全保障法》等法律文件中也包含了一些与数据保护相关的条款，但这些规定散见于不同法律之中，可能缺乏系统性和一致性，从而增加了企业在遵守和执行方面的难度。

在跨境数据流动方面，缅甸可能面临与其他国家数据保护标准不一致的问题。随着大数据技术的快速发展和全球化趋势的加强，跨境数据流动日益频繁，缅甸需要与其他国家进行数据交换和合作。然而，由于缅甸尚未建立完善的数据保护法律体系，可能导致在跨境数据流动中出现法律冲突和不确定性，增加了企业在跨境数据传输和共享方面的法律风险。

因此，对于在缅甸进行业务活动的企业来说，应密切关注缅甸数据保护法律的发展动态，加强内部数据保护管理，确保合规运营。同时，企业也可以考虑与专业的法律服务机构合作，以获取更具体和专业的法律建议，降低数据保护方面的法律风险。

（八）环境保护风险

缅甸的环境保护法律风险主要源于其环境法规的复杂性、执行力度的不确定性以及与国际环保标准的差异。以下是一些主要的法律风险点：

首先，缅甸的环境法规体系可能相对复杂，且不断更新和变化。这要求企业在投资或运营过程中，必须密切关注并遵守相关法规，以避免因违反法规而遭受处罚或损失。

其次，缅甸在环境保护方面的执法力度可能存在不确定性。执法的不一致性和不透明性可能会给企业带来额外的法律风险。企业可能面临因执法部门的解释差异或执行偏差而导致的法律纠纷。

最后，缅甸的环保标准可能与国际标准存在差异。企业在国际市场上可能面临因环保标准不符合要求而导致的贸易壁垒或市场准入问题。这要求企业在投资或运营过程中，必须充分了解并遵守国际环保标准，以确保业务的可持续发展。

四、法律风险防范对策

（一）投资风险防范

1. 适应法律环境的复杂性

缅甸的法律体系仍有待完善，尤其是在投资方面，很多法律规定与实践操作存在矛盾之处。法律环境较为复杂，执法、司法环境有待改善。法律具体执行方式和条款之间也存在较大差异，法律环境存在较多不确定性，存在某些执法不严之情形。投资者应加强合同管理，防范违约风险。

2. 全面了解优惠政策

外商投资者要全面、准确地了解缅甸针对不同行业、不同区域等的优惠政策，以便有针对性地在缅投资，切实享受到优惠政策的红利。缅甸鼓励外商直接投资发展高新技术产业，尤其是鼓励到经济特区（经济走廊）投资建厂。

3. 尊重当地习俗文化①

缅甸为佛教国家，视佛塔、寺庙为圣地。因此，任何人上至国家元首、外国贵宾，下至平民百姓，进入佛寺一律要赤脚，否则就被视为对佛教不敬。缅甸人忌讳抚摸小孩的头。小孩双手交叉胸前，表示对大人的尊敬。缅甸民族为人谦卑，与缅甸人民交往忌趾高气扬。

（二）金融贸易风险防范

1. 了解贸易管理规定

外商在缅甸投资或与缅甸企业交易应遵守贸易法律法规，外国投资者要充分了解缅甸进出口程序和管理规定，注意规避贸易管制清单。

2. 规避汇率风险、信用风险

外商应注意防范信用证诈骗等法律风险，做好事前调查、分析、评估，防范信用证"软条款"之法律风险。

3. 关注商品质量和服务

与缅甸企业洽谈合同，要甄别缅甸合作伙伴，同时注重合同细化管理，在遵循国际惯例的基础上，注意明确交货、付费、质量的要求。加强产品和服务质量管理，避免出现产品瑕疵。

（三）劳动用工风险防范

公司必须保留所有与用工合规相关的记录，例如政策、程序、培训课程、审计和不合规情况，以避免未来出现法律和监管问题。

同时，建议公司制定举报政策，允许员工举报同事的任何违规行为或欺诈行为。这项政策还必须确保举报人的安全。

在录用员工之前，雇主应对所有新员工进行背景调查，以确保他们适合该职位，并且不会对公司的合规构成风险。

（四）知识产权风险防范

投资缅甸的公司应留意新的知识产权法的颁布，例如，商标法草案预计将采用先申请原则，这意味着目前或将来打算在缅甸开展业务的外国品牌所有者需要做好在新法律生效后立即申请注册商标的准备，否则可能会导致失去知识产权。

在新的知识产权法颁布和相关法规出台之前，由于缺乏具体的知识产权法来承认和保

---

① 商务部国际贸易经济合作研究院、中国驻缅甸大使馆经济商务处和商务部对外投资和经济合作司联合发布的《对外投资合作国别（地区）指南　缅甸（2022年版）》第15页。

护各种知识产权，因此实施知识产权保护的方式有限。在这方面，公司应利用现有的注册程序，并尝试通过以下措施来加强对商标的保护：

（1）对于带有备案商标的进口商品，需要在缅甸财政部海关署注册商标。被授予权力的当地公司以外的任何一方进口的带有注册商标的货物将被海关扣留。

（2）刑事或民事执法，但是只有当公司能够满足以下条件时才应采取此途径：①通过在缅甸的实际使用建立与其商标的联系，②证明向公众作出了虚假陈述，③因失实陈述而遭受损失。

目前，知识产权侵权案件通过复杂的司法系统处理，许多企业通过调解来解决知识产权纠纷。新的知识产权制度将如何实施还有待观察，在此期间外国公司应寻求缅甸律师的法律建议，以决定知识产权保护和执法的最佳方案。

（五）争议解决风险防范

在缅甸，争议解决法律风险的防范对于投资者和企业来说至关重要。以下是一些关键的防范措施，可以帮助企业和投资者降低争议解决的法律风险：

首先，进行充分的尽职调查和法律风险评估是不可或缺的一步。在投资或开展业务之前，企业和投资者应对缅甸的法律环境、司法体系以及争议解决机制进行深入的了解。这包括了解缅甸的仲裁和法院诉讼程序、法律解释和执行的不确定性以及涉外争议解决的复杂性。通过专业的法律咨询服务，企业和投资者可以获取关于缅甸争议解决法律风险的详细信息和建议，以便做出明智的决策。

其次，选择合适的争议解决方式也是降低法律风险的关键。缅甸的大型商业纠纷主要通过民事法庭诉讼解决，但仲裁也逐渐成为一种重要的争议解决方式。企业和投资者应根据具体情况选择合适的争议解决方式，并了解相关程序和规则。在选择仲裁时，要确保选择经验丰富、声誉良好的仲裁机构和仲裁员，并遵守仲裁协议中的各项条款和条件。

再次，与当地律师或专业顾问建立合作关系也是防范法律风险的重要手段。当地律师或专业顾问熟悉缅甸的法律体系和司法实践，能够为企业提供专业的法律建议和咨询。他们可以帮助企业和投资者理解当地法律，制定合规的业务策略，并在争议发生时提供及时有效的法律支持。

复次，加强合同管理和履行也是降低争议解决法律风险的重要措施。企业和投资者在签订合同时应确保合同条款清晰明确、合法合规，并充分考虑到可能发生的争议和风险。在合同履行过程中，双方应严格遵守合同条款，确保合同的顺利执行。如果发生争议，双方应先尝试通过友好协商和谈判解决，以避免不必要的法律纠纷。

最后，了解并遵守缅甸的法律法规也是防范争议解决法律风险的基本要求。企业和投资者应密切关注缅甸法律的变化和更新，并确保自身业务活动符合当地法律的要求。在涉及敏感领域或高风险业务时，应咨询专业律师或顾问的意见，确保合法合规经营。

综上所述，通过充分的尽职调查和法律风险评估、选择合适的争议解决方式、与当地律师或专业顾问建立合作关系、加强合同管理和履行以及遵守缅甸的法律法规，企业和投资者可以有效地防范争议解决法律风险，确保投资安全和业务稳定发展。

（六）数据保护风险防范

缅甸数据保护法律风险的防范对于在缅甸开展业务的企业来说至关重要。由于缅甸尚未颁布专门的数据保护立法，企业需要格外注意遵守现有法律中涉及数据保护的条款，并采取一系列措施来降低潜在的法律风险。

首先，企业应进行全面的数据保护合规审查，确保业务活动符合缅甸《电子通信法》《宪法》《公民人身自由和人身安全保障法》等相关法律的要求。这包括对个人信息的收集、存储、使用、传输等各个环节进行仔细审查，以确保数据的合法性和安全性。

其次，企业应加强内部数据保护管理，建立健全数据保护政策和流程。这包括制定明确的数据收集和使用目的，限制数据的访问和使用权限，采取适当的技术手段保障数据的安全性和完整性，以及建立数据泄露应急响应机制等。

再次，企业还应与缅甸当地的专业法律服务机构合作，获取关于数据保护的最新法律动态和专业建议。这有助于企业及时了解缅甸数据保护法律的变化，调整业务策略，确保合规运营。

复次，企业应考虑在跨境数据传输和共享方面采取额外的风险防范措施。由于缅甸尚未建立完善的数据保护法律体系，企业在跨境数据流动中可能面临与其他国家数据保护标准不一致的问题。因此，企业需要确保在跨境数据传输和共享过程中遵守相关国家和地区的法律规定，采取适当的数据加密和安全传输措施，以降低法律风险。

最后，企业应定期进行数据保护培训和意识提升活动，确保员工了解并遵守数据保护政策和流程。这有助于提高整个组织对数据保护重要性的认识，降低因员工疏忽而导致的法律风险。

（七）环境保护风险防范

缅甸环境保护法律风险的防范是企业在缅甸投资或运营过程中必须重视的方面。以下是一些关键的防范措施，有助于降低企业在缅甸面临的环境保护法律风险：

首先，企业应对缅甸的环境保护法规进行全面而深入的了解。这包括了解《缅甸环境保护法》、环境影响评价程序以及其他与环境相关的法规和政策。通过仔细研究这些法规，企业可以明确自身在环境保护方面的责任和义务，从而避免因违反法规而导致的法律风险。

其次，企业在进行投资或运营活动前，应进行充分的环境影响评估。这有助于企业了解自身活动可能对环境造成的影响，并制定相应的预防和应对措施。同时，企业还应确保按照缅甸的法规要求，及时提交环境影响评估报告，并接受环保部门的审查和监督。

再次，企业应建立健全环境管理制度和内部控制体系。这包括制定环境保护政策、设立专门的环境管理机构、定期进行环境监测和审计等。通过实施这些措施，企业可以确保自身的环保活动符合缅甸的法规要求，降低因内部管理不善而导致的法律风险。

复次，企业还应加强与缅甸当地环保部门的沟通和合作。通过与环保部门建立良好的关系，企业可以及时了解环保法规的变化和执法动态，从而调整自身的环保策略。此外，企业还可以借助环保部门的专业知识和资源，提高自身的环保水平和管理能力。

最后，企业还应关注国际环保标准和最佳实践。虽然缅甸的环保法规可能与国际标准存在差异，但企业仍应努力遵守国际环保标准，以提升自身的环保形象和竞争力。同时，企业还可以借鉴国际最佳实践，以改进自身的环保管理水平和技术水平。

五、投资缅甸相关案例评析

（一）针对缅甸包装设计复制品的行动①

1. 案例介绍

一家荷兰公司——A 公司专门生产和销售商业和家用专业密封剂，由于其密封剂在缅甸的销量不断增长，该公司注册了其商标和包装设计的所有权。在缅甸销售几年后，当地经销商提醒他们，硬件产品经销商在仰光和曼德勒销售的竞争产品存在类似的包装设计，但具有不同的商标。

当地律师与 A 公司当地的经销商密切合作，向竞争产品的经销商发出要求其停止售卖行为的函件。2014 年，A 公司针对继续使用具有相似包装设计的竞争产品的经销商提起了两起贸易包装侵权民事诉讼。

2. 风险分析

停止售卖行为的函件在收到信函的经销商停止销售竞争产品的情况下有效。目前来看，这两起民事诉讼在进行两年后仍然悬而未决。

3. 评论与提示

当中国的品牌所有者在缅甸进行商业行为时，品牌所有者可能会遇到包装设计非常相似的商品，这些设计模仿其原始产品包装的形状、颜色、表面外观、图形特征和/或描述性文字，但不使用品牌所有者的主要商标/商号。因此，除了注册其主要商标/商号外，品牌所有者还应考虑将其包装设计注册为商标。

知识产权权利人还应在提起商标侵权诉讼之前考虑缅甸民事诉讼的解决速度。

（二）正确划定海上保险投保人告知义务的案例②

1. 案例介绍

该案件涉及新加坡马利卡国际集团私人有限公司、缅甸英发仰光有限公司与中国太平洋财产保险股份有限公司南京分公司之间的海上保险合同纠纷。2019 年 9 月，马利卡公司向瑞鸿公司采购一台超大超宽型灌装线传送机，瑞鸿公司的关联企业恒昌公司负责生产机器，并安排运输和购买保险。然而，在货物运抵缅甸后，收货人英发公司发现装载于 3 个框架集装箱中的机器构件出现了严重的浸水情况，因此，将该情况汇报给被保险人。

---

① European Commission. Case Study 24-Action against packaging design copies in Myanmar［EB/OL］. https：//intellectual-property-helpdesk. ec. europa. eu/regional-helpdesks/south-east-asia-ip-sme-helpdesk/case-studies/case-study-24-action-against-packaging-design-copies-myanmar_en，2024.

② 中华人民共和国南京海事法院. 2 例入选！江苏法院涉外商事海事审判典型案例发布［EB/OL］. https：//www. njhsfy. gov. cn/zh/news/detail/id/7129. html，2023-12-18.

在被保险人告知太平洋财险南京公司后，保险公司主张被保险人没有告知该案件中的集装箱是装载于船舶舱面的，因此拒绝理赔。马利卡公司、英发公司提起诉讼，要求太平洋财险南京公司支付保险金9801987.27元及利息。

2. 风险分析

南京海事法院审理后认为，本案告知义务主体是投保人恒昌公司。根据航运惯例，班轮承运人通常根据挂靠港、船舶稳性、吃水差等因素制定集装箱积载计划，框架集装箱并不必然装载于舱面，因此框架集装箱装载于舱面并不是投保人恒昌公司在通常业务中应当知道的情形。案涉海运单明确记载机器分装于14个普通集装箱和3个框架集装箱内，并且将保险单并入海运单号，根据公司管理规定以及行业规范，太平洋财险南京公司应当对案涉异型机器谨慎核保。同时，框架集装箱装载于舱面也是太平洋财险南京公司在通常业务中应当知道的情况，但是其没有就该问题进行询问。因此，太平洋财险南京公司不能以恒昌公司未尽如实告知义务而拒绝理赔。据此判决太平洋财险南京公司支付英发公司保险金702115.15元及相应利息。一审判决后，各方当事人均未上诉。

3. 评论与提示

该案例在海上保险投保人或被保险人的告知义务方面作出了正确的界定，通过准确适用国际航运实务和保险行业规范，正确认定了海上保险投保人或被保险人主动告知义务的范围，有利于平衡保护被保险人和保险人利益，促进我国海上保险市场的规范运行与健康发展。

该案例也强调了保险合同中的信息的准确传递和充分沟通的必要性。保险合同是一种典型的契约关系，其中双方的权利和义务应当在合同签订之初清晰明确。投保人有责任如实告知保险公司风险信息，而保险公司也有义务在核保过程中认真审查相关资料，确保风险评估的准确性。然而，在实际操作中，信息传递可能存在误差或不完整的情况，因此需要在司法实践中进行合理的判断和处理。

此外，该案例提醒了保险公司在核保过程中应当审慎把握风险评估的标准。特殊的货物或运输方式可能存在非常规的风险，保险公司在接受投保时应当根据实际情况制定相应的核保政策，以确保风险的全面评估和有效管理。同时，保险公司也应当加强对员工的培训和管理，提高其对特殊情况的识别和处理能力，以避免因疏忽而导致的理赔纠纷。

这起案件的审理结果有助于维护商业信誉和市场秩序。保险公司在拒绝理赔时必须确保有充分的法律依据，并且遵循公平合理的原则，以免损害商业信誉和客户关系。合理的理赔处理不仅有助于保险公司维护良好的声誉，也有利于促进商业交易的稳定和可持续发展。

（三）缅甸民事判决的执行申请[①]

1. 案例介绍

中国公民原告谭军平、刘旭坤、金志科和被告人刘作生、陈正良因缅甸矿山的股份争

---

① 中国司法观察员. 中国法院首次受理缅甸判决承认和执行案件［EB/OL］. https：//zh-cn. chinajusticeobserver. com/a/the-first-time-chinese-court-accepts-a-recognition-and-enforcement-case-of-myanmar-judgment, 2024.

议而向缅甸佤邦高等法院提出民事诉讼，并获得佤邦高等法院作出的民事判决书。之后，原告向中华人民共和国湖南省法院郴州市中级人民法院申请承认并执行缅甸判决。原告表示，被告应向其支付 300 万元人民币，而被告则认为缅甸判决已经得到了执行。2020 年，郴州市中级人民法院作出裁定，驳回该申请，法院认为，申请人未提供有效的外国判决的正本或经核证的副本。

2. 风险分析

根据《最高人民法院关于适用〈中华人民共和国民事诉讼法〉的解释》（2015）第五百四十三条规定：申请人向人民法院申请承认和执行外国法院作出的发生法律效力的判决、裁定，应当提交申请书，并附外国法院作出的发生法律效力的判决、裁定正本或者经证明无误的副本以及中文译本。外国法院判决、裁定为缺席判决、裁定的，申请人应当同时提交该外国法院已经合法传唤的证明文件，但判决、裁定已经对此予以明确说明的除外。中华人民共和国缔结或者参加的国际条约对提交文件有规定的，按照规定办理。

根据《最高人民法院关于适用〈中华人民共和国民事诉讼法〉的解释》（2015）第五百四十四条规定：当事人向中华人民共和国有管辖权的中级人民法院申请承认和执行外国法院作出的发生法律效力的判决、裁定的，如果该法院所在国与中华人民共和国没有缔结或者共同参加国际条约，也没有互惠关系的，裁定驳回申请，但当事人向人民法院申请承认外国法院作出的发生法律效力的离婚判决的除外。

承认和执行申请被裁定驳回的，当事人可以向人民法院起诉。

当前，我国与缅甸并未签订任何国际条约，但如今，在共建"一带一路"的新时代，最高人民法院认为，中国法院应适当确定对等原则的审查标准，并加强承认和执行外国判决的机制，因此，在《南宁声明》中规定，两个国家都不受任何关于相互承认和执行外国民事或商事判决的国际条约的约束，两个国家均可根据其本国法律，假定存在承认或执行另一国法院作出的此类判决的司法程序方面，它们的对等关系应在另一国法院不以缺乏对等为由而拒绝承认或执行这种判决的情况下进行。但是，本案的重点在于，申请人并未提供所需的材料，因此，也无法适用《南宁声明》。

3. 评论及提示

虽然中国与缅甸未签订国际条约，但是在《南宁声明》存在的前提下，建议中国公司遇到相似情况提交申请时确保提供完整的文件，包括外国法院判决的正本或核证副本、中文译本以及合法传唤的证明文件（如果是缺席判决）。此外，应该深入研究中国与缅甸之间的法律关系，以充分利用《南宁声明》提供的机制，尽可能增加申请被批准的可能性。

六、缅甸现行法律法规清单

缅甸现行法律法规清单如表 13-5 所示。

表 13-5 缅甸现行法律法规清单

宪法
《缅甸联邦宪法》
贸易相关法律
《缅甸联邦进出口贸易法》
《缅甸联邦贸易部关于进出口商必须遵守和了解的有关规定》
《缅甸联邦关于边境贸易的规定》
《缅甸联邦进出口贸易实施细则》
《缅甸联邦进出口贸易修正法》
《重要商品服务法》
《竞争法》
《消费者保护法》
《进口保护法》
《破产法》
《国营企业法》
《缅甸植物检疫法》
《缅甸植物细菌防疫法》
《缅甸联邦对从事进出口贸易的最新规定》
海关管理
《缅甸海关进出口程序》
《海洋关税法》
《陆地海关法》
《关税法》
《国家治安建设委员会 1989 年第 4 号令》
《进出口管制暂行条例》
《外汇管制法》
外商投资法规
《缅甸公司法》
《缅甸投资法》
《缅甸投资法实施细则》
《缅甸经济特区法实施细则》
《缅甸矿业法》
《缅甸矿业法实施细则》
《金融机构法》
《隐私保护和公民安全法》
《缅甸科技创新法》
《外汇管理法》

续表

外商投资法规
《缅甸中央银行法》
《外国投资法》
《缅甸公民投资法》
税收法规
《缅甸联邦税法》
《所得税税法修正案》
《所得税法实施条例》
《所得税法实施细则》
《商业税法》
《商业税条例》
《商业税法修正案》
《所得税法》
《所得税法修正案》
《特殊商品税法》
《特殊商品税法修正案》
《特殊商品税法实施细则》
《缅甸印花税法案》
《水与堤坝税法》
《税收征管法》
《税收上诉审理法》
《仰光市政发展法》
《2021 年联邦税法修订法》
经济特区法律法规
《缅甸经济特区法》
《缅甸经济特区法实施细则》
劳动就业法规
《社会保险法（2012 年）》
环境保护法规
《缅甸动物健康和发展法》
《缅甸植物检验检疫法》
《缅甸肥料法》
《缅甸森林法》
《缅甸野生动植物和自然区域保护法》
《环境保护法》

续表

反商业贿赂的规定
《反腐败法》
保护知识产权的规定
《商标法》
《专利法》
《工业设计法》
《著作权法》
纠纷解决机制
《联邦司法法》
《缅甸仲裁法》
中缅协定
《中华人民共和国政府和缅甸联邦政府关于鼓励促进和保护投资协定》
《中华人民共和国海关总署与缅甸联邦共和国农业、畜牧业和灌溉部关于缅甸大米输华植物检验检疫要求议定书》
《中华人民共和国海关总署和缅甸联邦共和国农牧灌溉部关于中国从缅甸输入屠宰用肉牛的检疫和卫生要求议定书》
《中华人民共和国海关总署与缅甸联邦共和国农业、畜牧灌溉部关于中国从缅甸输入 热加工蚕茧检疫和卫生要求议定书》

资料来源：中华人民共和国商务部。

第十四章　文莱

一、中文经济法律关系概述

（一）文莱基本情况介绍

1. 地理位置

文莱，全称文莱达鲁萨兰国，是东南亚国家，南边为中国南海，向南与马来西亚接壤。该国面积很小，总面积为 5765 平方千米（2226 平方英里），且被马来西亚隔开成两部分。

2. 行政区划

文莱主要分为区（Daerah）、乡（Mukim）和村（Kampung）三级。文莱共有四个区：文莱—摩拉区（Brunei‐Muara）、马来奕区（Belait）、都东区（Tutong）和淡布隆区（Temburong）。

文莱的首都为斯里巴加湾市（Bandar Seri Begawan），位于文莱—摩拉区，面积为 100.36 平方千米，人口约 14 万人。

3. 人口数量

截至 2024 年 3 月，文莱的人口为 454990 人，相当于世界总人口的 0.01%。人口密度为每平方千米 86 人（每平方英里 222 人）。80.4% 的人口居住在城市。文莱人口的平均年龄为 32.8 岁。①

4. 政治制度

文莱实行"马来伊斯兰君主制"（MIB）三位一体的政治制度。其内涵为：国家维护马来语言、文化和风俗主体地位，在全国推行伊斯兰法律和价值观，王室地位至高无上。文莱宪法规定，苏丹为国家元首，拥有最高行政权力和颁布法律的权力，同时也是宗教领袖。

按照宪法和三位一体政治制度的理念组建政府，由内阁部长会议和宗教、枢密、继承三个委员会组成，人员皆由苏丹任命，协助苏丹理政。

文莱苏丹既是国家元首又是政府首脑（文莱总理）。苏丹对国家立法、行政和司法机

---

① Worldometers. Brunei Population ［EB/OL］. https：//www.worldometers.info/world‐population/brunei‐darussalam‐population/，2024.

关拥有绝对权力。

行政权由政府行使。文莱设有立法委员会，由 36 名指定成员组成，仅拥有咨询权。苏丹主持五个委员会：枢密院（Privy Council）、王位继承委员会（Council of Succession）、宗教委员会（Religious Council）、部长委员会（Council of Ministers）和立法委员会（Legislative Council）。人员皆由苏丹任命，协助苏丹理政。

5. 政府机构①

文莱的政府机构包括总理府（Prime Minister's Office）、财政经济部（Ministry of Finance and Economy）、国防部（Ministry of Defence）、外交部（Ministry of Foreign Affairs）、内政部（Ministry of Home Affairs）、教育部（Ministry of Education）、初级资源及旅游部（Ministry of Primary Resources & Tourism）、发展部（Ministry of Development）、文化青年体育部（Ministry of Culture, Youth & Sports）、卫生部（Ministry of Health）、宗教事务部（Ministry of Religious Affairs）、交通和信息通信部（Ministry of Transport and Infocommunications）。

另外包括五个法定机构：文莱达鲁萨兰国中央银行（Brunei Darussalam Central Bank）、信息通信技术产业管理局（Authority for Info-communications Technology Industry）、文莱经济发展局（Brunei Economic Development Board）、文莱达鲁萨兰国海事及港务局（Maritime and Port Authority of Brunei Darussalam）、文莱投资局（Brunei Investment Agency）。

6. 语言文化

文莱国语是马来语，通用语为英语，同时使用加威文（用阿拉伯文书写的马来文），如个人签名、公共建筑物等多种场合使用。

文莱华人除用英语和马来语外，还讲闽南语、广东话，绝大多数华人能讲普通话（当地人称为华语）。

文莱主要报纸用英文、马来文和中文出版。

7. 民族宗教习俗

伊斯兰教是文莱国教。在文莱还有其他宗教信徒，包括基督教、佛教、道教等。伊斯兰教徒占人口的 67%。②

8. 自然资源

（1）石油及天然气。截至 2021 年，文莱的天然气总产量为 11.5bcm（bcm：十亿立方米），其中 7.6bcm 作为液化天然气出口，其余在国内消费。文莱最大的液化天然气进口国是日本（5.8bcm），其次是中国（1.0bcm）、马来西亚（0.3bcm）、韩国（0.3bcm）、泰国（0.3bcm）。

液化天然气通过文莱液化天然气终端出口，从 1972 年开始运营，该终端的容量为每年 7.2 吨。

---

① Government of Brunei Darussalam. Government Directory [EB/OL]. https：//www. gov. bn/SitePages/Home. aspx, 2024.

② Ministry of Foreign Affairs. Introducing Brunei [EB/OL]. https：//www. mfa. gov. bn/oman-muscat/SitePages/brunei-introduction. aspx, 2024.

截至 2020 年，文莱已探明天然气储量为 7.9 万亿立方英尺，储产比为 17.6。按照目前的水平，文莱的已探明天然气储量预计可供生产 18 年。

2019 年，文莱宣布为开发油气田提供资金，力求到 2025 年将石油产量提高 30%。作为勘探工作的一部分，该部长宣布他们将开始钻探五口新勘探井。2022 年 3 月，文莱能源部长宣布，继 2021 年发现 4200 万桶油当量后，该国计划增加石油和天然气产量。

（2）农业及林业。[①] 文莱的农业基础比较薄弱，但是森林覆盖率高。文莱的森林根据功能被分为防护林、生产林、休养林、保护林和国家公园。

防护林的主要目的是：保护重要的土壤和水资源；保持国家的绿化及气候；防止或尽量减少洪水、干旱、侵蚀、污染和类似环境问题的发生；为国家总体生态稳定作出贡献。

生产林的主要目的是为国家持续供应林产品。

休养林生长于具有自然特色的森林地区，为户外休闲而开发，以提高人们的身心健康和经济福祉。

保护林是为了科学、教育和相关目的而保留和保存生物多样性的森林。

国家公园属于具有独特地质、地形和其他特殊构造及特征的区域，保留这些区域是为了维持动植物群落的生物多样性，造福当代和子孙后代。

（3）渔业。文莱拥有丰富的渔业资源，海岸线沿岸覆盖有 18418 公顷的在东南亚保存最好的红树林，有大量的虾苗和鱼苗繁殖。文莱海域没有污染，无台风、地震等自然灾害的袭击，非常适宜开展海洋捕捞和鱼虾养殖。

据文莱渔业局统计，文莱海域最大可捕捞量约为 21300 吨，其中沿岸资源 3800 吨，底层资源 12500 吨，浮游资源 5000 吨。文莱地处南中国海南岸，各种渔业资源丰富。另外，文莱海域还是金枪鱼徊游的途经之路，有丰富的金枪鱼资源。[②]

文莱政府为了让本国经济减少对石油、天然气的依赖，文莱工业与初级资源部提出在 10~15 年内将非石油、天然气行业占 GDP 的比重从目前的 43% 增加到 50% 以上。渔业是文莱政府推行经济多元化的主要领域之一，也是文莱最具有发展潜力的产业之一，是文莱实施经济多元化战略的重要组成部分。

9. 重点/特色产业

（1）油气产业。文莱的经济严重依赖石油和天然气出口，约 60% 的 GDP 来自天然气和石油出口。因此，人们一直在努力探寻经济多元化的方法。财政和经济部（MOFE）在文莱 2021 年经济蓝图中提出了经济多元化的五个关键领域：石油和天然气下游产业、食品业、旅游业、信息通信和技术业、服务业。

文莱壳牌石油公司是文莱最大的油气生产商，也是文莱经济的支柱，贡献了文莱 90% 的油气收入。

文莱石油公司是国有企业。法国道达尔公司也在文莱从事石油和天然气业务，在文莱石油和天然气行业拥有大量股权。2020 年 4 月，文莱政府成立石油管理局来监管该国的

---

① Ministry of Primary Resources and Tourism. Forests ［EB/OL］. http：//www.forestry.gov.bn/Theme/Home.aspx, 2024.

② 中华人民共和国商务部. 文莱渔业发展概况 ［EB/OL］. http：//bn.mofcom.gov.cn/article/ztdy/200704/20070404527129.shtml, 2007-04-03.

石油和天然气行业。石油管理局负责对上游、中游和下游的石油和天然气行业的运营和基础设施进行监管和监控。

（2）林业。鉴于文莱当地木材资源有限，林业部强烈呼吁该国的木质工业多元化，并进一步投资于能够生产创新木质产品的下游产业，如镶板产品、门窗框、门窗等，以提高木材加工效率、优化利用有限林区的原材料以及增强开发新木制品的创造力。

（3）食品制造业。文莱 2023 年 12 月食品和饮品制造业 GDP 数据为 957.2 万文莱元。这比 2023 年 9 月前的 1144.8 万文莱元有所下降。

虽然如此，但由于全球对清真产品的需求不断增长，文莱有机会通过发展清真产业来稳定经济。文莱目前正准备利用其清真市场的优势，试图进一步将文莱打造为全球清真中心。通过推广和发展信誉良好的组织来发展文莱清真产业，进而实现文莱制定的"2035 年愿景"。[①]

（4）旅游业。到达文莱一共有三种方式，最简单的方式是通过文莱皇家航空（RB）。自 2018 年 12 月以来，该航空公司为亚洲、中东、欧洲和澳大利亚的 22 个目的地提供服务。正在增加飞往海口、台北、长沙、东京的航班。许多其他航空公司也提供到达文莱的航班，例如亚洲航空、马来西亚航空、新加坡航空、宿务太平洋航空、祥鹏航空。

另外，通过公路也可以进入文莱，其周围有四个入境口岸。

文莱还有一个渡轮码头，Serasa 客运和车辆渡轮码头，经常接待来自马来西亚纳闽的游客。[②]

文莱政府签发的签证类型有[③]：

旅游签证，该签证颁发给前往文莱旅游或探亲访友的外国人。

商务签证，该签证颁发给打算在文莱投资或将在文莱从事商业相关活动的外国人。

工作签证，该签证颁发给在文莱找到工作的外国人。

家属签证，该签证颁发给工作签证持有者的配偶和受抚养子女。

学生签证，该签证颁发给将在文莱教育机构学习的外国人。

过境签证，该签证可在抵达文莱国际机场时签发，有效期为 72 小时。

中国人申请文莱签证需要提前在网上进行签证申请表的在线填写，而后预约当地使领馆，并亲自前往使领馆处进行生物识别数据的办理。

（5）信息通信和技术业（ICT）。文莱信息和通信技术部门倡议要加速国家的数字议程，并开启 ICT 领域的转型。根据这一举措，现有电信运营商文莱电信有限公司（TelBru）、Datastream Technology Sdn Bhd（DST）、Progresif Cellular Sdn Bhd（Progresif）和文莱国际网关有限公司（BIG）的网络基础设施合并在了 Unified National Networks Sdn Bhd（UNN）新的网络框架下，成为了 Darussalam Assets Sdn Bhd 的全资子公司。

---

① Nor Surilawana Sulaiman1 Rose Abdullah Norkhairiah Hashim. Halal Industry Development in Brunei Darussalam：Realities and Challenges［EB/OL］. https：//knepublishing. com/index. php/KnE-Social/article/view/14308/23133，2024.

② Ministry of Primary Resources and Tourism. VISITING BRUNEI［EB/OL］. https：//www. bruneitourism. com/plan-your-trip/visiting-brunei/，2024.

③ Embassy of the People's Republic of China in Negara Brunel Darussalam. Requirements and Procedures for Chinese Visa Application［EB/OL］. http：//bn. china-embassy. gov. cn/eng/lsfws/qzsq/202304/t20230418_11061147. htm.

所有公司将专注于零售业务，为客户提供有竞争力的固定和移动服务，并将平等使用UNN 提供的网络基础设施。在最先进且完全安全的集成网络的支持下，消费者可以期待以更实惠的价格获得更广泛的关键服务的可用性和质量的大幅改善。UNN 承诺在短期内，服务价格不会上涨，服务质量不会下降。

ICT 行业的发展对于创建支持文莱长期数字化转型和实现文莱"2035 年愿景"的生态系统至关重要。UNN 的成立是文莱 ICT 转型历程中的一个重要里程碑。

（二）文莱经济贸易概况

1. 发展规划及经贸状况

2023 年 3 月 30 日，文莱首相府发布 2015 年至 2022 年文莱"2035 愿景"实施进展报告①，该报告表示当前文莱致力于加强工业革命 4.0、气候变化、数字经济、物联网等领域的技术应用。

2023 年 5 月 13 日，文莱完成 CPTPP 国内核准。② 文莱将《全面与进步跨太平洋伙伴关系协定》（CPTPP）交存至新西兰，表示其已完成国内核准程序。根据有关规定，CPTPP 将在文莱提交书面通知后 60 天对其生效。CPTPP 将成为文莱加入的第十个自由贸易协定。

2023 年 2 月 11 日，文莱交通与信息通信部下属的网络安全机构（CSB）获马来西亚网络安全认证机构颁发的 ISO/IEC 27001 认证，③ 该认证专注于确保关键数据资产的机密性、完整性和可用性。目前，CSB 已通过信息安全管理系统（ISMS）的国际标准认证，可提供专业的网络安全服务。CSB 的国家数字取证实验室于 2023 年成功获得美国国家标准认可委员会颁发的 ISO/IEC 17025：2017 认证，该实验室是文莱唯一的数字取证实验室，也是东南亚少数几个获得此类标准的实验室之一。

2023 年 5 月 22 日，文莱宣布启动 5G 商用。④ 文莱信息通信技术产业局与统一国家网络有限公司联合发布公告称，文莱本地三大电信运营商推出 5G 网络服务，该服务可覆盖文莱 90%的人口居住区，此后该比例将持续扩大。民众可选择任意一家运营商购买 5G 套餐，享受 5G 高速网络服务。

华为（文莱）技术有限公司和中国通信服务文莱公司等中国科技企业在文莱积极参与 5G 网络建设和服务，是通信基础设施多轮升级改造的主力，为文莱 5G 网络正式商用做出了重要贡献。

文莱和中国在各领域都进行了友好交流与合作。2013 年，文莱和中国建立战略合作关系。2018 年，两国关系提升为战略合作伙伴关系。进入 21 世纪，两国双边贸易额大幅

---

① 中华人民共和国商务部 . 文莱发布"2035 愿景"实施进展报告［EB/OL］. http：//bn. mofcom. gov. cn/article/jmxw/202304/20230403403987. shtml，2023-03-30.

② 中华人民共和国商务部 . 文莱完成 CPTPP 国内核准［EB/OL］. http：//bn. mofcom. gov. cn/article/jmxw/202305/20230503410039. shtml，2023-05-15.

③ 中华人民共和国商务部 . 文莱网络安全机构获得 ISO 认证［EB/OL］. http：//bn. mofcom. gov. cn/article/jmxw/202302/20230203384787. shtml，2023-02-13.

④ 参见 http：//bn. mofcom. gov. cn/article/jmxw/202306/20230603417984. shtml.

上升。

2023 年 9 月 8 日，中国驻文莱参赞拜访了文莱通信技术产业局（AITI）局长扎伊拉尼，① 双方就中文电信领域的合作、中国品牌手机在文发展交换意见。文莱当局表示希望中文继续深化通讯科技领域的合作。

同时，中国和文莱当局表示将加强双方渔业企业的合作，以推动渔业合作实现更大发展。

截至 2023 年底，共有 176 种文莱水产品获得输华许可。2023 年，文莱新增对华出口水产品 134 种。② 2023 年 12 月 15 日，中国与文莱初级资源与旅游部部长马纳夫在北京共同签署了文莱输华野生、养殖水产品两份议定书，文莱新增 134 种输华水产品。双方表示将继续深化双方海关检验检疫合作，推动文莱农食产品输华取得更多成果。

此外，中国高产杂交水稻在文莱试种成功，③ 文莱初级资源与旅游部常秘与中国驻文莱大使馆相关人员在 2024 年 3 月 16 日就中国援文高产杂交水稻试种成功事宜予以了祝贺，这表示着中国与文莱共同在农业方面努力的成果，预计在未来中国与文莱会在该方面进一步加深合作，不断推动文莱农业生产，加强双方合作。

在金融方面，2024 年 1 月 22 日，中国驻文莱参赞拜访了文莱中央银行，④ 就文莱数字支付系统建设发展与文莱中央银行法律法规部执行部长及支付系统的多位官员展开了讨论。文莱负责人对中国在数字支付领域取得的成就表示赞赏，希望在未来中国与文莱之间加强数字支付合作，共同推进双边经贸发展。2023 年 12 月 29 日，中国驻文莱参赞拜访了文莱国家数字支付网络有限公司（NDPX）总裁哈菲兹，⑤ 双方就两国数字支付系统建设、电商合作前景交换意见，并表示期待双方开展深入合作。

根据 2020 年文莱财经部的核查统计，文莱中小微企业对 GDP 的贡献超过 30%。⑥ 统计数据显示，文莱中小微企业占企业总数的 97.2%，就业人数占文莱总就业人数的 30.1%，对国内生产总值（GDP）的贡献为 31.2%。超过七成的中小微企业分布在服务部门（占比为 75.7%），多从事批发和零售贸易，其次是工业部门（占比为 21.3%）和第一产业部门（占比为 3.1%）。

文莱以企业人数定义企业规模，1~5 人的为小微企业，6~50 人的为小企业，51~100 人的为中型企业。

---

① 中华人民共和国商务部. 石荣科参赞拜会文莱通讯技术产业局长扎伊拉尼［EB/OL］. http：//bn. mofcom. gov. cn/article/jmxw/202309/20230903438920. shtml，2023-09-08.

② 中华人民共和国商务部. 文莱新增对华出口水产品 134 种［EB/OL］. http：//bn. mofcom. gov. cn/article/jmxw/202312/20231203462992. shtml，2023-12-26.

③ 中华人民共和国商务部. 中国高产杂交水稻在文试种成功［EB/OL］. http：//bn. mofcom. gov. cn/article/jmxw/202403/20240303482163. shtml，2024-03-18.

④ 中华人民共和国商务部. 石荣科参赞拜会文莱中央银行支付系统团队［EB/OL］. http：//bn. mofcom. gov. cn/article/jmxw/202401/20240103468136. shtml，2024-01-23.

⑤ 中华人民共和国商务部. 石荣科参赞拜会文莱国家数字支付网络有限公司总裁哈菲兹［EB/OL］. http：//bn. mofcom. gov. cn/article/jmxw/202312/20231203463715. shtml，2023-12-29.

⑥ 中华人民共和国商务部. 文中小微企业对 GDP 贡献超过 30%［EB/OL］. http：//bn. mofcom. gov. cn/article/jmxw/202304/20230403403978. shtml，2023-03-23.

2. 基础设施状况

（1）空运。文莱唯一有定期航班的机场是文莱国际机场，唯一的航空公司是文莱皇家航空，提供飞往 32 个目的地的航班。

2020 年，文莱国际航空客运量为 42.3 万人次。与 2019 年同期的旅客吞吐量——近 219 万人次相比有所下降。2011 年，文莱国际航空客运量超过 200 万人次。[①]

（2）公路。[②] 根据文莱相关部门的数据，2022 年文莱道路总长度为 3805.690 千米，比 2021 年的 3787.881 千米有所增加。

文莱主要由道路建设局（SRC）与道路管理维护局（SRM）来管理道路相关事宜。SRC 负责开发新道路，规划和建设高速公路、支路、交叉路口、环岛、桥梁和立交桥。它还负责进入农村社区以及提高现有道路的容量，以确保安全和不间断的交通流通。

SRC 完成项目后，道路基础设施的维护由 SRM 负责，主要集中于道路本身、桥梁、路边排水沟、红绿灯等。

SRM 于 2012 年成立了公路管理单位（HMU），并于 2011 年成立了区域管理单位（ZMU），且于最近启动了道路检查部门执法，以满足公众对更高质量道路的高度期望。

（3）水运。[③] 文莱拥有以下 5 个港口：

1）摩拉港。摩拉港（Muara）是一个半日潮港，位于砂拉越北部文莱湾的入口处，建于 1973 年，是文莱最大的港口。该港口用于处理原材料、水泥、集装箱货物、汽车、工程机械、牲畜、易腐物品等，每年大约处理 1100000 吨普通货物和 27000 个标准箱。

作为国际深水港，该港口的轮班可直达上海、广州、马尼拉、越南、泰国、香港、吉隆坡等地区的港口。

2）斯里巴加湾港。斯里巴加湾港（Bandar Seri Begawan）位于文莱湾沿岸。港口的经济以制造业和农业活动为基础。例如出口家具、木材、干鱼、纺织品、手工陶器、手工艺品和其他货物到邻国。斯里巴加湾港有一个码头，可供渡轮和小型渔船停泊，包括"水上出租车"。

3）马来奕港。马来奕港（Kuala Belait）位于文莱西端。该港口不对公众开放，仅作为企业的供应和后勤保障基地。马来奕港还设有一个造船厂，用于建造渔船、小型货船和油轮。

4）卢穆特港。卢穆特港（Lumut）由 4 千米长的码头和西侧 400 米长的泊位组成。它是一个公海泊位，与海上液化天然气工厂相连，处理甲醇和液化天然气。

每年约有 200 艘船舶在卢穆特港停留。液化天然气通过专门建造的运输船出口到许多亚洲国家。

5）丹戎沙利隆港。丹戎沙利隆港（Tanjong Salirong）位于吉当岛（Pulau Kitang）附

① Statista. International air passenger traffic in Brunei from 2011 to 2020 ［EB/OL］. https：//www.statista.com/statistics/1385990/brunei-international-air-passenger-traffic/，2024.

② Ministry of Development，Brunei Darussalam. Road Services ［EB/OL］. http：//www.mod.gov.bn/pwd/SitePages/Road%20Services.aspx，2024.

③ Zahra Ahmed. 6 Ports And Harbours Of Brunei ［EB/OL］. https：//www.marineinsight.com/know-more/ports-and-harbours-of-brunei/，2024.

近，是一个小型河港，处理木材、原木、树脂、蔬菜、水果和鱼类等。丹戎沙利隆港接收将这些商品出口到马来西亚的驳船。

3. 贸易环境①

（1）文莱产品出口限制。除根据管制员或其代表授予的许可证的条款和条件外，任何人不得从文莱出口以下货品：鱼藤种类（大号），油棕，稻米，稻谷及其产品，1A、1B、1C级木材，Nibong，藤条，香烟，酒精饮料，糖，优质汽油，普通汽油，柴油，煤油，在文莱制造或发现的古董或历史物品。

（2）文莱产品进口限制。根据文莱第2006年海关命令（第31条）的规定，禁止进口的产品如下：鸦片；禾雀（Padda Oryzivora）；根据《煽动叛乱法》（第24章）或《不良出版物法》（第25章）颁布的任何明令禁止的所有出版物；鞭炮；中国台湾原产疫苗；包装上没有写健康警告的香烟；像"注射器"的铅笔；泰国饲养或出口的猪；用于孵化目的的鸡蛋和新鲜鸡蛋，除非此类鸡蛋在每个鸡蛋的外壳上用不可擦除的墨水或类似物质清楚地印有"进口"字样；由任何纤维和任何其他物品组成的薄纸织物，该纤维或薄纸或其他物品带有任何国家任何时候发行或流通的任何纸币、银行纸币或硬币的印记。

进口的产品需要获得管制员或其代表授予的许可证。限制进口的产品如下：任何活植物或种植材料（来自砂拉越和北婆罗洲的除外）；活牛和鸟类（砂拉越和北婆罗洲的除外）；水果机、老虎机和任何其他具有类似性质的桌子或机器，无论是否涉及变化元素；波斯胶；毒药和有毒药物；稻谷及其产品；分离的脱脂牛奶或换脂牛奶；糖；盐；加工木材；二手（包括翻新）汽车、摩托车、卡车、综合巴士，包括小型巴士、拖拉机和拖车；酒精类酒类；任何放射性物质；牛肉，包括宰杀的整牛或其任何部分，如牛肉（无论是冷冻、冷藏还是新鲜）、骨头、生皮、皮、蹄、角、内脏等任何其他部分，除非是在经批准的屠宰场屠宰的并由宗教事务部长书面批准；家禽，包括整禽或其任何部分，如肉类（无论是冷冻、冷藏还是新鲜）、骨皮、内脏等家禽的任何其他部分，除非是在经批准的屠宰场屠宰的并由宗教事务部长书面批准；等等。

（3）清真新鲜肉类产品的进口。② 由于文莱的宗教信仰原因，对于新鲜清真肉的进口需求量大。文莱当地规定，新鲜清真肉类的许可证必须从三个不同的政府机构获得，之后才能向财政部皇家海关和税务局（RCED）申报清关。三个机构分别为初级资源及旅游部动物检疫局、宗教事务部清真食品管理司以及卫生部食品安全质量管理司。

文莱当局建议进口肉类的进口商首先通过文莱国家单一窗口（BDNSW）系统向RCED咨询办理申报程序，并向其他相关政府机构提交许可证申请。

一旦进口商在BDNSW系统中申报并且获得了其他相关机构的许可批准，还需要提交以下信息：商品发票；兽医证书、健康证书或出口国授权政府机构颁发的任何证明其食用安全性的证书；制造许可证，或GMP或HACCP或ISO 22000或出口国授权政府机构颁发的任何相关证书，证明产品是在卫生条件下生产的。

---

① BDNSW. PROHIBITED GOODS/RESTRICTED IMPORT［EB/OL］. https：//bdnsw. mofe. gov. bn/Pages/ImpExp-Proh-RestictionGoods. aspx，2024.

② Ministry of Health. ？ IMPORTATION OF FRESH MEAT［EB/OL］. https：//www. moh. gov. bn/SitePages/Fresh%20Meat%20Import. aspx，2024.

目前，只有澳大利亚、马来西亚和印度的一些经过认证的工厂被允许向文莱供应清真牛肉。

4. 出境入境携带货币规定①

携带价值 15000 文莱元（约 11000 美元）或以上的实物货币或其他流通票据进入或离开文莱的乘客必须填写申报表，并在抵达时将其提交给海关官员和/或在出发前将其提交给移民官员。

5. 投资环境②

2023 年文莱的外国直接投资（FDI）金额由负流入转为正流入，从 2023 年第二季度的 -4.206 亿文莱元增至 2023 年第三季度的 8430 万文莱元，其中股本金额为 1.153 亿文莱元，债务工具为 -3100 万文莱元。FDI 流入量最多的是制造业，达 1.547 亿文莱元；其次是批发和零售贸易服务业以及建筑业，分别为 980 万文莱元和 700 万文莱元。

2023 年第三季度，文莱外国直接投资存量增长 3%，达 84.49 亿文莱元，其中权益工具为 75.915 亿文莱元，债务工具为 8.576 亿文莱元。英国是最大的投资者，其 FDI 存量达 29.908 亿文莱元（占比为 35.4%），其次是中国香港，为 24.071 亿文莱元（占比为 28.5%），荷兰为 7.123 亿文莱元（占比为 8.4%）。

（三）中文投资贸易概况

1. 双边贸易

根据中国海关总署的数据，2023 年中国与文莱贸易额达 28.04 亿美元。其中，中国向文莱出口额约为 8.57 亿美元，进口额约为 19.47 亿美元（见表 14-1）。

表 14-1　中国—文莱双边货物贸易情况　　　　单位：亿美元

年份	进出口额	进口额	出口额
2019	11.03	4.53	6.50
2020	19.42	14.76	4.66
2021	28.47	22.25	6.22
2022	30.53	22.49	8.04
2023	28.04	19.47	8.57

资料来源：中国海关总署。

2023 年 1 月至 12 月，中国对文莱出口的前几位商品的名称为：车用汽油和航空汽油（不含有生物柴油）；电缆（35kV＜额定电压≤110kV）；低值简易通关商品；未列名玩具及模型；拖轮及顶推船。

---

① Royal Brunei Airlines. Visiting Brunei ［EB/OL］. https：//www.flyroyalbrunei.com/brunei/en/information/visiting-brunei/，2024.

② Department of Economic Planning and Development to Department of Economic Planning and Statistics. Foreign Direct Investment ［EB/OL］. https：//deps.mofe.gov.bn/SitePages/Foreign%20Direct%20Investment.aspx，2024.

中国从文莱进口的前几位产品的名称为对二甲苯、液化天然气、苯、甲醇、柴油（不含生物柴油）。

2. 投资情况

2022年，中国对东盟的直接投资流量为186.5亿美元，中国对文莱的直接投资流量为416万美元。

2022年，中国对东盟的年末存量为1546.6亿美元，中国对文莱的直接投资存量为10385万美元（见表14-2）。

表 14-2　2018~2022 年中国对文莱直接投资情况　　　　　　单位：万美元

年份	2018	2019	2020	2021	2022
年度流量	−1590	−405	1658	375	416
年末存量	22045	42696	38812	9628	10385

资料来源：中国商务部、国家统计局和国家外汇管理局联合发布的《2022年度中国对外直接投资统计公报》。

具体到工程情况，截至2023年7月，中国在文莱累计签订工程承包合同额37.4亿美元，完成营业额43.9亿美元。①

3. 货币互换协议

中国与文莱尚未签署货币互换协议。

4. 中国—文莱投资政策环境

中国与文莱于1991年9月30日建立外交关系，两国之间一直秉承着友好交流、共同合作进步的目标，双方在民航、卫生、文化、旅游、体育、教育、司法等领域进行交流合作，订立了多份备忘录与协定，包括《民用航空运输协定》（1993年）、《卫生合作谅解备忘录》（1996年）、《文化合作谅解备忘录》（1999年）、《中国公民自费赴文旅游实施方案的谅解备忘录》（2000年）、《高等教育合作谅解备忘录》（2004年）、《旅游合作谅解备忘录》（2006年）、《中华人民共和国最高人民检察院和文莱达鲁萨兰国总检察署合作协议》（2002年）、《最高法院合作谅解备忘录》（2004年）、《关于海上合作的谅解备忘录》（2013年）、《中华人民共和国海关总署与文莱达鲁萨兰国初级资源和旅游部关于文莱输华养殖水产品的检验检疫和兽医卫生要求议定书》（2021年）、《关于开展军事交流的谅解备忘录》（2003年）、《关于加强防务合作的谅解备忘录》（2017年）。

同时，为了促进两国经济的发展，中国与文莱签订了多个重要的双边文件，包括：《中华人民共和国政府和文莱达鲁萨兰国政府关于两国建立外交关系的联合公报》（1991年）、《中华人民共和国政府与文莱达鲁萨兰国政府关于共同推进丝绸之路经济带和21世纪海上丝绸之路建设的谅解备忘录》（2017年）、《中华人民共和国政府与文莱达鲁萨兰国政府在共同推进"一带一路"倡议框架下的合作规划》（2018年）。

---

① 中华人民共和国外交部．中国同文莱的关系［EB/OL］．https：//www.mfa.gov.cn/web/gjhdq_676201/gj_676203/yz_676205/1206_677004/sbgx_677008/，2024-04-30.

二、文莱法律制度概述

（一）投资法律制度

1. 投资法律体系①

文莱政府于 1975 年颁布了《投资促进法》，2001 年在该法基础上颁布了新的投资促进法令，《投资促进法》和投资促进法令主要针对在文莱发展工业和经济的企业提供投资激励。对于外国投资者和外商投资企业的设立和引入，文莱没有专门立法，《投资促进法》同样适用于外资企业。

2. 投资管理部门②

文莱的投资管理部门为财经部下设的"利用外资及下游产业投资指导委员会"及其常设办事机构"外资行动与支持中心"，负责外资项目审批及协调落实工作；新设法定机构"达鲁萨兰企业"，负责提供外资项目用地及落地后的管理服务工作；文莱经济发展局的职能为吸引和促进本地和外国投资。

3. 外商投资及企业设立

根据文莱《公司法》的相关规定，在文莱可以设立的企业类型包括个人独资企业、合伙企业、股份有限责任公司、担保有限责任公司、股份与担保混合有限责任公司和无限责任公司。此外，外国投资者还可以在文莱设置外国企业分支机构和办事处等。

（1）个人独资企业。个人独资企业由一个自然人拥有和管理，并对公司承担无限责任。在文莱，外国投资者不能设立个人独资企业。

（2）合伙企业。自然人、文莱本地企业、外国公司分支机构等都可以在文莱设立和加入一个合伙企业。合伙企业的合伙人人数上限为 20 人。

外国投资者设立合伙企业的，必须得到文莱出入境管理部门的批准。在文莱设立的合伙企业中，至少有一位合伙人必须是文莱公民或文莱的永久居民。

在文莱设立的合伙企业不需要缴纳企业税或所得税。

（3）公司。文莱可以设立的公司类型有四种：股份有限责任公司、担保有限责任公司、股份与担保混合有限责任公司和无限责任公司。公司既可以是上市公司，也可以是私营公司。

1）股份有限责任公司。外国投资者可以在文莱设立至少有两名不限国籍的股东的股份有限责任公司，股份有限责任公司最多允许有 50 名股东。如果只有 2 名股东，其中 1 名必须是文莱的常住居民。此外，公司必须有至少 2 名董事。如果只有 2 名董事，其中 1 名董事必须是文莱的常住居民。如果董事人数超过 2 名，则至少须有 2 名董事为文莱的常住居民。

---

①② 商务部国际贸易经济合作研究院、中国驻文莱大使馆经济商务处和商务部对外投资和经济合作司联合发布的《对外投资合作国别（地区）指南　文莱（2022 年版）》第 51 页。

在文莱设立的股份有限公司没有最低股本的要求，不允许向公众发行股票。股份有限责任公司的名称后缀需要包含"Sendirian Berhad 或 Sdn Bhd"的字样。

2）公众公司（上市公司）。上市公司是指被允许向公众出售股份的公司，上市公司的股东必须至少有7名，不限国籍（居民或非居民）。上市公司的设立没有最低股本的要求。但是，上市公司董事中须至少有一半是文莱公民。并且，上市公司需要委任在文莱注册的会计师。会计数据必须定期提交给总理办公室的经济和发展部。上市公司的名称后缀需要包含"Berhad or Bhd"的字样。

3）外国企业分支机构。外国企业可以在文莱成立外国企业的分支机构，用以开展业务。分支机构必须在文莱有注册办事处和当地授权代表。外国企业的分支机构必须每年向公司注册处提交一份其主要办事处的年度财务报告副本。分支机构还必须建立独立的分支机构账户，以备纳税之需。

4. 市场准入

根据文莱经济发展局的官方网站，除了直接利用文莱的石油、天然气和渔业等自然资源的经营领域外，文莱允许外国投资者持有在其他经营领域设立的外商投资企业的100%股权，但是文莱本地的小型工程一般仅向本地私人有限公司开放。另外，对于涉及武器、毒品和与伊斯兰教义相悖的行业，禁止任何投资者进行投资经营；对于与林业相关的行业，禁止外国投资者进行投资经营。[①]

5. 投资优惠政策

根据文莱《投资促进法》和2001年投资促进法令，文莱对部分产业的投资给予税收优惠，而该部分税收优惠不区分本地企业或外商投资企业。

可以享受税收优惠的产业和企业包括先锋产业、先锋服务公司、出口型生产企业、服务出口企业和国际贸易企业。

6. 投资合作咨询机构[②]

在文莱可以为投资者提供投资合作咨询的机构有：中国驻文莱大使馆经商处，文莱中资企业协会，文莱—中国"一带一路"促进会，文莱国家工商会，文莱驻中国大使馆，文莱经济发展局。

（二）贸易法律制度

1. 贸易法律体系

文莱与贸易相关的主要法律包括《海关法》《消费法》《竞争法》《破产法》《公司修正案》以及一系列涉及食品安全和清真要求的法规。

2. 贸易管理部门

财政与经济部是文莱对外贸易归口管理部门，牵头参与对外贸易谈判，商签自由贸易协定，负责对外贸易促进等工作。

---

① 商务部国际贸易经济合作研究院、中国驻文莱大使馆经济商务处和商务部对外投资和经济合作司联合发布的《对外投资合作国别（地区）指南 文莱（2022年版）》第54页。

② 商务部国际贸易经济合作研究院、中国驻文莱大使馆经济商务处和商务部对外投资和经济合作司联合发布的《对外投资合作国别（地区）指南 文莱（2022年版）》第74页。

3. 进出口管理

（1）进口资质和文件要求。所有进口到文莱的货物均由海关检查管理，进口商必须在入境口岸登记。关税分类确定的依据是 2012 年和 2007 年的消费税令。文莱规定部分产品的进口需要申请进口许可证。通常，非禁止进口的货物可以根据开放的一般许可证进口。

进口商必须在商品进口前通过文莱规定的政府网站上传填妥的报关单，并附上发票、货运和保险单据、空运账单和装箱单等证明文件。可能需要的其他文件包括产地来源证明书和分析证明书、批准许可证、进口许可证以及海关认为必要的其他文件。

（2）食品进口要求。文莱食品管理局有义务确保文莱进口和分销的食品可供人类安全食用。食品进口商必须遵守《文莱食品令（2020 年）》、《公共卫生（食品）法》（第182 章）和《公共卫生（食品）条例》。食品进口商必须遵守食品立法和进口要求的规定，提交海关申报单，以及来自原产国的有关出口卫生证明。

其他要求包括提供危害分析与关键控制点（HACCP）认证证书、进口到文莱的所有物品的样品、使用的所有成分和添加剂清单以及卫生部确定的其他有效文件或证明。进口食品主要是清真食品，清真食品不能含有酒精或非清真动物制品的衍生物。

根据《公共卫生（食品）条例》第 182 章第 9 条的规定，进口加工食品必须在文莱进行注册备案，并必须识别添加剂的来源。

对于清真食品的认证，文莱推行自己的清真食品认证制度，该制度与东南亚地区其他国家的清真认证差别较大，它要求文莱检查员前往食品出口国检查食品生产过程，费用由出口商承担。这一要求较大地增加了外国企业向文莱进口食品尤其是清真认证食品的成本。

（3）标签和标记要求。根据文莱《公共卫生（食品）法》（第 182 章）和《2000 年公共卫生（食品）条例》，所有进口到文莱的食品都必须贴有标签，标签上必须注明配料清单、有效期以及当地进口商、分销商或代理商的详细信息。印刷的有效期文字大小不得小于 3 毫米。食品标签上的信息要求标注在包装上显眼的位置。

此外，《公共卫生（食品）条例》规定，有日期标记的进口食品须在食品质量和安全控制司、环境卫生服务部门和卫生服务部门注册。含有可用于治疗的成分或含有任何医疗要求的保健补品必须提交药品服务部审批。

（4）禁止和限制进口的产品。清真肉类和食品的进口商需要事先获得宗教事务部的批准。在获得批准前，将由宗教事务署的两名官员对外国工厂设施进行检查。进口商将承担包括住宿在内的差旅费。目前，只有澳大利亚、马来西亚和印度的一些经过认证的工厂被认定可以供应清真牛肉。

（5）标准认证。文莱国家标准中心（NSC）成立于 2008 年，隶属于财政经济部。该中心确保产品和服务的质量符合国家和国际要求。NSC 是世贸组织技术性贸易壁垒相关事项的"国家询问点"。文莱遵守一系列国际标准，包括国际标准化组织（ISO）和国际电工委员会（IEC）的标准制度。文莱也承认由太平洋认可合作组织成员认可的机构颁发的证书。

（三）金融法律制度

1. 金融管理部门[①]

文莱中央银行是文莱的主要金融监管机构，它负责实施文莱的货币政策，发行文莱货币，规制和监管文莱的银行及金融机构。

2. 金融法律及市场情况

文莱主要的金融法律法规包括《证券法》《银行法》《汇票法》等。

3. 外汇管理

尽管文莱监督外汇的交易及流动，但无外汇限制。银行允许非居民开户和贷款。外资企业在当地开立外汇账户须提供公司注册文件及护照复印件等材料。文莱货币和新加坡货币采取1∶1兑换制。

（四）劳动制度

1. 劳动法的核心内容

（1）工作时间。文莱的标准周工作时长为44小时，大多数员工的工作时间为周一至周五。工作日通常分为两部分，中间有午餐时间。午休时间的长短因雇主而异，但通常为1小时左右。

文莱的员工每周至少有权休息1天，通常是周五。然而，也有一些例外，例如紧急服务和某些需要周五工作的行业。

（2）就业权利和福利。文莱为工人提供一系列就业权利和福利。从最低工资到带薪假期、病假、育儿假、养老金和健康保险，文莱的雇员都受到该国劳动法的良好保护，该国的劳动法旨在保护工人并确保工作场所的公平待遇。

与东南亚其他一些国家相比，文莱的生活成本相对较低。这意味着工资可能会更低，目前文莱的最低工资为每月400文莱元。该费用标准适用于所有员工，无论其行业或部门如何。但住房和交通等的费用也可能更便宜。

文莱的员工每年有权享受至少12天的带薪假期。此外，员工每年还享有10个公共假期。文莱员工的带薪病假是根据其服务年限计算的。在病假的前14天，员工有权领取全薪；14天后，工资减少至50%。

（3）养老金。文莱的所有雇员都有权领取养老金，该养老金由政府运营的雇员信托基金提供。养老金旨在提供退休收入，由雇员和雇主共同缴纳。目前的缴款率为员工工资的16%，每月最高缴款额为800文莱元。

除了政府提供的养老金之外，文莱还提供私人养老金计划。这些通常由雇主作为其员工福利计划的一部分来提供。文莱的私人养老金可以采取多种不同的形式，包括固定福利计划和固定缴款计划。

2. 外籍员工

对于想要在文莱工作的外籍人士，为了在文莱工作，首先需要从文莱政府那里获得工

---

① Brunei Darussalam Central Bank （BDCB）. Who We Are ［EB/OL］. https：//www. bdcb. gov. bn/who－we－are，2024－04－08.

作签证，这个过程可能需要几周到几个月的时间。

近年来，文莱政府推出了多项旨在促进经济增长、吸引外资的举措。这导致技术、金融和旅游等领域的就业机会不断增加。

然而，对于不了解文莱社会文化的外籍人士，重要的是要意识到在文莱工作的潜在风险，特别是在人权、政治以及宗教自由方面。在接受文莱工作之前研究和考虑文莱的社会文化环境氛围非常重要。

（五）知识产权法律制度

知识产权本质上具有地域性，在文莱开展业务的公司需要确保其知识产权受到文莱知识产权制度的保护。

文莱知识产权局（BruIPO）负责知识产权的注册。文莱维持基本的法律框架，为知识产权所有者提供符合国际标准的专利、版权、商标和工业品外观设计保护。所有法案、规则、条例和通知均可在文莱知识产权局网站上找到。但是目前，某些特定形式的知识产权则没有得到立法保护，如地理标志等。

1. 工业设计

工业品外观设计是指通过任何工业过程应用于物品的形状、构造、图案或装饰的特征（必须应用于 50 件以上的物品）。工业设计需要在文莱进行注册，外观设计必须是新颖的，在注册申请登记之日前未在文莱或其他地方注册、出版、使用或销售。

（1）保护期限。外观设计自提交注册之日起最初 5 年内有效。注册可以每 5 年更新一次，最多 15 年，但需缴纳年费。

（2）注册及费用。所有申请必须向文莱知识产权局工业品外观设计注册官提交。工业品外观设计的注册费约为 300 文莱元。需要填写的表格以及确切的应付费用可以在文莱知识产权局网站上找到。

文莱是海牙体系的成员，中国公司可通过一份申请在多个司法管辖区寻求保护。

2. 专利

可申请专利的发明可以是为问题提供新技术解决方案的产品或方法。专利持有人必须能够证明该发明是新颖的、具有创造性的并且具有工业应用价值的。文莱实行"先申请"制度，这意味着在文莱管辖范围内第一个申请知识产权的个人或实体在申请获得批准后将拥有该权利。

（1）保护期限。自申请之日起 20 年，需缴纳年度续展费。

（2）注册及费用。所有专利申请必须向专利注册官提交，注册专利通常需要两到四年的时间。文莱是以下国际专利公约/计划的成员：巴黎公约、专利合作条约和东盟专利审查合作组织（ASPEC）。通过这些途径处理专利申请可以节省时间和资源。

3. 商标

商标是一种视觉上可感知的标志，能够以图形的方式表示（不包括气味和气味标记），并且能够将一个企业的商品或服务与其他企业的商品或服务区分开来。文莱实行先申请制度，这意味着一旦申请获得批准，第一个在文莱司法管辖区提交商标的个人或实体将拥有商标权。

（1）保护期限。商标的有效期为自首次申请之日起 10 年。只要在每 10 年之后支付必要的续展费用并且正确使用该商标，保护可以是无限期的。

（2）注册及费用。商标申请可以是直接联系文莱知识产权局商标注册处，寻求注册的每类商品或服务的基本官方费用为 150 文莱元；或者通过使用《马德里议定书》提交一份国际申请。文莱于 2017 年 1 月加入《马德里议定书》。

4. 版权

版权保护文学、戏剧、音乐和艺术作品等权利，它还保护公众可接收的录音、电影、广播、有线节目以及任何文学、戏剧或音乐作品的出版版本的排版安排。

（1）保护期限。版权保护期限根据作品的性质而有所不同如表 14-3 所示。

表 14-3　不同类型作品的保护期限

类型	保护期限
文学、音乐和艺术作品	作者去世 50 年后
计算机生成、声音、录音和电影	自首次出版起 50 年
广播和有线节目	自首次广播或传输起 50 年
出版版本的排版安排（文字和图片在页面上的排列方式）	自作品创作之日起 25 年

（2）登记。版权是一种自动保护，文莱没有接受版权注册的登记处或部门。

（六）税收法律制度

文莱被认为是世界上最稳定的宏观经济体之一，文莱也渴望吸引更多的外国投资，特别是在非石油和天然气领域。文莱的税负是亚洲最低的——文莱没有个人所得税、增值税、出口税、工资税或制造税。文莱之所以能够负担得起这个系统，是因为其油气资源构成了文莱经济的支柱，占 GDP 的 60%。此外，文莱人口仅有 444000 人，油气产业为当地居民提供了舒适的生活质量。

如果一家公司管理权和控制权在文莱，则该公司被视为居民企业；如果一个人 1 年内在该国居住 183 天或以上，则该个人被视为居民纳税人。

文莱的企业需要缴纳的税主要包括公司所得税、预提所得税、个人所得税以及石油税。

1. 企业所得税

企业所得税税率为 18.5%，所有有限公司，无论是在文莱或海外注册，还是在文莱注册为外国分支机构，均须就来自文莱的收入缴纳当地税。

2. 预提所得税

对于文莱的居民公司，股息、利息、特许权使用费和技术服务费无需缴纳预提所得税。然而，非居民公司则必须缴纳 2.5%~10% 的预提所得税（见表 14-4）。

表 14-4　文莱居民公司和非居民公司的税率

收入性质	税率（%）	
	居民纳税人	非居民纳税人
分红	0	0
利息	0	2.5
版税	0	10
技术服务费	0	10

3. 个人所得税

文莱没有个人所得税，但雇主必须将当地雇员工资的 5% 缴纳给雇员信托基金。

4. 石油税

根据 1963 年《所得税（石油）法》，在该国运营的石油和天然气公司须缴纳 55% 的特殊所得税。

（七）争议解决法律制度①

文莱的争议解决法律制度基于其独特的二元法律体系，即世俗法律和伊斯兰法律并存。这种法律体系为争议解决提供了多样化的途径和框架。

首先，在世俗法律领域，文莱拥有一套完整的法院体系，包括基层法院、中级法院和最高法院等。这些法院负责处理商业、民事、刑事等各个方面的争议。在世俗法律下，争议解决通常遵循传统的司法程序，包括起诉、庭审、判决和执行等阶段。法院在审理案件时，会依据文莱的法律条文、先例以及相关的国际法律原则进行裁决。

其次，在伊斯兰法律领域，文莱设有专门的伊斯兰法院或仲裁机构，负责处理与伊斯兰教法律相关的争议。这些争议通常涉及穆斯林个人的宗教事务。伊斯兰法院在解决争议时，会依据伊斯兰教的教义、经典和传统进行裁决。由于伊斯兰法律在文莱具有特殊的地位，因此其裁决在某些情况下可能具有优先权或特殊性。

最后，文莱还积极推广和采用替代性争议解决方式（ADR），如调解、仲裁等。这些方式在文莱的商业纠纷解决中尤为常见。通过调解或仲裁，当事人可以在不经过正式司法程序的情况下解决争议，有助于节省时间和成本，维护商业关系的稳定。

值得注意的是，文莱的争议解决法律制度还受到其国际法律义务和条约的约束。文莱作为国际社会的成员，需要遵守国际法和相关国际条约的规定，确保争议解决的公正、公平和透明。

---

① Council of ASEAN Chief Justices. OVERVIEW OF BRUNEI LEGAL SYSTEM ［EB/OL］. https：//cacj-ajp.org/，2024-04-15.

（八）数据保护法律制度[①]

文莱的数据保护法律制度目前尚未有详尽的公开资料，因此本书无法提供具体的法律条文或制度框架。然而，一般而言，数据保护法律制度的目的是确保个人数据的隐私、安全和合法使用，防止数据滥用、泄露和非法获取。

文莱信息通信技术产业管理局（AITI）于2021年12月3日就其于2021年5月20日发起的公众咨询发布了一份回应文件，就拟议的《个人数据保护令》（PDPO）的预期运作提出了全面的见解。

公众咨询文件和反馈回应文件为文莱的数据保护制定了全面而严格的制度。此前，文莱在这一领域的要求和考虑极少。《个人数据保护令》旨在建立一个全面的数据保护制度，包括主要定义、适用范围、数据保护原则、对组织的要求、数据主体权利以及数据保护机构的调查和执法权力。虽然《个人数据保护令》的措辞尚未公开，但AITI从立法机构摘录了《个人数据保护令》中我们可以期待的内容。此外，AITI将作为监督机构，执行和管理所有数据保护法规和法律。

（九）环境保护法律制度[②]

1. 环保管理部门

文莱政府主管环境保护的部门是环境、园林及公共娱乐局（Jabatab Alam Sekitar Taman Rekreasi，JASTRE），隶属于发展部。主要职责是开展环境管理和保护，以提高民众生活质量，推动国家经济发展和繁荣。主要职能包括环境保护，风景区、公园及公共娱乐设施建设与管理，垃圾管理以及国际环境领域的合作等。

2. 主要环保法律法规名称

（1）《环境保护与管理法2016》。

（2）《有害废弃物（出口与转运控制）法2013》。

（3）《文莱工业发展污染控制准则》：2002年颁布实施，主要控制各类开发及建筑项目的废气、废水及其他废弃物的排放。

（4）《文莱环境影响评估准则》：适用领域涵盖农业、机场、排水、土地回填、渔业、林业、住房、工业、基础设施、港口、采矿、石油、发电及输变电、采石、铁路、运输、休闲娱乐开发、废物处理和供水等方面。

3. 环保法律法规基市要点

（1）投资商应在项目计划初期考虑环境因素，涉及项目位置、采用清洁技术、污染控制措施、废物监管等。

（2）项目发展商需提供以下说明材料：①将在项目场地上开展的贸易及加工；②申请人将为控制土地、空气、水及噪声污染而采取的措施；③废料的管理和处理等；④全面的环境影响评估报告。

---

①② 商务部国际贸易经济合作研究院、中国驻文莱大使馆经济商务处和商务部对外投资和经济合作司联合发布的《对外投资合作国别（地区）指南 文莱（2022年版）》。

4. 环保评估的相关规定

自 2010 年起，文莱新建工程项目必须通过环境影响评估（EIA）。企业需要聘请专门机构进行环境影响评估，并向文莱发展部环境、园林及公共娱乐局提交环境影响评估报告，评估费用根据项目规模而定。目前，文莱正在考虑针对能源行业实施更高的环保标准。文莱应对气候变化的十大策略中对碳排放提出了相关要求，规定了实施碳定价和碳监控并报告碳排放量的标准，目标是到 2025 年以每二氧化碳当量的碳价格对所有工业设施碳排放超量的数额收费，筹集的收入将用于应对气候变化和减排工作，并考虑建立碳交易机制。自 2021 年起强制要求所有排放和吸收温室气体的机构和代理机构，报告其温室气体排放数据，以展现温室气体排放水平，并建立国家问责制和责任制。

三、文莱法律风险

（一）投资风险

1. 制度/政策限制

文莱实施外商投资市场准入负面清单制度，允许外商投资有限责任公司广泛涉足各行业市场，但特定行业部门除外，对外商投资企业的股权占比有限制，甚至禁止进入。因此，投资企业在考虑赴文莱投资时，务必细心研读文莱政府限制或禁止投资的领域，确保自身投资方向与文莱政策相契合，避免踏入禁区。

2. 文莱投资法律体系不完备，政策缺乏透明度

文莱投资贸易政策不完备，政府自由裁量权较大，部分政策缺乏透明度，在实际开展商业活动时，文莱仍存在重复审批和部门权限重叠等现象。

此外，在投资环境方面，文莱地方政府存在腐败现象、国有企业在特殊行业的垄断、关键行业的监管具有不确定性、法律政策依然薄弱、部分政策较为不透明、知识产权执法不力、熟练劳动力短缺和政府决策过程缓慢的问题。

3. 中文投资法律比较

2019 年中国发布《外商投资法》，对外商投资促进、投资保护、投资管理等进行了规定。2019 年中国发布《中华人民共和国外商投资法实施条例》，系对《外商投资法》的细化，对部分条款进行了充分释义。2022 年中国修订《外商投资电信企业管理规定》，吸引外商投资电信企业，适应电信业对外开放的需要，促进电信业的发展。

相比于中国，文莱的投资法律层级更加多样，法律、部门规章、监管要求的来源存在交叉，法律识别更加困难，需要企业细致了解。

（二）贸易风险

文莱企业的信誉属于一般水平，投资企业在文莱从事贸易行业需要仔细甄别交易对手方的资信能力，避免遭受贸易风险。

（三）金融风险

文莱的营商环境纷繁复杂，其银行体系透明度相对较低，外商投资者在涉足文莱市场时，务必保持警惕，以应对潜在的多重金融风险。

（四）知识产权风险

文莱实行知识产权"先申请"制度，除某些特殊情况外，在该司法管辖区第一个申请知识产权的个人或实体在申请获得批准后将拥有该权利。

针对知识产权侵权问题，文莱不采取行政行动，也没有政府机构或执法机构对知识产权侵权行为采取行政措施。

（五）税收风险

文莱作为东盟成员国，享有东盟经济共同体所有的优惠政策。因此，中国企业如在文莱投资，可将文莱纳入全球价值链，其产品可便捷地出口到整个东盟市场。企业在文莱进行投资，必须基于真实的经济目的和商业运作，并且关联交易要按照独立交易原则进行，否则有可能会产生税务风险，尤其是转移定价的风险。

（六）司法救济风险

文莱作为一个主权国家，拥有自己的法律体系和争议解决机制。然而，在国际争议解决中，文莱可能会面临一些法律风险。

首先，文莱的法律体系主要受到英国法律的影响，采用普通法制度。这意味着，在处理国际争议时，文莱的法律体系和裁决可能与一些大陆法系国家存在差异。这可能会导致在跨国争议解决中，文莱的法律裁决在国际上受到质疑或不被承认。

其次，文莱的司法体系可能面临腐败和效率低下的风险。尽管文莱政府一直在努力改善司法体系的独立性和公正性，但是一些国际商业利益相关者可能会对文莱的司法体系持怀疑态度。这可能会影响文莱在国际争议解决中的信誉。

最后，文莱的争议解决机制可能缺乏足够的经验和专业性。由于文莱是一个小国，其争议解决机制可能没有足够的机会去处理复杂的跨国争议。这可能会导致在处理国际争议时，文莱的争议解决机制无法提供高质量的服务。

然而，文莱政府一直在努力改善其争议解决机制，并与国际组织合作，提升其在国际争议解决中的地位和能力。此外，文莱也是"一带一路"倡议的重要合作伙伴，与中国的合作也在不断加强。这为文莱在国际争议解决中提供了更多的机会和资源。

（七）数据保护风险

文莱的数据保护法律环境正在发展之中。截至目前，文莱并没有全面的数据保护法律框架，类似于欧盟的通用数据保护条例（GDPR）或其他一些国家/地区的严格数据保护法律。然而，文莱政府可能正在考虑或计划制定相关的数据保护法规，以保护个人数据和隐私。

在没有全面数据保护法律的情况下，文莱的组织和个人在处理个人数据时可能会面临以下法律风险：

1. **数据泄露风险**

由于法律上缺乏数据保护的标准和安全措施，文莱的组织可能会面临数据泄露的风险，这可能会导致个人隐私受损和法律责任。

2. **国际业务风险**

对于从事国际业务的公司来说，没有数据保护法律可能会影响其在文莱的业务，尤其是那些涉及跨境数据传输的业务。国际伙伴可能会对文莱的组织处理个人数据的能力感到担忧。

3. **合规性风险**

文莱的组织可能需要遵守其他地区/国家的数据保护法规，如 GDPR 或其他国家的数据保护法律。如果文莱的组织不遵守这些法律，可能会面临国际合规性问题。

4. **损害赔偿风险**

如果文莱的组织因数据泄露或不当处理个人数据而受到诉讼，可能需要承担相应的损害赔偿责任。

5. **声誉风险**

数据泄露或不当处理个人数据可能会损害组织的声誉，影响其业务和客户信任。

需要注意的是，文莱的数据保护法律环境可能会随着时间的推移而变化。如果文莱政府决定制定新的数据保护法律，上述风险可能会得到缓解。此外，即使没有全面的数据保护法律，文莱的组织也可以参考其他地区/国家的最佳实践，自行制定严格的数据保护政策和程序，以降低法律风险。

（八）环境保护风险

文莱的环境保护法律风险主要源于其严格的环保法规以及企业对环保法规的理解和执行力度的差异。这些风险可能涉及违反环境保护规定、未取得必要的环保许可、未进行环境影响评估，以及因环境问题引发的法律纠纷等方面。

首先，文莱有一系列严格的环保法规，这些法规对企业的生产经营活动提出了明确的环境保护要求。如果企业未能充分了解并遵守这些法规，就可能面临被罚款、停产整改甚至被吊销营业执照等风险。

其次，企业在进行新建、扩建或改建项目时，必须按照规定进行环境影响评估，并取得相关环保许可。如果企业未进行环境影响评估或未取得必要的环保许可，就擅自开工建设，将可能面临严重的法律后果。

再次，企业在日常生产经营活动中，必须严格控制污染物的排放，确保达到环保标准。如果企业存在超标排放、偷排漏排等违法行为，一旦被环保部门查实，将可能面临高额罚款、停产整顿等处罚。

最后，如果企业因环境问题引发周边居民或利益相关方的投诉或诉讼，也可能给企业带来声誉损失和经济损失。

四、法律风险防范对策

（一）投资风险防范

1. 适应法律环境复杂性

文莱的法律体系仍有待完善，尤其是在投资方面，很多法律规定与实践操作存在矛盾之处。法律环境较为复杂，执法、司法环境有待改善。法律具体执行方式和条款之间也存在较大差异，法律环境存在较多不确定性，存在某些执法不严之情形。投资者应加强合同管理，防范违约风险。

2. 全面了解优惠政策

外商投资者要全面、准确地了解文莱针对不同行业、不同区域等优惠政策，以便有针对性地在文投资，切实享受到优惠政策的红利。文莱鼓励外商直接投资发展高新技术产业。

3. 尊重当地习俗文化

伊斯兰教是文莱国教。文莱马来人皆信仰伊斯兰教，属逊尼派。伊斯兰教徒占人口的67%，佛教徒占10%，基督教徒占9%，其他信仰还有道教等。文莱为伊斯兰教国家，具有较独特的宗教文化和风俗习惯。中国公民在文莱应尽量做到入乡随俗，尊重当地的风俗习惯。[1]

（二）金融贸易风险防范

1. 了解贸易管理规定

在文莱开展贸易或投资活动，必须熟知相关法律法规，外国投资者需深入了解文莱的进出口流程与管理规范，同时避免触及贸易管制清单，确保合规操作。

2. 规避汇率风险、信用风险

对于外商而言，防范汇率风险与防范信用风险同样重要。应当警惕信用证诈骗等法律风险，在合作之前进行详尽的调查、分析与评估，特别要防范信用证中的"软条款"陷阱。

3. 关注商品质量和服务

与文莱企业洽谈合同，甄别文莱合作伙伴，同时注重合同细化管理，在遵循国际惯例的基础上，注意明确交货、付费、质量要求。加强产品和服务质量管理，避免出现产品瑕疵。

（三）知识产权风险防范

针对知识产权侵权，权利持有人可以采用如下途径来保护自身的权利：

1. 利用海关拦截假冒产品

目前没有注册系统可供知识产权所有者进行登记，以由文莱皇家海关和税务部门扣留

---

[1] 商务部国际贸易经济合作研究院、中国驻文莱大使馆经济商务处和商务部对外投资和经济合作司联合发布的《对外投资合作国别（地区）指南 文莱（2022年版）》第10页。

假冒商品。但是，如果知识产权权利人怀疑进口到文莱的货物侵犯其知识产权，可以向海关总监发出书面通知，海关总监将在入境点扣留或扣押货物。此项申请无需向海关支付任何费用，但必须提供所有权证明以及侵权作品或货物的完整详细信息。

2. 民事诉讼

需提供登记证明即可证明所有权，权利人可以通过提供对涉嫌侵权行为的书面证据来提起诉讼。民事诉讼可能需要长达两年的时间。

3. 刑事执法

这是最节约成本的途径，起诉的法律费用由作为起诉方的文莱政府承担。权利人必须先向警方报案，警方在调查后将决定是否起诉罪犯。

（四）税收风险防范

根据《中国和文莱关于对所得避免双重征税和防止偷漏税的协定》第23条规定，我国居民从文莱取得的所得，在文莱的应缴税额，可以在对该居民征收的中国税收中抵免。其中文莱给予的所得税减免，在计算抵免时，视同已经缴纳税款对待。

因此，中国企业在享受文莱税收优惠的同时，也不要忘记在中国境内实际申报境外所得，提前办理税收抵免相关手续，以同时享受"税收饶让"的优惠。

（五）争议解决风险防范

在文莱进行商业活动时，企业可能会面临各种争议，包括合同争议、知识产权纠纷、劳动关系问题等。为了有效防范和解决这些争议，企业需要采取一系列措施：

1. 充分了解当地法律

企业在进入文莱市场前，应充分了解当地的法律法规，特别是与争议解决相关的法律。这包括了解文莱的法院系统、仲裁法规、合同法、劳动法等。

2. 明确合同条款

在签订合同时，应确保所有条款明确、具体，避免含糊不清的语言。合同中应包含争议解决机制，如选择仲裁或诉讼，并指定适用法律和争议解决地点。

3. 风险评估与管理

企业应定期进行风险评估，识别可能的争议点，并制定相应的风险管理策略。这可能包括购买适当的保险、设立内部争议解决程序等。

4. 专业法律咨询

企业应聘请有经验的法律顾问，特别是在争议解决方面有专业知识的律师。在争议发生时，法律顾问可以提供专业意见，以帮助企业选择最佳的争议解决途径。

5. 备妥相关证据

在争议发生时，能够提供充分的证据是关键。企业应妥善保管所有重要的商业文件和通信记录，以备不时之需。

6. 利用替代性争议解决机制

替代性争议解决（ADR）机制如调解和仲裁，通常比法院诉讼更快捷、成本更低。企业应在可能的情况下考虑使用这些机制。

7. 文化和语言考虑

文莱是一个多元文化国家，企业在处理争议时需要考虑到文化差异和语言障碍，必要时聘请翻译或文化顾问。

8. 遵守当地宗教和习俗

文莱是一个伊斯兰教国家，企业在争议解决过程中应尊重当地的宗教信仰和习俗，避免不必要的冲突。

（六）数据保护风险防范

截至目前，文莱尚未拥有全面的数据保护法律框架，因此，文莱的组织和个人在处理个人数据时可能面临法律风险。为了防范这些风险，可以采取以下措施：

1. 遵守国际标准

即使文莱没有全面的数据保护法律，组织也可以参考国际标准，如欧盟的通用数据保护条例（GDPR）或其他地区的数据保护法规，来制定和实施内部数据保护政策。

2. 制定内部政策和程序

组织应制定严格的数据保护政策和程序，确保个人数据的收集、使用、存储和传输符合最佳实践和行业标准。

3. 数据保护影响评估

在处理敏感数据或实施新的数据处理活动时，组织应进行数据保护影响评估，以识别和缓解潜在的风险。

4. 员工培训和教育

组织应定期对员工进行数据保护培训，确保他们了解数据保护的重要性和如何正确处理个人数据。

5. 数据安全和隐私措施

组织应采取适当的技术和措施，以保护个人数据免遭未经授权的访问、披露、修改或破坏。

6. 跨境数据传输

如果组织需要将个人数据传输到其他国家，应确保这些国家的数据保护水平符合文莱或国际标准，或采取适当的隐私盾机制。

7. 监控和合规检查

组织应定期监控数据保护实践，并进行合规检查，以确保遵守现有的数据保护法律和政策。

8. 准备应对数据泄露

组织应制定应对数据泄露的应急计划，包括通知受影响的个人和监管机构，以及采取补救措施。

9. 咨询专业意见

在处理复杂的数据保护问题时，组织应寻求专业法律意见，以确保遵守所有适用的法律和法规。

10. 关注立法动态

组织应密切关注文莱政府可能出台的数据保护立法动态，以便及时调整内部政策和程序。

（七）环境保护风险防范

在文莱，环境保护法律风险防范是企业和个人进行业务活动时必须重视的关键环节。针对有效防范环境保护法律风险，以下是一些建议：

首先，企业和个人应深入了解文莱的环境保护法律法规，包括但不限于《环境保护与管理法》《有害废弃物（出口与转运控制）法》《文莱工业发展污染控制准则》《文莱环境影响评估准则》等。这些法律法规详细规定了环境保护的要求和标准，企业和个人必须确保自身业务活动符合这些规定。

其次，企业和个人在进行项目规划和实施时，应严格遵守环境影响评估（EIA）的要求。新建工程项目必须通过环境影响评估，确保项目对环境的负面影响最小化。同时，在项目计划初期，企业和个人就应考虑环境因素，包括项目位置选择、采用清洁技术、污染控制措施以及废物监管等。

再次，加强内部环境管理和监管也是防范环境保护法律风险的重要手段。企业应建立完善的环保管理制度，确保各项环保措施得到有效执行。同时，加强员工环保培训，提高员工的环保意识和责任感，确保员工在日常工作中能够遵守环保法规。

又次，企业还应积极参与环保合作和交流，与行业协会、环保组织等保持密切联系，及时获取关于环境法规的最新信息。这有助于企业及时了解法规变化，调整自身业务策略，降低因法规变动而带来的法律风险。

最后，企业和个人在面对环境问题时，应积极采取补救措施，配合环保部门的调查和监管。如发生环境污染事件，应及时报告并采取措施减轻损害，防止事态扩大。

五、投资文莱相关案例评析

（一）诉讼的中止①

1. 案例介绍

该案是关于原告对于法院允许第二被告申请原告诉讼被视为中止，并驳回原告申请恢复的决定的上诉。原告是一名普通劳工，曾在第一被告的指示下工作。原告在 2018 年 9 月 23 日 CC3 丹布隆桥工地发生工伤事故，导致身体受伤。原告于 2020 年 2 月 19 日提起诉讼，第一和第二被告分别于 2020 年 8 月 13 日和 9 月 3 日登记出庭。

第一被告的辩护意见于 2020 年 9 月 10 日提交，第二被告的辩护意见于 2020 年 9 月 23 日提交。第二被告于 2022 年 2 月 18 日在法庭内提交一项申请，寻求法庭根据文莱最高法院规则第 21 条第 2 款（6）的规定，视此诉讼为已经中止。原告提交一项申请，请求

---

① Intermediate Court of Brunei Darussalam. SHEIKH ABUL AND KWANSOO（B）SDN BHD DAELIM INDUSTRIAL CO. LTD ［EB/OL］. https：//www. judiciary. gov. bn/Intermediate% 20Court% 20Document% 20Library/ICCS － 19% 20of% 202020. pdf，2024.

根据最高法院规则第 21 条第 2 款（10）的规定，如果自动视为中止，现恢复原告的诉讼。法院审理申请后批准了第二被告的申请，并驳回了原告恢复诉讼的申请。对于原告的上诉，法院参考了最高法院规则第 21 条的以下规定：

规则 2（6）：根据第（7）段的规定，如果在法院的记录中，任何一方在超过一年（或法院根据第（8）段允许的延长期限）的时间内没有采取任何步骤或程序，而此步骤或程序似乎已中止，则此诉讼被视为中止。

规则 2（10）：如果在第（5）或（6）项下已中止了诉讼，法院可以根据申请恢复诉讼，并根据其认为公正的条件允许其继续进行。

根据第二被告提交的申请，请求法院根据最高法院规则第 21 条第 2 款（6）的规定视诉讼为已中止。在审理中，该劳工承认由于在法院记录中的 12 个月内没有采取任何步骤而自动中止，承认了他们未能申请延长时间的失误。根据法院审理前的事实，涉及原告在 2020 年 12 月 17 日至 2021 年 12 月 16 日未采取行动或未采取步骤的情况以及最高法院规则第 21 条第 2 款（6）的规定，法院维持了对此诉讼视为已中止的决定。

2. 风险分析

文莱受英国法的影响，执行判例法制度。上诉法院在审理该案件时，参考了关于中止和恢复案件的已建立原则和指导方针，参考了 Bannister v SGB pls［1997］4 All ER 129、Moguntia-EST Epices S. A v Sea-Hawk Freight Pte Ltd［2003］SGHC 231 以及 Malayan Banking Berhad v Maxwell Co Sdn Bhd&Tank Kok Voon@ Chen Yu Soo（HCCS No. 107 of 2005）案件对于该事项的解决方式来判断是否恢复诉讼：（i）原告是否已向法院证明（除了未请求审判日期外）在 12 个月之内，原告在处理案件方面没有任何重大疏忽，考虑到案件的特殊情况？如果没有，则应拒绝恢复；（ii）原告是否已向法院证明，在所有情况下，他未采取行动的行为是否有合理原因？如果没有，则再次应拒绝恢复；（iii）原告是否已向法院证明，公正的平衡表明应恢复诉讼？如果没有，那么应再次拒绝恢复。

本案中，只有在原告能够向法院提交合理且合法的证据的情况下，法院才能够恢复诉讼。

3. 评论与提示

由于文莱和中国的争议解决机制不同，需要特别注意权利的行使。例如在本案中，原告在案件处理中的失误导致法院将诉讼视为中止，这表明对于案件管理和法律程序的了解和遵守至关重要。原告需要在法庭上证明在 12 个月内未采取行动的合理原因，以及未采取行动的任何合理解释，以争取恢复诉讼的可能性，因此，在遇到特殊情况下，中国公司也要积极收集证据，以防在类似的情况下无法向法院提供证明。

（二）解除劳动合同①

1. 案例介绍

该案的内容涉及劳动合同的解除。原告是 Hj Osman bin Hj Mohammad，曾是被告 Bru-

---

① High Court of Brunei Darussalam. Hj Osman bin Hj Mohammad AND Brunei Shell Petroleum Sdn Bhd［EB/OL］. https：//www. judiciary. gov. bn/High% 20Court% 20Document% 20Library/HCCS - 43% 20of% 20% 202013. pdf，2024.

nei Shell Petroleum Sdn Bhd 的雇员。原告在被告公司工作了超过 27 年后，在没有事先通知或支付工资补偿的情况下于 2013 年 1 月 22 日被解雇。此案最初在高等法院提起，后来根据最高法院法案第 16（c）条款转移到中级法院，以便加快解决此事。

原告主张他被解雇时未曾被给予任何解雇原因，并且没有给他提供让被告重新考虑解雇的途径。原告认为被告应按照公司程序和人力资源政策与实践手册进行调查。原告称被告未进行适当和公正的调查，具体细节包括：未能提供指控的具体细节、未通知原告他正在接受调查、未能给原告机会为自己辩护、未能允许原告寻求法律意见、未能根据规定成立调查委员会、未能进行适当的调查、未能提供足够信息让原告为自己辩护反驳指控、未能诚实、公正、认真和勤奋地进行调查等。因此原告寻求以下赔偿：2013 年 1 月 22 日至 2014 年 1 月 21 日的工资损失、2013 年 1 月 21 日至 2014 年 1 月的每月工资和津贴的损失、2013 年的绩效奖金、待评估的工资增长和年度奖金。

被告否认原告被不公平解雇，并称原告的解雇是合法的且符合其雇佣合同和人力资源手册程序的。被告认为原告在工作过程中错误或虚报了外包员工的工资支付的时间表，该行为属于合同违约。

被告还提出了反诉，声称原告通过他的非法行为和/或严重不端行为不当获利，使得被告对 AMR-TUR Corporation 支付了不合理的价款。

2. 风险分析

本案中，原告在被解雇时担任公司监督员。他的责任之一是监督和协调外包工人。在诉讼过程中，原告承认他核实并批准了错误的时间表，但解释说这是在核实和批准时间表时的疏忽。原告在审判中坚持这种解释，他试图将责任转嫁给 AMR-TUR Corporation。

在此后，原告被公司高管约谈，约谈收到了公司的解雇通知。虽然原告辩称他从未被告知所谓的调查，只是要求与高管讨论一项利益冲突的问题。但是根据电子邮件往来，可以证明原告在收到邮件时已经得知了约谈的原因。原告在约谈期间获得了充分表达自己想法的机会。除了在被质询和被怀疑做错事时可能产生的正常紧张外，没有证据表明原告受到了威胁或被逼迫提供有关夸大时间表的信息。原告自愿提供了足够的信息，导致了他的解雇。

因此，最终法院将原告的全部索赔请求驳回，支持了被告的反诉，并命令原告向被告支付被告因此而受到的损失。

3. 评论与提示

这个案例提醒了中国公司需要遵守文莱当地的劳动法律法规，尤其是在解雇员工时要按照程序并提供合理的解雇原因，并留下相应的证据，最好是邮件沟通。同时，公司应该建立严格的调查程序，确保公平和透明性，并为员工提供合理的辩护机会。最终法院支持被告的反诉也表明，公司有权采取法律行动来保护自身权益，但必须有足够的证据支持其主张。

公司也应该重视员工的合法权益，包括提供良好的工作环境、公平的薪酬待遇和合理的福利制度，以建立积极的企业文化和员工关系。同时，加强员工培训和监督管理，防止员工违约行为的发生，有助于减少类似法律纠纷的发生。

公司在雇佣员工时应该审慎选择，确保员工具备所需的技能和资质，并建立有效的绩效评估机制，以便及时发现和解决员工工作中的问题。此外，建立良好的沟通机制，使员工能够及时反馈意见和建议，有利于提高工作效率和员工满意度。最重要的是，公司应该不断学习和遵守相关法律法规，以确保企业运营的合法性和稳定性。

（三）建设施工合同的违约[①]

1. 案例介绍

该案是关于分包合同造成的违约损害赔偿。原告与第一被告之间签订了一份分包合同，合同约定由第一被告在文莱负责建造商业和住宅开发项目，金额为 9120000 文莱元。合同涉及的被告包括第一被告及其相关人员，其中第二被告是第一被告的合作伙伴，尽管第一被告否认这一关系。在分包合同签订后，商业和住宅开发项目开始进行施工。在施工完成后，该工程出现了建筑缺陷，因此，原告提出了索赔。

原告主张建筑物存在严重缺陷，包括混凝土等级低、地板厚度不足和钢筋数量不足。由于项目已完工并已完全利用，现在很难进行大规模的建筑修复。因此，原告要求根据实际使用的材料与合同规定的材料之间的成本差异来计算损害赔偿。法院接受了原告的主张，认为这是一种合适的损害赔偿计算方法。此外，针对车道和停车区域的瑕疵，原告主张修复成本，并提供了相应的报价。法院认可了原告提供的报价，并根据情况对数额进行了调整。

2. 风险分析

在建筑地板和混凝土质量方面，原告声称被告未按照合同规定使用合格的混凝土等级，且地板厚度不符合工程图纸的规定。根据证据显示，被告提供的混凝土不仅低于合同规定的等级，而且实际使用的混凝土等级更低。此外，地板的平均厚度也低于工程图纸规定的要求。尽管被告使用地下雷达进行了测量，但法院认为这种非破坏性测试的准确性不如直接取芯测量。因此，法院认可原告提供的测量结果，并认定被告违反了合同规定。

原告称，根据工程图纸规格，建筑物所需的总钢筋量为 1033743 千克，但实际使用量仅为 654237 千克，因此缺口为 379506 千克。被告首先声称，由于这是一项总价合同，他们不受任何特定材料数量的约束，并引用了一些案例来支持这一观点。然而，法院不同意这一观点，法院认为总价合同并不意味着承包商可以任意进行工程，使用任何数量或质量的材料。他仍然必须遵循委托人的指示，确保建筑物的质量和安全，并在达成协议总价时考虑到这一点。因此，法院认为合同规定的钢筋数量和合同金额中允许的数量与被告在此建筑中使用的数量存在显著差距，他们有责任向原告做出补偿。

原告声称在 2014 年开始出现了车道和停车区域的问题，包括积水、混凝土表面起壳、开裂和坑洼等。测试结果显示，这些区域的混凝土强度低于规定标准，厚度不足，金属加固网不符合要求，土壤压实度不足。被告否认这些指控，但专家提供的证据显示存在结构问题，主要原因是施工质量差和低等级混凝土。关于修复方面的建议包括替换混凝土、加固金属网和添加扩展缝等。在另一个问题中，原告称建筑物的覆篷出现严重的结构裂缝，专家证实存在严重的结构问题，而被告则辩称裂缝仅是表面裂缝。法庭最终认定被告有责

---

① High Court of Brunei Darussalam. Merahdelima Sdn Bhd［EB/OL］. https：//www. judiciary. gov. bn/High%20Court% 20Document%20Library/HCCS%20No%2021%20of%202020. pdf, 2024.

任修复这些问题，并且覆盖物的建造是合同范围内的工作。

最后，法院判决原告将获得总额为 1051017.49 文莱元的赔偿，从起诉日期到判决日期按 4% 的简单利率计算利息，之后按 6% 的利率计算利息直至付清为止。

3. 评论与提示

对于中国企业来说，通过这个案件需要注意的是，在涉及建设施工合同规定的材料和质量上必须严格遵守规定，无论是总价合同还是其他类型的合同，承包商都有责任确保使用的材料和施工质量符合合同规定。

另外，在遇到相似的情况时，在法院审理中，专业的技术证据对于判决起到了关键作用。中国企业在面临索赔或诉讼时，应充分准备专业的技术证据，以支持自己的主张或辩护，并确保合同和施工的合规性。

如果出现建筑缺陷或施工质量问题，中国企业应及时采取措施修复，并根据合同规定承担赔偿责任。及时解决问题有助于减少可能的法律责任和额外损失。同时，在合同中约定利息计算条款，在本案的判决中，法院根据合同条款计算了利息。中国企业在签订合同时应明确约定利息计算方式和利率，以避免后续争议。

总的来说，对中国企业而言，这个案例强调了合同执行、质量管理和法律风险管理的重要性。通过加强内部管理、技术监督和合同管理，可以有效降低法律风险，确保项目顺利进行并最大限度地保护企业利益。

六、文莱现行法律法规清单

文莱现行法律法规清单如表 14-5 所示。

表 14-5　文莱现行法律法规清单

贸易相关法律法规
《公司法》
《破产法》
《竞争法》
《证券法》
《银行法》
《海关法》
《消费法》
《投资促进法》
《清真肉类法》
《清真医药制品、传统药品及保健品生产与处理指引》（2010 年）
《公共卫生（食品）条例》（2001 年）及《公共卫生（食品）法》（2002 年）

续表

贸易相关法律法规
《反恐怖主义融资规定》（2013 年）
《汇票法》
《捕捞限制法》
《营业执照规定》
外国投资相关法律法规
《公私合营指南》
税收法律法规
《印花税法》
《2012 年海关进口税和消费税法令》修正法案
土地相关法律法规
《土地法》
环境保护相关法律法规
《环境保护与管理法 2016》
《有害废弃物（出口与转运控制）法 2013》
《文莱工业发展污染控制准则》
《文莱环境影响评估准则》
反对商业贿赂法律法规
《反腐败法》
知识产权相关法律法规
《版权（修订）令 2013》
《工业品外观设计（修订）令 2017》
《专利（修订）令 2020》
《植物品种保护（修订）令 2016》
《商标法（修正案）2020》
中国—文莱双边协定
《民用航空运输协定》（1993 年）
《卫生合作谅解备忘录》（1996 年）
《文化合作谅解备忘录》（1999 年）
《鼓励和相互保护投资协定》（2000 年）
《中国公民自费赴文旅游实施方案的谅解备忘录》（2000 年）
《最高人民检察院和文莱达鲁萨兰国总检察署合作协议》（2002 年）
《高等教育合作谅解备忘录》（2004 年）
《避免双重征税和防止偷漏税的协定》（2004 年）
《最高法院合作谅解备忘录》（2004 年）
《旅游合作谅解备忘录》（2006 年）
《中国农业部与文莱工业及初级资源部农业合作谅解备忘录》（2009 年）

续表

中国—文莱双边协定
《关于能源领域合作谅解备忘录》（2011 年）
《中国商务部与文莱工业及初级资源部关于农业领域经贸合作的谅解备忘录》（2012 年）
《中华人民共和国政府与文莱达鲁萨兰国政府 关于共同推进"丝绸之路经济带"和"21 世纪海上丝绸之路"建设的谅解备忘录》（2017 年）
《关于加强基础设施领域合作的谅解备忘录》（2017 年）
《中华人民共和国政府与文莱达鲁萨兰国政府在共同推进"一带一路"倡议框架下的合作规划》（2018 年）
《中华人民共和国政府与文莱达鲁萨兰国政府关于建立政府间联合指导委员会的谅解备忘录》（2018 年）
《中华人民共和国海关总署和文莱达鲁萨兰国初级资源与旅游部 关于文莱输华野生水产品检验检疫和兽医卫生要求议定书》（2019 年）
《中华人民共和国海关总署和文莱达鲁萨兰国初级资源与旅游部 关于文莱鲜食甜瓜输往中国植物检疫要求的议定书》（2019 年）
《中华人民共和国海关总署与文莱达鲁萨兰国初级资源与旅游部 关于文莱输华养殖水产品的检验检疫和兽医卫生要求议定书》（2021 年）

资料来源：中华人民共和国商务部。

后 记

在共建"一带一路"倡议提出十周年之际，中国经营报社、中经传媒智库与北京大学东盟国家研究中心、北京道可特律师事务所携手策划了《中企出海"一带一路"共建国家行动指南》（系列报告），系列报告将围绕东盟、中东、中亚、拉美、非洲等地区，聚焦中企出海产业生态、投资指南，以及法律风险预警和合规指导，旨在面向新十年，赋能出海企业。

中经传媒智库是由中国经营报社有限公司发起成立，是集专家、机构、平台、媒体资源于一体的媒体融合型智库，在中国社会科学院的智慧支持和战略指导下，洞察政策走向、解读经济规律、前瞻全球战略、助推商业发展。在中经传媒智库与经济管理出版社的共同努力下，系列报告之《东盟专辑》终于在 2025 年出版。

在内容策划和撰写过程中，首先感谢北京大学区域与国别研究院副院长、北京大学国际关系学院教授翟崑提供的专业指导。翟崑教授长期从事全球、周边地区及国别（尤其是东南亚和大洋洲地区）研究，是中国—东盟博览会高级顾问、东盟地区论坛（ARF）中方专家名人、中国东南亚研究会副会长、泛北部湾经济合作中方专家组成员以及中国外交学会理事。感谢北京大学中国社会科学调查中心研究部主任、北京大学数字金融研究中心高级研究员孔涛教授，以及翟崑教授团队成员：北京大学全球互联互通研究中心研究员褚浩、北京大学全球互联互通研究中心助理研究员韩卓希、北京大学国际关系学院科研助理杨丽丽、中国国际问题研究院助理研究员刘晓伟。

其次感谢北京道可特律师事务所的专业支持，北京市道可特律师事务所高级合伙人、国际业务部主任张婷律师团队撰写了东盟十国的相关章节，张婷律师专长于中国企业海外投资、跨境家族财富管理、境外上市等，是司法部首批入库涉外律师，也是北京市律师协会涉外法律服务研究会委员。张婷律师团队作者包括：北京市道可特律师事务所律师赵子婧、张凌波、郝启予、曾坤、张姝慧，北京市道可特律师事务所高级顾问柳婷，以及北京市道可特律师事务所律师助理郭毅佳、冯楚懋、刘必钰。此外为了了解东盟十国最新政策动向，张婷律师团队还联系了老挝、柬埔寨、越南、菲律宾等国当地的专业人士，在此特别感谢：ILAWASIA CO.，LTD. 老挝、柬埔寨办公室，及其管理合伙人（Managing Partner）Somphob Rodboon 先生和公司法律顾问（Corporate Lawyer）Viphavanh Syharath 女士；位于越南的 ASL LAW FIRM，及其管理合伙人（Managing Partner）Pham Duy Khuong 先生，高级合伙人（Senior Partner）Nguyen Tien Hoa 先生、Do Ba Thich 先生、Nguyen Thi Thuy Chung 女士，合伙人（Associate）Doan Vu Hoai Nam 先生、Vu Tuan Anh 先生，资深律师（Senior Associate）Nguyen Nhu Phuong 女士；菲律宾 Gulapa Law，及其创始合伙人（Founding Partner）Aris L. Gulapa 和资深律师（Senior Associate）Effie Fielle M. Ignacio。

还要感谢海南昌宇律师事务所自由贸易港与涉外法律事务中心负责人、海南律协第九届涉外与港澳台侨专业委员会副主任刘兴，重庆市政协委员、民建重庆市委经济委副主任、中国经营报前编委、征探财经创始人周远征，北京银杉科创投资管理中心合伙人、基金合规风控负责人张伟明在策划过程中的内容信息支持。同时也要感谢北京四象爱数科技有限公司、中国地图出版社集团有限公司等机构的智慧支持。

在数据梳理筛选过程中，赵震平、夏文超、彭娜、杨一萍等做了大量工作，王刚进行了词云图制作，王哲、尤越、焦震楠进行了美化工作，此外，经济管理出版社的编辑们也付出了大量辛苦劳动。在此一并感谢。

共建"一带一路"进入新十年，课题组能为共建"一带一路"做出些许贡献，深感荣幸，并将一如既往进一步推进中东、中亚等地区专辑编写工作。